Hesse/Schrader

Testtraining Polizei, Feuerwehr und Bundeswehr

Hesse/Schrader

Testtraining Polizei, Feuerwehr und Bundeswehr

Schutz- und Kriminalpolizei, Bundespolizei, Bundeswehr, Verfassungsschutz und Feuerwehr

Einstellungs- und Eignungstests erfolgreich bestehen

STARK

Die Autoren

Jürgen Hesse,
Diplom-Psychologe und geschäftsführender Gesellschafter
im Büro für Berufsstrategie, Berlin

Hans Christian Schrader,
Diplom-Psychologe in Baden-Württemberg

Dr. Carsten Roelecke,
Polizeibeamter bei der Polizei Bremen und Lehrbeauftragter
an der Deutschen Hochschule der Polizei in Münster-Hiltrup.

Anschrift Hesse/Schrader

Hesse/Schrader
Büro für Berufsstrategie
Oranienburger Straße 4 – 5
10178 Berlin
Tel. 030 / 28 88 57-0
Fax 030 / 28 88 57-36
www.berufsstrategie.de

ISBN 978-3-8490-3047-6

Inhalt

Einleitung

Liebe Leserin, lieber Leser,

herzlich willkommen zur Neuausgabe von *Testtraining Polizei und Feuerwehr*. Dieses Buch gibt Ihnen einen guten Überblick über die gängigen Testverfahren für Berufe bei der **Polizei**, der **Bundespolizei**, der **Bundeswehr**, der **Feuerwehr** und in der **Justiz**. Als besondere Vorbereitungshilfe haben wir neben den neuesten Auswahl- und Eignungstestverfahren diese Auflage um einen großen Extrateil über die Bundeswehr erweitert. Die intensive Bearbeitung der Aufgabentypen und gründliches Üben werden Ihnen beim erfolgreichen Überwinden der Testbarriere auf dem Weg zu Ihrem gewünschten Ausbildungs- und Arbeitsplatz helfen.

Die Testverfahren der einzelnen Bundesländer unterscheiden sich deutlich voneinander, auch wenn die angestrebte Position die gleiche ist. Fragen Sie Ihren zuständigen Einstellungsberater, welche Grundvoraussetzungen Sie für eine Bewerbung überhaupt mitbringen müssen. Im Kapitel „Auswahlmodalitäten und Zugangsvoraussetzungen“ finden Sie ausführliche Informationen zu den Einstellungsbedingungen und Anforderungen der verschiedenen Einstellungsbehörden. So finden Sie heraus, auf welche Testverfahren Sie sich besonders vorbereiten sollten.

Die Testaufgaben in diesem Buch sind nicht nach den Eignungstestverfahren der Bundesländer sortiert, sondern nach der Aufgabenart. Sicher ist aber bei allen Bundesländern, dass man Sie einer ausgiebigen sportlichen und medizinischen Prüfung unterziehen wird. Hierfür können wir Ihnen nur begrenzt Hinweise geben: Zur Orientierung haben wir Ausschnitte aus verschiedenen Sporttests in einem gesonderten Kapitel zusammengefasst. Zusätzlich finden Sie am Ende des Buches Erfahrungsberichte, die Ihnen einen Vorgeschmack auf Ihren möglichen Test geben sollen. Zum Abschluss stellen sich einige Landespolizeien, die Bundespolizei und das BKA mit informativen Kurzporträts vor. Noch vor dem Erfahrungsbericht zum Einstieg haben wir Ihnen unter der Überschrift „Social Networks“ äußerst wichtige Informationen zusammengestellt, die Sie unbedingt beachten sollten, wenn Sie in sozialen Netzwerken unterwegs sind und sich bei der Polizei bewerben möchten.

Unsere Bücher leben von Ihren Erfahrungen. Bitte versäumen Sie nicht, uns nach Ihrem Einstellungstest von Ihren Erfahrungen zu berichten. Die E-Mail-Adresse **Service@hesseschrader.com** ist Ihr direkter Draht zu uns.

Für Ihr Eignungs- und Auswahlverfahren wünschen wir Ihnen viel Erfolg!

Ihr

Jürgen Hesse

Hans-Christian Schrader

PS: Bei der Erstellung dieses Buches wurde mit größter Sorgfalt vorgegangen. Trotzdem können Fehler nicht vollständig ausgeschlossen werden. Der Verlag und die Autoren können für fehlerhafte Angaben und deren Folgen weder eine juristische Verantwortung noch irgendeine Haftung übernehmen. Für Verbesserungsvorschläge und Hinweise auf Fehler sind wir Ihnen dankbar.

Training im WWW

www. Unter **www.stark-verlag.de/onlinecontent** finden Sie weitere Materialien zu diesem Buch zum kostenlosen Download. Folgen Sie einfach den Anweisungen auf dieser Seite. Das Symbol, das Sie auch hier sehen, weist Sie auf Zusatzmaterialien hin.

Geleitwort des Vorsitzenden der DPolG

Die Anforderungen an den Berufsalltag der Polizei sind vielfältig und anspruchsvoll.
Körperliche Fitness und eine stabile Gesundheit sind unerlässlich, um im harten Dienst durchzuhalten. Aber Intelligenz, Auffassungsgabe, Kombinationsfähigkeiten und soziale Kompetenzen sind mindestens ebenso wichtige Voraussetzungen an alle Kolleginnen und Kollegen. Polizist zu werden, ist für viele junge Menschen ein Traum – und sie haben Recht. Ungeahnte Möglichkeiten der Berufsentwicklung und unzählige Verwendungsmöglichkeiten machen aus dem Polizeiberuf eine faszinierende Tätigkeit, die stets hohe gesellschaftliche Anerkennung erfährt.

Dieses Buch enthält viele Möglichkeiten, sich auf das schwierige Einstellungsverfahren vorzubereiten und seine Chancen auf den Traumberuf zu verbessern. Die Polizei braucht junge und engagierte Menschen, die sich dem Schutz unserer Bevölkerung und unserer gesellschaftlichen Ordnung verpflichtet fühlen und sich dafür einsetzen wollen. Viel Glück!
Rainer Wendt, Vorsitzender der Deutschen Polizeigewerkschaft DPolG

Begleitender Hinweis zu Social Networks

Sehr viele Menschen sind mittlerweile bei Facebook und anderen sozialen Netzwerken mit einem eigenen Profil vertreten. Oftmals bilden sich sogar Gruppen, deren Mitglieder sich gemeinsam auf die Eignungs- und Auswahlverfahren bei der Polizei des Bundes und Länder vorbereiten.

Während jedoch der freizügige Umgang mit persönlichen Daten, insbesondere Fotos, Namen von Freunden, gern besuchten Orten oder gar dem kompletten Lebenslauf in der Freizeit dem Einzelnen selbst obliegt, hat die Polizei als künftiger Arbeitgeber ein Interesse, die persönlichen Daten ihrer zukünftigen Mitarbeiter, also Ihre Daten, zu schützen.

Nicht jeder, der sich für die Polizei interessiert, begeistert sich wirklich dafür. Generell muss unterstellt werden, dass auch Personen z. B. eines links- oder rechtsextremen Spektrums versuchen, an persönliche Daten von Polizeibeamtinnen und Polizeibeamten zu gelangen. Dies geschieht, um ggf. Druck ausüben zu können, bestimmte Diensthandlungen zu tun oder zu unterlassen. Auch lassen sich z. B. mittels Gesichtserkennungssoftware Demonstrationsteilnehmer identifizieren – was einen künftigen Einsatz als verdeckter Tatbeobachter/Ermittler ausschließen würde.

Viele Polizeien empfehlen deshalb ihren Beschäftigten bereits, auf einen Internetauftritt in sozialen Netzwerken zu verzichten oder diesen zumindest nur und ausschließlich für ihre engsten Freunde freizuschalten. Generell gilt: Je mehr Daten Sie im Netz von sich bekannt geben, desto eingeschränkter werden Ihre späteren Verwendungsmöglichkeiten bei der Polizei. Verwendungen in Spezialeinheiten wie SEK, MEK und BFE (Beweissicherungs- und Festnahmeeinheit) schließen Auftritte in sozialen Netzwerken grundsätzlich aus.

Bedenken Sie bitte, dass Daten, die erst einmal in das Internet eingestellt wurden, nicht mehr von Ihnen kontrollierbar sind. Hinzu kommt: Auch Personalchefs schauen gerne in solche Netzwerke und beziehen das dort abgelegte Profil in ihren Auswahlprozess mit ein. Deshalb unser Rat an Sie: Verzichten Sie auf Facebook, Xing, Instagram, Twitter und Co. oder beschränken Sie zumindest Ihr sichtbares Profil auf den engsten Familien- und Freundeskreis.

Zum Einstieg ein Erfahrungsbericht

Um Sie mit Einstellungstestverfahren vertraut zu machen, wollen wir dieses Buch mit dem Erfahrungsbericht einer Teilnehmerin an einem Polizeitest beginnen:

Als wir um kurz vor acht Uhr morgens in diesen kleinen Raum vollgepackt mit Computern eintraten, war ich unheimlich nervös. Aber nach der ersten anfänglichen Unsicherheit wurde ich beim Lösen der Aufgaben immer sicherer. Ich hatte mich ja auch gut vorbereitet. Als der schriftliche Teil vorbei war, mussten wir erst einmal warten. Eine unerträglich lange Zeit, aber das ist wohl auch bewusst so eingesetzt. Warten, immer wieder warten. Wir wurden gemeinsam wieder hineingerufen, und von den insgesamt 35 Mädels haben es schließlich nur neun oder zehn eine Runde weitergeschafft. Ich kann euch sagen, als mein Name genannt wurde (die Namen wurden alphabetisch geordnet vorgelesen, und unausweichlich steuerte der Prüfer auf den Buchstaben „P" zu), das war ein Gefühl wie … hm, einfach unbeschreiblich! Bei dem schriftlichen Test fallen nämlich die meisten Bewerber durch, und ich sagte mir, wenn ich diese Hürde erfolgreich nehme, schaffe ich den Rest auch noch.

Nächste Prüfungsstation: Sporttest. Für diesen hatte ich eine sehr geringe Vorbereitungszeit, weshalb ich mich nicht wirklich gut einschätzen konnte. Wieder haben es nicht alle geschafft, eine Frau blieb auf der Strecke, nicht ungewöhnlich, wie es hieß.

Nach einer Stunde Mittag kam wohl der für mich persönlich schwierigste Test: die Gruppendiskussion. Acht Prüfer saßen vor acht Bewerberinnen, die sich nach sehr kurzer Einlesezeit über Probleme auf einer galaktischen Sternbasis unterhalten mussten.

Nach dem Test und nach der Wartezeit wurden wir von bestimmten Prüfern, die uns auch während der Diskussion beobachteten, einzeln aufgerufen, um Fragen bezüglich unserer Vorstellungen bei der Polizei, Ängsten usw. zu beantworten. Ich will mich ja nicht zu weit aus dem Fenster lehnen, aber da habe ich richtig Punkte gesammelt. Das Gespräch verlief einfach super!

Nachdem alle befragt wurden, war wieder Warten angesagt. Ich glaube, wir saßen über eineinhalb Stunden nur so da. Dann kam ein Prüfer und bat uns alle wieder in den Testraum. Dies war doch ein gutes Zeichen, oder?

JAAA, bis auf eine hatten wir es alle geschafft! Unglaublich, dachte ich, wie man mit so viel Quatsch reden eine Prüfung besteht! (Im Vordergrund stand zumindest bei der Diskussion über die Sternbasis natürlich nicht der Inhalt, sondern die Art, wie man etwas gesagt hat.) Puh, für diesen Tag hat es dann gereicht.

Am nächsten Morgen ging es zur polizeiärztlichen Untersuchung. Da wusste ich bereits von einem Freund, dass dies durchaus noch eine große Hürde darstellte. Denn er war ebenso erfolgreich bis hierhin gekommen. Danach wurde er dann wegen seiner Wirbelsäule für nicht polizeidiensttauglich erklärt. Aber dazu habe ich auch noch eine Geschichte zu erzählen. Erst einmal wurden übliche Tests gemacht: EKG, Hörtest, Sehtest, Urinprobe … und wenn die alle in Ordnung waren, ging es zum Röntgen. Wir sind dann „durchleuchtet" worden. Die Lenden- und Brustwirbelsäule durfte einen bestimmten Grad der Schiefheit nicht überschreiten. Ich war zuerst an der Reihe und bekam somit auch das Ergebnis zuerst mitgeteilt. Der Arzt rief mich zu sich, vor ein Bild meiner Wirbelsäule. „Tja, Ihre Wirbelsäule ist schief", meinte er mit Blick auf das Bild – Was? Davon wusste ich gar nichts! Sollte es mir so gehen wie meinem Freund? „Und was heißt das jetzt?", fragte ich, schon völlig neben mir stehend, zutiefst verunsichert. Er erklärte mir die Berechnung des Grades der Schiefheit. Zwölf Prozent durfte meine Wirbelsäule maximal schief sein. „Und? Wie ist mein Wert?", drängelte ich. Neun Prozent. Neun Prozent. Ich realisierte es nicht. „Ich erkläre Sie trotzdem für polizeidiensttauglich." Ich dankte und ging zurück. Ich setzte mich auf die Couch zu den anderen und blätterte in einer Zeitschrift vor mich hin. Irgendwann fragte mich meine Sitznachbarin, ob ich das Ergebnis denn schon wüsste. „Ja", sagte ich, „ich hab's geschafft." „Ja und da sitzt du hier so ruhig herum?", kam es zurück. Ich hatte es immer noch nicht wirklich realisiert, dass die zwei Tage Auswahlverfahren vorbei waren und ich eine von den wenigen Bewerbern war, die bis zum Schluss bewiesen haben, dass sie gut genug sind für die Polizei. Später kam mir erst der Gedanke, dass dieser Arzt über meine Zukunft entschieden hatte. Bei allen Tests zuvor war mein Können ausschlaggebend, da hätte ich es selber verbocken können, aber meine Wirbelsäule konnte ich nicht trainieren.

Nach der Untersuchung bin ich gleich nach Hause gefahren. Die anderen Mädels erfragten ihre Punktzahl direkt. Ich rief erst eine ganze Woche später an. „760" war die magische Zahl. Viel konnte ich damit nicht anfangen. Es gab keine Auskunft darüber, ob sie ausreichend oder schlechter war. Mir wurde erklärt, dass von den Bewerbern etwa 280 definitiv genommen werden würden. Nur, war ich dabei? Angeblich bekäme man ab einer Punktzahl von 750 definitiv eine Zusage, sagte mir eines der Mädchen. Also war wieder Warten angesagt. Vier bis sechs Wochen sollte es dauern, bis eine Zusage kommt. Schon nach zwei Wochen erhielt ich Post – ich habe es geschafft!!! Die Mühe hat sich gelohnt. Von Anfang an wollte ich zur Polizei, kein anderer Job wäre infrage gekommen. Ich bin hingefahren, hab' den Test gemacht und hab' ihn bestanden, relativ gut sogar. Ich glaube, Ihr könnt Euch das nicht vorstellen, wie toll das Gefühl war und noch ist, wenn Leute mich fragen, was ich in Zukunft mache oder wie der Test gelaufen ist, und ich sagen kann: Ich gehe zur Polizei. Mein Test war erfolgreich. Ich bin genommen. GENOMMEN!!!

Eins möchte ich noch anfügen: Man fährt nicht einfach mal dahin und probiert sein Glück und hat's geschafft. Das ist eine völlige Illusion. Man muss etwas dafür tun, man muss sowohl geistig als auch körperlich fit sein, und dann muss man sogar noch etwas fitter sein als die meisten anderen, um definitiv genommen zu werden. Vor allem die Vorbereitung auf den Sporttest lässt sich nicht in einer Woche bewältigen (ich spreche da aus Erfahrung!). Falls man gleichzeitig noch andere Prüfungen wie beispielsweise das Abitur zu bestehen hat, rate ich eindringlich, den Test bei der Polizei zu verschieben. Man sollte sich wirklich darauf konzentrieren und nichts Anderes im Sinn haben. So habe ich es gemacht, und so werde ich bald meine Ausbildung beginnen.

Testvorbereitung

An dieser Stelle wollen wir Ihnen zuerst einmal ein paar generelle Tipps geben, die Ihnen helfen werden, mit Eignungs- und Einstellungstestverfahren besser umzugehen:

1. **Machen Sie sich rechtzeitig mit den Testaufgaben vertraut.** In diesem Buch finden Sie nahezu alle Aufgabentypen, die Sie unter Umständen im schriftlichen Test bearbeiten müssen. Alle hier vorgestellten Tests beginnen mit einer je nach Schwierigkeitsgrad kurzen oder längeren Einleitung und Beschreibung des Testverfahrens. Verdeutlichen Sie sich grundsätzlich vor dem Teststart die Aufgabenstellung. Starten Sie niemals in den Test mit der Hoffnung, Sie würden das Prinzip im Laufe der Bearbeitung verstehen.
2. **Lassen Sie sich möglichst nicht aus der Ruhe bringen.** Arbeiten Sie zügig, aber immer mit dem nötigen Maß an Sorgfalt. Die meisten Aufgaben – auch in diesem Buch – sind so konzipiert, dass Sie sie selten alle in der knappen Bearbeitungszeit vollständig lösen werden. Wenn nicht anders beschrieben sind 50 Prozent richtige Lösungen aller angebotenen Aufgaben eines Typs schon ein akzeptables Ergebnis. Bei manchen Aufgaben sollten mindestens 60 Prozent korrekt gelöst werden.
3. **Üben Sie die hier vorgestellten Aufgaben und fangen Sie rechtzeitig damit an.** Gerne neigt man dazu, unangenehme Tätigkeiten aufzuschieben. Nur indem Sie intensiv üben, können Sie Ihre Chancen deutlich erhöhen. Fangen Sie zu kurz vor einem Test mit der Vorbereitung an, fehlt meist die Zeit, sich gründlich mit den Aufgaben zu befassen. Das menschliche Gehirn lernt in der Regel doch recht langsam und hat die gewünschten „Daten“ nicht wie ein Computer nach einmaliger Eingabe sofort verfügbar. Aus der Schule sollte jeder wissen, wie und wann er am effektivsten lernt.
4. **Üben Sie, wann immer es geht, mit einem Helfer.** Dieser soll die Aufgabenbearbeitung überwachen, die Zeit messen und die Tests korrigieren. Beim Kontrollieren der Ergebnisse kann er Ihnen vielleicht noch wertvolle Hinweise geben, wenn Sie selbst nicht auf die richtige Lösung kommen.

5. **Nutzen Sie Übungsangebote.** Was das heißt? Senden Sie auch Bewerbungen los, um Testerfahrung zu sammeln. Fangen Sie also nicht gleich mit einer Bewerbung bei Ihrem Traumarbeitsplatzanbieter an. Es wäre schade, würden Sie dort durchfallen, nur weil Ihnen eine gewisse Testerfahrung fehlt.
6. **Versuchen Sie auch, die mündliche Prüfungssituation vorzubereiten.** Bitten Sie einen Helfer, sich in die Rolle des Auswählers zu versetzen und mit Ihnen ein Bewerbungsgespräch durchzuführen. So eine Übung macht Spaß und trainiert zugleich.

Sollte es trotz aller Vorbereitung nicht gleich klappen, geben Sie nicht auf. Einstellungstests haben eine sehr begrenzte Aussagekraft. Rückschlüsse auf Sie als Mensch und Ihre zukünftige berufliche Entwicklung sind so nicht einfach zu erschließen. Glauben Sie an sich, und verfolgen Sie hartnäckig Ihre Ziele. Manchmal muss man, um diese zu erreichen, durchhalten und kämpfen, insbesondere aber sich auf solche Ausnahmesituationen vorbereiten.

Auswahlmodalitäten und Zugangsvoraussetzungen

Die folgenden Auswahlmodalitäten und Berufsinformationen verschiedener Organisationen helfen Ihnen, sich auf die kommenden Einstellungsverfahren gezielt vorzubereiten.

Bundeswehr

Hinweis: *Die folgenden Informationen sind der Seite www.bundeswehr-karriere.de (Stand: Dezember 2017) entnommen worden.*

Hat man sich entschlossen, die Bundeswehr als potenziellen Arbeitgeber näher zu betrachten, so sollte man auf jeden Fall eine persönliche Beratung in einem der verschiedenen Karriereberatungsbüros in Anspruch nehmen. Wenngleich dieses Buch eine erste Entscheidungshilfe sein kann, verfügt man dort über die jeweils aktuellsten Informationen. Insgesamt stehen Ihnen rund 400 Karriereberater deutschlandweit zur Verfügung und können Ihnen auf Basis Ihrer Interessen und schulischen/beruflichen Voraussetzungen verschiedene Berufe und Laufbahnen bei der Bundeswehr offerieren (Bundesamt für das Personalmanagement der Bundeswehr, 2015 b, S. 7). **Eignungsfeststellungsverfahren** finden grundsätzlich durch die neuen Karrierecenter der Bundeswehr in Berlin, Wilhelmshaven, Hannover, Düsseldorf, Erfurt, Mainz, Stuttgart und München statt (Bundesamt für das Personalmanagement der Bundeswehr, 2015 b, S. 7). Dies gilt auch für den freiwilligen Wehrdienst (Bundesamt für das Personalmanagement der Bundeswehr, 2015 b, S. 7). Allgemeine Informationen zur Karriere bei der Bundeswehr finden sich unter **www.bundeswehr-karriere.de** bzw. Tel. 0800-9800880 (Bundesamt für das Personalmanagement der Bundeswehr, 2015 b, S. 7).

Einstellungsvoraussetzungen und Bewerbungsablauf

Bei den Einstellungsvoraussetzungen und dem Bewerbungsablauf ist grundsätzlich zwischen einer militärischen und zivilen Verwendung zu unterscheiden. Wenngleich viele Teilbereiche identisch sind, gibt es aber auch einige Unterschiede, die zu berücksichtigen sind. Hierzu gibt Abbildung 1 einen ersten Überblick. Zunächst werden nunmehr die Anforderungen für eine militärische Laufbahn vorgestellt, danach die für eine zivile Verwendung. Generell gilt, dass Bewerbungen von Frauen und Personen mit Migrationshintergrund ausdrücklich begrüßt werden (Bundesamt für das Personalmanagement der Bundeswehr, 2014, S. 29), genauso wie auch Menschen mit einem Handicap (Bundesministerium der Verteidigung, 2016 k, S. 16).

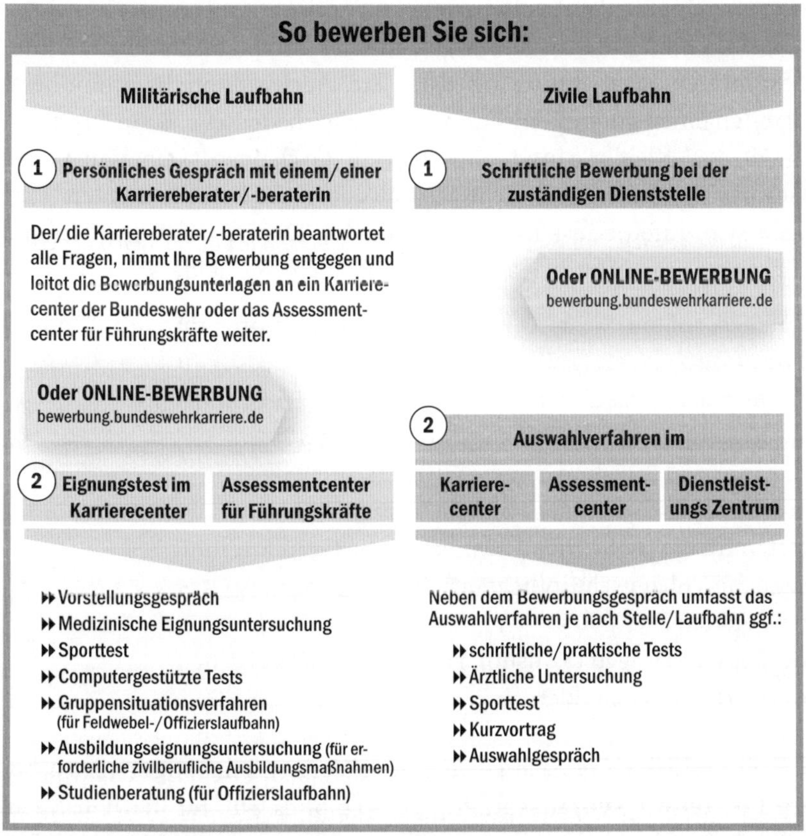

Abbildung 1: Bewerbungsablauf für zivile und militärische Laufbahnen (Bundesministerium der Verteidigung, 2016 k, S. 16)

Militärische Laufbahnen

Bereits mit dem Entschluss, eine militärische Karriere zu beginnen, sollte man sich auch unabhängig von den Informationen in diesem Buch, im Internet oder auf Berufsberatungsmessen informieren, und vor Absenden einer Bewerbung ein nahe gelegenes **Karriereberatungsbüro** aufsuchen. Hier lohnt es sich, sich über die Bereiche genau zu informieren, für welche man sich genau interessiert und wie die groben Rahmenbedingungen/Chancen/Karrieremöglichkeiten in diesem Gebiet sind. Dazu sollte man sich bereits zu Hause etwas vorinformieren, denn mit je mehr Informationen man zum Gespräch reist, desto genauer können die Nachfragen sein und desto mehr Interesse am Beruf wird den zuständigen Beratern bei der Bundeswehr signalisiert. Prüfen Sie daher schon vorab, für welche Laufbahn Sie sich interessieren, ob Sie eine Berufsausbildung machen wollen, eher ein Studium einer bestimmten Fachrichtung anstreben etc. Auch sollten Sie schon beim ersten Treffen einen guten Eindruck machen: dies bedeutet z. B., in angemessener/gepflegter Kleidung und pünktlich zu erscheinen, kein Kaugummi beim Gespräch zu kauen und nicht gelangweilt in die Luft zu schauen. Verspäten Sie sich, rufen und kündigen Sie dies an. Das ist zwar ärgerlich und sollte nicht passieren, lässt sich aber manchmal nicht vermeiden.

Grundsätzlich sollten Sie für eine militärische Laufbahn folgende **Einstellungsvoraussetzungen** erfüllen:

- Deutsche Staatsbürgerschaft im Sinne des Art. 116 Grundgesetz
- Mind. 17 Jahre/1,55 m/BMI zwischen 19 und 30
- Höchstalter von 30 Jahren für die Offizierslaufbahn
- Körperliche, geistige und charakterliche Eignung
- Eintreten für die freiheitliche demokratische Grundordnung
- Gesetzliche Vollzeitschulpflicht erfüllt
- Keine Vorstrafen
- Keine illegalen Drogen (Konsum, Handel und Besitz)
- Keine überhöhten Schulden

Daneben gibt es jedoch je nach gewünschter Verwendung **sogenannte besondere Einstellungsvoraussetzungen**. So gibt es z. B. für den Einsatz in einem Panzer aufgrund der beengten Platzverhältnisse eine Maximalgröße und es müssen für einen Einsatz als Fallschirmjäger bestimmte körperliche Fähigkeiten mitgebracht werden. Hierüber wird man jedoch ausführlich in einem Beratungsgespräch informiert, wenn Interesse an einer speziellen Funktion besteht. Dort wird auch mit einem zusammen die Bewerbung erstellt.

Für die militärischen Laufbahnen gestaltet sich der allgemeine Bewerbungsablauf wie nachfolgend beschrieben:

1. Vorklassifizierung
2. ggf. Studienberatung
3. Ärztliche Untersuchung
4. Computergestützte Tests
5. Sporttests
6. Prüfgespräch
7. Einplanung

(Karriereberatungsbüro Bremen, 2015, S. 64)

Aufgrund höherer Anforderungen gestaltet sich der **Bewerbungsablauf für Offiziersanwärter** etwas unterschiedlich im Vergleich zum allgemeinen Ablauf. Hier erfolgt für Bewerber ggf. eine Studienberatung sowie bei den Auswahlverfahren auch ein **Gruppensituationsverfahren** (GSV) in Form eines Assessment-Centers (AC) (Karriereberatungsbüro Bremen, 2015, S. 65). Dieses findet als sog. Assessment-Center für Führungskräfte der Bundeswehr (ACFüKrBw) in Köln statt (Bundesamt für das Personalmanagement der Bundeswehr, 2015 d, S. 7). Die Einplanung (vgl. Abbildung 2) in einen bestimmten Studiengang bzw. für eine konkrete Funktion geschieht dann in Abgleich von der festgestellten Eignung, dem individuellen Wunsch des Bewerbers sowie den Bedarfen der Bundeswehr – entweder als Sofortzusage oder anhand einer Eignungsreihenfolge (Warteliste).

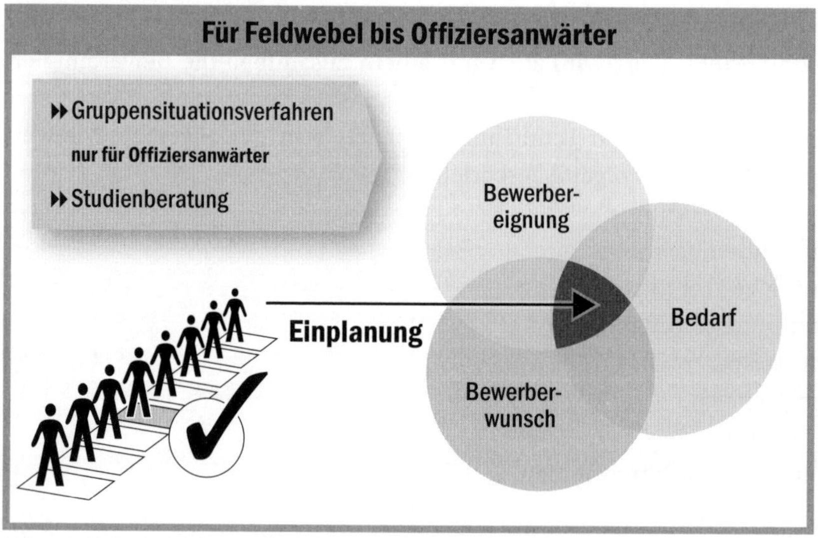

Abbildung 2: Einplanungsbedingungen für eine Offizierslaufbahn (Karriereberatungsbüro Bremen, 2015 m, S. 65)

Zivile Organisationsbereiche / Bundeswehrverwaltung

Für einen Einstieg in eine zivile Karriere bei der Bundeswehr sind allgemein folgende Voraussetzungen zu erfüllen:

- deutsche Staatsbürgerschaft im Sinne des Art. 116 Grundgesetz
- mind. 17 Jahre/1,55 m/BMI zwischen 19 und 30
- Höchstalter von 50 Jahren nicht überschritten
- Körperliche, geistige, fachliche und charakterliche Eignung
- Eintreten für die Freiheitliche Demokratische Grundordnung
- keine Vorstrafen
- keine illegalen Drogen (Konsum, Handel und Besitz)
- keine überhöhten Schulden
- grundsätzlich die Bereitschaft zur Teilnahme an Auslandseinsätzen der Bundeswehr
- uneingeschränkte bundesweite Versetzungsbereitschaft (Karriereberatungsbüro Bremen, 2015, S. 76)

Daneben werden – je nach gewünschtem Berufsbild – folgende Anforderungen gestellt:

- Mindestens ein guter Haupt- oder Realschulabschluss bzw. Fachabitur/Abitur
- Gute Leistungen in Mathematik und Deutsch bzw. in den naturwissenschaftlichen Fächern Biologie, Physik und Chemie
- Lernbereitschaft, Interesse am Beruf und der Bundeswehr, Engagement und Konzentrationsfähigkeit
- Teamgeist, Zuverlässigkeit, Verantwortungsbereitschaft
- Gute Auffassungsgabe, Kenntnisse im EDV-Bereich
- Fremdsprachenkenntnisse in Englisch oder Französisch erhöhen die Einstellungschancen
- Für technische Berufe werden auch ein technisches Verständnis, gutes räumliches Vorstellungsvermögen sowie handwerkliches Geschick erwartet (Bundesamt für das Personalmanagement der Bundeswehr, 2014, S. 25)

Direkteinsteiger benötigen ein erfolgreich abgeschlossenes Bachelorstudium bzw. ein anderes, gleichwertiges Studium, das einem wehrtechnischen Gebiet zugeordnet werden kann (Bundesamt für das Personalmanagement der Bundeswehr, 2015 i, S. 17). Für den höheren Dienst gelten die gleichen Anforderungen, jedoch wird ein abgeschlossenes Masterstudium vorausgesetzt (Bundesamt für das Personalmanagement der Bundeswehr, 2015 h, S. 19). Eine Zuordnung möglicher Studienrichtungen zu verschiedenen wehrtechnischen Fachbereichen für den gehobenen/höheren technischen Verwaltungsdienst – Fachrichtung Wehrtechnik, kann Abbildung 3 entnommen werden.

Wehrtechnisches Fachgebiet	Maßgebliche Studiengänge
Informationstechnik und Elektronik	Elektrotechnik mit Schwerpunkt Nachrichtentechnik/Hochfrequenztechnik/Elektronik/Mikrosystemtechnik, technische Informatik, Physik oder vergleichbare Studiengänge
Elektrotechnik und Elektroenergiewesen	Elektrotechnik mit Schwerpunkt Starkstromtechnik/Energietechnik, Automatisierungstechnik oder vergleichbare Studiengänge
Luft- und Raumfahrtwesen	Luft- und Raumfahrttechnik, Flugzeugbau/Flugtriebwerkbau, Maschinenbau mit Schwerpunkt instationäre Strömungsmaschinen oder vergleichbare Studiengänge
Schiffsbau und Schiffsmaschinenbau	Schiffstechnik/Schiffsbau, Schiffsmaschinenbau, Maschinenbau mit Schwerpunkt Kraft- und Arbeitsmaschinen/Fördertechnik oder vergleichbare Studiengänge
Kraftfahr- und Gerätewesen	Kraftfahrzeugtechnik, Maschinenbau mit Schwerpunkt Kolbenmaschinen/Kraft- und Arbeitsmaschinen/Thermodynamik oder vergleichbare Studiengänge
Systembewaffnung und Effektoren	Maschinenbau mit Schwerpunkt Thermodynamik, Feinwerktechnik, Physik, Chemie oder vergleichbare Studiengänge

Tabelle 1: Wehrtechnische Fachgebiete und maßgebliche Studiengänge (Bundesamt für das Personalmanagement der Bundeswehr, 2015 h, S. 19)

Soll bei der Bundeswehr ein **Bachelorabschluss** erreicht werden, so wird ein Schulabschluss verlangt, der zu einem Studium an einer der kooperierenden Hochschulen berechtigt. Gegebenenfalls ist ein achtwöchiges Praktikum vorab abzuleisten oder kann ein qualifizierter Berufsabschluss nachgewiesen werden, der mit entsprechender Berufspraxis zu einem solchen Studium berechtigt (Bundesamt für das Personalmanagement der Bundeswehr, 2015 i, S. 21). Für Bewerber für ein **Masterstudium** erfolgt zusätzlich auch immer ein Assessment-Center (Bundesamt für das Personalmanagement der Bundeswehr, 2015 j, S. 91). Weitere Informationen hierzu finden sich ab Seite 29.

Die einzureichenden Unterlagen für einen zivilen Beruf bei der Bundeswehr unterscheiden sich grundsätzlich nicht von denen, die auch in der freien Wirtschaft verlangt werden. Einzureichen sind:

- Bewerbungsschreiben
- tabellarischer Lebenslauf
- Kopien der Schulabschlusszeugnisse oder Kopien der letzten beiden Schul- oder Zwischenzeugnisse

- Einverständniserklärung eines Personensorgeberechtigten, so man selbst noch nicht volljährig ist (Bundesamt für das Personalmanagement der Bundeswehr, 2014, S. 23)

Sofern vorhanden sind weiter einzureichen:
- Kopien von Praktikumszeugnissen
- Kopien von Zeugnissen seit der Schulentlassung
- Ggf. Erläuterung der Inhalte eines abgeschlossenen Studiums, z. B. in Form eines Diploma Supplements (Bundesamt für das Personalmanagement der Bundeswehr, 2015 i, S. 27)
- Kopie des Nachweises einer Schwerbehinderung oder die Gleichstellung als schwerbehinderter Mensch (Bundesamt für das Personalmanagement der Bundeswehr, 2014, S. 23)
- Von ehemaligen Soldaten Kopien der Zeugnisse, die bei Beendigung des Grundwehrdienstes und nach Wehrübungen erteilt wurden (Bundesamt für das Personalmanagement der Bundeswehr, 2015 i, S. 27)

Der Bewerbungsschluss ist in der Regel jeweils 6 Monate vor dem geplanten Einstellungstermin. Diese sind grundsätzlich der 1. August bzw. der 1. September eines jeden Jahres (Bundesamt für das Personalmanagement der Bundeswehr, 2014, S. 23). Nach Erhalt wird die eingegangene Bewerbung geprüft und erfolgt ggf. eine Einladung zu einem Eignungs- und Einstellungstestverfahren. Hieraus ergibt sich dann auch der weitere **Bewerbungsablauf**. Dieser besteht aus schriftlich/praktischen Tests, einer ärztlichen Untersuchung, ggf. einem Sporttest (Basic-Fitness-Test), einem Kurzvortrag sowie einem Vorstellungsgespräch (Bundesministerium der Verteidigung, 2016 k, S. 16).

Assessment-Center-Verfahren

Die Eignungs- und Einstellungstestverfahren bei der Bundeswehr dauern ein bis mehrere Tage (je nach Laufbahn) und unterteilen sich in einen schriftlichen Teil (computergestützte Testverfahren), einem Sporttest (für Bewerbungen bei der Feuerwehr), ggf. einem Gruppensituationsverfahren in Form eines Assessment-Centers (nur für die Offizierslaufbahn bzw. dem höheren Dienst), einem Einzelgespräch und einer ärztlichen Untersuchung, wenn eine Einstellungsabsicht der Bundeswehr vorliegt (Bundesamt für das Personalmanagement der Bundeswehr, 2015 f, S. 7). Für **militärische Laufbahnen** erfolgt daran im Anschluss ein (weiteres) Einplanungsgespräch aufgrund der erlangten Testergebnisse und die abschließende Einplanung auf die Wunschstelle (Bundesamt für das Personalmanagement der Bundeswehr, 2015 f, S. 9).

Allen militärischen Bewerbern der Laufbahnen der Mannschaften bis Feldwebel ist vorab ein Praktikum in Form einer sogenannten **Truppenwerbung** zu empfehlen. Hier leisten Sie für eine gewisse Zeit bereits Dienst in Ihrer künftigen (oder einer vergleichbaren) Einheit und haben die Gelegenheit, die Bundeswehr kennenzulernen – und die Bundeswehr Sie.

Für **nichttechnische Beamtenlaufbahnen** erwartet Sie ein schriftliches und mündliches Auswahlverfahren. Dabei wird die persönliche und praxisbezogene Eignung insb. von Juristen und Wirtschaftswissenschaftlern u. a. über ein Vorstellungsgespräch festgestellt. Dieses erfolgt für den höheren Dienst übrigens grundsätzlich im Rahmen eines Assessment-Centers (Bundesamt für das Personalmanagement der Bundeswehr, 2015 j, S. 91).

Wer sich für eine **Berufsausbildung** bei der Bundeswehr interessiert, sollte sich auf schriftliche Tests mit Schwerpunkten aus dem angestrebten Beruf, z. B. Rechtschreibung, Mathe, Physik, Aufsatz, Logik, technisches Verständnis und/oder Fragen aus Wirtschafts- und Sozialbereich, eine praktische Arbeitsprobe bzw. ein kurzes Praktikum bei der Ausbildungsdienststelle sowie ein Vorstellungsgespräch vorbereiten (Bundesamt für das Personalmanagement der Bundeswehr, 2015 j, S. 91).

Für **alle Laufbahnen und Berufsrichtungen** ist zu beachten, dass in allen Tests grundsätzlich vorgegebene Mindestwerte zu erreichen sind. Wird ein Teil nicht bestanden, z. B. die schriftlichen Tests, scheidet man unmittelbar aus und das Verfahren wird nicht fortgesetzt. Ggf. sollte man beim zuständigen Karrierecenter vorab um eine Verschiebung eines Testtermins bitten, wenn man sich noch nicht ausreichend vorbereitet fühlt.

Schriftliche Auswahlverfahren

Die Schwerpunkte im schriftlichen Auswahlverfahren ergeben sich sowohl für eine militärische als auch zivile Laufbahn aus dem gewünschten Berufsfeld: Hat man sich z. B. für einen eher technischen Bereich beworben, wird ein Schwerpunkt auf Mathematik, Technik und Physik gelegt. Geht die Bewerbung mehr in Richtung Geisteswissenschaften, so werden dagegen eher Deutschkenntnisse, Allgemeinwissen und ähnliche Themen behandelt. Allgemein sollte man sich auf folgende Tests vorbereiten:
(**Hinweis**: *Die Testinhalte richten sich nach gewünschter Funktion und Laufbahn. Hier angegebene Tests sind exemplarisch zu verstehen.*)

- Rechtschreibung,
- Mathematik, Physik, Logik,
- Fragen aus dem Wirtschafts- und Sozialbereich,
- Fragen zum technischen Verständnis,
- Konzentrationstests (Bundesamt für das Personalmanagement der Bundeswehr, 2014, S. 29)

Regelmäßig wird man Sie auch bitten, **biografische Fragebögen** zu beantworten. Achten Sie auf Rechtschreibung und Grammatik sowie darauf, sauber und ordentlich zu schreiben und nicht zu viel, aber auch nicht zu kurz zu antworten. Überlegen Sie vorab, wie Sie in einem späteren Vorstellungsgespräch Lücken in Ihrem **Lebenslauf** oder schlechte Noten in der Schule erklären wollen. Letztendlich kommt es bei solchen Dingen auf Ihre Argumentation an, nicht auf die schlechte Note oder Lücke im Lebenslauf an sich. Genauso verhält es sich übrigens, wenn Sie einen bestimmten Studienwunsch verfolgen, der aber nicht Ihren bisherigen Interessen entspricht. Auch auf solche Fragen sollten Sie schlüssige Antworten haben.

Sporttest (Basic-Fitness-Test)

Für Bewerber auf eine militärische Laufbahn bzw. eine Laufbahn bei der Feuerwehr der Bundeswehr ist der **Basic-Fitness-Test** (BFT) eine mögliche Hürde. Hier lohnt es sich also umso mehr, bereits im Vorfeld zu trainieren, um diesen Teil sicher zu bestehen. Dennoch: als einziger Test kann der Sporttest binnen 6 Monaten wiederholt werden, wenn man ihn nicht bestanden hat (Bundesamt für das Personalmanagement der Bundeswehr, 2016 c). Alternativ kann man auch das Deutsche Sportabzeichen als Leistungsnachweis einreichen.

Tipp: Um einen Eindruck vom Ablauf des BFT und insbesondere der Übungen zu bekommen, stellt die Bundeswehr ein kurzes Video zur Verfügung: BFT – Basis Fitnesstest bei der Bundeswehr **https://youtu.be/pkx7grofosE**

Durchgeführt wird der BFT in den Karrierecentern sowie im Assessment-Center für Führungskräfte der Bundeswehr (Bundesamt für das Personalmanagement der Bundeswehr, 2016 c). Der BFT besteht aus den folgenden Inhalten:

1. **Sprinttest, 11 × 10 m**
   Zum Start liegt man auf dem Bauch, den Kopf in Laufrichtung. Es gilt dann aufzuspringen und so schnell wie möglich eine Pylone, die in 10 m Entfernung steht, zu umrunden. Danach geht es so schnell wie möglich wieder zurück zum Startpunkt, wo man sich abermals auf den Bauch legt, die Hände hinter dem Rücken zusammenklatscht, wieder aufspringt und die nächste Runde läuft. Ziel ist es, binnen 60 Sekunden mindestens fünfeinhalb Runden zu laufen (Bundesamt für das Personalmanagement der Bundeswehr, 2016 c).
2. **Klimmhang**
   An einer Reckstange gilt es im sog. Kammgriff (Handrücken zeigt vom Körper weg), so lange wie möglich die Endposition eines Klimmzuges zu halten. Bewertet wird die Zeit, in der dies möglich ist. Als Mindestleistung sind 5 Sekunden festgelegt (Bundesamt für das Personalmanagement der Bundeswehr, 2016 c).

3. **1000-Meter-Lauf**
Der Lauf wird bevorzugt auf einer 400-Meter-Bahn durchgeführt, sodass nach dem Start an der 200-Meter-Markierung ab Start-/Zielmarkierung noch zwei vollständige Runden zu bewältigen sind. Die 1000 Meter sind in maximal 6:30 zu laufen, die Laufzeit wird sekundengenau notiert.

   ODER

   Fahrradergometertest (FET)
   Nachdem man sich selbst den Sattel eingestellt und eine gute Sitzposition eingenommen hat, müssen auf einem Fahrradergometer so schnell wie möglich mindestens 3 000 m zurückgelegt werden. Die Fahrt beginnt dabei mit einer Aufwärmphase von einer Minute bei 70 Watt. Danach kann der Widerstand selbst gewählt werden, sodass die Strecke bei maximal möglicher (sinnvoller) Leistung so schnell wie möglich zurückgelegt wird. Hierfür stehen insgesamt 6:30 Minuten zur Verfügung, was bedeutet, dass Sie bei 130 Watt und 80 Umdrehungen pro Minute den Test bestehen (Bundesamt für das Personalmanagement der Bundeswehr, 2016 c).

Alle Mindestleistungen des BFT sind geschlechtsunabhängig, d. h. es gelten die gleichen Werte für Frauen wie auch für Männer. Wie im schriftlichen Teil ist es dabei so, dass alle Disziplinen bestanden werden müssen, da andernfalls der Test abgebrochen wird (Karriereberatungsbüro Bremen, 2016).

Vorstellungsgespräch

Das Vorstellungsgespräch ist eine weitere Hürde, die man auf dem Weg in die Bundeswehr zu absolvieren hat, und wie bei den meisten Testverfahren, kann man sich auch hierauf vorbereiten. Dazu ist es natürlich wichtig zu wissen, mit welchen gängigen Fragen zu rechnen ist. Eine dieser Fragen ist z. B., warum man sich bei Bundeswehr verpflichten möchte und sich dann genau auf die Funktion X beworben hat. Hier sollte man sich Gedanken gemacht haben, wie man darauf antworten will. Möglich wäre z. B., dass man gerne eine Ausbildung absolvieren möchte, einem Teamarbeit wichtig ist, man sich nicht vorstellen kann, den ganzen Tag im Büro zu sein, man Abwechslung benötigt, einen festen sicheren Arbeitsplatz sucht, man Verantwortung tragen möchte, die Perspektive, nach der Verpflichtungszeit in einen zivilen Beruf übergehen oder sich noch mal fortbilden zu können, attraktiv ist, usw. Genauso könnte man anführen, dass man „Deutschland dienen" möchte, der Gesellschaft etwas zurückgeben, Menschen helfen usw. Hier gilt es also die **Vorteile der Bundeswehr** und des Berufs darstellen und mit der eigenen Vita in Verbindung bringen zu können. Genauso wichtig ist es aber auch, über die **negativen Faktoren** bei der Bundeswehr Bescheid zu wissen. Hierzu gehören z. B. mögliche Versetzungen, aber auch (lebens-)gefährliche Missionen, längeres Getrenntsein von der Familie.

Tipp: Merken Sie sich, was Sie in der Bewerbung geschrieben haben, und widersprechen Sie sich nicht, wenn Sie darauf im Vorstellungsgespräch angesprochen werden.

Allgemein gilt es, ein positives Bild von sich selbst abzugeben und zu zeigen, dass man sich über seinen potenziellen Arbeitgeber und Beruf genau informiert hat. Dazu müssen Sie nicht extra die Internetseiten der Bundeswehr auswendig lernen, sollten aber schon ein paar Rahmendaten wie z. B. die Unterschiede zwischen den Teilstreitkräften benennen können (bei einer angestrebten militärischen Verwendung) oder die Tätigkeiten in der Rechtspflege, wenn Sie sich hierfür (zivil) beworben haben.

Am Ende des Vorstellungsgesprächs haben Sie noch einmal die Gelegenheit, Fragen zu stellen und werden ein kurzes Feedback bekommen. Hier zeichnet sich dann auch ab, wie Ihre Chancen auf „Ihren" Wunscharbeitsplatz stehen. Fragen Sie ggf. nach, falls Sie etwas nicht verstehen oder nachvollziehen können. Genauso wie Sie einen guten Arbeitsplatz bekommen wollen, ist die Bundeswehr an guten Mitstreitern/Mitarbeitern interessiert. Vielleicht gibt es auch Alternativen, an die beide Seiten bislang nicht gedacht haben, wenn es mit „der" Stelle nicht klappt?

Ärztliche Untersuchung

Letztlich gilt es, bei der Bundeswehr vor einer Einstellung grundsätzlich auch immer eine ärztliche Untersuchung zu absolvieren. Neben einem „Standardcheck" kann hier z. B. auch ein **Drogenscreening** durchgeführt werden oder man schaut nach bestimmten Dingen, die Sie im Vorfeld bereits als bekannte Erkrankung angegeben haben. Ab und an kommt es daher auch vor, dass man alle Tests erfolgreich bestanden hat, dann aber bei der ärztlichen Untersuchung mitgeteilt bekommt, für einen gewissen Bereich nicht tauglich zu sein. In diesem Fall empfiehlt es sich, noch eine zweite oder gar dritte Wunschverwendung zu haben oder noch einmal das Gespräch mit dem Karrierecenter-Berater zu suchen. Die Bundeswehr bietet viele Wege und Möglichkeiten, um ans Ziel zu kommen, sodass man nicht aufgeben sollte. Auch ist wichtig zu wissen, dass die Anforderungen an die Stellen unterschiedlich sind. Die körperlichen Anforderungen an eine Bürokraft sind z. B. geringer als die an einen Kampfpiloten. Je nach Funktion unterscheiden sich daher auch die Inhalte der ärztlichen Untersuchung.

Einplanung

Ganz am Ende der Assessmentverfahren steht immer das Einplanungsgespräch. Hier werden Berufswunsch, Ergebnisse in den Testverfahren und die personellen Bedarfe der Bundeswehr in Einklang gebracht. Sollte dies einmal nicht möglich sein, fragen Sie nach, welche Alternativen es eventuell gibt. Zum einen sind die Laufbahnen in der Bundeswehr in der Regel durchlässig, d. h. Sie können Ihr Ziel ggf. auch auf Umwegen erreichen, zum anderen haben Sie ausreichend Zeit, sich Gedanken um die vorgeschlagene Alternative zu machen. Haben Sie darüber in Ruhe nachgedacht, so können Sie auch nach einer bereits erfolgten Zusage jederzeit bei der Bundeswehr anrufen und von der Stelle zurücktreten – Sie haben also keinen Grund zur Eile!

Assessment-Center-Verfahren für die Offizierslaufbahn

Im Gegensatz zu den regulären Eignungs- und Einstellungstestverfahren ist für die Laufbahn der Offiziere ein Assessment-Center immer zwingend vorgesehen.

Begonnen wird zunächst mit einem **Aufsatz**, mit dem man überprüfen möchte, ob die deutsche Sprache in schriftlicher Form ausreichend beherrscht wird. Dazu kommen dann nach weitere **computergestützte Testverfahren** (CAT – Computergestützte Adaptive Testverfahren), in denen Ihre sprachlichen Fähigkeiten sowie Tests zur Mathematik, Logik und Persönlichkeit (Persönlichkeitsmerkmaltest Offiziere – PMO) durchgeführt werden. Je nach gewünschter Berufsrichtung werden noch andere Testverfahren ergänzt bzw.

die Schwerpunkte verändert, sodass z. B. für angehende Wehrtechniker auch Physik und Technik hinzukommen. Bewerber für den zentralen Sanitätsdienst der Bundewehr absolvieren einen eigenen „San-Test“ (Bundesamt für das Personalmanagement der Bundeswehr, 2016 a), Bewerber für die Laufbahn des Fliegerischen Dienstes wie auch für den Radarführungsdienst den sogenannten „Fliegertest“. Alle Tests, mit Ausnahme des PMO, sind im Übrigen adaptiv gestaltet und der Schwierigkeitsgrad individuell geregelt. Dies bedeutet, dass man langsam aufbauend an das persönliche Limit herangeführt wird und so die beste Leistung zeigen kann, ohne überfordert zu werden (Bundesamt für das Personalmanagement der Bundeswehr, 2015 d, S. 13).

Hiernach folgen sogenannte **Gruppensituationsverfahren** (GSV). Bei diesen handelt es sich um Tests, in denen man das Verhalten der Bewerber in einer Gruppe bewertet. Dazu werden sowohl zwei Planspiele als auch ein Kurzvortrag durchgeführt. Bei den Planspielen geht es darum, in der Gruppe gemeinsam eine Aufgabenstellung zu diskutieren und zu lösen. Hier müssen Sie Ihre Argumente vertreten und anderen Argumenten gegenüber offen sein. Anschließend bekommen Sie 25 Minuten Zeit, sich vorzubereiten, um dann in maximal 10 Minuten einen Kurzvortrag vor Ihrer Gruppe und den anwesenden Testern zu halten. Die Themen sind dabei so gestellt, dass sie dem durchschnittlichen Kenntnis- und Erfahrungshorizont der Bewerber entsprechen (Bundesamt für das Personalmanagement der Bundeswehr, 2016 a). Beachten Sie bitte, dass in diesem Testteil insbesondere (nicht ausschließlich, aber doch spezieller) Ihre Führungskompetenz bewertet wird, da Sie sich um eine Führungskarriere bewerben. Daneben geht es natürlich auch um Durchsetzungsvermögen, soziale Kompetenz und intellektuelle Fähigkeiten.

Beim **Sporttest** kommt (erneut) der BFT zum Einsatz (Bundesamt für das Personalmanagement der Bundeswehr, 2015 d, S. 13). Im **Vorstellungsgespräch** geht es dann thematisch insbesondere um die Offizierslaufbahn, Ihren Berufswunsch, Ihre Kenntnisse und Fähigkeiten sowie Ihre Eignung für eine Karriere in Führungsverwendungen (Bundesamt für das Personalmanagement der Bundeswehr, 2015 d, S. 13).

Allen Bewerbern für Offizierslaufbahnen ist gemein, dass sie auch noch einmal eine gesonderte **ärztliche Untersuchung** erhalten. Hier erfolgt dann speziell die Feststellung der Tauglichkeit als Offizier und mit besonderem Blick auf die Tauglichkeit für die künftige Verwendung, mit anderen Worten: Ihren Einsatz bei [...].

Abschließend findet aufgrund der erreichten Ergebnisse für alle Bewerber, die noch studieren wollen, eine **Studieneignungsfeststellung** und anschließend eine **Studienberatung** statt. Dabei werden z. B. die Schulnoten betrachtet und festgestellt, ob man die Eingangsvoraussetzungen für einen bestimmten Studiengang erfüllt und die Testergebnisse in Abgleich mit den eigenen Wünschen/Fähigkeiten die Aufnahme eines bestimmten Studiengangs zulassen. Ist dies der Fall, so endet das Verfahren mit dem Einplanungsgespräch. Hierbei erfolgt eine Bestenauslese nach Rangreihenfolge, bevor man eine Einstellungszusage mit oder ohne in die Ausbildung integriertem Studium erhält. Dies bedeutet, man bekommt entweder eine Sofortzusage oder wird in eine Warteliste aufgenommen (Bundesamt für das Personalmanagement der Bundeswehr, 2015 d, S. 13).

Feuerwehr

Feuerwehrmann – kaum ein anderer Beruf liegt in der Beliebtheitsskala vieler kleiner Jungen bei der Frage „Was willst du später mal werden?" so weit vorne wie dieser. Die Vorliebe scheint sich über die Jahre zu halten. Über mangelndes Interesse der Bewerber müssen sich die Berufsfeuerwehren jedenfalls nicht beklagen. Kein Wunder, denn dieser Beruf ist so abwechslungsreich und verantwortungsvoll wie kaum ein anderer. Neben der Brandbekämpfung im üblichen Sinn können sich Feuerwehrleute nach einer zusätzlichen Ausbildung beispielsweise als **Rettungstaucher** betätigen. Vielerorts ist in die Ausbildung bei der Feuerwehr auch die zum **Notfallsanitäter** integriert. Diese befähigt dazu, Menschen nicht nur zu helfen, sie aus misslichen Situationen zu befreien, sondern sie auch mit Erster Hilfe zu unterstützen. Feuerwehrleute betreiben Präventivarbeit in Schulen und tragen auch ansonsten in der Öffentlichkeit zur Aufklärung zum Thema Brandschutz etc. bei. Innerhalb der Feuerwehr besteht zusätzlich die Möglichkeit einer Karriere, die bis **zum Brandreferendar** und in den höheren Dienst führen kann.

Die Bewerber sind deutlich überwiegend männlich. Alle im Folgenden genannten Berufsfeuerwehren würden das gerne ändern. Frauen scheitern jedoch häufig an den harten körperlichen Anforderungen, die aus Gründen der Sicherheit nicht gesenkt werden können, oder an der fehlenden vorherigen feuerwehrtauglichen Berufsausbildung. Trotzdem: Das Werben um mehr Bewerberinnen geht weiter. Denn die Berufsfeuerwehren halten Frauen sehr wohl für geeignet, in ihrem Metier mit Bravour bestehen zu können.

Allgemeine Informationen

Die Voraussetzungen für eine Ausbildung bei der Feuerwehr sind nicht leicht zu erfüllen und von Bundesland zu Bundesland verschieden. Damit nicht genug – die Gestaltung des **Einstellungsverfahrens** ist jeder Berufsfeuerwehr selbst überlassen. Und davon gibt es in Deutschland immerhin 100 an der Zahl. Es ist also empfehlenswert, sich bei der jeweiligen Berufsfeuerwehr nach dem Ablauf eines solchen Verfahrens zu erkundigen. Das gilt auch für die Einstellungstests der Berufsfeuerwehren, die im Folgenden beschrieben werden, denn auch hier kann es Änderungen geben. Die Berufsfeuerwehren sind immer interessiert daran, ihre Tests zu vervollkommnen. So gibt es einige, die mit der Deutschen Gesellschaft für Psychologie kooperieren, um auf diese Weise sicherzugehen, stressresistente und zuverlässige Kandidatinnen und Kandidaten einzustellen. Andere achten stärker auf körperliche Fitness sowie praktische Veranlagung, wieder andere legen Wert auf eine Kombination aus beidem.

Die meisten Berufsfeuerwehren nutzen mittlerweile das Internet, um über ihre Bewerbungsvoraussetzungen und Testverfahren zu informieren. Auf diesen Seiten sind die jeweils gültigen Bewerbungsfristen und Informationen angegeben, z. B. ob es für das laufende Jahr Bedarf an Bewerbern gibt, und wenn ja, für welche Laufbahn. Die Stellen werden jeweils nach Bedarf ermittelt. Die Feuerwehren erstellen einen Brandschutzbedarfsplan mit dem voraussichtlichen Stellenbedarf, der von der jeweiligen Stadt abgesegnet werden muss. Das bedeutet, dass nicht in jedem Jahr automatisch Stellen ausgeschrieben werden. Neben der Internetrecherche empfiehlt sich ein Telefonanruf bei den jeweiligen Personalabteilungen.

Grundvoraussetzungen für **den mittleren feuerwehrtechnischen Dienst** sind auf alle Fälle eine abgeschlossene Hauptschul- und Berufsausbildung, eine gute Allgemeinbildung und eine ebensolche körperliche Verfassung. Entscheidend sind auch eine hohe praktische Veranlagung, Teamfähigkeit und vor allem eine hohe Sozialkompetenz. Einsatzbereitschaft und Idealismus sind für alle Feuerwehren wichtige Einstellungskriterien. Bezüglich der Ausbildung wird ausdrücklich in den meisten Fällen auch ein „anerkannt gleichwertiger Bildungsstand“ akzeptiert. Damit ist z. B. eine Schulausbildung in einer Waldorfschule, einer anderen anerkannten Schulinstitution oder eine Lehre mit Berufsschule gemeint. Bewerber für **den gehobenen feuerwehrtechnischen Dienst** benötigen den Nachweis eines Studiums mit für die Feuerwehr geeignetem Inhalt, sprich: ein Ingenieursstudium oder ein Studium in Chemie, Physik etc. Beamte in dieser Laufbahn sind Gruppen- oder Staffelführer, bilden aus und übernehmen die Verwaltungstätigkeit auf ihrer Dienststelle.

Obligatorisch ist übrigens bei jeder Feuerwehr **die amtsärztliche Untersuchung**. Bewerber werden hier buchstäblich auf Herz und Nieren geprüft, ob sie den harten körperlichen Anforderungen gewachsen sind und – für die Übernahme in das Beamtenverhältnis – auch eine angemessen lange Zeit bleiben werden. Denn eine diesbezügliche Fehlprognose kann den Staat nach vollzogener Verbeamtung teuer zu stehen kommen.

Der **höhere feuerwehrtechnische Dienst** entspricht in etwa der Position eines Managers. Das Berufsbild beinhaltet einerseits Personalführung und -verwaltung, die Entwicklung neuer Taktiken und Feuerwehrtechniken, finanztechnische Aufgaben und Ausbildung, andererseits aber auch die Leitung und Organisation bei Großeinsätzen und die Außenrepräsentation der Feuerwehr. Wichtig ist die Fähigkeit, interdisziplinär arbeiten zu können, um dem immer komplexer werdenden Aufgabenbereich der Feuerwehr gerecht zu werden.

Wer sich zum **höheren feuerwehrtechnischen Dienst** berufen fühlt, muss den Weg über den Deutschen Städtetag in Köln beschreiten. Dort wird über jeden Antrag eines Bewerbersnach Tauglichkeit entschieden und ihm anschließend mitgeteilt, in welcher Stadt eine entsprechende Stelle zu besetzen ist. Diese Stellen sind rar gesät und entsprechend heiß begehrt. Nur einmal im Jahr, zum 1. April, beginnt eine solche Ausbildung. Interessierte benötigen die folgenden Bewerbungsunterlagen: einen Lebenslauf, die Geburtsurkunde, 2 Lichtbilder, das letzte Schulzeugnis, das Zeugnis des Studienabschlusses, Zeugnisse über die Zeit nach dem Studium, den Nachweis der deutschen Staatsbürgerschaft, ein Führungszeugnis (zur Vorlage bei den Behörden), Erklärungen über Vorstrafen, Fahrerlaubnisse, Deutsches Sportabzeichen, Deutsches Rettungsschwimmabzeichen Bronze, Nachweis über geordnete wirtschaftliche Verhältnisse und ein Gesundheitszeugnis.

Bewerbungen sind zu richten an:

Deutscher Städtetag
Gereonstraße 18–32
50670 Köln
Tel.: 02 21 / 37 71-0

Bei positiver Prüfung erfolgt ein **Vorstellungsgespräch** vor einer Auswahlkommission des Städtetages. Nähere Informationen zum Verlauf der Ausbildung und zu den Stellen finden sich auf der Seite der Interessengemeinschaft der Brandreferendare und Aufstiegsbeamten für den höheren feuerwehrtechnischen Dienst (IGBRef), unter **www.igbref.de**.

Festzuhalten ist, dass die **Bewerbungsverfahren** sämtlicher Feuerwehren durch ihren hohen Standard gewährleisten, dass im Bedarfsfall nur Kräfte zum Einsatz kommen, die bestmöglich die Sicherheit der Bürgerinnen und Bürger schützen können.

Da die jeweiligen **Einstellungsvoraussetzungen** einer ständigen Anpassung unterliegen, empfehlen wir Ihnen, die Bewerbungsanschrift und aktuelle Daten den jeweiligen Internetauftritten der verschiedenen Organisationen zu entnehmen. Eine kleine Auswahl haben wir Ihnen dazu im Folgenden zusammengestellt.

Berlin	http://www.berliner-feuerwehr.de/
Bremen	http://www.feuerwehr-bremen.org
Düsseldorf	http://www.duesseldorf.de/feuerwehr/
Dresden	http://www.dresden.de/de/rathaus/aemter-und-einrichtungen/unternehmen/feuerwehr.php?shortcut=Feuerwehr
Erfurt	http://www.feuerwehr-erfurt.de/
Hamburg	http://www.hamburg.de/feuerwehr/
Hannover	http://www.hannover.de/Leben-in-der-Region-Hannover/Sicherheit-Ordnung/Feuerwehr-Hannover
Kiel	http://www.kiel.de/leben/sicherheit/feuerwehr
Magdeburg	http://www.feuerwehr-magdeburg.de/
Mainz	http://www.berufsfeuerwehr-mainz.de/index.htm
München	http://www.muenchen.de/rathaus/Stadtverwaltung/Kreisverwaltungsreferat/Branddirektion-Muenchen.html
Potsdam	http://www.feuerwehr-potsdam.de/
Saarbrücken	http://www.saarbruecken.de/leben_in_saarbruecken/gesundheit_sicherheit/feuerwehr_saarbruecken
Schwerin	http://www.schwerin.de/?internet_navigation_id=707
Stuttgart	http://www.feuerwehr-stuttgart.de/
Wiesbaden	http://www.wiesbaden.de/microsite/feuerwehr/index.php

Die genannten Internetadressen entsprechen dem **Stand Herbst/Winter 2017**. Weitere Informationen zu ausgewählten Berufsfeuerwehren finden Sie auf den folgenden Seiten.

Berlin

Die Berufsfeuerwehr Berlin, mit ca. 2 400 Bewerbungen für den mittleren und ca. 100 Bewerbungen für den gehobenen Dienst, ist eine der bewerberstärksten der hier interviewten Berufsfeuerwehren.

Laufbahngruppe 1, 2. Einstiegsamt/Der mittlere Dienst

Für den mittleren Dienst bei der Berliner Feuerwehr gibt es zwischenzeitlich verschiedene Zugangswege, die wir Ihnen im Folgenden vorstellen:

112 Direkt

Zugangsvoraussetzungen hierfür sind ein mittlerer Schulabschluss; eine abgeschlossene Berufsausbildung ist nicht erforderlich. Zum Zeitpunkt der Einstellung muss man mindestens 16½ Jahre und darf höchstens 35 Jahre alt, d. h. das 36. Lebensjahr darf noch nicht vollendet sein. Die Ausbildungsdauer beträgt 18 Monate, wobei man in diesen eine handwerklich-technische Grundqualifizierung erfährt.

112 Classic

Für diesen Einstieg wird mindestens ein Abschluss der 9. Klasse der Hauptschule oder ein als gleichwertig anerkannter Bildungsstand benötigt. Zusätzlich ist eine abgeschlossene Ausbildung in einem anerkannten Ausbildungsberuf oder eine Berufsausbildung an einer technischen Fachschule oder Fachoberschule nachzuweisen. Bei der Einstellung muss man mindestens 18 Jahre und darf höchstens 35 Jahre alt, d. h. das 36. Lebensjahr darf noch nicht vollendet sein. Die Ausbildungsdauer für 112 Classic findet in Form eines 18-monatigen Vorbereitungsdienstes für die mittlere feuerwehrtechnische Laufbahn statt.

112 Medic

Um diesen speziellen Einstieg wählen zu können, benötigen Sie mindestens einen Schulabschluss der 10. Klasse (MSA) oder eine andere gleichwertige Schulausbildung. In den Fächern Deutsch, Mathematik, Physik, Chemie und Biologie darf Ihr Notendurchschnitt nicht schlechter als 3,4 sein. Alternativ kann man auch mit einem Hauptschulabschluss oder einer gleichwertigen Schulausbildung einsteigen, wenn man zusätzlich noch eine Berufsausbildung von mindestens zweijähriger Dauer erfolgreich abgeschlossen hat. In der Ausbildung bei der Berliner Feuerwehr wird man dann zunächst in 36

Monaten zum Notfallsanitäter geschult und erhält einen 12-monatigen Vorbereitungsdienst auf die mittlere feuerwehrtechnische Laufbahn.

112 MedicExpert

Ein Einstieg in den mittleren Dienst der Berliner Feuerwehr ist auch möglich, wenn man eine bereits abgeschlossene Berufsausbildung als Notfallsanitäter oder Rettungsassistent vorweisen kann. Die Ausbildung teilt sich dann in einen 6-monatigen Vorbereitungsdienst auf die mittlere feuerwehrtechnische Laufbahn sowie ein 480-Stunden-Wachpraktikum für Notfallsanitäter bzw. eine 480- bis 960-stündige Ergänzungsausbildung zum Notfallsanitäter für alle Rettungsassistenten auf.

Die Ausbildungsvoraussetzungen für einen Einstieg in den mittleren Dienst sind:

- Deutscher im Sinne des Artikels 116 des Grundgesetzes oder Staatsangehöriger eines anderen Mitgliedstaates der Europäischen Union
- Gewährleistung des Eintritts für die freiheitliche demokratische Grundordnung im Sinne des Grundgesetzes und der Verfassung von Berlin
- persönliche Eignung für den Dienst in der Feuerwehr
- Schwimmabzeichen in Silber (nicht älter als 2 Jahre)
- Besitz einer Fahrerlaubnis der Klasse 3 bzw. B
- Körpergröße von mindestens 165 cm und höchstens 195 cm
- unkorrigierte Sehschärfe von mindestens 50 Prozent auf jedem Auge
- uneingeschränkte Feuerwehrdiensttauglichkeit (wird von der Feuerwehr im Rahmen der Einstellung überprüft). Dazu sind die Voraussetzungen nach G 26.3 zu erfüllen und der Body-Mass-Index (BMI) soll zwischen 18 und 27,5 liegen

Ferner sind in allen Verfahren **schriftliche, sportlich-praktische** und **mündliche Eignungsprüfungen** zu bestehen.

Das Auswahlverfahren sieht unter anderem einen **Sporttest** vor, dessen wesentliche Elemente ein Krafttest mit Brustpresse (30 kg und Lat-Zug 40 kg mit mindestens je 20 Wiederholungen), ein Ausdauertest und ein Koordinationstest sind. In einem **strukturierten Interview** halten Sie eine Selbstpräsentation, lösen ein Fallbeispiel oder ein Rollenspiel und halten einen offenen Dialog mit der Prüfungskommission. Im **Praxis- und Teamtest** nehmen Sie an einsatzrelevanten Übungen teil. Neben dem Umgang mit einfachen Gerätschaften wird hier auch die Bewältigung einfacher handwerklich-technischer Aufgaben beurteilt. Ihre persönlichen Fähigkeiten werden in einem **EDV-Test** ermittelt. Das dabei entstandene „Bewerberprofil" wird mit dem Anforderungsprofil der Funktion einer Brandmeisterin oder eines Brandmeisters verglichen und anschließend auf Ihre Geeignetheit bewertet. Schlussendlich erfolgt eine **ärztliche Untersuchung** im Anschluss an das Auswahlverfahren beim polizeiärztlichen (hier wird mit der Polizei kooperiert) Dienst. Diese dient der Feststellung Ihrer grundsätzlichen Eignung für den feuerwehrtechnischen Dienst. Im Falle einer nachgewiesenen Schwerbehinderung kann die gesundheitliche Eignungsuntersuchung zur Feststellung der Feuerwehrdienstfähigkeit bereits im Vorgriff auf das Auswahlverfahren erfolgen (Feuerwehr Berlin, 2017 a).

Laufbahngruppe 2, 1. Einstiegsamt/Der gehobene Dienst

Für den Einstieg in den gehobenen Dienst bei der Berliner Feuerwehr ist mindestens ein abgeschlossenes Bachelorstudium erforderlich. Allgemeine Zulassungsvoraussetzungen sind:

- Deutscher im Sinne des Artikels 116 des Grundgesetzes oder Staatsangehöriger eines anderen Mitgliedstaates der Europäischen Union
- Gewährleistung des Eintritts für die freiheitliche demokratische Grundordnung im Sinne des Grundgesetzes und der Verfassung von Berlin
- Schwimmabzeichen in Silber (nicht älter als 2 Jahre)
- Besitz einer Fahrerlaubnis der Klasse 3 bzw. B und ein
- Höchstalter von 35 Jahren, d. h. das 36. Lebensjahr noch nicht vollendet.
- Körpergröße von mindestens 165 cm und höchstens 195 cm
- unkorrigierte Sehschärfe von mindestens 50 Prozent auf jedem Auge,
- uneingeschränkte Feuerwehrdiensttauglichkeit (wird von der Feuerwehr im Rahmen der Einstellung überprüft). Dazu sind die Voraussetzungen nach G 26.3 zu erfüllen und der Body-Mass-Index (BMI) soll zwischen 18 und 27,5 liegen

Ferner sind **schriftliche, sportlich-praktische** und **mündliche Eignungsprüfungen** zu bestehen.

Für einen als erfolgreich geltenden Studienabschluss gelten folgende Merkmale:

- Abschluss eines Studiums in einer für die Verwendung in der Laufbahn geeigneten Fachrichtung mit Diplomprüfung an einer Fachhochschule **oder**
- Bachelorabschluss nach einem mindestens dreijährigen Bachelorstudium an einer Universität oder Fachhochschule **oder**
- Diplomabschluss an einer Universität in einer für die Verwendung für die Laufbahn geeigneten Fachrichtung **oder**
- Masterabschluss in einer für die Verwendung für die Laufbahn geeigneten Fachrichtung **oder**
- Diplomabschluss an einer Fachhochschule oder Universität, einen Bachelorabschluss in einem mindestens dreijährigen Bachelorstudiengang oder einen Masterabschluss in einer sonstigen Fachrichtung und über eine für die Verwendung in der Laufbahn förderliche Zusatzqualifikation

Als Einstellungstests sind u. a. ein **strukturiertes Interview** mit einer Selbstpräsentation, einem Fallbeispiel oder einem Rollenspiel sowie einem offenen Interview sowie ein **EDV-Test** zur Ermittlung Ihres Persönlichkeitsprofils vorgesehen (Feuerwehr Berlin, 2017 b).

Laufbahngruppe 2, 2. Einstiegsamt/Der höhere Dienst

Ein Einstieg in den höheren Dienst der Berliner Feuerwehr – dem 112 Master – ist unter folgenden Voraussetzungen möglich:

- Deutscher im Sinne des Artikels 116 des Grundgesetzes oder Staatsangehöriger eines anderen Mitgliedstaates der Europäischen Union
- Gewährleistung des Eintritts für die freiheitliche demokratische Grundordnung im Sinne des Grundgesetzes und der Verfassung von Berlin,
- Schwimmabzeichen in Silber (nicht älter als 2 Jahre)
- Besitz einer Fahrerlaubnis der Klasse 3 bzw. B
- Körpergröße von mindestens 165 cm und höchstens 195 cm
- unkorrigierte Sehschärfe von mindestens 50 Prozent auf jedem Auge
- uneingeschränkte Feuerwehrdiensttauglichkeit (wird von der Feuerwehr im Rahmen der Einstellung überprüft). Dazu sind die Voraussetzungen nach G 26.3 zu erfüllen und der Body-Mass-Index (BMI) soll zwischen 18 und 27,5 liegen
- Höchstalter von 39 Jahren, d. h. das 40. Lebensjahr darf noch nicht vollendet sein

Als für den höheren Dienst taugliches Studium werden anerkannt:

- Studium in einer für die Verwendung in der Laufbahn geeigneten Fachrichtung an einer Universität mit einer Hochschulprüfung (Diplom-Hauptprüfung, Master) oder einer ersten Staatsprüfung.
- Studium an einer Fachhochschule mit dem Masterabschluss in einem Studiengang, der in einem Akkreditierungsverfahren als für den höheren Dienst geeignet eingestuft wurde (Feuerwehr Berlin, 2017 c).

Bewerbungsunterlagen

Die Bewerbung für die Berliner Feuerwehr kann über ein Online-Formular (unter **www.berliner-feuerwehr.de/onlinebewerbung.html**) verschickt werden. Der Bewerbungsbogen kann alternativ auch ausgedruckt und per Post verschickt bzw. telefonisch vom Berliner Bewerbungsbüro angefordert werden. Zu einem späteren Zeitpunkt können noch weitere Unterlagen angefordert werden. Bewerber mit Sehhilfe müssen den ausgefüllten augenärztlichen Befundbericht mitschicken.

Berliner Feuerwehr
Zentraler Service
Personalauswahl und Karriere
ZS P B 21
10150 Berlin
Tel.: 030/387 10-888
auswahlverfahren@berliner-feuerwehr.de

Folgende Unterlagen braucht man für eine erfolgreiche Bewerbung: ein Bewerbungsschreiben, einen Lebenslauf mit Foto, den ausgefüllten Bewerbungsvordruck, eine beidseitige Kopie des Führerscheins mindestens Klasse B, eine Kopie der Schul-/Berufszeugnisse bzw. der Diplom-, Bachelor- bzw. Masterurkunde, Nachweis des DFFA (s. o.), des Deutschen Schwimmabzeichens in Silber, eine beidseitige Kopie des Personalausweises sowie einen augenärztlichen Befundbericht, wenn man Brillenträger ist. Die Unterlagen sind an die o. a. Adresse zu schicken, wenn sie nicht online eingereicht werden.

Bremen

Die Berufsfeuerwehr Bremen gehört zu den Feuerwehren, die bereits auf ihrer Internetseite viel Aufklärung für ihre Bewerber betreiben. Die Seite **www.feuerwehr-bremen.org** bietet sehr detaillierte Informationen zu den Einstellungsvoraussetzungen und den Eignungsfeststellungsverfahren. Besonders bewerberfreundlich: Die Informationen gibt es auch als kostenlose PDF-Broschüre zum Herunterladen und Ausdrucken. Ca. 200–400 Bewerbungen gehen pro Jahr in Bremen ein, wobei es ca. 20 bis 25 Plätze jedes Jahr zu vergeben gibt. Wie überall sind Frauen auch bei der Berufsfeuerwehr Bremen rar. Ihr Anteil liegt zurzeit bei etwas über 4 %.

Bewerberinnen und Bewerber haben die Wahl zwischen dem mittleren (Laufbahngruppe 1, 2. Einstiegsamt, Fachrichtung Feuerwehr) und dem gehobenen Dienst. Eine Ausbildung zum höheren Dienst gibt es momentan nicht.

Laufbahngruppe 1, 2. Einstiegsamt / Der mittlere Dienst

Wer sich in Bremen bewerben will, muss folgende Voraussetzungen erfüllen:

- Mindestens die einfache Berufsbildungsreife und eine abgeschlossene Ausbildung, die für den feuerwehrtechnischen Dienst förderlich ist, nachweisen
- Nach amtsärztlichem Gutachten für den Dienst in der Feuerwehr, einschließlich des Tragens von Atemschutzgeräten G 26, Gruppe III, tauglich sein
- Nach Feststellung der fachlichen Eignung und körperlichen Belastbarkeit nach einheitlichen Kriterien, die den besonderen Anforderungen des Berufsbildes der Feuerwehrbeamten entsprechen, für den feuerwehrtechnischen Dienst geeignet sein

Eine Altersgrenze besteht nicht (Feuerwehr Bremen, 2017). Die schwierigste Voraussetzung ist jedoch die erfolgreiche Absolvierung des Eignungsfeststellungsverfahrens.

Für eine Bewerbung benötigt man:

- Bewerbungsanschreiben
- Tabellarischen Lebenslauf
- Abschlusszeugnis Schule
- Ggf. Abschlusszeugnis Berufsschule

- Ggf. Gesellenbrief oder Abschlusszeugnis
- Ggf. Zeugnisse bisheriger Arbeitgeber
- Kopie des Führerscheins
- Kopie des Personalausweises
- Kopie des Schwimmausweises

Die Bewerbung geht an:

Feuerwehr Bremen
Am Wandrahm 24
28195 Bremen
Tel.: 04 21 / 30 30-0

Nach erfolgreicher Bewerbung kann man sich für folgende Aufgaben rüsten, die über zwei Tage verteilt sind:

In einem **schriftlichen Teil** sind zunächst vier Tests zu bestehen, meistens im Multiple-Choice-Verfahren. Dazu gehört, in den verschiedensten Bereichen des Allgemeinwissens 60 bis 80 Fragen richtig zu beantworten. Physikalisches Verständnis zeigt man im Ankreuzen richtiger Schaubilder. Der Rechtschreibtest besteht im Erkennen von Fehlern und falschen Satzzeichen in einem vorgegebenen Text. Er dauert ca. 30 Minuten. Zu guter Letzt werden in ca. 70 Minuten mathematische Kenntnisse in Sachen Grundrechnen und Lösen von Textaufgaben getestet.

Der **praktische Teil** dient der Überprüfung von Geschicklichkeit und Teamfähigkeit – z. B. beim Sichern und Abstützen eines Türsturzes zu zweit. Sehen will man dabei, wie die Absprache innerhalb des Teams und das reibungslose Miteinander funktionieren, das Improvisationsgeschick des Einzelnen (z. B. das Einsetzen herumliegender Teile als Hilfsmaterial) und die Stressfestigkeit unter großem Druck. Anschließend muss man einen eingehenden feuerwehrdienstlichen Eignungstest bestehen. Dazu gehört als Erstes der Drehleitertest, also das Besteigen einer voll ausgefahrenen 30 m hohen Drehleiter im Freistand. Anschließend wird man über die Atemschutzübungsstrecke geschickt. Dies ist eine kurze enge Strecke mit Hindernissen und (ungefährlichem) Rauch, die es mit nicht angeschlossener Atemschutzmaske und Gerät zu bewältigen gilt. Zweck der Übung: Man soll so ein Gefühl für die Maske und ihr Gewicht bekommen. Natürlich ist das auch ein Test einer eventuellen Platzangst. Durch die Nähe zum Meer gehören Einsätze auf Schiffen zum Standardprogramm der Bremer Feuerwehr. Sie bieten besondere Herausforderungen. So werden Bewerber durch ein sogenanntes Mannloch geschickt – verplombte Luken, die so schmal sind, dass nur eine einzelne Person durchpasst. Abschließend muss ein 80 kg schwerer Dummy über eine Teststrecke in einer bestimmten Zeit geschleppt werden. Dies simuliert eine Personenrettung, wie sie jederzeit im Einsatz vorkommen kann.

Am **zweiten Tag** steht die **sportliche Eignung** im Mittelpunkt – u. a. mit Liegestützen, Seilklettern und einem 3 000-Meter-Lauf. Der mögliche Einsatz auf Schiffen erfordert eine gewisse Fitness auch im Wasser. Deswegen gehören auch Streckentauchen (Vorgabe 15 m) und 200 m Streckenschwimmen zum Programm.

Im Anschluss daran findet ein **Auswahlgespräch** statt.

Tipp: Zum **Sporttest** bietet die Feuerwehr Bremen Informationen auf ihren Internetseiten an, in denen neben den Inhalten auch Fehlerquellen beschrieben sind.
www.feuerwehr-bremen.org/fileadmin/einstellung/Praesentation_20170102.pdf

Laufbahngruppe 2, 1. Einstiegsamt / Der gehobene Dienst

In die Laufbahn der Laufbahngruppe 2, erstes Einstiegsamt Fachrichtung Feuerwehr kann eingestellt werden, wer …

- ein mit einem Bachelorgrad oder gleichwertigen Abschluss abgeschlossenes Hochschulstudium in einer für den Feuerwehrdienst förderlichen Fachrichtung nachweist,
- nach amtsärztlichem Gutachten für den Dienst in der Feuerwehr, einschließlich des Tragens von Atemschutzgeräten G 26, Gruppe III, tauglich ist und
- nach Feststellung der fachlichen Eignung und körperlichen Belastbarkeit nach einheitlichen Kriterien, die den besonderen Anforderungen des Berufsbildes entsürechen, für den feuerwehrtechnischen Dienst geeignet ist (Feuerwehr Bremen, 2017).

Bezüglich der erforderlichen **Bewerbungsunterlagen** sind diese fast identisch mit denen, die auch im mittleren Dienst (Laufbahngruppe 1, 2. Einstiegsamt) erwartet werden. Statt des Schulabschlusszeugnisses wird das Berufsschulabschlusszeugnis und das Diplom bzw. der Bachelor, Master und/oder das Berufsabschlusszertifikat verlangt.

Das **Eignungsfeststellungsverfahren** verläuft genauso wie das Verfahren für den mittleren Dienst. Lediglich die Ansprüche im schriftlichen Test sind höher. Die Fragen zum Allgemeinwissen beziehen sich auf Bereiche wie Staatsbürgerkunde, Geografie, Geschichte, Biologie, Physik, Chemie. Der Mathematiktest prüft über 70 Minuten Kenntnisse in Grundrechnen, Flächen- und Volumenberechnung, einfache Gleichungen, Geometrie, Textaufgaben und Berechnungen mit physikalischen Einheiten. Nach dem Sporttest am zweiten Tag erfolgt ebenfalls ein Auswahlgespräch. Auch in diesem Fall gibt es zum genaueren Verlauf keine Angaben.

Ob aktuell Einstellungen für diese Laufbahn durchgeführt werden, ist der Website der Feuerwehr Bremen zu entnehmen.

Laufbahngruppe 2, 2. Einstiegsamt / Der höhere Dienst

In die Laufbahn der Laufbahngruppe 2, zweites Einstiegsamt Fachrichtung Feuerwehr kann eingestellt werden, wer …

- ein mit einem Mastergrad oder gleichwertigen Abschluss abgeschlossenes Hochschulstudium in einer für den Feuerwehrdienst förderlichen Fachrichtung nachweist,
- nach amtsärztlichem Gutachten für den Dienst in der Feuerwehr, einschließlich des Tragens von Atemschutzgeräten G 26, Gruppe III, tauglich ist und
- nach Feststellung der fachlichen Eignung und körperlichen Belastbarkeit nach einheitlichen Kriterien, die den besonderen Anforderungen des Berufsbildes der Feuerwehrbeamtinnen und Feuerwehrbeamten entsprechen, für den feuerwehrtechnischen Dienst geeignet ist.

Um die fachliche und körperliche Eignung festzustellen, hat man vor der Einstellung an einem **Auswahlverfahren** teilzunehmen (Feuerwehr Bremen, 2017), was den Anforderungen des höheren Dienstes Rechnung trägt. Ob aktuell Einstellungen für diese Laufbahn durchgeführt werden, ist der Website der Feuerwehr Bremen zu entnehmen.

Erfurt

Erfurt gehört mit seinen 1 000 Bewerbern in den letzten fünf Jahren (jährlich!) für den mittleren und 150 für den gehobenen Dienst zu den beliebteren Feuerwehren. Stellen werden über den Brandschutzbedarfsplan ermittelt und bereitgestellt. Der Anteil der weiblichen Bewerber wird dabei immer höher – er liegt im Moment bei 40 %. Die Anschrift für Bewerbungen lautet:

Stadtverwaltung Erfurt
Personalamt
Meister-Eckehart-Str. 2
99084 Erfurt
Tel.: 03 61 / 655-0

Laufbahngruppe 1, 2. Einstiegsamt / Der mittlere Dienst

Die **Voraussetzungen** und erforderlichen **Nachweise** sowie die Bewerbungsadresse sowohl für den mittleren als auch für den gehobenen Dienst sind den Stellenausschreibungen zu entnehmen. Für den mittleren Dienst sind sie im Internet auf der Seite der Stadt Erfurt (http://www.erfurt.de/stellen), in der Regionalpresse und im Amtsblatt, für den gehobenen Dienst daneben auch in der Fachpresse zu finden. Zur Zeit unserer Nachfrage waren ein Bewerbungsanschreiben mit Lichtbild, ein tabellarischer Lebenslauf, Zeugniskopien, Tätigkeitsnachweise, eine beidseitige Kopie des Führerscheins sowie Nachweise über besondere Qualifikationen beizufügen. Zusätzlich sind ggf. ein Nachweis der Ableistung des Deutschen Sportabzeichens der Stufe Bronze oder höherwertig und ggf. der Nachweis der Ableistung des Deutschen Rettungsschwimmabzeichens der Stufe Bronze oder höherwertig zu erbringen (Feuerwehr Erfurt, 2017 a, S. 7).

Voraussetzungen, um in den mittleren Dienst eingestellt zu werden, sind eine für den Feuerwehrdienst förderliche Berufsausbildung, das 32. Lebensjahr darf noch nicht vollendet sein, ein Führerschein der Klasse B sowie eine hohe physische und psychische Belastbarkeit bei einer guten sportlichen Kondition. Zusätzlich sollte man ein gutes technisches Verständnis sowie eine hohe Anpassungs-, Kooperations- und Teamfähigkeit mitbringen.

Das **Einstellungsverfahren** für den mittleren Dienst in Erfurt dauert drei Tage. Es beginnt mit einer kurzen Vorstellung und der Schilderung des Ablaufs. Dabei werden auch alle erforderlichen Nachweise kontrolliert. Das „Test-Gremium" besteht aus vier bis sechs Personen (u. a. Amtsleitung, Personalrat).

Am **ersten Tag** findet u. a. der **Sporttest** statt. Auf dem Programm stehen Schwimmen (25 Meter Streckentauchen, 3 Meter Tieftauchen nebst 2 × 5 kg Gewicht vom Boden heben, 100 Meter (in 1 Min. 50 Sek.) und 200 Meter (in 4 Minuten 30 Sek. Schwimmen) und Leichtathletik (100-Meter-Lauf in 13,40 Sekunden, 3 000 Meter in 12 Minuten, Weitsprung (4,50 m) und Kugelstoßen mit Mindestweite 7,80 m. Frauen stoßen mit einer kleineren Kugel. Es gibt immer eine kleine Kulanz in den Zeiten, abhängig von den Wetterverhältnissen o. Ä. Wer den Sporttest nicht besteht, muss leider gehen.

Danach geht es weiter mit dem **schriftlichen, zweistündigen Test**. Geprüft werden Allgemeinwissen, Kenntnisse der Staatsbürgerkunde, Biologie, Chemie und medizinische Grundkenntnisse. Zu jedem Bereich werden maximal zehn Fragen gestellt, mal mehr, mal weniger. Mathematische Fähigkeiten werden mit Sachaufgaben getestet. Im Anschluss folgen Logik-Kombinations-Tests. Themen sind z. B. Figurenkombinationen, Erklären von Schaubildern etc. Die Tests sind natürlich nicht in jedem Jahr gleich. Hier gilt: werden weniger als 50 % der Gesamtpunktzahl der schriftlichen Aufgaben erreicht, so endet der Einstellungstest (Feuerwehr Erfurt, 2017 a, S. 11).

Nach der Theorie folgt die Praxis im **Stationsbetrieb** am **zweiten Tag** – ein Parcours, an dem an fünf oder mehr Stationen die praktischen Fähigkeiten der Kandidatinnen und Kandidaten getestet werden. Für jede Station gibt es max. 10 Punkte. Dazu gehören beispielsweise: ein Radwechsel, die Überprüfung der Verkehrssicherheit eines Fahrzeugs, das An- und Abflanschen mittels eines Schraubenschlüssels an großen Schrauben (ein Flansch ist die Verbindung zweier Metallstücke mittels großer Schrauben oder eine Art Verbindungsstutzen), das Anheben von Lasten (auf einem Dummy liegend), das Herstellen eines Mischungsverhältnisses z. B. aus Kraftstoff und Öl, der sichere Transport eines Verletzten, das Leisten von Erster Hilfe und natürlich der Drehleitertest (das Ersteigen einer voll ausgefahrenen 30-Meter-Leiter im Freistand). Hier sind mind. 60 % aller möglichen Punkte zu erreichen, um weiterzukommen (Feuerwehr Erfurt, 2017 a, S. 12).

Hiernach folgt das obligatorische **Vorstellungsgespräch** (Feuerwehr Erfurt, 2017 a, S. 14), wonach noch eine gesundheitliche Prüfung durchgeführt und die Feuerwehrtauglichkeit getestet wird (Feuerwehr Erfurt, 2017 a, S. 16). Danach werden die Bewerber in eine Rangreihenfolge gebracht und bestimmt, wer ein Angebot für eine Einstellung erhält.

Laufbahngruppe 2, 1. Einstiegsamt / Der gehobene Dienst

Die Tests für den gehobenen Dienst sind im Ablauf dem für den mittleren Dienst fast gleich. Lediglich die **Anforderungen** im schriftlichen Bereich sind höher, auch die Gewichtung in der Bewertung verschiebt sich. Im schriftlichen Bereich ist so z. B. zusätzlich noch ein Aufsatz zu schreiben, mit dem die Ausdrucksweise der Bewerberinnen und Bewerber getestet wird. Bei allen schriftlichen Tests sind mind. 50 % zu erreichen, um eine Runde weiterzukommen (Feuerwehr Erfurt, 2017 b, S. 11), bei den praktischen Tests sind es 60 % (Feuerwehr Erfurt, 2017 b, S. 12).

Als wesentlichen Unterschied zum mittleren Dienst müssen die Kandidaten für den gehobenen Dienst auch ein **Assessment-Center (AC)** bstehen. Dieses AC wurde extern konzipiert, wird aber in den Räumen der Feuerwehr durchgeführt. Es ist in einen schriftlichen und einen mündlichen Teil gegliedert. Im schriftlichen Teil gibt es verschiedene Tests zu lösen, u. a. eine Transaktionsanalyse oder den Test nach Lorenz. Außerdem wird ein Egogramm erstellt. Im mündlichen Teil gibt es zwar ein Rollenspiel (z. B. ein Konfliktgespräch), doch werden Teamaufgaben bevorzugt, um die Teamfähigkeit zu testen. Nach einer Selbstpräsentation von zehn Minuten gibt es noch eine Fallstudie zu lösen Auch hier entfällt das einzelne Vorstellungsgespräch.

Wird auch das AC bestanden, so enden die Tests mit einer **Gesundheitsüberprüfung** analog dem mittleren Dienst (Feuerwehr Erfurt, 2017 b, S. 17), bevor man ggf. eine Einstellungszusage erhält.

Bewerbungsvoraussetzungen sind hier der Abschluss als Bachelor oder Master in einem dem Feuerwehrdienst förderlichen Studienfach, das 35. Lebensjahr noch nicht vollendet, Deutscher im Sinne des Art. 116 GG oder Angehörige(r) eines EU-Mitgliedstaates, gutes Organisationsvermögen, hohe Auffassungs- und Beobachtungsgabe, sehr hohe physische und psychische Belastbarkeit, gute sportliche Kondition, gutes technisches Verständnis sowie eine ausgeprägte Anpassungs- und Kooperationsfähigkeit. Zusätzlich ist eine Teamfähigkeit für den Feuerwehrberuf obligatorisch.

Hamburg

Die Hamburger Berufsfeuerwehr scheint sich größter Beliebtheit zu erfreuen. 2 000 Bewerber alleine für den mittleren Dienst bemühen sich regelmäßig um die wenigen freien Stellen, die grundsätzlich von Jahr zu Jahr nach Bedarf festgesetzt werden. Von allen Bewerbern werden nach einer Vorauswahl anhand der Bewerbungsunterlagen noch ca. 500 an ca. 30 Testterminen auf ihre Tauglichkeit überprüft. Ausgesprochen vorbildlich bemühen sich die Hamburger, ihren Bewerbern die beste Vorbereitung zu ermöglichen. Auf ihrer Website finden sich detaillierteste Informationen rund um die notwendigen Voraussetzungen und um das Eignungsfeststellungsverfahren. Beispielaufgaben nehmen die Angst vor dem Unbekannten ebenso wie diverse Erfahrungsberichte sowohl vonseiten der Bewerber als auch von der Prüfungskommission.

Laufbahngruppe 1, 2. Einstiegsamt/Der mittlere Dienst

Wer sich für den mittleren Dienst (Laufbahngruppe 1, 2. Einstiegsamt) interessiert, findet Informationen auf der Webseite der Feuerwehr Hamburg unter **http://www.hamburg.de/brandmeister/**. Die **Voraussetzungen** für die Bewerbung zum mittleren Dienst sind neben der Erfüllung der allgemein beamtenrechtlichen Voraussetzungen der Hauptschulabschluss oder ein entsprechender Bildungsstand, eine abgeschlossene handwerklich-technische, medizinisch-pflegerische Berufsausbildung oder eine Ausbildung im medizinisch-pflegerischen Bereich (z. B. Notfallsanitäter), die erfolgreiche Teilnahme am **Auswahlverfahren** und die gesundheitliche Eignung für den Feuerwehrdienst. Zusätzlich sind mindestens das Deutsche Schwimmabzeichen Silber (nicht älter als zwei Jahre) und ein Führerschein der Klasse B erforderlich (Feuerwehr Hamburg, 2017 a). Brillenträger brauchen ein ärztliches Attest über Sehleistung mit und ohne Sehhilfen und Farbsehen nach dem Ishihara-Test. Drei Dioptrien sind die Höchstgrenze. Bewerberinnen und Bewerber dürfen am Tag der Einstellung höchstens 35 Jahre alt sein.

Für eine Bewerbung sind folgende Unterlagen einzureichen:

- Bewerbungsbogen (auf Webseite erhältlich)
- Individuelles Bewerbungsanschreiben
- Lebenslauf in tabellarischer Form
- Kopien der letzten beiden Schulzeugnisse bzw. des Schulabschlusszeugnisses

- Schwimmnachweis (mind. Silber, nicht älter als zwei Jahre)
- Führerschein Klasse B
- ggf. Abschluss- bzw. Arbeitszeugnisse einer vorherigen Berufsausbildung
- ggf. Diplom, Master- oder Bachelorabschlusszeugnis
- ggf. Praktikums-, Wehr- oder Zivildienstbescheinigung

Dabei ist zu beachten, dass unvollständige Bewerbungen zum Ausschluss aus dem Auswahlverfahren führen (Feuerwehr Hamburg, 2017 b). Bewerbungen sind das ganze Jahr über möglich. Die **Bewerbungsunterlagen** gehen an:

Feuerwehr Hamburg
Personalauswahlzentrum
Westphalensweg 1
20099 Hamburg
Tel.: 040/428 51-48 23

Hat man seine Einladung zum **Eignungstest** erhalten, erwartet einen nach sechs bis acht Wochen an zwei Tagen ein anspruchsvolles Programm – anspruchsvoller als bei manchen anderen Feuerwehren.

Der Ablauf des **Einstellungsverfahrens** sieht zurzeit so aus:

Am **ersten Tag** hat man den **theoretischen Teil** zu bewältigen. Dieser beginnt mit einem Rechtschreibtest, der wiederum aus zwei Teilen besteht: dem Schreiben einzelner Wörter nach Satzzusammenhang (z. B. „Oma saß im Lehnstuhl und schlief." – zu schreiben: Lehnstuhl) und einem Lückentext, in dem es lediglich auf einzelne Wörter ankommt. Parallel ist die Zeichensetzung zu ergänzen. Hiernach folgen ein Merkfähigkeitstest sowie verschiedene Fragen zur Allgemeinbildung. Im anschließenden Mathematiktest (Taschenrechner sind nicht erlaubt) sind 14 Aufgaben aus den Bereichen Bruchrechnung, Prozentrechnung, Dreisatz und Geometrie in 15 Minuten zu lösen. Hinter dem Begriff „DA-Test", der nächsten Aufgabe, verbirgt sich eine schriftliche Beschreibung in Aufsatzform eines einfachen technischen Vorgangs in 15 Minuten. Danach ist logisches Denken gefragt. Im IDE-Test (induktives, logisches Denken) sollen Symbole und Zahlenkombinationen erkannt und vervollständigt werden. Bei der Feuerwehr kommt es auf Schnelligkeit an. Dazu gehört auch, im Notfall auf dem schnellsten Weg zum Einsatzort zu kommen. Diese Fähigkeit steht im Mittelpunkt des Orientierungstests (PL-Test). Der Bewerber sollte auf einem schematisierten Stadtplan logische Verbindungen zwischen verschiedenen Punkten herstellen können.

Zum Abschluss des theoretischen Teils wird das technisch-physikalische Verständnis geprüft. Im Mathematisch-Technisch-Physikalischen-Test (MTP-Test) werden dazu Fragen zu gezeichneten technisch-physikalischen Vorgängen gestellt. Auch sind gute Leistungen in den Naturwissenschaften und allgemein die Konzentrationsfähigkeit Prüfpunkte im Einstellungsverfahren.

Nach dem theoretischen Teil wird es praktisch mit dem Höhentauglichkeitstest auf der frei stehenden voll ausgefahrenen Drehleiter, die der Bewerber – allerdings gesichert – zu besteigen hat.

Der **zweite Tag** hat einen rein sportlichen Charakter. Geprüft werden Ausdauer, Kraftausdauer, Kraft, Bewegungskoordination, Schnelligkeit und Geschicklichkeit. Empfohlen wird eine Vorbereitung durch Jogging, Krafttraining, Seilspringen und evtl. Gymnastik. Die genauen Inhalte des **Sporttests** finden sich auf der Homepage der Feuerwehr Hamburg zum Nachlesen.

Am **dritten Tag** findet ein **Vorstellungsgespräch** mit allen Bewerbern statt, die es bis hierhin geschafft haben. Dabei stehen die Motivation und persönliche Eignung für den Feuerwehrberuf im Vordergrund.

Abgeschlossen werden die Testverfahren am **vierten Tag** mit einer **amtsärztlichen Untersuchung**. Hier wird die Gesundheit überprüft und festgestellt, ob die Kandidaten die Tauglichkeit für die Feuerwehr erfüllen (Feuerwehr Hamburg, 2017 c).

Laufbahngruppe 2, 1. Einstiegsamt / Der gehobene Dienst

Interessenten für den gehobenen Dienst (Laufbahngruppe 2, 1. Einstiegsamt) müssen nahezu dieselben **Voraussetzungen** wie Bewerber für den mittleren Dienst erfüllen. Gefordert werden mind. ein Bachelorabschluss in einem technischen oder naturwissenschaftlichen Studiengang, ein Höchstalter von 35 Jahren am Tag der Einstellung, mindestens das Deutsche Schwimmabzeichen Silber (nicht älter als zwei Jahre), ein Führerschein der Klasse B, ein hohes Maß an körperlicher Fitness sowie eine erfolgreiche Teilnahme am **Einstellungsverfahren** und **gesundheitliche Eignung** für den Feuerwehrdienst (Feuerwehr Hamburg, 2017 d).

Der Ablauf des **Eignungstests** entspricht in etwa dem Verfahren für den mittleren Dienst – allerdings mit höheren Ansprüchen. Getestet werden dabei insb. intellektuelle Fähigkeiten, sprachliche Fähigkeiten und Führungskompetenz (Feuerwehr Hamburg, 2017 c)

Laufbahngruppe 2, 2. Einstiegsamt/Höherer Dienst

Wer sich für den höheren Dienst bei der Feuerwehr Hamburg bewerben möchte, muss folgende **Voraussetzungen** erfüllen: Man benötigt einen Masterabschluss in einem technischen oder naturwissenschaftlichen Studiengang, darf am Tag der Einstellung höchstens 35 Jahre alt sein, muss mindestens das Deutsche Schwimmabzeichen Silber (nicht älter als zwei Jahre) besitzen, einen Führerschein der Klasse B sowie über ein hohes Maß an körperlicher Fitness verfügen. Zusätzlich sind eine erfolgreiche Teilnahme am **Einstellungsverfahren** sowie eine **gesundheitliche Eignung** für den Feuerwehrdienst nachzuweisen. Wie bei anderen Berufsfeuerwehren benötigt man zusätzlich noch ein positives Votum für die Zulassung zum Vorbereitungsdienst durch den Deutschen Städtetag, Lindenallee 13–17, 50968 Köln (Feuerwehr Hamburg, 2017 e).

Der Einstellungstest weist Parallelen zum mittleren und gehobenen Dienst auf, jedoch wird hier ein **Assessment-Center** durchgeführt, was maßgeblich für die Einstellung ist (Feuerwehr Hamburg, 2017 c).

Hannover

Die Berufsfeuerwehr Hannover stellt grundsätzlich für den mittleren, gehobenen und höheren Dienst ein und nutzt wie andere Feuerwehren auch das Internet als Möglichkeit, potenzielle Bewerberinnen und Bewerber über Berufsbild, Voraussetzungen und detaillierte Informationen zu Bewerbung und Einstellungsverfahren zu informieren.

Laufbahngruppe 1, 2. Einstiegsamt/Der mittlere Dienst

Folgende **Voraussetzungen** gelten für eine erfolgreiche Bewerbung für den mittleren Dienst: Bewerber müssen Staatsangehörige eines EU-Staates und mindestens 18 Jahre alt sein. Das Höchstalter bei der Einstellung beträgt 40 Jahre. Zusätzlich braucht man mindestens den Hauptschulabschluss, eine abgeschlossene Berufsausbildung, eine Fahrerlaubnis für Kraftfahrzeuge (Klasse B) und den Nachweis über seine Feuerwehrdiensttauglichkeit (= uneingeschränkte körperliche Tauglichkeit) für den Einsatz auf Brand- und anderen Gefahrenstellen. Brillenträger brauchen den Nachweis über ihren regelrechten Farbsinn nach dem Ishihara- bzw. Velhagen-Test. Eine entsprechende Prüfung muss vor Abgabe der Bewerbung erfolgen, wobei die Kosten selbst zu tragen sind. Unerlässlich ist ein makelloses Vorstrafenregister, was durch ein aktuelles Führungszeugnis – nach bestandenen Testverfahren – nachzuweisen ist. Sportliche Betätigung ist ausdrücklich erwünscht und nachzuweisen z. B. durch das Deutsche Sportabzeichen oder das Deutsche Rettungsschwimmabzeichen (jeweils mind. Bronze und zum Zeitpunkt des körperlichen Eignungstests nicht älter als 2 Jahre). Wie überall ist zudem das Bestehen der schriftlichen Eignungsprüfung und des körperlichen Eignungstests nach G 26.3 Grundvoraussetzung (Feuerwehr Hannover, 2017 a).

Die **Bewerbungsunterlagen** müssen in Hannover in **zwei Etappen** eingereicht werden. Vor Beginn des Auswahlverfahrens werden der tabellarische Lebenslauf, ein beglaubigtes Schulabschlusszeugnis, ein beglaubigtes Berufsschulzeugnis, das Deutsche Sportabzeichen und das Deutsche Rettungsschwimmabzeichen benötigt. Dazu kommt noch der **Bewerbungsbogen** mit 2 Lichtbildern. Er steht auf der Internetseite zum Download bereit. Nach der erfolgreichen **ärztlichen Eignungsprüfung** werden dann die Geburtsurkunde, der Gesellenbrief bzw. Nachweis der erfolgreich abgeschlossenen Berufsausbildung, Tätigkeitsnachweise aller Arbeitgeber seit der Schulentlassung, außer dem aktuellen, 2 Lichtbilder (mit dem Namen auf der Rückseite), Führerschein mindestens Fahrerlaubnis Klasse B, eine Dienstzeitbescheinigung über Bundeswehr-, Zivildienst- oder Katastrophenschutzzeiten (so vorhanden), evtl. eine Heiratsurkunde, evtl. die Geburtsurkunde für jedes Kind und das amtliche Führungszeugnis – Belegart 0 – geeignet zur Vorlage bei Behörden benötigt. Die Unterlagen werden eingereicht bei:

Feuerwehr Hannover
Abwehrender Brand- und Gefahrenschutz
Feuerwehrstraße 1
30169 Hannover

Das **Eignungsfeststellungsverfahren** in Hannover beginnt am **ersten Tag** mit **körperlichem Eignungstest**. Dieser besteht aus der Balkenübung (10 Meter über den Schwebebalken gehen), dem Fünfer-Sprung (fünf Sprünge aus der Hocke hintereinander – mindestens 11 m), mindestens 12 Liegestütze, dem Jump-and-Reach-Test (maximaler Sprung aus der Halbhocke, mind. 45 cm hoch), einem Kurzstreckenlauf 50 m (in max. 7,3 Sekunden) und einem 12-Minuten-Lauf, bei dem der Bewerber mindestens 2 400 m absolvieren muss. Anschließend geht es ins Wasser zum Rückenschwimmen mit Grätschschwung (25 m) und zum Tauchen. Vom Beckenrand ab muss man mindestens 15 Meter unter Wasser bleiben und nach Auftauchen bis zum Bahnende (25 m) schwimmen. Anschließend erfolgt der Drehleitertest, das Besteigen einer auf 30 m ausgefahrenen Drehleiter im Freistand. Der Tag endet mit einem Test des handwerklichen Geschicks (z. B. den Umgang mit einfachen Werkzeugen).

Der **zweite Tag** beginnt mit einer Besonderheit, die es so nur in Hannover gibt – mit dem **psychologischen Eignungstest**. Dieser schriftliche Test wird durchgeführt von der Deutschen Gesellschaft für Personalwesen und dauert drei Stunden. Es gibt keine Gruppendiskussion oder Fallstudien. Unter **www.dgp.de**, „Downloads" gibt es eine Info-Broschüre für Bewerber mit einer Aufklärung über den Ablauf dieses Tests und mit potenziellen Beispielaufgaben für einen Eignungstest der Feuerwehr. Im Anschluss daran findet eine **ärztliche Eignungsuntersuchung** von ca. 3 bis 4 Stunden Länge statt. Gibt es vonseiten des Arztes keine Einwände, endet der Tag mit einem **Einzelvorstellungsgespräch**. Dessen Dauer variiert von 20 Minuten bis zu einer Stunde. Kommissionsteilnehmer sind die Bereichsleitung der Brandabwehr, die Ausbildungsleitung, ein Personalrat, die Gleichstellungsbeauftragte und Personen aus der Verwaltungsleitung. Themen sind die Berufsmotivation der Bewerber, Detailfragen zum Kenntnisstand über die Berufsfeuerwehr Hannover, die Aufgaben einer Berufsfeuerwehr generell und zur Ausbildung. Außerdem werden Fragen gestellt, die soziale Kompetenzen wie Teamfähigkeit testen sollen.

Laufbahngruppe 2, 1. Einstiegsamt/Der gehobene Dienst

Zum gehobenen Dienst gibt es nicht in jedem Jahr **Auswahlverfahren**. Aktuelle Infos werden auf der Internetseite der Berufsfeuerwehr Hannover bekannt gegeben. Generelle **Bewerbungsvoraussetzungen** sind ein Alter zwischen 18 und 40 Jahren, die Fachhochschulreife sowie ein abgeschlossenes Studium möglichst in einem der folgenden Studiengänge: Architektur, Bauingenieurwesen, Bergbau, Chemie, Elektrotechnik, Hüttenwesen, Maschinenbau, Physik, Schiffstechnik, Versorgungstechnik, Sicherheitstechnik, Feinwerktechnik, Nachrichtentechnik, Informationstechnik oder Wirtschaftsingenieurwesen (FH oder gleichstehender Studiengang). Hier ist mindestens der Bachelorgrad vorzuweisen. Die weiteren Voraussetzungen sind analog denen für den mittleren Dienst. Erwartet werden ein Führerschein der Klasse B, die gesundheitliche Feuerwehreignung nach G 26.3, das Deutsche Sportabzeichen oder Deutsche Rettungsschwimmabzeichen (jeweils mind.

Bronze und zum Zeitpunkt des körperlichen Eignungstests nicht älter als 2 Jahre), ein makelloses Vorstrafenregister (nachzuweisen durch ein polizeiliches Führungszeugnis nach Bestehen der Einstellungstestverfahren) sowie ein regelgerechtes Sehen nach Ishihara bzw. Velhagen (die Kosten für den Sehtest müssen selbst getragen werden).

Die **Einstellungstests** entsprechen weitestgehend denen der Laufbahngruppe 1, 2. Einstiegsamt, jedoch wird für den gehobenen Dienst durch die DGP zum Abschluss auch ein **Assessment-Center** durchgeführt (Feuerwehr Hannover, 2017 b).

Laufbahngruppe 2, 2. Einstiegsamt / Der höhere Dienst

Zum Zeitpunkt der Drucklegung wurden bei der Feuerwehr Hannover keine Einstellungen in die Laufbahngruppe 2, 2. Einstiegsamt vorgenommen. Interessenten werden auf die Homepage der IGBRef, der Interessengemeinschaft der Brandreferendare und Aufstiegsbeamten des höheren feuerwehrtechnischen Dienstes, verwiesen (Feuerwehr Hannover, 2017 c).

Kiel

In Kiel ist es sowohl möglich, sich für den mittleren Dienst als auch für den gehobenen Dienst zu bewerben.

Laufbahngruppe 1, 2. Einstiegsamt / Der mittlere Dienst

Um sich für eine Laufbahn als Brandmeisteranwärter bewerben zu können, muss man folgende **Voraussetzungen** mitbringen: mindestens einen Hauptschulabschluss, den Nachweis entweder eines für die Feuerwehr geeigneten Gesellenbriefes bzw. einer für die Feuerwehr geeigneten Berufsausbildung, einen Führerschein der Klasse B sowie die Erfüllung der gesetzlichen Voraussetzungen für die Ernennung zum Beamten. Weiter ist das Deutsche Jugendschwimmabzeichen in Bronze erforderlich und darf eine Sehhilfenstärke von +/– 3 Dioptrien nicht überschritten werden. Wie bei allen Feuerwehren muss zudem die uneingeschränkte Feuerwehrdiensttauglichkeit (gesundheitliche und körperliche Eignung) vorhanden sein. Anstelle der Berufsausbildung kann auch eine „Spezialausbildung“ vorgewiesen werden, worunter alle Fähigkeiten umfasst werden, die ein Bewerber erhalten hat, der gleich nach der Schule zur Bundeswehr gegangen ist und die für die Berufsfeuerwehr von Nutzen sind. Dies sind z. B. Funk- oder Radarkenntnisse (Feuerwehr Kiel, 2017 a).

Die Bewerbung (die üblichen Bewerbungsunterlagen nebst den angeführten Nachweisen) geht an:

Landeshauptstadt Kiel
Personal- und Organisationsamt
– Ausbildung –
Postfach 1152
2499 Kiel
Tel.: 0431 901 2278

Die Bewerberinnen und Bewerber für den mittleren Dienst absolvieren als Erstes einen schriftlichen **Rechtschreib- und Intelligenztest** (Intelligenz-Struktur-Test = IST). Dieser besteht aus verschiedenen Modulen zu den Themen Arbeitseffizienz, Merkfähigkeit und sprachliches, schlussfolgerndes bzw. logisches Denken. Der Prüfungskommission ist es dabei natürlich vorbehalten, welche Module für sie besonders wichtig sind. Mit dabei sind z. B. Aufgaben aus der Mathematik (Grundrechenarten und Textaufgaben), getestet werden das Sprachverständnis (Analogien finden wie z. B. „Kopf“ und „Haupt“), das logische Denken (Vervollständigen von Zahlenreihen), das figurale Denken (Abwicklungen und Spiegelbilder) und die Merkfähigkeit (kurzer Text unter Verwendung von Symbolen, der später wieder abgefragt wird). Außerdem geht es um technisches Verständnis, Teamfähigkeit und Flexibilität.

Daran schließt sich ein **Sporttest** an. Beim Cooper-Test wird die Strecke gemessen, die ein Bewerber nach 12 Minuten Laufen absolviert hat. Männer sollten in dieser Zeit 2 400 m laufen können, Frauen 2 150 m. Dieser Test gilt als sehr anstrengend und erfordert einige vorherige Trainingseinheiten. Danach geht es zum Circuit von 9 Stationen, einer Art Zirkeltraining – u. a. mit Bockspringen, Gewichtheben, Klimmzügen und Arbeiten am Medizinball. Es folgt der obligatorische Drehleitertest – das Besteigen einer freistehenden, voll ausgefahrenen Drehleiter. Auf diese Weise wird die Schwindelfreiheit getestet. Zum Abschluss muss man die Atemschutzstrecke bewältigen. Das Durchqueren der relativ engen Strecke mit einem nicht angeschlossenen Atemschutzgerät auf dem Rücken ist ein Test des Orientierungsvermögens und der Platzangst.

Da es bei Einsätzen sehr auf die **Geschicklichkeit** ankommt, wird auch diese getestet. Aufgaben sind z. B., ein Radwechsel oder die Bearbeitung von Holz (zwei gleich große Stücke schneiden). Neben der handwerklichen Fähigkeit wollen die Kieler sehen, welches Gerät gewählt wird. Dasselbe gilt für den Umgang mit der Bohrmaschine. Ein Loch soll in den Stein gebohrt werden. Wichtig ist, welcher Bohrer gewählt wird, ob die Maschine auf Schlag gestellt ist etc.

Haben die Bewerberinnen und Bewerber das alles absolviert, müssen sie sich in einem **mündlichen Gespräch** den Fragen einer fünfköpfigen Prüfungskommission stellen. Diese besteht aus der Vertretung der Amtsleitung, der Ausbildungsleitung sowie Vertreterinnen und Vertretern der Personalabteilung und des Personalrats. Ebenfalls nimmt die Gleichstellungsbeauftragte an den Verfahren teil. In ca. 20 Minuten wird man nach der Motivation seiner Berufswahl befragt. Auch seine Verhaltensweisen in fiktiven Situationen sind für die Prüfer interessant. „Wie würden Sie reagieren, wenn Sie sehen, es brennt und Freunde befinden sich im Haus?“ Sinn dieser Beispielfragen: die Sozialkompetenz. Am Ende steht die **amtsärztliche Untersuchung** zur Überprüfung der gesundheitlichen/körperlichen Tauglichkeit nach G 26.3.

Laufbahngruppe 2, 1. Einstiegsamt/Der gehobene Dienst

Das **Einstellungsverfahren** zum gehobenen Dienst gleicht dem des mittleren Dienstes und unterscheidet sich lediglich in den höheren Anforderungen im schriftlichen Test. **Bewerbungsvoraussetzungen** sind hier der Nachweis der notwendigen fachlichen Kenntnisse in einer für die Laufbahn geeigneten Fachrichtung durch ein mindestens mit einem Bachelorgrad abgeschlossenes Hochschulstudium oder einem gleichwertigen Abschluss, der Besitz der Fahrerlaubnis Klasse B, die Erfüllung der gesetzlichen Voraussetzungen für die Ernennung zum Beamten, der Nachweis des Deutschen Jugendschwimmabzeichens in Bronze sowie die uneingeschränkte Feuerwehrdienst- und Atemschutztauglichkeit, d. h. die gesundheitliche und körperliche Eignung nach G 26.3 (Feuerwehr Kiel, 2017 b).

Mainz

Die Berufsfeuerwehr Mainz führt grundsätzlich einmal im Jahr ihr Einstellungsverfahren durch. Informationen zu den Anforderungen und Auswahlverfahren finden sich auf der Seite **http://berufsfeuerwehr-mainz.de/ausb.htm**. Details zu den Tests hat sie zwar nicht zu bieten, dafür aber jede Menge Ausbildungsunterlagen, Fotos und Beschreibungen zur künftigen Ausbildung.

Laufbahngruppe 1, 2. Einstiegsamt/Der mittlere Dienst

Um sich für den mittleren Dienst in Mainz bewerben zu können, müssen Bewerberinnen und Bewerber folgende **Voraussetzungen** erfüllen: 30. Lebensjahr zum Zeitpunkt der Einstellung noch nicht vollendet, Deutscher im Sinne des Art. 116 des GG oder Staatsangehörige(r) eines Mitgliedstaates der EU, eine abgeschlossene, für die Feuerwehr geeignete Ausbildung, einen Führerschein der Klasse B, und die körperliche und geistige Eignung für den Feuerwehrdienst (Feuerwehr Mainz, 2017 a).

Benötigt werden noch: ein Lebenslauf, Abschlusszeugnisse der besuchten Schulen, ein Nachweis über die Berufsausbildung (Gesellenbrief mit Prüfungsnoten), Zeugnisse über Beschäftigungen seit Beendigung des Schulverhältnisses, ein Lichtbild, eine Kopie des Führerscheins und ggf. Sportabzeichen oder Nachweis über Sportprüfungen (Feuerwehr Mainz, 2017 a). Die Unterlagen gehen an:

Stadtverwaltung Mainz, 10 – Hauptamt
Postfach 3820
55028 Mainz
E-Mail: bewerbung@stadt.mainz.de

Das **Einstellungsverfahren** für den mittleren Dienst erstreckt sich über zwei Tage. Am **ersten Tag** stehen der **Sporttest**, der schriftliche und der praktische Test auf dem Programm. Um den Sporttest zu bestehen, müssen die Bewerber zunächst 200 m Schwimmen und Streckentauchen. Danach geht es um die Leichtathletik mit Bankdrücken, Sprint und Weitsprung. Die Ausdauer wird mit dem Cooper-Test überprüft (nach 12 Minuten Laufzeit wird die zurückgelegte Strecke gemessen, mind. 2 400 m sind zu erreichen). Die Bewerber müssen zum Zeitpunkt des Sporttests noch nicht unbedingt das Sportabzeichen nachweisen, es empfiehlt sich aber, dessen Bedingungen halbwegs erfüllen zu können. Im Rahmen der Ausbildung ist der Erwerb des Sportabzeichens Pflicht. Die Dauer des Sporttests beträgt einen halben Tag.

Danach werden die **praktischen Fähigkeiten** der Bewerber unter die Lupe genommen – beim Radwechsel (Geschicklichkeit) oder Holzbalken sägen (Kraft) beispielsweise. Ihre Orientierungsfähigkeit und ihre Neigung zur Platzangst werden anschließend auf einer Atemschutzübungsstrecke getestet. Dazu durchqueren sie mit einem nicht angeschlossenen Atemschutzgerät einen engen Gang. Zum Abschluss wird ihre Schwindelfreiheit auf der voll ausgefahrenen Drehleiter im Freistand getestet – sie muss bis zur Spitze erklommen werden.

Der anschließende **schriftliche Test** dauert zwei bis zweieinhalb Stunden. Er besteht aus einem Fragenkatalog zum Allgemeinwissen (u. a. Fragen zum Staat), zur Rechtschreibung, zur Mathematik und zum technischen Verständnis. Die Kenntnisse in der Rechtschreibung testen die Mainzer, indem sie den Bewerbern ca. 50 Wörter in drei verschiedenen Schreibweisen anbieten und sie die richtige Lösung ankreuzen lassen. Die mathematischen Kenntnisse werden mit Aufgaben in den Grundrechenarten und Textaufgaben geprüft. Für den Test des technischen Verständnisses zeigen die Mainzer ca. 26 technische Zeichnungen mit verschiedenen Lösungen, von denen nur eine richtig ist.

Wer den ersten Tag bestanden hat, muss am **zweiten Tag** noch die **amtsärztliche Untersuchung** und das ca. halbstündige **Auswahlgespräch** überstehen. Letzteres findet vor einer Kommission aus fünf bis sechs Leuten statt – z. B. der Abteilungsleitung, der Amtsleitung und einem Personalrat. In einem Einzelgespräch geht es unter anderem um die Person des Bewerbers, seine Motivation und die Gründe für die Wahl des erlernten Berufes.

Laufbahngruppe 2, 1. Einstiegsamt/Der gehobene Dienst

Die **Zugangsvoraussetzungen** für den gehobenen Dienst sind: Höchstalter 35 Jahre, Mindestgröße 1,65 m, Deutscher im Sinne des Art. 116 des GG oder Staatsangehörige(r) eines Mitgliedstaates der EU, abgeschlossenes, für die Feuerwehr geeignetes Studium, Pkw-Führerschein der Klasse B, und die körperliche und geistige Eignung für den Feuerwehrdienst.

Als **Bewerbungsunterlagen** benötigen die Mainzer: einen Lebenslauf, Abschlusszeugnisse der besuchten Schulen, Nachweis über Berufsausbildung (Gesellenbrief), Zeugnisse über Beschäftigungen seit Beendigung der Schulverhältnisse, Lichtbild, Führerschein und die Kopie des Zeugnisses vom Studienabschluss (mind. Bachelorgrad oder vergleichbar).

Der **Einstellungstest** für Kandidatinnen und Kandidaten für den gehobenen Dienst dauert **drei Tage** – nach dem **Sporttest**, dem **schriftlichen und praktischen Teil** (Tag 1) und dem Besuch beim **Amtsarzt** (Tag 2) steht eine Art **Assessment-Center** (Tag 3) an.

Die **Anforderungen** für den sportlichen und den praktischen Teil sind gegenüber denen des mittleren Dienstes reduziert, die Anforderungen des schriftlichen Tests sind dem Studienabschluss entsprechend erhöht. So sind beispielsweise Kenntnisse in angewandter Mathematik wichtig. Nach dem erfolgreichen Besuch beim amtsärztlichen Dienst geht es dann vor die fünf- bis sechsköpfige Kommission (Abteilungsleitung, Amtsleitung, Personalrat etc.) zu einer Art AC. Auf dem Prüfstand – die eigene Person, die Motivation und mögliche Verhaltensweisen, zum Beispiel über Rollenspiele wie ein fingiertes Konfliktgespräch mit einem Teammitglied oder über eine Fallstudie („Stellen Sie sich vor … Was würden Sie tun?").

München

Die Münchner Berufsfeuerwehr ist das, was man „kundenfreundlich" nennt. Auf ihrer Internetseite bietet sie alle notwendigen Informationen zu allen drei Laufbahnen, die möglich sind – detailliert sind dort sämtliche Zugangsvoraussetzungen, notwendigen Bewerbungsunterlagen, eine Beschreibung des Einstellungstests und vor allem des Sporttests (mit Fotos) aufgelistet (unter **www.feuerwehr.muenchen.de**). „Kundenfreundlich" ist auch die Verteilung des zweitägigen Tests auf zwei aufeinanderfolgende Samstage. Bewerber haben also jede Menge Zeit, sich zwischendurch zu erholen und vorzubereiten.

Laufbahngruppe 1, 2. Einstiegsamt/Der mittlere Dienst

Für die Bewerbung zum mittleren Dienst (Brandmeisterin/Brandmeister; feuerwehrtechnischer Dienst in der Qualifikationsebene 2) muss man in München folgende **Voraussetzungen** erfüllen: Staatsbürger Deutschlands oder eines anderen EU-Staates bzw. Vertragsstaates, einen einwandfreien Leumund (keine Vorstrafen), Hauptschulabschluss, abgeschlossene Berufsausbildung von mindestens zwei Jahren Dauer, zum Zeitpunkt der Einstellung nicht älter als 28 Jahre (für Zeitsoldaten mit Zulassungs- bzw. Eingliederungsschein gelten Ausnahmen), mindestens 165 Zentimeter groß, Besitz der Fahrerlaubnis der Klasse B, Deutsches Schwimmabzeichen in Bronze (Freischwimmer) oder Nachweis einer gleichwertigen Leistung, Schwindelfreiheit (nachzuweisen im Rahmen der Einstellungsprüfung), Bestehen der sportlichen, praktischen und schriftlichen Einstellungsprüfung, Verrichtung einer Arbeit von 3 Watt pro Kilogramm Körpergewicht, mindestens jedoch 200 Watt, bei sportlich gesunden Körperfunktionen, gutes Sehvermögen, keine gesundheitlichen Einschränkungen und Erfüllen der Anforderungen nach dem berufsgenossenschaftlichen Grundsatz G 26.3 und der Feuerwehrdienstvorschrift FwDV 300 HH (Feuerwehr München, 2017 a).

Die Bewerbung besteht aus dem ausgefüllten **Bewerbungsbogen**, der als Download auf der Webseite bereitsteht, und einem detaillierten **Lebenslauf** mit Lichtbild. Der Bewerbungsbogen enthält Fragen zur Schul- und Berufsausbildung, zum Besitz von Nachweisen wie Führerschein, Schwimmnachweis, zum Führungszeugnis etc. Die Bewerbungsadresse lautet:

Landeshauptstadt München
Kreisverwaltungsreferat
Hauptabteilung IV – Branddirektion
Personal- und Feedbackmanagement
An der Hauptfeuerwache 8
80331 München

Der eigentliche Test beginnt mit dem eintägigen **Sporttest** (Kasten-Bumerang-Test, 1 000-Meter-Lauf, 50 Meter Schwimmen, Streckentauchen, Wechselsprünge, Klimmzüge) und dem Drehleitertest. Der Sporttest ist im Internet ausführlich geschildert unter Angaben der erforderlichen Zeiten und Weiten. Besteht man den Sporttest nicht, ist das Einstellungsverfahren an dieser Stelle beendet.

Der zweite Teil eine Woche später besteht aus einem **schriftlichen und einem praktischen Testteil**. Für den schriftlichen Teil sind keine Hilfsmittel wie Taschenrechner, Formelsammlungen etc. gestattet. Aufgaben des schriftlichen Tests sind ganz allgemein in die Bereiche Deutsch, Mathe, Allgemeinwissen und Logik unterteilt: ein Aufsatz in Form einer Erörterung zu einem von drei gestellten Themen (Dauer eine Stunde), die Lösung von ca. zehn mathematischen Aufgaben (Grundrechenarten, Dreisatz, Bruchrechnen, Prozentrechnen; Dauer eine Stunde), ein Logiktest (Schaubilder, logische

Verbindung zwischen zwei Punkten auf dem Stadtplan, Test des räumlichen Denkens; die Übungen sind ähnlich den entsprechenden Tests in diesem Buch) und Fragen zum Allgemeinwissen.

Im anschließenden **Praxistest** werden handwerkliche Geschicklichkeit, physikalisches Verständnis, Improvisationstalent und medizinische Grundkenntnisse getestet. In einer Art Parcours von mindestens vier Stationen können folgende Aufgaben vorkommen: Aus einem Holz sollen die Kandidaten Stücke schneiden und einen Winkel bauen (Hilfsmittel erlaubt). Sie werden dabei unter Zeitdruck gestellt und nebenbei zu ihrer Person und Berufsmotivation befragt. Letzteres dient dem Test ihrer Stressfähigkeit. Weitere mögliche Aufgaben sind: die Erklärung eines Flaschenzug-Modells, die Umfüllung von Flüssigkeit über einen Schlauch von einem Becher in einen anderen bis zu einer Markierung, das Bewegen einer Betonplatte mittels einer Stange oder ähnlichen Hilfsmitteln, das Ableisten Erster-Hilfe-Leistungen an einem Probanden etc.

Nicht nur die Ergebnisse dieser beiden Tests sind für ein erfolgreiches Abschneiden entscheidend, sondern auch das Auftreten, die Ausdrucksweise und das gepflegte Erscheinungsbild der Bewerberinnen und Bewerber. Es ist den Münchnern wichtig, ob man „ihre Sprache spricht", sprich: sich gut in das Team einfügen kann.

Ist das Ergebnis der Tests positiv, folgt die **Untersuchung beim amtsärztlichen** Dienst. Hat auch dieser „grünes Licht" gegeben, wird über die Einstellung entschieden. Ein Auswahlgespräch gibt es für den mittleren Dienst nicht. Alles Wissenswerte über die Person hat die Prüfungskommission ja bereits im Praxistest erfahren. Nach der Zusage erfährt man in einem Einstellungsgespräch alles Wissenswerte über seine künftige Ausbildung, den Beamtenstatus etc.

Laufbahngruppe 2, 1. Einstiegsamt/Der gehobene Dienst

Die **Zugangsvoraussetzungen** für den gehobenen Dienst (Brandoberinspektorin/Brandoberinspektor; feuerwehrtechnischer Dienst in der Ebene 3) entsprechen außer den erforderlichen Schulabschlüssen denen des mittleren Dienstes. Statt des Hauptschulabschlusses ist natürlich ein erfolgreicher Abschluss in einem Bachelor- oder Diplomstudiengang an einer Fachhochschule oder Hochschule (naturwissenschaftlicher oder technischer Studiengang) vorzuweisen (Feuerwehr München, 2017 b).

Die notwendigen **Bewerbungsunterlagen** sind: Lebenslauf, Lichtbild, Zeugnis des Studienabschlusses, Zeugnis über evtl. Berufsausbildung, Kopie des Führerscheins und des Schwimmnachweises und weitere Nachweise über feuerwehrgeeignete Qualifikationen.

Auch die Bewerberinnen und Bewerber für den gehobenen Dienst werden an zwei Tagen getestet. Der **Sporttest** des gehobenen Dienstes besteht aus einem Kasten-Bumerang-Test, Schwimmen und dem Drehleitertest. Genauere Informationen finden sich hierzu auf der Internetseite der Feuerwehr München.

Wenn dieser Test bestanden ist und auch der **amtsärztliche Dienst** seine Zustimmung gegeben hat, wird man zum **Auswahlgespräch** geladen. Auf einen schriftlichen und praktischen Test wird verzichtet. Die Münchner gehen davon aus, dass der erfolgreiche Abschluss eines Diplom- oder Masterstudienganges Beweis genug für die Eignung eines Kandidaten ist.

Das Auswahlgespräch findet vor einem Gremium statt, das meist aus dem Personalrat, der Dienststellenleitung, der Ausbildungsleitung und anderen entscheidungsbefugten Personen besteht. Es handelt sich um ein Einzelgespräch, bei dem es in erster Linie um die Person der Bewerberinnen und Bewerber geht. Getestet werden die Berufsmotivation, Herangehensweise an Problematiken, Auftreten, fachliches Wissen etc. Dies geschieht z. B. in Form einer eigenen Kurzvorstellung, einer Fallstudie, einem Rollenspiel, einer Gruppendiskussion oder einem strukturierten Interview.

Laufbahngruppe 2, 2. Einstiegsamt/Der höhere Dienst

Die Berufsfeuerwehr München bildet auch zum höheren Dienst aus. **Voraussetzung** dafür ist der Besitz eines Diploms oder Masterabschlusses in einem feuerwehrgeeigneten Studium. Da das Verfahren zur Zeit der Drucklegung überarbeitet wurde, müssen nähere Informationen der Internetseite der Feuerwehr München entnommen werden.

Potsdam

Die Berufsfeuerwehr Potsdam bildet nur für den mittleren Dienst aus. Auf ihrer Internetseite gibt es keine Angaben zum Thema Bewerbung, Stellenausschreibungen etc. Diese finden sich auf der Seite der Stadtverwaltung Potsdam.

Der **Einstellungstest** in Potsdam funktioniert nach dem K.-o.-System. Nur, wer die einzelnen Teile besteht, ist in der nächsten Runde. Beim Ablauf gibt es auch eine Besonderheit. Normalerweise findet das **Vorstellungsgespräch** am **zweiten Tag** statt, doch wer außerhalb von Potsdam wohnt, erhält am Abend des ersten Tages die Möglichkeit, sich den Fragen der Kommission zu stellen. Das ist ein Entgegenkommen der Potsdamer, um den Aufwand für die Bewerberinnen und Bewerber möglichst gering zu halten. Ansonsten findet das Gespräch einen Tag später statt, um zu gewährleisten, dass jeder eine gute ausführliche Beurteilung ohne Zeitdruck erhält.

Die **Zulassungsvoraussetzungen** für den mittleren Dienst sind in den Stellenausschreibungen der Feuerwehr zu finden. Das Höchstalter beträgt 30 Jahre, es gibt keine festgelegte Körpergröße. Vorhanden sein sollte auf jeden Fall ein Hauptschulabschluss oder ein gleichwertig anerkannter Bildungsstand. Zusätzlich sollten die Bewerberinnen und Bewerber keine ständigen Brillenträger sein. Sie müssen körperlich und geistig stark belastbar sein, Schwimmfähigkeiten vorweisen, eine Staatsangehörigkeit eines EU-Mitgliedstaates besitzen, die Führerscheinklasse B besitzen, einen einwandfreien Leumund haben und die amtsärztliche Untersuchung bestehen. In den Stellenausschreibungen sind auch die notwendigen Bewerbungsunterlagen aufgeführt. Grundsätzlich gilt: Zu den Bewerbungsunterlagen (Anschreiben, Lebenslauf, Lichtbild, Zeugniskopien, Führungszeugnis) gehört alles, was die Befähigung zum Feuerwehrdienst unterstreicht. Wer z. B. bereits bei der Freiwilligen Feuerwehr seinen Dienst geleistet hat, sollte dies über einen Nachweis seiner Tätigkeiten belegen. Ein Nachweis eines Schwimmabzeichens ist genauso nützlich wie die Bestätigung einer Ausbildung im Rettungsdienst etc.

Der **schriftliche Testteil** dauert ca. 50 bis 60 Minuten. Im Multiple-Choice-Verfahren müssen Fragen zu den Themen Mathematik, Physik, Chemie, Biologie, Erste Hilfe und feuerwehrspezifische Themen beantwortet werden. Sie entsprechen dem Hauptschulniveau oder dem Bildungsstand eines Bewerbers, der eine abgeschlossene Berufsausbildung vorweisen kann.

Nach dem Test wird sofort ausgewertet, wer bestanden hat und in die nächste Runde geht. Dort wartet der **Sporttest**. Getestet werden Leistungen beim Schwimmen, Laufen (1 000 m) und bei Kraftübungen. Auch die Atemschutzübungsstrecke muss absolviert werden: Mit einem (nicht angeschlossenen) Atemschutzgerät gilt es, eine als engen Gang präparierte Strecke zu durchlaufen, getestet werden Orientierungsvermögen und eine evtl. Platzangst. Im Anschluss erfolgt der Drehleitertest, das Ersteigen einer voll ausgefahrenen Drehleiter (30 m) im Freistand zum Test der Schwindelfreiheit. Auch nach dieser Runde kommen nur die erfolgreichen Bewerber weiter.

Sie müssen sich anschließend noch in einem **Vorstellungsgespräch** einer bis zu zehnköpfigen Kommission stellen. Darunter sind beispielsweise der Fachbereichsleiter, der Wachabteilungsleiter, der Personalrat, die Gleichstellungsbeauftragte. Es gibt Fragen zur Person und zur Motivation. Auch theoretisches Wissen wird geprüft. Es wird zu bestimmten Fragen oder Verhaltensweisen beim Test noch einmal nachgehakt. Auch wird den Bewerbern erklärt, an welchen Stellen es eventuellen Nachholbedarf gibt. Die Fragen werden so gestellt, dass sie von allen gleich zu beantworten sind, d. h. von Bewerberinnen und Bewerbern mit und ohne Feuerwehrerfahrung gleichermaßen. Nach der amtsärztlichen Untersuchung entscheiden sich die Potsdamer für ihre Wunschkandidaten.

Schwerin

Wer sich für die Ausbildung bei der Feuerwehr in Schwerin im mittleren Dienst interessiert, wird im Internet nicht sehr viel dazu finden. Das macht aber nichts, weil er telefonisch sehr kompetent und hilfsbereit beraten werden wird.

Für die **Zulassung zum Einstellungstest** für den mittleren Dienst haben die Schweriner folgende Voraussetzungen: Höchstalter am Einstellungstag 32 Jahre, die Erfüllung der gesetzlichen Voraussetzungen für die Ernennung zur Beamtin/zum Beamten gemäß § 8 LBGM-V, den erfolgreichen Abschluss einer Haupt- oder Realschule oder Nachweis eines gleichwertigen Bildungsstandes oder Abschluss eines zweijährigen öffentlich-rechtlichen Ausbildungsverhältnisses, die Gesellenprüfung oder eine für die Feuerwehr geeignete Abschlussprüfung bzw. abgeschlossene Spezialausbildung, eine zweijährige praktische Tätigkeit in diesen Berufen (auch innerhalb der Bundeswehr, Bundespolizei oder anderen öffentlich-rechtlichen Einrichtungen oder gleichgestellten Einrichtungen), den Führerschein Klasse B und das Jugendschwimmabzeichen in Bronze (Freischwimmer).

Die notwendigen **Bewerbungsunterlagen** sind: eine ausführliche Bewerbung mit Lebenslauf, eine Kopie des Schulabschlusszeugnisses, eine Kopie des Gesellen- oder Facharbeiterbriefs, das Prüfungszeugnis, ein lückenloser Nachweis bisheriger Tätigkeiten, eine Kopie der Geburts- bzw. Abstammungsurkunde, eine Kopie des Führerscheins, eine Kopie des Schwimmnachweises, ggf. weitere relevante Zeugnisse oder Belege. Die Bewerbungsadresse lautet:

Landeshauptstadt Schwerin
Hauptverwaltungsamt
Organisation, Personal, Statistik
Aus- und Fortbildung
Am Packhof 2–6
19053 Schwerin
Tel.: 0385 5000-109

Das **Einstellungsverfahren** wird an einem Tag durchgeführt. Es beginnt am Vormittag mit dem **schriftlichen Teil**. In einem 45-minütigen Test werden in einem Diktat nach der neuen Rechtschreibung und Ergänzungssätzen die Deutschkenntnisse geprüft. Die Zusammenstellung des Tests wird im Vorfeld von der VHS Schwerin übernommen. Der Mathematiktest (eine Stunde) besteht zum großen Teil aus Textaufgaben auf Grundrechenarten-Niveau (inklusive Prozentrechnen). Die besondere Herausforderung: Taschenrechner und andere Hilfsmittel sind nicht gestattet. Es lohnt sich also, im Vorfeld zu trainieren, denn viele Teilnehmer bekommen nach den Erfahrungen der Schweriner an dieser Stelle erhebliche Probleme. Auch Allgemeinbildung ist den Schwerinern wichtig. Dazu stellen sie u. a. in einem 30-minütigen Test Fragen nach dem Namen der jetzigen Bundeskanzlerin/des jetzigen Bundeskanzlers, aber auch zu landesinternen geografischen und geschichtlichen Themen. Ein Auge wird dabei auch auf die Handschrift geworfen, um sich auch auf diese Weise ein Bild des Bewerbers machen zu können. Sorgfalt zahlt sich aus.

Im Anschluss kommt ein **praktisch-technischer Test** (30 Minuten). Anhand verschiedener Bilderfolgen sollen die Bewerber ihr diesbezügliches Verständnis unter Beweis stellen. So werden z. B. acht Zahnräder in verschiedenen Drehrichtungen gezeigt. Herauszufinden ist, wie das Zahnrad am Ende steht. Dazu gibt es Fragen, wie viel Flüssigkeit in welches Behältnis geht etc. Der obligatorische Drehleitertest (das Besteigen einer frei stehenden, voll ausgefahrenen Drehleiter in gesichertem Zustand) gibt Aufschluss über die vorhandene Höhentauglichkeit.

Der **Sporttest** bietet mancherlei Besonderheiten im Gegensatz zu anderen Feuerwehren. Es gibt zwei Laufdisziplinen – den 100-m- und den 3 000-m-Lauf. Letzterer findet allerdings erst zum Schluss statt, mit der Begründung, dass sonst aufgrund der erhöhten Anstrengung alle Ergebnisse der vorigen Übungen nicht den tatsächlichen Werten entsprechen. Bei der nächsten Übung haben die Kandidaten die – einzige – Wahl: Klimmzüge oder Liegestützen. Letztere werden erfahrungsgemäß bevorzugt. Die nächste Herausforderung besteht im Tauklettern – eine Übung, die kaum noch einer der Bewerberinnen und Bewerber kennt und entsprechend irritiert. Der Dreisprung beschließt den Sporttest.

Die Bewertung aller Testteile fließt in ein **Punktesystem** ein. Die Wertung des Sporttests macht ca. 30 Prozent für das Gesamtergebnis, das Ergebnis des Allgemeinbildungstests dagegen nur ca. 5 Prozent. Wer den Test bestanden hat, wird zum **amtsärztlichen Dienst** zur Bestätigung der Diensttauglichkeit geschickt. Zum Erschrecken der Schweriner ist die Quote derer, die dieses Ziel nicht erreichen, ziemlich hoch. Atemerkrankungen, Herz-Kreislauf-Schwächen oder zu geringe Belastbarkeit sind häufige Ursachen.

Diejenigen, die grünes Licht erhalten haben, müssen noch im **Vorstellungsgespräch** bestehen. Eine fünfköpfige Kommission aus Personalrat, einem Mitglied des Personalamts etc. stellen Fragen zur Berufsmotivation und zum persönlichen Werdegang bezüglich der Neigung zur Feuerwehr (Zugehörigkeit zur Freiwilligen Feuerwehr etc.). Letzteres ist zwar nicht entscheidend, kann aber das Zünglein an der Waage sein, wenn es in der Entscheidung eng wird.

Stuttgart

Die Berufsfeuerwehr Stuttgart zeigt ihre Berufsinformationen auf ihrer Homepage unter **www.feuerwehr-stuttgart.de**. Hier finden sich zahlreiche Informationen zum Beruf, wenngleich nicht über die zu absolvierenden Einstellungstests. Bewerberinnen und Bewerber können sich in Stuttgart für den mittleren, gehobenen und höheren Dienst bewerben.

Laufbahngruppe 1, 2. Einstiegsamt/Der mittlere Dienst

Um sich für den mittleren Dienst in Stuttgart bewerben zu können, gelten folgende **Voraussetzungen:** Mindestens einen Hauptschulabschluss und eine für die Verwendung im mittleren feuerwehrtechnischen Dienst geeignete abgeschlossene Berufsausbildung, das Erfüllen der persönlichen Voraussetzungen für die Berufung in das Beamtenverhältnis (wie z. B. deutsche Staatsbürgerschaft oder die Staatsangehörigkeit eines anderen Mitgliedstaates der Europäischen Union), eine Vollendung des 18. Lebensjahrs, eine gesundheitliche Eignung für den feuerwehrtechnischen Dienst, einschließlich der Eignung nach dem arbeitsmedizinischen Grundsatz G 26.3 für Tätigkeiten mit Atemschutzgeräten sowie der Besitz der Fahrerlaubnis Klasse B (Feuerwehr Stuttgart, 2017 a).

Notwendige **Bewerbungsunterlagen** sind: ein Bewerbungsschreiben, ein ausgefüllter Bewerber-Fragebogen, ein Lebenslauf mit Bild, das Schulabschlusszeugnis, das Ausbildungsabschlusszeugnis und/bzw. das Gesellenprüfungszeugnis. Diese Unterlagen gehen an:

Branddirektion Stuttgart
Personalabteilung
Mercedesstraße 35
70372 Stuttgart
Tel.: 0711 5066-3101
Fax: 0711 5066-3109

Bewerbungen per E-Mail oder Fax werden nicht bearbeitet!

Die **Einstellungstests** finden an einem Tag statt und es sind dafür keine feuerwehrspezifischen Kenntnisse erforderlich. Absolviert werden müssen ein **Sporttest**, ein **schriftlicher Test** („theoretischer Test"), der Drehleitertest (das Erklimmen einer voll ausgefahrenen, frei stehenden Drehleiter) und ein Vorstellungsgespräch. Eine Einladung dazu erfolgt nach Auswertung des

Sporttests, auf den viel Wert gelegt wird. Wer sich nach dieser Runde als geeignet erwiesen hat, erhält eine schriftliche Einladung zu einem **Vorstellungsgespräch**. Anwesend sind dabei die Amtsleitung der Branddirektion, Vertreterinnen und Vertreter der Personalabteilung sowie der oder die Personalratsvorsitzende.

Hat ein Bewerber auch diese Hürde genommen, geht es zur **amtsärztlichen Untersuchung**. Danach entscheiden die Stuttgarter, wem sie den Weg frei machen zum erklärten Traumjob.

Laufbahngruppe 2, 1. Einstiegsamt/Der gehobene Dienst

Für die **Bewerbungsunterlagen** und **Zulassungsvoraussetzungen** zum gehobenen Dienst sowie für sonstige Fragen rund um die Bewerbung empfiehlt sich ein Anruf unter der genannten Telefonnummer. Infos zum eigentlichen Testverfahren konnten von den Stuttgartern nicht in Erfahrung gebracht werden.

Laufbahngruppe 2, 2. Einstiegsamt/Der höhere Dienst

Für die **Bewerbungsunterlagen** und **Zulassungsvoraussetzungen** zum höheren Dienst sowie für sonstige Fragen rund um die Bewerbung empfiehlt sich ein Anruf unter der genannten Telefonnummer. Infos zum eigentlichen Testverfahren konnten von den Stuttgartern nicht in Erfahrung gebracht werden.

Wiesbaden

Informationen zur Feuerwehr Wiesbaden und dort vorhandenen Berufsperspektiven lassen sich der Internetseite **www.feuerwehr-wiesbaden.de** entnehmen. Einstellungen sind dort regelmäßig im mittleren und gehobenen Dienst möglich.

Laufbahngruppe 1, 2. Einstiegsamt/Der mittlere Dienst

Um sich in Wiesbaden für den mittleren Dienst bewerben zu können, gibt es folgende **Zugangsvoraussetzungen**: abgeschlossene Berufsausbildung nach dem Berufsbildungsgesetz oder gleichwertiger Abschluss, zum Beispiel eine Fachhochschulreife, Staatsangehörigkeit eines Mitgliedstaates der Europäischen Union, mindestens 18 und nicht über 35 Jahre alt, Vorweisen der uneingeschränkten gesundheitlichen Eignung für den Einsatzdienst, Deutsches Schwimmabzeichen in Silber (ist bis zur Eignungsprüfung vorzulegen und darf nicht älter als ein Jahr sein) und eine Fahrerlaubnis der Klasse B (Landeshauptstadt Wiesbaden, 2017 a).

Die Wiesbadener verlangen eine aussagekräftige Bewerbung inklusive Schul- und Ausbildungsnachweisen. Die **Bewerbungsunterlagen** gehen an:

Magistrat der
Landeshauptstadt Wiesbaden
Personal- und Organisationsamt – 110120
Hasengartenstraße 21
65029 Wiesbaden

Oder:

Magistrat der
Landeshauptstadt Wiesbaden
Feuerwehr – 3702 –
Kurt-Schumacher-Ring 16
65197 Wiesbaden

Eine Onlinebewerbung ist ebenfalls möglich.

Das Wiesbadener **Einstellungsverfahren** findet an zwei Tagen statt und besteht aus folgenden Testteilen: Rechtschreibung, Rechnen, physikalisch-technisches Verständnis, Staatsbürgerkunde, Schwindelfreiheit, Platzangst, handwerkliches Geschick und Überprüfung der körperlichen Fitness (Feuerwehr Wiesbaden, 2017 b). Ausführliche Informationen zum Test finden sich auf der Homepage der Feuerwehr.

Die Testverfahren beginnen zunächst mit einem Verständnistest in Form eines Multiple-Choice-Tests. Hier wird das Verständnis von allgemeinen Sachverhalten und dem logischen Denkvermögen überprüft. Anschließend erfolgt ein Deutschtest, in dem es um Rechtschreibung und Grammatik geht. Auch hier wieder in Form von Multiple-Choice-Aufgaben.

In einem Mathetest sind dann anschließend die Grundrechenarten und Textaufgaben zu bearbeiten, bevor ein Allgemeinwissenstest zur Staatsbürgerkunde durchgeführt wird. Hier geht es z. B. um Staatsformen, Staatsgewalten und zurzeit regierende Minister.

Nach diesen **theoretischen Testverfahren** folgt der **praktische Einstellungstest**. Hier muss als Erstes ein Radwechsel an einem Auto durchgeführt werden, wozu bereitgestelltes Werkzeug zu benutzen ist. Gleiches gilt übrigens auch für den folgenden Test, wo ein Betonklotz anzuheben ist. Getestet werden hier also technisches Verständnis, gepaart mit Kraft und Geschicklichkeit.

Wie bei allen Feuerwehren wird auch in Wiesbaden ein Drehleitertest durchgeführt, bei dem man auf eine komplett ausgefahrene Drehleiter sicher hinauf- und hinabsteigen muss. Hat man das erfolgreich geschafft, muss eine Atemschutzstrecke durchquert werden, wo die Feuerwehr feststellen will, wie man in engen Räumen zurechtkommt, es um die Geschicklichkeit und die Teamfähigkeit bestellt ist. Um die vorhandenen Anstrengungen noch zu steigern schließt das praktische Auswahlverfahren mit einer simulierten Menschenrettung innerhalb der Atemschutzstrecke ab, bei der die körperliche Belastbarkeit, Geschicklichkeit und Schnelligkeit getestet werden (Feuerwehr Wiesbaden, 2017 c).

Weiter geht es mit dem **Vorstellungsgespräch** vor einer mehrköpfigen Kommission – bestehend aus der Amtsleitung, der Ausbildungsleitung, der Gleichstellungsbeauftragten und dem Personalrat. In einem Einzelgespräch werden u. a. die Berufsmotivation und die persönlichen Vorstellungen vom Feuerwehrberuf überprüft.

Wer das alles überstanden hat, wird vom **amtsärztlichen Dienst** auf seine körperliche Tauglichkeit für die Beamtenlaufbahn getestet. Grünes Licht bekommen meist zwei oder drei Kandidaten mehr, als Stellen vorgesehen sind, sollte jemand anderes ausfallen.

Laufbahngruppe 2, 1. Einstiegsamt / Der gehobene Dienst

Für den gehobenen Dienst gibt es in Wiesbaden die folgenden **Voraussetzungen:** Staatsangehörigkeit eines Mitgliedstaates der Europäischen Union, nicht älter als 40 Jahre (Ausnahmen sind möglich), Abschluss eines Studienganges (insbesondere Bauingenieurwesen, Maschinenbau, Elektrotechnik, Chemie oder Physikalische Technik) mit mind. einem Bachelor- oder als gleichwertig anerkannten Abschluss, Besitz des Deutschen Schwimmabzeichens in Silber (ist bis zur Eignungsprüfung vorzulegen und darf nicht älter als 1 Jahr sein), erfolgreiche Teilnahme an der **Eignungsprüfung**, inkl. **Sporttest**, Nachweis der uneingeschränkten **gesundheitlichen Eignung** für den Einsatzdienst nach G 26.3 und Bestehen der **amtsärztlichen Untersuchung** (Feuerwehr Wiesbaden, 2017 d).

Für die **Bewerbung** verlangen die Wiesbadener aussagekräftige Bewerbungsunterlagen mit allen Nachweisen zu Schul-, Studiums- und Ausbildungsnachweisen. Die Bewerbungsadresse entspricht der obigen für den mittleren Dienst.

Das Einstellungsverfahren verläuft wie das für den mittleren Dienst, nur im Mathematischen sind die Ansprüche entsprechend höher. Auch das Vorstellungsgespräch ist etwas anspruchsvoller. Die Bewerberinnen und Bewerber werden mit Fachfragen aus ihrem Studienbereich konfrontiert und müssen so u. a. auch Fallstudien lösen („Was würden Sie tun, wenn …?“). Auch sie werden im Anschluss vom amtsärztlichen Dienst auf ihre Tauglichkeit geprüft.

Justiz

Wie bei der Feuerwehr und Polizei liegen die **Einstellungsvoraussetzungen** und Ausbildungen im Justizbereich in der Zuständigkeit des Bundes bzw. der Länder. Einheitliche Regelungen existieren nicht. Damit Sie einen direkten Zugriff auf die Informationen der jeweiligen Behörden und Dienststellen bekommen, haben wir Ihnen diese im Folgenden zusammengestellt. Aufgrund einer ständigen Anpassung empfehlen wir Ihnen, die Bewerbungsanschrift und aktuellen Daten den jeweiligen Internetauftritten zu entnehmen.

Allgemeine Informationen	http://www.justiz.de
Baden-Württemberg	http://www.justiz.badenwuerttemberg.de/servlet/PB/menu/1155174/index.html
Bayern	http://www.justiz.bayern.de/
Berlin	http://www.berlin.de/sen/justiz/
Brandenburg	https://mdjev.brandenburg.de/
Bremen	http://www.justiz.bremen.de
Bundesministerium	https://www.bundesjustizamt.de/DE/Home/homepage_node.html

Hamburg	http://www.hamburg.de/justizbehoerde/
Hessen	https://hmdj.hessen.de/justiz
Mecklenburg-Vorpommern	http://www.mv-justiz.de/
Niedersachsen	http://www.justizportal.niedersachsen.de/portal/live.php?navigation_id=13261&_psmand=50
Nordrhein-Westfalen	http://www.justiz.nrw.de/
Rheinland-Pfalz	http://www.mjv.rlp.de//icc/justiz/nav/fc7/fc750d2d-d68d-1133-e2dc-6169740b3ca1.htm
Saarland	http://www.saarland.de/SID-3E724395-95E87650/justiz.htm
Sachsen	http://www.justiz.sachsen.de/
Sachsen-Anhalt	https://justiz.sachsen-anhalt.de/justiz-sachsen-anhalt/
Schleswig-Holstein	http://www.schleswig-holstein.de/DE/Justiz/justiz_node.html
Thüringen	http://www.thueringen.de/th4/justiz/

Die genannten Internetadressen entsprechen dem **Stand Herbst/Winter 2017**.

Polizei

Im Folgenden finden Sie die Einstellungsmodalitäten der verschiedenen Polizeien nach Bundesländern sortiert. Nutzen Sie diese Aufstellung als Informationsquelle und Hilfe, informieren Sie sich aber bitte vor einer Bewerbung nochmals bei der zuständigen Einstellungsberatung.

Allgemeine Informationen

Da die jeweiligen **Einstellungsvoraussetzungen** einer ständigen Anpassung unterliegen, empfehlen wir Ihnen, die Bewerbungsanschrift und aktuellen Daten den jeweiligen Internetauftritten der verschiedenen Organisationen zu entnehmen. Eine kleine Auswahl haben wir Ihnen dazu im Folgenden zusammengestellt.

Baden-Württemberg	http://www.polizei-bw.de
Bayern	http://www.polizei.bayern.de/
Berlin	http://www.berlin.de/polizei/
Brandenburg	http://www.polizei.brandenburg.de
Bremen	http://www.polizei.bremen.de
Bundeskriminalamt	http://www.bka.de
Bundespolizei	http://www.bundespolizei.de
Hamburg	http://www.hamburg.de/polizei/
Hessen	http://www.polizei.hessen.de
Mecklenburg-Vorpommern	http://www.polizei.mvnet.de
Niedersachsen	http://www.polizei.niedersachsen.de
Nordrhein-Westfalen	http://www.polizei-nrw.de
Rheinland-Pfalz	http://www.polizei.rlp.de
Saarland	http://www.saarland.de/polizei.htm
Sachsen	http://www.polizei.sachsen.de
Sachsen-Anhalt	https://polizei-web.sachsen-anhalt.de/
Schleswig-Holstein	http://www.polizei.schleswig-holstein.de
Thüringen	http://www.thueringen.de/th3/polizei/

Die genannten Internetadressen entsprechen dem **Stand Herbst/Winter 2017**. Weitere Informationen zu ausgewählten Polizeibehörden finden Sie auf den folgenden Seiten.

Bundeskriminalamt

Wer sich für eine Tätigkeit beim Bundeskriminalamt (BKA) interessiert, wird auf deren Internetseiten im Bereich „Beruf und Karriere" und den dortigen Stellenanzeigen schnell fündig. Ausbildungen zum Kriminalkommissar – das BKA stellt nur für die Laufbahngruppe 2., 1. Einstiegsamt (ehem. gehobener Dienst) ein – werden dort z. B. jeweils zum Einstellungstermin 1. April und 1. Oktober angeboten. Hierfür ist es allerdings **Voraussetzung**, die Allgemeine Hochschulreife (Abitur) oder die uneingeschränkte Fachhochschulreife (der schulische Teil genügt nicht) mit einem Notendurchschnitt von mindestens 3,5 bzw. bei Vorlage der letzten beiden Halbjahreszeugnisse von durchschnittlich 7 Punkten vorweisen zu können. Dabei gilt, dass man bei einem besseren Notendurchschnitt automatisch bessere Einstellungschancen hat, da wenn mehr Bewerbungen als Testkapazitäten vorliegen, jeweils nur die Besten eingeladen werden (Bundeskriminalamt, 2017 a).

Weitere **Einstellungsvoraussetzungen** sind die deutsche Staatsangehörigkeit im Sinne des Artikels 116 Grundgesetz (in Ausnahmefällen werden auch ausländische Bewerber berücksichtigt) und das Einhalten der Altersgrenze von grundsätzlich 33 Jahren – wobei hier Ausnahmen bis zu einem Alter von maximal 42 Jahren zugelassen werden können, so z. B., wenn Kinder unter 18 Jahren zu betreuen waren/sind. Ebenfalls wichtig sind ein Führerschein der Klasse B, eine gesundheitliche Eignung und englische Sprachkenntnisse im Level B1. Hier ist ein Nachweis durch ein national oder international anerkanntes Sprachzertifikat, welches nicht älter als zwei Jahre sein darf, zu erbringen. Als Nachweis wird auch eine von der Schule ausgestellte Bescheinigung anerkannt, aus der eindeutig hervorgeht, dass das Level B 1 erreicht wurde oder der Nachweis von vier Jahren Schulenglisch mit mindestens der Note 4 (5 Punkte) in den letzten vier Zeugnissen (Bundeskriminalamt, 2017 a).

Das BKA setzt bei allen Bewerbern eine Mindestgröße von 162 cm voraus und wünscht sich insbesondere Bewerbungen von Personen, die ein Ehrenamt bzw. bürgerschaftliches/gesellschaftliches Engagement wahrnehmen sowie in geordneten wirtschaftlichen Verhältnissen leben. Vorstrafen sind nicht zulässig. Alle Bewerber müssen sich vor der Einstellung einer **Sicherheitsüberprüfung** unterziehen und müssen ihren Wohnsitz in den letzten fünf Jahren in Deutschland, einem Mitgliedstaat der EU oder einem assoziierten Staat innegehabt haben (Bundeskriminalamt, 2017 a).

Eignungsfeststellungsverfahren

Das Eignungsfeststellungsverfahren beim BKA gliedert sich in insg. vier Stufen. Dabei wird mit einem **psychodiagnostischen Testverfahren** begonnen, welches einen Intelligenztest (z. B. Zahlenreihen, Satzergänzungen, Analogien, Figurenauswahl, Matrizen und Würfelaufgaben), Konzentrationstest (Überprüfung des aufmerksamen und konzentrierten Arbeitens) und Rechtschreibtest (Einsetzen von ca. 70 Wörtern in einem vorgelesenen Lückentext) beinhaltet.

Wer diesen bestanden hat, darf am **Sporttest** teilnehmen, in dem vier Disziplinen zu bewältigen sind: ein Achterlauf (Lauf in Form einer 8 um fünf Stangen auf Zeit), (Sitz-)Klimmzüge (Messung der Anzahl der Wiederholungen), Eckenlauf (100-m-Lauf in der Halle) sowie ein Ausdauerlauf (6 Minuten/zurückgelegte Wegstrecke wird bewertet). Beim Sporttest ist eine Mindestpunktzahl zu erreichen, um das Verfahren fortsetzen zu dürfen.

Nach dem Sporttest findet das **Gruppen- und Einzelgespräch** statt. Dieses beginnt mit einer ca. 20-minütigen Gruppendiskussion, bei der vier bis fünf Teilnehmer ein Thema mitgeteilt bekommen und anschließend diskutieren sollen. Danach folgt ein **Kurzreferat**, bei dem man einen Text erhält, mit dem man sich 20 Minuten auseinandersetzen soll. Anschließend ist dieser innerhalb von fünf bis zehn Minuten der Prüfungskommission zusammenzufassen und man bekommt Verständnisfragen gestellt, die es zu beantworten gilt. Zuletzt folgt ein etwa 45-minütiges **Einzelgespräch** mit der Prüfungskommission.

Ganz am Ende des Auswahlverfahrens steht die **ärztliche Untersuchung** auf Polizeidiensttauglichkeit und danach die oben bereits erwähnte **Sicherheitsüberprüfung** (Bundeskriminalamt, 2017 a).

Bundespolizei

Interessenten für die Bundespolizei finden auf der Internetseite **www.komm-zur-bundespolizei.de** eine Menge an Informationen. Allgemein müssen für alle bei der Bundespolizei möglichen Laufbahnen im Polizeivollzugsdienst folgende **Anforderungen** erfüllt werden: Deutsche/r im Sinne des Art. 116 Grundgesetz oder Besitz einer anderen EU-Staatsangehörigkeit, Gewähr, jederzeit für die freiheitliche demokratische Grundordnung im Sinne des Grundgesetzes einzutreten, positive Feststellung der Polizeidiensttauglichkeit, Besitz der Fahrerlaubnis der Klasse B (ggf. z. B. aufgrund des Lebensalters bis zum Abschluss der Laufbahnausbildung beziehungsweise des Grundstudiums nachzuweisen), Schwimmzeugnis in Bronze, keine Vorstrafen, geordnete wirtschaftliche Verhältnisse (keine Überschuldung) und keine Tätowierungen im Gesicht, am Hals und an den Händen. Tätowierungen an anderen sichtbaren Stellen müssen in geeigneter und dezenter Weise abgedeckt werden, sofern sie nicht durch die Dienstkleidung vollständig verdeckt werden. Zusätzlich werden ausdrücklich Leistungsbereitschaft, soziale Kompetenz, Flexibilität und Mobilität, geistige und körperliche Fitness, Demokratieverständnis, physische und psychische Belastbarkeit, Teamfähigkeit, Zivilcourage, Entscheidungsvermögen und ein positives Erscheinungsbild verlangt (Bundespolizei, 2017 a). Alles Dinge, die sicherlich auch später in den Eignungsfeststellungsverfahren eine Rolle spielen werden.

Laufbahngruppe 1, 2. Einstiegsamt/Der mittlere Dienst

Neben den oben angeführten allgemeinen **Einstellungsvoraussetzungen** sind für alle Bewerber, die in den mittleren Dienst bei der Bundespolizei einsteigen möchten, noch folgende **Voraussetzungen** zu erfüllen: Erwartet werden mindestens ein mittlerer Bildungsabschluss oder ein Hauptschulabschluss sowie eine mind. zweijährige, anerkannte und erfolgreich abgeschlossene Berufsausbildung. Daneben muss man sich in englischer Sprache verständigen können, in den Fächern Deutsch und Englisch mindestens die Note 4 (ausreichend) sowie im Fach Sport mindestens die Note 3 (befriedigend) haben. Am Tag der Einstellung muss man zudem mind. 16 Jahre alt sein, darf ein Alter von 27 Jahren aber nicht überschritten haben. Altersausnahmen sind aber möglich, wenn man eine abgeschlossene Berufsausbildung und mind. drei Jahre Berufserfahrung vorweisen kann. In diesem Fall beträgt das Höchstalter 35 Jahre (Bundespolizei, 2017 a).

Laufbahngruppe 2, 1. Einstiegsamt/Der gehobene Dienst

Für den gehobenen Dienst werden von der Bundespolizei folgende **Anforderungen** an die Bewerber gestellt: Besitz der allgemeinen Hochschulreife oder Fachhochschulreife, mindestens die Note 4 (ausreichend) oder besser in den Fächern Deutsch und Englisch sowie die 3 (befriedigend) im Sport, ein Höchstalter von 33 Jahren (Ausnahme auch hier: abgeschlossene Berufsausbildung und mindestens drei Jahre Berufserfahrung setzen das Höchstalter auf 41 Jahre hoch), die Möglichkeit, sich in Englisch verständigen zu können, sowie nach Möglichkeit (Grund-)Kenntnisse einer weiteren Fremdsprache (Bundespolizei, 2017 a).

Laufbahngruppe 2, 2. Einstiegsamt/Der höhere Dienst

Wer bereits über ein abgeschlossenes, universitäres Hochschulstudium verfügt, hat eventuell die Möglichkeit, direkt im höheren Dienst der Bundespolizei anzufangen. Dazu darf man dann jedoch nicht älter als 34 Jahre sein und muss über mindestens gute Englischkenntnisse sowie die Fähigkeit zu besonnenem, abwägendem und überlegtem Handeln verfügen. Daneben werden ein sicheres und authentisches Auftreten, sehr gute kommunikative Fähigkeiten, starkes Einfühlungsvermögen, Teamgeist sowie Fähigkeiten zum Konfliktmanagement, Fähigkeit zur ergebnisorientierten Arbeit sowie eine gute Entscheidungs- und Durchsetzungsfähigkeit erwartet. Ob diese Eigenschaften vorliegen, wird dann nach der Bewerbung in einem **zweitägigen Assessment-Center** an der Bundespolizeiakademie in Lübeck getestet (Bundespolizei, 2017 a).

Eignungsfeststellungsverfahren

Die **Auswahlverfahren** für den mittleren Dienst dauern zwei bis drei Tage und bestehen u. a. aus einem schriftlichen Test (Konzentration, Allgemeinwissen, verbale Intelligenz, Diktat), einer **polizeiärztlichen Untersuchung, einem Sporttest** und einem **Vorstellungsgespräch**. Auf den Internetseiten der Bundespolizei finden sich hierzu weitere Informationen und Testbeispiele, so z. B. für das Diktat. Für dieses wird u. a. empfohlen, sich folgende Bereiche vorab intensiver anzusehen:

- Schreibung der S-Laute
- Groß- und Kleinschreibung
- Getrennt- und Zusammenschreibung
- Zeichensetzung, insbesondere die Komma-Regeln
- Schreibung nach dem Prinzip des Wortstammes

Auch wird ein Beispieldiktat angeboten, sodass man einen guten Überblick über das zu erwartende Niveau erhält (Bundespolizei, 2017 c).

Bewerber für den gehobenen Dienst sollten bei der Bundespolizei bis zu **vier Tage** für ihr **Eignungsfeststellungsverfahren** einplanen. Getestet werden hier u. a. auch wieder die Deutschkenntnisse, diesmal – im Gegensatz zum mittleren Dienst – aber in Form eines Kurzaufsatzes, für den man 60 Minuten Zeit hat. Auch hier gibt es hilfreiche Informationen im Internet (Bundespolizei, 2017 c):

- Verfehlen des Themas
- In der Einleitung wird nicht in das Thema eingeführt, sondern nur die Themenstellung wiederholt.
- Im Hauptteil werden nur Behauptungen aufgestellt, diese aber nicht belegt.

Hat man die ersten Tests bestanden, so folgen der obligatorische **Sporttest** und ein **Assessment-Center**, bei dem eine Gruppendiskussion, ein Kurzvortrag und ein Interview stattfinden.

Abgeschlossen wird das Verfahren mit der **polizeiärztlichen Untersuchung** (Bundespolizei, 2017 b). Auch deren Anforderungen findet man im Internet zum Nachlesen:

- kein Über- oder Untergewicht
- keine Einschränkungen, die das Laufen, Stehen, Sitzen oder Schreiben beeinflussen
- ausreichendes Sehvermögen
- ein gutes Farbunterscheidungsvermögen und räumliches Sehen
- ein leistungsfähiges Herz-Kreislauf-System
- ein gesundes Gebiss – kein herausnehmbarer Zahnersatz
- ein intaktes Hormonsystem
- psychische Gesundheit

(Bundespolizei, 2017 b)

Für Interessenten für den höheren Dienst waren zum Zeitpunkt der Drucklegung keine Informationen verfügbar.

Baden-Württemberg

Im Bundesland Baden-Württemberg werden Beamte für den mittleren und gehobenen Polizeivollzugsdienst ausgebildet. Allgemeine **Einstellungsvoraussetzungen** sind für beide Laufbahnen: noch nicht mit dem Gesetz in Konflikt gekommen zu sein, die Bereitschaft, für die freiheitlich-demokratische Grundordnung einzutreten, eine Mindestgröße von 160 cm, körperliche Fitness, ein Body-Mass-Index zwischen 18 und 27,5, der Besitz der Deutschen Staatsangehörigkeit sowie des Deutschen Sportabzeichens in Silber (alternative: Bestehen eines 3 000-m-Laufes beim Einstellungstest) und ein Nachweis der Schwimmfähigkeit (Polizei Baden-Württemberg, 2017 a).

Der mittlere Polizeivollzugsdienst

Zusätzlich zu den oben erwähnten Eigenschaften müssen Bewerber für den mittleren Polizeivollzugsdienst noch folgende **Nachweise** erbringen können: ein Alter zwischen 16,5 und 30 Jahren am Tag der Einstellung, einen mittleren Bildungsabschluss mit einem Notendurchschnitt von 3,2 oder besser sowie der Besitz der Fahrerlaubnis der Klasse B. Bewerber, die am Einstellungstag (1) das 18. Lebensjahr noch nicht vollendet haben, können den Nachweis auch durch Vorlage einer Prüfbescheinigung für das "Begleitete Fahren ab 17 Jahren" erbringen, (2) das 17. Lebensjahr noch nicht vollendet haben, haben bis spätestens zum Ende des achten Monats des Ausbildungsabschnitts "Basiskurs" eine Prüfbescheinigung für das „Begleitete Fahren ab 17 Jahren“ vorzulegen. (Polizei Baden-Württemberg, 2017 a).

Der gehobene Polizeivollzugsdienst

Im Gegensatz zum mittleren Polizeivollzugsdienst sind die (schulischen) **Anforderungen** für Bewerber für eine Laufbahn im gehobenen Polizeivollzugsdienst etwas anspruchsvoller. Hier müssen zusätzlich zu den Grundanforderungen noch folgende Eigenschaften nachgewiesen werden: Abitur oder Fachhochschulreife bzw. ein vergleichbarer Abschluss mit einem Durchschnittswert von 3,0 oder besser, ein Höchstalter von 31 Jahren am Tag der Einstellung, sowie eine Fahrerlaubnis der Klasse B (Ausnahmeregelungen wie beim mittleren Polizeivollzugsdienst) (Polizei Baden-Württemberg, 2017 a).

Eignungsfeststellungsverfahren

Die Einstellungsverfahren sehen verschiedene Bestandteile vor, die auch auf den Internetseiten der Polizei gut erläutert werden. Begonnen wird mit einem **Test zum Sprachverständnis**, bei dem 30 Fragen in 15 Minuten zu beantworten sind. Der Test wird am PC durchgeführt und im Rahmen eines Multiple-Choice gibt es zu jeder Frage drei Antwortmöglichkeiten. Anschließend – noch immer am PC – folgt der **Rechtschreibtest**. Hier sind 60 fehlende Wörter in einem Lückentext einzutragen, die einem über Kopfhörer vorgelesen werden. Insgesamt dauert dieser Teil ca. 30 Minuten, bevor man noch mal 90 Minuten einen **Intelligenztest** bearbeiten muss, bei dem Fragen zum verbalen, rechnerischen und abstrakten Verständnis gestellt werden.

Hat man bis zu diesem Punkt alle Tests bestanden, so folgt ein **multimodales, strukturiertes Interview**. Dabei hat man Gelegenheit, die eigenen Testergebnisse ins richtige Licht zu rücken, souverän aufzutreten und gute

Umgangsformen zu zeigen (Polizei Baden-Württemberg, 2017 a). Weiter wird man mit Fragen zur sozialen Kompetenz, Belastbarkeit, Leistungsmotivation, Selbstkontrolle und Selbstständigkeit konfrontiert (Polizei Baden-Württemberg, 2017 b).

Sind alle Tests erfolgreich bestanden, so schließt das Verfahren mit der **polizeiärztlichen Untersuchung**, bei der die Polizeidiensttauglichkeit festgestellt wird (Polizei Baden-Württemberg, 2017 b).

Bayern

In Bayern ist die Mindestgröße sowohl für die weiblichen als auch die männlichen Auszubildenden auf 1,65 m festgesetzt. Bei einer Körpergröße von unter 1,65 m kann aber unter Berücksichtigung der körperlichen Gesamtkonstitution des Bewerbers eine Ausnahme erteilt werden. Dies setzt in der Regel eine überdurchschnittliche, körperliche Leistungsfähigkeit voraus. Doch der Reihe nach:

2. Qualifikationsebene

Kriterien für die Teilnahme am **Einstellungsverfahren** für die 2. QE sind die deutsche Staatsangehörigkeit (Ausnahmen sind möglich), ein Alter zwischen 17 und 30 Jahren, eine gesundheitliche Eignung, dass man nicht mit dem Gesetz in Konflikt gekommen ist sowie geordnete wirtschaftliche Verhältnisse vorweisen kann. Zusätzlich darf man keine sichtbaren oder inhaltlich unzulässigen Tätowierungen haben. Was genau hinter den Kriterien „geordnete wirtschaftliche Verhältnisse“ steckt, muss sich jeder selbst denken. Die werden aber nicht nur von den Bayern, sondern auch von anderen Bundesländern verlangt. Schulisch muss mindestens ein qualifizierender Abschluss der Haupt- bzw. Mittelschule mit abgeschlossener Berufsausbildung oder aber ein mittlerer Schulabschluss oder höherwertiger Schulabschluss vorhanden sein.

Tipp: Weiterführende Informationen für Spitzensportler findet man auf der Webseite der Polizei Bayern. **www.mit-sicherheit-anders.de**

3. Qualifikationsebene

Wer sich für ein Studium bei der Polizei interessiert, sollte sich die **Zugangsvoraussetzungen** für die 3. QE anschauen. Hier gelten fast die gleichen Anforderungen wie bei der 2. QE, jedoch werden andere schulische Voraussetzungen verlangt und die deutsche Staatsangehörigkeit muss vorliegen. Vorzuweisen sind die unbeschränkte Fachhochschulreife oder fachgebundene Hochschulreife oder allgemeine Hochschulreife oder eine Meisterprüfung und ein Beratungsgespräch an der Hochschule für den öffentlichen Dienst in Bayern. Das Studium erfolgt nach allen bestandenen Einstellungstests an der Hochschule für den öffentlichen Dienst in Bayern – Fachbereich Polizei. Ausdrücklich wird empfohlen, sich für die 2. und 3. QE parallel zu bewerben, um die Einstellungschancen zu erhöhen.

4. Qualifikationsebene

Von der 3. Qualifikationsebene aus kann über ein 2-jähriges Masterstudium die 4. Qualifikationsebene erreicht werden, welche die Führungsspitze der Bayerischen Polizei stellt.

Eignungsfeststellungsverfahren

Im Freistaat werden die Einstellungstests für die 2. und 3. Ebene getrennt durchgeführt. Bewerber für die **2. Ebene** machen einen **Sprachtest** und einen Grundfähigkeitstest, beides am PC. Beim Sprachtest werden unter anderem Rechtschreibung, Grammatik, Wortverständnis und Sprachgefühl überprüft. Dies erfolgt z. B. in Form von Lückendiktaten, Multiple-Choice-Aufgaben und ähnlichen Tests. Insgesamt werden für den Sprachtest 90 Minuten veranschlagt. Der Grundfähigkeitstest hat eine Bearbeitungszeit von 50 Minuten und überprüft die Bearbeitungsgeschwindigkeit, Verarbeitungskapazität und Gedächtnisleistung. Hier wird auch ein sicherer Umgang mit Texten, Zahlen, Formen und Figuren erwartet (Polizei Bayern, 2017 c).

Im Anschluss daran folgt eine **Gruppenaufgabe**, innerhalb derer vier bis acht Teilnehmer ein Problem in ca. 45 Minuten gemeinsam diskutieren und lösen müssen. Geprüft werden hier die Kommunikationsfähigkeit, die Initiative und das Kooperationsvermögen des Bewerbers (Polizei Bayern, 2017 c). Es folgt eine **Sportprüfung** bestehend aus dem Springen über eine Kleinbank, Bankdrücken, einem Pendellauf und dem Cooper-Test. Anschließend wird ein Schwimmtest durchgeführt. (Polizei Bayern, 2017 b)

Tipp: Alle zu erreichenden Zeiten und ein Video vom Test finden sich auf: **http://www.mit-sicherheit-anders.de/deine-bewerbung/pruefungs-und-auswahlverfahren/sportpruefung/**

Die **mündliche Prüfung** erfolgt über ein **strukturiertes Interview**. In diesem soll die soziale Kompetenz, die Belastbarkeit und die Leistungsmotivation des Bewerbers festgestellt werden. Die Tests dauern insgesamt **zwei Tage**, während derer auch die **ärztliche Untersuchung** gemacht wird (Polizei Bayern, 2017 c). In dieser werden folgende Bereiche auf die Polizeidiensttauglichkeit überprüft: Sinnesorgane (Sehen, Hören), Herz-Kreislauforgane, Hormonsystem, Stoffwechsel, Blut, Atmung, Bauch- und Geschlechtsorgane, Haut, Haltungs- und Bewegungsapparat, Nervensystem und Psyche, Größe und Gewicht sowie die Gesamtkonstitution (Polizei Bayern, 2017 d).

Das **Einstellungsverfahren** für die **3. Ebene** ist um einiges anspruchsvoller. Es gibt zwar ähnlich wie bei der 2. Ebene eine Gruppenaufgabe, allerdings wird hierbei besonderer Wert auf potenzielle Führungsqualitäten des Bewerbers gelegt, da er nach Abschluss des Studiums dem mittleren Management angehören wird. Zu guter Letzt kommen die Sportprüfung und die mündliche Prüfung beziehungsweise das strukturierte Interview. In jedem Abschnitt des Einstellungsverfahrens wird nach dem K.-o.-Prinzip verfahren, das heißt, wer eine Prüfung nicht besteht, fällt automatisch raus.

Berlin

Um zum **Einstellungstest** für eine Laufbahn im mittleren und gehobenen Dienst der Schutz- bzw. Kriminalpolizei eingeladen zu werden, braucht man die deutsche Staatsangehörigkeit im Sinne des Artikels 116 des Grundgesetzes der Bundesrepublik Deutschland oder eine Staatsangehörigkeit eines Mitgliedslandes der Europäischen Union (Ausnahmen sind möglich), muss die Gewähr bieten, jederzeit für die freiheitliche demokratische Grundordnung im Sinne des Grundgesetzes und der Verfassung von Berlin einzutreten, benötigt eine Fahrerlaubnis der Klasse B (in Berlin wird Wert darauf gelegt, dass diese für Pkw mit Schaltgetriebe gültig ist, wobei diese erst (1) in der Ausbildung bis zum Ende des 3. Semesters bzw. (2) im Studium bis zum Ende des 2. Semesters nachzuweisen ist), muss mindestens eine Strecke von 200 m ohne Unterbrechung schwimmen können und einen entsprechenden

Schwimmfähigkeitsnachweis erbringen (z. B. Schwimmabzeichen „Bronze"), muss als Frau mindestens 160 cm und als Mann mindestens 165 cm groß sein, darf keine Vorstrafen haben und muss die Einstellungsprüfung bestehen, zu der auch eine **ärztliche Untersuchung** zur Polizeidiensttauglichkeit gehört.

Bewerberinnen und Bewerber, die über in Sommerkleidung sichtbare Tätowierungen verfügen, können künftig in den Polizeidienst eingestellt werden, sofern die Tätowierungen mit dem Polizeidienst und den Anforderungen an das Auftreten und die Neutralität der Dienstkräfte in der Öffentlichkeit vereinbar sind. Über die Zulässigkeit der Tätowierungen wird im Rahmen von Einzelfallentscheidungen im Laufe des Auswahlverfahrens befunden. Weiter schreibt die Polizei Berlin auf ihren Internetseiten: „Unabhängig von der Sichtbarkeit sind alle Tätowierungen mit den polizeilichen Anforderungen nicht zu vereinbaren, die rechts- oder linksradikale bzw. extremistische, entwürdigende, sexistische bzw. frauenfeindliche, gewaltverherrlichende bzw. menschenverachtende Darstellungen beinhalten. Das gilt ebenso für Brandings, Implantate und andere Körpermodifikationen." (Polizei Berlin, 2017 a).

Bewerben kann man sich bei der Polizei Berlin übrigens parallel bei der Schutzpolizei für den gehobenen als auch für den mittleren Dienst. Dies ist auf dem Bewerbungsbogen entsprechend anzugeben. Auch sind Direktbewerbungen bei der Kriminalpolizei möglich (nur gehobener Dienst) (Polizei Berlin, 2017 a).

Tipp: Die aktuellen **Einstellungsvoraussetzungen** für die Polizei Berlin findet man im Internet unter:
www.berlin.de/polizei/beruf/polizist-polizistin-werden/bewerbung-einstellung/

Laufbahngruppe 1, 2. Einstiegsamt/Der mittlere Dienst

Wer sich für den mittleren Dienst der Schutzpolizei in Berlin bewerben möchte, muss zusätzlich zu den oben genannten Anforderungen noch folgende **Voraussetzungen** erfüllen: mindestens die erweiterte Berufsbildungsreife („erweiterter Hauptschulabschluss") oder einen als gleichwertig anerkannten Bildungsstand und Alter zwischen 16 und 29 Jahren. Lebensältere Bewerber (30–39 Jahre) werden auch genommen, wenn diese eine abgeschlossene (mindestens zweijährige) Berufsausbildung und eine mindestens zweijährige hauptberufliche Tätigkeit nachweisen können. Über deren Einstellung wird jedoch zu jedem Einstellungstermin neu entschieden, sodass zum angestrebten Einstellungszeitpunkt geprüft werden muss, ob solche Bewerbungen aktuell zulässig sind (Polizei Berlin, 2017 a).

Laufbahngruppe 2, 1. Einstiegsamt/Der gehobene Dienst

Auch von Bewerbern für den gehobenen Dienst der Schutz- und Kriminalpolizei sind zusätzlich zu den oben genannten Anforderungen weitere Nachweise zu führen, um sich in Berlin bewerben zu können. Diese sind mindestens die Fachhochschulreife oder ein als gleichwertig anerkannte Bildungsstand sowie ein Höchstalter von 31 Jahren (Polizei Berlin, 2017 a).

Eignungsfeststellungsverfahren

Informationen zum Eignungsfeststellungsverfahren finden sich (u. a. in den Bewerbungsanforderungen für den mittleren und gehobenen Dienst) bei der Berliner Polizei im Internet.

Das **Auswahlverfahren** selbst findet teilweise am PC statt, wobei Sie beispielsweise folgende Tests erwarten können:

- Intelligenz- und Persönlichkeitsstrukturtests (z. B. Grundlagen von Auffassungsgabe/Urteilsvermögen, Aspekte der Zuverlässigkeit und psychischen Belastbarkeit, Hinweise auf Leistungsmotivation und Berufsinteresse)
- Sprachtests (zurzeit wahlweise Englisch, Französisch, Türkisch, Polnisch, Russisch, Arabisch und Spanisch)
- Deutschtests
- Politik und Gesellschaft (Allgemeinwissen/interkulturelles Wissen)

Darüber hinaus erfolgt bei Bestehen des Einstellungstests ein **Sporttest**, ggf. die persönliche Vorstellung, die **polizeiärztliche Untersuchung** und die **Leumundsüberprüfung** (Polizei Berlin, 2017 a).

Brandenburg

Das Bundesland Brandenburg bildet für die Laufbahnen des mittleren und gehobenen Polizeivollzugsdienstes aus. Die Einstellungsvoraussetzungen für die beiden Laufbahnen unterscheiden sich wie im Folgenden dargestellt.

Der mittlere Polizeivollzugsdienst

Bewerber für den mittleren Polizeivollzugsdienst müssen die Gewähr dafür bieten, jederzeit für die freiheitliche demokratische Grundordnung einzutreten, charakterlich für den Polizeiberuf geeignet sein, die deutsche oder eine EU-Staatsbürgerschaft besitzen, in geordneten wirtschaftlichen Verhältnissen leben, die gesundheitlichen Anforderungen für den Polizeivollzugsdienst erfüllen, das Schwimmabzeichen in Silber vorweisen können, in einem **Auswahlverfahren** für die angestrebte Laufbahn, Ihre Eignung unter Beweis gestellt haben, das 16. Lebensjahr zum Zeitpunkt der Einstellung vollendet haben und mindestens die Fachoberschulreife, den Realschulabschluss oder einen als gleichwertig anerkannten Bildungsstand besitzen. Sollte man nur im Besitz der Berufsbildungsreife oder der erweiterten Berufsbildungsreife oder eines Hauptschulabschlusses oder eines erweiterten Hauptschulabschlusses sein, muss man zusätzlich eine mindestens dreijährige abgeschlossene Berufsausbildung oder eine abgeschlossene Ausbildung in einem öffentlich-rechtlichen Ausbildungsverhältnis nachweisen. Man muss über gute Deutschkenntnisse in Wort und Schrift verfügen, sowie müssen eventuell vorhandene Tätowierungen beim Tragen durch die Dienstkleidung verdeckt werden. Es existiert keine Mindestkörpergröße mehr im Land Brandenburg. Die **Bewerbung** selbst erfolgt per Onlineverfahren über die Internetseite der Polizei Brandenburg. Hier findet sich auch ein Erfahrungsbericht von dem Einstellungstest sowie Hinweise zum Sporttest. Letzterer ist in einer PDF-Datei sehr ausführlich geschildert. (Polizei Brandenburg, 2017 b).
Außerdem ist bemerkenswert, dass für alle Absolventen der Ausbildung an der Fachhochschule der Polizei des Landes Brandburg als Einstiegsamt A8 angekündigt wurde. (Zur Drucklegung Gesetzesvorlage in Gestaltung.)

Tipp: Auf den Internetseiten der Polizei Brandenburg finden sich Informationen zum Ausbildungsstandort, der Ausbildung und sogar ein Link zur einer Wohnungsbörse.

Der gehobene Polizeivollzugsdienst

Für Bewerber für den gehobenen Polizeivollzugsdienst gelten die gleichen **Einstellungsvoraussetzungen** wie für den mittleren Dienst, jedoch müssen sie zusätzlich mindestens die allgemeine Hochschulreife oder einen als gleichwertig anerkannten Bildungsstand vorweisen.

Hinweis zu Altersgrenzen: Zum Zeit der Drucklegung (Januar 2018) gelten in Brandenburg noch die regulären Altersgrenzen entsprechend der Laufbahnverordnung, d.h. 25 Jahre zum Einstellungstermin im mittleren Dienst, 31 Jahre im gehobenen Dienst. Da die Altersgrenze aber angehoben werden soll, kann sich bewerben, wer bis zum Einstellungstermin noch nicht 40 Jahre alt ist. Für alle Bewerber, welche die reguläre Altersgrenze überschreiten, wird nach erfolgreichem Auswahlverfahren eine Ausnahmegenehmigung beim Ministerium des Innern und Kommunales im Einvernehmen mit dem Ministerium für Finanzen beantragt.

Der höhere Dienst

Ein Einstieg in den höheren Dienst bei der Polizei Brandenburg ist z. B. möglich, wenn man sich bereits in der Laufbahn des gehobenen Dienstes befindet und über die Hochschulreife oder einen als gleichwertig anerkannten Bildungsabschluss verfügt. Darüber hinaus muss man das erste Beförderungsamt erreicht haben, eine Bewährungszeit von mindestens 5 Jahren abgeschlossen haben, förderliche Fremdsprachenkenntnisse vorweisen sowie überdurchschnittlich gute Leistungen zeigen. *„Die Eignung für die Laufbahn des höheren Polizeivollzugsdienstes wird in einem in Verantwortung des Ministeriums des Innern und für Kommunales durchgeführten* ***Auswahlverfahren*** *festgestellt."*, schreibt die Brandenburger Polizei und verweist parallel für weitere Informationen auf die hauseigene Personalstelle (Polizei Brandenburg, 2017 f).

Direkteinsteiger dürfen zum Einstellungstermin in den höheren Dienst das 32. Lebensjahr noch nicht vollendet und müssen ein mehr als dreijähriges Studium an einer Universität oder einer gleichstehenden Hochschule mit einer Staatsprüfung oder (soweit üblich) mit einer Hochschulprüfung absolviert haben. Alternativ kann auch ein in einem **Akkreditierungsverfahren** als ein für den höheren Dienst geeignet eingestuftes Studium an einer Fachhochschule mit einem Mastergrad anerkannt werden. Dieses muss dann jedoch geeignet sein, um in Verbindung mit dem Vorbereitungsdienst die Laufbahnbefähigung für den höheren Polizeivollzugsdienst zu vermitteln. Für

Bewerber mit zweiter juristischer Staatsprüfung gilt übrigens ein Höchstalter von 35 Jahren zum Zeitpunkt der Einstellung. Diese müssen dann allerdings über die zweite juristische Staatsprüfung mit einem „befriedigenden" Abschluss verfügen (Polizei Brandenburg, 2017 c).

Eignungsfeststellungsverfahren

Das **zweitägige Auswahlverfahren** besteht aus fünf Testteilen: das psychologische Messverfahren „Jobfidence", bei dem intellektuelle und verhaltensbezogene Leistungsvoraussetzungen gemessen werden, ein Diktat mit ca. 300 Wörtern, der **Sporttest**, am zweiten Tag die **polizeiärztliche Untersuchung** und zum Abschluss das **Eignungsgespräch** bestehend aus einem Rollenspiel und dem **Vorstellungsgespräch** vor einer Auswahlkommission. Ein Testteil muss jeweils bestanden werden, um am nächsten teilnehmen zu dürfen. Für die Bewerber, die das Auswahlverfahren erfolgreich absolviert haben, erfolgt vor einer möglichen Einstellung zusätzlich die **Überprüfung der charakterlichen Eignung** im Hinblick auf den Polizeiberuf.

Für den höheren Dienst wird man ebenfalls im „Jobfidence" getestet, dann aber natürlich mit anderen Anforderungen. Zusätzlich erfolgen noch mal eine **gesundheitliche Prüfung** und abschließend ein **Vorstellungsgespräch**. Neben Einzelgesprächen finden hier auch ein Kurzvortrag von 10 Minuten sowie eine Gruppendiskussion statt (Polizei Brandenburg, 2017 c).

Bremen

In der Hansestadt Bremen und der Seestadt Bremerhaven werden ausschließlich Beamte für die Laufbahngruppe 2, 1. Einstiegsamt Fachrichtung Polizei (ehemals gehobenen Dienst) eingestellt. Eine Höchstaltersgrenze gibt es in Bremen nicht mehr, wenngleich man in Bremen nach der Landeshaushaltsordnung nur bis zum 45. Lebensjahr verbeamtet werden kann. Ausdrücklich gewünscht werden Bewerbungen von ausländischen Mitbürgern aus EU-, aber auch aus Nicht-EU-Staaten. Voraussetzung ist allerdings, dass die Bewerber die deutsche Sprache in Wort und Schrift sicher beherrschen. Als weiteres Bewerbungskriterium gilt das Abitur, die Fachhochschulreife oder ein vom Senat für Bildung und Wissenschaft als gleichwertig anerkannter Abschluss.

Die **schriftliche Prüfung** umfasst u. a. ein Diktat, welches im Allgemeinen als anspruchsvoll empfunden wird. Des Weiteren wird die Intelligenz mithilfe eines IQ-Tests (Zahlenreihen u. Ä.) überprüft. Im Anschluss an den schriftlichen Teil geht es in die **Sporthalle**, wo Kondition und Schnelligkeit abgeprüft werden.

Diejenigen, die die Tests erfolgreich hinter sich gebracht haben, werden zur **mündlichen Prüfung** eingeladen, die Anteile von Assessment-Centern hat. So erwartet die Bewerber u. a. ein ausführliches Interview. Haben mehr Bewerber die Einstellungsprüfung geschafft, als Ausbildungsplätze vorhanden sind, wird ein Ranking aufgestellt.

Eignungsfeststellungsverfahren

Allen Bewerbern, die die Einstellungsvoraussetzungen erfüllen, wird die Möglichkeit angeboten, an einem zweitägigen Eignungsauswahlverfahren teilzunehmen. Dieses setzt sich aus **vier Prüfungsteilen** zusammen.

1. Prüfungstag	
1. schriftliche Prüfung • Diktat (Lückendiktat) • Intelligenzstrukturtest	2. sportliche Prüfung • Sprint • Konditionstest (Zirkeltraining) • Ausdauerlauf
2. Prüfungstag	
3. mündliche Prüfung mit einem strukturierten Interview	4. amtsärztliche Untersuchung • Feststellung der Polizeidiensttauglichkeit gemäß der Polizeidienstvorschrift 300

Hamburg

Die Polizei der Hansestadt Hamburg bildet für den Laufbahnabschnitt I (ehemals mittlerer Dienst) als auch für den Laufbahnabschnitt II (ehemals gehobener Dienst) aus. Dabei unterscheiden sich beide Laufbahnen im Wesentlichen nur durch die **Voraussetzungen** im Schulabschluss.

Folgende Kriterien muss man allgemein erfüllen, um zu einem **Einstellungstest** eingeladen zu werden: Alter zwischen 16 und 34 Jahren bei Einstellung, eine Mindestgröße von 160 cm, keine sichtbaren Körpermodifikationen (wie Tätowierungen oder Flesh-Tunnel), die beim Tragen der Uniform (langärmeliges Diensthemd, Rundhalsausschnitt beim T-Shirt) sichtbar sind oder die eine besondere Eigengefährdung im polizeilichen Alltag begründen, das Deutsche Schwimmabzeichen in Bronze oder Jugendschwimmabzeichen in Bronze/Freischwimmer, mindestens ausreichende Schulnoten, eine Fahrerlaubnis der Klasse B muss spätestens zum Ende der Ausbildung oder des Studiums vorliegen, sowie Polizeidiensttauglichkeit und die obligatorische Verfassungstreue (Polizei Hamburg, 2017 a).

Wer gerne zur **Wasserschutzpolizei** möchte, hat die gleichen Anforderungen zu erfüllen, benötigt jedoch ein Befähigungszeugnis nach § 29 Absatz 1 bis 3, § 33 Absatz 1 bis 2, § 38 Absatz 1 bis 2 oder § 41 der Seeleute-Befähigungsverordnung vom 8. Mai 2014, in der jeweils geltenden Fassung oder einen vergleichbaren Befähigungsnachweis der Deutschen Marine. Liegt dieser nicht vor, können Ausnahmen für Bewerber aus schifffahrtsbezogenen Berufen erteilt werden. Die Ausnahmewürdigkeit prüft im Einzelnen der Einstellungsberater der Wasserschutzpolizei Hamburg.

Laufbahngruppe 1

Wer gerne eine Ausbildung bei der Polizei machen möchte, benötigt in Hamburg mindestens einen Hauptschulabschluss und eine abgeschlossene Berufsausbildung oder einen Realschulabschluss bzw. einen als gleichwertig anerkannten Bildungsstand (Polizei Hamburg, 2017 e). Zusätzlich sind die oben angeführten anderen Voraussetzungen natürlich ebenfalls zu erfüllen.

Laufbahngruppe 2

Möchte man mit einem Studium bei der Polizei Hamburg einsteigen, so wird hierfür in jedem Fall das Abitur oder eine studierfähige Fachhochschulreife gefordert. Ansonsten gelten auch hier die allgemeinen und oben genannten Anforderungen (Polizei Hamburg, 2017 b).

Verkürzte Ausbildung

In Hamburg hat man neuerdings als Zeitsoldatin oder als Zeitsoldat mit SaZ 5 die Möglichkeit eine verkürzte Ausbildung zu machen (18 statt der üblichen 30 Monate). Die verkürzte Ausbildung ist im Bereich der Schutzpolizei sowie im Bereich der Wasserschutzpolizei im LA I möglich.

Eignungsfeststellungsverfahren

Die **Einstellungstests** bei der Hamburger Polizei dauern **zwei Tage**. Der erste Tag beginnt mit einem Deutschtest, genauer, mit einem Lückendiktat. Es folgt ein allgemeiner kognitiver Leistungstest im Multiple-Choice-Verfahren. Welche Aufgaben sich hierunter verbergen, erfährt man von der Polizei Hamburg nicht.

Am zweiten Testtag erfolgt ein **Sporttest**, mit einer Vielzahl an sportlichen Übungen, die auf der Webseite der Polizei Hamburg ausführlich und mit Bildern beschrieben werden: **akademie-der-polizei.hamburg.de/sporttest/**

Ihre persönliche Eignung wird mithilfe eines **Vorstellungsgesprächs** am zweiten Testtag vertiefend überprüft, zu dem diejenigen eingeladen werden, die den schriftlichen Test am ersten Tag bestanden haben. In dem Gespräch sollen u. a. Erkenntnisse über die soziale Kompetenz der Bewerberinnen und Bewerber gewonnen werden. Zudem erfolgt am zweiten Testtag die **ärztliche Untersuchung**.

Hessen

Das Land Hessen stellt seit 1995 nur noch für die Laufbahngruppe 2, 1. Einstiegsamt, sprich dem gehobenen Polizeivollzugsdienst ein. Das hierfür notwendige Eignungsauswahlverfahren wird jeweils zentral bei der Polizeiakademie Hessen in Wiesbaden durchgeführt. Hier durchlaufen Sie in anderthalb Tagen verschiedene Stationen und werden auf „Herz und Nieren" geprüft.

Allgemeine Einstellungsvoraussetzungen für den Polizeivollzugsdienst bei der hessischen Polizei sind (Polizei Hessen, 2017 a):

- Abitur, Fachhochschulreife, eine Meisterprüfung oder ein entsprechender Bildungsabschluss

- Polizeidiensttauglichkeit
- Mindestgröße 160 cm
- Höchstalter 32 Jahre am Tag der Einstellung (Ausnahmen sind nach § 13 Abs. 2 HPolLV sowie für Zeitsoldatinnen und Zeitsoldaten – SaZ12 – möglich).
- Jederzeitiges Eintreten für die freiheitlich demokratische Grundordnung
- Gerichtlich nicht bestraft
- Geordnete wirtschaftliche Verhältnisse
- Fahrerlaubnisklasse B am Tag der Einstellung

Explizit wird auf der Homepage der Polizei Hessen darauf hingewiesen, dass eine deutsche Staatsangehörigkeit *nicht* erforderlich ist. Bewerbungen aus den Ländern der EU werden ebenso gerne entgegengenommen wie aus Nicht-EU-Ländern. Bei letztgenannten müssen die Bewerber dann jedoch im Besitz einer gültigen Niederlassungserlaubnis sein, mindestens fünf Jahre in Deutschland gelebt haben und ihre Muttersprache im Wort beherrschen (Polizei Hessen, 2017 a).

Für Bewerber mit mittlerem Bildungsabschluss besonders interessant: Auch diese können sich eventuell für die Einstellung in den gehobenen Polizeivollzugsdienst und damit für ein Studium an einer Fachhochschule bewerben. Voraussetzungen sind dann ein mittlerer Bildungsabschluss mit mindestens befriedigenden Leistungen in zwei der Fächern Deutsch, Mathematik und Englisch, wobei in keinem der genannten Fächer die Leistungen schlechter als ausreichend sein dürfen, sowie eine positive Eignungsfeststellung der abgebenden Schule (Polizei Hessen, 2017 b).

Für Spitzensportlerinnen und -sportler bietet die hessische Polizei ein besonders gefördertes Studium für den gehobenen Polizeivollzugsdienst an.

Eignungsfeststellungsverfahren

Das Eignungsfeststellungsverfahren beginnt mit einem **computergestützten psychologischen Testverfahren**. Hier werden Sie ca. 2,5 Stunden lang in den Bereichen Intelligenz, Konzentrationsleistung, Persönlichkeitsausprägungen (nicht unmittelbar relevant für das Bestehen/kein Cut-off-Wert) und Rechtschreibung getestet. Bewertet werden allem die Dimensionen intellektueller Fähigkeiten, Team- und Sozialverhalten, Kommunikation, Belastbarkeit/Ausdauer, Verantwortungsübernahme und Motivation. Einige dieser

Bereiche finden sich auch in der späteren Gruppenaufgabe sowie dem Einzelinterview wieder.

Zur Vorbereitung wird seitens der Polizei Hessen empfohlen:

- Immer genau die Instruktionen beachten, in Ruhe durchlesen
- Bei Fragen an den Testleiter wenden
- Erst mit einer Aufgabe beginnen, wenn alles verstanden ist

Inhaltlich erwartet Sie ein **Intelligenztest** mit Schwerpunkten zum logisch-analytischen Denkvermögen sowie zur Gedächtnisleistung. Anschließend folgen verschiedene Testverfahren zur Feststellung der **Wahrnehmungs- und Konzentrationsfähigkeit** sowie ein **Persönlichkeitsfragebogen** zum Screening von Auffälligkeiten in relevanten Persönlichkeitsmerkmalen. Für Letzteren gilt die Bitte, keine Vorbereitung hierfür zu treffen und so offen und ehrlich wie möglich zu antworten. Ansonsten ergibt sich ein unstimmiger Eindruck, der dann zu intensivem Nachfragen führen wird. Der Persönlichkeitstest beinhaltet auch eine Kontrollskala. Diese erfasst die Bereitschaft einer Person, Fragen offen und ehrlich zu beantworten. Als Letztes folgt ein Rechtschreibtest, indem computergestützt über Kopfhörer ein Lückentext vorgelesen wird; die auf dem Bildschirm ausgelassenen Wörter müssen entsprechend ergänzt werden (Polizei Hessen, 2017 d).

Haben Sie den Computertest erfolgreich absolviert, steht der Sporttest an. Dort werden Ihre sportlichen Fähigkeiten in vier Disziplinen überprüft: Achterlauf, Bankdrücken, Fünfer-Sprunglauf und 500-m-Wendelauf (Polizei Hessen, 2017 c). In Form einer Acht laufen Sie fünfmal um zwei Hindernisse, nehmen Sitzkontakt auf dem mittleren Kasten und tauchen im Schnittpunkt durch ein offenes Kastenelement.

- Abstände der äußeren Kästen = 10 m, mittlerer zu offenem Kasten = 2 m
- Eine Hantel wird aus der Rückenlage gestemmt; Frauen heben 20, Männer 30 kg.
- Der Absprung erfolgt aus dem Stand mit einem Bein, danach wird abwechselnd links bzw. rechts weitergesprungen.
- Nach jeweils 25 Metern wird um eine Stange gewendet und so die Gesamtdistanz von 500 Metern zurückgelegt.

Hierbei sind Mindest- (15 Punkte) und Durchschnittsleistungen (40 Punkte) zu erbringen. Bewerber sind für den Polizeivollzugsdienst nicht geeignet, wenn sie in der Sportprüfung in einer der vier Übungen weniger als 15 Punkte erreichen. Eine Ungeeignetheit liegt auch dann vor, wenn bei der Sportprüfung insgesamt weniger als 80 Punkte erreicht wurden. Beispiel: 4×15 Punkte (die Mindestanforderungen in allen vier Disziplinen wurden erreicht), dennoch in der Gesamtheit nicht geeignet.

In der folgenden **Gruppenaufgabe** lösen Sie gemeinsam mit Ihren Mitbewerbern – unter Beobachtung der Auswahlkommission – eine fiktive Problemstellung. Hier kommt es beispielsweise auf Ihre Teamfähigkeit und auf Ihre Interaktion mit anderen Menschen an (Polizei Hessen, 2017 c). Die Gruppenaufgabe dient der Verhaltensbeobachtung in einer standardisierten Gruppensituation und dauert ca. 1 Stunde. Hierzu wird Ihnen empfohlen aktiv teilzunehmen, damit eine Beurteilung möglich ist, mit den anderen Bewerbern gut zusammenzuarbeiten, Ihre eigenen Positionen und Ideen zu den jeweils vorgegebenen Themen einzubringen. Beim Thema handelt es sich übrigens grundsätzlich nicht um eine polizeispezifische, sondern um eine allgemeine Themenstellung (Polizei Hessen, 2017 d).

Anschließend erwartet Sie noch ein **strukturiertes Interview:** „Warum möchten Sie zur Polizei?" – dies könnte eine Frage sein, die Sie zu erwarten haben. Hier erhalten Sie die Möglichkeit, Ihre Person und Ihre Berufsmotivation, Polizeibeamter zu werden, darzustellen. Die Dauer des Interviews beträgt dabei in der Regel 30 Minuten.

- Stellen Sie sich offen und ehrlich dar
- Konstruieren Sie keine Antworten, berichten Sie aus dem eigenen Erfahrungsschatz
- Setzen Sie sich mit den Vor- und Nachteilen des Polizeiberufs auseinander und seien Sie in der Lage, die eigene Berufsmotivation darzustellen

Haben Sie alle Tests bis hierhin be- und überstanden, so folgt als letzte Hürde die **polizeiärztliche Untersuchung**. Gesund sein – das ist eine Grundvoraussetzung, um die oft körperlich anstrengende Polizeiarbeit, z. B. im Wechselschichtdienst oder den speziellen Tätigkeitsfeldern, leisten zu können. Die polizeiärztliche Untersuchung findet am **zweiten Tag** des Eignungsauswahlverfahrens statt und dauert einige Stunden. Ziel der Untersuchung ist es, die langfristige gesundheitliche Eignung für den Polizeivollzugsdienst des Bewerbers festzustellen. Dabei spielen Wohlbefinden und Leistungsfähigkeit zum Zeitpunkt der Untersuchung keine bzw. nur eine untergeordnete Rolle. Geprüft werden unter anderem der allgemeine körperliche Zustand und es werden ein Sehtest, Hörtest und EKG/Belastungs-EKG durchgeführt. Je nach ihren Ergebnissen können auch noch weitere Untersuchungen angesetzt werden (Polizei Hessen, 2017 e).

Alle Bewerberinnen und Bewerber haben die Möglichkeit, im Vorfeld Kontakt zu den Einstellungsberatern aufzunehmen, um dort weitergehende Informationen über das Auswahlverfahren, das Studium und den Polizeiberuf zu erhalten. Weitere Informationen finden Sie auf der Internetseite der Polizei Hessen: **www.polizei.hessen.de/Karriere/**

Mecklenburg-Vorpommern

Wer sich bei der Polizei in Mecklenburg-Vorpommern bewerben möchte, hat zwischen einer klassischen Ausbildung (Laufbahngruppe 1, 2. Einstiegsamt/ mittlerer Dienst) und einem Studium (Laufbahngruppe 2, 1. Einstiegsamt/ gehobener Dienst) die Wahl.

Laufbahngruppe 1, 2. Einstiegsamt/Der mittlere Dienst

Bewerber für den mittleren Dienst sollten nicht jünger als 16 und nicht älter als 30 Jahre alt sein, wobei Altersausnahmen möglich sind. Zusätzlich sind ein mittlerer Bildungsabschluss, die Berufsreife, eine für die Laufbahn förderliche abgeschlossene Berufsausbildung, die Berufsreife und eine Ausbildung in einem öffentlich-rechtlichen Ausbildungsverhältnis oder ein als gleichwertig anerkannter Bildungsstand notwendig (Polizei Mecklenburg-Vorpommern, 2017 a).

Laufbahngruppe 2, 1. Einstiegsamt/Der gehobene Dienst

Für den gehobenen Dienst gilt eine Altersgrenze von 34 Jahren, wobei auch hier Ausnahmen möglich sind. Zusätzlich sind eine zu einem Hochschulstudium berechtigte Schulbildung oder ein als gleichwertig anerkannter Bildungsstand erforderlich (Polizei Mecklenburg-Vorpommern, 2017 a).

Eignungsfeststellungsverfahren

Die einzelnen Tests gliedern sich in ein **Diktat** (ca. 250 Wörter, 45 Minuten Zeit) und einen sogenannten **psychologischen Leistungstest**, in dem die Intelligenz, sprachliche Ausdrucksfähigkeit, mathematisches sowie figurales Vermögen und die Merkfähigkeit überprüft werden. Hinzu kommen ein **Sporttest**, eine **medizinische Untersuchung**, eine **Gruppendiskussion**

und ein **strukturiertes Einzelgespräch**, in dem sich die Bewerberinnen und Bewerber präsentieren müssen. Es sind also auch Elemente aus dem Bereich Assessment-Center vorhanden. Abiturienten werden tendenziell härter getestet als Bewerber mit mittlerer Reife (Polizei Mecklenburg-Vorpommern, 2017 b). Insbesondere zum Sporttest finden sich umfangreiche Informationen auf der Internetseite der Polizei Mecklenburg-Vorpommern:
www.polizei.mvnet.de/Karriere/

Niedersachsen

Wer in Niedersachsen gerne in den Polizeivollzugsdienst einsteigen möchte, benötigt hierfür zunächst die deutsche Staatsbürgerschaft oder die eines anderen EU- oder EWR-Staates. Ausnahmen sind jedoch möglich. Weiter wird das Abitur, eine Fachhochschulreife oder ein als gleichwertig anerkannter Bildungsabschluss gefordert sowie ein Englischunterricht von mind. sechs Jahren oder alternativ ein Zertifikat über das Level B 1. Darüber hinaus dürfen keine gerichtlichen Strafen vorliegen, darf man am Tag der Einstellung nicht älter als 31 Jahre sein und muss als Bewerberin eine Größe von mindestens 1,63 m und als Bewerber von mindestens 1,68 m vorweisen. Abweichungen nach unten sind dabei bis zu vier cm möglich. Gefordert werden weiter eine Fahrerlaubnis der Klasse B, das Jugendschwimmabzeichen in Bronze und allgemeine Gesundheit und Fitness (Polizei Niedersachsen, 2017 a). Schulisch werden mindestens ausreichende Leistungen in den Fächern Deutsch und Mathematik erwartet (Polizei Niedersachsen, 2017 b).

Bezüglich etwaiger Tätowierungen ist den Niedersachsen wichtig, dass diese auch beim Tragen eines kurzärmligen Uniformhemdes nicht sichtbar sein und allgemein keinen verfassungsfeindlichen oder abfälligen Inhalt haben dürfen. Piercings im sichtbaren Bereich und sogenannte „Tunnel“ im Ohr oder „Plugs“ sind nicht zulässig (Polizei Niedersachsen, 2017 a).

Eine **Besonderheit** gibt es in Niedersachsen für alle Bewerber mit einem Realschulabschluss. Hierzu schreibt die Polizei Niedersachsen, dass sich diese durch den Besuch der Fachoberschule für Wirtschaft und Verwaltung für den Einstieg in den Polizeidienst qualifizieren können. Die Ausbildung besteht aus allgemeinbildendem und fachbezogenem Unterricht an einer öffentlichen Fachoberschule und einem Praktikum bei der Polizei. Nach erfolgreichem Erreichen der Fachhochschulreife beginnt man dann anschließend das dreijährige Studium an der Polizeiakademie. Für den Einstieg sind jedoch neben den allgemeinen Voraussetzungen befriedigende Leistungen (Note 3) in den Fächern Deutsch und Mathematik, ein Gesamtdurchschnitt von mindestens 3,3 oder besser sowie im Sozialverhalten die Wertstufe „entspricht den Erwartungen“ zu erfüllen (Polizei Niedersachsen, 2017 c).

Eignungsfeststellungsverfahren

Das Eignungsauswahlverfahren setzt sich aus insgesamt vier Testteilen zusammen – dem **computergestützten Eignungstest**, der **Sportüberprüfung**, dem **strukturierten Interview** sowie der **polizeidienstärztlichen Untersuchung**.

Der computergestützte Eignungstest überprüft Ihre sprachlichen Fähigkeiten sowie Ihre Kompetenzen im Denken und Problemlösen. Dieser Test dauert inklusive Pause ca. 4,5 Stunden. Das Testergebnis wird Ihnen im direkten Anschluss mitgeteilt (Polizei Niedersachsen, 2017 d).

Tipp: Auf den Internetseiten der Polizei Niedersachsen finden sich in einer PDF-Datei ausführliche Testbeschreibungen und Übungsaufgaben:
www.polizei-studium.de/downloads/GÖPA_Computeranleitung.pdf

Der Sporttest besteht aus einem 5 000-Meter-Lauf mit den geforderten Mindestzeiten:

- männliche Erwachsene: 28 Minuten
- weibliche Erwachsene: 33 Minuten
- männliche Jugendliche (unter 18 Jahre): 29 Minuten
- weibliche Jugendliche (unter 18 Jahre): 34 Minuten

Herausragende Laufleistungen, die mindestens sieben Minuten unter den geforderten Mindestzeiten liegen, werden mit einem Bonuspunkt belohnt. Darüber hinaus ist ein weiterer Bonuspunkt durch Einreichung eines Deutschen Sportabzeichens in Silber (nicht älter als sechs Monate) spätestens bis zur schriftlichen Prüfung möglich (Polizei Niedersachsen, 2017 e). Aktuelle Informationen hierzu sowie über ggf. weitere Änderungen finden Sie auf den Internetseiten der Polizei Niedersachsen.

Haben Sie auch diese Testhürde erfolgreich gemeistert, werden Sie zu einem strukturierten Interview in Ihrer jeweiligen Wunschbehörde, die Sie bereits mit Ihrer Bewerbung wählen, eingeladen. Hier gilt es u. a., die eigene Kommunikationsfähigkeit, Stressresistenz und Präsentationsfähigkeit unter

Beweis zu stellen. Den Abschluss des Eignungsauswahlverfahrens bildet die polizeiärztliche Untersuchung.

Nordrhein-Westfalen

Wer hat's erfunden? Nicht die Schweizer, sondern Nordrhein-Westfalen. Dies gilt für ein hartes Auswahlverfahren und vielleicht sogar für die ganze Polizei. Wer dieser in NRW im gehobenen Dienst beitreten möchte, benötigt zunächst die deutsche Staatsangehörigkeit oder Staatsangehörigkeit eines anderen Mitgliedstaates der Europäischen Union, darf am Einstellungstermin (1. September) das 37. Lebensjahr noch nicht vollendet haben, muss frei von gerichtlichen Vorstrafen sein (ebenso dürfen keine Straf- oder Ermittlungsverfahren laufen), muss die allgemeine Hochschulreife (Abitur) oder einen gleichwertigen Bildungsstand (z. B. vollständige Fachhochschulreife) oder den Abschluss einer beruflichen Aufstiegsfortbildung gemäß BBiHZVO vorweisen können, sechs Jahre Englischunterricht (oder vier Jahre bei erhöhtem Stundenanteil) genossen haben (oder ein Zertifikat über eine abgelegte Prüfung gemäß europäischem Referenzrahmen für Sprachen, Level B 1 nachweisen), benötigt das Deutsche Sportabzeichen (mindestens in Bronze und nicht älter als zwölf Monate zum Zeitpunkt der Bewerbung) sowie das Deutsche Rettungsschwimmabzeichen (ebenfalls mindestens in Bronze) oder das Deutsche Schwimmabzeichen in Gold oder das Deutsche Jugendschwimmabzeichen in Gold (altersabhängig), die jeweils zum Bewerbungszeitpunkt nicht älter als vierundzwanzig Monate sein dürfen, weiter die Fahrerlaubnis Klasse B oder die Fahrerlaubnis zum begleiteten Fahren ab 17 Jahren für Fahrzeuge mit Schaltgetriebe, muss als Frau mind. 163 cm und als Mann 168 cm groß sein, verfügt über einen Body-Maß-Index nicht kleiner als 18 und nicht größer als 27,5, besteht die Tauglichkeit für den Polizeidienst aus polizeiärztlicher Sicht, hat die Bereitschaft, für die freiheitliche demokratische Grundordnung einzutreten, verfügt über charakterliche und geistige Anlagen, die für den Polizeidienst geeignet sind, und lebt letztendlich in geordneten wirtschaftlichen Verhältnissen (Polizei Nordrhein-Westfalen, 2017 a).

Eignungsfeststellungsverfahren

Nach Eingang der Bewerbung findet das Einstellungsverfahren in fünf Stufen statt: zunächst erfolgt eine **Vorprüfung der Unterlagen** (1. Stufe), bevor man zu einem **PC-Test** (2. Stufe) eingeladen wird. Dieser dauert knapp 2 Stunden und prüft im Wesentlichen analytische Fähigkeiten, die Lern- und Merkfähigkeit sowie Konzentrationsfähigkeit. Inhaltlich erwarten einen unter anderem Wortanalogien, Figurensequenzen, Zahlensymbole, Syllogismen, Rechtschreibung und Zeichensetzung sowie Tests zur Merkfähigkeit. Explizit weist die Polizei NRW darauf hin, sich auf diesen Test gut vorzubereiten! Nach dem PC-Test folgt ein **Formalgespräch**. Hier werden die Bewerbungsunterlagen auf Vollständigkeit geprüft und man muss angeben, ob man z. B. Tätowierungen trägt oder ob aktuell Strafverfahren gegen einen laufen. Wurde der PC-Test bestanden, so sind anschließend weitere Tests am PC zu durchlaufen, z. B. zur Reaktionsschnelligkeit, Aufmerksamkeit und Konzentrationsfähigkeit.

Die dritte Stufe ist ein **Assessment-Center**. Hier sind zwei Rollenspiele, ein Vortrag und ein Interview zu absolvieren. Beim ersten Rollenspiel handelt es sich um ein Konfliktgespräch, das mit einem ausgebildeten Rollenspieler (Polizeibeamter) geführt werden muss. Dabei soll ein Konflikt behandelt werden, der im polizeilichen Umfeld auftreten kann. Dieses Gespräch dauert ca. fünf Minuten. Für den dann folgenden Vortrag stehen 15 Minuten Vorbereitungszeit zur Verfügung, wobei es inhaltlich um Alltagsthemen geht, zu denen eigentlich jeder was sagen kann. Der eigentliche Vortrag selbst soll nur 5 Minuten dauern. Im zweiten Rollenspiel wird die Situation in einer Führungsstelle eines Polizeipräsidiums (vgl. Sekretariat) nachgestellt. Hier sind schriftliche Unterlagen zu bearbeiten und auf Telefonanrufe zu reagieren. Im abschließenden **Interview** wird man zur bisherigen schulischen und/oder beruflichen Entwicklung, sowie zur Berufsmotivation und anderen Aspekten des Polizeiberufs befragt.

Weiter geht es mit der **polizeiärztlichen Untersuchung** (4. Stufe) und der **Nachauswahl** (5. Stufe). Während die ärztliche Untersuchung polizeilichem Standard entspricht und mit den anderen Bundesländern vergleichbar ist, werden in der Nachauswahl nochmals alle Unterlagen auf Vollständigkeit und Richtigkeit geprüft. Gegebenenfalls wird man gebeten, weitere Unterlagen einzureichen, bevor man weitere Informationen über eine mögliche Einstellung in den Polizeivollzugsdienst erhält (Polizei Nordrhein-Westfalen, 2017 b).

Rheinland-Pfalz

Das Bundesland Rheinland-Pfalz bildet für den gehobenen Dienst aus. Ein Kriterium, um zu dem Einstellungsverfahren eingeladen zu werden, ist unter anderem, dass man zum Studium an rheinland-pfälzischen Fachhochschulen berechtigt sein muss. Das bedeutet, dass man entweder Abitur, Fachhochschulreife oder einen Meisterbrief vorweisen können muss. Außerdem müssen die in dem Bundesland geltenden beamtenrechtlichen Laufbahnvoraussetzungen erfüllt sein. So wird z. B. die deutsche oder eine EU-Staatsbürgerschaft vorausgesetzt. Bewerber aus Drittländern benötigen einen unbefristeten Aufenthaltstitel. Wichtig: Egal aus welchem Land, muss man die deutsche Sprache sicher in Wort und Schrift beherrschen (Polizei Rheinland-Pfalz, 2017 a).

Die Mindestgröße liegt für Männer und Frauen bei 1,62 Meter. Das Höchstalter ist mit 33 Jahren am Tag der Einstellung angegeben, Ausnahmen für Zeitsoldaten sind bis zu einem Alter von 37 Jahren möglich. Auch die Schulnoten spielen eine Rolle: der Notendurchschnitt („zufriedenstellend") und die Note in Deutsch (mindestens 5 Punkte) werden berücksichtigt. Vorstrafen und anhängige Strafverfahren sind nicht zulässig. In Bezug auf Tätowierungen schreibt die Polizei RLP, dass diese zulässig sind, wenn sie durch die kurzärmelige Dienstbekleidung (Polo-Short, Hemd) bedeckt sind und nicht gegen bestehende Gesetze verstoßen, das Ehr- oder Schamgefühl anderer verletzen oder durch Art und Größe besondere Aufmerksamkeit auf sich lenken (Polizei Rheinland-Pfalz, 2017 a).

Eignungsfeststellungsverfahren

Das Auswahlverfahren findet grundsätzlich an **zwei nicht aufeinander folgenden Tagen** statt. Der Testtag A beginnt mit einem **schriftlichen Eignungstest**, der am Computer durchgeführt wird und zur Feststellung der Befähigung zum Studium und Beruf dient. Die sprachlichen Fähigkeiten werden in einem **Rechtschreibtest** (Diktat) und einem **Verständnistest** (32 Testfragen) abgeprüft. Hierbei gibt es keine Ausnahmeregelungen für Bewerber mit Lese-Rechtschreibschwäche (LRS). Mit einem Konzentrationstest wird festgestellt, wie gut sich der Bewerber auf eine Aufgabe konzentrieren kann.

Der **Intelligenztest** unterteilt sich in die Bereiche verbal-logisch Schlussfolgern (Analogien, Syllogismen), numerisch-logisch Schlussfolgern (Zahlenreihen, Rechenaufgaben), figural-logisch Schlussfolgern (Figurenkombinationen), sowie Merkfähigkeiten und Umgang mit polizeilichen Situationen.

Vor der Teilnahme an der **Sportprüfung** muss ein Haftungsverzicht ausgefüllt und unterschrieben abgegeben werden. Die Prüfung testet körperliche Kraft (Klimmzughang), koordinative Fähigkeiten (Kasten-Bumerang-Test), sowie Ausdauer (Cooper-Lauf-Test). Es wird ausdrücklich darauf hingewiesen, den Sporttest im Vorfeld zu trainieren. Auf der Webseite der Polizei Rheinland-Pfalz findet man weitere Materialien zur Sportprüfung.

Der erste Tag des Auswahlverfahrens endet mit einem **Interview**. In einem etwa 45 Minuten dauernden Gespräch mit dem Prüfungsgremium soll die Persönlichkeit des Bewerbers beleuchtet werden. Neben biographischen und situativen Fragen geht es auch um persönliche Interessen und allgemeine Themen. Es wird erwartet, dass man sich mit dem zukünftigen Beruf intensiv auseinandergesetzt hat.

Am Testtag B findet die **medizinische Untersuchung** auf Polizeidiensttauglichkeit statt. Es wird überprüft, ob der Bewerber den gesundheitlichen Anforderungen des Polizeidienstes genügt. Unter anderem werden folgende Untersuchungen durchgeführt: Hörtest, Lungenfunktionstest, Sehtest, Urintest, Belastungs-EKG. Zudem ist der von einem Arzt ausgefüllte „hausärztlichen Befundbericht“ und der vom Bewerber aufgefüllte „Anamnesebogen Auswahluntersuchung“ mitzubringen.

Tipp: Die notwendigen Unterlagen findet man auf der Webseite der Polizei Rheinland-Pfalz: **www.polizei.rlp.de/de/karriere/download-formulare/**

Aus den erreichten Punktzahlen in den einzelnen Aufgabengruppen aus den beiden Testtagen wird der Durchschnittswert für jeden Bewerber berechnet. Anhand der Durchschnittswerte wird eine Rangliste für jedes Polizeipräsidium erstellt, die als Grundlage für die Auswahl der Bewerber dient. Die Einstellung erfolgt, nachdem die Sicherheits- und Zuverlässigkeitsüberprüfung sowie das polizeiliche Führungszeugnis vorliegen, durch die Hochschule der Polizei Rheinland-Pfalz.

Saarland

Das Saarland stellt einmal im Jahr (jeweils zum Herbst) Anwärterinnen und Anwärter für den gehobenen Polizeivollzugsdienst ein. Die Polizeiausbildung im Saarland erfolgt ausschließlich im gehobenen Dienst.

Einstellungsvoraussetzung ist u.a. die Fachhochschulreife bzw. das Abitur. Zugelassen werden auch Bewerberinnen und Bewerber, die über einen Abschluss in einem für den Polizeidienst förderlichen Ausbildungsberuf mit einem Notendurchschnitt von mindestens 3,0 und über mindestens 2-jährige Berufserfahrung in diesem Beruf verfügen. Das Höchstalter beträgt 36 Jahre, d.h. das 37. Lebensjahr darf am Tag der Einstellung noch nicht vollendet sein. Ausnahmen sind im Einzelfall möglich, z. B. bei Soldaten auf Zeit oder beim Vorliegen von anrechenbaren Zeiten (wie Betreuung von Kindern unter 18 Jahren oder Pflege eines pflegebedürftigen Angehörigen). Des Weiteren wird die deutsche Staatsbürgerschaft oder die Staatsbürgerschaft eines EU-Staates vorausgesetzt. Sofern ein dringendes dienstliches Bedürfnis besteht, können Ausnahmen hiervon zugelassen werden. Darüber hinaus wird erwartet, dass keine Vorstrafen oder ein anhängiges Verfahren vorliegen. Das Deutsche Jugendschwimmabzeichen Bronze (bis 18 Jahren) bzw. das Deutsche Schwimmabzeichen Bronze (ab 18 Jahren) muss bis zum Tag der Einstellung erbracht und vorgelegt werden.

Eignungsfeststellungsverfahren

Alle Bewerberinnen und Bewerber, die die Einstellungsvoraussetzungen erfüllen, werden zum Auswahlverfahren zugelassen. Dieses erfolgt nach dem Prinzip der „Bestenauslese". Hierzu ist vorgesehen:

- eine Sportprüfung
- eine schriftliche Prüfung
- eine ärztliche Untersuchung auf Polizeidiensttauglichkeit
- eine mündliche Prüfung

Die einzelnen Prüfungsteile finden teilweise an verschiedenen, nicht aufeinanderfolgenden Tagen statt. Aktuelle Informationen, das Online-Bewerbungsverfahren und weitere Bewerbungsmodalitäten können unter **www.polizei.saarland.de** abgerufen werden.

Sachsen

Bei der Polizei Sachsen werden Beamte für die **Laufbahngruppe 1**, zweite Einstiegsebene (LG 1.2 Pol, ehemals mittlerer Dienst), die **Laufbahngruppe 2**, erste Einstiegsebene (LG 2.1 Pol, ehemals gehobener Dienst) und für die **Wachpolizei** ausgebildet. Zudem gibt es eine Sportfördergruppe.

Bewerben kann sich jeder, der die **Einstellungsvoraussetzungen** erfüllt:

- Deutsche oder EU-Staatsangehörigkeit
- am Tag der Einstellung mindestens 16 Jahre, aber noch keine 35 Jahre alt (Wachpolizei mindestens 20, aber noch keine 33 Jahre alt)
- Mindestgröße 160 cm
- charakterliche, gesundheitliche und körperliche Eignung
- geordnete wirtschaftliche Verhältnisse
- keine Vorstrafen
- Tätowierungen, Brandings, Mehndis sowie Piercings und Ähnliches dürfen im Dienst nicht sichtbar sein und nicht gegen Grundsätze der freiheitlichen demokratischen Grundordnung verstoßen
- Schwimmnachweis („Deutschen Schwimmpass", „Deutscher Jugendschwimmpass" in Bronze oder einen Rettungsschwimmerpass oder eine Normabnahme des Deutschen Sportabzeichens in einer der dort verankerten Schwimmnormen)
- Umzugs- und Versetzungsbereitschaft innerhalb Sachsens

Zusätzlich gilt, dass am Tag der Einstellung…

- für die **Ausbildung** in **der Laufbahngruppe 1.2 Pol** und die Wachpolizei ein Realschulabschluss oder ein Hauptschulabschluss mit abgeschlossener Berufsausbildung oder ein gleichwertiger Bildungsstand vorliegt.
- für das **Studium** in der **Laufbahngruppe 2.1 Pol** die allgemeine oder fachgebundene Hochschul- bzw. Fachhochschulreife, der Abschluss einer beruflichen Aufstiegsfortbildung (z. B. Meister, Fachwirt) oder ein gleichwertiger Bildungsstand sowie die Fahrerlaubnisklasse B vorliegen.
- für die **Ausbildung** der **Wachpolizei** ein Realschulabschluss oder ein Hauptschulabschluss mit abgeschlossener Berufsausbildung oder ein gleichwertiger Bildungsstand sowie die Fahrerlaubnisklasse B vorliegen.

Tipp: Bewerbungen sind ausschließlich online über das Online-Bewerbungsportal möglich. Weitere Informationen hierzu finden Sie unter: **http://www.polizei.sachsen.de/de/3595.htm**

Für das **Auswahlverfahren** sind **drei nicht zusammenhängende Auswahltage** vorgesehen (Wachpolizei nur zwei Auswahltage). Es handelt sich um ein durchlässiges Auswahlverfahren. Im laufenden Auswahlverfahren besteht die Möglichkeit des **Wechsels** von der Laufbahngruppe 2.1 Pol in die Laufbahngruppe 1.2 Pol oder in die Wachpolizei bzw. von der Laufbahngruppe 1.2 Pol in die Wachpolizei. Ein Wechsel in umgekehrter Reihenfolge ist jedoch nicht möglich.

Am **1. Auswahltag** findet der computergestützte Fähigkeitstest statt, bestehend aus einem **kognitiven Fähigkeitstest** (Intelligenztest), einem **Diktat** sowie einem berufsbezogenen **Persönlichkeitstest**. Im Anschluss daran erfolgt der **physische Eignungstest**, der zur Überprüfung der körperlichen Leistungsfähigkeit dient. Zu absolvieren sind hier ein Kasten- Bumerang-Test (max. 60 sec.) mit anschließenden Liegestützen (Frauen mind. 5, max. 25; Männer mind. 15, max. 35; beides entfällt bei der Wachpolizei) sowie ein Ausdauerlauf, bei dem in maximal 12 Minuten eine Distanz von 2000 m (w) bzw. 2400 m (m) absolviert werden muss. Nach dem ersten Auswahltag erfolgt unter Berücksichtigung der bis dahin erzielten Ergebnisse ein Beratungsgespräch, bei dem die Bewerber mitgeteilt bekommen, welche Laufbahn für das weitere Auswahlverfahren für sie am ehesten geeignet ist (durchlässiges Auswahlverfahren).

Am **2. Auswahltag** erfolgt der mündliche Eignungstest. In einem **Gruppengespräch** (entfällt bei der Wachpolizei) soll die soziale Kompetenz festgestellt werden. Im anschließenden **strukturierten Einzelinterview** wird die persönliche Kompetenz getestet. Am Ende des zweiten Auswahltages wird unter Berücksichtigung der bis dahin erzielten Ergebnisse erneut ein Beratungsgespräch durchgeführt.

Am **3. Auswahltag** erfolgt die Feststellung der Polizeidiensttauglichkeit in Form einer **Auswahluntersuchung** durch den polizeiärztlichen Dienst. Im Anschluss werden die Einstellungszusagen anhand der Rangfolgeliste vergeben.

Wird das Auswahlverfahren nicht bestanden oder reicht der Punktwert des Bewerbers in der Rangfolgenliste für eine Einstellung nicht aus, ist eine erneute Bewerbung für die folgende Einstellung möglich.

Weitere Informationen zum Polizeiberuf in Sachsen, ein Video zum Sporttest sowie den Zugang zum Online-Bewerbungsportal finden Sie unter: **www.verdächtig-gute-jobs.de** oder **www.polizei.sachsen.de**

Sachsen-Anhalt

In Sachsen-Anhalt können sich junge Leute für die Laufbahngruppe 1, zweites Einstiegsamt und Laufbahngruppe 2, erstes Einstiegsamt des Polizeivollzugsdienstes bewerben. Für die Laufbahngruppe 1 ist eine 2½-jährige Ausbildung und für die Laufbahngruppe 2 ein 3-jähriges Studium erforderlich. Dabei gelten folgende Einstellungsvoraussetzungen: im Besitz der deutschen Staatsangehörigkeit oder EU-Bürger sein (für Bürger anderer Staaten sind im Einzelfall Ausnahmen möglich), Bewerber mit einem Migrationshintergrund sind ausdrücklich erwünscht. Die Mindestgröße beträgt 1,60 m, das Höchstalter 35 Jahre am Tag der Einstellung (Polizei Sachsen-Anhalt, 2017 a).

Laufbahngruppe 1, 2. Einstiegsamt/Der mittlere Dienst

Bewerber für die Laufbahngruppe 1 müssen den Realschulabschluss mit folgenden Notenvoraussetzungen vorweisen können: in den Fächern Mathematik, Deutsch und Sport ist die Note 3 erforderlich. Als Ausnahme ist die Note 4 in einem dieser Fächer gestattet. In allen anderen Fächern ist einmal die Note 5 erlaubt.

Laufbahngruppe 2, 1. Einstiegsamt/Der gehobene Dienst

Für die Laufbahngruppe 2 wird kein Notendurchschnitt verlangt. Hier sind das bestandene Abitur oder die erreichte Fachhochschulreife die Zugangsvoraussetzungen. Außerdem sollten die Bewerber in geordneten wirtschaftlichen Verhältnissen leben und gerichtlich nicht bestraft sein (gilt auch für die Laufbahngruppe 1).

Eignungsfeststellungsverfahren

Nur die Besten – das hat sich die Polizei des Landes Sachsen-Anhalt ausdrücklich auf die Fahnen geschrieben. Und so sieht das Eignungsauswahlverfahren für die Laufbahngruppe 1 aus:

Am **ersten Tag** treten die Bewerber zu einem **Lückendiktat** und einem sogenannten **Intelligenzstrukturtest** an, in dem die verbale, numerische, figurale Intelligenz, das schlussfolgernde Denken, die Merkfähigkeit und das Allgemeinwissen geprüft werden. Der **Sporttest** beinhaltet einen Wendelauf, Klimmzüge, einen Standweitsprung, einen sogenannten Kasten-Bumerang-Test und einen 12-minütigen Dauerlauf.

Am **zweiten Tag**, welcher nach Erstellung einer Rankingliste einige Wochen später erfolgt, wartet ein **strukturiertes Interview** vor einer Auswahlkommission auf die Bewerber. Nach Auswertung dieses zweiten Tages werden die Besten zeitnah zur **ärztlichen Untersuchung** eingeladen (Polizei Sachsen-Anhalt, 2017 a). Nach erfolgreicher Absolvierung des Verfahrens erfolgt die Einstellung nach Rangliste.

Für die **Laufbahngruppe 2** gilt dasselbe Eignungsauswahlverfahren. Hinzu kommt aber noch eine Präsentation, die vor der Auswahlkommission gehalten werden muss.

Schleswig-Holstein

Das nördlichste Bundesland bildet für die Laufbahngruppe 1, 2. Einstiegsamt (mittlerer Dienst) und für die Laufbahngruppe 2, 1. Einstiegsamt (gehobener Dienst) aus. In der Laufbahngruppe 1 können Bewerberinnen und Bewerber die Sparte der Schutz- oder Wasserschutzpolizei belegen. In der Laufbahngruppe 2 kommt als dritte Sparte die Kriminalpolizei hinzu. Die Landespolizei Schleswig-Holstein stellt für die Laufbahngruppe 1 im Februar und im August jedes Jahres ein. Die Einstellung für die Laufbahngruppe 2 erfolgt ausschließlich im August jedes Jahres.

Wer sich bewerben möchte, muss die folgenden **Voraussetzungen** erfüllen:

- Frauen müssen mindestens 1,60 Meter, Männer 1,65 Meter groß sein. Am Tage der Einstellung müssen sie mindestens 16 Jahre alt sein. Das Höchstalter für beide Laufbahngruppen beträgt 31 Jahre, d. h. am Tage der Einstellung darf man noch nicht 32 Jahre alt sein. Ausnahmen sind möglich, wenn die Bewerberinnen und Bewerber Kindererziehungszeiten vorweisen können oder sich für mindestens 12 Jahre bei der Bundeswehr verpflichtet haben (Polizei Schleswig-Holstein, 2017 b, S. 7, 8).

- Bewerberinnen und Bewerber dürfen gerichtlich nicht verurteilt sein, dies beinhaltet auch einen gegen sie ergangenen Strafbefehl. Aus ärztlicher Sicht muss Polizeidiensttauglichkeit gegeben sein (Polizei Schleswig-Holstein, 2017 b, S. 7).
- Auch Bewerberinnen und Bewerber mit nichtdeutscher Staatsangehörigkeit können sich bewerben. Sie müssen über gute Kenntnisse in der deutschen Sprache verfügen und dieselbe Einstellungsprüfung wie alle anderen Bewerberinnen und Bewerber erfolgreich absolvieren (Polizei Schleswig-Holstein, 2017 b, S. 7). Am Tag der Einstellung muss eine Niederlassungserlaubnis vorliegen (gilt nicht für EU-Bürger).
- Für alle Bewerber gilt weiter, dass ein Nachweis über die Schwimmfähigkeit zu erbringen ist (Polizei Schleswig-Holstein, 2017 b, S. 7).

Tipp: Informieren Sie sich, ob die Zugangsvoraussetzungen noch aktuell sind: **www.polizei.schleswig-holstein.de**

Laufbahngruppe 1, 2. Einstiegsamt/Der mittlere Dienst

Für die Laufbahngruppe 1 muss am Tage der Einstellung zusätzlich zu den oben genannten Anforderungen mindestens der erste allgemeinbildende Schulabschluss mit abgeschlossener Berufsausbildung oder der mittlere Bildungsabschluss vorliegen. Hierbei müssen in den Fächern Deutsch, Englisch, Wirtschaft/Politik (alternativ: Geschichte) und Sport mindestens ausreichende Noten erzielt worden sein.

Laufbahngruppe 2, 1. Einstiegsamt/Der gehobene Dienst

Für die Laufbahngruppe 2 muss am Tage der Einstellung zusätzlich zu den o. a. Anforderungen die Fachhochschulreife (schulischer Teil) oder das Abitur nachgewiesen werden (Polizei Schleswig-Holstein, 2017 b, S. 8).

Eignungs- und Auswahlverfahren für die Laufbahngruppe 1,2. Einstiegsamt

Nach einer Schulzeugnisvorauswahl werden geeignete Bewerberinnen und Bewerber für einen Tag zum ersten Prüfungsteil nach Eutin eingeladen. Zunächst wird eine **Rechtschreibprüfung** in Form eines Diktats (ca. 250 Wörter) durchgeführt, in der Kenntnisse im Elementarbereich überprüft werden.

Es dürfen nicht mehr als 10 Fehler gemacht werden, Übungsdiktate sind auf der Webseite der Polizei Schleswig-Holstein verfügbar. Der anschließende **Intelligenz- und Leistungstest** beinhaltet zwei Teile mit jeweils 4 Aufgabengruppen und ist sprachbarrierefrei. Der Test besteht ausschließlich aus Symbolen, Mathematikaufgaben sind nicht zu lösen.
Nach dem schriftlichen Teil erfolgt die **Sportprüfung**. Die Bewerberinnen und Bewerber müssen einen Hindernisparcours in einer vorgegebenen Zeit durchlaufen.
Wurden alle Testteile erfolgreich absolviert, werden die Bewerberinnen und Bewerber für einen weiteren Tag zum zweiten Prüfungsteil eingeladen. In der **mündlichen Prüfung** wird die Persönlichkeit betrachtet. Diese Prüfung ist ein Einzelgespräch und dauert ca. 30 Minuten. Bewertet wird das Auftreten, die Kommunikationsfähigkeit, die Allgemeinbildung, aber auch die Kenntnisse über den Polizeiberuf.
Im Anschluss erfolgt die **polizeiärztliche Untersuchung**. (Polizei Schleswig-Holstein, 2017, S. 13–15)

Eignungs- und Auswahlverfahren für die Laufbahngruppe 2, 1. Einstiegsamt

Bewerberinnen und Bewerber für diese Laufbahngruppe müssen im ersten Prüfungsteil zusätzlich einen **Sprach- und Bildungstest** absolvieren. In diesem Allgemeinbildungstest werden jeweils 36 Fragen aus dem Bereich Deutsch (Rechtschreibung, Ausdruck, Grammatik, Literatur), politische Bildung (Zeitgeschichte des 19. und 20. Jahrhunderts, politische Themen, Staatsaufbau) und Natur und Technik (Grundkenntnisse in Chemie, Physik, Erdkunde und Biologie) gestellt. Dieser Testteil wird überwiegend im Multiple-Choice-Verfahren durchgeführt.
Im zweiten Prüfungsteil muss außerdem zusätzlich zur mündlichen Prüfung ein **Kurzreferat** gehalten werden. Es ist ca. 5–7 Minuten über ein vorher ausgewähltes Thema aus den Bereichen Gesellschaft, Wirtschaft/Politik oder Natur/Technik zu referieren. Dafür steht eine Vorbereitungszeit von 30 Minuten zur Verfügung. Hilfsmittel (wie Literatur, Internet) dürfen nicht verwendet werden (Polizei Schleswig-Holstein, 2017, S. 13–17).

Für beide Laufbahngruppen müssen alle Testteile mindestens im ausreichenden Bereich bestanden werden. Eine Einstellung erfolgt nach Bestenauslese.
Da das Eignungs- und Auswahlverfahren regelmäßig modifiziert wird, empfiehlt es sich, in wiederkehrenden Abständen die Webseite der Polizei

Schleswig-Holstein zu besuchen: **www.polizei.schleswig-holstein.de** Fragen zum Bewerbungsverfahren werden unter Tel.: 04521/81652 oder unter **berufseinstieg@polizei.landsh.de** gerne beantwortet.

Thüringen

Die Polizei Thüringen bildet sowohl für den mittleren als auch für den gehobenen Polizeivollzugsdienst aus. Bewerben kann sich zunächst jeder, der die deutsche Staatsbürgerschaft oder die eines EU-Mitgliedsstaates besitzt, nicht älter als 34 Jahre, mindestens 160 cm groß ist und über einen guten gesundheitlichen Allgemeinzustand verfügt.

Laufbahngruppe 1, 2. Einstiegsamt / Der mittlere Dienst

Bewerber für den mittleren Dienst benötigen mindestens einen Hauptschulabschluss **und** eine abgeschlossene Berufsausbildung oder einen Realschulabschluss bzw. einen diesem gleichwertigen Bildungsstand (Polizei Thüringen, 2017 a).

Laufbahngruppe 2, 1. Einstiegsamt / Der gehobene Dienst

Bewerber für den gehobenen Dienst müssen mindestens die Fachhochschulreife oder eine andere zu einem Hochschulstudium berechtigende Schulbildung nachweisen (Polizei Thüringen, 2017 a).

Eignungsfeststellungsverfahren

Bewerber, welche diese Voraussetzungen erfüllen und nach „der Gesamtpersönlichkeit für die angestrebte Laufbahn geeignet erscheinen", werden zu einem Eignungsauswahlverfahren eingeladen.

Der **erste Tag** des Eignungs- und Auswahlverfahrens (EAV) beginnt mit einem **Intelligenzstrukturtest**. Dabei werden computergestützt die Fähigkeiten der Bewerber in den Bereichen verbale, numerische und figurale Intelligenz, schlussfolgerndes Denken sowie Allgemeinwissen überprüft. Dieser Test dauert etwa zwei Stunden. Alle Bewerber, die diesen ersten Test erfolgreich absolvieren, stellen sich im Anschluss einem 30-minütigen Deutschtest. Hierbei werden die Rechtschreib- und Grammatikfähigkeiten sowie Sinnverständnis und Wortbedeutung getestet. Die Reihenfolge beider Tests kann variieren. Nach den bestandenen schriftlichen Testteilen schließt sich der **Cooper-Test** an, in dem die Bewerber in 12 Minuten eine bestimmte Wegstrecke zurücklegen müssen. Der erste Teil des EAV endet mit einem Interview. In diesem wird die Ausprägung der Entscheidungs- und Begründungsfähigkeit eines jeden Bewerbers festgestellt.

Sind alle Testabschnitte des ersten Tages erfolgreich durchlaufen, lädt die Einstellungsbehörde nach dem Prinzip der Bestenauslese zu einer **polizeiärztlichen Tauglichkeitsuntersuchung** ein. Wird der Status der Tauglichkeit seitens des Polizeiarztes festgestellt, platziert sich der Bewerber auf einer Rangliste für die jeweilige Laufbahn.

Weitere Informationen finden Sie auf der Webseite der Polizei Thüringen unter: **www.thueringen.de/th3/polizei/karriere/index.aspx**

Verfassungsschutz

Hinweis: *Die folgenden Informationen sind der Seite http://www.verfassungsschutz.de (Stand: Dezember 2017) entnommen worden.*

Der Verfassungsschutz unterteilt sich einmal in das Bundesamt für den Verfassungsschutz sowie die Landesämter für den Verfassungsschutz. Dementsprechend ist auch eine Bewerbung direkt an die zuständige Stelle zu richten.

Das Bundesamt für den Verfassungsschutz erreichen Sie im Internet unter **http://www.verfassungsschutz.de**. Ausgebildet wird dort unter anderem für den **mittleren nichttechnischen Verwaltungsdienst** des Bundes. Die Ausbildung beginnt zweimal jährlich zum 1. März und 1. September eines jeden Jahres, wobei Ihre Bewerbung online zwischen Dezember und April (für den 1. März des Folgejahres) bzw. zwischen Juni und Oktober (für den 1. September des Folgejahres) eingegangen sein muss. Eine Laufbahnbeschreibung erhalten Sie in der aktuellsten Version auf der o. a. Internetseite.

Neben der Laufbahn des mittleren nichttechnischen Verwaltungsdienstes wird ebenso eine Ausbildung zum **Fachinformatiker** (Fachrichtung Systemintegration) angeboten. Für Berufsinformationen wird dazu u. a. auf die Internetseite der Bundesagentur für Arbeit **http://berufenet.arbeitsagentur.de** verwiesen. Beginn der Ausbildung ist jeweils zum 1. August, wobei Sie sich ca. 1 Jahr vorher bewerben sollten.

Kontakt- und Berufsinformationen zu den **Landesämtern für Verfassungsschutz** finden Sie unter folgenden Adressen. Bitte beachten Sie, dass nicht alle Bundesländer eine Ausbildung anbieten. Oftmals kann ein Einstieg beim Verfassungsschutz ausschließlich mit abgeschlossener Berufsausbildung oder über die Polizeiausbildung erfolgen. Dennoch lohnt ein Blick in die entsprechenden Internetpräsenzen.

Baden-Württemberg	http://www.verfassungsschutz-bw.de/
Bayern	http://www.verfassungsschutz.bayern.de/
Berlin	http://www.verfassungsschutz-berlin.de/
Brandenburg	http://www.verfassungsschutz-brandenburg.de/
Bremen	http://www.verfassungsschutz.bremen.de
Hamburg	http://www.hamburg.de/verfassungsschutz/
Hessen	http://www.verfassungsschutz.hessen.de/
Mecklenburg-Vorpommern	http://www.verfassungsschutz-mv.de/
Niedersachsen	http://www.verfassungsschutz.niedersachsen.de/
Nordrhein-Westfalen	http://www.mik.nrw.de/verfassungsschutz/
Rheinland-Pfalz	http://www.verfassungsschutz.rlp.de/
Saarland	http://www.saarland.de/verfassungsschutz.htm
Sachsen	http://www.verfassungsschutz.sachsen.de/
Sachsen-Anhalt	http://www.mi.sachsen-anhalt.de/verfassungsschutz/
Schleswig-Holstein	http://www.verfassungsschutz.schleswig-holstein.de/
Thüringen	http://www.thueringen.de/th3/verfassungsschutz/

Die genannten Internetadressen entsprechen dem **Stand Herbst/Winter 2017**.

Die Luftfahrerschule für den Polizeidienst

Die Luftfahrerschule der Bundespolizei bildet seit 1957 Hubschrauberbesatzungen und technisches Personal aus. Um allen Aus- und Fortbildungsbelangen des Luftfahrtbetriebes und des Instandhaltungsbetriebes gerecht werden zu können, erfolgte die internationale und nationale Lizenzierung der Ausbildungseinrichtung als

- Approved Training Organisation (ATO)
- National Training Organisation (NTO)
- Maintenance Training Organisation (MTO)
- Anerkannter Ausbildungsbetrieb (IHK)

Im Jahre 2007 wurde die Ausbildungsorganisation auf Initiative der Innenministerkonferenz zu einer gemeinsamen Luftfahrerschule der Polizeien des Bundes und der Länder fortentwickelt.

Alle Bundesländer, die Luftfahrzeuge im Polizeidienst betreiben, haben sich der Luftfahrerschule der Bundespolizei für die Aus- und Fortbildung ihrer Besatzungen angeschlossen. Vorteile dieser Bündelung sind unter anderem die Steigerung der Effektivität und Effizienz sowie die Erarbeitung gemeinsamer Sicherheitsstandards für den Einsatzflugbetrieb aller Polizeifliegerstaffeln in Deutschland. Mittlerweile nehmen auch Piloten aus anderen EU-Staaten an Trainingskursen der Luftfahrerschule für den Polizeidienst teil.

An der Luftfahrerschule für den Polizeidienst, einem Beispiel gebenden Bund-Länderprojekt, werden Polizeibeamte zu Besatzungsmitgliedern und luftfahrttechnischem Personal ausgebildet. Der anerkannte IHK-Ausbildungsbetrieb stellte bereits mehrfach den landesbesten Auszubildenden in der Fachrichtung „Fluggerätmechaniker" in Nordrhein-Westfalen.

Die Ausbildung

Am Anfang der Ausbildung steht **ein achtwöchiger Sprachenlehrgang** beim Bundessprachenamt. Hier sollen Grundkenntnisse der englischen Sprache erweitert und in Richtung der luftfahrtspezifischen Fachsprache fortentwickelt werden. Zum Erwerb des **Luftfahrerscheins** absolvieren die Bewerber ca. 650 Stunden **theoretische Ausbildung**. Hierbei werden Kenntnisse in den Fachgebieten Luftrecht, allgemeine Luftfahrzeug-kenntnisse, Flugleistung und Flugplanung, menschliches Leistungsvermögen, Meteorologie, Navigation, betriebliche Verfahren, Aerodynamik, Sprechfunkverkehr und Flugzeugkunde vermittelt.

Die **fliegerisch-praktische Ausbildung** der Piloten umfasst etwa 125 Flugstunden auf dem einmotorigen Hubschraubermuster H120 und weitere 45 Flugstunden auf dem zweimotorigen Hubschrauber H135. Flugschüler der Polizeien der Länder werden nach der H120-Phase auf den jeweiligen Mustern trainiert, auf denen sie ihren späteren Flugdienst verrichten.
Für **Flugtechnikerschüler** stehen ca. 120 Stunden Flugausbildung sowie über 500 Stunden technisch-praktische Ausbildung auf dem Stundenplan. Zum Erwerb der Lizenzen ist eine theoretische Prüfung beim Luftfahrt-Bundesamt (LBA) in Braunschweig abzulegen. An zwei bis drei aufeinanderfolgenden Tagen muss durch den angehenden Piloten oder Flugtechniker sein Wissen in allen theoretischen Fachgebieten nachgewiesen werden. Die fliegerisch-praktische Prüfung der Piloten erfolgt im Auftrag des LBA in Sankt Augustin auf dem zweimotorigen Hubschrauber. Die Flugtechniker für die Polizeien der Länder werden ebenfalls durch das LBA lizenziert und müssen hierzu neben den theoretischen und fliegerischen Kenntnissen noch ihre technisch-praktischen Fertigkeiten nachweisen.

Zur Verwendung im polizeilichen Flugbetrieb müssen die frisch lizenzierten Besatzungsmitglieder eine **einsatzbezogene Ausbildung** durchlaufen. In diesen Wochen werden die unterschiedlichen Einsatzszenarien des zukünftigen Berufsalltags simuliert und unter Aufsicht von Lehrberechtigten trainiert. Auf dem Stundenplan stehen u.a. die Fahndung und Suche nach Personen und Fahrzeugen, Aufklärung von Einsatzräumen oder der Umgang mit einsatzspezifischer Sensorik. Zur Entwicklung der fliegerischen Fertigkeiten wird im gesamten Bundesgebiet unter anderem im deutschen Alpenraum trainiert.

Weitere Aus- und Fortbildungslehrgänge nach der Grundausbildung

Um dem Aufgabenspektrum des Flugdienstes der Bundespolizei gerecht zu werden, sind zeitnah im Anschluss an die fliegerische Grundausbildung zusätzliche **Aus- und Fortbildungsmaßnahmen** vorgesehen.

Die Besatzungsmitglieder werden durch Einweisung in das Fliegen mit der Bildverstärkerbrille für den Einsatz in der Nacht geschult. Zur Verwendung im Transportsektor werden Musterberechtigungen für die H155 oder AS332 Super Puma angeboten. Und um die Einsatzfähigkeit auch bei widrigen Wetterverhältnissen zu erhalten ist die Instrumentenflugausbildung erforderlich. Darüber hinaus ist für eine Verwendung in der Ausbildungsorganisation der Erwerb einer Lehrberechtigung möglich.

Ihr Weg ins Cockpit

Eine Ausbildung zum Piloten setzt den erfolgreichen Abschluss der Laufbahnausbildung für den mittleren, gehobenen oder höheren Polizeivollzugsdienst bei der Bundespolizei, dem Bundeskriminalamt oder bei den Polizeien der Länder voraus. Dieser erstreckt sich für den **mittleren Dienst** (Voraussetzung ist ein Realschulabschluss oder vergleichbarer Bildungsstand bzw. Hauptschulabschluss mit anerkannter Berufsausbildung) über einen Zeitraum von zweieinhalb Jahren, für den **gehobenen Dienst** (Voraussetzung ist die allgemeine Hochschulreife oder Fachhochschulreife) über drei Jahre.

Nähere **Informationen und Einstellungsunterlagen** sind über die jeweils zuständigen Einstellungsberater, wobei sich interessierte Angehörige der Polizeien der Länder oder des Bundeskriminalamtes bitte direkt an ihre zuständige Behörde wenden. Alle Informationen finden Sie auch unter: **www.komm-zur-bundespolizei.de**

Die Bewerbungsvoraussetzungen

- Höchstalter zu Beginn der Ausbildung 33 Jahre (Ausnahmeregelung: 35 Jahre mit fliegerischen Vorkenntnissen, wobei mindestens eine Lizenz für Privatpiloten auf Hubschraubern PPL(H) vorhanden sein muss)
- Angemessene Kenntnisse in der englischen Sprache
- Dienstliche Erklärung des Bewerbers, dass sich
  - im Verkehrszentralregister und
  - im polizeilichen Führungszeugnis keine einschränkenden Eintragungen befinden.
- Bereitschaft zur uneingeschränkten Verwendung im Ausland (§ 8 BPolG)

Die Bewerbung geht an:

Bundespolizei-Fliegergruppe
Luftfahrerschule für den Polizeidienst
Bundesgrenzschutzstraße 100
53757 Sankt Augustin

Telefon: 02241/238-30 63
Fax: 02241/238-24 99
E-Mail: FLD-EAV.Org@polizei.bund.de

www.bundespolizei.de
www.komm-zur-bundespolizei.de

Das Eignungsauswahlverfahren

Das Eignungsauswahlverfahren (EAV) besteht aus **drei Teilen**, die an insgesamt fünf Tagen durchgeführt werden. Im ersten und zweiten Teil wird die fliegerische Eignung überprüft, im dritten Teil die **flugmedizinische Tauglichkeit**. Prüfungsteile 1 und 2 finden beim Deutschen Zentrum für Luft- und Raumfahrt (DLR) in Hamburg, Prüfungsteil 3 in München statt.

Der Ablauf

Teil 1: Berufsgrunduntersuchung

Dieser Teil nimmt einen Tag in Anspruch.

- **Computergestützte Leistungstests:**
  - Hier werden kognitive und psychomotorische Leistungsmerkmale wie z. B. Raumorientierung, visuelle Wahrnehmung, Hand-Fuß-Koordination und Aufmerksamkeit getestet.
  - Außerdem werden Fähigkeitstests in den Bereichen Mathematik, technisches Verständnis und Englisch auf dem Leistungsniveau Fachoberschulreife (Mittlere Reife) durchgeführt.
  - Den Abschluss bildet ein Fragebogen zu luftfahrtpsychologisch relevanten Persönlichkeitseigenschaften.

- Jeder Aufgabenblock hat eine klar umrissene Aufgabe (z. B. die Wiedergabe von auditiv dargebotenen Zahlenfolgen), welche zu Beginn erklärt wird. Verständnisfragen können und sollten vor dem Start der eigentlichen Testaufgaben gestellt werden.
- Die Bearbeitungszeit pro Aufgabenblock beträgt durchschnittlich 30 bis 40 Minuten. Zwischen den Blöcken erhalten Sie ausreichend Zeit für Pausen.

Hinweise zur Vorbereitung

Jeder Bewerber erhält vom DLR einige Wochen vor dem Eignungsauswahlverfahren einen Onlinezugang für ein Übungsportal. In diesem **können und sollen alle** Testaufgaben geübt werden. Hierdurch können Sie sich mit dem Testverfahren sowie mit den einzelnen Testaufgaben vertraut machen und Ihre Leistungen verbessern. Eine intensive Vorbereitung wird empfohlen, um im Eignungsauswahlverfahren bestmögliche Ergebnisse zu erreichen. Die innerhalb dieses Portals erbrachten Übungsleistungen werden nicht gespeichert.

Teil 2: Hauptuntersuchung

Wer den ersten Teil positiv abgeschlossen hat, wird zum zweiten Teil eingeladen. Dieser dauert zwei Tage:

- In diesem Teil werden unter anderem Ihre sozialen Fähigkeiten und Ihr Verhalten im Team in Form von **Gruppenaufgaben und Rollenspielen** bewertet.
- Abschließend findet ein **persönliches Interview** statt, in dem wir Sie kennenlernen und etwas über Ihre Motivation für eine Bewerbung bei der Bundespolizei-Fliegergruppe erfahren möchten.
- Im Anschluss an das persönliche Interview erhalten Sie eine Rückmeldung zu Ihren Leistungen und zu Ihrem Testergebnis.

Teil 3: Flugmedizinische Tauglichkeitsuntersuchung

Dieser Teil nimmt zwei Tage in Anspruch. Nach erfolgreichem Abschluss der Hauptuntersuchung werden Sie zur Flugmedizinischen Tauglichkeitsuntersuchung beim **Flugmedizinischen Begutachtungszentrum (Aeronautical Medical Center)** der Bundeswehr in Fürstenfeldbruck eingeladen. Die abschließende Entscheidung zur gesundheitlichen Eignung trifft der Polizeiärztliche Dienst der Bundespolizei.

Die Zulassung zum Pilotenlehrgang

Die **Auswahlkommission** entscheidet nach dem Vorliegen aller Ergebnisse des Eignungsauswahlverfahrens über die Vergabe der Lehrgangsplätze.

Das weitere Besatzungsmitglied an Bord

Systemoperator

Der Arbeitsbereich des Systemoperators befindet sich in der Kabine. Sein Aufgabengebiet umfasst insbesondere die Bedienung der luftgestützten Wärmebildsichtanlage und weiterer Systemkomponenten an Bord des Hubschraubers zur taktischen Einsatzunterstützung, die Beweissicherung und Dokumentation von Einsätzen (Foto- und Videotechnik), Ein- und Ausbau des Wärmebildsystems und weiterer Systemkomponenten, Einsatzvor- und -nachbereitung sowie Einsatzauswertung.

Die Bewerbungsvoraussetzungen

Eine Ausbildung zum Systemoperator setzt den erfolgreichen Abschluss der Laufbahnausbildung für den mittleren oder gehobenen Polizeivollzugsdienst bei der Bundespolizei voraus.

Hierbei sind folgende **obligatorischen Voraussetzungen** von dem Bewerber zu erfüllen:

- Laufbahnbefähigung für den mittleren/gehobenen Polizeivollzugsdienst (abgeschlossene laufbahnrechtliche Probezeit)
- Mindestens Polizeimeister/Polizeikommissar
- Arbeitsmedizinische Vorsorgeuntersuchungen G20, G37 und BGI 768-1 8 (nach Abschluss EAV)
- Flugverträglichkeit (Prüfung im Eignungsauswahlverfahren)
- Bereitschaft zur uneingeschränkten Verwendung im Ausland gem. § 8 BPOLG
- Die Bewerber müssen sich bei der Bewerbung schriftlich damit einverstanden erklären, im Anschluss an die Auswahlentscheidung eine Sicherheitsüberprüfung im Sinne des Sicherheitsüberprüfungsgesetzes (SÜG) durchführen zu lassen.

- Bereitschaft zur Teilnahme am Einsatzflugbetrieb über See einschließlich der Bereitschaft zur Teilnahme am dazu erforderlichen Fachlehrgang „Überleben auf See“ (ausschl. für Lehrgangsplätze/Dienstposten Bundespolizei-Fliegerstaffel Fuhlendorf)

Weiterhin ergeben sich folgende **fakultative Voraussetzungen** für den Bewerber: Grundkenntnisse in Englisch, EDV-Kenntnisse, Kenntnisse in der Beweissicherung und Dokumentation von Einsätzen, gutes polizeitaktisches Verständnis, gutes technisches Verständnis

Das Eignungsauswahlverfahren

Das Eignungsauswahlverfahren findet bei der Bundespolizei-Fliegergruppe in Sankt Augustin statt und besteht aus **drei Teilen**, die über einen Zeitraum von fünf Tagen durchgeführt werden.
Der erste Prüfungsteil (Theorie) untergliedert sich in den Abschnitt A, in dem der Wissensstand im Allgemeinwissen, Mathematik, Physik, Chemie und Elektrotechnik geprüft wird, und im Abschnitt B wird eine psychologische Eignungsdiagnostik erstellt. **Der zweite Teil** beinhaltet die flugpraktische Prüfung nach einem vorgegebenen Drehbuch, inkl. Prüfung der Eignung in Bezug auf die Flugverträglichkeit und des koordinierten, teamfähigen Verhaltens während des Fluges. **Im dritten Teil** findet das persönliche Gespräch (Interview) statt.

Die Ausbildung

Der 7-monatige Verwendungslehrgang gliedert sich in zwei Module:

Modul 1	Grundschulung bei der Bundespolizei-Fliegergruppe (Dauer: 4 Wochen). Hier werden notwendige theoretische und technische Kenntnisse vermittelt. Die Grundschulung schließt mit einer Lernzielkontrolle in den Bereichen Theorie, Technik und Praxis ab.
Modul 2	Praktische Einsatzschulung zzgl. Bewährungszeit in einer Bundespolizei-Fliegerstaffel, die auch die spätere Zieldienststelle ist (Dauer: 6 Monate und 50 Flugstunden). Hier wird die Vertiefung und Festigung der im Modul 1 erworbenen Fertigkeiten und Kenntnisse sowie der Erlangung weiterer Operatoren- und staffelspezifischer Kenntnisse im Rahmen eines „on the job training“ erfolgen. Das Modul 2 endet mit der Feststellung der Bewährung oder Nicht-Bewährung. Mit erfolgreicher Beendigung des Lehrgangs erfolgt die Übertragung des Dienstpostens/der Funktion bei der Bundespolizei-Fliegergruppe oder bei einer der vier Bundespolizei-Fliegerstaffeln.

Die schriftliche Bewerbung

Sie möchten mit Ihrer Bewerbung Eindruck machen. Schon auf den ersten Blick soll die umworbene Institution, in diesem Fall der Ausbilder und Arbeitgeber, spüren, dass es sich um eine besondere Bewerbung handelt. Kurz: Sie wollen Aufmerksamkeit.

Und mit jedem Bestandteil, der zu den Bewerbungsunterlagen gehört, also …

1. dem Bewerbungsanschreiben,
2. dem Lebenslauf mit Foto und
3. den Kopien von Zeugnissen und Praktikumsnachweisen

… können Sie sich von der Masse abheben. Nutzen Sie diese Gelegenheiten!

Auf den folgenden Seiten geben wir Ihnen einige Tipps zur Gestaltung Ihrer schriftlichen Bewerbungsunterlagen. Beachten Sie jedoch unbedingt, welche Vorgaben die Behörde, bei der sie sich bewerben, im Hinblick auf Bestandteile und Form der schriftlichen Bewerbung macht.

Zusammenstellung der Unterlagen

Ob mit oder ohne Deckblatt, ob kurz und knapp oder lang und breit: Es gibt grundsätzlich drei Möglichkeiten, die Seiten einer Bewerbungsmappe anzuordnen. Richtig sind sie alle. Welche am besten zu Ihnen passt, können Sie selbst entscheiden:

Die „klassischen Bewerbungsunterlagen"

Diese Variante zeigt die „Grundausstattung". Sind Anschreiben, Lebenslauf und Zeugnis vorhanden, wird von „vollständigen Bewerbungsunterlagen"

gesprochen. Die schematische Darstellung zeigt die drei Elemente, nicht die tatsächliche Anzahl der Seiten. Wenn Ihr Lebenslauf zwei Seiten umfasst und Sie zwei Zeugnisse beilegen wollen, hätten Ihre „klassischen Bewerbungsunterlagen“ insgesamt fünf Seiten.

Klassische Bewerbungsunterlagen + Deckblatt

Mit dieser Variante haben Sie die Möglichkeit, einen ersten „Hingucker“ zu platzieren. Nimmt der Leser das Anschreiben in die Hand, dann eröffnet das Deckblatt Ihre Mappe inhaltlich und optisch. Vielleicht strahlt hier schon Ihr Gesicht vom Bewerbungsfoto oder ein ansprechendes Design schmückt die Seite?

Bewerbungsunterlagen „XXL“

Das obenstehende Schaubild zeigt Ihnen alle Elemente, die Sie in einer Bewerbung unterbringen können – wenn Sie möchten. Im Folgenden erfahren Sie, wie Sie die einzelnen Teile einer Bewerbungsmappe gestalten sollten und in welcher Reihenfolge diese zu sortieren sind.

Lebenslauf

Die wichtigsten Informationen und Daten auf einen Blick – diesem Ziel dient der Lebenslauf, der häufig wesentlich mitentscheidet, ob es zu einer Einladung kommt oder nicht. Heute werden Lebensläufe nicht mehr handschriftlich verfasst. In der Regel erwartet man von Ihnen einen computergeschriebenen, tabellarischen Lebenslauf, der möglichst nicht länger als eine oder zwei Seiten sein sollte.

Folgende Daten sollten im Lebenslauf enthalten sein:

Persönliche Daten	Vor- und Nachname, Anschrift, Telefon, Geburtsdatum und -ort, Religionszugehörigkeit (nur, wenn es für den Beruf von Bedeutung ist), Familienstand, Kinder, Eltern mit Namen, Geschwister (Alter), Ort, Datum, Unterschrift
Schulausbildung	Alle Informationen möglichst mit Zeitangaben: • besuchte Schulen • Schulabschlüsse bzw. angestrebter Schulabschluss • eventuelle Auslandsaufenthalte, Sprachreisen • Praktika • Aushilfstätigkeiten • Neben-/Ferienjobs
Weiterbildung	Z. B. nachgeholter Schulabschluss, Volkshochschulkurse etc. Schul-AGs, z. B.: • Computer • Foto • Kochen • Sprachen etc.
Besondere Kenntnisse	Fremdsprachen, Führerschein, IT-Kenntnisse, Erste-Hilfe-Schein etc.
Sonstiges	Hobbys, Interessen, ehrenamtliches/soziales Engagement, Sport, evtl. politisches Engagement (Achtung: Berücksichtigen Sie, dass dies zum Arbeitgeber „passen“ muss bzw. Sie sich damit keine Chancen verbauen.)

Foto

Vielleicht, weil ein Bild mehr sagt als 1 000 Worte, schaut man bei einem Lebenslauf immer zuerst auf das Foto. Da man die Macht der Bilder nicht unterschätzen sollte, ist an dieser Stelle höchste Sorgfalt geboten. Der Gang zum guten Fotografen lohnt sich. Alte Schnappschüsse, Urlaubsbilder oder Zufallstreffer von der letzten Geburtstagsfeier sind für eine Bewerbung absolut ungeeignet. Mit einem ansprechenden, professionellen Foto im Format von etwa 5,5 mal 4 cm vom Fotografen werden Sie überzeugen.

Psychologische Tests haben gezeigt, dass Schwarz-Weiß-Fotos eher Sympathie erzeugen als farbige. Daher wäre zu überlegen, ob Sie sich auch für Schwarz-Weiß entscheiden. Wenn Sie aber finden, in Farbe besser auszusehen, ist das auch okay. Wichtig ist, dass Sie sympathisch wirken und mit „Ihrer" Bewerbungsmappe, also auch Ihrem Foto, zufrieden sind!

Am besten lassen Sie vom Fotografen eine Auswahl von Fotos machen. Die können Sie mit nach Hause nehmen und auch Freunden und Eltern vorlegen. Fragen Sie, auf welchem Bild Sie am sympathischsten wirken. Ideal ist es, sich vom Fotografen die Bilder elektronisch mitgeben zu lassen und dann im Lebenslauf bzw. auf einem Extra-Deckblatt (s. o.), einzufügen. Ansonsten befestigen Sie es (vorher auf der Rückseite Name und Adresse notieren) oben rechts auf dem Lebenslauf. Das ist ganz Ihnen überlassen.

Anschreiben

Aufmerksamkeit erreichen Sie nach der Anrede garantiert *nicht* mit Sätzen wie: *„Hiermit bewerbe ich mich um …"* Das wird der Ausbilder und Arbeitgeber oft genug von anderen Bewerbern zu lesen bekommen – deshalb überlegen Sie sich besser etwas Anderes. Wenn Sie stattdessen z. B. formulieren: *„Ihr Ausbildungsplatzangebot interessiert mich besonders, weil …"*, haben Sie bereits Pluspunkte gesammelt. Nichts ist so wichtig wie der Einstieg. In der knappen Zeit, die Entscheider zur Verfügung haben, kommt es darauf an, schon mit den ersten Sätzen zu überzeugen.

Denken Sie daran: Die Bewerbung insgesamt und damit auch das Anschreiben ist Ihre Visitenkarte, eine Art erste Arbeitsprobe. Es kann Ihre

Chancen, den gewünschten Ausbildungs- und Arbeitsplatz zu bekommen, erheblich verbessern – wenn Sie es gut formulieren und sorgfältig gestalten. Deshalb muss auch der erste Eindruck stimmen. Folgende Formel aus der Werbepsychologie kann Ihnen für den Aufbau Ihres Anschreibens behilflich sein:

AIDA

Sie steht für:

A	= attention: Aufmerksamkeit erregen
I	= interest: Interesse wecken
D	= desire: Wunsch auslösen, die Person zum Gespräch einzuladen
A	= action: die Handlungsaktivität (Einladung) provozieren

Im Folgenden eine Erklärung der wichtigsten Punkte im Anschreiben.

Einleitung

Noch einmal zum guten Einstieg: Wir nennen jetzt einige Formulierungen, mit denen ein interessanter Einstieg gelingt. Sie sollten diese aber nicht einfach abschreiben. Schließlich handelt es sich um Ihre persönliche Bewerbung, und die sollte Ihren ganz eigenen „Stempel" tragen und dementsprechend formuliert sein. Diese Beispiele sind also lediglich als Anregung gemeint:

- *„Gerne würde ich zu den 120 Auszubildenden gehören, die Sie Mitte nächsten Jahres einstellen. Daher bewerbe ich mich um einen Ausbildungsplatz zum …"*
- *„Mit großem Interesse habe ich Ihre Anzeige gelesen und möchte mich Ihnen vorstellen."*
- *„Sie suchen einen Auszubildenden …"*
- *„Ich wünsche mir einen Ausbildungsplatz im Bereich …"*
- *„Vielen Dank für das freundliche und informative Telefonat/für das Gespräch an Ihrem Infostand heute Vormittag. Wie abgesprochen schicke ich Ihnen meine Bewerbungsunterlagen zu."*

Grund der Bewerbung

Hier geht es darum, den Berufswunsch allgemein und – wenn das der Fall ist – den Wunsch, weshalb Sie gerade in einer bestimmten Organisation arbeiten möchten, zu begründen:

- *„Vor zwei Monaten informierte ich mich auf der Berufsmesse XY an Ihrem Informationsstand über die Ausbildung zum Z. Die Vielfältigkeit des Berufsbildes hat mich sehr beeindruckt. Deshalb …"*
- *„Durch ein Praktikum bei der Polizei XY konnte ich erste Einblicke in den Beruf des Polizeikommissars bekommen. Ich bin überzeugt, dass mir diese Aufgabe sehr viel Spaß bereiten wird."*
- *„Über meinen Bruder habe ich bereits vielfältige Eindrücke vom Berufsbild des XY erhalten können. Durch intensive Gespräche und seine Berichte motiviert, bewerbe ich mich hiermit …"*

Die Schuldaten

Angaben zu Ihrer Person, d. h., wie alt Sie sind, wann Sie die Schule verlassen werden oder bereits verlassen haben, dürfen im Anschreiben nicht fehlen. Dadurch teilen Sie auch mit, wann Sie die Ausbildung antreten könnten.

- *„Ich bin 18 Jahre alt und besuche zurzeit die 12. Klasse des Max-Frisch-Gymnasiums in Berlin. Im Frühjahr 20XX werde ich mit dem Abitur abschließen."*
- *„Nach Abschluss der Realschule im Juli nächsten Jahres möchte ich (18 Jahre alt) gerne eine Ausbildung im mittleren Dienst bei der Feuerwehr XY beginnen."*
- *„Ich bin 19 Jahre alt und besuche die Humboldtschule in Potsdam. Mitte Juni nächsten Jahres werde ich dort die allgemeine Hochschulreife erlangen."*

Ihre Qualifikationen

Nennen Sie an dieser Stelle die Fähigkeiten/Erfahrungen/Talente, die Sie für die angestrebte Ausbildung mitbringen – von Schulfächern bis Hobbys/Freizeitgestaltung.

- *„In meiner Freizeit bin ich bereits als Gruppenführer bei der Freiwilligen Feuerwehr Darmstadt aktiv."*
- *„Ich habe bereits den 1. Dan im Ju Jutsu."*

- *„Seit drei Jahren bin ich freiwilliger Helfer im THW, Ortsverband Bremen-Ost."*
- *„Durch die Computer-AG in meiner Schule verfüge ich über sichere Kenntnisse in Microsoft Office, Adobe Photoshop und SPSS."*

Die Abschlussformulierung

Hier einige Vorschläge für einen gelungenen „Abgang":

- *„Ich würde mich freuen, wenn ich mich persönlich bei Ihnen vorstellen dürfte."*
- *„Ich freue mich, wenn Sie mir die Gelegenheit zu einem persönlichen Gespräch geben."*
- *„Über eine Einladung zum Auswahlverfahren freue ich mich schon jetzt ganz außerordentlich."*

Die Grußformel

„Mit freundlichen Grüßen" ist die beste Formulierung. Hier sollten Sie auf Schnickschnack verzichten, auch keine *„herzlichen Grüße"* verschicken oder sich gar *„hochachtungsvoll"* verabschieden. Sie können, wenn Sie sich an einen anderen Ort bewerben, noch ein *„nach München"* z. B. oder *„aus Berlin"* anhängen.

Die Dritte Seite

Die Dritte Seite – das gewisse Etwas: Mit einer Dritten Seite, die hinter dem Anschreiben oder dem Lebenslauf platziert ist, heben Sie sich von der Masse der Bewerber ab. Voraussetzung: Sie ist wirklich gut getextet! Hier transportieren Sie in wenigen Sätzen die entscheidenden Argumente, warum Sie als Bewerber in die engere Auswahl gehören. An dieser Stelle können Sie persönlicher formulieren, in dem Tenor „Was Sie sonst noch von mir wissen sollten …" oder schlicht „Meine Motivation", „Warum ich unbedingt … werden will". Wenn ein Kandidat sich z. B. seit längerer Zeit bei der freiwilligen Feuerwehr engagiert, könnte er an dieser Stelle über dabei gewonnene Erfahrungen berichten und anführen, was er dort bereits gelernt hat. So bietet die Dritte Seite die Möglichkeit, überzeugend zu untermauern, warum der Ausbildungsplatz bei der Berufsfeuerwehr das erklärte Ziel des Bewerbers ist.

Beachten Sie aber: Eine Dritte Seite kann, wenn sie nicht gut formuliert ist, mehr schaden als nützen! Also überlegen Sie gut, ob Sie das für sich in Anspruch nehmen wollen. Wenn ja, dann aber nur, wenn Sie hier wirklich etwas Wichtiges mitzuteilen haben, und mit einem gut durchdachten Text.

Anlagen

Die Kopien von Zeugnissen und anderen Nachweisen werden hinter den Lebenslauf geheftet. Verwenden Sie dabei keine Kopien, denen man ansieht, dass sie schon durch mehrere Hände gegangen sind, oder die Eselsohren haben. Machen Sie sich die Mühe und suchen Sie einen guten Copyshop auf. Sie werden den Unterschied erkennen. Zur **Reihenfolge** der Unterlagen: Je aktueller das Zeugnis, desto weiter oben liegt es.

Der Versand

Bevor Sie aber alles in den DIN-A4-Umschlag stecken und per Post wegschicken oder noch besser persönlich vorbeibringen, kopieren Sie bitte alle Unterlagen. So haben Sie ein Exemplar, das Sie zum Auswahlverfahren mitnehmen können. Es hilft z. B. vor dem Vorstellungsgespräch, noch einmal einen Blick in die Bewerbungsunterlagen zu werfen. Wir haben eine **Checkliste** zusammengestellt, mit der Sie systematisch prüfen können, ob Sie an alles gedacht haben:

Zum Anschreiben:

- Ist der Absender vollständig (mit Telefonnummer)?
- Haben Sie die Adresse korrekt geschrieben? Vergleichen Sie noch einmal mit der Anzeige bzw. dem Internetauftritt.
- Stimmt das Datum?
- Haben Sie in der Betreffzeile die richtige Berufsbezeichnung genannt?

Zu den Anlagen:

- Haben Sie den Lebenslauf fehlerfrei geschrieben, mit aktuellem Datum versehen und unterschrieben?
- Ist das letzte Zwischen- und/oder Versetzungs- bzw. Abschlusszeugnis in den Anlagen?
- Haben Sie ggf. weitere Zeugnisse/Bescheinigungen eingefügt?
- Ist die Anschrift auf der Rückseite des Fotos notiert?
- Wurde die richtige Reihenfolge der Unterlagen beachtet?
- Stimmen die im Anschreiben (und evtl. im Anlagenverzeichnis) genannten Anlagen mit den beigefügten überein?

Zur Verpackung:

- Liegt das Anschreiben lose oben?
- Ist die Adresse auf dem Anschreiben und Briefumschlag identisch?
- Steht Ihr Absender auf dem Umschlag?
- Ist der Brief ausreichend frankiert?
- Ist die Umschlaggestaltung korrekt? Bitte keine Experimente bei Adresse, Absender, Briefmarkenpositionierung.

Allgemeine Tipps

Damit wären wir auch bei den generellen Hinweisen in Sachen Bewerbung, die Sie unbedingt berücksichtigen sollten:

- Verwenden Sie für Bewerbungsanschreiben und Lebenslauf gutes, weißes unliniertes DIN-A4-Papier, das Sie nur einseitig beschreiben. Möglich ist auch, sanft getöntes Papier in leichtem Gelb, Beige, Grau oder Blau zu verwenden. Das kann sehr edel wirken. Aber bitte: keine Knallfarben.

- Wenn ein handgeschriebenes Bewerbungsanschreiben oder ein handgeschriebener Lebenslauf gewünscht werden, benutzen Sie möglichst einen Füllfederhalter mit königsblauer Tinte. Achten Sie auf eine saubere, gut lesbare Handschrift.
- Verwenden Sie keine Originalzeugnisse oder -bescheinigungen. Nur Anschreiben und Lebenslauf müssen Originale sein.
- Sowohl für getippte als auch für handschriftliche Schreiben gilt: nicht durchstreichen, überschreiben oder mit Tipp-Ex korrigieren. Das macht keinen guten Eindruck, weil man immer noch die Spuren des Fehlers sieht. Da hilft nur eins: noch einmal neu schreiben bzw. korrigiert neu ausdrucken.
- Achten Sie auf eine übersichtliche, klare Gliederung und eine gute Platzeinteilung mit angemessenen Rändern (links ca. 4 cm, rechts ca. 3 cm).
- Völlig überholt: alles in Klarsichthüllen zwängen. Besser im Schreibwarenhandel Hefter kaufen (auch hier keine knalligen Farben, am besten in Blau, Grün, evtl. auch Weiß) mit Clip oder Schiene, in die Sie Ihre Unterlagen einheften, nicht einlochen. Alternativ können Sie auch ganz auf Hefter verzichten. Das Anschreiben wird immer nur lose aufgelegt, also nicht mit eingeheftet. Wir raten von kompletten Bewerbungsmappen mit Vordrucken ab, die nur noch ausgefüllt werden müssen. Wenn Sie solche fertigen Unterlagen benutzen, kann beim Arbeitgeber der Eindruck entstehen, dass Sie nicht in der Lage sind, selbstständig zu arbeiten.
- Bedenken Sie die Reihenfolge Ihrer Unterlagen: Das Anschreiben liegt oben lose auf. In der Mappe folgen Lebenslauf mit Foto, evtl. Handschriftenprobe, Arbeits-/Praktikumszeugnisse bzw. Bescheinigungen (Kopien), Schulzeugnisse (in der Regel die letzten beiden Halbjahre) und zum Schluss, wenn vorhanden, weitere Kopien, z. B. Bestätigungen über Kursteilnahmen, Seminare etc.
- Achten Sie sorgfältig auf die Rechtschreibung, Grammatik und Zeichensetzung. Bitten Sie Freunde, Eltern oder Ihre Lehrer, Korrektur zu lesen.

Online- und E-Mail-Bewerbungen

Bei einigen Organisationen bewirbt man sich über deren Website, indem man Eingaben in vorgefertigte Formulare macht. Diese Art der Bewerbung heißt „Online-Bewerbung“. Davon zu unterscheiden ist die „E-Mail-Bewerbung“, die im Wesentlichen genauso funktioniert, wie die normale schriftliche Bewerbung: Sie stellen Ihre Unterlagen zusammen und schicken sie elektronisch ab. Oft werden beide Ausdrücke in einen Topf geworfen oder man spricht allgemein nur von „Online-Bewerbung“. Um die beiden Begriffe scharf zu trennen, stellen wir sie Ihnen gleich einmal ausführlich vor.

Online bewerben

Viele Bewerbungen per Mail sind eher halbherzig verfasst, nehmen den Personalern aber trotzdem Zeit weg. Und für genau dieses Problem haben sich die Arbeitgeber, vor allem die großen, bei denen eine große Zahl Bewerbungen im Jahr eingehen, eine Lösung gesucht. Sie heißt „Online-Bewerbung“ und wird von vielen Organisationen wie ein Filter zwischen Bewerber/-in und Personalabteilung eingesetzt. Auch einige Landespolizeien und Berufsfeuerwehren bieten Online-Formulare auf ihrer Internetpräsenz an. Die Online-Formulare fordern die Bewerber/-innen auf, klar zu sagen bzw. zu schreiben, wer sie sind, was sie motiviert und warum man genau diese Ausbildung machen möchte.

Und das geht nicht im Schnelldurchgang. Wir haben uns verschiedene Bewerbungsformulare angesehen und sie getestet. Unser Fazit: Wer sich Zeit nimmt und gut vorbereitet ist, müsste das ohne Probleme schaffen. Schwierig wird's, wenn man versucht, die Sachen mal eben nebenbei auszufüllen, weil man gerade im Internet ist.

Andererseits gibt es berechtigte Zweifel an dieser Vorgehensweise. Denn Ihre Daten werden zunächst nicht mehr von einem Menschen gesichtet, sondern von einem digitalen System nach bestimmten Stichworten registriert und gefiltert. Und dass bei Computern auch mal was schiefgehen kann, wissen Sie vermutlich aus eigener Erfahrung.

Sie denken vielleicht: Dann schreib ich doch lieber gleich eine E-Mail-Bewerbung! Leider wird es sehr schwierig sein, wenn Sie auf diese Weise versuchen, das Online-Bewerbungssystem zu umgehen. Denn Organisationen, die ein solches eingerichtet haben, wollen damit ja gerade verhindern, dass sie Einzelbewerbungen bekommen, die erst per Hand erfasst und in den Bewerberpool eingepflegt werden müssen.

Ein weiterer Kritikpunkt ist die Formulierung der Fragen. Nicht alle hören sich so eindeutig an, dass sie auch eindeutig beantwortet werden könnten. Bei den Fragen, die per Scroll-Leiste (öffnet sich per Mausklick und ermöglicht Auswahl fertiger Textbausteine) beantwortet werden, entsteht dieses Problem nicht. In jedem Formular finden sich aber auch einige Felder, in denen frei getextet werden soll, und an dieser Stelle können Missverständnisse auftreten.

Die richtige Vorbereitung auf die Online-Bewerbung

Wenn Sie wissen, wo Sie sich online bewerben wollen, dann sollten Sie folgendes in digitaler Form bereithalten:

- ein Anschreiben,
- Ihren Lebenslauf,
- alle Zeugnisse und andere interessante Bescheinigungen,
- ein Foto,
- Stichpunkte, warum Sie sich bei diesem Arbeitgeber bewerben,
- Stichpunkte, warum Sie diese Ausbildung machen wollen.

Wie Sie merken, ist das nicht weniger als bei einer normalen schriftlichen Bewerbung. Und was Sie unbedingt noch haben sollten, ist mindestens ein, zwei Stunden Zeit, um das Formular sorgfältig auszufüllen.

Die E-Mail-Bewerbung

Alles, was Sie bis hierher über das Thema „schriftliche Bewerbung“ kennengelernt haben, können Sie auch bei Ihrer E-Mail-Bewerbung einsetzen. Inhaltlich gesehen gelten hier nicht völlig andere oder neue Regeln. Natürlich ist Ihre Arbeitsweise etwas anders, weil Sie alle Dokumente digital erfassen und evtl. bearbeiten, aber bis auf das Anschreiben können Sie Ihre Bewerbung auf Papier „eins zu eins“ in die digitale Form übersetzen. Anschreiben, Lebenslauf, Foto, Zeugnisse – das sind auch bei der E-Mail-Bewerbung die Hauptbestandteile.

Das Anschreiben wird entweder in die Mail selbst geschrieben oder wie alle anderen Dokumente in den Anhang gelegt. Dann ist die Mailmaske nur mit einigen, wenigen Sätzen zu füllen.

Wann ist eine E-Mail-Bewerbung sinnvoll?

Informieren Sie sich unbedingt über die Website oder telefonisch bei der Organisation, bei der sie sich bewerben möchten, ob eine E-Mail-Bewerbung erwünscht ist. Häufig werden nämlich nur in Papierform eingereichte Bewerbungsunterlagen akzeptiert oder es sind Online-Bewerbungsportale zu nutzen.

Wie bei der „normalen" Bewerbung sollten Sie für Ihre E-Mail-Bewerbung möglichst einen direkten Ansprechpartner herausfinden und ihm die Unterlagen direkt zusenden. Gerade Mails können sehr schnell im virtuellen Nirgendwo verschwinden, wenn sich niemand dafür verantwortlich fühlt. Verwenden Sie möglichst niemals eine info@...-Adresse!

Unter **www.berufundkarriere.de\onlinecontent** finden Sie zusätzliche Materialien zum Thema „Bewerbungsunterlagen". **www.**

Auswahl- und Eignungstestverfahren

Im Folgenden beschreiben wir Ihnen gängige Testinhalte der Auswahlverfahren verschiedener Polizeien, Feuerwehren, dem Zoll und Verfassungsschutz sowie der Justiz und Bundeswehr. Bitte beachten Sie, dass Sie später nicht alle Tests absolvieren müssen. Wir empfehlen Ihnen, sich vorab zu informieren, welche Verfahren Sie genau erwarten. Üben Sie diese besonders intensiv, aber schauen Sie sich zur Sicherheit auch die anderen, hier vorgestellten an.
Die Lösungen bzw. Lösungserklärungen finden Sie immer direkt nach den Aufgaben.

1 Allgemein- und Fachwissen

Gerne überprüfen Institutionen das Allgemein- und Fachwissen von Bewerberinnen und Bewerbern. Dabei sind folgende Bereiche von Bedeutung: Staat und Politik, Geschichte, Wirtschaft, Geografie, Physik, Biologie und Chemie aber auch Fragen aus den Bereichen Internet und PC-Kenntnisse ebenso wie interkulturelles Basiswissen.

Versuchen Sie nun so viele Fragen wie möglich richtig zu beantworten. Eine Zeitbegrenzung gibt es hierbei nicht, jedoch sollten Sie die Aufgaben zügig bearbeiten und nicht mehr als durchschnittlich 2 Minuten für 3 Aufgaben aufwenden.

Wenn Sie pro Fachbereich ca. 60 Prozent der Aufgaben richtig beantworten, wäre das ein akzeptables Ergebnis. Auf allen Themengebieten zusammen wäre ein Ergebnis von etwa 70 Prozent wünschenswert.

Computer und Internet

1 Was ist ein Compiler?

a ein Computer, der als Server eingesetzt wird
b ein Programm, das Programmiercodes für den PC ausführbar macht
c der Name eines Computervirus
d eine Software, die Texte in alle Sprachen übersetzen kann

2 Was geschieht beim Booten?

a Ein Rechner wird mit Schadsoftware infiziert.
b Das Betriebssystem des Rechners wird geladen.
c Alle Daten einer Festplatte werden gelöscht.
d Ein angeschlossener USB-Stick wird verfügbar gemacht.

3 Wofür steht die Abkürzung html?

a für ein externes Inhaltsverzeichnis zur Ablage von Files
b für eine textbasierte Auszeichnungssprache zur Strukturierung von Inhalten
c für eine Datenaufzeichnungssoftware
d für eine Programmiersprache für Internetdesign

4 Was versteht man unter den vier Buchstaben http?

a ein Hypertext-Übertragungsprotokoll
b eine Übertragungsfrequenz
c eine Art Quellcodegenerierung
d einen besonderen Firewall-Schutz

5 Was wird allgemein unter WWW verstanden?

a wichtige Welt-Wirtschaft
b Wasser-Werk Weser
c World Wide Web
d Wer-Wann-Wo

6 Aus welcher Sprache stammt das Wort „wiki" (schnell), das man beispielsweise im Zusammenhang mit Wikipedia kennt?

a aus dem Hawaiischen
b aus dem Kantonesischen
c aus dem Kisuaheli
d aus dem Mandarin

7 Facebook hatte im Sommer 2017 erstmals …

a 200 000 Mitglieder
b 2 000 000 Mitglieder
c 20 000 000 Mitglieder
d 2 000 000 000 Mitglieder

8 Welches dieser Dateiformate nutzt keine Komprimierung?

a JPG
b GIF
c TIFF
d BMP

9 Was ist Typo3?

a eine Schriftart
b ein Schreibmaschinenprogramm
c ein Hilfsmittel zur Erstellung von Webseiten
d ein Plug-in für Browser

10 Ein Byte sind …

a 2 Bit
b 6 Bit
c 8 Bit
d 64 Bit

11 **Wenn man eine Webseite aufruft, benutzt man beispielsweise das Protokoll …**

a DSL
b HTTP
c SSL
d URL

12 **Die maximale Übertragungsrate bei einer einfachen ISDN-Verbindung liegt bei …?**

a 10 Mbit/s
b 16 Mbit/s
c 64 Kbit/s
d 1 GB/s

13 **Welches Wort benennt kein Betriebssystem?**

a Linux
b Windows
c Apple
d Unix

14 **Was ist ein File?**

a eine Verknüpfung zu einer Internetseite
b das englische Wort für Datei
c ein Virus
d eine Firewall

15 **Was ist eine SSD?**

a Einheit, auf der wesentliche Teile in einem PC montiert sind
b Grafikkarte
c USB-Format
d Festplatte

LÖSUNGEN

1 b	2 b	3 b	4 a	5 c	6 a	7 d	8 d
9 c	10 c	11 b	12 c	13 c	14 b	15 d	

Geografie

1 Wo liegt Melbourne?

a USA
b Australien
c Afrika
d Großbritannien

2 Welches Land grenzt nicht ans Schwarze Meer?

a Russland
b Rumänien
c Bulgarien
d Tschechien

3 Wo steht die Sonne am 21. Juni im Zenit?

a nördlicher Wendekreis
b südlicher Wendekreis
c Äquator
d Südpol

4 Was ist die Tundra?

a eine gebirgige Landschaft
b eine wüstenähnliche Landschaft
c eine steinige Graslandschaft
d eine baumlose Kältesteppenlandschaft

5 Was ist im Süden von Südamerika?

a der Ärmelkanal
b Kap der Guten Hoffnung
c Cape Canaveral
d Kap Hoorn

6 Wo liegt die Apenninen-Halbinsel?

a Spanien
b Portugal
c Griechenland
d Italien

7 Europas längster Fluss ist der / die ...

a Rhein
b Wolga
c Rhône
d Donau

8 Welches der folgenden Länder hat die längste Küste?

a Italien
b Frankreich
c Norwegen
d Griechenland

9 Wie alt ist in etwa die Erde?

a eine Million Jahre
b 10 Millionen Jahre
c ca. 4,5 Milliarden Jahre
d weniger als eine Million Jahre

10 **Welche der folgenden Ländergruppen enthält ein Land bzw. Länder, die keine gemeinsame Grenze mit der Bundesrepublik Deutschland haben?**

a Tschechien, Österreich, Schweiz
b Österreich, Liechtenstein, Polen
c Dänemark, Belgien, Luxemburg
d Niederlande, Luxemburg, Frankreich

11 **Wie viele Einwohner hat Deutschland?**

a ca. 65 Millionen
b ca. 80 Millionen
c ca. 90 Millionen
d ca. 95 Millionen

12 **Belgrad ist die Hauptstadt von …**

a Tschechien
b Rumänien
c Serbien
d Bulgarien

13 **Bei welcher Stadt fließt die Elbe in die Nordsee?**

a Hamburg
b Cuxhaven
c Heiligenhafen
d Bremerhaven

14 **Wie heißt die Hauptzwischenstation auf dem Weg von New Orleans nach Japan?**

a Kuba
b Antillen
c Hawaii
d Neuseeland

15 Welches Gebirge liegt (am Rhein) dem Taunus gegenüber?

a Harz
b Hunsrück
c Eifel
d Teutoburger Wald

LÖSUNGEN

1 b	**2** d	**3** a	**4** d	**5** d	**6** d	**7** b	**8** c
9 c	**10** b	**11** b	**12** c	**13** b	**14** c	**15** b	

Geschichte

1 Wann endete der Zweite Weltkrieg in Europa?

a März 1945
b April 1945
c Mai 1945
d Juni 1945

2 Wann erfolgte die Proklamation der Menschen- und Bürgerrechte in Frankreich?

a 1776
b 1789
c 1813
d 1850

3 In welcher Zeitspanne ereignete sich der Erste Weltkrieg?

a 1913–1917
b 1913–1919
c 1914–1917
d 1914–1918

4 Wann fand die Oktoberrevolution statt?

a 1920
b 1918
c 1917
d 1896

5 Die Entente Cordiale wurde geschlossen zwischen …

a England und Russland
b England und Frankreich
c Frankreich und Russland
d Frankreich und Deutschland

6 Wann wurde Deutschland in den Völkerbund aufgenommen?

a 1924
b 1926
c 1928
d 1945

7 Julius Cäsar adoptierte seinen Großneffen. Er hieß …

a Crassus
b Oktavian
c Cäsario
d Augustus

8 Der Spartakusaufstand 1919: Wer versteckte sich hinter dem Pseudonym „Spartakus“?

a Karl Liebknecht
b Rosa Luxemburg
c Ernst Thälmann
d Wilhelm Pieck

9 **Der Gedanke der kommunalen Selbstverwaltung stammt von …**

a Stresemann-Severins
b Wilhelm von Humboldt
c Stein und Hardenberg
d August Bebel

10 **Woher kamen die Goten ihrer Stammessage nach?**

a aus Skandinavien
b vom Balkan
c aus Vorderasien
d aus Lettland

11 **Die Schlagworte der Französischen Revolution hießen …**

a Freiheit, Gleichheit, Brüderlichkeit
b Frieden, Freiheit, Wohlstand
c Frieden, Freiheit, Gerechtigkeit
d Einigkeit, Recht und Freiheit

12 **Wer gründete das Deutsche Reich?**

a Hitler
b Bismarck
c Hindenburg
d Stresemann

13 **Welches Geschehen besiegelte den Untergang des spanischen Weltreichs?**

a Entdeckung Amerikas
b Erbstreitigkeiten im spanischen Herrscherhaus
c Vernichtung der spanischen Flotte
d die Schlacht bei Waterloo

14 Welches kleine, aber wichtige europäische Land hat seit 1815 keine Kriege geführt?

a Niederlande
b Schweiz
c Dänemark
d Österreich

15 Wer zerstörte Karthago?

a die Ägypter
b die Athener
c die Römer
d die Mohammedaner

LÖSUNGEN

1 c	**2** b	**3** d	**4** c	**5** b	**6** b	**7** b	**8** a
9 c	**10** a	**11** a	**12** b	**13** c	**14** b	**15** c	

Interkulturelle Kompetenz

1 Was ist ein Muezzin?

a Ausrufer, der die Muslime zum Gebet ruft
b islamischer Feiertag
c japanischer Mönch
d islamische Moschee

2 Was bedeutet Habemus Papam?

a der Tag ist gekommen
b Tag des Jüngsten Gerichts
c Heiliger Vater
d der Papst ist gewählt

3 Was ist der Ramadan?

- a Weihnachtsfest der Tibeter
- b islamischer Fastenmonat
- c christliches Osterfest
- d buddhistisches Neujahr

4 Was versteht man unter CSD?

- a Fest-, Gedenk- und Demonstrationstag von Lesben, Schwulen, Bisexuellen und Transgendern
- b Vereinbarung zur Gleichstellung von homosexuellen Partnerschaften
- c jährlicher Gedenktag der Ermordung von Rudolf Klein (gest. 1974)
- d Frauenquote in Führungspositionen

5 Zu den 5 Säulen des Islam gehört …

- a die Heirat
- b die Burka
- c die Armenabgabe
- d der Rosenkranz

6 Die drei Pfeiler des türkischen Wertgefüges sind …

- a Saygi, Namus und Seref
- b Naygi, Samus und Seref
- c Saygi, Samus und Neref
- d Naygi, Namus und Neref

7 Saygi bedeutet in der türkischen Kultur …

- a Wut und Aggressivität
- b Verlegenheit oder Scham
- c Freude und Heiterkeit
- d Respekt oder Achtung

8 Mit Stereotypen bezüglich anderen Kulturen sind gemeint …

a Offenheit bezüglich neuer Erfahrungen
b gemeinsame Aktivitäten
c Verallgemeinerungen und Kategorisierungen
d Kampf der Kulturen

9 Die Segregation bezeichnet die/den …

a Entmischung von Kulturen
b Vermischung von Kulturen
c Aufbruch von Kulturen
d Einbruch von Kulturen

10 Beim Rassismus …

a wird versucht, die freiheitlich-demokratische Grundordnung mit Gewalt zu überwinden
b wird versucht, die freiheitlich-demokratische Grundordnung ohne Gewalt zu überwinden
c werden Gemeinsamkeiten zwischen Kulturen besonders betont
d werden Unterschiede zwischen Kulturen besonders betont

11 Das AGG …

a wurde 1999 in Kraft gesetzt
b dient der Gleichbehandlung von Personen
c ermöglicht die Heirat von Schwulen und Lesben
d gilt nur in Hamburg, Berlin, Brandenburg und Hessen

12 Bei interkultureller Kompetenz ist Folgendes wichtig:

a das Durchsetzen der eigenen Meinung
b die eigenen Interessen dem Gegenüber immer zurückzustellen
c autoritäres Auftreten
d gegenseitiger Respekt

13 Rituale …

a sind Gebetstage im islamischen Glauben
b sind die Bezeichnung für die Beschneidung von Jungen zwischen dem 6. und 10. Lebensjahr
c bezeichnen ein Bildnis Gottes im buddhistischen Glauben
(d) werden in Kulturen als feste Bestandteile gelebt

14 Meditation bezeichnet …

a Konfliktlösungsstrategien verschiedener Völker und Kulturen
(b) die geistige Konzentration zur Einkehr, innerer Ruhe und Ausgeglichenheit
c die Mitte der Gesellschaft
d Strategien zum Umgang mit Tod und Trauer anderer Kulturen

15 Als Ethnie wird bezeichnet …

(a) eine Menschengruppe mit einheitlicher Kultur
b ein thailändischer Glaube
c ein Hautmerkmal
d eine Menschengruppe mit einem einheitlichen sprachlichen Dialekt

LÖSUNGEN

1 a	**2** d	**3** b	**4** a	**5** c	**6** a	**7** d	**8** c
9 a	**10** d	**11** b	**12** d	**13** d	**14** b	**15** a	

Naturwissenschaften (Biologie, Chemie, Physik)

1 Welchen wichtigen Stoff enthalten Düngemittel?

(a) Stickstoff
b Kohlenstoff
c Sauerstoff
d Helium

2 **Welche Tiere haben Facettenaugen?**

a Säugetiere
b Insekten
c Fische
d Pferde

3 **Welcher Teil der Zelle spielt bei der Fortpflanzung die Hauptrolle?**

a Cytoplasma
b Zellmembran
c Zellkern
d Mitochondrien

4 **Wie viele Chromosomen hat die menschliche Zelle?**

a 38
b 46
c 58
d 60

5 **Welcher Stoff sorgt dafür, dass der Rasen grün ist?**

a Chlorophorm
b Chlorophyll
c Chloräthylen
d Chamäleon

6 **Was sind Moleküle?**

a Gruppe von Atomen
b Gruppe von Zellkernen
c Gruppe von Kühlstoffen
d Gruppe von Wärmeleitern

7 **Was ist eine Pipette?**

a ein Rührstab
b ein Saugheber
c ein Zerstäuber
d eine Schleuder

8 Wann wird Lackmuspapier rot?

a in Kontakt mit Säuren
b in Kontakt mit Basen
c in Kontakt mit Sauerstoff
d in Kontakt mit Haschisch

9 Wie viele Elemente kennt die Chemie?

a weniger als 100
b unzählige
c mehr als 100
d weniger als 90

10 Was ist eine Emulsion?

a scharfes Reinigungsmittel
b feinverteilte Lösung eines Stoffes in einer Flüssigkeit
c eine hochexplosive Mixtur
d „saurer Regen“

11 Kann sich Schall im luftleeren Raum ausbreiten?

a ja
b nein
c kommt darauf an
d nur bei Vorhandensein von Elektrizität

12 Kann sich Schall in festen Stoffen ausbreiten?

a ja
b nein
c kommt darauf an
d nur bei Vorhandensein von Elektrizität

13 Was ist ein Kondensierungsprozess?

a ein Verdichtungsprozess
b ein Entladungsprozess
c ein Entstehungsprozess
d eine Art, Rohöl in Benzin umzuwandeln

14 **Welches ist der beste Wärmeleiter?**

a Wasser
b Diamant
c Eisen
d Lammwolle

15 **Bei welcher Temperatur liegt der absolute Nullpunkt?**

a bei 0 °C
b bei etwa –333 °C
c bei etwa –273 °C
d bei etwa –400 °C

LÖSUNGEN

1 a	**2** b	**3** c	**4** b	**5** b	**6** a	**7** b	**8** a
9 c	**10** b	**11** b	**12** d	**13** a	**14** b	**15** c	

Personen und Persönlichkeiten

Wer ist/wer war …

1 **Nelson Mandela (1918–2013)?**

a amerikanischer Bürgerrechtler für Rassenintegration
b südafrikanischer Bürgerrechtler und Kämpfer gegen die Apartheid, Präsident von Südafrika, Friedensnobelpreisträger 1993, 1991–1997 Vorsitzender des ANC
c Revolutionsführer und späterer Staatschef von Kongo (ehemalig Zaire)
d Anführer der Unabhängigkeitsbewegung von Ost-Timor

2 **Alfred Nobel (1833–1896)?**

a österreichisch-ungarischer Außenminister 1889–1894
b Gründer des Naturkundemuseums in Stuttgart
c schwedischer Chemiker und Stifter des nach ihm benannten Preises
d schweizerischer Kunstforscher (v. a. in Nordafrika)

3 **Heinrich Böll (1917–1985)?**

a SPD-Vorsitzender 1956–1959
b deutscher Schriftsteller, erhielt 1972 den Literaturnobelpreis
c Regierungssprecher der sozial-liberalen Koalition in Bonn 1978–1982
d Strafverteidiger von Ulrike Meinhof in den Baader-Meinhof-Prozessen

4 **Marie Curie (1867–1934)?**

a polnisch-französische Chemikerin, Entdeckerin des Radiums, Nobelpreisträgerin für Physik 1903 und Chemie 1911
b bedeutende französische Malerin des Expressionismus („La femme chinoise“)
c französische Tänzerin im „Moulin Rouge“ in Paris
d berühmte belgische Köchin (u. a. Hotel Ritz, Paris)

5 **Robert Koch (1843–1910)?**

a niederländischer Begründer der modernen Heilpraktik
b zeitweiliges Pseudonym des Firmenchefs Dr. Oetker
c deutscher Arzt und Begründer der Bakteriologie, Nobelpreisträger 1905
d Inhaber der ersten Großbäckerei in Deutschland

6 **Rosa Luxemburg (1870–1919)?**

a deutsche Malerin des Impressionismus
b amerikanische Schriftstellerin deutscher Abstammung
c schweizerische Physikerin und Ärztin
d deutsch-polnische Politikerin (Spartakusbund), 1919 ermordet

7 Stephen William Hawking (*1942)?

a Manager und Produzent der britischen Rockgruppe „Rolling Stones" 1963–1992

b amerikanischer Filmregisseur, bekannt geworden durch Filme wie Blue Velvet

c bedeutender britischer Physiker, Theorien und Forschungen zur Entstehung des Universums, Einführung einer neuen Zeitdimension, „Lukasischer Professor"

d amerikanischer Leichtathletikstar, Gewinner von 8 Goldmedaillen, darüber hinaus ausgezeichneter Mehrkampfsportler

8 Alexander Fleming (1881–1955)?

a österreichischer Theaterregisseur am Hoftheater Salzburg

b britischer Bakteriologe, Entdecker des Penicillins, Nobelpreisträger 1945

c amerikanischer Arzt, Entdecker der Viren

d britischer Buchautor, Schöpfer der James-Bond-Figur, im Jahr 1955 geadelt durch die Queen, hat auch sehr bekannte Theaterstücke geschrieben wie Maryland

9 Willy Brandt (1913–1992)?

a Gründer und erster Vorsitzender des DGB (Deutscher Gewerkschaftsbund)

b erster Präsident der BR Deutschland

c erster frei gewählter Präsident der Volkskammer der ehemaligen DDR

d deutscher Bundeskanzler 1969–1974, Vorsitzender der SPD 1964–1987, Präsident der Sozialistischen Internationale 1976–1992, Friedensnobelpreisträger 1971

10 Benjamin Franklin (1706–1790)?

a amerikanischer Politiker, Co-Autor der amerikanischen Verfassung, außerdem Naturforscher, Erfinder des Blitzableiters

b schottischer Opernkomponist („Scotia Nova")

c britischer Polarforscher, auf der Suche nach der Nordwest-Passage verschollen

d englischer Romanautor

11 Sophie Scholl (1921–1943)?

a französische Chansonnette
b deutsche Widerstandskämpferin gegen die NS-Diktatur, 1943 ermordet
c Schauspielerin bei der UFA
d deutsch-tschechische Balletttänzerin

12 Muhammad Ali (1942–2016)?

a Führer der Black-Panther-Bewegung in den USA
b mehrfacher amerikanischer Boxweltmeister im Schwergewicht mit unverwechselbarem Stil („Ali-Shuffle")
c US-Bürgerrechtler, Kämpfer für die Rechte der Schwarzen, 1967 ermordet
d südafrikanischer Anti-Apartheidskämpfer und Buchautor

13 Michail S. Gorbatschow (*1931)?

a berühmter Chirurg
b sowjetischer Politiker
c Maler und Bildhauer
d Naturwissenschaftler

14 Claus Schenk Graf von Stauffenberg (1907–1944)?

a NS-Politiker
b deutscher Stabsoffizier
c NS-Staatsanwalt
d Außenminister, Weimarer Republik

15 Steven Paul Jobs (1955–2011)?

a Unternehmer und Visionär der Computerindustrie
b amerikanischer Internetguru
c berühmter Suchmaschinenbetreiber
d Kein Lösungsvorschlag ist richtig.

LÖSUNGEN

1 b	2 c	3 b	4 a	5 c	6 d	7 c	8 b
9 d	10 a	11 b	12 b	13 b	14 b	15 a	

Staat und Politik

1 Die Staatsform der Bundesrepublik Deutschland heißt …

a Volksdemokratie
b parlamentarische Volksrepublik
c parlamentarische Demokratie
d Bundesstaat

2 Wer wurde als erster Ministerpräsident von Sachsen gewählt?

a Lothar de Maizière
b Manfred Stolpe
c Oskar Lafontaine
d Kurt Biedenkopf

3 Wie viele neue Bundesländer hat die Bundesrepublik Deutschland am 3. Oktober 1990 hinzubekommen?

a 4
b 5
c 6
d 7

4 Von wem wird der Bundeskanzler der Bundesrepublik Deutschland gewählt?

a durch das Volk
b durch die Bundesversammlung
c durch den Bundesrat
d durch den Bundestag

5 Wie lautet die richtige Abkürzung für die Vorläuferorganisation der EU?

a ETA
b EFTA
c EG
d EVA

6 Für welchen Zeitraum wird der deutsche Bundestag gewählt?

a für 2 Jahre
b für 3 Jahre
c für 4 Jahre
d für 5 Jahre

7 Von wem wird der Bundespräsident gewählt?

a vom Bundestag
b vom Bundesrat
c vom Volk
d von der Bundesversammlung

8 Mit welchem Alter erlangt man das passive Wahlrecht zum Abgeordneten des Bundestags?

a mit 18 Jahren
b mit 21 Jahren
c mit 23 Jahren
d mit 25 Jahren

9 Unter dem Begriff der Gewaltenteilung versteht man …

a einen Fachausdruck aus dem Wirtschaftsrecht
b einen Begriff des Eherechts
c Kurzbezeichnung für die Aufgaben der Polizei
d Trennung der Funktionen von Rechtsprechung, Gesetzgebung und Verwaltung in einem Staat oder Gemeinwesen

10 **Wenn in der Bundesrepublik Deutschland ein neues Gesetz entstanden ist, wird es zuletzt gegengezeichnet vom/von …**

- a Bundeskanzler
- b Bundespräsidenten
- c Bundestagspräsidenten
- d Bundesministern

11 **Wo ist der Sitz des Bundesverfassungsgerichts?**

- a Berlin
- b Bonn
- c Karlsruhe
- d Den Haag

12 **Bei welchem Amt wird ein Neugeborenes angemeldet?**

- a Ordnungsamt
- b Standesamt
- c Regierungspräsidium
- d Einwohnermeldeamt

13 **Ein Bürger hat nicht nur Rechte, sondern auch Pflichten. Was stellt keine Pflicht dar?**

- a Schulbesuch
- b zu wählen
- c das Schöffenamt wahrzunehmen
- d sich beim Einwohnermeldeamt registrieren zu lassen

14 **Welches Gericht übt keine Strafjustiz aus?**

- a Landgericht
- b Amtsgericht
- c Bundesverfassungsgericht
- d Oberlandesgericht

15 Wer hat kein Streikrecht?

a Pilot
b Polizist
c Bankangestellter
d Arzt

LÖSUNGEN

1 c	**2** d	**3** b	**4** d	**5** c	**6** c	**7** d	**8** a
9 d	**10** b	**11** c	**12** b	**13** b	**14** c	**15** b	

Wirtschaft

1 Welche Auswirkung hat eine Aufwertung des Euro gegenüber dem Dollar?

a Das Öl wird billiger.
b Der europäische Leitzins sinkt.
c Deutsche Exporte werden billiger.
d Das Bruttoinlandsprodukt steigt.

2 Was versteht man unter einem Investment?

a einen Mitarbeiter eines Kreditinstituts
b eine Überweisung
c eine Vermögensanlage
d eine Hypothek

3 Wann ist das Widerrufsrecht beim Onlinekauf ausgeschlossen?

a bei der Buchung eines Pauschalurlaubs
b beim Download eines Computerspiels
c beim Kauf eines Mountainbikes
d beim Kauf von Joggingschuhen

4 **Das Widerrufsrecht beim Onlinekauf …**

- a muss innerhalb von 48 Stunden nach dem Kauf in Anspruch genommen werden.
- b muss innerhalb von 14 Tagen nach Erhalt der Ware in Anspruch genommen werden.
- c muss innerhalb von 1 Monat nach Erhalt der Ware in Anspruch genommen werden.
- d wurde zum 1. 7. 2012 abgeschafft.

5 **Wenn in einem Markt ein Unternehmen allein die Macht hat, die Preise zu bestimmen, spricht man von einem …**

- a Oligopol
- b Monopol
- c Duopol
- d Sewastopol

6 **Wer wird oft als „Vater“ der Sozialen Marktwirtschaft bezeichnet?**

- a Robert Gernhardt
- b Ludwig Erhard
- c Heinz Erhardt
- d Herbert Erhardt

7 **Wie werden die beiden Seiten einer Bilanz bezeichnet?**

- a Plus und Minus
- b Soll und Haben
- c Aktiva und Passiva
- d Gewinn und Verlust

8 **In der Hochkonjunktur …**

- a steigen die Preise in der Regel kräftig an.
- b bleiben die Preise konstant.
- c sinken die Preise.
- d werden die Preise vom Staat festgelegt.

9 **In der Rezession soll der Staat seine Ausgaben erhöhen, in der Hochkonjunktur dagegen sparen. Dieser Vorschlag geht zurück auf …**

a Joseph Schumpeter
b John Maynard Keynes
c Milton Friedman
d Myron S. Scholes

10 **Welches Tier hat keinen Bezug zur Finanzwelt?**

a Hai
b Bär
c Nashorn
d Bulle

11 **Was ist die Riesterrente?**

a ein Baustein der privaten Altersvorsorge
b ein Baustein der betrieblichen Altersvorsorge
c ein Baustein der gesetzlichen Altersvorsorge
d die zukünftige Einheitsrente

12 **Welche dieser Einkommensarten steckt eine Lohnuntergrenze ab?**

a Hartz IV
b Grundsicherung
c Mindestlohn
d Tariflohn

13 **Welche Kosten existieren eigentlich nicht (außer umgangssprachlich)?**

a Fixkosten
b Nebenkosten
c Unkosten
d Stückkosten

14 Wenn man sein gespartes Geld für 1 Jahr fest anlegt, sinkt …

a der Zinssatz
b die eigene Liquidität
c die Sicherheit der Anlage
d die Rendite

15 Für einige Produkte wie z. B. Bücher und Lebensmittel des täglichen Grundbedarfs gilt ein reduzierter Mehrwertsteuersatz von …

a 19 Prozent
b 11 Prozent
c 7 Prozent
d 5 Prozent

LÖSUNGEN

1 a	**2** c	**3** b	**4** b	**5** b	**6** b	**7** c	**8** a
9 b	**10** c	**11** a	**12** c	**13** c	**14** b	**15** c	

2 Deutsch

Aufsatz

In einem Zeitraum von 45 Minuten sollen Sie einen Aufsatz mit etwa 10 vorgegebenen Wörtern schreiben. Dabei kommt es nicht nur auf den Inhalt an – dieser darf nicht zu fantasievoll sein –, sondern vor allem auf die Rechtschreibung, Grammatik und Zeichensetzung. Ferner dürfen die vorgegebenen Wörter nicht verändert werden. Es dürfen auch nicht zwei der vorgegebenen Wörter in einem Satz vorkommen.

Beispiel

- Zinksarg
- Totengräber
- Nordfriedhof
- Beerdigung
- Pastor

Richtig

Die Trauerfeier fand auf dem Nordfriedhof statt. Eine bedrückende Stille beherrschte die Beerdigung.

Falsch

Der Tote wurde beerdigt. *Beerdigt zählt nicht als vorgegebenes Wort!*

Bitte beachten Sie, dass bei diesem Test bereits die Mehrzahl der Teilnehmer aufgrund von Regelverletzungen oder übermäßiger Rechtschreibfehler durchfällt! Sie haben nun insgesamt 45 Minuten Zeit, um aus den hier dargebotenen Wörtern einen sinnvollen Aufsatz von mindestens eineinhalb DIN-A4-Seiten Länge zu schreiben. Kontrollieren Sie anschließend selbst, ob Sie alle Regeln eingehalten haben und der Aufsatz inhaltlich sinnvoll ist.

1. Banküberfall
2. Bankräuber
3. Geisel

4. Telefon
5. Toilette
6. Panzerglas
7. Bargeld
8. Zinnsoldat
9. Rettungsdienst
10. Panik

Ein weiterer Hinweis:
Gerade bei einer Bewerbung für den gehobenen oder höheren Dienst kann es sein, dass Sie sich in einem Aufsatz zu einem aktuellen politischen oder gesellschaftlichen Thema äußern sollen. Es empfiehlt sich, regelmäßig (!) vor den Einstellungstests die Tageszeitung bzw. Wochenzeitschriften zu lesen.

Fremdwörter

Bitte markieren Sie nun alle nach der aktuellen Regelung richtigen Schreibvarianten innerhalb von 10 Minuten.

1
a Delfin
b Delphin
c Dellfien
d Delphien

2
a Frisör
b Friesör
c Friseur
d Frisöhr

3
a Katar
b Kattar
c Katarr
d Katarrh

4
a Myrre
b Mürre
c Myhrre
d Myrrhe

5
a Katermaran
b Kattermaran
c Katamaran
d Cuttermaran

6
a Facetten
b Fazetten
c Fassetten
d Fatzetten

7
a Geografi
b Geographie
c Geografie
d Geograffie

8
a Saksofon
b Saksophon
c Saxophon
d Saxofon

9
a Mettaffa
b Metapher
c Metafer
d Mettafa

10 a Phänomen
b Fenomen
c Phenomän
d Fänomän

11 a Exposee
b Eksposee
c Ekspoße
d Exposé

12 a Necessaire
b Nessessär
c Neccessaire
d Nesesär

13 a Gettho
b Getto
c Ghetto
d Geto

14 a Schickorre
b Chicorée
c Schikoree
d Chiccore

15 a Negligé
b Negglige
c Negligée
d Negligee

16 a Creme
b Kräme
c Kreme
d Crem

17 a Shrimps
b Schrimps
c Schrimmps
d Shrimpps

18 a Sufflee
b Soufflé
c Soufflee
d Sufflé

19 a Suffleur
b Souffleur
c Sufflör
d Suflör

20 a Happyend
b Happy end
c Happy End
d Happy-end

21 a Maläs
b Malaise
c Maläse
d Maylayse

22 a Oferte
b Offertte
c Offerte
d Ofertte

23 a Obbelisk
b Ohberlisk
c Obellisk
d Obelisk

24 a Stagnation
b Stacknation
c Stagnazion
d Staknation

25 a Tybräk
b Tybreak
c Tiebreak
d Tie-Break

26 a Rushour
b Rush-Hour
c Rushhour
d Raschaua

27 a Fantasie
b Phantasie
c Fanta Sie
d Fantersie

LÖSUNGEN

Die vom Duden empfohlene Schreibvariante ist durch Unterstreichung hervorgehoben.

1 a b	**2** a c	**3** c d	**4** a d	**5** c	**6** a c	**7** b c
8 c d	**9** b	**10** a	**11** a d	**12** a b	**13** b c	**14** b c
15 a d	**16** a c	**17** a b	**18** b c	**19** b	**20** a c	**21** b c
22 c	**23** d	**24** a	**25** c d	**26** c	**27** a b	

Getrennt- und Zusammenschreibung – Teil 1 (Multiple-Choice)

Bitte markieren Sie die jeweils richtige(n) Lösung(en) nach der gültigen Rechtschreibung. Sie haben 5 Minuten Zeit.

1 a Sie hat ihren Sohn imma kurzgehalten.
b Sie hat ihren Sohn immer kurz gehalten.
c Sie hat ihren Sohn immer kurzgehalten.

2 a Am Telefon ist er immer kurz angebunden.
b Am Telefon ist er immer kurzangebunden.

3 a Kurz entschlossen schrieb er einen langen Brief.
b Kurzentschlossen schrieb er einen langen Brief.
c Kurz entschlossen schrieb er einen Langenbrief.
d Kurzentschlossen schrieb er einen Langen-Brief.

4 a Sie trägt wieder sehr kurzgeschnittene Haare.
b Sie trägt wieder sehr kurz geschnittene Haare.

5 a Sie ist eine allein erziehende Mutter.
b Sie ist eine alleinerziehende Mutter.
c Sie ist eine Alleinerziehende Mutter.
d Sie ist eine allein Erziehende Mutter.

6 a Sein Zustand zwang ihn dazu, kurz zu treten.
b Sein Zustand zwang ihn dazu, kurzzutreten.

7 a Ich möchte mir mit meinen Tantiemen einen langgehegten Wunsch erfüllen.
b Ich möchte mir mit meinen Tantiemen einen lang gehegten Wunsch erfüllen.
c Ich möchte mir mit meinem Tantiemen einen langehegten Wunsch erfüllen.
d Ich möchte mir mit meinen Tanthiemen einen lang gehegten Wunsch erfüllen.

8 a Auf einem feinen kleinen Grundstück errichtete er ein sehr lang gestrecktes Gebäude.
b Auf einem feinen kleinen Grundstück errichtete er ein sehr langgestrecktes Gebäude.
c Auf einem feinen kleinen Grundstück errichtete er ein sehr lang gestrecktes Gebäude.
d Auf einem feinen kleinen Grundstück erichtete er ein sehr langgestrecktes Gebäude.

9 a Wer mag wohl dahinterstecken?
b Wer mag wohl dahinter stecken?

10 a Er liebt es sehr, einfach so dahinzu dämmern.
b Er liebt es sehr, einfach so dahin zudämmern.
c Er liebt es sehr, einfach so dahin zu dämmern.
d Er liebt es sehr, einfach so dahinzudämmern.

LÖSUNGEN

Die vom Duden empfohlene Schreibvariante ist durch Unterstreichung hervorgehoben.

1 c	**2** a	**3** a̲ b	**4** a b̲	**5** a b̲	**6** b	**7** a b̲
8 b c̲	**9** a	**10** d				

Getrennt- und Zusammenschreibung – Teil 2

Bei dieser Übung geht es ausschließlich um die Getrennt- bzw. Zusammenschreibung von Wörtern. Ansonsten hat sich der Fehlerteufel ausnahmsweise einmal zurückgehalten. Sie haben 7 Minuten Zeit.

In einer Mond-beschienenen Nacht machte der aufsichtführende Museumswächter eine Folgen reiche Entdeckung: Bis dahin hatte er immer gedacht, dass es sich bei den Legenden, die sich um bei Vollmond ihr Unwesen treibenbende Gestalten rankten, um reine Fantasiegebilde handelte. Nun aber sah er plötzlich auf einer dem Firmengelände naheliegenden Wiese ein bläulich-grün schimmerndes Wesen, das ganz offensichtlich eine ernstzunehmende Bedrohung für die gesamte Menschheit darstellte. Obwohl er den Außerirdischen imgrunde genommen nicht wirklich klar erkennen konnte, war er doch imstande, die weitreichenden Folgen dieser Erscheinung sofort zu erkennen.

LÖSUNGEN

Die vom Duden empfohlene Variante ist unterstrichen.

In einer mondbeschienenen Nacht machte der <u>Aufsicht führende</u>/aufsichtführende Museumswächter eine folgenreiche Entdeckung: Bis dahin hatte er immer gedacht, dass es sich bei den Legenden, die sich um bei Vollmond ihr Unwesen treibende Gestalten rankten, um reine <u>Fantasiegebilde</u>/Phantasiegebilde handelte. Nun aber sah er plötzlich auf einer dem Firmengelände nahe liegenden / naheliegenden Wiese ein bläulich grün schimmerndes Wesen, das ganz offensichtlich eine <u>ernst zu nehmende</u>/ernstzunehmende Bedrohung für die gesamte Menschheit darstellte. Obwohl er den Außerirdischen im Grunde genommen nicht wirklich klar erkennen konnte, war er doch <u>imstande</u>/im Stande, die weit reichenden/<u>weitreichenden</u> Folgen dieser Erscheinung sofort zu erkennen.

Laut-Buchstaben-Zuordnung

Korrigieren Sie den Text innerhalb von 5 Minuten.

Christian kaufte sich einen neuen Komputer. Als er zuhause ankam, öffnete er zuerst behende die Verpackungskartons und stellte die gesamte Hardwär auf seinen Schreibtisch. Dann begann er damit, die Programme zu instalieren. Es war viel aufwendiger, als er zuerstgedacht hatte. Zu allem Überfluß bekam er auch plötzlich einen Schnupfenanfall und mußte sich dauernd schneuzen. Aber wie immer hatte er ein Quentchen Glück, und bald funktionierte der Komputer. Um dieses Ereignis zu feiern, ging er mit seiner Freundin in eine Schenke und trank ein Glas Wein mit ihr. Bei einem Rosenverkäufer erstand er eine duftende Blume, die er ihr schänkte. Leider aber faßte sie den Stengel ungeschickt an und verletzte sich an den Dornen.

LÖSUNGEN

Die vom Duden empfohlene Variante ist unterstrichen.

Christian kaufte sich einen neuen Computer. Als er zuhause/zu Hause ankam, öffnete er zuerst behände die Verpackungskartons und stellte die gesamte Hardware auf seinen Schreibtisch. Dann begann er damit, die Programme zu installieren. Es war viel aufwändiger/aufwendiger, als er zuerst gedacht hatte. Zu allem Überfluss bekam er auch plötzlich einen Schnupfenanfall und musste sich dauernd schnäuzen. Aber wie immer hatte er ein Quäntchen Glück(,) und bald funktionierte der Computer. Um dieses Ereignis zu feiern, ging er mit seiner Freundin in eine Schänke/Schenke und trank ein Glas Wein mit ihr. Bei einem Rosenverkäufer erstand er eine duftende Blume, die er ihr schenkte. Leider aber fasste sie den Stängel ungeschickt an und verletzte sich an den Dornen.

Multiple-Choice-Übung

Markieren Sie bitte die nach der neuen Rechtschreibung richtige Schreibweise. Sie haben dafür 4 Minuten Zeit.

1 a Im Wesentlichen war alles klar.
b Im wesentlichen war alles klar.
c Im wesentlichen war Alles klar.
d Im Wesentlichen war alles Klar.

2 a Beinahe jeder sechste ist Allergiker.
b Beinahe jeder Sechste ist Allergiker.
c Beinahe jeder sechste ist Alergiker.
d Beinahe jeder Sechste ist Allergicker.

3 a Im Dschungel kann einem Turisten alles Mögliche passieren.
b Im Dschungel kann einem Touristen alles mögliche passieren.
c Im Dchungel kann einem Touristen alles Mögliche passieren.
d Im Dschungel kann einem Touristen alles Mögliche passieren.

4 a Sein Verhalten war das letzte; das habe ich ihm mitgeteilt.
b Sein Verhallten war das Letzte; das habe ich ihm mitgeteilt.
c Sein Verhalten war das Letzte; das habe ich ihm mitgeteilt.
d Sein Verhallten war das letzte; das habe ich ihm mitgeteilt.

5 a Er hat mich mit seiner unkorrektheit bis aufs äußerste gereizt.
b Er hat mich mit seiner Unkorrektheit bis aufs Äußerste gereizt.
c Er hat mich mit seiner Unkorrektheit bis aufs Äusserste gereizt.
d Er hat mich mit seiner Unkorrektheit bis aufs Äußerste gereitzt.

6 a Er konnte die Rechnungen nicht begleichen und ging pleite.
b Er konnte die Rechnungen nicht begleichen und ging Pleite.
c Er konnte die Rechnungen nicht begleischen und ging pleite.
d Er konnte die Rechnungen nicht begleichen, und gingpleite.

7 a Diese Begegnung hat mich völlig durcheinandergebracht.
b Diese Begegnung hat mich föllig durcheinander gebracht.
c Diese Begegnung hat mich völlig durch einander gebracht.
d Diese Begegnung hat mich völlig durcheinander gebracht.

LÖSUNGEN

1 a	**2** b	**3** d	**4** c	**5** b	**6** a	**7** a

Schreibweisen

Ein weiterer beliebter Test ist es, Ihnen eine Vielzahl an Wörtern zu präsentieren, bei denen Sie die jeweils richtige Schreibweise ankreuzen sollen.

Hierzu zwei Beispiele:
Bitte kreuzen Sie die richtige Schreibweise an.

1 a Lavastrom
b Lawastrom
c Lahvastrom
d Lahvastrohm

Lösung: a

2 a neuhlich
b neulich
c näulich
d näuhlich

Lösung: b

Für die folgenden 25 Aufgaben haben Sie 10 Minuten Zeit, die richtige Schreibweise auswählen.

1
a Gewißensbiß
b Gehwissensbiss
c Gewissensbiß
d Gäwissensbiss
e Gewissensbiss

2
a Drehorgel
b Drähorgel
c Drehorgäl
d Dreeorgel
e Dreorgel

3
a Plazierung
b Blazierung
c Platzirung
d Platzierung
e Plahzierung

4
a Karrussell
b Karusel
c Karussell
d Karrusell
e Karrussel

5
a Musikapele
b Musikkapelle
c Musickapelle
d Muhsikkapele
e Musihkkapele

6
a Labyrinth
b Labürindt
c Labirinth
d Lahbyrindth
e Labyrynth

7
a fleischfresssend
b flaischfressend
c fleischfrässend
d fleischfressend
e fleischfreßend

8
a Anäkdote
b Anekdohte
c Annekdote
d Anekdote
e Aneckdote

9
a Kanallotse
b Kannallotze
c Kanallotze
d Kahnallotze
e Kanalllotse

10
a räpräsentativ
b repräsentativ
c reprähsentatif
d repräsentatif
e räprähsentativ

11
a Manöver
b Mannöver
c Manöwer
d Mahnöwer
e Mannöwer

12
a Towabohu
b Toouwabo
c Towabo
d Tohuwabohu
e Tovabohu

13
a Apetit
b Appetitt
c Apetiht
d Appettit
e Appetit

14
a Zilinder
b Zillinder
c Zylindär
d Zylinder
e Zylinnder

15
a Brennessel
b Brennnessel
c Brenesel
d Brännessel
e Brennässel

16
a Idäntivizierung
b Idendivizierung
c Identifizierung
d Idehntifizirung
e Identifiezierung

17
a Nämaschiene
b Nehmaschine
c Neemaschine
d Nähmaschiene
e Nähmaschine

18
a überschwännglich
b überschwenglich
c überschwänglich
d ühberschwenglich
e überschwennglig

19
a Gelenkigkeit
b Gelengigkeit
c Gelänkigkeit
d Gelenkikkeit
e Gelengickeit

20
a Witalitet
b Vitallitet
c Witalited
d Vitalited
e Vitalität

21
a Laubsegeblätter
b Laubsägeblätter
c Lauhbsegeblätter
d Laupsägeblätter
e Lauppsägeblätter

22
a Kruzifixx
b Krußifix
c Kruzzifix
d Kruhzifix
e Kruzifix

23 a Quadrat
b Quahdrad
c Quatrad
d Quadraht
e Quadrahdt

24 a grähen
b krähän
c Krähen
d grähän
e Krähhen

25 a Revormvorschlag
b Revormforschlag
c Refformforschlag
d Reformvorschlag
e Reform Vorschlag

LÖSUNGEN

1 e	**2** a	**3** d	**4** c	**5** b	**6** a	**7** d
8 d	**9** a	**10** b	**11** a	**12** d	**13** e	**14** d
15 b	**16** c	**17** e	**18** c	**19** a	**20** c	**21** b
22 e	**23** a	**24** c	**25** d			

Textkorrektur

Im Folgenden finden Sie vier kleine Tests zur Rechtschreibung. Bitte korrigieren Sie die Texte jeweils nach der gegebenen Aufgabenstellung.

Allgemeine Rechtschreibung

Korrigieren Sie den folgenden Text bitte nach der neuen Rechtschreibung, und zwar möglichst innerhalb von 5 Minuten.

Elisabeth ist Metrologin und arbeitet für das Fernsehen. Trotz ihres qualifizierten Studiums fällt es ihr manchmal schwer, exakte Wetterproknosen zu erstellen. Das Schlimme ist, daß sie nach kurzer Zeit niemand mehr Ernst nimmt, wenn sie mit ihren ernstgemeinten Vorhersagen einmal nicht ins schwarze trifft. An einem Abend sagte sie aus Spass, es würde ein Unwetter aufkommen, dessen Wogen das ganze Land überschwemmen würden. Die Zuschauer nahmen den Scherz für Ernst und rüsteten sich für die Katastrophe. Allen ernstes beschwerten sie sich bei ihr, als am nächsten Tag kein Tröpfchen Regen fiel. Als Elisabeth sich rechtfertigte und sagte, es sei doch der Erste April gewesen und ihr Beitrag sei deshalb nicht ernst gemeint gewesen, drohte man ihr im vollen Ernst ein gerichtliches Verfahren an.

LÖSUNGEN

Die vom Duden empfohlene Variante ist unterstrichen.

Elisabeth ist Meteorologin und arbeitet für das Fernsehen. Trotz ihres qualifizierten Studiums fällt es ihr manchmal schwer, exakte Wetterprognosen zu erstellen. Das Schlimme ist, dass sie nach kurzer Zeit niemand mehr ernst nimmt, wenn sie mit ihren ernst gemeinten/ernstgemeinten Vorhersagen einmal nicht ins Schwarze trifft. An einem Abend sagte sie aus Spaß, es würde ein Unwetter aufkommen, dessen Wogen das ganze Land überschwemmen würden. Die Zuschauer nahmen den Scherz für Ernst und rüsteten sich für die Katastrophe. Allen Ernstes beschwerten sie sich bei ihr, als am nächsten Tag kein Tröpfchen Regen fiel. Als Elisabeth sich rechtfertigte und sagte, es sei doch der erste April gewesen und ihr Beitrag sei deshalb nicht ernst gemeint/ernstgemeint gewesen, drohte man ihr im vollen Ernst ein gerichtliches Verfahren an.

Aufeinandertreffende Konsonanten

Bitte korrigieren Sie den folgenden Text innerhalb von 5 Minuten. Welche Wörter sind nach der neuen Rechtschreibung falsch geschrieben und wie lauten die neuen Schreibungen (teilweise sind mehrere Lösungen möglich)?

Sabine ist in einer grossen Flanellappenfirma tätig. Sie hat es durchgesetzt,

großen Flanell-lappen-firma

ihre Arbeit zu Hause zu erledigen. So kann sie sich nebenbei ihre Wohnung

zuhause

renowieren lassen. Die Wände wurden mit Dämmaterial abgedichtet und

Dämm-material

dann mit einer Kunstoffolie überklebt. Dann kam der Elektriker und machte

Kunstoff-folie

sich mit einem Stemmeißel an die Arbeit, um die Leitungen neuverlegen zu

neu verlegen

können. Als Sabine ihm einen Café anbot, lente er dankend ab. Er sagte, er

Kaffee lehnte

würde nur Kaffeersatz aus seiner über alles geliebten und zudem auch noch

griffesten Kunststofflasche trinken. Sabine, die selbst auch keinen Kaffee

griff festen

trinkt, bereitete für sich allein einen Brennesseltee zu.

Brennnesseltee

LÖSUNGEN

Die vom Duden empfohlene Variante ist unterstrichen.

Sabine ist in einer großen Flanelllappenfirma/Flanell-Lappen-Firma tätig. Sie hat es durchgesetzt, ihre Arbeit zu Hause/zuhause zu erledigen. So kann sie sich nebenbei ihre Wohnung renovieren lassen. Die Wände wurden mit Dämmmaterial/Dämm-Material abgedichtet und dann mit einer Kunststofffolie/Kunststoff-Folie überklebt. Dann kam der Elektriker und machte sich mit einem Stemmmeißel/Stemm-Meißel an die Arbeit, um die Leitungen neu verlegen zu können. Als Sabine ihm einen Kaffee anbot, lehnte er dankend ab. Er sagte, er würde nur Kaffeeersatz/Kaffee-Ersatz aus seiner über alles geliebten und zudem auch noch grifffesten Kunststoffflasche/Kunststoff-Flasche trinken. Sabine, die selbst auch keinen Kaffee trinkt, bereitete für sich allein einen Brennnesseltee/Brenn-Nessel-Tee zu.

Laut-Buchstaben-Zuordnung: ss- bzw. ß-Schreibung

Bitte korrigieren Sie den folgenden Text nach der neuen Rechtschreibung und achten Sie dabei besonders auf die s-Laute. Sie haben 5 Minuten Zeit.

Tina und Ernst haben einen überaus wißbegierigen Sohn. Der kleine Sproß

wissbegierigen Spross

setzt sich immer bei seiner Mutter oder seinem Vater auf den Schoss und

Schoß

fragt ihnen buchstäblich Löcher in den Bauch. Er gibt noch nicht einmal

Ruhe, wenn sie ihm sagen, daß sie müde sind oder ihnen seine Fragerei aus

dass

anderen Gründen nicht paßt. Er will zum Beispiel, daß seine Eltern ihm

passt dass

erklären, wieviel Wasser die Spree vor 100 Jahren hinunter floß, warum ein

floss

Mörder einen Mann erschoß, warum Klöse rund sind oder warum ihm früher

erschoss Klöße

eine Hose noch paßte und heute nicht mehr. Obwohl sich Tina und Ernst da-

passte

rüber freuen, daß ihr Sohn so interessiert an allem ist, bereiten ihnen seine Fra-

dass

gen doch manchmal im Überfluß Verdruß, und sie sagen: „Jetzt ist Schluß!“

Überfluss Verdruss Schluss

LÖSUNGEN

Tina und Ernst haben einen überaus wissbegierigen Sohn. Der kleine Spross setzt sich immer bei seiner Mutter oder seinem Vater auf den Schoß und fragt ihnen buchstäblich Löcher in den Bauch. Er gibt noch nicht einmal Ruhe, wenn sie ihm sagen, dass sie müde sind oder ihnen seine Fragerei aus anderen Gründen nicht passt. Er will zum Beispiel, dass seine Eltern ihm erklären, wie viel Wasser die Spree vor 100 Jahren hinunterfloss, warum ein Mörder einen Mann erschoss, warum Klöße rund sind oder warum ihm früher eine Hose noch passte und heute nicht mehr. Obwohl sich Tina und Ernst darüber freuen, dass ihr Sohn so interessiert an allem ist, bereiten ihnen seine Fragen doch manchmal im Überfluss Verdruss, und sie sagen: „Jetzt ist Schluss!“

Textkorrektur: Rechtschreibung und Kommasetzung

Wer schon immer einmal Lehrer spielen wollte, wird bei diesem Test seine Erfüllung finden. Hier geht es um Ihre Rechtschreibung. Sie bekommen einen Text vorgesetzt, der nur so vor Rechtschreib- bzw. Kommafehlern strotzt. Unter jeder Textzeile befindet sich eine weitere Zeile, in der Sie die Wörter richtig schreiben bzw. die Kommasetzung korrigieren sollen.

Beispiel

Der Diep brach um mitternacht, in daß Kassenhäuschen des Karuselge-schäfts ein.

Dieb Mitternacht# das Karussellgeschäfts

Die falsch geschriebenen Wörter sind auf der unteren Zeile korrigiert. Im Beispiel haben wir das falsch gesetzte Komma durch ein #-Zeichen kenntlich gemacht.

Bei diesem Test haben Sie ausreichend Zeit zur Verfügung, alle Fehler zu korrigieren. Achten Sie sowohl auf die Schreibweise, Groß- und Kleinschreibung als auch auf die Kommasetzung.

Bitte korrigieren Sie in dem nun folgenden Text alle Ihnen auffallenden Fehler. Wie in der Realität haben wir Ihnen keine zeitliche Begrenzung gesetzt. Brauchen Sie zu lange, müssten Sie einen Teil Ihrer Pause opfern.

Der Bankreuber betrat gegen 10 uhr die filale der Bank Bremen. Allen wurde angst und Bange als sie die grohze Pistohle in seiner Hand sahen. Erst allmehlich kehrte wieder Leben in die steifen Glieder der Kunden. Andreas der Filialleiter, erkannte sofort den ernst der Lage. Währent die Kassiererin das Geld in den rhodohdendronfarbenen Leinenbeutel des Reubers packte drückte der Filialleiter heimlich den Alarmknopf. Schon kurze Zeit später rasten fier Streifenwagen der Polizei und drei Wagen des Sondereinsatzkomandos vor die Bank. Die Scharfschuetzen gingen in Bereitstellung und auch ein Rettungswagen hielt sich bereit. Viele Schaulustige versammelten sich möglichst nah an den Polizeiabspärrungen um besser sehen zu können. Erst drei Stunden nach dem sich der Räuber in der Bank verschanzt hatte, konnte er von einem Polizeipsüchologen zur Aufgahbe überredet werden. Alle Gaiseln konnten unverletzt befreit werden.

LÖSUNGEN

Der *Bankräuber* betrat gegen 10 *Uhr* die *Filiale* der Bank Bremen. Allen wurde angst und *bange*, als sie die *große Pistole* in seiner Hand sahen. Erst *allmählich* kehrte wieder Leben in die steifen Glieder der Kunden. Andreas, der Filialleiter, erkannte sofort den *Ernst* der Lage. *Während* die Kassiererin das Geld in den *rhododendronfarbenen* Leinenbeutel des *Räubers* packte, drückte der Filialleiter heimlich den Alarmknopf. Schon kurze Zeit später rasten *vier* Streifenwagen der Polizei und drei Wagen des *Sondereinsatzkommandos* vor die Bank. Die *Scharfschützen* gingen in Bereitstellung und auch ein Rettungswagen hielt sich bereit. Viele Schaulustige versammelten sich möglichst nah an den *Polizeiabsperrungen*, um besser sehen zu können. Erst drei Stunden *nachdem* sich der Räuber in der Bank verschanzt hatte, konnte er von einem *Polizeipsychologen* zur *Aufgabe* überredet werden. Alle *Geiseln* konnten unverletzt befreit werden.

Zeichensetzung

Entscheiden Sie bitte überall dort, wo sich Klammern befinden, ob an der betreffenden Stelle nach der neuen Rechtschreibung ein Komma möglich – nicht unbedingt nötig – ist. Achtung: Es gibt auch obligatorische Kommas. Sie haben 5 Minuten Zeit.

1 Für eine verbindliche Antwort ( ) wäre ich Ihnen äußerst zu Dank verpflichtet.

2 Er sattelte das Pferd ( ) und ritt nach Hause.

3 Er sang ( ) und sang ( ) immer tiefer ( ) bis es nicht mehr weiterging.

4 Bei Vertragsabschluss ( ) ist es am sichersten ( ) alle Vereinbarungen schriftlich festzuhalten.

5 Im Zusammenhang mit der steigenden Kriminalität ( ) nehmen die Verdächtigungen ( ) insbesondere was Ausländer anbetrifft ( ) beträchtlich zu.

6 Der Mannheimer Drehorgelmann ( ) von Hause aus mit der Rechtschreibung auf Kriegsfuß ( ) machte sein Instrument zu ( ) schloss den Wagen ein ( ) und fühlte den unwiderstehlichen Drang ( ) ein Bier trinken zu müssen ( ) oder wenigstens ( ) in einem Gasthaus einzukehren.

7 „Ich darf es nicht vergessen" ( ) dachte der Mann bei sich ( ) bevor er endlich einschlief ( ) und schon klingelte das Telefon.

8 Sie ist keine zartbesaitete Maid ( ) dachte er ( ) und nahm noch eine Beruhigungstablette ( ) bevor er sich weiter mit ihr unterhielt.

9 Die Überlegung ( ) zu kündigen ( ) hatte er schon lange ins Auge gefasst.

10 Sie dachte nicht daran ( ) zu gratulieren.

11 Für eine baldige Zusage ( ) wäre ich Ihnen sehr verbunden.

12 Aus diesem Grund ( ) sind gerade Pinguine geeignete Testobjekte ( ) für das Studium von Ausmaß ( ) Dauer ( ) und Bedingungen der Kältegewöhnung.

13 In der Bundesregierung hält sich leider niemand ( ) nicht einmal der Bundeskanzler ( ) für kompetent genug ( ) um eine derartige Prognose zu wagen.

14 Seine einzige Unterstützung bestand in dem Funkgerät ( ) falls dieses überhaupt funktionieren würde.

15 Am Aktienmarkt überwogen die Gewinne ( ) was namentlich für die Autopapiere und Chemiewerte galt.

16 Bei Vertragsabschluss ist es am besten ( ) sich alle gewünschten Zusätze schriftlich bestätigen zu lassen.

17 Die unmittelbare Nähe des Meeres ( ) garantierte immer eine frische Brise ( ) und versprach bei starker Hitze Kühlung.

18 In Zusammenhang mit den steigenden Produktionszahlen ( ) können auch die inländischen Unternehmen ( ) allen voran unsere Firma ( ) größere Aufträge verbuchen.

19 Wir hoffen ( ) mit diesem Buch ( ) ein deutlicheres Bewusstsein für die Lage der Auszubildenden geschaffen zu haben.

20 Wir hoffen sehr ( ) nun allseits ( ) Unterstützung zu finden.

LÖSUNGEN

1 Für eine verbindliche Antwort (0) wäre ich Ihnen äußerst zu Dank verpflichtet.

2 Er sattelte das Pferd (0) und ritt nach Hause.

3 Er sang (0) und sang (0) immer tiefer (,) bis es nicht mehr weiterging.

4 Bei Vertragsabschluss (0) ist es am sichersten (,) alle Vereinbarungen schriftlich festzuhalten.

5 Im Zusammenhang mit der steigenden Kriminalität (0) nehmen die Verdächtigungen (,) insbesondere was Ausländer anbetrifft (,) beträchtlich zu.

6 Der Mannheimer Drehorgelmann (,) von Hause aus mit der Rechtschreibung auf Kriegsfuß (,) machte sein Instrument zu (,) schloss den Wagen ein (0) und fühlte den unwiderstehlichen Drang (,) ein Bier trinken zu müssen (0) oder wenigstens (0) in einem Gasthaus einzukehren.

7 „Ich darf es nicht vergessen" (,) dachte der Mann bei sich (,) bevor er endlich einschlief (,) und schon klingelte das Telefon.

8 Sie ist keine zartbesaitete Maid (,) dachte er (0) und nahm noch eine Beruhigungstablette (,) bevor er sich weiter mit ihr unterhielt.

9 Die Überlegung (,) zu kündigen (,) hatte er schon lange ins Auge gefasst.

10 Sie dachte nicht daran (,) zu gratulieren.

11 Für eine baldige Zusage (0) wäre ich Ihnen sehr verbunden.

12 Aus diesem Grund (0) sind gerade Pinguine geeignete Testobjekte (0) für das Studium von Ausmaß (,) Dauer (0) und Bedingungen der Kältegewöhnung.

13 In der Bundesregierung hält sich leider niemand (,) nicht einmal der Bundeskanzler (,) für kompetent genug (,) um eine derartige Prognose zu wagen.

14 Seine einzige Unterstützung bestand in dem Funkgerät (,) falls dieses überhaupt funktionieren würde.

15 Am Aktienmarkt überwogen die Gewinne (,) was namentlich für die Autopapiere und Chemiewerte galt.

16 Bei Vertragsabschluss ist es am besten (,) sich alle gewünschten Zusätze schriftlich bestätigen zu lassen.

17 Die unmittelbare Nähe des Meeres (0) garantierte immer eine frische Brise (0) und versprach bei starker Hitze Kühlung.

18 In Zusammenhang mit den steigenden Produktionszahlen (0) können auch die inländischen Unternehmen (,) allen voran unsere Firma (,) größere Aufträge verbuchen.

19 Wir hoffen (,) mit diesem Buch (0) ein deutlicheres Bewusstsein für die Lage der Auszubildenden geschaffen zu haben.

20 Wir hoffen sehr (,) nun allseits (0) Unterstützung zu finden.

3 Mathematik

Dezimal- und Bruchrechnung

Für 15 Aufgaben haben Sie 17 Minuten Zeit.

1 $0{,}04 \cdot 0{,}02 =$

a 0,08
b 0,0008
c 0,008
d 0,006
e 0,6

2 $0{,}021 : 0{,}3 =$

a 0,063
b 0,07
c 0,7
d 0,007
e 0,63

3 $\frac{9}{4} : 0{,}025 =$

a 90
b 9 000
c 0,9
d 0,09
e 9

4 Wie oft ist 0,6 in 48 enthalten?

a 800-mal
b 40-mal
c 400-mal
d 8-mal
e 80-mal

5 $1\frac{3}{4} \cdot 2\frac{1}{4} =$

a $3\frac{15}{16}$
b $1\frac{1}{16}$
c 4
d $2\frac{3}{16}$
e $2\frac{1}{2}$

6 Wandeln Sie $3\frac{2}{3}$ in eine Dezimalzahl um.

a 3,67
b 2,67
c 3,13
d 2,13
e 2,25

7 $4\frac{5}{8} - 1\frac{3}{4} =$

a $3\frac{1}{4}$
b $3\frac{1}{2}$
c $2\frac{7}{8}$
d $3\frac{1}{16}$
e $3\frac{7}{8}$

8 $\frac{3}{4} : \frac{1}{5} =$

a $2\frac{1}{2}$
b $\frac{4}{9}$
c $\frac{3}{20}$
d $3\frac{3}{4}$
e $3\frac{1}{4}$

9 $\frac{2}{3} + \frac{1}{2} =$

a $\frac{7}{6}$
b $5\frac{7}{8}$
c $\frac{3}{5}$
d $1\frac{1}{3}$
e $\frac{3}{4}$

10 $1\frac{3}{4}+4\frac{1}{8}=$

a $5\frac{1}{3}$

b $5\frac{7}{8}$

c $5\frac{1}{2}$

d $5\frac{3}{4}$

e $5\frac{1}{8}$

11 $\frac{4}{4}\cdot\frac{1}{3}=$

a $\frac{4}{12}$

b $\frac{5}{8}$

c $2\frac{2}{5}$

d $\frac{5}{3}$

e 1

12 $\frac{5}{8}-\frac{1}{3}=$

a $\frac{1}{2}$

b $\frac{6}{24}$

c $\frac{4}{8}$

d $\frac{4}{5}$

e $\frac{7}{24}$

13 $0{,}05-0{,}005=$

a 0,010

b 0,015

c 0,45

d 0,045

e 0,0045

14 $0{,}25+\frac{1}{4}=$

a 1

b 1,2

c 0,45

d 0,5

e 0,75

15 $3\frac{1}{5}:0{,}08=$

a 4

b 4,0

c 40

d 0,4

e 0,04

LÖSUNGEN

1 b	**2** b	**3** a	**4** e	**5** a	**6** a	**7** c	**8** d
9 a	**10** b	**11** a	**12** e	**13** d	**14** d	**15** c	

Ergebnisse schätzen

Die folgenden Rechenaufgaben sollen Sie mehr schätzen als ausrechnen. Sie haben für 14 Aufgaben nur 5 Minuten Zeit.

1 8 365 + 5 545 + 1 140 =

a 16 025

b 15 045

c 15 050

d 15 150

e 15 550

f 14 995

2 7 320 + 2 675 + 7 533 =

a 21 155

b 20 150

c 19 995

d 20 005

e 19 555

f 17 528

3 $19\,002 \cdot 45\,890 =$

a 800 750

b 8 001 780

c 872 001 780

d 87 001 770

e 950 002 535

f 9 003 535

4 $55\,455 + \frac{5}{17} + 544\frac{2}{17} + \frac{10}{17} =$

a $59\,005\frac{1}{17}$

b 56 000

c 59 500

d $65\,435\frac{2}{17}$

e 64 001

f $64\,101\frac{1}{17}$

5 $48\,825\,412 - 41\,950\,437 =$

a 5 555 555

b 6 874 975

c 38 749 750

d 4 950 753

e 4 125 655

f 4 002 354

6 $49 \cdot 49 =$

a 24 500

b 24 501

c 2 401

d 2 501

e 2 105

f 1 111

7 $311 \cdot 811 + 45\,501 =$

a 25 223

b 101 222

c 220 571

d 297 722

e 350 455

f 400 503

8 $2{,}2 \cdot 5{,}9 =$

a 11,05

b 11,9

c 12,98

d 13,98

e 13,99

f 14,55

9 $199^2 =$

a 3 960

b 29 507

c 39 601

d 49 602

e 41 104

f 40 201

10 $\sqrt{12\,321} =$

a 11

b 51

c 111

d 225

e 550

f 735

11 $17{,}25 + 13 + 0{,}75 + 0{,}005 =$

a 31,005
b 310,05
c 31
d 20
e 130,005
f 30,8

12 $25{,}33 - 0{,}05 + 2 =$

a 27,38
b 25,28
c 25,38
d 23,28
e 23,38
f 27,28

13 $7{,}5 - 0{,}025 + 11{,}425 =$

a −18,9
b −3,95
c 18,95
d 18,9
e 18,5
f 19,425

14 $1\,297 + ? = 9\,289$

a 7 892
b 7 998
c 8 992
d 7 992
e 7 991
f 8 121

LÖSUNGEN

1	**c**	Aufgrund der sehr ähnlichen Lösungen, kommen Sie bei dieser Aufgabe am schnellsten weiter, wenn Sie gleich die Hunderter überschlagen. Das Ergebnis ist 1 050. Nur bei c steht am Ende eine 050. Wenn Sie sichergehen möchten. Addieren Sie noch die Tausender und kommen auf das Ergebnis 15 050.
2	**f**	Diese Aufgabe ist leicht zu überschlagen: Wenn Sie die Endziffern addieren $(0 + 5 + 3 = 8)$ erkennen Sie, dass nur f als Lösung infrage kommen kann.
3	**c**	Bei dieser Aufgabe nützt es Ihnen nichts, wenn Sie sich nur die Endziffern anschauen $(890 \cdot 2 = 1\,780)$. Diese Lösung finden Sie bei b und c. Wenn Sie jedoch die vorderen Zahlen überschlagen $(19 \cdot$ (aufgerundet) $46 = 874)$, können Sie sehen, dass nur c die richtige Antwort sein kann.
4	**b**	Lassen Sie sich bei dieser Aufgabe nicht von den Brüchen irritieren! Auf einen Blick erkennen Sie, dass $\frac{17}{17}$ im Ergebnis 1 sind und in der Lösung nicht mehr auftauchen. Somit fallen die Antworten a, d und f schon mal weg. Wenn Sie nun die Tausender überschlagen, ist klar, dass nur b mit rund 60 000 die richtige Lösung sein kann.
5	**b**	Bei dieser Aufgabe finden Sie leicht die Lösung, indem Sie 48 minus 41 rechnen. Das Ergebnis ist 7. Die Zahl 7 ist ein grober Anhaltspunkt für Sie und wenn Sie die sehr unterschiedlichen Lösungen anschauen, erkennen Sie, dass nur 6 884 975 die richtige Lösung sein kann.
6	**c**	Machen Sie es sich leichter und rechnen $50 \cdot 50$ (oder $5 \cdot 5$). Das Ergebnis ist 2 500. $49 \cdot 49$ muss etwas weniger sein und von den angebotenen Lösungen passt nur Lösung c dazu.

7 d Überschlagen Sie die Aufgabe, indem Sie zunächst die beiden Endziffern der Multiplikation betrachten: $1 \cdot 1 = 1$. Addieren Sie nun noch die Endziffer der dritten Zahl, die 1, hinzu. Damit bleiben nur noch die Lösungen b und d als mögliche Lösungen übrig. Multiplizieren Sie dann nur die ersten beiden Ziffern ($3 \cdot 8 = 24$), können Sie b als mögliche Lösung ausschließen und nur Lösung d bleibt übrig.

8 c Hier kommen Sie schnell auf die richtige Lösung, indem Sie die Aufgabe grob überschlagen und $2 \cdot 6 = 12$ rechnen. 12 bietet nur Lösung c an.

9 c Sie können sich die Aufgabe erleichtern, indem Sie statt 199^2 zunächst nur 9^2 rechnen. So erhalten Sie die Endziffer 1. Diese Zahl kommt nur in den Lösungsvorschlägen c und f vor. Die Lösung f können Sie jedoch sofort ausschließen, da 199^2 niemals einen Wert über 40 000 ergeben kann ($200^2 = 40\,000$). So bleibt nur c als richtige Lösung übrig.

10 c Das Wurzelziehen ist die Umkehrung des Quadrierens. Somit überlegen Sie als erstes: Welche Zahl zum Quadrat ergibt 1? Damit scheiden die Lösungen d, e und f bereits aus. Wenn Sie außerdem überschlagen, dass $100 \cdot 100 = 10\,000$, kann nur 111 die richtige Lösung sein.

11 a Beim Blick auf die Zahlen hinter dem Komma entdecken Sie, dass in der Lösung x,005 stehen muss ($0{,}25 + 0{,}75 = 1$ und dazu ist nochmals 0,005 zu addieren). Damit bleiben nur noch a und e als mögliche Lösungen übrig. Da die Zahlen in der Aufgabe nicht so groß sind, dass 130 das Ergebnis sein könnte, kann nur a richtig sein.

12 f Hier sind sich die Ergebnisse so ähnlich, dass fast gerechnet werden muss. Mit Blick auf die Zahl vor dem Komma stellen Sie fest, dass nur 27 die richtige Lösung sein kann ($25 + 2 = 27$). Damit kommen nur noch a und f infrage. Überschlägt man dann noch die Stellen nach dem Komma ($0{,}33 - 0{,}05 = 0{,}28$), bleibt nur f als richtige Lösung übrig.

13 d Auf den ersten Blick erkennen Sie, dass das Ergebnis positiv sein muss, sodass die Lösungen a und b ausscheiden. Die Zahlen hinter dem Komma heben sich durch Subtraktion und Addition ($-0{,}025$ und $+0{,}025$) gegenseitig auf, sodass in der Lösung nur eine Stelle hinter dem Komma steht und die Lösungen d und e übrig bleiben. Die Einerstelle hinter dem Komma ergibt 9 ($0{,}5 + 0{,}4 = 0{,}9$), sodass d die korrekte Lösung ist.

14 d Wenn Sie sich die Einerstellen in der Aufgabe anschauen, scheiden bereits b, e und f als richtige Lösungen aus ($7 + 2 = 9$). Lösung c scheidet aufgrund des hohen Wertes ebenfalls aus. Letztlich kann nur d die richtige Lösung sein, da hier die Hunderterstelle passend zum Ergebnis ist.

Grundrechnen

Bei den folgenden Aufgaben sollen Sie Ihre Rechenfähigkeit unter Beweis stellen. Sie haben 6 Minuten Zeit.

1

33,24
+ 1 725,11
+ 845,23
+ 2 936,12 =

a 5 529,70
b 5 539,71
c 5 439,70
d 5 539,70
e 4 539,70

2

12 176,11
− 2 181,32 =

a 9 994,79
b 10 994,79
c 9 894,79
d 9 994,69
e 9 993,79

3 11 · 13,125 =

a 144,365
b 143,375
c 134,375
d 144,375
e 14,375

4 102,5 : 1,25 =

a 83
b 8,2
c 81
d 82
e 72

5 Welche Zahl ist um 1 000 kleiner als 177 909 483?

a 177 809 483
b 177 919 483
c 177 908 483
d 177 909 383
e 177 819 483

6 14 · 8 = 7 · ?

a 14
b 16
c 15
d 18
e 22

7 −11 + 23 − (−1) =

a 10
b 11
c 12
d 13
e 33

8 12 · (−4) =

a 48
b −48
c −38
d 38
e 0

LÖSUNGEN

1 d	**2** a	**3** d	**4** d	**5** c	**6** b	**7** d	**8** b

Maße und Gewichte

Für 6 Aufgaben haben Sie 5 Minuten Zeit.

1 4 Pfund und 30 Gramm sind wie viel Gramm?

a 430
b 4 030
c 203
d 20,3
e 2 030

2 Ein Kanister hat die Innenmaße:
Länge: 80 cm, Breite: 40 cm, Höhe: 60 cm
Wie viele Kubikdezimeter Wasser kann er enthalten?

a 0,192
b 192 000
c 1,92
d 192
e 19,2

3 Schreiben Sie 90 Zentner als Tonnen.

a 9
b 4,5
c 45
d 0,45
e 0,9

4 Ein Pflasterer benötigt für eine Fläche von 50 m^2 Platten, deren Größe $10 \cdot 20$ cm beträgt.
Wie viele Platten braucht er?

a 500
b 2 500
c 50
d 250
e 5 000

5 Wie viele Stunden und Minuten sind 18 600 Sekunden?

a 5 Std. 10 Min.
b 3 Std. 10 Min.
c 31 Std.
d 5 Std.
e 3 Std.

6 Schreiben Sie 0,55 a als Quadratmeter.

a 550 m^2
b 55 m^2
c 5 500 m^2
d 1 100 m^2
e 5,5 m^2

LÖSUNGEN

1 e	**2** d	**3** b	**4** b	**5** a	**6** b

Textaufgaben

Die Gestaltung der Mathetests ist von Bundesland zu Bundesland sehr unterschiedlich. Überwiegend werden Sie Textaufgaben vorfinden, die sich zumeist gut in der vorgegebenen Zeit lösen lassen. Schriftliche Nebenrechnungen sind erlaubt und werden auch nicht gewertet.

Damit Sie genügend Übungsmaterial haben, sollten Sie nun versuchen, die folgenden 42 Aufgaben in 70 Minuten zu lösen (pro Aufgabe haben Sie also etwas mehr als $1\frac{1}{2}$ Minuten Zeit).

1 Ein Motorroller verbraucht 6 Liter Benzin auf 100 km. Wie viel verbraucht er auf 250 km und wie viele Kilometer kann er mit einem 24 Liter fassenden Tank fahren?

2 Ein Malergeselle renoviert ein Zimmer von 18 m^2 an einem Arbeitstag in 8 Stunden. Der Azubi schafft in der gleichen Zeit nur ein Drittel dieser Arbeitsleistung. Der Meister arbeitet noch schneller als der Geselle und liegt damit 25 % höher in der Arbeitsleistung. Wie hoch ist die Differenz der geleisteten Arbeit (renovierter Raum in m^2) zwischen bestem und schlechtestem Ergebnis nach eineinhalb Arbeitstagen?

3 Ein Händler kauft für 10 500 € Gewürzpartien. An jeder verkauften Gewürzpartie verdient er 100 €. Nach Verkauf seines Gesamtbestandes hat er 14 000 € eingenommen. Wie viele Gewürzpartien hatte er?

4 Wie groß ist die monatliche Rate für die Bank bei einer Zinsbelastung von 9,5 % pro Jahr für eine Kreditsumme von 150 000 €?

5 Die Reaktionszeit eines Gefahrgutlastwagenfahrers beträgt eine Sekunde. Wie viele Meter fährt der Fahrer, wenn er mit einer Geschwindigkeit von 96 km / h fährt und plötzlich ein Stauende sieht, bevor er anfängt zu bremsen?

6 Ein Metallrohr von 90 m Länge ist so zu zerschneiden, dass das eine Stück $\frac{2}{3}$ der Länge des anderen beträgt. Wie lang ist das kürzere Stück Rohr?

7 Ein Löwe, ein Gepard und eine Hyäne fressen gemeinsam ein Zebra. Der Löwe alleine würde das Zebra in einer Stunde auffressen. Der Gepard bräuchte drei Stunden dafür und die Hyäne sechs. Wie viel Zeit brauchen sie, wenn sie das Zebra zusammen fressen?

8 Zwei Inlineskater treffen sich um 14.55 Uhr. Sie tauschen für 5 Minuten ihre Erfahrungen aus und setzen ihren entgegengesetzten Weg fort. Wie groß ist die Entfernung zwischen ihnen nach einer Stunde und 20 Minuten, wenn der eine 12 km, der andere Inlineskater $7\frac{1}{2}$ km in der Stunde zurücklegt?

9 Ein rechteckiges Grundstück hat eine Größe von 2 193 m^2, bei einer Front von 51 m Länge. Wie breit ist das Grundstück?

10 Ein Drittel dieser Testaufgaben ist leicht, ein Sechstel schwer. Wie viel Prozent der Aufgaben waren weder schwer noch leicht?

11 Eine Maus ist 4 Jahre alt. Nur $\frac{1}{24}$ hat sie von dieser Zeit außerhalb des Nestes verbracht. Wie viele Monate sind das?

12 Teilt man eine Zahl x durch 3,4 und erhält als Ergebnis 9,2, wie muss die Zahl x lauten?

13 Ein Trinkwasservorrat reicht für 12 Personen 16 Tage aus. Wie viele Tage könnten 6 Personen davon trinken?

14 Eine Steinsetzerfirma benötigt für einen Platz mit 500 m^2 Fläche Pflastersteine. Die gängige Größe beträgt $10 \cdot 20$ cm. Wie viele Steine müssen bestellt werden?

15 Die Maße eines Hohlraumes betragen 4 m Länge, 20 cm Breite und 15 cm Höhe. Wie viel Kubikdezimeter hat der Hohlraum?

16 Bei einem Ehepaar beträgt der Altersunterschied zwischen den beiden Partnern 5 Jahre. Ihr beider Lebensalter addiert beträgt 75 Jahre. Wie alt ist der ältere Partner?

17 Wenn ein Bürovorsteher dreimal so alt ist wie die jüngste Azubi-Mitarbeiterin und doppelt so alt wie die dienstälteste Sekretärin und alle drei Personen zusammen auf ein Gesamtlebensalter von 88 Jahren kommen, wie alt ist dann jeder Einzelne?

18 Eine würfelförmige Blumenvase fasst $2\frac{10}{27}$ Kubikdezimeter Wasser. Wie lang sind die Seiten der Vase?

19 Eine Erbschaft von 52 000 € soll unter zwei Erben so verteilt werden, dass der jüngere Erbe einen dreimal so großen Erbteil wie der ältere Erbe bekommt. Wie groß ist der kleinere Erbteil in Euro?

20 Ein Lottogewinn von 576 000 € soll im Verhältnis 4:5 aufgeteilt werden. Wie groß ist der kleinere Gewinn?

21 Von 30 Testaufgaben haben Sie 18 richtig. Wie viel Prozent sind das?

22 Wenn von 100 geborenen Kindern 63 Jungen sind, wie viele Prozent Mädchen werden geboren?

23 Wenn man aus einer Vollmilch 3 % Fett gewinnen kann, wie viel kg Milch werden dann benötigt, um 1,5 kg Fett zu gewinnen?

24 Ein Schreibwarenhändler verkauft Schreibhefte. Für zwei verlangt er so viel, wie ihn drei gekostet haben. Wie hoch ist der Gewinn in Prozent?

25 In einer Familie hat jeder Sohn dieselbe Anzahl von Schwestern wie Brüdern. Jede Tochter hat aber zweimal so viel Brüder wie Schwestern. Wie viele Töchter und Söhne hat die Familie?

26 Während sich ein großes Zahnrad 36-mal dreht, muss sich ein kleineres 108-mal drehen. Wenn sich das kleinere Zahnrad aber 432-mal gedreht hat, wie viel Male muss sich dann das größere gedreht haben?

27 Ein Bauer exportiert $\frac{3}{4}$ seiner Kartoffeln ins Nachbardorf und verkauft $\frac{4}{5}$ des verbleibenden Restes in seinem Heimatdorf. Wie viel Prozent der Produktion bleiben noch übrig?

28 Wenn eine Flasche $\frac{7}{8}$ gefüllt ist, enthält sie Champagner im Wert von 84 €. Wie hoch ist der Wert der Flasche, wenn sie nur noch halb voll ist?

29 Wenn ein Mädchen 50 Cent hat und 15 Cent ausgibt, wie viel behält sie übrig?

30 Wie viele Kilometer fährt ein Radrennfahrer in 7 Stunden, wenn er es schafft, konstant 40 km/h zu fahren?

31 15 Kisten Bananen wiegen 250 kg. Jede leere Kiste wiegt 3 kg. Wie viel wiegen die Bananen?

32 Ein Pferdewirt hat einen Kraftfuttervorrat, der für 7 Pferde 78 Tage reicht. Wie viele Tage reicht der Vorrat für 21 Pferde?

33 Drei Lutscher kosten 5 Cent. Wie viele Lutscher kann man für 50 Cent kaufen?

34 Ein Läufer kann 1,75 m in $\frac{1}{4}$ Sekunde laufen. Wie viel Meter kann er in 10 Sekunden laufen?

35 Wenn eine Scheune 15 m südlich von einem 2 m breiten Feldweg steht und der Feldweg 30 m südlich von einem Haus verläuft, wie viel Meter sind es dann von der Scheune zum Haus?

36 Wenn $4\frac{1}{2}$ m Teppich 90 € kosten, wie viel kosten dann $2\frac{1}{2}$ m?

37 Sieben Bauarbeiter können eine Arbeit in 6 Stunden beenden. Wie viel Leute braucht man, um die Arbeit in einer halben Stunde zu beenden?

38 Ein 48 cm langer Eisendraht dehnt sich beim Erwärmen auf 52 cm aus. Wie lang wird ein 72 cm langer Draht nach dem Erwärmen?

39 In einem Handwerkbetrieb werden 304 Kugelschreiber in 8 Stunden produziert. Wie viele werden in einer halben Stunde produziert?

40 Für eine Legierung nimmt man zwei Teile Silber und drei Teile Gold. Wie viel Gramm Silber braucht man bei der Herstellung von 15 g dieser Legierung?

41 Für je 3 €, die Melanie hat, hat Pamela 5 €. Wenn sie zusammen 120 € haben, wie viel hat dann Pamela davon?

42 Michaela reitet mit ihrem Pferd Candy 60 m, während Yvonne mit ihrem Pferd Dusty 40 m weit reitet. Wie viel Meter reitet Michaela, wenn Yvonne 60 m reitet?

LÖSUNGEN

1 **Lösung**: 15 ℓ, 400 km

Bei dieser Aufgabe handelt es sich um eine proportionale Zuordnung: Je mehr, desto mehr:

a 6 ℓ = 100 km | beide Seiten · 2,5
x ℓ = 250 km
x = 15 Liter

b 6 ℓ = 00 km | beide Seiten · 4
24 ℓ = x km
x = 400 km

2 **Lösung:** 24,75 m^2

Der Azubi arbeitet pro Tag $\frac{1}{3}$ von 18 m^2.

$\frac{1}{3} \cdot 18\ m^2 = 18\ m^2 : 3 = 6\ m^2$

An 1,5 Tagen arbeitet er also $6\ m^2 + 3\ m^2 = 9\ m^2$

Der Meister arbeitet 125 % von 18 m^2, also:

$\frac{5}{4} \cdot 18\ m^2$ | gekürzt

$\frac{5}{2} \cdot 9\ m^2 = \frac{45}{2} = 22{,}5\ m^2$

An 1,5 Tagen arbeitet er $22{,}5\ m^2 + 11{,}25\ m^2 = 33{,}75\ m^2$.

Die Differenz zwischen dem besten und schlechtesten Ergebnis ist:

$33{,}75\ m^2 - 9\ m^2 = 24{,}75\ m^2$

3 **Lösung:** 35

Da er pro Gewürzpartie 100 € verdient, ist es wichtig, sich die Differenz zwischen Kauf- und Verkaufswert anzuschauen:

14 000 € – 10 500 € = 3 500 €

100 € verdient er durch den Verkauf einer Gewürzpartie:

3 500 € : 100 € = 35

Er hatte also 35 Gewürzpartien.

4 **Lösung:** 1 187,50 €

Zuerst einmal wird die jährliche Zinsbelastung berechnet:

1 % von 150 000 € = 1 500 € | beide Seiten · 9,5

9,5 % von 150 000 € = 14 250 €

Für die monatliche Belastung muss dieser Wert durch 12 geteilt werden:

14 250 € : 12 = 1 187,50 €

5 **Lösung:** $26\frac{2}{3}$ m

Hier erfolgt die Umrechnung von km / h auf m / s, also:

: 60 (h auf min.)

: 60 (min. auf s)

· 1 000 (km auf m)

x : 60 : 60 · 1 000 = x : 3,6

96 km / h : 3,6 = $26\frac{2}{3}$ m

6 **Lösung:** 36 m

Wenn ein Stück $\frac{2}{3}$ des anderen beträgt, muss es insgesamt in 5-tel aufgeteilt werden:

$90 : 5 = 18$ m

Das kürzere Stück besteht aus 2 solcher Teile, ist also $2 \cdot 18$ m $= 36$ m lang.

7 **Lösung:** 40 Minuten

In der Zeit, in der der Löwe ein Zebra frisst, frisst der Gepard $\frac{1}{3}$ Zebra und die Hyäne $\frac{1}{6}$ Zebra.

Um die Zeit zu ermitteln, die die drei gemeinsam benötigen, um ein Zebra zu fressen, ergibt sich daraus folgende Gleichung:

$x + \frac{1}{3}x + \frac{1}{6}x = 1$ (Zebra) | erweitert auf 6-tel

$\frac{6}{6}x + \frac{2}{6}x + \frac{1}{6}x = 1$ | addieren

$\frac{9}{6}x = 1$ | kürzen

$\frac{3}{2}x = 1$ | $: \frac{3}{2} (= \cdot \frac{2}{3})$

$x = \frac{2}{3}$

$\frac{2}{3}$ h $= 40$ Minuten

8 **Lösung:** 26 km

Am einfachsten rechnet man die 80 Minuten auf $1\frac{1}{3}$ h $\left(= \frac{4}{3} \text{ h}\right)$ um:

1. Skater: 12 km/h $\cdot \frac{4}{3}$ h $= 16$ km

2. Skater: $7{,}5$ km/h $\cdot \frac{4}{3}$ h $= 10$ km

Die Entfernungen werden addiert: 26 km

9 **Lösung:** 43 m

Die Fläche eines Rechtecks berechnet sich aus Länge mal Breite: $A = L \cdot B$.

Die Werte eingesetzt ergibt:

$2\,193 \text{ m}^2 = 51 \text{ m} \cdot B$ | $: 51$ m

$\frac{2\,193}{51}$ m $= B$

43 m $= B$

10 **Lösung:** 50 %

Da Bruchteile gegeben sind, muss der fehlende Rest bis zum Ganzen (also 1) berechnet werden:

$\frac{1}{3} + \frac{1}{6} + x = 1$ | erweitern

$\frac{2}{6} + \frac{1}{6} + x = 1$ | addieren

$\frac{3}{6} + x = 1$ | kürzen

$\frac{1}{2} + x = 1$ | $-\frac{1}{2}$

$x = \frac{1}{2} = 50\,\%$

11 **Lösung:** 2 Monate

$\frac{1}{24}$ eines Jahres ist ein halber Monat | beide Werte · 4

$\frac{1}{24}$ von 4 Jahren sind zwei Monate

12 **Lösung:** 31,28

$x : 3{,}4 = 9{,}2 \quad | \cdot 3{,}4$

$x = 9{,}2 \cdot 3{,}4$

$x = 31{,}28$

13 **Lösung:** 32 Tage

Es handelt sich hierbei um eine antiproportionale Zuordnung (je mehr desto weniger):

:2 | 12 Personen = 16 Tage | ·2

6 Personen = 32 Tage

14 **Lösung:** 25 000 Steine

Bei dem Messen der Fläche spielt die Höhe der Steine keine Rolle.
$A = B \cdot T = 10 \cdot 20 = 200\ cm^2$

Umrechnen:
$500\ m^2 = 5\,000\,000\ cm^2$

Zum Schluss muss die Gesamtfläche durch die Fläche eines Steines geteilt werden, um die Anzahl zu erhalten:
$5\,000\,000\ cm^2 : 200\ cm^2 = 25\,000$ Steine

15 **Lösung:** $120\ dm^3$

Da das Ergebnis in dm^3 angegeben werden soll, werden erst die Einheiten in dm umgerechnet:
L: 4 m = 40 dm
B: 20 cm = 2 dm
H: 150 mm = 1,5 dm

Um das Volumen des Hohlraumes auszurechnen, müssen diese miteinander multipliziert werden:
$V = L \cdot B \cdot H$
$V = 40\ dm \cdot 2\ dm \cdot 1{,}5\ dm$
$V = 120\ dm^3$

16 **Lösung:** 40 Jahre

Das Alter des älteren Partners ist zu ermitteln, also x. Der jüngere Partner ist 5 Jahre jünger, also x – 5.

Gemeinsam sind sie 75 Jahre alt, also
$x + x - 5 = 75$
$2x - 5 = 75 \quad | +5$
$2x = 80 \quad | :2$
$x = 40$

17 **Lösung:** A = 16, S = 24, B = 48

Alle drei zusammen sind 88 Jahre alt; also
Bürovorsteher (B) + Sekretärin (S) + Azubi (A) = 88

Der Bürovorsteher ist dreimal so alt wie die Azubi-Mitarbeiterin; also:
$B = 3A \quad |:3$
$\frac{1}{3}B = A$

Außerdem ist der Bürovorsteher zweimal so alt wie die Sekretärin; also:
$B = 2S \quad |:2$
$\frac{1}{2}B = S$

Das ergibt die folgende Gleichung:
$B + \frac{1}{2}B + \frac{1}{3}B = 88 \quad |\text{erweitert auf 6-tel}$
$\frac{6}{6}B + \frac{3}{6}B + \frac{2}{6}B = 88 \quad |\text{addieren}$
$\frac{11}{6}B = 88 \quad \left|:\frac{11}{6}\left(=\cdot\frac{6}{11}\right)\right.$
$B = 48$

Da wir nun wissen, wie alt B, der Bürovorsteher, ist, können wir das Alter der beiden anderen ausrechnen:
Er ist zweimal so alt, wie die Sekretärin; also: 48 : 2 = 24
Er ist dreimal so alt, wie die Azubi-Mitarbeiterin; also: 48 : 3 = 16

18 $\sqrt[3]{2\frac{10}{27}\,dm^3} = \sqrt[3]{\frac{64}{27}\,dm^3} = \frac{\sqrt[3]{64}}{\sqrt[3]{27}}\,dm = 1\frac{1}{3}\,dm$

19 **Lösung:** 13 000 €

Nicht verwirren lassen durch jünger – älter – kleiner!

Insgesamt gibt es 4 Teile, davon ist der kleinere Teil x, der größere 3x:
x + 3x = 52 000 €
4x = 52 000 € |: 4
x = 13 000 €

20 **Lösung:** 256 000 €

Ein Verhältnis von 4 : 5 bedeutet, dass es insgesamt 9 Teile gibt; also errechnet man als Erstes einen Teil:
576 000 € : 9 = 64 000 €

Der kleinere Gewinnanteil beträgt 4 Teile; also:
64 000 € · 4 = 256 000 €

21 **Lösung:** 60 %

Wenn 30 Testaufgaben 100 % sind,
sind 3 Testaufgaben 10 % |beide Seiten · 6
und
18 Testaufgaben = 60 %

22 **Lösung:** 37 %

Prozent = von 100,
wenn 63 von 100 Jungen sind, gibt es 37 % Mädchen.

23 **Lösung:** 50 kg

24 **Lösung:** 50 %

25 **Lösung:** 3 Töchter, 4 Söhne

Diese Aufgabe lösen Sie, indem Sie zwei Gleichungen aufstellen. Bedenken Sie bei der Aufstellung der Gleichungen, dass Sie jeweils den Sohn bzw. die Tochter abziehen müssen (– 1).

Erste Gleichung:
Jeder Sohn hat dieselbe Anzahl von Schwestern wie Brüder; also:
$x - 1 = y$

Zweite Gleichung:
Jede Tochter hat zweimal so viele Brüder wie Schwestern; also:
$y - 1 = \frac{1}{2}x$

Die erste in die zweite Gleichung eingesetzt ergibt:

$x - 1 - 1 = \frac{1}{2}x \quad | -x$

$-2 = \frac{1}{2}x \quad | \cdot -2$

$4 = x$

Die Familie hat also 4 Jungen.

Das in die erste Gleichung eingesetzt ergibt:

$4 - 1 = y$

$3 = y$

Die Anzahl der Mädchen ist 3.

26 **Lösung:** 144-mal

Bei dieser Frage handelt es sich um eine proportionale Zuordnung (je mehr desto mehr):
36 Drehungen = 108 Drehungen | beide Seiten · 4
x Drehungen = 432 Drehungen
x = 144 Drehungen

27 **Lösung:** 5 %

Wenn er $\frac{3}{4}$ exportiert, dann behält er $\frac{1}{4}$ im Dorf;
davon verkauft er $\frac{4}{5}$; behält also $\frac{1}{5}$ von $\frac{1}{4}$ übrig

$\frac{1}{5} \cdot \frac{1}{4} = \frac{1}{20}$

$\frac{1}{20} = \frac{5}{100}$ (% = von 100)

Er behält 5 % übrig.

28 **Lösung:** 48 €

$\frac{7}{8}$ = 84 € | beide Seiten : 7

$\frac{1}{8}$ = 12 € | beide Seiten · 4

$\frac{4}{8}$ (gekürzt $\frac{1}{2}$) = x €

$\frac{1}{2}$ = 48 €

29 **Lösung:** 35 Cent

50 Cent − 15 Cent = 35 Cent

30 **Lösung:** 280 km

40 km/h = 40 km in der Stunde | · 7

x km in 7 Stunden

x = 280 km

31 **Lösung:** 205 kg

Brutto (also Kisten + Bananen) wiegen 250 kg.
Die Kisten wiegen 15 · 3 kg; also 45 kg.

Die Differenz ergibt das Gewicht der Bananen:
250 kg − 45 kg = 205 kg

32 **Lösung:** 26 Tage

Es handelt sich hier um eine antiproportionale Zuordnung (je mehr desto weniger):

· 3 | 7 Pferde = 78 Tage | : 3
21 Pferde − x Tage
x = 26 Tage

33 **Lösung:** 30 Lutscher

Es handelt sich hierbei um eine proportionale Zuordnung (je mehr desto mehr):
3 Lutscher = 5 Cent | beide Seiten · 10
x Lutscher = 50 Cent
x = 30 Lutscher

34 **Lösung:** 70 m

Auch hier handelt es sich im Grundsatz um eine proportionale Zuordnung:

1,75 m in $\frac{1}{4}$ s | · 4 (in einer Sekunde)

x m in 1 s
x = 7 m in 1 s | · 10
x m in 10 s
x = 70 m

35 **Lösung:** 45 m

15 m + 30 m = 45 m

36 **Lösung:** 50 €

Wieder eine proportionale Zuordnung:
4,5 m = 90 € | beide Seiten : 9
0,5 m = 10 € | beide Seiten · 5
2,5 m = x €
x = 50 €

37 **Lösung:** 84 Bauarbeiter

Und zur Abwechslung eine antiproportionale Zuordnung:
· 12 | 7 Bauarbeiter = 6 Stunden | : 12
x Bauarbeiter = $\frac{1}{2}$ h
x = 84 Bauarbeiter

38 **Lösung:** 78 cm

Der Eisendraht dehnt sich von 48 cm auf 52 cm aus, also um 4 cm. Man benötigt die Relation $\frac{4}{48} = \frac{1}{12}$.
Auch bei 72 cm dehnt er sich um $\frac{1}{12}$ der Länge aus, also um:
$72 \text{ cm} \cdot \frac{1}{12} = \frac{72 \cdot 1}{12}$ | kürzen
$\frac{6}{1}$; also 6
72 + 6 = 78 cm

39 **Lösung:** 19 Kugelschreiber

Proportionale Zuordnung:
304 Kugelschreiber in 8 Stunden | : 16
x Kugelschreiber in $\frac{1}{2}$ Stunde
x = 19 Kugelschreiber

40 **Lösung:** 6 g

Insgesamt gibt es 5 Teile, also $\frac{2}{5}$ Silber und $\frac{3}{5}$ Gold.
Zu berechnen sind jetzt $\frac{2}{5}$ von 15 g,
also $\frac{2}{5} \cdot 15 = \frac{2 \cdot 15}{5}$ | kürzen
$\frac{2 \cdot 3}{1} = \frac{6}{1} = 6$ g Silber

41 **Lösung:** 75 €

Zusammen haben die beiden 8 €.
120 € : 8 = 15
15 · 5 € = 75 € besitzt Pamela davon.

42 **Lösung:** 90 m

$\frac{60}{40} = \frac{3}{2}$ reitet Michaela im Verhältnis zu Yvonne.
$\frac{3}{2} \cdot 60$ m = 90 m reitet Michaela.

Einschätzung

Zum Bestehen dieses Tests sollten Sie mindestens 65% aller Aufgaben korrekt gelöst haben.

4 Bearbeitungsgeschwindigkeit und Konzentration

Buchstaben ergänzen

Dieser Test wird von den meisten Bewerbern immer als sehr leicht eingestuft. Einziger Haken: Die Bearbeitungszeit des Tests reicht kaum aus. Sie werden nur im seltensten Fall mit den Aufgaben fertig werden.
Ihre Aufgabe wird nun sein, Wörter, in denen ein Buchstabe fehlt, zu ergänzen, also den fehlenden Buchstaben einzufügen.

Beispiele
Ke *t* te
Rad *i* o
Co *m* puter

AUFGABEN

Für die folgenden 60 Aufgaben haben Sie 30 Sekunden Zeit.

1 Ra_ar
2 Tel_fon
3 H_t
4 L_utsprecher
5 Fer_seher
6 Bi_choff
7 _chreibtisch
8 Han_y
9 Sp_rt
10 B_s
11 Tasta_ur
12 H_rd
13 Schu_lade
14 P_pier
15 Tre_pe
16 R_upe
17 Ge_anke
18 _erlag

19 _ogel

20 Bilderra_men

21 Ku_elschreiber

22 Ki_che

23 Ha_s

24 V_trine

25 M_us

26 Te_t

27 Feder_alter

28 Kab_l

29 Me_ster

30 Sch_ff

31 Festp_atte

32 Kal_nder

33 Schlü_sel

34 Kas_en

35 Fortb_ldung

36 U_laub

37 U_rmacher

38 Gol_schmied

39 Ret_ungswagen

40 Hu_schrauber

41 Ra_ete

42 Ellen_ogen

43 Stra_se

44 Flu_zeug

45 C_uch

46 Vid_o

47 Hausar_t

48 Lat_rne

49 Bu_g

50 F_sch

51 T_blett

52 Mu_ik

53 Fer_weh

54 Mo_orroller

55 An_enne

56 Schi_d

57 Dru_ker

58 Was_hmaschine

59 Ba_k

60 Fri_ur

LÖSUNGEN

1	Radar	**2**	Telefon	**3**	Hut (alternativ Hit)
4	Lautsprecher	**5**	Fernseher	**6**	Bischoff
7	Schreibtisch	**8**	Handy	**9**	Sport
10	Bus	**11**	Tastatur	**12**	Herd
13	Schublade	**14**	Papier	**15**	Treppe
16	Raupe	**17**	Gedanke	**18**	Verlag
19	Vogel	**20**	Bilderrahmen	**21**	Kugelschreiber
22	Kirche	**23**	Haus	**24**	Vitrine
25	Maus	**26**	Test (alternativ Text)	**27**	Federhalter
28	Kabel	**29**	Meister	**30**	Schiff
31	Festplatte	**32**	Kalender	**33**	Schlüssel
34	Kasten	**35**	Fortbildung	**36**	Urlaub
37	Uhrmacher	**38**	Goldschmied	**39**	Rettungswagen
40	Hubschrauber	**41**	Rakete	**42**	Ellenbogen
43	Strapse	**44**	Flugzeug	**45**	Couch
46	Video	**47**	Hausarzt	**48**	Laterne
49	Burg	**50**	Fisch	**51**	Tablett
52	Musik	**53**	Fernweh	**54**	Motorroller
55	Antenne	**56**	Schild	**57**	Drucker
58	Waschmaschine	**59**	Bank	**60**	Frisur

Einschätzung

30 richtige Lösungen sind ok, 40 besser, ab 50 haben Sie ein gutes Ergebnis erzählt.

Buchstaben zählen

Aus einem Buchstabenfeld müssen Sie sich bestimmte Buchstaben merken und deren Häufigkeit in einem Lösungsfeld angeben.

Beispiel

		A	B	H	K	U
1	J H Z C K P J U H J R F B N P O I J O O U B B M	0	3	2	1	2
2	G U J N B V C D G H T R E W Q A J L A J O L F C	2	1	1	0	
3	O I P U H N Z T V N J I N G A R E A U R T S W T					

In der ersten Zeile ist der Buchstabe A nicht enthalten. Aus diesem Grund müssen Sie im Lösungsfeld die 0 eintragen. Der Buchstabe B ist insgesamt dreimal vorgekommen. Bei den anderen Buchstaben verfahren Sie entsprechend. Zählen Sie auch plötzlich auftauchende kleingeschriebene Buchstaben mit.

Sie müssen wissen, dass einige Tests in der vorgegebenen Zeit nicht zu schaffen sind. Versuchen Sie trotzdem, so zügig und genau wie möglich zu arbeiten.

AUFGABEN

Für die nun folgenden 2 Blöcke haben sie jeweils 10 Minuten Zeit.

Block 1

		A	G	C	T	U
1	E J T Z G B N K L I H T R D S B V G J O K H T Z					
2	Z R E T F G H F B N K L O U I T G V F D S O P K					
3	I J N H Z G B T R F V H Z U J D E F R F R T G U					
4	O K N H Z T F G G G H J F D S O P L A A T Z U C					
5	M N B V C X S D C F R U A W A S C F S A I O J K					
6	P I J N H Z G B J U I T R T F R C T Q A E R F C					
7	F C V C B N Q A R T F D G C V G I O J H T G F D					
8	O K N H T G F V B H N J U T R D F C S W D F G H					
9	R H G T H O R B E N J N H G F D E R Z T G K I J					
10	G H J R I L L E D B G F V J U T H H B G O K L D					

		S	G	E	T	Q	A	F
11	D B H g T U b O L I O G q a s D W N b a F	1	2	0	1	1	2	1
12	N H B G f r t g H J k l u Z T g v f d S W	1	3	0	2	0	0	2
13	D C f b h g F R T j N C x s Q A z t g B V	1	1	0	1	1	1	2
14	u h g B V f d C R g F d s q A W A q j Q I	1	2	0	0	3	2	2
15	s T g b n j U H g p L M k l u Q A s x Y D	2	2	0	1	2	1	0
16	U H b n J g F D S A w e R T j N B h G T I	1	2	1	2	0	1	1
17	U h G b V n B G t R f D c f C D c f D c S	1	2	0	0	0	0	3
18	i j K P o L K m n Y A q W E d E f V c d S	1	0	2	0	0	0	1
19	I J h Z g b T f r u J K i L o P g b V c D	0	2	0	1	0	0	1
20	Q a d S A i J H g f V A q V F r S Q a j N	2	1	0	0	2	3	2

Block 2

		D	E	S	A	H
1	E A a Z h B N H L D j R R u v S c A J E a H T Z					
2	z r E T r s G F v N H L a b D T g V F D S O P K					
3	I J a h d G B D R F e H B U H D A F r F H t g U					
4	O K N H Z A F S G h h h F j S B p D A j z D S C					
5	M n F J V v f G K i u p a V B c w H B b I O J K					
6	p i J h H T G B j t I T w T f R v T Q a E h f C					
7	F c f C a N Q A x T f d G C r g i O J I T y p D					
8	O k n m f G F V q H n m U T r d F C m W h k G H					
9	r H G d t O w B a m J N h G F r e R z T G k I J					
10	G h d R e L I E t B g v V e U T f H B d O K p D					

		S	K	T	D	A	N	F
11	D c H s T e b w L I O G q a s D W N b a F							
12	N H B G f r t g H J k t u Z T g v f d S W							
13	D C f A h S F R T q N C x e Q N z P g B V							
14	u h v B S f d N R g n d s a A W K q O Q y							
15	s g g a n j Z H v p P M k e u Q s s x n D							
16	U H c n x g n d S A y e R D j N a h G d I							
17	U h I b V a B J t R f D c X C D c O D c b							
18	i J k P o L d m n Y A q s E d I f V k d S							
19	I J K Z g a T f r S J K Y L o P g G V c D							
20	p a d S d i J h g F V A Z V F r S J a j N							

LÖSUNGEN

Block 1

	A	G	C	T	U
1	0	2	0	3	0
2	0	2	0	2	1
3	0	2	0	2	2
4	2	3	1	2	1
5	3	0	3	0	1
6	1	1	2	3	1
7	1	3	3	2	0
8	0	2	1	2	1
9	0	3	0	2	0
10	0	3	0	1	1

	S	G	E	T	Q	A	F
11	1	2	0	1	1	2	1
12	1	3	0	2	0	0	2
13	1	2	0	2	1	1	2
14	1	2	0	0	3	2	2
15	2	2	0	1	1	1	0
16	1	2	1	2	0	1	1
17	1	2	0	1	0	0	3
18	1	0	2	0	1	1	1
19	0	2	0	1	0	0	1
20	2	1	0	0	3	4	2

Block 2

	D	E	S	A	H
1	1	2	1	4	3
2	2	1	2	1	1
3	3	1	0	2	4
4	2	0	3	2	4
5	0	0	0	1	1
6	0	1	0	1	3
7	2	0	0	2	0
8	1	0	0	0	3
9	1	1	0	1	2
10	3	3	0	0	2

	S	K	T	D	A	N	F
11	2	0	1	2	2	1	1
12	1	1	3	1	0	1	2
13	1	0	1	1	1	2	2
14	2	1	0	2	2	2	1
15	3	1	0	1	1	2	0
16	1	0	0	3	2	3	0
17	0	0	1	3	1	0	1
18	2	2	0	3	1	1	1
19	1	2	1	1	1	0	1
20	2	0	0	2	3	1	2

Ergebnisse erreichen

Der nächste Test wird mehr Ihre Konzentration als Ihre Rechenkünste fordern. Gegeben sind bei diesem Testverfahren lediglich Endergebnisse, die Sie durch zweimalige Subtraktion erreichen sollen. Varianten können natürlich auch zweimalige Addition, Addition und Subtraktion, Multiplikation usw. sein. Aus diesem Grund empfehlen wir Ihnen, den Test selbst auch abzuwandeln, also mit anderen als den hier vorgestellten Aufgaben zu üben. Ziel des Tests ist es, in möglichst kurzer Zeit möglichst viele Aufgaben zu erstellen. Da es bei diesem Test mehrere richtige Ergebnisse gibt, bitten wir Sie, die Aufgaben nach Testende selbst Korrektur zu lesen:

- Wie viele Aufgaben haben Sie geschafft?
- Haben Sie neue Aufgaben erstellt, oder sind welche doppelt?
- Sind die Rechnungen richtig ausgeführt worden?

Beispiel

Erstellen Sie möglichst viele Rechenaufgaben, die nach zweimaliger Subtraktion das Ergebnis 12 ergeben.

36 − 12 − 12 = 12	48 − 24 − 12 = 12	96 − 48 − 36 = 12
20 − 4 − 4 = 12	40 − 8 − 20 = 12	usw.

Zur Prüfung, ob, und wenn ja, um wie viel Sie pro Durchgang besser werden, sollten Sie sich die Anzahl der richtigen Aufgaben notieren und später beim erneuten Üben vergleichen. Mit der Zeit werden Sie sich steigern.

AUFGABEN

Bitte bearbeiten Sie nun die folgenden Übungsaufgaben.

1 **Erstellen Sie möglichst viele verschiedene Rechenaufgaben, die nach zweimaliger Subtraktion das Ergebnis 28 ergeben. Sie haben 30 Sekunden Zeit!**

30 − 1 − 1 = 28	31 − 1 − 2 = 28	228 − 100 − 100 = 28
34 − 4 − 2 = 28	33 − 3 − 2 = 28	130 − 2 − 100 = 28
36 − 8 − 2 = 28	45 − 5 − 12 = 28	528 − 400 − 100 = 28
40 − 10 − 12 = 28	126 − 39 − 1 = 28	628 − 500 − 100 = 28

2 **Erstellen Sie möglichst viele verschiedene Rechenaufgaben, die nach aufeinanderfolgender Addition und Division das Ergebnis 40 ergeben. Sie haben 30 Sekunden Zeit!**

___ + ___ : ___ = 40	___ + ___ : ___ = 40	___ + ___ : ___ = 40
___ + ___ : ___ = 40	___ + ___ : ___ = 40	___ + ___ : ___ = 40
___ + ___ : ___ = 40	___ + ___ : ___ = 40	___ + ___ : ___ = 40
___ + ___ : ___ = 40	___ + ___ : ___ = 40	___ + ___ : ___ = 40

3 Erstellen Sie möglichst viele verschiedene Rechenaufgaben, die nach aufeinanderfolgender Subtraktion und Multiplikation das Ergebnis 48 ergeben. Sie haben 30 Sekunden Zeit!

___ – ___ · ___ = 48 ___ – ___ · ___ = 48 ___ – ___ · ___ = 48

___ – ___ · ___ = 48 ___ – ___ · ___ = 48 ___ – ___ · ___ = 48

___ – ___ · ___ = 48 ___ – ___ · ___ = 48 ___ – ___ · ___ = 48

___ – ___ · ___ = 48 ___ – ___ · ___ = 48 ___ – ___ · ___ = 48

4 Erstellen Sie möglichst viele verschiedene Rechenaufgaben, die nach aufeinanderfolgender Addition und Multiplikation das Ergebnis 36 ergeben. Sie haben 30 Sekunden Zeit!

___ + ___ · ___ = 36 ___ + ___ · ___ = 36 ___ + ___ · ___ = 36

___ + ___ · ___ = 36 ___ + ___ · ___ = 36 ___ + ___ · ___ = 36

___ + ___ · ___ = 36 ___ + ___ · ___ = 36 ___ + ___ · ___ = 36

___ + ___ · ___ = 36 ___ + ___ · ___ = 36 ___ + ___ · ___ = 36

5 Erstellen Sie möglichst viele verschiedene Rechenaufgaben, die nach aufeinanderfolgender Addition und Subtraktion das Ergebnis 47 ergeben. Sie haben 30 Sekunden Zeit!

49 + 1 – 1 = 47 43 + 5 – 1 = 47 39 + 9 – 1 = 47

46 + 2 – 1 = 47 42 + 6 – 1 = 47 38 + 10 – 1 = 47

45 + 3 – 1 = 47 41 + 7 – 1 = 47 37 + 11 – 1 = 47

44 + 4 – 1 = 47 40 + 8 – 2 = 47 36 + 12 – ___ = 47

50 sek

Genaues Beobachten

Schauen Sie sich bitte die folgenden drei Beispielaufgaben mit jeweils drei Gesichtern genau an. Zwei der drei Gesichter sind identisch, das dritte unterscheidet sich von den beiden anderen deutlich in einem Detail.

Beispiele

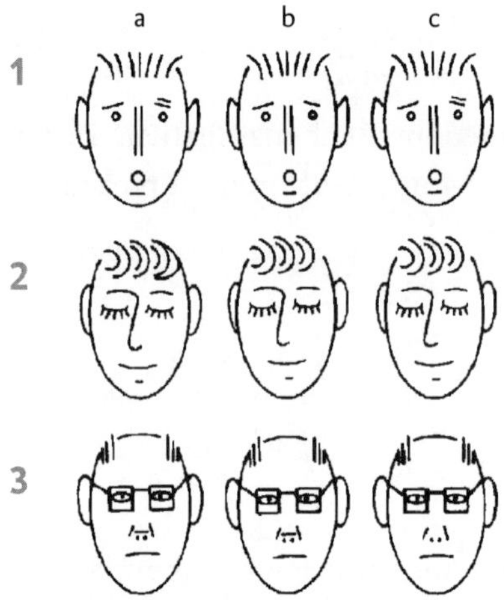

Lösungen:

1 b (Augenbraue)
2 a (Haar)
3 c (Nase)

Beachten Sie bitte, dass sich das gesuchte Gesicht von den beiden anderen deutlich unterscheiden muss. Etwas wurde verändert, hinzugefügt oder weggelassen. Minimale Unterschiede in der Zeichnung, z.B. Strichlänge oder Form, haben keine Bedeutung.

AUFGABEN

Für die nun folgenden 80 Aufgaben haben Sie 12 Minuten Zeit.

a b c

1 

a b c

2 

a b c

3 

a b c

4 

5 

6 

7 

8 

9 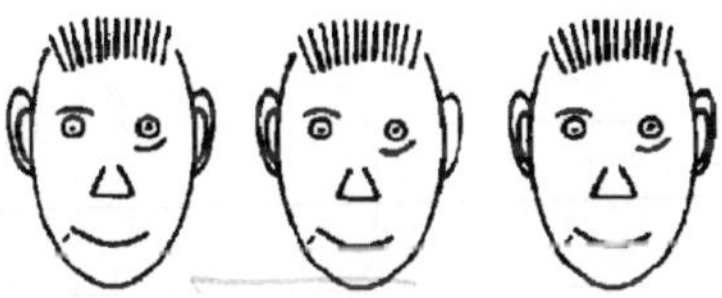

10 

11 

12 

13 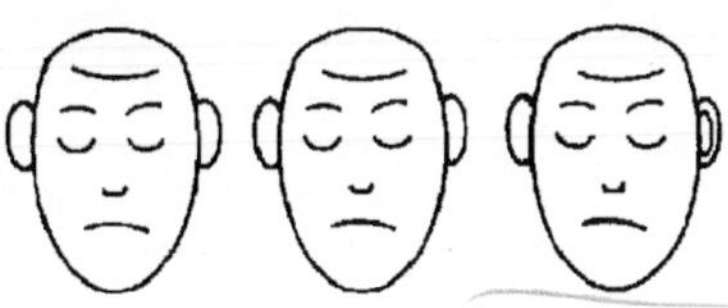

14 

15
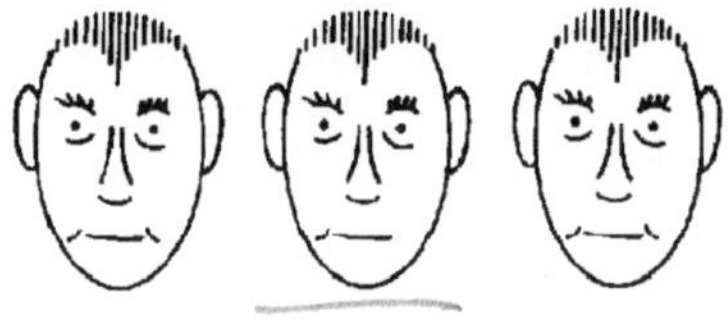

16

17

18

a b c

a b c

19
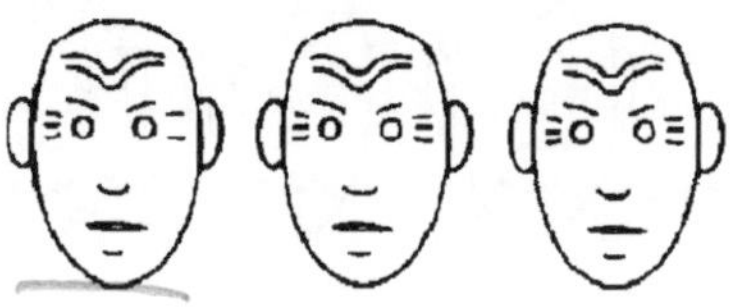

20

21
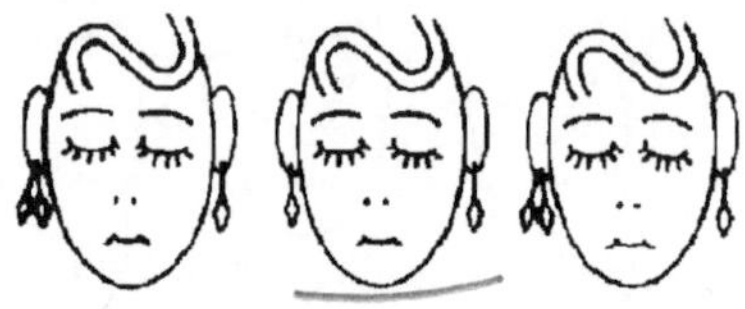

22
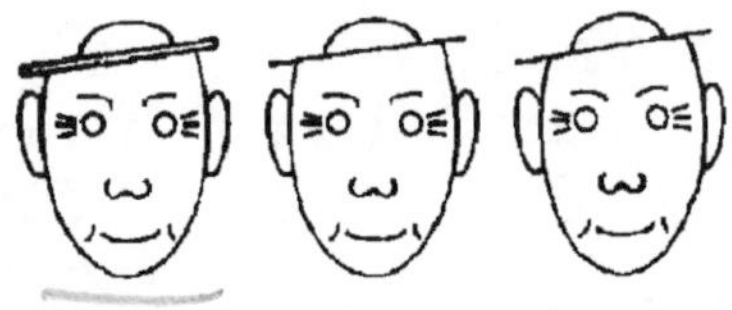

23

24
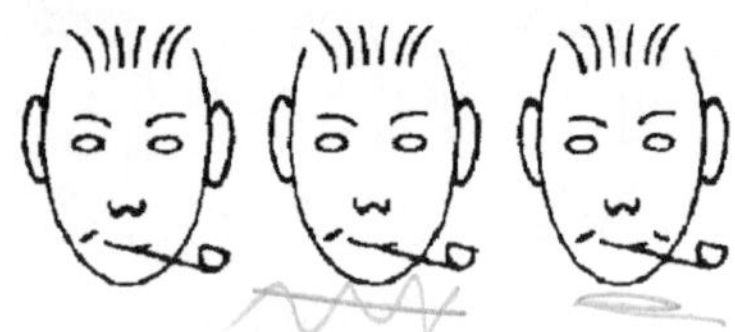

25
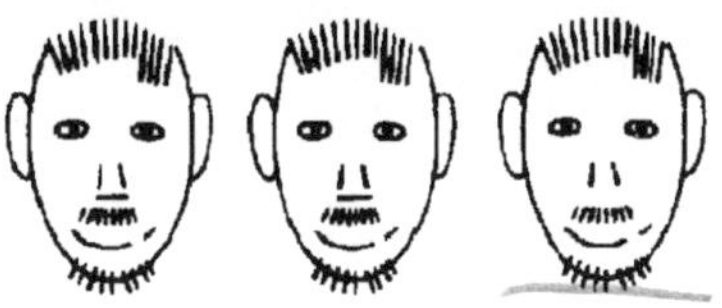

26

27
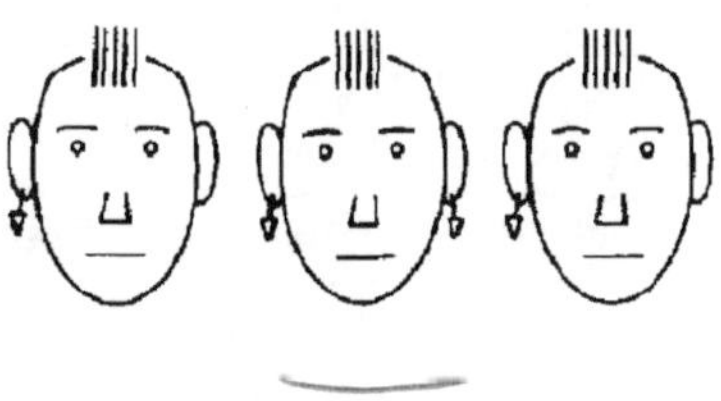

28

29

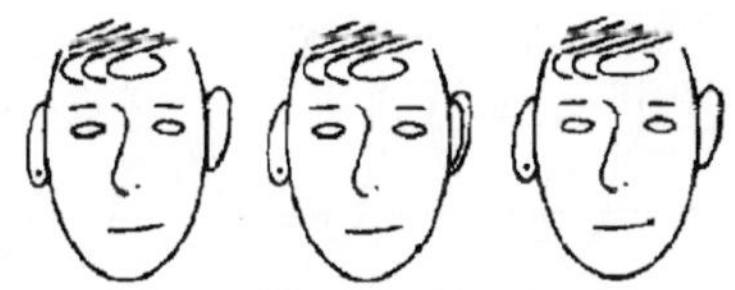

30

31

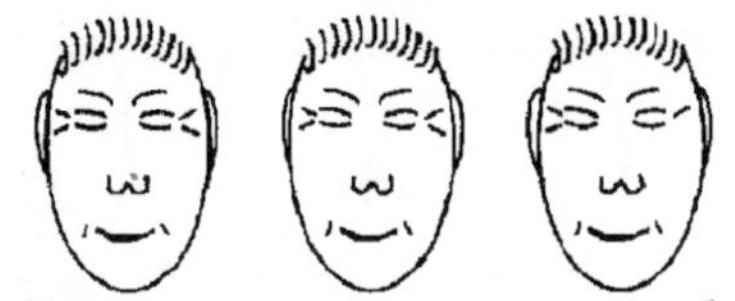

32

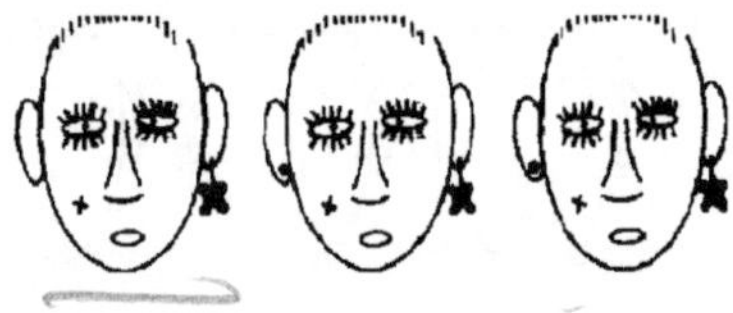

33

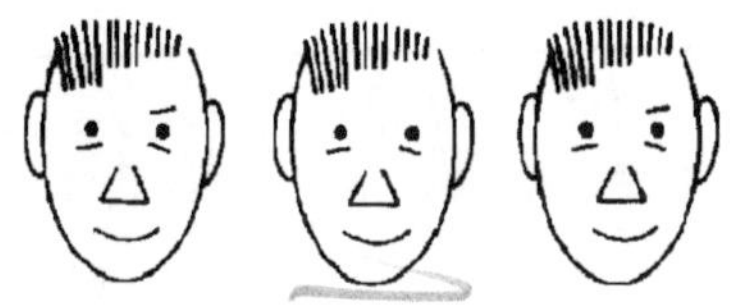

34

a b c

35

a b c

36

37

38

39

40

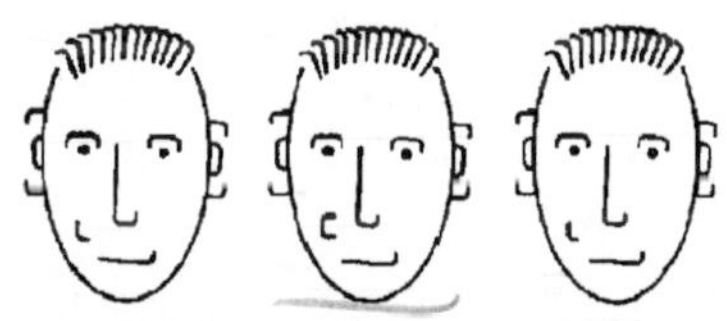

41

42

43

44

45
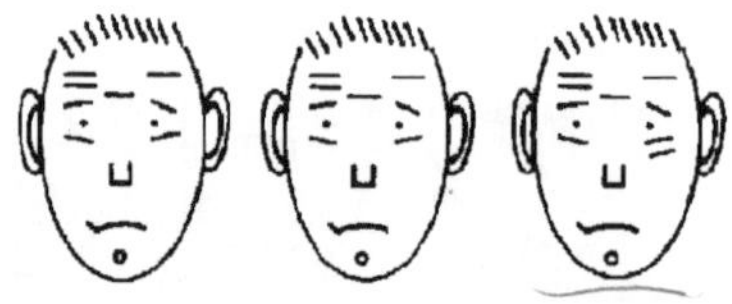

46

47
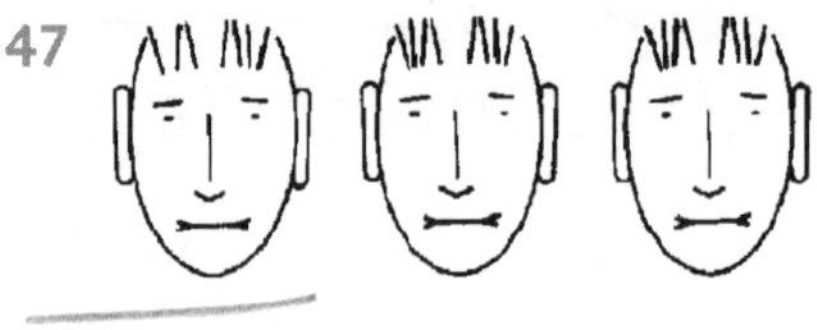

48

49

a b c

50

a b c

51

52
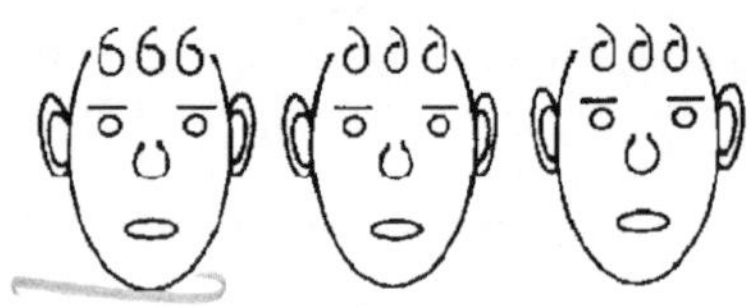

53

54

55
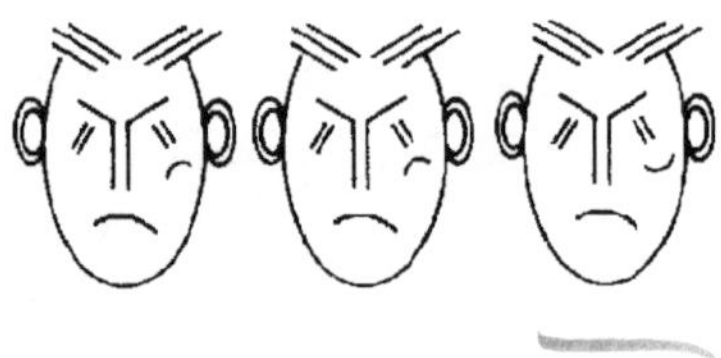

56

57 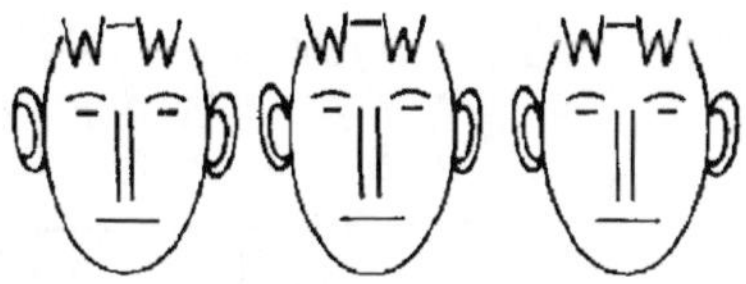

58 

59 

60 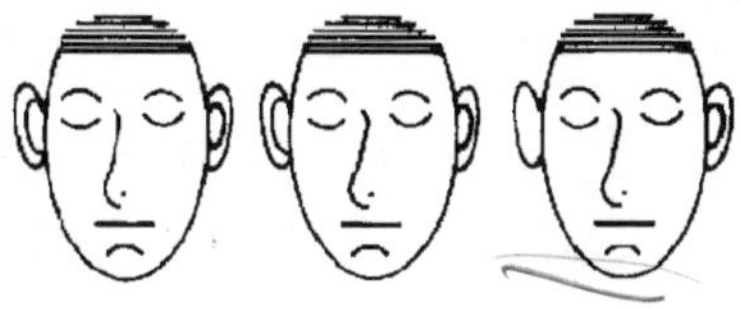

61 

62 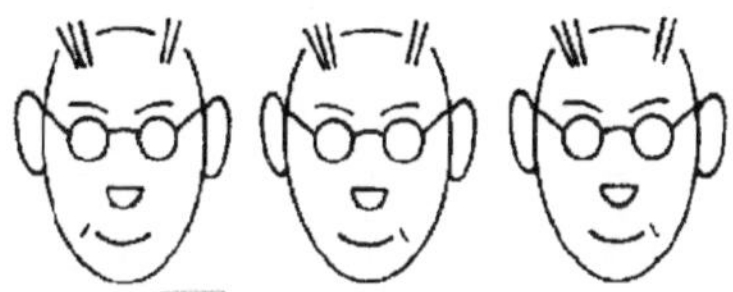

63 

64 

65 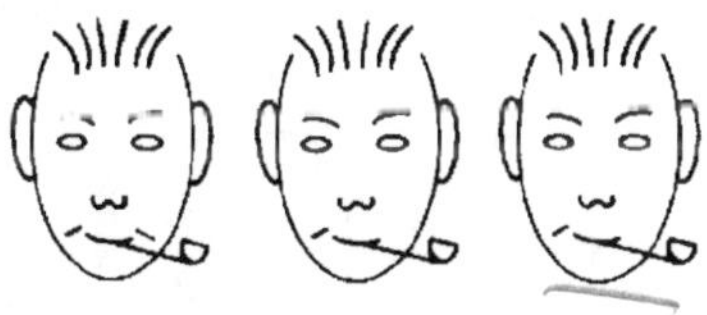

66 

a b c

67 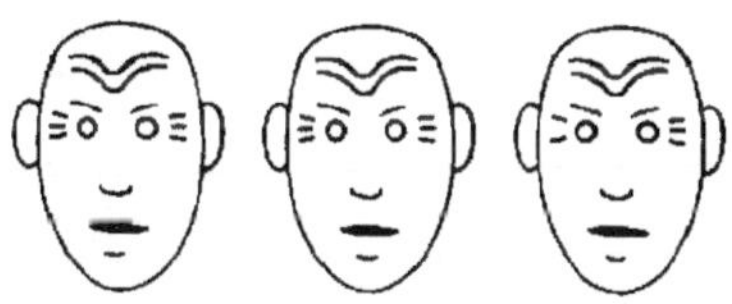

a b c

68 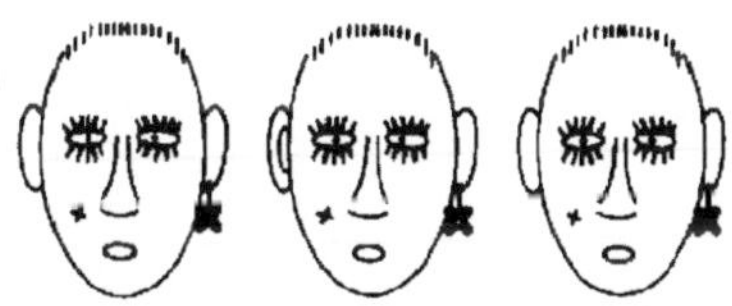

69 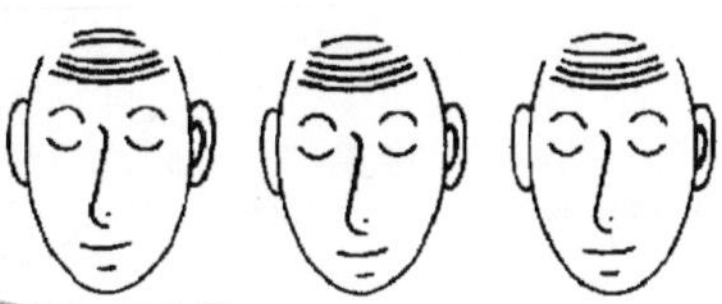

70 

71

72

73

74
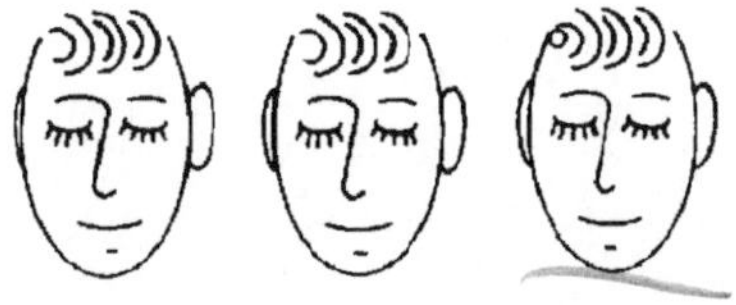

75
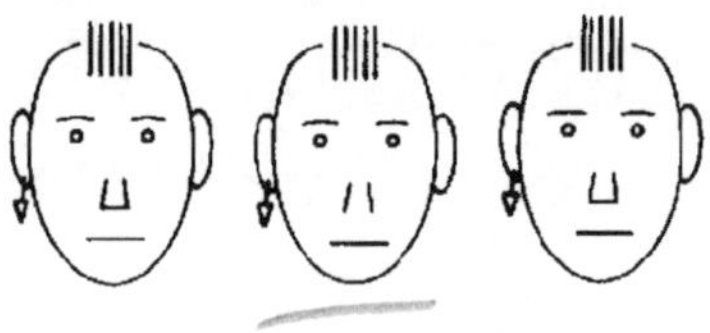

76

77
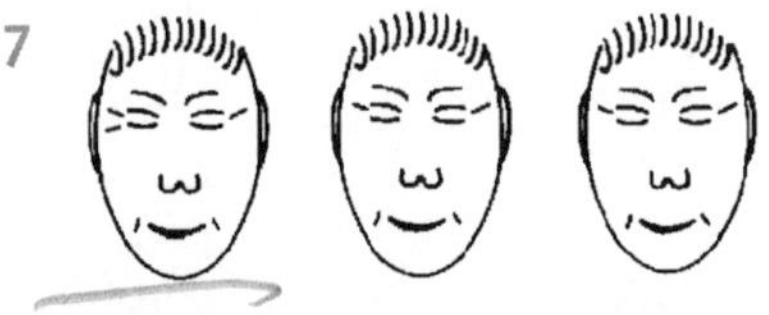

78

79
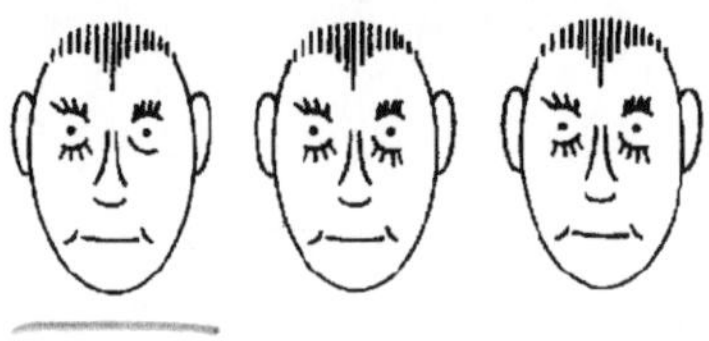

80

LÖSUNGEN

1 b	**2** a	**3** b	**4** c	**5** a	**6** c	**7** c	**8** a
9 b	**10** c	**11** a	**12** a	**13** c	**14** b	**15** b	**16** a
17 b	**18** c	**19** a	**20** c	**21** b	**22** a	**23** c	**24** c
25 c	**26** b	**27** b	**28** a	**29** b	**30** a	**31** c	**32** a
33 b	**34** a	**35** b	**36** b	**37** a	**38** a	**39** c	**40** b
41 a	**42** c	**43** b	**44** a	**45** c	**46** b	**47** a	**48** c
49 b	**50** c	**51** b	**52** a	**53** a	**54** c	**55** c	**56** b
57 a	**58** c	**59** b	**60** c	**61** b	**62** a	**63** c	**64** c
65 a	**66** b	**67** c	**68** b	**69** a	**70** c	**71** c	**72** b
73 a	**74** c	**75** b	**76** b	**77** a	**78** b	**79** a	**80** c

Einschätzung
Sie sollten mindestens 65 % der Aufgaben richtig gelöst haben.

Kopfrechnen

Dieser Test besteht aus 50 Aufgaben. Häufig werden erst einige Aufgaben optisch präsentiert und der Rest akustisch. Die Lösungszeit variiert je nach Schwierigkeitsgrad. Im Vorfeld sollten Sie intensiv das große Einmaleins wiederholen. Dies spart Zeit und beruhigt die Nerven. Sollten Sie eine Aufgabe nicht lösen können, lassen Sie diese am besten aus. Falsche Lösungen bringen unter Umständen Minuspunkte ein. Die mathematische Regel „Punkt vor Strich“ ist beim Kopfrechentest außer Kraft gesetzt.

Lassen Sie sich nun die folgenden 50 Übungsaufgaben von einem Helfer vorlesen. Dieser soll je nach Aufgabenschwierigkeit die Zeit zum Lösen etwas ausdehnen oder verkürzen. Im Mittel hat man pro Aufgabe ungefähr 15 Sekunden Zeit. Nach ca. 10 Sekunden bekommt man zur Orientierung einen Hinweis, nach Ablauf der vollen 15 Sekunden wird automatisch eine neue Aufgabe gestellt. Da Sie die Aufgaben in der Prüfung nur vorgelesen bekommen, sollten Sie sie nicht der Einfachheit halber alleine üben. Vorgelesen müssen Sie sich die Aufgaben merken (trainiert auch das Gedächtnis), sehen Sie sie, so können Sie einmal errechnete Ergebnisse ggf. korrigieren. Diese Möglichkeit gibt es in der Bewerbungssituation nicht.

AUFGABEN

1 1 070 + 390	**2** 49 − 56	**3** 56 · 44
4 92,5 : 2	**5** 3. Wurzel aus 64	**6** 2 + 3 · 5
7 4 · 3 · 2 · 19	**8** 258 : 3	**9** 93 · 3 · 12
10 12 · 13	**11** 93 + 10 · 5	**12** 11 · 13
13 13 · 15	**14** Wurzel aus 49	**15** 47,5 · 3
16 81 − 210 + 500	**17** 372 : 3	**18** 56 · 3 + 13
19 108 : 9	**20** 48 : 6	**21** 10 + 3 − 5
22 19 5 + 6 · 3	**23** 706 + 105	**24** 168 : 8
25 13 · 13	**26** 12 · 12	**27** 327 · 5
28 89 · 2 − 100	**29** 509 − 217	**30** 22 · 3

31 84:2−5 **32** 17·17 **33** 3^3

34 24^2 **35** 89−17·2 **36** 144:12

37 2·3·4·5 **38** 13+5 **39** 13·17

40 11·2−15 **41** 16:4 **42** 64:4

43 56·2 **44** 13·4 **45** 81:9

46 4·4·4·2 **47** 100+12−16 **48** 49+11−56

49 43−56+100 **50** 23·9

LÖSUNGEN

1 1460	**2** −7	**3** 2464	**4** 46,25	**5** 4	**6** 25
7 456	**8** 86	**9** 3348	**10** 156	**11** 515	**12** 143
13 195	**14** 7	**15** 142,5	**16** 371	**17** 124	**18** 181
19 12	**20** 8	**21** 8	**22** 60	**23** 811	**24** 21
25 169	**26** 144	**27** 1635	**28** 78	**29** 292	**30** 66
31 37	**32** 289	**33** 27	**34** 576	**35** 144	**36** 12
37 120	**38** 18	**39** 221	**40** 7	**41** 4	**42** 16
43 112	**44** 52	**45** 9	**46** 128	**47** 96	**48** 4
49 87	**50** 207				

Einschätzung
Sie sollten mindestens 25 richtige Lösungen haben, 30 sind besser, ab 35 haben Sie ein wirklich gutes bis sehr gutes Ergebnis erzielt.

Muster vergleichen

Bei dieser Aufgabenstellung müssen Sie drei Muster miteinander vergleichen. Zwei Muster sind identisch, das dritte unterscheidet sich in einem Detail. Ein Zeichen (Kreuz, Kreis oder Schrägstrich) wurde ergänzt oder weggelassen.

Sehen Sie sich zunächst das Beispiel an. Welches Muster ist anders als die beiden anderen?

Beispiel

a

	/	x	o		x	
/		o	x	x	o	
	o		x		o	o
o	/	x		/	o	
	x		/	/	x	o
x	/		x	o		
x		x		x		x

b

	/	x	o		x	
/		o	x	x	o	
	o	/	x		o	o
o	/	x		/	o	
	x		/	/	x	o
x	/		x	o		
x		x		x		x

c

	/	x	o		x	
/		o	x	x	o	
	o		x		o	o
o	/	x		/	o	
	x		/	/	x	o
x	/		x	o		
x		x		x		x

Lösung: b (in der dritten Zeile)

AUFGABEN

Für die folgenden 16 Musterreihen haben Sie nur 6 Minuten Zeit. Ein Tipp: Sollten Ihnen diese Reihen zum Üben nicht ausreichen, so finden Sie ähnliche Aufgabentypen in jeder Rätselzeitung.

1

a

/	x		x	o	/	x
x	/	o	o		x	o
	x	/	x	o	/	/
	o		o	/	/	o
x	/	x		/	x	x
	/	/	o	x	o	x
	x	x	o	x		o

b

/	x		x	o	/	x
x	/	o	o		x	o
	x	/	x	o	/	/
	o		o	/	/	o
x	/	x		/	x	x
	/	/	o	x	o	x
	x	x	o	x		o

c

/	x		x	o	/	x
x	/	o	o		x	o
	x	/	x	o	/	/
	o		o	/	/	o
x	/			/	x	x
	/	/	o	x	o	x
	x	x	o	x		o

2

a

	o		/			/
x		x		o	x	x
	o	o	o	x		/
x	x		x	/	o	o
		/	o	/		x
x	/	x	o	x		x
	/		o		/	o

b

	o		/			/
x		x		o	x	x
	o	o	o	x		/
x	x		x	/	o	o
		/	o	/		x
x	/	x	o	x		x
	/		o		/	o

c

	o		/			/
x		x		o	x	x
	o	o	o	x	o	/
x	x		x	/	o	o
		/	o	/		x
x	/	x	o	x		x
	/		o		/	o

3

a

/		/	o	o	/	
x	o	/		x	o	x
/	x	o	o		/	o
o	x	x	/	x	o	x
o		/	/	x	/	o
o	x	o	x	o	x	x
		x		o	x	o

b

/		/	o	o	/	
x	o	/		x	o	x
/	x	o	o		/	o
o	x	x		x	o	x
o		/	/	x	/	o
o	x	o	x	o	x	x
		x		o	x	o

c

/		/	o	o	/	
x	o	/		x	o	x
/	x	o	o		/	o
o	x	x		x	o	x
o		/	/	x	/	o
o	x	o	x	o	x	x
		x		o	x	o

4

a

	x	x			x	
x	/		o	o	x	/
	/	x	x		x	
	x	x	/	o	/	
	/		x	o		/
x	x	x		o	x	/
		/	/	/	x	

b

	x	x			x	
x	/		o	o	x	/
	/	x	x		x	
	x	x	/	o	/	o
	/		x	o		/
x	x	x		o	x	/
		/	/	/	x	

c

	x	x			x	
x	/		o	o	x	/
	/	x	x		x	
	x	x	/	o	/	
	/		x	o		/
x	x	x		o	x	/
		/	/	/	x	

5

a

x	/	/	o		x	x
	x		/	/		o
	o	x	/	x	o	
o		x	/	o	/	o
o		o		x	x	
/	o	/	/	o	/	o
	x		x	x		o

b

x	/	/	o		x	x
	x		/	/		o
	o	x	/	x	o	
o		x	/	o	/	o
o		o		x	x	
/	o	/	/	o	/	o
	x		x	x		o

c

x	/	/	o		x	x
	x		/	/		o
	o	x	/	x	o	x
o		x	/	o	/	o
o		o		x	x	
/	o	/	/	o	/	o
	x		x	x		o

6

a

x			o			/
	x	/	x	o	x	o
		x	/	/	o	
o		o	x			/
	o		/	x	/	
x	/	o			x	
	/		o			x

b

x			o			/
	x	/	x	o	x	o
		x	/	/	o	
o		o	x			/
	o		/	x	/	
x	/	o			x	
	/		o			x

c

x			o			/
	x	/	x	o	x	o
		x	/	/	o	
o			x			/
	o		/	x	/	
x	/	o			x	
	/		o			x

7

a

	o	x	/	o	/	
/	o	/	o	x	o	o
/	o	/	x		x	/
	x	x	/	x		/
o	x		o	o	o	/
o	x	o		x	x	
		x	/	/	/	

b

	o	x	/	o	/	
/	o	/	o	x	o	o
/	o	/	x		x	/
	x	x	/	x		/
o	x		o	o	o	/
	x	o		x	x	
		x	/	/	/	

c

	o	x	/	o	/	
/	o	/	o	x	o	o
/	o	/	x		x	/
	x	x	/	x		/
o	x		o	o	o	/
o	x	o		x	x	
		x	/	/	/	

8

a

	/	/	/	o	/	x
/	x		x	/	o	o
	/	/	o	o	o	x
o	o	x		/	x	
	x	/	x		/	/
o	o		x	x	/	
x	o	o	/	/	x	o

b

	/	/	/	o	/	x
/	x		x	/	o	o
	/	/	o	o	o	x
o	o	x		/	x	
	x	/	x		/	/
o	o			x	/	
x	o	o	/	/	x	o

c

	/	/	/	o	/	x
/	x		x	/	o	o
	/	/	o	o	o	x
o	o	x		/	x	
	x	/	x		/	/
o	o			x	/	
x	o	o	/	/	x	o

9

a

	x	x	/	x	x	/
/	/	o	/		o	/
x	/	o	x	o	/	x
o	x	o	o	x	o	/
o	/	/	x	o	x	o
	x	x	x		o	x
o	o	x	/	/	x	

b

	x	x	/	x	x	/
/	/	o	/		o	/
x	/	o	x	o	/	x
o	x	o	o	x	o	/
o	/	/	x	o	x	o
	x	x	x		o	x
o	o	x	/	/	x	

c

	x	x	/	x	x	/
/	/	o	/		o	/
x	/	o	x	o	/	x
o	x	o		x	o	/
o	/	/	x	o	x	o
	x	x	x		o	x
o	o	x	/	/	x	

10

a

	/	/	o	/	/	o
	o	x	o	x	o	/
x	x	o	/	o	/	/
	o	/	x	x	x	o
	/	/	o	/	/	o
x		x	/	x	o	x
	o	o		o		x

b

	/	/	o	/	/	o
	o	x	o	x	o	/
x	x	o	/	o	/	/
	o	/	x	x	x	o
	/	/	o	/	/	o
x		x	/	x	o	x
	o	o		o		x

c

	/	/	o	/	/	o
	o	x	o	x	o	/
x	x	o	/	o	/	/
	o	/	x	x	x	o
	/	/	o	/	/	o
x	/	x	/	x	o	x
	o	o		o		o

11

a

	/	/	/	o	/	
x		o	x	o	o	o
	x	x	o	x	/	o
/		/	o	o	x	
/	x	o		x	/	o
/		/	x	/	o	/
	/	x		/	x	o

b

	/	/	/	o	/	
x		o	x	o	o	o
	x	x	o	x	/	o
/		/	o	o	x	
/	x	o		x	/	o
/	o	/	x	/	o	/
	/	x		/	x	o

c

	/	/	/	o	/	
x		o	x	o	o	o
	x	x	o	x	/	o
/		/	o	o	x	
/	x	o		x	/	o
/	o	/	x	/	o	/
	/	x		/	x	o

12

a

x	x	/	x	/	o	x
	x		/	o	x	x
	/	x	/	/	o	/
	/		x		o	x
/	o	x		o	x	o
	x	o	x		/	o
	/	o		x		/

b

x	x	/	x	/	o	x
	x		/	o	x	x
	/	x	/	/	o	/
	/		x		o	x
/	o	x		o	x	o
	x	o	x		/	o
	/	o		x		/

c

x	x	/	x	/	o	x
	x		/	o	x	x
	/	x	/	/	o	/
	/		x	o	o	x
/	o	x		o	x	o
	x	o	x		/	o
	/	o		x		/

13

a

o	o	x	/	o	/	x
	x		x	x	/	x
o		/	/	x	o	
	x		x	o	/	x
o	/	x	/		o	/
	/	/	x	o	o	/
	o	o		/	/	

b

o	o	x	/	o	/	x
	x	/	x	x	/	x
o		/	/	x	o	
	x		x	o	/	x
o	/	x	/		o	/
	/	/	x	o	o	/
	o	o		/	/	

c

o	o	x	/	o	/	x
	x		x	x	/	x
o		/	/	x	o	
	x		x	o	/	x
o	/	x	/		o	/
	/	/	x	o	o	/
	o	o		/	/	

14

a

o		/	/		o	x
/	/	x	o	/	o	x
/	/	x	x	/	x	/
o	x	/		o	/	x
	x	/	x	o	x	/
o	x	/	o	o	x	
	x	x	o	x		/

b

o		/	/		o	x
/	/	x	o	/	o	x
/	/	x	x	/	x	/
o	x	/		o	/	x
	x	/	x	o	x	/
o	x	/	o		x	
	x	x	o	x		/

c

o		/	/		o	x
/	/	x	o	/	o	x
/	/	x	x	/	x	/
o	x	/		o	/	x
	x	/	x	o	x	/
o	x	/	o		x	
	x	x	o	x		/

15

a

		/		/	o	
x		o	o	/	/	
		o			x	o
/			o	x	x	
/		o			x	o
/	/		o	x	/	
	o			x		

b

		/		/	o	
x		o	o	/	/	
		o			x	o
/			o	x	x	
/		o			x	o
/	/		o	x	/	
	o			x		

c

		/		/	o	
x		o	o	/	/	
		o			x	o
/			o	x	x	
/		o		o	x	o
/	/		o	x	/	
	o			x		

16

a

/	x	o	/	x	o	
		x	/			/
o	o	/	o	o	/	
x		x	o		o	x
/		/		x		x
	x				/	o
	/	o	o	/		

b

/	x	o	/	x	o	
		x	/			/
o	o	/	o	o	/	
x		x	o		o	x
/		/		x		x
	x			x	/	o
	/	o	o	/		

c

/	x	o	/	x	o	
		x	/			/
o	o	/	o	o	/	
x		x	o		o	x
/		/		x		x
	x			x	/	o
	/	o	o	/		

LÖSUNGEN

1 c, 5. Zeile	**2** c, 3. Zeile	**3** a, 4. Zeile	**4** b, 4. Zeile
5 c, 3. Zeile	**6** c, 4. Zeile	**7** b, 6. Zeile	**8** a, 6. Zeile
9 c, 4. Zeile	**10** c, 6. Zeile	**11** a, 6. Zeile	**12** c, 4. Zeile
13 b, 2. Zeile	**14** a, 6. Zeile	**15** c, 5. Zeile	**16** a, 6. Zeile

Postporto berechnen

Von Hamburg, dem Tor zur Welt, aus sind verschiedene Postsachen (Briefe, Telegramme, Pakete) zu verschicken. Ihre Aufgabe besteht darin, die Post- bzw. Frachtgebühr anhand von Tabellen zu ermitteln. Durch unterschiedliche Beförderungsarten (z. B. Eilzustellung) wird alles etwas schwieriger. Hinzu kommt noch, dass gerade in dem Augenblick, in dem Sie an die Arbeit gehen wollen, eine Tarifänderung ins Haus steht. Aber sehen Sie selbst:

Beförderungsgegenstände	Tarifwert
Drucksache	1
Postkarte	2
Brief	3
Telegramm	4
Päckchen (bis 2 000 g)	5
Paket (bis 5 000 g)	6
(über 5 kg–10 kg)	7
(über 10 kg–15 kg)	8

Bestimmungsorte	
A	10 km von Hamburg aus
B	20 km
C	50 km
D	100 km
E	150 km
F	180 km
G	200 km
H	400 km
I	900 km
J	1 000 km
K	1 500 km
L	2 500 km

Beförderungsart/Zuschläge	
Einschreiben	5
Luftpost	3
Eilzustellung	5
Auslandszuschlag	4
Versicherungszuschlag bei Wertsachen	8

Kilometer-Tarife Entfernung	Tarifwert
0–10 km	1
10–50 km	2
50–100 km	3
100–500 km	4
500–1 000 km	5
über 1 000 km	6

Tarife		
Tarifwerte	bis 31. 12.	ab 1. 1.
1	0,50 GE	0,70 GE (= Gebühreneinheit)
2	0,90	1,00
3	1,20	1,50
4	2,20	2,50
5	2,50	2,80
6	3,00	3,40
7	3,50	3,90
8	4,00	4,50
9	4,70	5,00
10	5,10	5,60
11	5,90	6,10
12	6,80	7,10
13	7,50	7,90
14	8,10	8,50
15	8,90	9,70
16	10,00	10,40
17	10,50	10,80
18	12,50	13,00
19	15,00	18,00
20	18,50	18,90
21	19,20	19,60
22	20,40	20,90
23	21,70	22,00
24	22,20	22,60
25	22,90	23,10

Beispiel 1

Ein Brief soll am 31. 12. von Hamburg aus nach D geschickt werden. Wie hoch ist die anfallende Gebühreneinheit?

Brief	Tarifwert 3	
nach D 100 km	+ 3	= 6 am 31. 12. = 3,00 GE

Beispiel 2

Ein Telegramm soll am 1. 1. von Hamburg nach I geschickt werden.

Telegramm	Tarifwert 4			
nach I 900 km		+ 5	= 9 am 1. 1.	= 5,00 GE

AUFGABEN

Für 17 Aufgaben (Wie hoch ist jeweils die GE?) haben Sie 5 Minuten Zeit.

1 Eine Postkarte ist am 29. 12. auf dem Weg nach G.

2 Ein Telegramm wird am 13. 1. nach J ins Ausland (Zuschlag!) geschickt.

3 Nach D soll ein Luftpostbrief am 4. 1. versandt werden.

4 Ein Brief soll per Luftpost nach E am 30. 12. geschickt werden.

5 Ein 1 100 g schweres Päckchen soll ins Ausland nach H geschickt werden (vor dem 1. 1.).

6 Ein Paket muss per Eilzustellung am 30. 12. in C sein. Es wiegt 4,9 kg.

7 Eine Postkarte wird am 2. 1. ins Ausland nach J geschickt.

8 Ein Telegramm soll nach H ins Ausland am 31. 12. geschickt werden.

9 Ein 5,5 kg schweres Einschreiben-Paket soll per Luftpost ins Ausland am 5. 1. nach J versandt werden.

10 Eine Drucksache soll mit Auslandszuschlag am 2. 1. nach E geschickt werden.

11 Ein Luftpost-Eilzustellungspäckchen von 800 g soll ins Ausland geschickt werden, am 3. 1. nach H.

12 Am 1. 1. soll eine Postkarte per Eilzustellung den Empfänger in B erreichen.

13 Ein Eilzustellungs-Luftpostpaket (15 kg) soll am 30. 12. ins Ausland nach G versandt werden.

14 6 000 g wiegt ein Paket, das per Einschreiben ins Ausland nach I geht und noch vor dem 30. 12. eintreffen soll.

15 Per Luftpost wird ein Päckchen nach F am 2. 1. versandt.

16 Ein versichertes Wertpaket (10 kg) wird am 1. 12. ins Ausland nach L verschickt.

17 Ein Wertbrief soll per Einschreiben am 30. 1. nach K versandt werden.

LÖSUNGEN

1 3,00	**2** 7,90	**3** 5,00	**4** 5,10	**5** 7,50	**6** 7,50
7 6,10	**8** 6,80	**9** 22,60	**10** 5,00	**11** 19,60	**12** 5,00
13 22,20	**14** 19,20	**15** 7,10	**16** 22,90	**17** 20,90	

Einschätzung
Bei 12 richtigen Lösungen beginnt der grüne Bereich, mehr ist besser!

Rechenarten einfügen – Teil 1

Rechenarten kennen Sie sicherlich viele. In diesem Test bekommen Sie verschiedene Zahlen und ein Endergebnis präsentiert. In die Lücken zwischen den Zahlen müssen Sie die Rechenoperatoren eintragen, die am Schluss das angegebene Endergebnis ergeben. Dabei wird jeweils nur addiert und subtrahiert. Multiplikationen oder Divisionen finden nicht statt.

Beispiel 1

5 __ 5 __ 10 = 20

Um die Aufgabe richtig zu lösen, müssen Sie jeweils im ersten und im zweiten Feld addieren, also ein „+“ einfügen.

5 + 5 + 10 = 20

Beispiel 2

25 __ 10 __ 2 = 17

Um die Aufgabe richtig zu lösen, müssen Sie erst subtrahieren, danach addieren.

25 – 10 + 2 = 17

AUFGABEN

Bitte lösen Sie die folgenden 20 Aufgaben innerhalb von 2 Minuten. Arbeiten Sie so schnell Sie können!
Beachten Sie bitte, dass Sie bei diesem Test vermutlich nicht alle Aufgaben lösen können. Das ist so beabsichtigt. Lassen Sie sich nicht verunsichern.

A	2 __ 4 __ 10 = 16	B	25 __ 6 __ 1 = 20
C	7 __ 7 __ 10 = 4	D	19 __ 7 __ 2 = 14
E	20 __ 30 __ 7 = 57	F	17 __ 9 __ 2 = 6
G	13 __ 1 __ 5 = 9	H	6 __ 4 __ 3 = 7
I	4 __ 3 __ 3 = 10	J	9 __ 7 __ 11 = 13
K	6 __ 6 __ 2 = 10	L	11 __ 7 __ 3 = 1
M	17 __ 5 __ 3 = 9	N	13 __ 7 __ 3 = 9
O	4 __ 8 __ 5 = 7	P	13 __ 4 __ 5 = 22
Q	9 __ 3 __ 3 = 15	R	17 __ 17 __ 20 = 14
S	12 __ 3 __ 7 = 8	T	8 __ 4 __ 2 = 14

LÖSUNGEN

A	2+4+10=16	B	25−6+1=20
C	7+7−10=4	D	19−7+2=14
E	20+30+7=57	F	17−9−2=6
G	13+1−5=9	H	6+4−3=7
I	4+3+3=10	J	9−7+11=13
K	6+6−2=10	L	11−7−3=1
M	17−5−3=9	N	13−7+3=9
O	4+8−5=7	P	13+4+5=22
Q	9+3+3=15	R	17+17−20=14
S	12+3−7=8	T	8+4+2=14

Rechenarten einfügen – Teil 2

Nachdem Sie im vorigen Test bereits Rechenarten einfügen und mittels der Addition und Subtraktion eine korrekt gelöste Gleichung erstellen sollten, kommen in der verschärften Variante auch die Multiplikation und Division hinzu. Gleichzeitig werden die auszuführenden Operationen erweitert und es gilt nun die Regel „Punkt vor Strich".

Beispiel 1

2 __ 3 __ 5 = 17

Um die Aufgabe richtig zu lösen, müssen Sie zuerst $3 \cdot 5$ rechnen (Punkt vor Strich) und danach die 2 addieren, also ein „+" einfügen. Korrekt geschrieben erhalten Sie nun folgende Lösung:

$2 + 3 \cdot 5 = 17$

Beispiel 2

8 __ 4 __ 2 = 10

Rechnen Sie hier zunächst 4 : 2 und addieren dann die 8, so erhalten Sie folgende richtige Lösung:

$8 + 4 : 2 = 10$

Theoretisch kann es vorkommen, dass es mehrere Wege gibt, mit den gegebenen Zahlen zum gesuchten Ergebnis zu kommen. In diesem Fall werden auch unterschiedliche Lösungen als korrekt gewertet.

AUFGABEN

Lösen Sie die nun folgenden 20 Aufgaben bitte innerhalb der nächsten 15 Minuten.

A 2 __ 3 = 5

B 2 __ 3 = 6

C 6 __ 4 __ 4 = 14

D 4 __ 2 __ 4 = 12

E 15 __ 3 __ 5 = 9

F 26 __ 3 __ 2 = 156

G 12 __ 3 __ 4 __ 2 = 6

H 17 __ 3 __ 10 __ 2 = 0

I 25 _ 6 _ 2 _ 33 = 46

J 20 _ 12 _ 5 _ 10 = 26

K 8 _ 3 _ 5 _ 2 _ 8 = 35

L 3 _ 5 _ 6 _ 2 _ 2 = 32

M 5 _ 8 _ 7 _ 4 _ 22 = 48

N 17 _ 5 _ 2 _ 17 _ 7 = 3

O 89 _ 45 _ 8 _ 2 _ 7 = 106

P 17 _ 7 _ 30 _ 12 _ 2 = 95

Q 5 _ 7 _ 2 _ 7 _ 8 _ 17 = 76

R 2 _ 5 _ 4 _ 6 _ 10 _ 4 = 11

S 7 _ 8 _ 4 _ 40 _ 2 _ 3 = 120

T 45 _ 45 _ 9 _ 10 _ 40 _ 76 = 59

LÖSUNGEN

A 2+3=5

B 2·3=6

C 6+4+4=14

D 4·2+4=12

E 15·3:5=9

F 26·3·2=156

G 12:3+4−2=6

H 17+3−10·2=0

I 25−6·2+33=46

J 20+12·5:10=26

K 8·3+5−2+8=35

L 3+5·6−2:2=32

M 5·8·7:4−22=48

N 17+5·2−17−7=3

O 89+45−8:2·7=106

P 17·7−30+12:2=95

Q 5·7+2+7·8−17=76

R 2·5:4+6+10:4=11

S 7·8+4+40:2·3=120

T 45+45:9·10+40−76=59

Bearbeitungstipps

Lassen Sie sich auf keinen Fall entmutigen: Dieser Aufgabentyp ist so konstruiert, dass Sie nur sehr selten alle Aufgaben innerhalb der Bearbeitungszeit korrekt lösen können werden. Bearbeiten Sie die Aufgaben aber auf jeden Fall in der vorgegebenen Reihenfolge, da meistens auch der Schwierigkeitsgrad kontinuierlich ansteigt. Merken Sie, dass Sie bei einer Aufgabe nicht weiter kommen, so lassen Sie diese einfach aus und gehen zur nächsten über.

Bevor Sie mit den Aufgaben beginnen, sollten Sie sich zunächst das Endergebnis ansehen. Je nach Größe des gesuchten Ergebnisses können Sie schon grob ableiten, welche Rechenarten gesucht werden: Bei größeren Ergebnissen und kleinen Zahlen muss z. B. fast immer an mindestens einer Stelle eine Multiplikation durchgeführt werden. Ein kleines Endergebnis bei großen Zahlen deutet dagegen auf (mindestens) eine erforderliche Division hin.

Wichtig für diese Art von Aufgaben sind sehr gute Rechenfähigkeiten im Zahlenbereich des großen Einmaleins. Haben Sie damit Schwierigkeiten, so sollten Sie in Erwägung ziehen, das große Einmaleins (bis 25·25) nochmals gut zu üben (auswendig zu lernen). Nutzen Sie hierzu auch die weiteren Trainingsmöglichkeiten, die Ihnen dieses Buch bietet.

Speed-Rechnen – Teil 1

Beim Speed-Rechnen bekommen Sie ganz leichte Rechenaufgaben gestellt, bei denen nur addiert oder subtrahiert werden muss. Eine Testaufgabe besteht aus zwei Rechenaufgaben. Ihre Aufgabe ist es, beide Aufgaben zu lösen und dann das kleinere Ergebnis vom größeren abzuziehen. Das dann ermittelte Ergebnis müssen Sie in einem Lösungsbogen notieren. Wichtig: Sie dürfen keine Nebenrechnungen vornehmen oder sich Notizen machen. Alles muss in Ihrem Kopf stattfinden!

Beispiel

3 + 6 + 5

2 + 7 + 4

Lösung

3 + 6 + 5 = 14

2 + 7 + 4 = 13

14 – 13 = 1

In Ihrem Lösungsbogen müssen Sie nun die 1 als richtige Lösung markieren. Hier schreiben Sie Ihr Ergebnis bitte separat auf und vergleichen später die Lösungen.

AUFGABEN

Für die folgenden Aufgaben haben Sie 3 Minuten Zeit.

Block 1

A	5+10 6+10	B	3+5 6+5	C	6+5 2+7	D	3+7 3+1
E	6+7 1+8	F	7+6 2+7	G	6+7 2+9	H	6+8 4+4
I	2+8 4+9	J	3+8 4+5	K	4+6 2+6	L	8+5 7+8
M	6+8 6+6	N	7+5 4+2	O	4+3 2+3	P	3+4 3+4
Q	5+7 8+3	R	9+9 3+4	S	7+6 5+2	T	5+4 3+5

Für die folgenden Aufgaben haben Sie nun 4 Minuten Zeit.

Block 2

A	4+8−2 5+1+2	B	9−5+1 8−4+4	C	3+3+5 6−4+7	D	8−2−6 7−2+3
E	2+5+4 5+5+6	F	8−9+3 8−7−1	G	3−2+7 4+5−7	H	5−5+6 2−5+6
I	2+3+4 9−5+2	J	4+5+6 8−6+4	K	7+8+9 2−3+4	L	4−7+9 7+6−8
M	8+7−2 2+2+2	N	5+8−9 5−4+8	O	2+5−4 7+7−9	P	9+8−4 8+7+9
Q	4+2−4 2+4+8	R	7+4−9 7−4+2	S	2+7−4 4+7−9	T	7−5+9 7+8−9

LÖSUNGEN

Block 1

A 1	B 3	C 2	D 6	E 4	F 4	G 2
H 6	I 3	J 2	K 2	L 2	M 2	N 6
O 2	P 0	Q 1	R 11	S 6	T 1	

Block 2

A 2	B 3	C 2	D 8	E 5	F 2	G 6
H 3	I 3	J 9	K 21	L 1	M 7	N 5
O 2	P 11	Q 12	R 3	S 3	T 5	

Speed-Rechnen – Teil 2

Nachdem Sie eben beim Speed-Rechnen die erste Variante kennengelernt haben, kann es vorkommen, dass man Sie bittet, auch noch eine andere Lösungsmöglichkeit auszuprobieren. Ist das Ergebnis der oberen Rechenoperation nun kleiner oder gleich dem Ergebnis der unteren Rechnung, so werden in diesem Fall beide Ergebnisse addiert, ansonsten wieder das kleinere Ergebnis vom größeren subtrahiert. Zur Verdeutlichung zwei Beispiele:

Beispielaufgaben

A $4+5+8$
$2+8+8$

B $2+2+2$
$1-1+2$

Lösungen

A $4+5+8=17$
$2+8+8=18$

B $2+2+2=6$
$1-1+2=2$

Im Fall A rechnen Sie nun $17+18=35$.
Bei Aufgabe B würden Sie $6-2=4$ als richtige Lösung erhalten.

AUFGABEN

Für die folgenden Aufgaben haben Sie 3 Minuten Zeit.

Block 1

A	5+6 8+4	B	6+6 5+5	C	5+6 2+4	D	8+3 3+9
E	5+2 9+8	F	4+3 7+5	G	2+3 5+3	H	5+8 8+5
I	7+5 9+9	J	6+3 8+6	K	9+7 5+4	L	8+7 8+9
M	9+9 1+1	N	8+4 5+6	O	2+5 6+2	P	4+1 1+2
Q	5+6 8+9	R	7+7 5+9	S	2+3 9+6	T	9+0 6+6

Für die folgenden Aufgaben haben Sie nun 4 Minuten Zeit.

Block 2

A	4 + 7 – 5 7 – 5 + 8	B	5 + 6 – 7 1 + 1 + 2	C	4 – 2 + 8 6 – 6 + 7	D	4 – 7 + 6 4 – 6 + 8
E	4 – 7 + 6 5 + 8 – 9	F	8 + 9 – 3 9 – 4 – 1	G	4 – 2 + 7 2 + 2 – 1	H	6 – 4 + 2 8 – 9 + 5
I	5 – 4 + 3 5 + 3 – 4	J	4 + 1 – 5 1 – 4 + 7	K	7 + 9 – 4 5 + 7 – 2	L	2 + 3 + 4 5 – 1 – 3
M	2 – 3 + 7 7 + 5 – 9	N	8 – 7 + 5 9 – 4 – 3	O	2 – 7 + 5 9 – 5 – 3	P	3 + 4 + 6 2 + 2 + 2
Q	4 + 2 + 1 5 – 3 + 7	R	4 – 2 + 8 6 + 4 – 8	S	8 – 1 + 2 1 + 3 – 2	T	3 + 7 + 7 5 + 5 + 5

LÖSUNGEN

Block 1

A 23	**B** 2	**C** 5	**D** 23	**E** 24	**F** 19	**G** 13
H 26	**I** 30	**J** 23	**K** 7	**L** 32	**M** 16	**N** 1
O 15	**P** 2	**Q** 28	**R** 28	**S** 20	**T** 21	

Block 2

A 16	**B** 8	**C** 3	**D** 9	**E** 7	**F** 10	**G** 6
H 8	**I** 8	**J** 4	**K** 2	**L** 8	**M** 3	**N** 4
O 1	**P** 7	**Q** 16	**R** 8	**S** 7	**T** 2	

Symbole zuordnen

Jede Zahl ist einem spezifischen Symbol zugeordnet. Sie bekommen eine Zahlenreihe präsentiert, in der die Symbole fehlen. Sie sollen jeder Zahl wieder deren spezifisches Symbol zuordnen (einzeichnen). Beachten Sie, dass Sie nur in der vorgegebenen Reihenfolge vorgehen dürfen. Im Test müssen Sie so schnell wie möglich arbeiten und werden meist nicht alle Aufgaben in der zur Verfügung stehenden Zeit bearbeiten können.

Beispiel

Symbolleiste

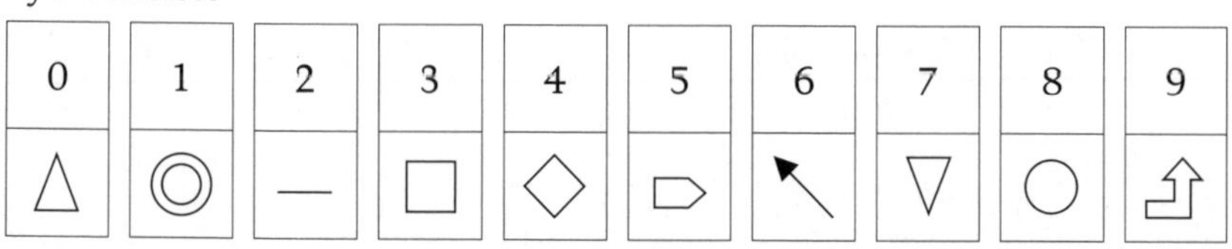

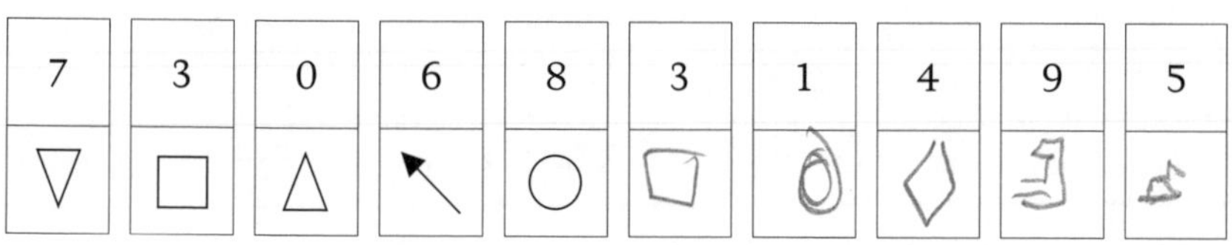

Bearbeiten Sie die nun folgenden vier Symbolreihen in der vorgegebenen Reihenfolge und so schnell wie möglich. Sie haben 1 Minute Zeit!

AUFGABEN

Symbolleiste

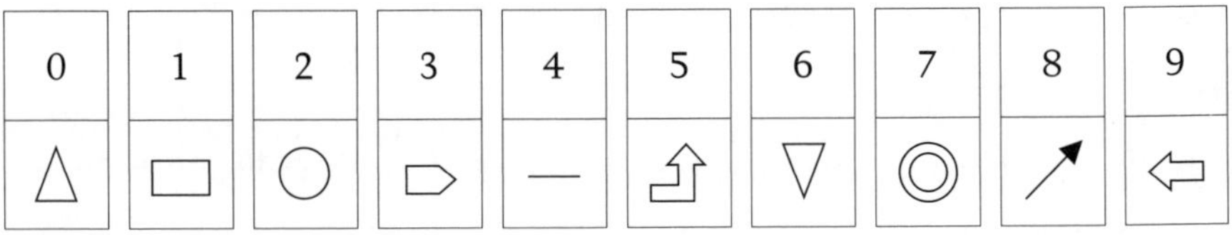

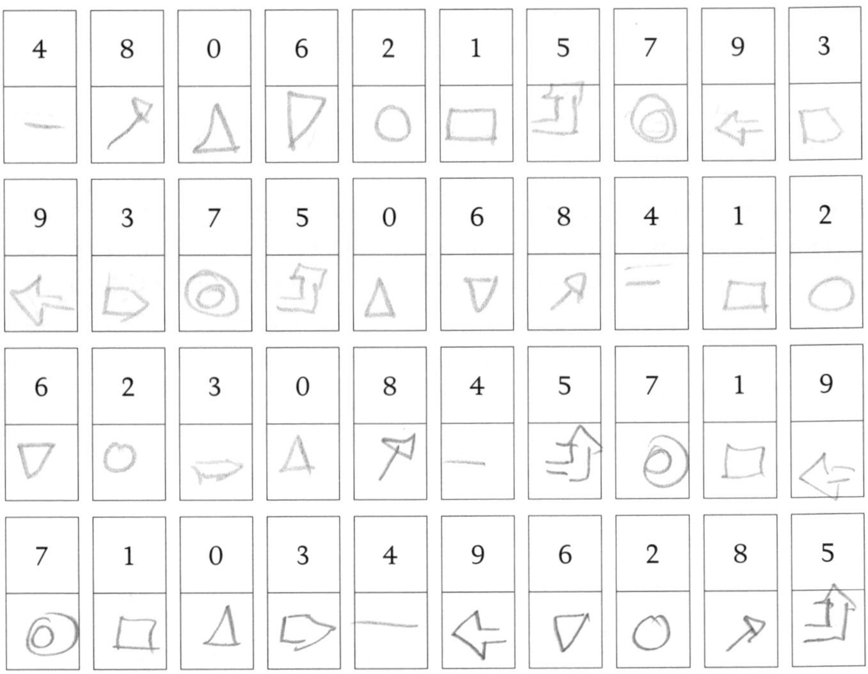

LÖSUNGEN

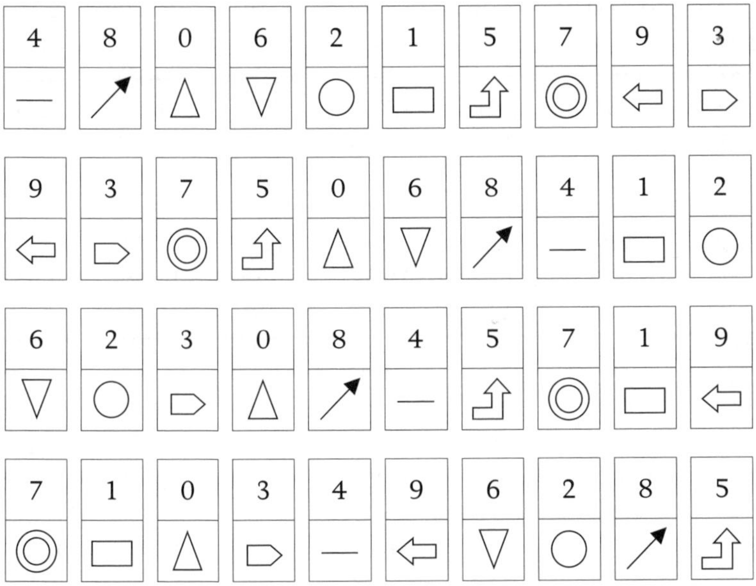

Zahlen suchen

Bei dieser Aufgabe geht es darum, alle (aus zwei Zeilen bestehenden) Zahlenblöcke herauszusuchen, die folgende Bedingungen erfüllen: obere Zeile im Intervall von 0,1600 bis 0,3350 und untere Zeile > 240

Beispiel

a	b	c	d	e	f	g
0,1434	2,4773	0,5540	0,8555	0,2156	0,2320	3,1843
(131)	(140)	(245)	(222)	(450)	(231)	(220)

Die Lösungen sind in das Lösungsschema einzutragen.

a	b	c	d	e	f	g
☐	☐	☐	☐	☒	☐	☐

AUFGABEN

Bitte lösen Sie die auf der nächsten Seite beginnenden 20 Aufgaben in $7\frac{1}{2}$ Minuten.

	a	b	c	d	e	f	g
1	0,1124 (243)	1,2260 (134)	0,8920 (326)	0,2572 (673)	1,1502 (215)	0,7221 (451)	9,6600 (534)
2	1,1576 (345)	0,2456 (267)	0,3051 (904)	0,1050 (762)	0,8060 (267)	0,4562 (156)	0,8742 (450)
3	0,1995 (135)	0,2950 (945)	0,2456 (456)	0,1670 (229)	0,2458 (192)	0,5470 (235)	0,2245 (210)
4	0,4672 (256)	0,2178 (230)	0,1645 (674)	0,1296 (236)	0,6281 (456)	0,7239 (330)	0,2980 (506)
5	0,2113 (845)	0,1565 (103)	1,1452 (506)	0,1672 (220)	0,1990 (206)	0,2147 (298)	0,2001 (245)
6	0,1750 (556)	0,7810 (348)	0,3450 (453)	0,1240 (249)	0,2361 (335)	0,6712 (863)	0,1265 (437)
7	0,1602 (215)	0,1279 (349)	0,2107 (317)	0,1456 (268)	0,1562 (654)	0,1376 (159)	0,7619 (560)
8	0,2789 (229)	0,5623 (658)	0,2935 (123)	0,3250 (569)	0,3103 (437)	0,2956 (216)	0,3345 (231)
9	0,3859 (299)	0,2217 (115)	1,1355 (564)	0,2459 (209)	0,3102 (158)	0,1925 (211)	0,2376 (391)
10	0,2568 (075)	0,3127 (213)	0,2547 (192)	0,1934 (298)	3,2458 (545)	1,2983 (875)	0,2884 (739)
11	0,1995 (135)	0,2950 (945)	0,2456 (456)	0,1670 (229)	0,2458 (192)	0,5470 (235)	0,2245 (210)
12	0,4672 (256)	0,2178 (230)	0,1645 (674)	0,1296 (236)	0,6281 (456)	0,7239 (330)	0,2980 (506)
13	0,2003 (845)	0,1560 (103)	0,1452 (506)	0,1672 (220)	0,1990 (206)	0,2147 (298)	0,2001 (245)
14	0,1750 (556)	0,7810 (348)	0,3450 (453)	0,1240 (249)	0,2361 (335)	0,6712 (863)	0,1265 (437)
15	0,1708 (125)	0,1279 (349)	0,2107 (317)	0,1456 (268)	0,1562 (654)	0,1376 (159)	0,7619 (560)
16	0,2789 (229)	0,5623 (658)	0,2935 (123)	0,3250 (569)	0,3103 (437)	0,2956 (216)	0,3345 (231)
17	0,3456 (298)	0,3210 (215)	1,2354 (514)	0,2557 (219)	0,3232 (168)	0,1445 (215)	0,2571 (341)
18	0,2568 (175)	0,3127 (213)	0,2547 (192)	0,1934 (298)	3,2458 (545)	1,2983 (875)	0,2884 (739)
19	0,1111 (240)	2,7878 (239)	1,7878 (676)	0,0001 (141)	0,2121 (889)	0,8988 (545)	0,1454 (666)
20	0,1711 (241)	3,7878 (229)	0,7878 (626)	1,0001 (121)	2,2121 (882)	0,8288 (525)	0,1464 (666)

	a	b	c	d	e	f	g
1	☐	☐	☐	☐	☐	☐	☐
2	☐	☐	☐	☐	☐	☐	☐
3	☐	☐	☐	☐	☐	☐	☐
4	☐	☐	☐	☐	☐	☐	☐
5	☐	☐	☐	☐	☐	☐	☐
6	☐	☐	☐	☐	☐	☐	☐
7	☐	☐	☐	☐	☐	☐	☐
8	☐	☐	☐	☐	☐	☐	☐
9	☐	☐	☐	☐	☐	☐	☐
10	☐	☐	☐	☐	☐	☐	☐
11	☐	☐	☐	☐	☐	☐	☐
12	☐	☐	☐	☐	☐	☐	☐
13	☐	☐	☐	☐	☐	☐	☐
14	☐	☐	☐	☐	☐	☐	☐
15	☐	☐	☐	☐	☐	☐	☐
16	☐	☐	☐	☐	☐	☐	☐
17	☐	☐	☐	☐	☐	☐	☐
18	☐	☐	☐	☐	☐	☐	☐
19	☐	☐	☐	☐	☐	☐	☐
20	☐	☐	☐	☐	☐	☐	☐

LÖSUNGEN

1 d	**2** b c	**3** b c	**4** c g	**5** a f g
6 a e	**7** c	**8** d e	**9** g	**10** d g
11 b c	**12** c g	**13** a f g	**14** a e	**15** c
16 d e	**17** g	**18** d g	**19** e	**20** a

Zahlen markieren

Dieser Test lässt sich sowohl in den Bereich der mathematischen als auch in den der Konzentrationstests einordnen. Ihnen wird ein Zahlenfeld präsentiert, bei dem Sie bestimmte Zahlen mit einem geraden, waagerechten Strich markieren müssen. Dies können z. B. alle Primzahlen sein (Zahlen, die nur durch 1 und sich selbst teilbar sind) oder auch alle Zahlen, die nur durch 3 teilbar sind (und dabei jeweils eine ganze Zahl das Ergebnis ist). Arbeiten Sie immer in der vorgegebenen Pfeilrichtung.

Beispiel

Unterstreichen Sie alle Zahlen, *die durch 7 teilbar sind* (Ergebnis dabei: nur ganze Zahlen).

→	44	41	<u>77</u>	88	<u>112</u>	19	<u>49</u>	45	23	87	55
	67	2	64	96	73	<u>266</u>	643	76	13	<u>56</u>	134

AUFGABEN

Block 1

In dem nun folgenden Zahlenblock unterstreichen Sie bitte alle Zahlen, *die durch 3 teilbar sind.* Für 10 Reihen haben Sie $1\frac{1}{2}$ Minuten Zeit!

→	66	32	97	85	345	132	654	87	934	6 321	74
	264	74	56	3	24	21	98	77	64	4 265	75
	47	876	654	87	232	897	32	54	234	8 776	76
	76	45	23	67	98	9	33	33	562	6	21
	345	15	96	476	3	983	74	853	74	24	27
	65	35	96	46	24	653	625	9 734	63	254	426
	74	245	753	32	56	886	563	875	97	755	764
	43	54	332	657	878	976	65	232	465	8 756	87
	785	458	9 876	342	76	875	9 754	426	74	845	65
	865	54	3 258	908	5	754	425	854	54	32	9

Block 2

In dem nun folgenden Zahlenblock unterstreichen Sie bitte alle Zahlen, *die um 6 größer sind als die vorige Zahl.* Für 10 Reihen haben Sie $1\frac{1}{2}$ Minuten Zeit!

→	56	62	54	5	77	83	88	54	2	9	12
	55	60	66	72	78	83	89	5	10	15	20
	20	37	40	64	45	33	39	46	55	62	66
	44	50	55	78	84	132	137	143	150	6	12
	56	34	56	42	48	87	34	65	71	56	62
	78	84	43	67	43	324	30	334	340	345	632
	561	647	653	687	695	701	864	870	887	892	900
	67	765	534	540	755	770	785	790	796	800	806
	6 453	6 559	6 564	6 670	6 673	6 679	6 680	6 758	6 764	6 453	6 754
	7 777	7 778	7 784	8 534	8 550	8 566	4 099	4 104	4 111	4 117	4 212

Selbstverständlich sind auch noch Varianten dieser Aufgaben denkbar. Einmal müssen Sie alle Zahlen markieren, die um eine bestimmte Zahl größer sind als die vorherige, ein anderes Mal um eine bestimmte Zahl kleiner, mal alle Zahlen, die nur durch bestimmte Zahlen teilbar sind usw. Wollen Sie noch mehr dieser Aufgaben üben, so können Sie sich leicht selbst Aufgaben dieses Typs zusammenstellen.

LÖSUNGEN

Block 1

66	32	97	85	345	132	654	87	934	6321	74
264	74	56	3	24	21	98	77	64	4265	75
47	876	654	87	232	897	32	54	234	8776	76
76	45	23	67	98	9	33	33	562	6	21
345	15	96	476	3	983	74	853	74	24	27
65	35	96	46	24	653	625	9734	63	254	426
74	245	753	32	56	886	563	875	97	755	764
43	54	332	657	878	976	65	232	465	8756	87
785	458	9876	342	76	875	9754	426	74	845	65
865	54	3258	908	5	754	425	854	54	32	9

Block 2

56	62	54	5	77	83	88	54	2	9	12
55	60	66	72	78	83	89	5	10	15	20
20	37	40	64	45	33	39	46	55	62	66
44	50	55	78	84	132	137	143	150	6	12
56	34	56	42	48	87	34	65	71	56	62
78	84	43	67	43	324	30	334	340	345	632
561	647	653	687	695	701	864	870	887	892	900
67	765	534	540	755	770	785	790	796	800	806
6453	6559	6564	6670	6673	6679	6680	6758	6764	6453	6754
7777	7778	7784	8534	8550	8566	4099	4104	4111	4117	4212

Zugehörigkeiten erkennen

Gleich werden wir Ihnen eine Reihe von scheinbar wahllos zusammengestellten Wörtern präsentieren. Ihre Aufgabe wird es sein, alle Wörter mit einem vorangestellten ✗ zu markieren, bei denen das nachfolgende Wort etwas bezeichnet, das ein Teil des mit dem ersten Wort bezeichneten Gegenstandes oder Lebewesens ist. Es geht also darum, Teil-Ganzes-Beziehungen zu erkennen und das „Ganze" anzukreuzen.

Beispiel

Bearbeiten Sie die Spalten von oben nach unten.

	Hut	✗	Radio
	Fallschirm		Antenne
	Mauer	✗	Dackel
✗	Regenschirm		Rute
	Griff		Flugzeug

Der Regenschirm hat einen Griff, muss also markiert werden.
Das Radio hat eine Antenne, ist also auch richtig.
Der Dackel hat eine Rute (einen Schwanz). Also muss auch er mit einem ✗ markiert werden.

AUFGABEN

Bitte bearbeiten Sie die nun folgenden 78 Wörter. Sie haben 2 Minuten Zeit.

	T-Shirt		Computer		Regal
	Baumwolle		Festplatte		Farbe
	Fisch		Kassette		Dose
	Schuppen		Arzt		Pudding
	Lager		Kittel		Milch
	Radio		Flasche		Feld
	Fernseher		Auto		Blume
	Radar		Kühlschrank		Flugzeug
	Heizung		Teppich		Tragflächen
	Wasser		Türklinke		Fenster
	Hut		Bär		Gardine
	Eimer		Fell		Nagel
	Sense		Auge		Schuhe
	Schere		Linse		Schlips
	Messer		Bett		Bild
	Klinge		Fenster		Bahn
	Wasser		Trockner		Schiene
	Tisch		Eis		Karte
	Tür		Strom		Mensch
	Pullover		Decke		Flohmarkt
	Kissen		Motor		Hose
	Treppe		Arbeit		Gemüse
	Ampel		Buch		Obst
	Wolken		Seite		Mopp
	Uhr		Frosch		Schloss
	Urlaub		Markt		Schlüssel

LÖSUNGEN

✗	T-Shirt	✗	Computer		Regal
	Baumwolle		Festplatte		Farbe
✗	Fisch		Kassette		Dose
	Schuppen	✗	Arzt	✗	Pudding
	Lager		Kittel		Milch
	Radio		Flasche	✗	Feld
	Fernseher		Auto		Blume
	Radar		Kühlschrank	✗	Flugzeug
✗	Heizung		Teppich		Tragflächen
	Wasser		Türklinke	✗	Fenster
	Hut	✗	Bär		Gardine
	Eimer		Fell		Nagel
	Sense	✗	Auge		Schuhe
	Schere		Linse		Schlips
✗	Messer		Bett		Bild
	Klinge		Fenster	✗	Bahn
	Wasser		Trockner		Schiene
	Tisch		Eis		Karte
	Tür		Strom		Mensch
	Pullover		Decke		Flohmarkt
	Kissen		Motor		Hose
	Treppe		Arbeit		Gemüse
	Ampel	✗	Buch		Obst
	Wolken		Seite		Mopp
	Uhr		Frosch	✗	Schloss
	Urlaub		Markt		Schlüssel

Zwei d/b/q-Test

Ihnen wird ein Blatt mit Buchstabenreihen vorgelegt, hier mit den Buchstaben d, b und q. Alle d mit zwei Strichen sollen markiert werden. Diese können so aussehen:

ǀǀ	ǀ	
d	d	d
	ǀ	ǀǀ

Alle d, die insgesamt mehr oder weniger als zwei Striche haben (oben/unten), dürfen nicht markiert werden, ebenso wenig die Buchstaben b und q. Es empfiehlt sich, diesen Test rechtzeitig zu üben. Sie werden sehen: Je öfter Sie dies machen, desto schneller und besser werden Sie. Für die nun beginnenden 53 Zeilen haben Sie 18 Minuten Zeit. Bitte notieren Sie am Zeilenrand jeweils die Anzahl der markierten d.

AUFGABEN

	ǀ	ǀ	ǀ	ǀ	ǀǀ		ǀǀ		ǀǀ	ǀ	ǀǀ		ǀǀ						ǀ		ǀ				ǀ
1	d	b	q	d	q	b	b	q	q	d	q	b	d	b	b	q	d	b	q	q	d	b	p	b	d
	ǀ	ǀ	ǀ	ǀ	ǀ			ǀ		ǀ		ǀ		ǀ		ǀ	ǀ			ǀǀ	ǀǀ	ǀǀ	ǀǀ	ǀǀ	ǀ

	ǀ	ǀ	ǀǀ			ǀ		ǀǀ		ǀ	ǀ	ǀǀ	ǀ		ǀ	ǀ		ǀǀ		ǀ		ǀ	ǀǀ	ǀ	ǀ
2	b	d	q	q	b	d	d	q	d	b	q	d	b	d	q	b	d	q	q	d	b	b	d	q	b
	ǀ	ǀ		ǀ	ǀǀ	ǀ	ǀǀ	ǀ	ǀ	ǀ	ǀ		ǀ	ǀǀ	ǀ	ǀ	ǀ	ǀ	ǀǀ	ǀ	ǀǀ	ǀ		ǀ	ǀ

	ǀǀ			ǀ		ǀ		ǀ	ǀ	ǀǀ			ǀǀ	ǀ		ǀ	ǀ			ǀ		ǀ		ǀ	ǀǀ
3	d	d	b	q	q	b	d	q	b	d	d	q	b	q	b	d	b	q	b	d	q	d	d	b	q
		ǀ			ǀǀ	ǀ	ǀǀ	ǀ	ǀ		ǀ	ǀ		ǀ		ǀǀ	ǀ		ǀǀ	ǀ	ǀ	ǀ	ǀǀ	ǀ	

	ǀ	ǀǀ	ǀ	ǀ	ǀ	ǀ	ǀǀ	ǀ	ǀ	ǀǀ	ǀǀ	ǀ	ǀ	ǀ	ǀ	ǀǀ	ǀ		ǀ	ǀ	ǀǀ	ǀ	ǀ		ǀ
4	b	d	b	q	d	b	d	q	d	q	d	d	b	q	d	q	d	b	q	b	d	d	q	b	d
	ǀ		ǀ	ǀ	ǀ	ǀ		ǀ	ǀ	ǀ	ǀ	ǀ	ǀ	ǀ	ǀ	ǀ	ǀǀ	ǀǀ	ǀǀ	ǀ	ǀ	ǀ	ǀ	ǀǀ	ǀǀ

	ǀ	ǀǀ	ǀ	ǀ	ǀǀ				ǀ	ǀ		ǀ	ǀǀ		ǀǀ		ǀ	ǀ	ǀǀ		ǀǀ	ǀǀ	ǀ		ǀǀ
5	d	b	b	d	d	d	q	b	b	d	d	b	d	d	q	q	q	b	d	d	q	q	b	q	b
	ǀ		ǀ	ǀǀ		ǀǀ	ǀ	ǀ	ǀǀ	ǀ	ǀǀ	ǀ		ǀ	ǀ	ǀǀ	ǀ	ǀ		ǀ	ǀ	ǀ		ǀ	

	ǀ		ǀǀ				ǀǀ	ǀ	ǀǀ			ǀǀ	ǀ		ǀǀ	ǀ	ǀ	ǀ	ǀǀ	ǀǀ	ǀǀ	ǀ		ǀ	ǀǀ
6	b	d	d	d	b	q	d	d	q	b	q	q	b	q	b	b	q	b	d	b	d	d	q	b	q
	ǀ	ǀǀ		ǀ	ǀǀ	ǀǀ		ǀ		ǀ		ǀ		ǀ		ǀ	ǀ	ǀ	ǀ	ǀ	ǀǀ	ǀ	ǀǀ	ǀ	ǀ

	ǀǀ			ǀ	ǀ	ǀ	ǀǀ		ǀǀ					ǀ	ǀ	ǀǀ	ǀǀ	ǀ	ǀ	ǀǀ		ǀǀ	ǀ	ǀ	ǀ
7	q	q	b	b	d	b	d	d	q	q	d	q	d	q	b	d	q	q	b	d	d	q	d	b	d
		ǀ	ǀ	ǀǀ	ǀ	ǀ		ǀ	ǀ	ǀǀ	ǀǀ	ǀǀ	ǀǀ	ǀ	ǀ		ǀ	ǀ	ǀ		ǀ	ǀ	ǀǀ	ǀ	ǀ

8 q q b d d d b b d b q b d d q b d q q b q b d d q

9 q b d d q d b d q b d q b d d q b q q d b d b d q

10 b d d b d q b d d q d q d b d q b b q b d d q d d

11 d d b q q b d d d b d d q b d d q q d b d q b d q

12 d b q q b d q q q d b d d b q q b d d d b d d q b

13 d b q q d d d d b d d b d d q b q d b d q b d q b

14 q q d b d q b d d q b q d b q b d d b q q d b q d

15 b q q d b q d d b q q q q d b d q d d b q d q q d

16 b d d q d q b d q d b q b d d q d b q q b d q b q

17 d d b q q b q d b d q d b d d q b q b d q b d q b

18 b d d q b d b d q b b b d q d d q q q d b q q d d

19 b d q b d q q b d d b d b q q d d d q b q q b d q

20 q d b q q b q d q d b d b d q b d d d q b q q b q

21 d q d d b q b d d q q d d q b d d q b d d b q d b

22 q d q d b q b d b q b d q b d d q d b q b b d d q

23 d b d q b d d d b q q q b d d b q b b d d q d b q

24 b q d b d d q d b b q d b q b d q b d d b d b q d

25 d d b q q b b q d b b b q b b d q d b d q b d b d

26 b q d b d d q b d d d q q d b d d q b d b q d b b

27 q d q d b q q b b d d b d b d q d d d d q q b q b

28 d d b q q b q b b d d d b d q b q d b d d q q b d

29 b d d b d b d d q b d q d b b q d b q q d b d q b

30 d b d q b d q q b b d q b b d d d b q b b q b d q

31 d b q b b d d b q q d d b d q b d d q q q b q d d

32 q q b b d q d d b d q d q q b b d q d b q b b q d

33 d d b q q b q q b b d q q b b d q q d b q q d q b

34 d q q b b b d d q b d d d b q q b q d b q q d b d

35 d d b q q b q q b b d d q q b b q b b d d q d q b

36 d d q b d q b d d q d q q d b q b q q d b d d q q

37 b d d q d q b b d d q b d d q q b b d d q q d d b

38 d d q d q d b q b q q b q d b d q b d q d b d q b

39 d d d d q b b d q b q d d q q b b b d d q b b d d

40 d q b d q d b q b q b d d q d b d b d d q d b q b

41 q d b d b d q b d q b d d q d b q b d q b b d q q

42 q b b d q q b q b d d d b d d b d d q q b b b d q

43 q b d d q d b q b d q d d q q b b b d d b d q b d

44 q d b d b d q b d b b q q d b d q b d q b d d b d

45 d q b b d d b d q d q b d q d b d b d d q d b q b

46 d d d d q q b q b q q b d q q b b b d d b d q b q

47 q d b d q d b q b b q b q d b d q b d q d q d q b

48 d b q d b d q b d b d d d q d b d b d d q d b q b

49 d b q d b d q b b d q q d q d b d b d d b d q b d

50 d d q d q d b q b d d b q d b d q b d q b d d b d

51 b d q b b d q b d q d d d q q b b b d d q q b q b

52 q q d d b d q b d b q q d q d b d b d d q d b q b

53 b q d d q q b q b b d d q d b d q b d q b d d b d

LÖSUNGEN

1 5	**2** 7	**3** 6	**4** 7	**5** 7	**6** 5	**7** 7
8 5	**9** 6	**10** 9	**11** 7	**12** 7	**13** 8	**14** 5
15 7	**16** 5	**17** 6	**18** 5	**19** 6	**20** 6	**21** 9
22 7	**23** 7	**24** 8	**25** 6	**26** 10	**27** 8	**28** 9
29 7	**30** 8	**31** 9	**32** 7	**33** 5	**34** 6	**35** 4
36 8	**37** 6	**38** 6	**39** 8	**40** 7	**41** 8	**42** 5
43 6	**44** 9	**45** 8	**46** 4	**47** 5	**48** 7	**49** 8
50 8	**51** 6	**52** 8	**53** 6			

Einschätzung

60 % richtige Lösungen sind das Minimum, 70 % besser. Gut wären 80 % und mehr.

5 Einfallsgeschwindigkeit und Kreativität

Die folgenden Tests dienen der Überprüfung Ihrer Einfallsgeschwindigkeit und Kreativität. Sie sollen u. a. Rückschlüsse zulassen im Hinblick auf die Frage, wie flexibel und spontan Sie in verschiedenen Situationen reagieren.

Eigenschaften benennen

Hier geht es primär um Ihren Einfallsreichtum. Trotzdem: Unwillkürlich sagt man auch leicht etwas über sich und seine Einstellung(en) aus. Der Unterschied zu althergebrachten Tests liegt darin, dass Ihnen keine Fragen gestellt werden, sondern Sie Ihre Assoziationen frei aufschreiben sollen.

> *Beispiel*
> Zählen Sie bitte möglichst viele verschiedene Eigenschaften auf, die ein guter Autoverkäufer haben sollte.
>
> ehrlich zuverlässig konkret ehrgeizig ...

Achten Sie bei der Beantwortung der Fragen trotz der Kürze der Zeit darauf, was Sie über sich selbst oder über andere aussagen. Bedenken Sie beispielsweise, wie es wirken kann, wenn Sie einen idealen Polizisten als zu freundlich und nachgiebig beschreiben. Ebenso ist auch das genaue Gegenteil natürlich nicht gerade ideal.

AUFGABEN

Versuchen Sie sich nun an den folgenden Aufgaben. Pro Aufgabe haben Sie 1 Minute Zeit.

1 Zählen Sie bitte möglichst viele Eigenschaften auf, die ein guter Polizist / eine gute Polizistin haben sollte.

2 Notieren Sie bitte möglichst viele Eigenschaften, die ein guter Politiker / eine gute Politikerin nicht haben sollte.

3 Zählen Sie bitte möglichst viele Eigenschaften auf, die ein guter Lehrer / eine gute Lehrerin nicht haben sollte.

4 Zählen Sie bitte möglichst viele Eigenschaften auf, die ein guter Freund / eine gute Freundin haben sollte.

5 Zählen Sie bitte möglichst viele Eigenschaften auf, die ein guter Vorgesetzter / eine gute Vorgesetzte nicht haben sollte.

6 Zählen Sie bitte möglichst viele Eigenschaften auf, die ein guter Arbeitskollege / eine gute Arbeitskollegin nicht haben sollte.

7 Zählen Sie bitte möglichst viele Eigenschaften auf, die ein guter Gewerkschafter / eine gute Gewerkschafterin haben sollte.

8 Zählen Sie bitte möglichst viele Eigenschaften auf, die ein guter Feuerwehrmann / eine gute Feuerwehrfrau haben sollte.

9 Zählen Sie bitte möglichst viele Eigenschaften auf, die ein guter Bankberater / eine gute Bankberaterin nicht haben sollte.

10 Zählen Sie bitte möglichst viele Eigenschaften auf, die ein guter Fitnesstrainer / eine gute Fitnesstrainerin haben sollte.

LÖSUNGEN

Leider können wir Ihnen keine pauschale Lösung anbieten, die hundertprozentig richtig ist. Überprüfen Sie jetzt noch einmal Ihre Aussagen und die Fragestellung.

- Worauf zielt die Frage ab? Persönliche Meinung, Meinung vieler Menschen …?
- Welche Rückschlüsse lassen meine Antworten zu?
- Was sage ich mit meiner Antwort über mich selbst aus? Tendiere ich mehr zu Extremen, oder bin ich relativ ausgeglichen in meinen Anschauungsweisen?

Erklärungsmöglichkeiten ausdenken

Bei diesem Test handelt es sich weniger um eine Art versteckten Psycho-Test, als Sie vielleicht glauben. Sie müssen zu einem Sachverhalt möglichst viele Erklärungen finden. Dabei sollen Sie natürlich spontan antworten – mit anderen Worten: unter einem extremen Zeitdruck.

Beispiel

„Frau X achtet sehr auf ihr äußeres Erscheinungsbild."

Mögliche Erklärungen, die einem dazu einfallen könnten:

- Sie möchte mehr verkörpern, als sie ist.
- Sie interessiert sich für Mode.
- Sie versucht sympathisch zu wirken.
- Sie ist eitel.
- Sie will um jeden Preis attraktiv sein.

AUFGABEN

Finden Sie für die folgenden Sachverhalte möglichst viele Erklärungen. Sie haben dafür jeweils 1 Minute Zeit. Stichwörter sind ausreichend.

1 „Viele Menschen finden Autorennen spannend."

2 „Erwachsene Männer spielen gerne mit Spielzeugeisenbahnen."

3 „Viele Menschen bewundern den Popstar XY."

4 „Viele Menschen ernähren sich ungesund."

5 „Vielen Menschen ist Umweltschutz zunehmend wichtiger."

6 „Je erfolgreicher man ist, desto neidischer sind manche Menschen auf einen."

7 „Die Vereinbarkeit von Beruf und Familie ist vielen Menschen zunehmend wichtiger."

8 „Viele Menschen sind von der Politik verdrossen."

9 „Manche Menschen vergisst man schnell."

10 „Manche Bankberater haben einen schlechten Ruf."

LÖSUNG

Haben Sie spontan geantwortet oder gleich versucht, Antworten zu geben, die auch die Prüfer erfreuen? Etwa 5 Erklärungen pro Aufgabe wären gut, weniger als 4 problematisch. Üben Sie diesen Test mehrfach. Lassen Sie sich von einem Helfer dazu neue Aufgaben ausdenken, die Sie beantworten. Vermeiden Sie, immer wieder Aussagen zu treffen, die in die gleiche positive oder negative Extremrichtung gehen.

Figuren erstellen

Bei diesem Test geht es um Ihre Kreativität und Fantasie: Sie bekommen eine Zeichnung aus Strichen und/oder Kreisen präsentiert, aus der Sie reale Gegenstände bzw. Symbole zeichnen müssen. Entscheidend für die Bewertung sind dabei nur Vielfalt und Menge der Lösungen – nicht die perfekte Grafik.

Beispiel

Ausgangsfigur:

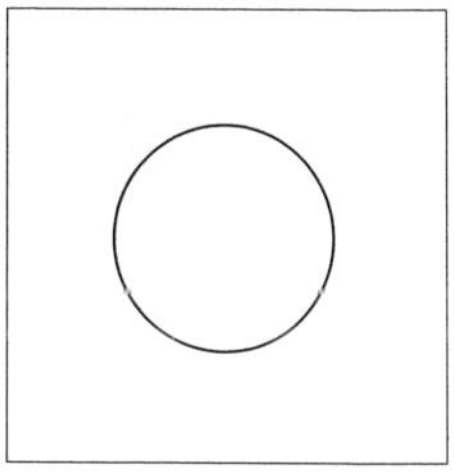

Mögliche Lösungsfiguren:

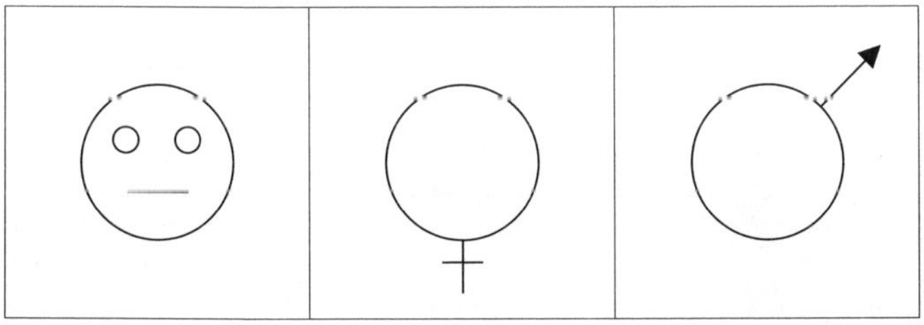

AUFGABEN

Bitte ergänzen Sie die nun folgenden Bilder zu realen Gegenständen oder Symbolen. Pro Block haben Sie jeweils insgesamt 1 Minute Zeit.

Block 1

Block 2

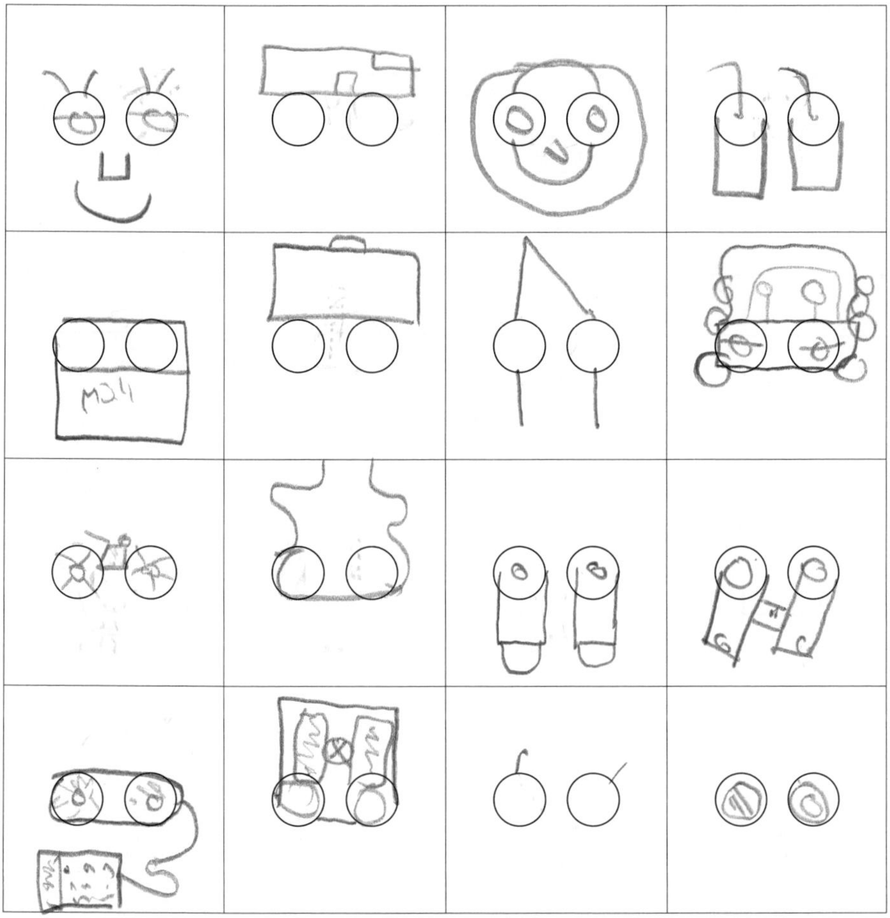

Block 3

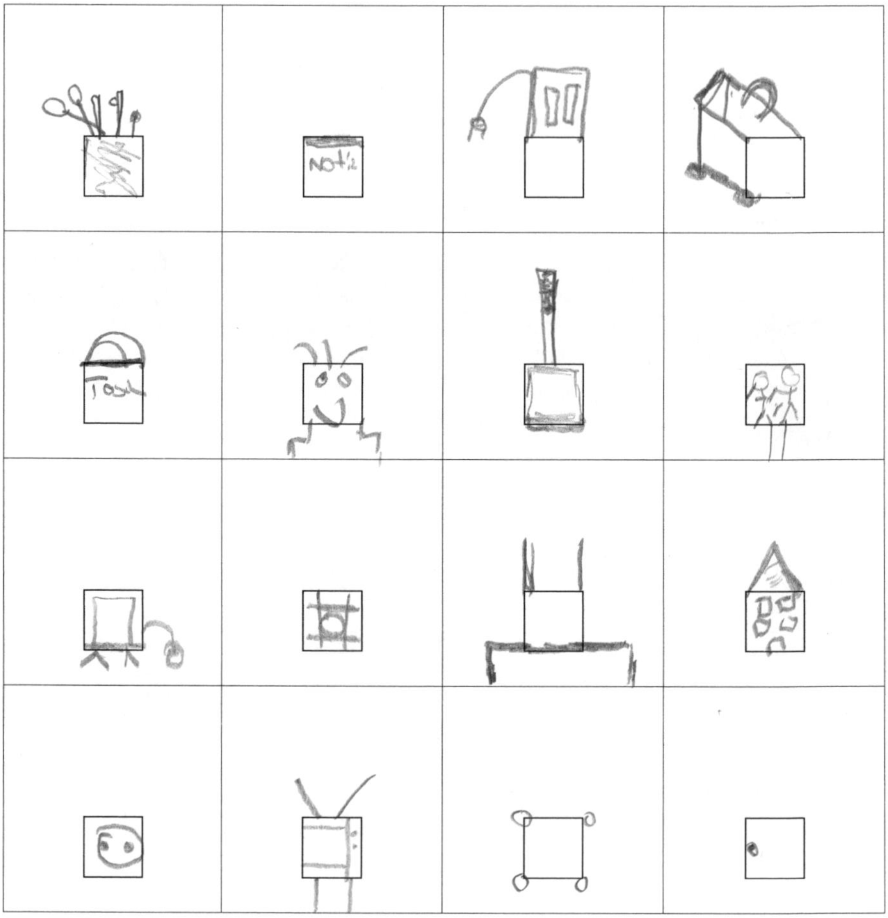

LÖSUNG

Auch hier können wir Ihnen keine pauschale Lösung anbieten. Überlegen Sie sich aber selbst weitere Übungsaufgaben, z. B. mit einem Quadrat, Dreieck, Raute, Ellipse etc. Übung macht auch hier wieder den Meister.
Einige Symbole oder Gegenstände können Sie in fast alle Ausgangsfiguren einzeichnen, beispielsweise ein Gesicht, Fahrrad, Baum, Fisch, Person oder Männchen, Blume, Sonne, Frucht o. Ä.

Figuren konstruieren – Teil 1

Ihre Aufgabe ist es, aus vorgegebenen Einzelfiguren eine neue Figur zu erstellen. Dabei darf es sich auch um eine Fantasiefigur handeln. Als einzige Regel dürfen Sie dabei jede der Ausgangsfiguren nur einmal benutzen. Auch die Größenverhältnisse sollten in etwa stimmen.

Beispiel
Bitte erstellen Sie aus den im Folgenden abgebildeten Einzelfiguren möglichst viele verschiedene neue Figuren. Dabei kommt es nicht auf exakte Zeichnungen, sondern nur auf Vielfalt und Menge an.

Ausgangsfiguren:

Mögliche neue Figuren:

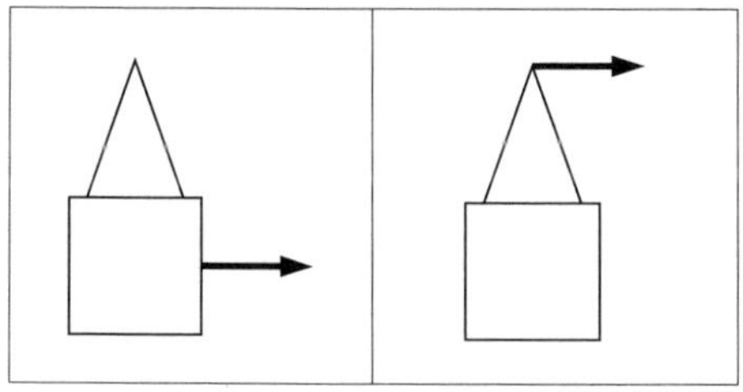

AUFGABEN

Bitte bearbeiten Sie die nun folgenden Aufgaben.
Pro Block haben Sie 2 Minuten Zeit.

Block 1

Ausgangsformen:

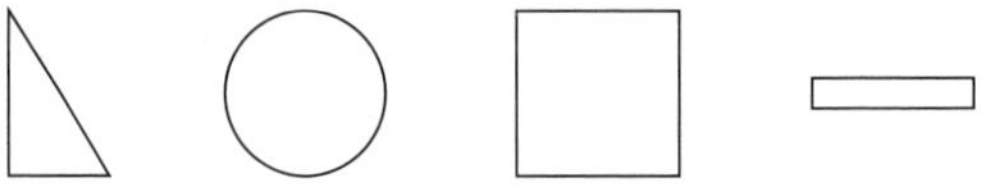

Block 2

Ausgangsformen:

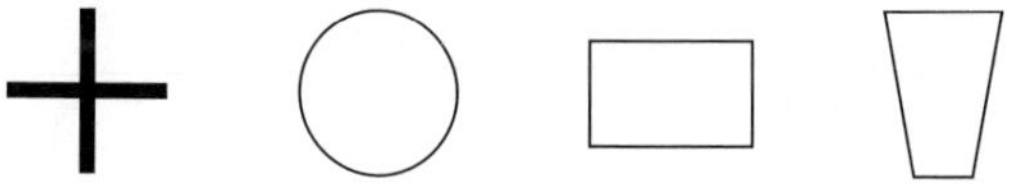

Block 3

Ausgangsformen:

LÖSUNG

Bitte betrachten Sie jetzt Ihre Bilder. Je mehr Sie erstellt haben, desto besser.
Eine echte „Lösung“ gibt es bei diesem Test nicht.

Figuren konstruieren – Teil 2

Diesmal bekommen Sie mehrere Einzelfiguren präsentiert, aus denen Sie eine neue Figur erstellen sollen, die etwas Reales darstellt. In allen von Ihnen neu komponierten Figuren müssen alle Einzelteile enthalten sein. Diese dürfen aber auf keinen Fall doppelt benutzt werden; jedes Teil also nur einmal. Zum Schluss schreiben Sie bitte unter die Figur in das Kästchen, was die Figur darstellt.

Beispiel

Bitte erstellen Sie aus den im Folgenden abgebildeten Einzelfiguren möglichst viele verschiedene neue Figuren. Dabei kommt es nicht auf exakte Zeichnungen, sondern nur auf Vielfalt und Menge an. Die Größenverhältnisse sollten in etwa stimmen. Abschließend schreiben Sie bitte unter die Figur, um was es sich handelt.

Ausgangsfiguren:

Mögliche neue Figuren:

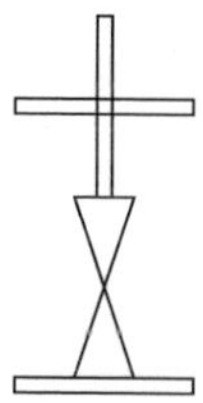	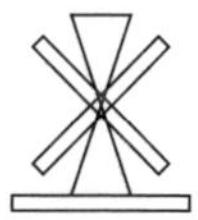
Sendemast	Windmühle

AUFGABEN

Bearbeiten Sie die nun folgenden Aufgaben.
Pro Block haben Sie jeweils insgesamt 2 Minuten Zeit.

Block 1

Ausgangsformen: 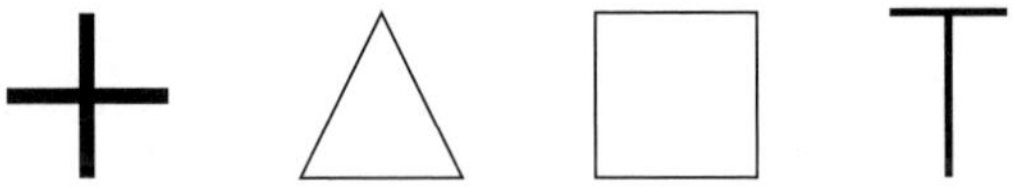

Block 2

Ausgangsformen: 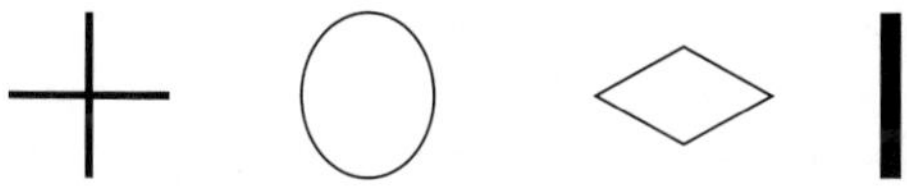

Block 3

Ausgangsformen: 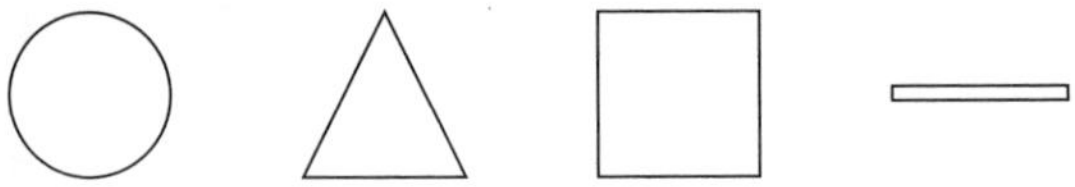

LÖSUNG

Betrachten Sie jetzt Ihre Bilder. Je mehr Sie erstellt haben, desto besser. Eine echte „Lösung" gibt es bei diesem Test nicht.

Firmenlogos erstellen

Beim folgenden Test geht es um die Erstellung werbewirksamer Firmenlogos. Dabei sollten Sie beachten, dass Sie möglichst viele verschiedene Logos erstellen, bei denen aber immer ganz deutlich die zu verkaufende Ware und der Firmeninhaber zu erkennen sind.

Beispiel
Erstellen Sie möglichst viele Werbelogos für das Taschengeschäft des Herrn Fritz.

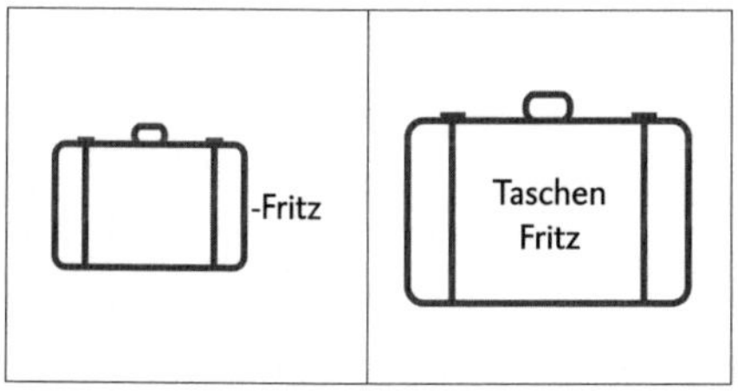

AUFGABEN

Bitte bearbeiten Sie nun die folgenden Übungsaufgaben.
Pro Aufgabe haben Sie 3 Minuten Zeit. Es reichen einfache Skizzen.

1 **Bitte erstellen Sie möglichst viele verschiedene Werbelogos für „Trudes Autozubehör“.**

2 Bitte erstellen Sie möglichst viele verschiedene Werbelogos für „Harrys Fischrestaurant“.

3 Bitte erstellen Sie möglichst viele verschiedene Werbelogos für „Foto-Walter“.

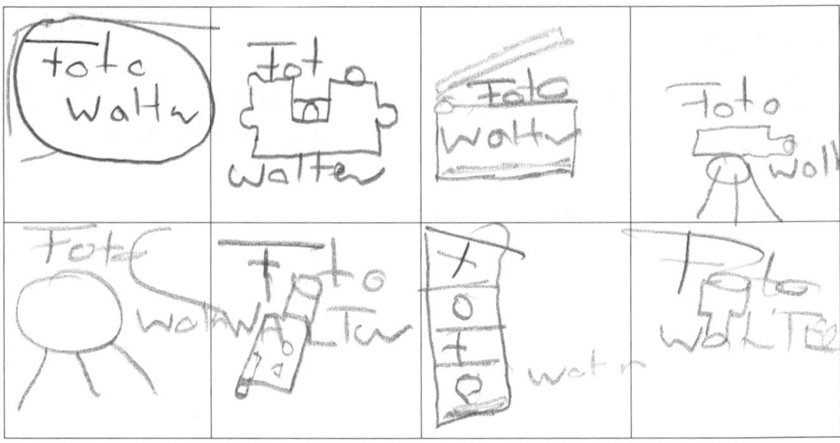

4 **Bitte erstellen Sie möglichst viele verschiedene Werbelogos für „Ralfs Blumenladen".**

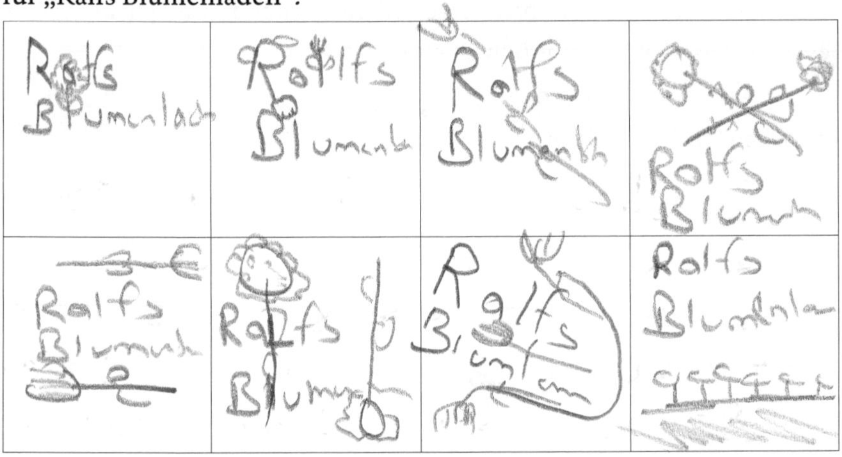

LÖSUNGEN

Wie so häufig bei kreativen Tests, können wir Ihnen an dieser Stelle leider keine definitive Lösung anbieten. Trotzdem einige Ratschläge:

- Achten Sie darauf, möglichst unterschiedliche Logos zu entwerfen. Minimale Unterschiede werden unter Umständen nicht akzeptiert.
- Obwohl es nur um skizzenhafte Zeichnungen geht, sollten Sie ein gewisses Maß an Sorgfalt walten lassen. Schludrige Zeichnungen lassen leicht auch auf eine schlampige Arbeitsweise schließen.
- Egal ob Blumen, Tiere, Hüte, Müller, Kaiser oder Schmidt – Übung macht hier den Meister.

Gleichungen aufstellen

Bilden Sie mit den folgenden Zahlen möglichst viele verschiedene Gleichungen. Beachten Sie dabei, dass Sie nur die vorgegebenen Zahlen verwenden dürfen (dies gilt auch für das Ergebnis!). Ferner sind nur die Grundrechenarten erlaubt, d. h. Addition, Subtraktion, Multiplikation und Division.

Beispiel

Vorgegebene Zahlen: 2, 3, 4, 5, 6

$2 + 3 = 5$

$6 - 2 = 4$

$3 + 3 = 2 \cdot 3$

$2 + 2 = (3 + 5) : 2$

AUFGABEN

Erstellen Sie anhand der oben vorgestellten Regeln nun möglichst viele verschiedene Gleichungen mit folgenden Zahlen:

2, 3, 4, 5, 6, 10, 12, 15, 18, 20
Sie haben 2 Minuten Zeit.

2+3=5	2·3=6	5+10=15
2+2+6=10	6-3=3	6·2=12
12:2=6	6·3=18	20:2=10
18+2=20	5+12=18	12-2=10
4·5=20	6+4+2=12	20-6-2=12
3·4+6=20	20-2=18	18-4=10+4

LÖSUNGEN

Leider können wir Ihnen hier wieder einmal keine definitive Lösung anbieten. 8 Gleichungen wären gut, weniger als 4 unzureichend. Bitte kontrollieren Sie Ihre Rechenaufgaben selbst …

- auf Richtigkeit,
- auf evtl. doppelt vorgestellte Aufgaben,
- auf Vielfalt in den Rechenarten,
- auf Menge der Aufgaben,
- auf Einhaltung der Aufgabenregeln.

Grundsätzlich gilt: Je mehr Aufgaben Sie „richtig“ haben, desto besser ist Ihr Ergebnis. Üben Sie auch diesen Test regelmäßig. Sie werden sehen, wie schnell Sie Fortschritte machen, also mehr Aufgaben in gleicher Zeit erstellen können.

Sätze ausdenken

Erstellen Sie nun möglichst viele, inhaltlich verschiedene Sätze mit Ihnen vorgegebenen Wörtern. Benutzen Sie dabei die Wörter in beliebiger Reihenfolge, aber auf keinen Fall in der Mehrzahl. Arbeiten Sie so schnell wie möglich, und achten Sie auch auf die Rechtschreibung.

Beispiel

Wörter: a) Hund b) Knochen c) Garten

Mögliche Sätze:

- Der Hund mag den Knochen und viel Auslauf im Garten.
- Der Hund versteckt den Knochen im Garten.
- Der Hund fand einen Knochen im Garten.

Zum Üben dieses Tests haben wir Ihnen insgesamt 10 Aufgaben zusammengestellt. Sollten Ihnen diese nicht reichen, so können Sie sich problemlos selbst weitere Aufgaben ausdenken. Effektiver üben Sie, wenn dies für Sie ein Helfer vornimmt, da die Wörter für Sie dann überraschender auftauchen.

AUFGABEN

Bilden Sie aus den nun folgenden Wörtern möglichst viele, inhaltlich verschiedene Sätze. Pro Aufgabe haben Sie 1 Minute Zeit.

1	Hund	Mensch	Freund
2	Hut	Garderobe	Winter
3	Ball	Abendkleid	Auto
4	Computer	Scanner	Drucker
5	Korruption	Spende	Politiker
6	Kreditkarte	Mann	Kasse
7	Mensch	Zukunft	Technik
8	Zug	Gleis	Bahnhof
9	Flugzeug	Steward	Arbeitsplatz
10	Rasen	Ball	Stadion

Vergleichen Sie nach dem Test, ob Sie bei allen Ihren Sätzen die Regeln eingehalten haben. Achten Sie auch auf die Rechtschreibung!

Telefonnummern erstellen

Zurück in die Zahlenwelt. Auch bei diesem Test ist wieder Ihre Kreativität gefragt. Ihre Aufgabe wird es nun sein, sich Telefonnummern in unterschiedlicher Länge auszudenken, die man sich besonders leicht merken kann. Dabei geht es nicht nur um die Vielzahl der Nummern, diese müssen auch nach bestimmten Regeln aufgebaut sein, die möglichst unterschiedlich sein sollen.

Ein Beispiel für vierstellige Telefonnummern

- 1234 (Vorzahl +1)
- 2468 (Vorzahl +2)
- 1221 (+1 + 0 –1)
- 0369 (Vorzahl +3)

Bitte denken Sie sich nun möglichst verschiedene fünfstellige Telefonnummern aus, die durch eine bestimmte Regel besonders leicht zu merken sind. Variieren Sie diesen Test, indem Sie sich danach z. B. vierstellige, sechsstellige oder siebenstellige Nummern ausdenken. Sie haben insgesamt pro Aufgabe 2 Minuten Zeit.

12345	12346	12347
12348	12349	12340
12341	12342	12343
12344	12311	12312
12313	12314	12315
12316	12317	12318
12319	12310	12321
12322	12323	12321
123425	12325	12322

Verwendungsmöglichkeiten finden

Haben Sie sich schon einmal überlegt, was man alles mit einem alten Autoreifen machen kann? In diesem Test sollen Sie möglichst viele verschiedene Verwendungsmöglichkeiten für Gegenstände finden. Dabei haben Sie pro Gegenstand nur 30 Sekunden Zeit – Sie sollten sich also in Ihren Ausführungen möglichst kurzfassen. Ähnlich wie bei anderen Tests, z. B. „Gleichungen aufstellen“, werden Sie merken, dass Sie bei häufigerem Testtraining immer besser werden. Ein Tipp: Suchen Sie möglichst kurze Beschreibungen, das spart Zeit!

Beispiel
Zählen Sie möglichst viele verschiedene Verwendungsmöglichkeiten für alte Autoreifen auf!

- Sitz
- Rodelschlitten
- Blumenkübel

AUFGABEN

Für die folgenden Gegenstände haben Sie pro Begriff 30 Sekunden Zeit, möglichst viele verschiedene Verwendungsmöglichkeiten aufzuzählen.

1 Büroklammer
2 Ziegelstein
3 Holzlatte
4 Besen
5 Computerbildschirm
6 Bleistift
7 Weinglas
8 Autowrack
9 Kissen
10 Schirm

LÖSUNGEN

Da es zu diesem Test keine eindeutigen Lösungen gibt, empfehlen wir Ihnen, die Anzahl Ihrer Ergebnisse zu notieren und mit späteren Testdurchgängen zu vergleichen. Dabei sollten Sie sich pro Testdurchgang etwas steigern. 3–6 Vorschläge sind akzeptabel, sicher auch abhängig vom Begriff.

Wörter finden

1. Teil

Bei diesem Test sollen Ihre Sprachschöpfungsfähigkeiten ausgelotet werden. Sie bekommen einen Buchstaben genannt und sollen innerhalb von 10 Sekunden alle Hauptwörter (Substantive) aufschreiben, die Ihnen spontan mit diesem Anfangsbuchstaben einfallen.

Beispiel
Es wird Ihnen der Buchstabe „G“ genannt. Nun haben Sie 10 Sekunden Zeit, alle mit „G“ beginnenden Hauptwörter aufzuschreiben, die Ihnen einfallen. Diese könnten z. B. sein:

- Gans
- Gänserich
- Gruppe
- Geld
- Gefahr

Bitte üben Sie diesen Test mit der Unterstützung eines Helfers, der sich für Sie die Buchstaben ausdenkt und die Zeit misst. Für diesen Test finden Sie keine Lösung, da Sie leicht nach Testende Ihre Ergebnisse selbst überprüfen können. Es gilt: Je mehr Wörter (richtig geschrieben!) Sie vorweisen können, desto besser.

Noch ein **Tipp:** Versuchen Sie möglichst kurze Wörter aufzuschreiben. Das spart Zeit und erhöht Ihr Ergebnis!

AUFGABEN

Bei den folgenden Übungsaufgaben haben Sie pro Buchstabe 30 Sekunden Zeit.

1 Alle Hauptwörter (Substantive) mit den Anfangsbuchstaben

1.1 G	1.2 W
1.3 H	1.4 A
1.5 K	1.6 F
1.7 U	1.8 P
1.9 L	1.10 I

2 Eine kleine Abwandlung: Nun sollen nur Verben gefunden werden. Wieder haben Sie 30 Sekunden Zeit!

2.1 A	2.2 G
2.3 D	2.4 F
2.5 I	2.6 M
2.7 L	2.8 N
2.9 H	2.10 B

2. Teil

Eine weitere Variante ist, Ihnen nicht nur den Anfangs-, sondern auch den Endbuchstaben vorzugeben. Denken Sie sich z. B. Wörter mit dem Anfangsbuchstaben „S“ und Endbuchstaben „N“ aus (z. B. sagen, Süden, Südwesten etc.). Alle Wortklassen (Haupt-, Eigenschaftswörter etc.) und ihre Abwandlungen sind erlaubt. Auch Eigen- und Städtenamen gelten. Wörter, wie sie in Zeitungen und Büchern Verwendung finden, gelten als richtige Lösung. Nicht zugelassen sind Fremdsprachen, Wortneubildungen und Dialekte.

AUFGABEN

Für jede Aufgabe haben Sie nun 1 Minute Zeit.

1	Anfangsbuchstabe B	Endbuchstabe E (z. B. Blase)
2	Anfangsbuchstabe M	Endbuchstabe N
3	Anfangsbuchstabe A	Endbuchstabe N
4	Anfangsbuchstabe S	Endbuchstabe T
5	Anfangsbuchstabe E	Endbuchstabe L
6	Anfangsbuchstabe K	Endbuchstabe R
7	Anfangsbuchstabe G	Endbuchstabe N
8	Anfangsbuchstabe M	Endbuchstabe E
9	Anfangsbuchstabe S	Endbuchstabe D
10	Anfangsbuchstabe T	Endbuchstabe E

3. Teil

Eine weitere Aufgabe, mit der Ihre Sprachkenntnisse und Ihr Assoziationsvermögen getestet werden, ist die Variante, Ihnen nur Wortanfänge zu präsentieren, die Sie möglichst vielfältig ergänzen sollen.

Beispiel
Der vorgegebene Wortanfang lautet „Teil …“.

- Teilung
- Teilhaber
- Teilweise

Analog unserem Beispiel sollen Sie nun die folgenden Wortanfänge sinnvoll ergänzen. Dabei ist es egal, um welche Wörter es sich handelt (Substantive, Verben, Adjektive).

AUFGABEN

Für die folgenden Wortanfänge haben Sie pro Wort nur 30 Sekunden Zeit.

1	Auto______	Auto______	Auto______
	Auto______	Auto______	Auto______
	Auto______	Auto______	Auto______
2	Fern______	Fern______	Fern______
	Fern______	Fern______	Fern______
	Fern______	Fern______	Fern______
3	Wasch______	Wasch______	Wasch______
	Wasch______	Wasch______	Wasch______
	Wasch______	Wasch______	Wasch______
4	Haus______	Haus______	Haus______
	Haus______	Haus______	Haus______
	Haus______	Haus______	Haus______
5	Wein______	Wein______	Wein______
	Wein______	Wein______	Wein______
	Wein______	Wein______	Wein______
6	Nach______	Nach______	Nach______
	Nach______	Nach______	Nach______
	Nach______	Nach______	Nach______

7	Schm________	Schm________	Schm________
	Schm________	Schm________	Schm________
	Schm________	Schm________	Schm________
8	Da________	Da________	Da________
	Da________	Da________	Da________
	Da________	Da________	Da________
9	Geschm________	Geschm________	Geschm________
	Geschm________	Geschm________	Geschm________
	Geschm________	Geschm________	Geschm________
10	Lau________	Lau________	Lau________
	Lau________	Lau________	Lau________
	Lau________	Lau________	Lau________

EINSCHÄTZUNG

Im 1. Teil sollten Sie pro Aufgabe mindestens 13 Wörter gefunden haben, im 2. Teil 6 Wörter pro Aufgabe, im 3. Teil 8 Wörter pro Aufgabe.

6 Logik und Abstraktion

Absurde Schlussfolgerungen

Jetzt geht es darum zu überprüfen, ob Schlussfolgerungen, die aufgrund bestimmter Behauptungen gezogen werden, formal richtig oder falsch sind. Die „reale Wirklichkeit“ spielt dabei keine Rolle, was die Sache erheblich erschwert und – wie so oft in Tests – Verwirrung stiftet.

Beispiel 1
Alle Schnecken haben Häuser.
Alle Häuser haben Schornsteine.

Schlussfolgerung: Deshalb haben alle Schnecken Schornsteine.
a stimmt
b stimmt nicht

Lösung: a

Beispiel 2
Alle Schnecken sind Rennfahrer.
Alle Rennfahrer können fliegen, weil sie Fische sind.
Fische haben zwei Beine.

Schlussfolgerung: Schnecken haben zwei Beine.
a stimmt
b stimmt nicht

Lösung: a

Beispiel 3
Alle Mäuse essen Fisch.
Fisch kann miauen.

Also: Alle Mäuse können miauen.
a stimmt
b stimmt nicht

Lösung: b

AUFGABEN

Für die folgenden 16 Aufgaben haben Sie 15 Minuten Zeit.

1. Teil

Frage jeweils: Stimmt die Behauptung, oder stimmt sie nicht?

1 **Alle Bleistifte können lesen. Bücher können schreiben.**

Behauptung: Bleistifte können Bücher schreiben.

a stimmt
b stimmt nicht

2 **Bücher können schreiben, aber nicht lesen. Bleistifte können lesen, aber nicht schreiben. Brillen können lesen und schreiben.**

Behauptung: Brillen sind intelligenter als Bücher und Bleistifte.

a stimmt
b stimmt nicht

3 **Weitere Behauptung zu 2: Bleistifte können von Brillen nicht zum Schreiben benutzt werden.**

a stimmt
b stimmt nicht

4 **Spione tauchen gerne unter. U-Boote auch.**

Behauptung: Spione sind U-Boote.

a stimmt
b stimmt nicht

5 **Weitere Behauptung zu 4: U-Boote tauchen gerne.**

a stimmt
b stimmt nicht

2. Teil

6 Einige Löwen sind aus Pappe.
Pappe ist steif, brüllt aber nicht.

		A	B
a	Es gibt Löwen, die steif sind.	stimmt	stimmt nicht
b	Was steif ist, brüllt nicht.	stimmt	stimmt nicht
c	Einige Löwen brüllen nicht.	stimmt	stimmt nicht
d	Löwen, die nicht aus Pappe sind, brüllen.	stimmt	stimmt nicht
e	Pappe brüllt nicht.	stimmt	stimmt nicht
f	Einige Löwen sind steif.	stimmt	stimmt nicht

7 Alle Professoren sind Fliegen.
Alle Fliegen können tauchen.

		A	B
a	Wer tauchen kann, ist ein Professor.	stimmt	stimmt nicht
b	Alle Fliegen sind Professoren.	stimmt	stimmt nicht
c	Alle Professoren können tauchen.	stimmt	stimmt nicht
d	Wer nicht tauchen kann, ist kein Professor.	stimmt	stimmt nicht
e	Einige Fliegen sind Professoren.	stimmt	stimmt nicht
f	Wer nicht tauchen kann, ist keine Fliege.	stimmt	stimmt nicht
g	Jeder Professor ist eine Fliege.	stimmt	stimmt nicht
h	Jede Fliege kann tauchen.	stimmt	stimmt nicht

8 Katzen können schwimmen, weil sie Flossen haben.
Fische haben keine Flossen.

		A	B
a	Fische können schwimmen.	stimmt	stimmt nicht
b	Katzen haben Flossen.	stimmt	stimmt nicht
c	Katzen können mit Flossen schwimmen.	stimmt	stimmt nicht
d	Man kann ohne Flossen nicht schwimmen.	stimmt	stimmt nicht
e	Katzen und Fische haben nichts Gemeinsames.	stimmt	stimmt nicht
f	Katzen mögen Fische.	stimmt	stimmt nicht

g	Fische sind keine Katzen.	stimmt	stimmt nicht
h	Alle Fische können nicht schwimmen.	stimmt	stimmt nicht
i	Alle Fische sind Katzen.	stimmt	stimmt nicht

3. Teil

Welche Aussage ist logisch zulässig? Es können auch mehrere Aussagen richtig sein. Es ist ebenfalls möglich, dass keine einzige Aussage innerhalb einer Aufgabe logisch richtig ist.

9 Alle Schnürsenkel sind leer.
Was nicht voll ist, kann kein Schnürsenkel sein.

a Volle Schnürsenkel sind leer.
b Leere Schnürsenkel sind alles andere als voll.
c Nicht volle Schnürsenkel sind leer.
d Man kann sagen, dass einige Schnürsenkel leer sind.
e Es gibt keine Schnürsenkel, die nicht voll sind.

10 Es ist bekannt, dass alle Waschmaschinen brüllen können.
Was nicht brüllen kann, kann auch nicht waschen.

a Alle Waschmaschinen können nicht waschen.
b Einige Waschmaschinen können brüllen.
c Einige Waschmaschinen können waschen.
d Wenn Waschmaschinen nicht brüllen könnten, könnten sie auch nicht waschen.
e Was wäscht, kann auch brüllen.

11 Im Winter heizen Telefone nur jeden Dienstag.
Jeden Dienstag fällt Schnee.

a Wenn Schnee fällt, heizen Telefone.
b Jeden Dienstag im Winter heizen Telefone.
c Telefone heizen immer dienstags.
d Dienstags im Winter fällt Schnee.
e Während im Winter dienstags Schnee fällt, heizen Telefone.

12 **Alle Bäume tragen ausschließlich dicke Kronen.**
Wer dicke Kronen trägt, war beim Zahnarzt.
Jeder, der beim Zahnarzt war, kennt Schmerz.

a Bäume kennen Schmerz.
b Bäume kennen keinen Schmerz.
c Wer dicke Kronen trägt, ist kein Baum.
d Wer Schmerz kennt, ist kein Baum.
e Kronen tragen Bäume, weil sie beim Zahnarzt waren.
f Wer Schmerz kennt, war beim Zahnarzt.
g Dicke Kronen kennen Schmerz.

13 **Morgens sind immer alle Stühle blau.**
Morgens ist blau unmöglich.
Was morgens unmöglich ist, kann stehen.

a Alle Stühle sind unmöglich.
b Alle Stühle können stehen.
c Abends ist blau möglich.
d Was nicht unmöglich ist, kann morgens stehen.

14 **Nur schlechte Menschen betrügen oder stehlen.**
Elfriede ist gut.

a Elfriede betrügt.
b Elfriede stiehlt.
c Elfriede stiehlt nicht.
d Elfriede betrügt und stiehlt.
e Elfriede betrügt nicht.

15 **Manche Menschen sind Europäer.**
Europäer haben drei Beine.

a Manche Menschen haben drei Beine.
b Europäer, die Menschen sind, haben drei Beine.
c Menschen mit zwei Beinen sind keine Europäer.
d Europäer sind Menschen mit drei Beinen.
e Alle Menschen mit drei Beinen sind Europäer.

16 **Jedes Quadrat ist rund. Alle Quadrate sind rot. Manche Ecken sind rund.**

a Es gibt Quadrate mit roten Ecken.
b Es gibt Quadrate mit runden Ecken.
c Es gibt runde rote Ecken.
d Ecken in Quadraten sind rund und rot.
e Rote Quadrate haben runde Ecken.

LÖSUNGEN

1	**b**	Stimmt nicht. Es gibt keinen Zusammenhang. Es wird weder gesagt, dass Bleistifte schreiben können, noch dass sie Bücher schreiben können.
2	**b**	Stimmt nicht. Bücher können schreiben, aber nicht lesen, Bleistifte können lesen, aber nicht schreiben. Brillen können lesen und schreiben. Das sagt jedoch nichts über die Intelligenz von Brillen aus. Vielleicht sind Brillen ja trotzdem unintelligent und müssen täglich stundenlang lesen und schreiben üben, um es nicht zu verlernen. Die Aussage „Brillen sind intelligenter als Bücher und Bleistifte" trifft somit nicht zu.
3	**a**	Stimmt. Bleistifte können zwar lesen, aber nicht schreiben.
4	**b**	Stimmt nicht. Nur weil sie gerne untertauchen, sind Spione keine U-Boote.
5	**a**	Stimmt. U-Boote tauchen gerne.
6a	**A**	Stimmt. Da manche Löwen aus Pappe sind und Pappe steif ist.
6b	**B**	Stimmt nicht. Nur weil Pappe steif ist und nicht brüllt lässt es keinen Umkehrschluss auf andere steife Sachen zu.
6c	**A**	Stimmt. Die Löwen, die aus Pappe sind, brüllen nicht.
6d	**B**	Stimmt nicht. Es wird keine Aussage über die Löwen gemacht, die nicht aus Pappe sind.
6e	**A**	Stimmt. Pappe ist steif, brüllt aber nicht.
6f	**A**	Stimmt. Die Löwen, die aus Pappe sind, sind steif.
7a	**B**	Stimmt nicht. Aus den zwei Behauptungen geht nicht hervor, wer alles tauchen kann und auch nicht dass diese dann auch Professoren sind.
7b	**B**	Stimmt nicht. Aus den Behauptungen geht nur hervor, dass alle Professoren Fliegen sind, aber nicht der Umkehrschluss, dass auch alle Fliegen Professoren sind.
7c	**A**	Stimmt. Da alle Professoren Fliegen sind und alle Fliegen tauchen können.
7d	**A**	Stimmt. Da alle Professoren Fliegen sind und alle Fliegen tauchen können, kann im Umkehrschluss, wer nicht tauchen kann, auch kein Professor sein.
7e	**A**	Stimmt. Da alle Professoren Fliegen sind.
7f	**A**	Stimmt. Da alle Fliegen tauchen können.
7g	**A**	Stimmt. Da alle Professoren Fliegen sind.
7h	**A**	Stimmt. Da alle Fliegen tauchen können.

8a	B	Stimmt nicht. Fische haben keine Flossen, können damit auch nicht schwimmen.
8b	A	Stimmt. Katzen haben Flossen.
8c	A	Stimmt. Katzen haben Flossen und können damit schwimmen.
8d	B	Stimmt nicht. Katzen können zwar schwimmen, weil sie Flossen haben, das heißt aber nicht, dass es nicht auch noch andere Möglichkeiten zum Schwimmen gibt.
8e	B	Stimmt nicht. Katzen haben zwar Flossen und Fische haben keine Flossen, das heißt aber nicht, dass es nicht auch andere Sachen geben kann, die sie gemein haben.
8f	B	Stimmt nicht. Es wird keine Aussage dazu gemacht, ob sich Katzen und Fische mögen oder nicht.
8g	A	Stimmt. Denn Fische sind Fische und Katzen sind Katzen.
8h	B	Stimmt nicht. Fische haben zwar keine Flossen zum Schwimmen, aber es ist möglich, dass es Fische gibt, die andere Möglichkeiten zum Schwimmen haben.
8i	B	Stimmt nicht. Fische sind keine Katzen.
9	a	Stimmt. Es kann volle Schnürsenkel geben, diese sind dann leer.
9	b	Stimmt nicht. Schnürsenkel sind zwar nicht voll; aber deswegen nicht alles andere als voll. Dieser Rückschluss kann nicht gezogen werden.
9	c	Stimmt nicht. Was nicht voll ist, kann kein Schnürsenkel sein. Also kann es keine nicht vollen Schnürsenkel geben.
9	d	Stimmt. Wenn alle Schnürsenkel leer sind, sind auch einige leer. Dieser Rückschluss ist zulässig.
9	e	Stimmt. Was nicht voll ist, kann kein Schnürsenkel sein. Also gibt es keine Schnürsenkel, die nicht voll sind. Dieser Rückschluss ist zulässig.
10	a	Stimmt nicht. Die beiden Bedingungen geben keine Auskunft darüber, was waschen kann.
10	b	Stimmt. Da die erste Bedingung besagt, dass Waschmaschinen brüllen können, können auch einige Waschmaschinen brüllen.
10	c	Stimmt nicht. Dieser Rückschluss kann aus den Bedingungen nicht gezogen werden.
10	d	Stimmt. Der Satz gibt die zweite Bedingung wieder: Was nicht brüllen kann, kann auch nicht waschen.
10	e	Stimmt. Wenn das, was wäscht, nicht brüllen könnte, könnte es nicht waschen. Widerspruch.
11	a	Stimmt nicht. Dieser Rückschluss ist nicht zulässig. Die erste Bedingung sagt nur, dass Telefone im Winter nur dienstags heizen.
11	b	Stimmt. Dieser Satz gibt die erste Bedingung exakt wieder.
11	c	Stimmt nicht. Dieser Rückschluss ist nicht zulässig, da Telefone im Winter nur dienstags heizen und nicht immer.
11	d	Stimmt. Dieser Satz gibt die zweite Bedingung exakt wieder.

11 e	Stimmt. Dieser Satz gibt beide Bedingungen exakt wieder.
12 a	Stimmt. Dieser Satz gibt alle drei Bedingungen exakt wieder.
12 b	Stimmt nicht. Aus den drei Bedingungen folgt, dass Bäume Schmerz kennen.
12 c	Stimmt nicht. Die erste Bedingung lautet, dass alle Bäume dicke Kronen tragen.
12 d	Stimmt nicht. Aus den drei Bedingungen folgt, dass Bäume Schmerz kennen.
12 e	Stimmt nicht. Aus der ersten Bedingung folgt, dass Bäume Kronen tragen und nicht umgekehrt.
12 f	Stimmt nicht. Dieser Rückschluss ist nicht möglich. Aus der dritten Bedingung folgt nur, dass nur, wer beim Zahnarzt war, Schmerz kennt und nicht umgekehrt.
12 g	Stimmt nicht. Dieser Rückschluss ist nicht möglich. Weil Bäume Schmerz kennen, heißt es nicht, dass Kronen auch Schmerz kennen können.
13 a	Stimmt nicht. Es folgt lediglich, dass morgens alle Stühle unmöglich sind. (Wie es nicht morgens aussieht, lässt sich aus den drei Bedingungen nicht erschließen.)
13 b	Stimmt. Der Satz gibt alle drei Bedingungen exakt wieder.
13 c	Stimmt nicht. Es gibt keine Aussage darüber, was abends ist.
13 d	Stimmt nicht. Es gibt keine Aussage darüber, was nicht unmöglich ist.
14	Keine Antwort ist richtig. Elfriede könnte auch ein Schwein sein, sie ist nicht als Mensch definiert.
15 a	Stimmt. Dieser Satz gibt die beiden Bedingungen exakt wieder.
15 b	Stimmt. Europäer haben immer drei Beine (egal ob sie Menschen sind oder nicht).
15 c	Stimmt. Dieser Rückschluss folgt aus der zweiten Bedingung.
15 d	Stimmt nicht. Es wird behauptet, dass Europäer (i) Menschen sind und (ii) drei Beine haben. (ii) ist gemäß der zweiten Bedingung erfüllt. Die erste Bedingung besagt jedoch nicht, dass alle Europäer Menschen sind, also muss (i) nicht zwingend erfüllt sein.
15 e	Stimmt nicht. Es ist nicht gesagt, dass nur Europäer drei Beine haben. (Es kann also durchaus Menschen geben, die keine Europäer sind und drei Beine haben.)
16 a	Stimmt nicht. Dieser Rückschluss ist nicht möglich. Es gibt keine Aussage, dass Quadrate Ecken haben.
16 b	Stimmt nicht. Dieser Rückschluss ist nicht möglich. Es gibt keine Aussage, dass Quadrate Ecken haben.
16 c	Stimmt nicht. Dieser Rückschluss ist nicht möglich. Es gibt keine Aussage, dass es rote Ecken gibt.
16 d	Stimmt nicht. Dieser Rückschluss ist nicht möglich. Es gibt keine Aussage, dass es Ecken in Quadraten gibt.
16 e	Stimmt nicht. Dieser Rückschluss ist nicht möglich. Es gibt keine Aussage, dass Quadrate Ecken haben.

Aufsteigertest für den gehobenen Polizeivollzugsdienst

Hier ein Aufsteigertest für das Prüfungsfach Kriminalistik. Einsteiger brauchen diesen Teil nicht zu üben. Bitte lösen Sie die Fragen zum nachfolgenden Sachverhalt ausformuliert innerhalb der nächsten 90 Minuten. Begründen Sie Ihre Maßnahmen und vergleichen Sie sie anschließend mit der Lösungsskizze. Hilfsmittel sind keine zugelassen.

Sachverhalt

Am 23. Juli meldet gegen 5 Uhr morgens ein Lokführer des Güterzuges 45978 von München nach Stuttgart, dass er in Höhe des Bahnhofes „Altstadt" auf den Gleisen eine grüne Jacke und einen Schuh beim Durchfahren gesehen habe. Eine sofort dorthin entsandte Funkstreifenwagenbesatzung der Bundespolizei findet im anliegenden Gebüsch, unmittelbar neben dem Gleiskörper, eine erheblich deformierte männliche Leiche. Den ersten Vermutungen nach ist die Person nachts von einem durchfahrenden Zug erfasst worden, ohne dass das Fahrpersonal davon etwas mitbekommen hat.

Auffällig erscheint eine kreisrunde rötliche Verfärbung um den Hals des Toten, die eigentlich nicht beim Aufprall entstanden sein kann. Aus diesem Grund wird die Mordbereitschaft hinzugezogen, und es stellen sich einige kriminalistische Fragen:

AUFGABEN

1 **Wie kann die ungefähre Todeszeit ermittelt werden? Geben Sie dazu einige kurze Erläuterungen.**

2 **Wie kann festgestellt werden, ob die Person tot oder lebend auf die Bahngleise gekommen ist?**

3 **Welche Vermutungen haben Sie bezüglich der rötlichen kreisrunden Verfärbung am Hals? Nach welchen weiteren Zeichen würden Sie suchen?**

4 **Würde Ihre Vermutung aus Frage 3 zutreffen, wäre dann (fallunabhängig) ein Suizid möglich?**

LÖSUNGSSKIZZE

1. Bestimmung der Todeszeit
   - Leichentemperatur mit kurzen Erläuterungen
     - Umgebungstemperatur
     - Körperkerntemperatur (rektal gemessen)
   - Leichenstarre mit kurzen Erläuterungen
     - Ausprägung
     - Lösung
   - Totenflecke mit kurzen Erläuterungen
     - Ausprägung
     - Umlagerungsfähigkeit
     - Wegdrückbarkeit
   - Andere Methoden
   - Erreichbare Punktzahl: 30
2. Lebend/tot auf die Gleise gekommen
   - Untypische Verletzungen
   - Veränderungen an der Leiche
   - Untersuchung am Hals
   - Korrespondenz der Leichenflecken mit vorgefundener Position
   - Feingewebliche Untersuchungen, Nachweis von Adrenalinausschüttungen
   - Vitale Reaktionen im Bereich der Verletzungen
   - Erreichbare Punktzahl: 25
3. Erscheinungen am Hals
   - Drosselmarke möglich, dann Hinweis auf Tötungsdelikt
   - Im Zusammenhang mit Auffindesituation von Fremdtötung auszugehen
   - Allgemeine Erstickungszeichen, Blaufärbungen, Einblutungen in die Schleimhäute
   - Erreichbare Punktzahl: 30
4. Suizid durch Erdrosseln (fallunabhängig)
   - Im Gegensatz zum Erwürgen Suizid durch Erdrosseln möglich
   - Drosselwerk fixiert/verknotet
   - Erreichbare Punktzahl: 10
5. Form / kriminalistische Schlüssigkeit
   - Erreichbare Punktzahl: 5

Buchstabenreihen fortsetzen

Sicherlich haben Sie schon von einem Test gehört, bei dem Sie Zahlenreihen fortsetzen sollen. Dieser Test ist ähnlich aufgebaut, jedoch sind es jetzt Buchstabenreihen. Die Schwierigkeit liegt darin, dass sich bei Zahlenreihen schnell Regelmäßigkeiten erkennen lassen. Bei Buchstabenreihen lässt sich nicht so schnell erkennen, nach welcher Reihenfolge diese aufgebaut sind. Um sich diesen Test zu vereinfachen, sollten Sie sich bei Ihrem Einstellungstest als Erstes das gesamte Alphabet aufschreiben und darunter die jeweils zugehörige Position im Alphabet. Zum Üben haben wir Ihnen dies abgenommen.

A	B	C	D	E	F	G	H	I	J	K	L	M
1	2	3	4	5	6	7	8	9	10	11	12	13

N	O	P	Q	R	S	T	U	V	W	X	Y	Z
14	15	16	17	18	19	20	21	22	23	24	25	26

Hier zwei Beispiele, wie solch ein Test aufgebaut sein kann:

Beispiel 1

Bitte setzen Sie die Buchstabenreihe um einen Buchstaben fort!

A B C D E F G H I J _

Lösung: K. Die Buchstabenreihe wird immer um den nächsten Buchstaben im Alphabet fortgesetzt.

Beispiel 2

B D F H J L N P R _

Lösung: T. Die Buchstabenreihe wird immer um den übernächsten Buchstaben im Alphabet ergänzt.

Rechnen Sie bei diesem Test auch wieder mit Abwandlungen. So kann es durchaus sein, dass Sie die Buchstabenreihe um zwei, drei oder sogar mehr Buchstaben ergänzen sollen. Es ist auch denkbar, dass Sie innerhalb einer Buchstabenreihe Buchstaben ergänzen sollen.

AUFGABEN

Bitte ergänzen Sie die folgenden Buchstabenreihen um je zwei Buchstaben.
Für 10 Reihen haben Sie 2 Minuten Zeit.

1 MKIGE__ __

2 FLHFLH__ __

3 ADGJMP__ __

4 EJHMKP__ __

5 HDFLHJ__ __

6 TRWUSX__ __

7 PNRPNRP__ __

8 MTWVGNQ__ __

9 HCAGJECI__ __

10 DGACILEG__ __

Bitte ergänzen Sie den fehlenden Buchstaben.
Sie haben für 10 Aufgaben 2 Minuten Zeit.

11 ACFJOV__DGK

12 CDB__FDGHFI

13 KFBLGCM__DN

14 L__HKMIKEHJ

15 __SMOKFZBXS

16 EFHKOEFHK__

17 GDIC__GLFMJ

18 BFKAGKPF__P

19 __EBHFCIGDJ

20 GHCEH__MHJM

LÖSUNGEN

1	Lösung: CA Die Reihe folgt dem Alphabet in umgekehrter Reihenfolge. Ein Buchstabe wird dabei immer ausgelassen (M–[L]–K–[J] ...).
2	Lösung: FL Die Reihe besteht aus der Buchstabenkombination F – L – H. Diese wird jeweils wiederholt.
3	Lösung: SV Die Reihe wird immer beim „überübernächsten" Buchstaben fortgesetzt.
4	Lösung: NS Die Buchstabenreihe folgt in alphabetischer Reihenfolge dem System 5 + 2 + 5 + 2 + 5 ...
5	Lösung: PL Die Buchstabenreihe folgt dem System – 4 + 2 + 6 – 4 + 2 + 6 ...

6 Lösung: VT
Die Buchstabenreihe folgt dem System – 2 + 5 – 2 – 2 + 5 – 2 …

7 Lösung: NR
Die Reihe besteht aus der Buchstabenkombination P-N-R. Diese wird jeweils wiederholt.

8 Lösung: PA
Die Buchstabenreihe folgt dem System + 3 – 1 + 11 + 7 + 3 – 1 …

9 Lösung: LG
Die Buchstabenreihe folgt dem System – 5 – 2 + 6 + 3 – 5 – 2 + 6 + 3 …

10 Lösung: MP
Die Buchstabenreihe folgt dem System + 3 – 6 + 2 + 6 + 3 – 7 + 2 + 6 + 3 … Dabei erhöht sich der zu subtrahierende Wert jeweils um 1.

11 Lösung: B
Die Buchstabenreihe folgt dem System + 2 + 3 + 4 + 5 + 7 + 6 + 2 …

12 Lösung: E
Die Buchstabenreihe folgt dem System + 1 – 2 + 3 + 1 – 2 + 3 …

13 Lösung: H
Die Buchstabenreihe folgt dem System – 5 – 4 + 10 …

14 Lösung: N
Die Buchstabenreihe folgt dem System + 2 – 6 + 3 + 2 – 4 …

15 Lösung: X
Die Buchstabenreihe folgt dem System – 5 – 6 + 2 – 4 …

16 Lösung: O
Die Buchstabenreihe besteht aus E–F–H–K–O und wiederholt sich dann.

17 Lösung: J
Die Buchstabenreihe folgt dem System – 3 + 5 – 6 + 7 …

18 Lösung: L
Die Buchstabenreihe folgt dem System + 4 + 5 – 10 + 6 …

19 Lösung: G
Die Buchstabenreihe folgt dem System – 2 – 3 + 6 …

20 Lösung: L
Die Buchstabenreihe folgt dem System + 1 – 5 + 2 + 3 + 4 …

Figurenreihen fortsetzen

Mit welcher Auswahlfigur unten (A, B, C, D oder E) kann man die Figurenreihe oben richtig fortsetzen?

Beispiel 1

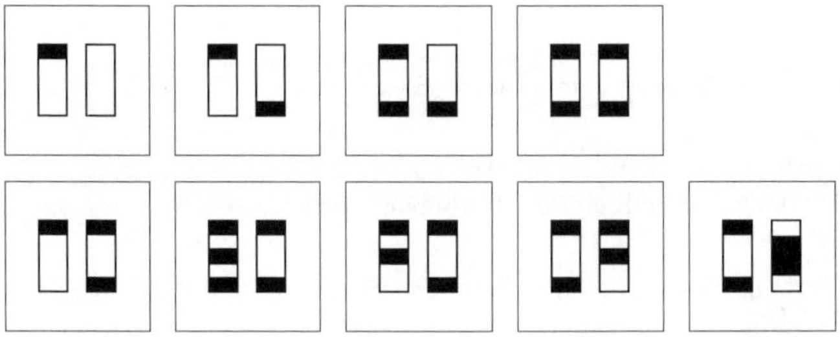

A B C D E

Lösung: B

Erklärung: Hier werden in die Rechtecke schwarze Balken eingefügt – erst in das linke oben, dann in das rechte unten, dann in das linke unten und im vierten Bild rechts oben. Die Fortsetzung kann nur wie bei Lösungsvorschlag B erfolgen.

Beispiel 2

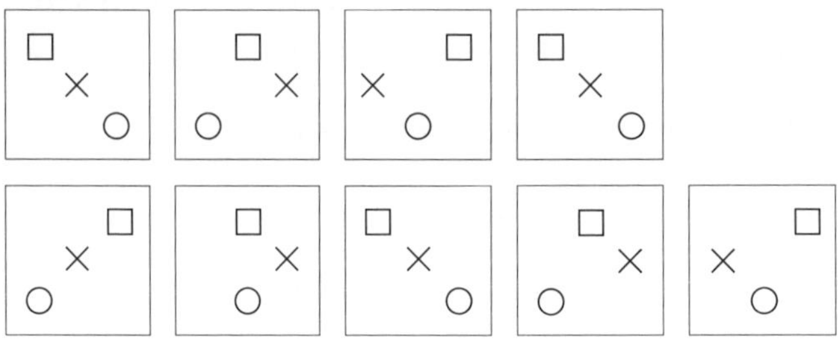

A B C D E

Lösung: D

Erklärung: Die Reihe hat bereits ab dem vierten Bild von vorne angefangen und setzt sich jetzt mit dem zweiten Bild fort.

AUFGABEN

Für die folgenden 12 Aufgaben haben Sie 6 Minuten Zeit.

1

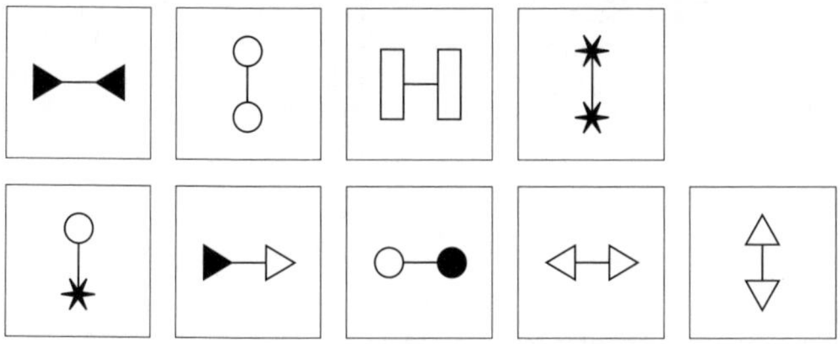

A B C D E

2

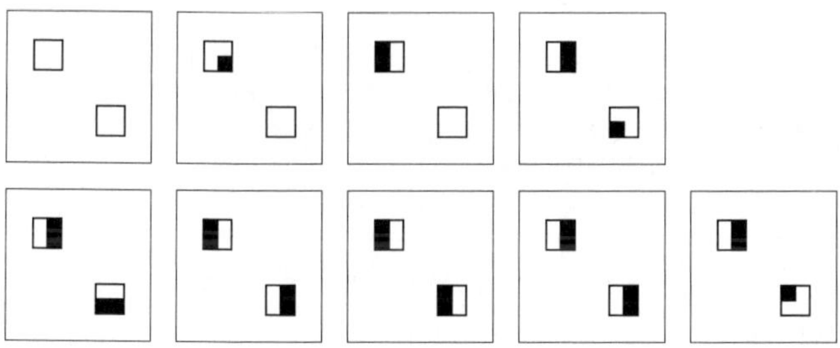

A B C D E

3

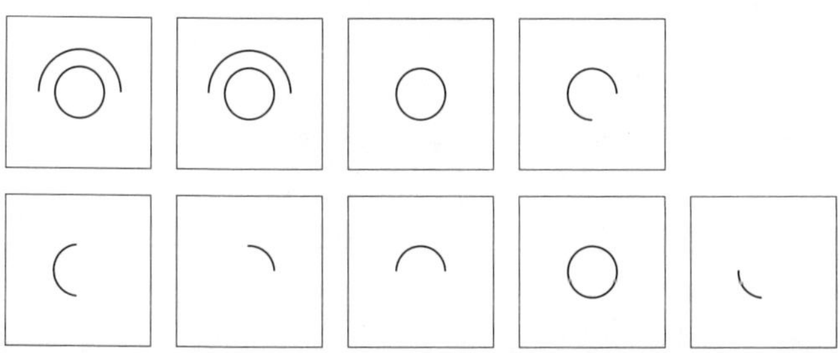

A B C D E

4

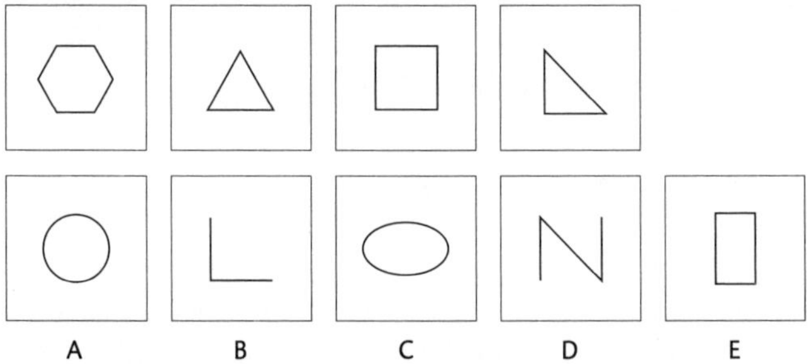

5

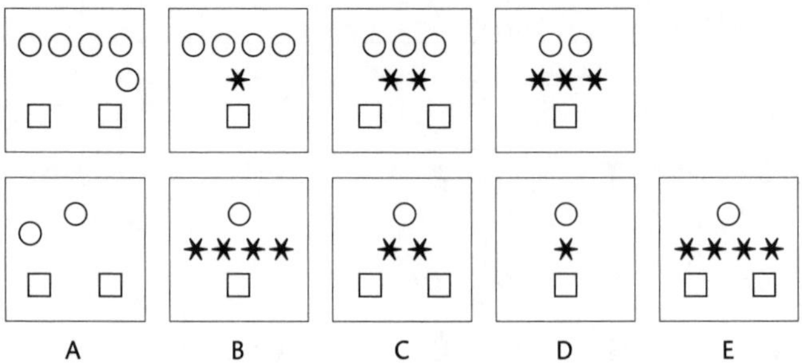

6

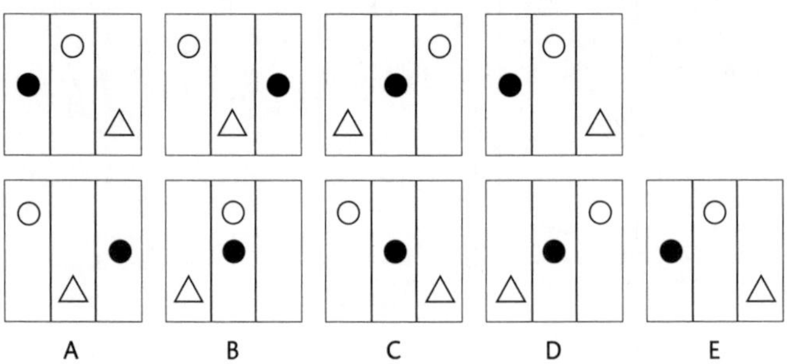

7

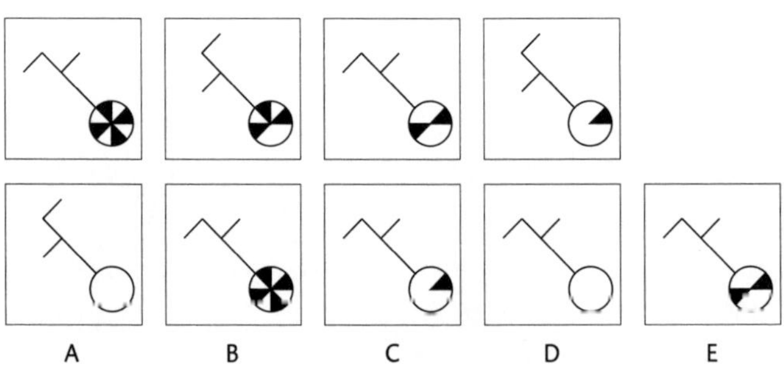

8

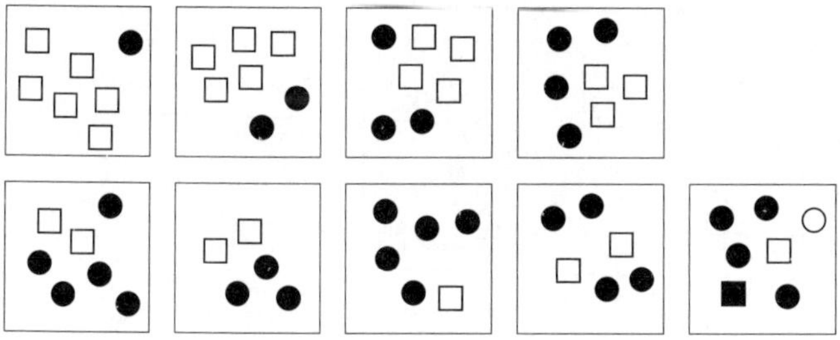

A B C D E

9

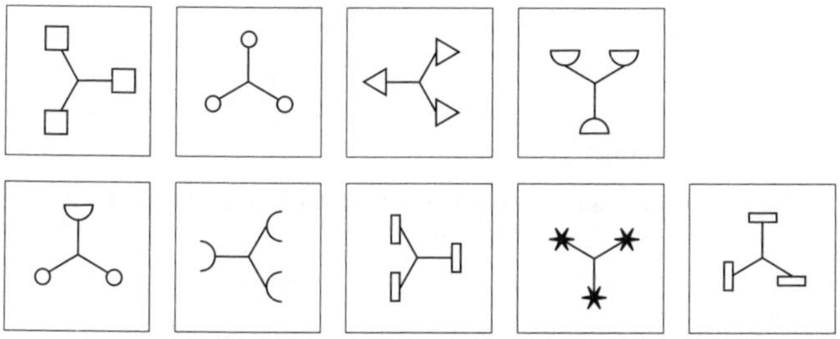

A B C D E

10

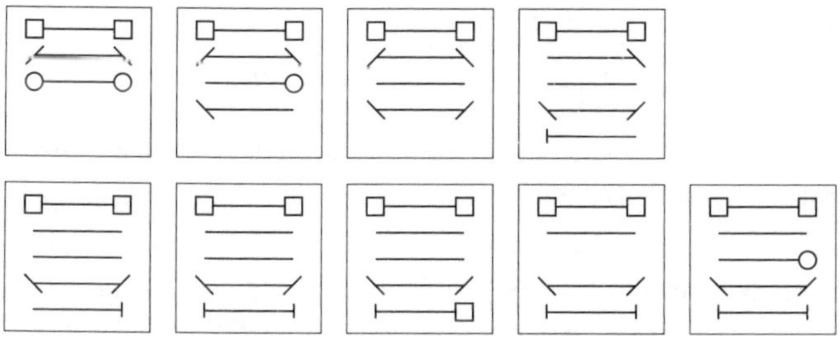

A B C D E

11

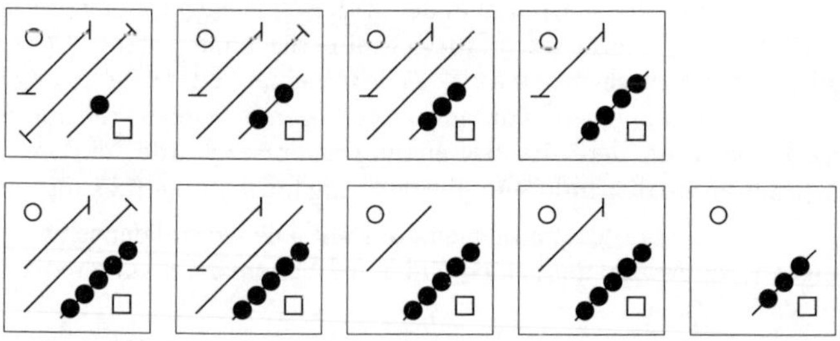

A B C D E

12

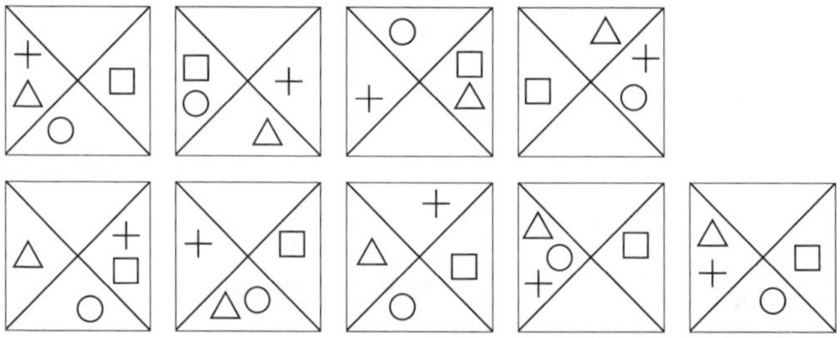

A B C D E

LÖSUNGEN

1	**D**	Zwei gleiche Figuren sind durch eine Linie miteinander verbunden. Die Linie verläuft abwechselnd waagerecht und senkrecht. In der Lösung müssen diese Figuren waagerecht verbunden sein.
2	**B**	In beiden Quadraten wechselt das schwarze Feld die Seite von rechts nach links und umgekehrt.
3	**C**	Die Figur reduziert sich im Uhrzeigersinn um ein Viertel.
4	**E**	Alle geometrischen Figuren kommen nur einmal vor. Runde Figuren kommen nicht vor. Mehrecke und Dreiecke wechseln sich ab.
5	**E**	Die Kreise reduzieren sich. Zu den Sternen kommt einer hinzu. Die Quadrate wechseln zwischen eins und zwei.
6	**A**	Die Reihe hat bereits ab dem vierten Bild von vorne angefangen und setzt sich jetzt mit dem zweiten Bild fort.
7	**D**	Die Dreiecke im Kreis reduzieren sich. Beide kurzen Linien wechseln die Seite.
8	**A**	Die Anzahl der Kreise steigt an und die Anzahl der Quadrate reduziert sich.
9	**C**	Die Figur dreht sich gegen den Uhrzeigersinn um ein Viertel. (3, 12, 9, 6, ...).
10	**B**	Der Strich mit den beiden Quadraten bleibt konstant. In der zweiten und dritten Reihe von oben wird etwas entfernt. In der vierten und fünften Reihe von oben kommt etwas hinzu. Nachdem in der zweiten Zeile eine Seitenbegrenzung entfernt wurde, wird im Folgebild (Lösungsbild) die gegenüberliegende Seitenbegrenzung entfernt. Nachdem in der dritten Zeile begonnen wurde, eine Seitenbegrenzung zu entfernen, wird die gegenüberliegende Seitenbegrenzung im Folgebild entfernt. Nachdem in der 4. Zeile mit einer Seitenbegrenzung begonnen wurde, wird im Folgebild die gegenüberliegende Seite begrenzt. Nachdem in der 5. Zeile mit einer Seitenbegrenzung begonnen wurde, wird im Folgebild die gegenüberliegende Seitenbegrenzung hinzugefügt (Lösungsbild).
11	**D**	Der weiße Kreis und das Quadrat bleiben konstant. Die Anzahl der schwarzen Kreise steigt an. Die Anzahl der beiden Linien mit Seitenbegrenzung reduziert sich um einen Strich.
12	**E**	Das Kreuz und das Quadrat wechseln die Seiten. Das Dreieck wandert entgegen und der Kreis mit dem Uhrzeigersinn.

Flussdiagramme

Die folgenden Übungsaufgaben sollen Ihnen Gelegenheit geben, sich mit einem bestimmten Aufgabentyp aus gängigen Auswahlverfahren auseinanderzusetzen.

Eine Reihe von Problemstellungen und möglichen Lösungswegen werden in einem Flussdiagramm schematisch dargestellt. Zur Problemlösung gelangen Sie, indem Sie Schritt für Schritt den Pfeilen des Diagramms folgen. Die Felder des Flussdiagramms sind dabei: Handlungsschritte, Fragen oder Antworten (ja oder nein).

Ihre Aufgabe ist es, für die nummerierten Felder aus einer Menge von Lösungsmöglichkeiten jeweils einen richtigen Text auszuwählen, sodass das Diagramm einen stimmigen Problemlösungsablauf aufzeigt.

Beispiel

Parkscheinautomat

Das Parkticket im Kaufhaus KAUFMICH kostet:

- 1 €, wenn weniger als eine Stunde lang geparkt wurde oder wenn im Kaufhaus etwas eingekauft wurde,
- 1,50 €, wenn bis zu 2 Stunden geparkt wurden,
- 3 €, wenn länger als 2 Stunden geparkt wurde.

Das folgende Diagramm zeigt einen möglichen Ablauf des Errechnens der Parkgebühr.

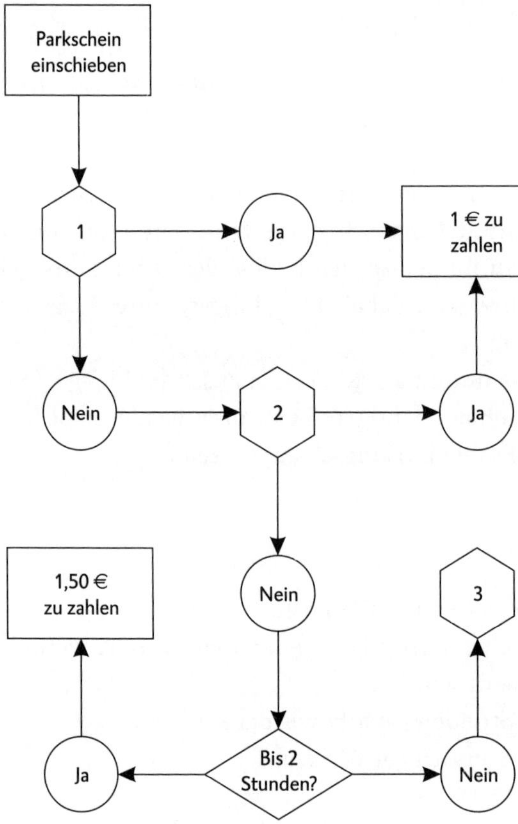
Parkschein einschieben
1
Ja
1 € zu zahlen
Nein
2
Ja
1,50 € zu zahlen
Nein
3
Ja
Bis 2 Stunden?
Nein

1 Welcher Text gehört in das Feld 1?

a Weniger als eine Stunde geparkt?
b Ist die Autofarbe grün?
c 3 € zu zahlen
d Ungültiges Ticket

Lösung: a

Begründung: Da die Pfeile von diesem Feld auf „Ja“ bzw. „Nein“ zeigen, ist davon auszugehen, dass hier eine Frage gestellt wurde. Beantwortet man diese mit „Ja“, so wird man dazu aufgefordert, 1 € zu zahlen. Da davon auszugehen ist, dass nicht die Autofarbe entscheidend hierfür ist, passt nur a als Lösung.

2 Welcher Text gehört in das Feld 2?

a Ja
b 2 € zu zahlen
c Kleingeld dabei?
d Etwas eingekauft?

Lösung: d

Begründung: Wieder muss hier eine Frage gestellt worden sein. Wird diese mit „Ja“ beantwortet, so muss 1 € gezahlt werden. Da schon unter 1 gefragt wurde, ob weniger als eine Stunde geparkt wurde, bleibt nur noch die zweite Möglichkeit, bei deren Eintreten man 1 € zu zahlen hat: Hat man etwas eingekauft? Also: d.

3 Welcher Text gehört in das Feld 3?

a Nein
b Waren Sie mit Ihrem Einkauf zufrieden?
c 3 € zu zahlen
d „Auf Wiedersehen. Ihr Kaufhaus KAUFMICH“

Lösung: c

Begründung: Vorher wurde man schon gefragt, ob man weniger als eine Stunde geparkt hat. Nun verneinte man die Frage, ob man bis zu zwei Stunden geparkt hat. Es bleibt nur noch die Möglichkeit länger als zwei Stunden geparkt zu haben. Daher muss man 3 € zahlen. Antwort c.

AUFGABEN

Versuchen Sie sich nun selbst. Für die nächsten 3 Aufgaben haben Sie 15 Minuten Zeit.

1. Getränkeautomat

Ein Getränkeautomat bietet sowohl heiße, als auch kalte Getränke an.

heiß:	1. Tee – Pfefferminz – Kräuter – schwarz	2. Kaffee – mit Milch und ohne Zucker – mit Milch und mit Zucker – ohne Milch und mit Zucker – ohne Milch und ohne Zucker	
kalt:	1. Wasser	2. Cola	3. Limonade – Orange – Zitrone

Bitte betrachten Sie die Grafik vom Startpunkt „Heiß?".

1.1 Welcher Text gehört in das Feld 1?

a Kaffee?
b Cola?
c Mit Zitronengeschmack?
d Getränk bitte bezahlen

1.2 Welcher Text gehört in das Feld 2?

a Nein
b 2 € zu zahlen
c Kleingeld dabei?
d Haben Sie sich verwählt?

1.3 Welches Getränk würden Sie erhalten, wenn Sie die Fragen nacheinander mit Ja, Nein, Ja, Ja, Nein beantworteten?

a Kräutertee mit Zucker
b Orangenlimonade
c Kaffee schwarz mit Zucker
d Kaffee weiß ohne Zucker

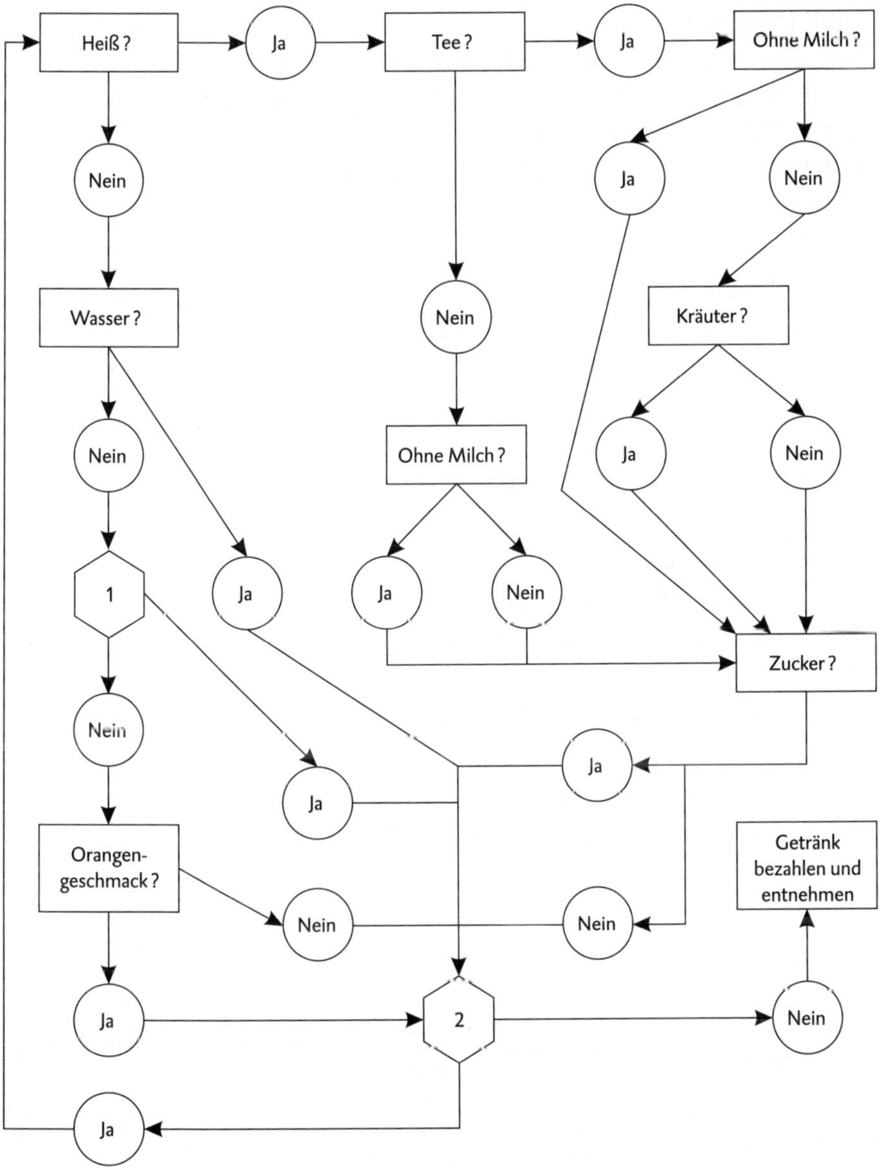
Heiß?
Ja
Tee?
Ja
Ohne Milch?
Nein
Ja
Nein
Wasser?
Nein
Kräuter?
Nein
Ohne Milch?
Ja
Nein
1
Ja
Ja
Nein
Zucker?
Nein
Ja
Ja
Getränk bezahlen und entnehmen
Orangen-geschmack?
Nein
Nein
Ja
2
Nein
Ja

2. Kühlschränke

Ein Geschäft verkauft drei verschiedene Kühlschranktypen:

1. FREEZOMAT: 1 000 €, sofort lieferbar, in Blau oder Metallic
2. ÖKOFREEZE: 800 €, 8 Wochen Lieferzeit, in Grün
3. FRIDGE: 500 €, 4 Wochen Lieferzeit, in Weiß

2.1 Welcher Text gehört in das Feld 1?

a 500 € OK?
b Lieferzeit von 8 Wochen OK?
c Farbe Silber OK?
d ÖKOFREEZE wird empfohlen

2.2 Welcher Text gehört in das Feld 2?

a Nein
b Farbe spielt keine Rolle
c ÖKOFREEZE wird empfohlen
d Kunde verlässt das Geschäft

2.3 Welcher Text gehört in das Feld 3?

a Sind 500 € zu viel?
b Kunde kann sich nicht entscheiden
c Der Kunde braucht gar keinen Kühlschrank, oder?
d 500 € OK?

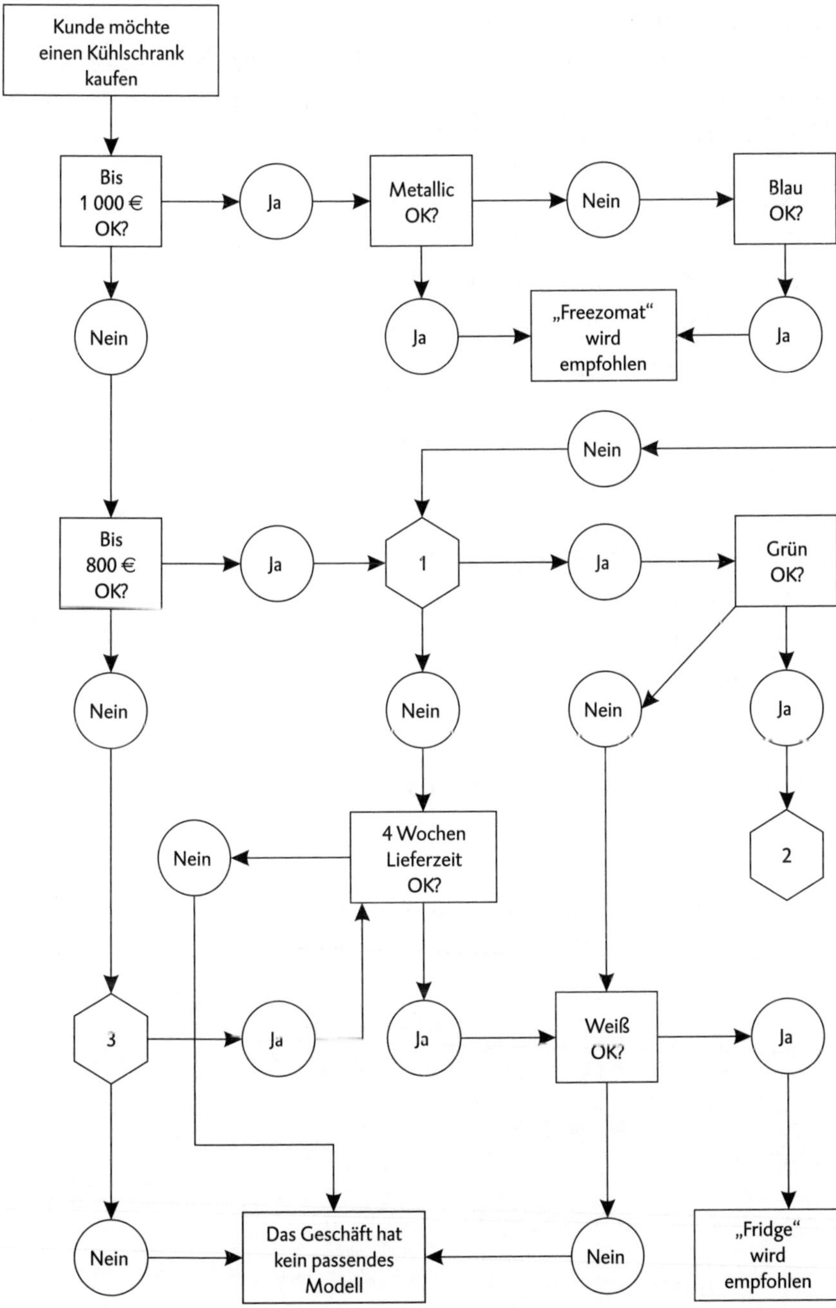
Kunde möchte einen Kühlschrank kaufen
Bis 1 000 € OK?
Ja
Metallic OK?
Nein
Blau OK?
Nein
Ja
„Freezomat“ wird empfohlen
Ja
Nein
Bis 800 € OK?
Ja
1
Ja
Grün OK?
Nein
Nein
Nein
Ja
4 Wochen Lieferzeit OK?
Nein
2
3
Ja
Ja
Weiß OK?
Ja
Nein
Das Geschäft hat kein passendes Modell
Nein
„Fridge“ wird empfohlen

3. Fahrkartenautomat

An einem Fahrkartenautomaten kann man folgende Fahrscheine erwerben:

1. Monatsticket:	nicht ermäßigt: 40 €	ermäßigt: 30 €
2. Normalticket:	Tarifzonen 1 / 2 oder 2 / 3: 2,50 €	
	Tarifzonen 1 / 2 / 3: 3 €	
3. Kurzstrecke:	1,50 €	

3.1 Welcher Text gehört in das Feld 1?

a Sie haben eine Kurzstrecke gewählt
b 2,50 € zu zahlen
c 3 € zu zahlen
d Der Automat ist defekt, bitte kaufen Sie Ihre Fahrkarte beim Bahnhofspersonal

3.2 Welcher Text gehört in das Feld 2?

a 1,50 € zu zahlen
b Sind 30 € OK?
c Jünger als 6 Jahre?
d Ermäßigt?

3.3 Welcher Text gehört in das Feld 3?

a 1,50 € zu zahlen
b 2,50 € zu zahlen
c Leider ist die von Ihnen gewünschte Fahrkarte nicht verfügbar
d Wir wünschen Ihnen eine angenehme Reise

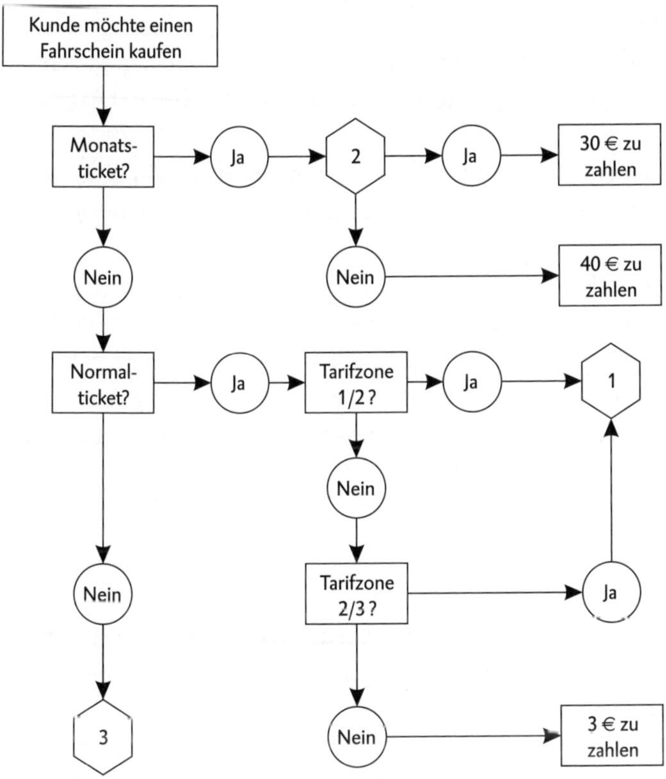

LÖSUNGEN

1. Getränkeautomat	**1.1** b	**1.2** d	**1.3** c
2. Kühlschränke	**2.1** b	**2.2** c	**2.3** d
3. Fahrkartenautomat	**3.1** b	**3.2** d	**3.3** a

Bearbeitungshilfen
Haben Sie eine Flussdiagrammaufgabe zu lösen, so müssen Sie darauf achten, dass der im Einleitungstext definierte Prozess korrekt durch das Diagramm abgebildet wird.

Sie müssen die Antworten so auswählen, dass sowohl der Einleitungstext als auch das Diagramm den gleichen Sachverhalt bzw. den gleichen Prozess darstellt. Abweichungen sind nicht zulässig.

Prüfen Sie, welche Pfeile aus einem „Frageknoten“ zu anderen Knoten führen. Verlassen z. B. zwei Pfeile einen Frageknoten und führen diese Pfeile in Knoten, die mit „Ja“ und „Nein“ bezeichnet sind, so sollte im Frageknoten eine Frage stehen (siehe Aufgabe 3, Frageknoten 2). Steht der Frageknoten am Ende eines Prozesses, so sollte ein Ereignis bzw. ein Ergebnis im Frageknoten stehen (siehe Aufgabe 3, Frageknoten 3).

Grafikanalogien

Hier ist die Aufgabe, aus fünf vorgegebenen Lösungsvorschlägen das grafische Element auszuwählen, das ein fehlendes Element in einer logischen Folge von grafischen Figuren sinnvoll ergänzt. Oder anders ausgedrückt: Zwei Zeichen sind vorgegeben, zwischen denen eine gewisse Beziehung besteht. Das dritte vorgegebene Element hat mit einem zu suchenden vierten Element ebenso eine logische Beziehung, die es zu suchen gilt. Nur einer der fünf Lösungsvorschläge kommt dafür infrage.

Beispiel 1

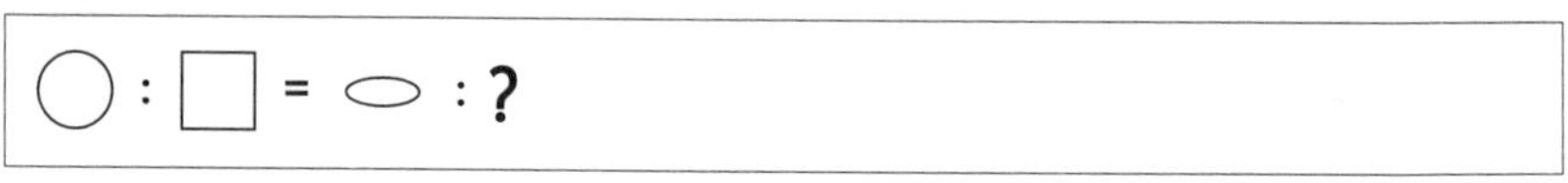

Lösungsvorschläge:

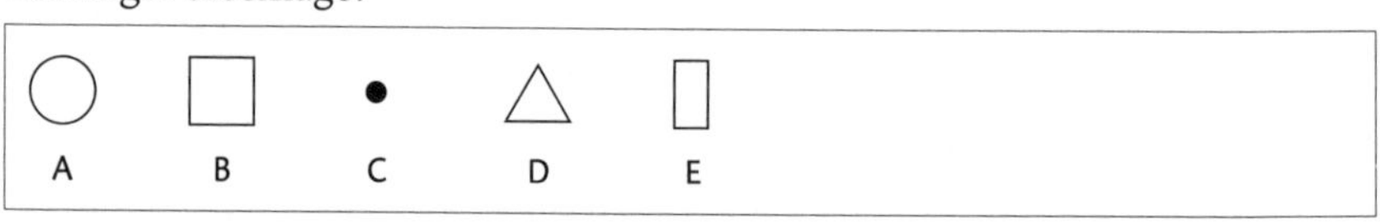

Lösung: E
Der Kreis verhält sich zum Quadrat wie die Ellipse zum Rechteck.

Beispiel 2

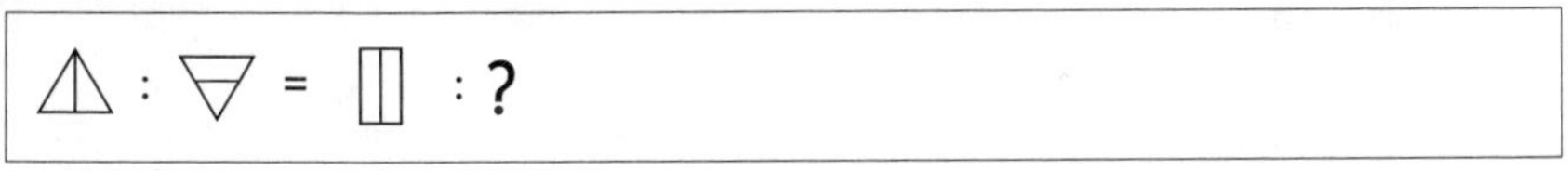

Lösungsvorschläge:

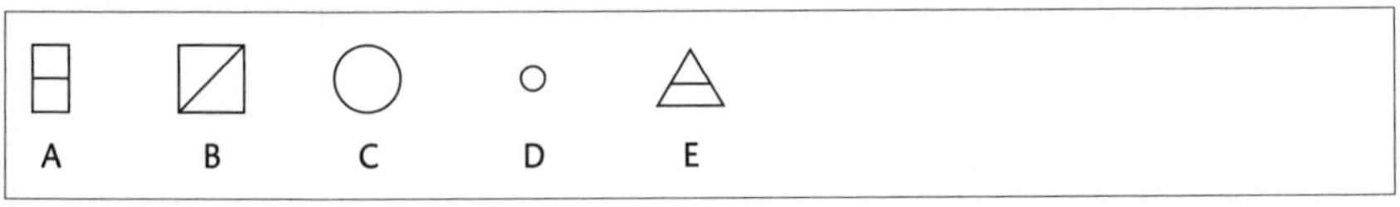

Lösung: A

AUFGABEN

Für die folgenden 24 Aufgaben haben Sie 10 Minuten Zeit.

1 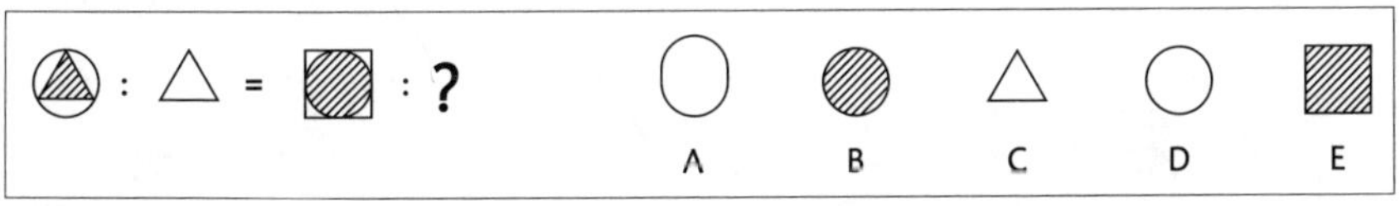

2 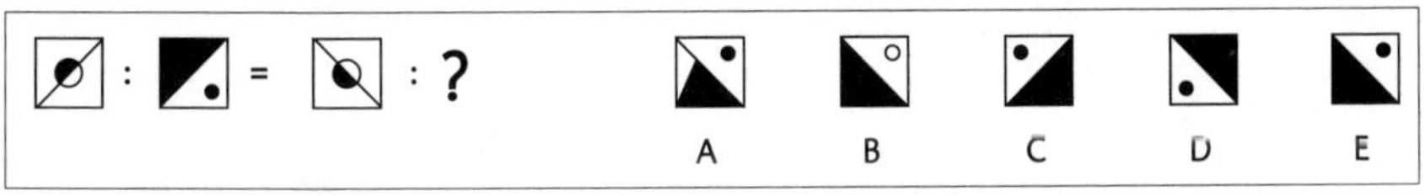

3 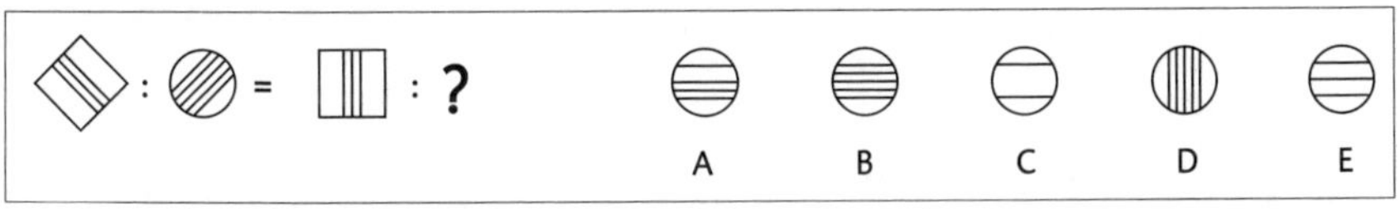

4 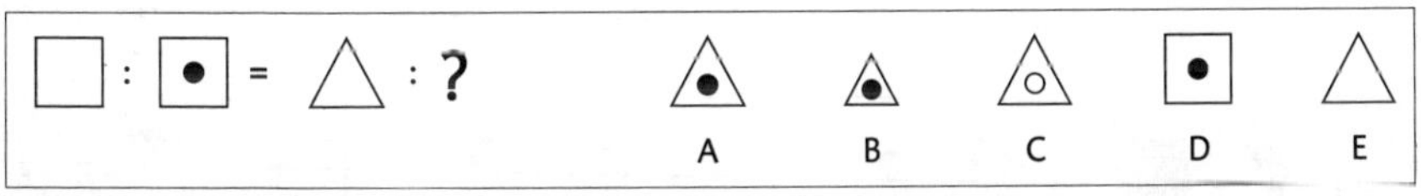

5 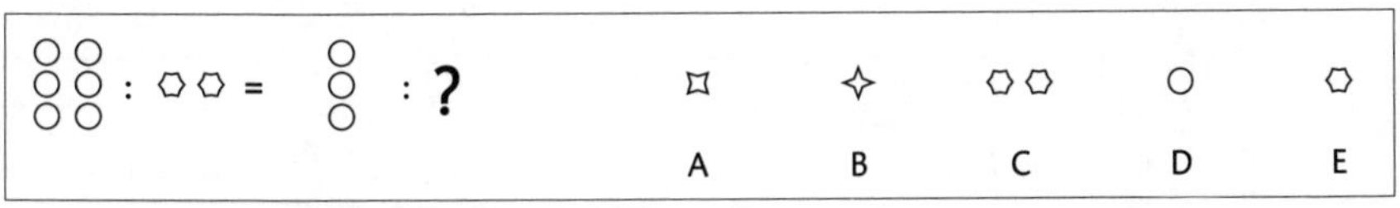

6 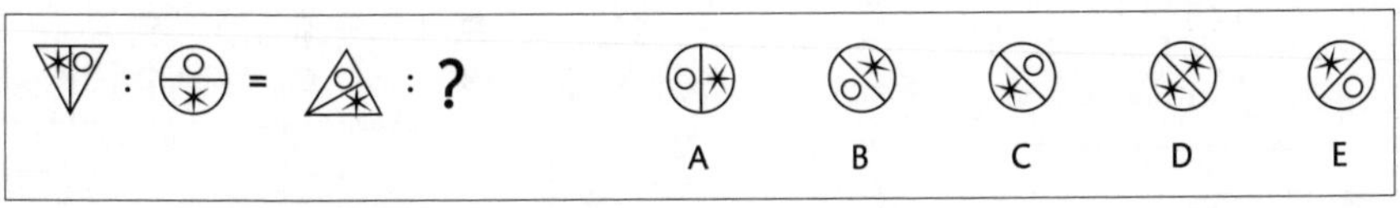

7

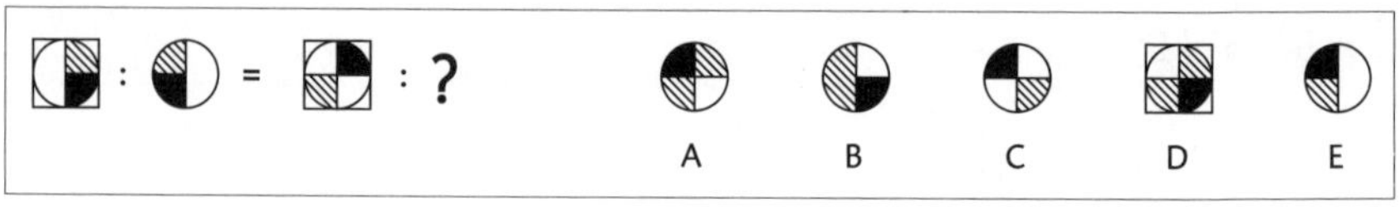

8

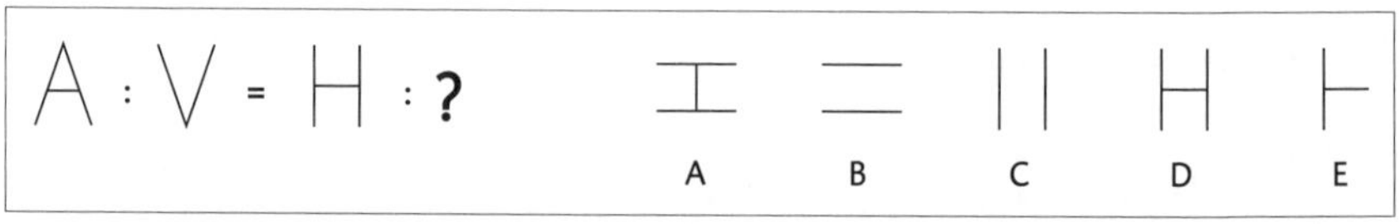

9

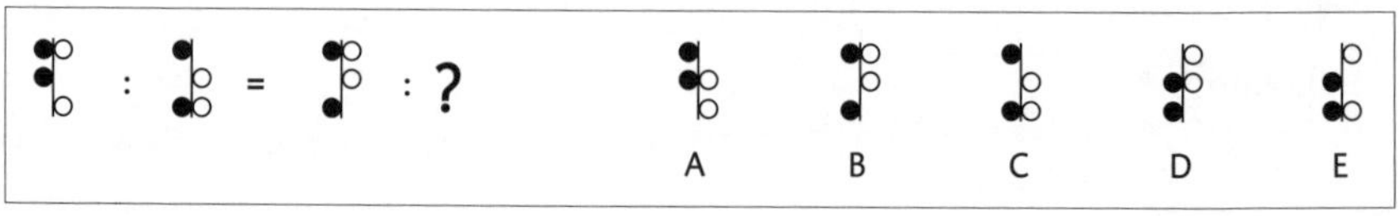

10

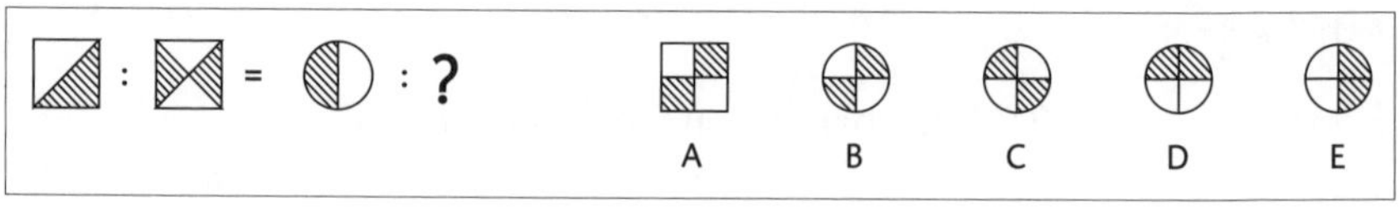

11

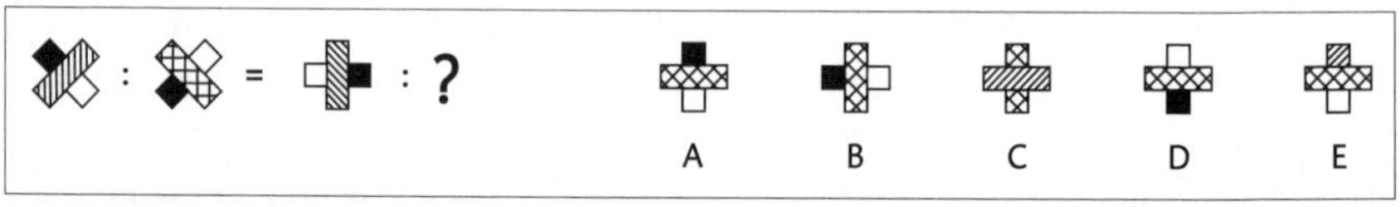

12

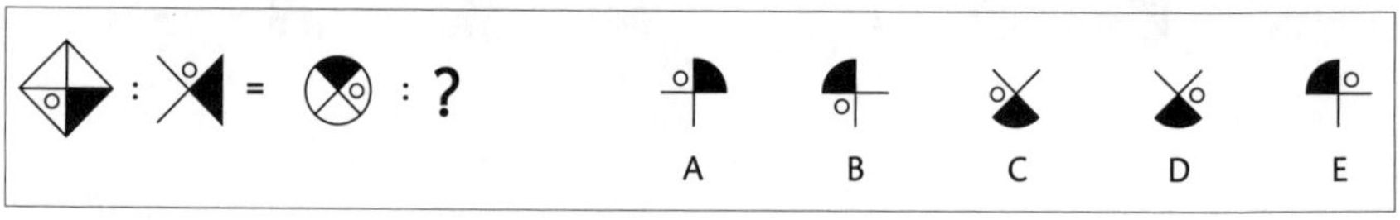

13

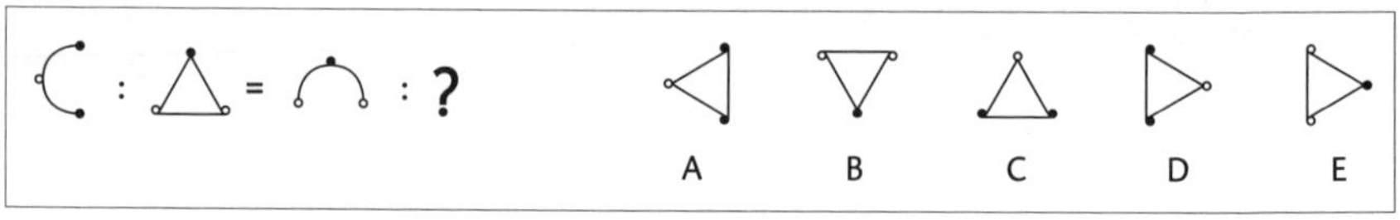

14

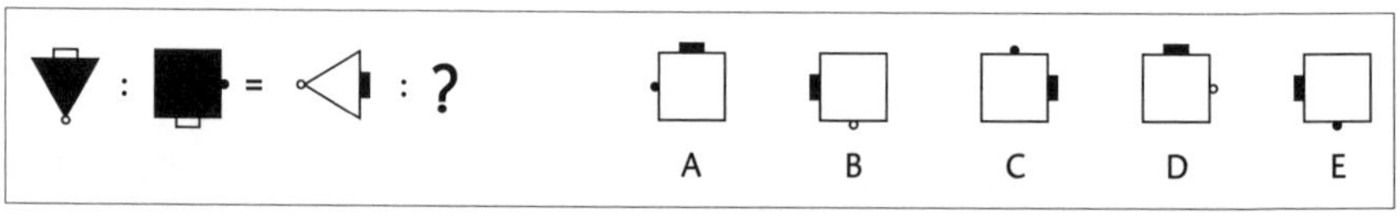

15

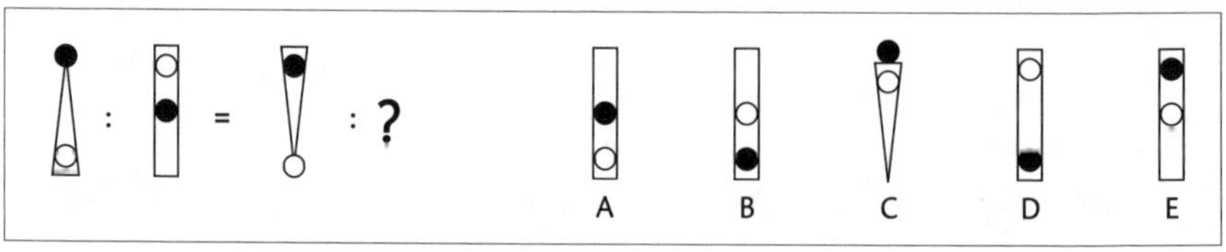

16

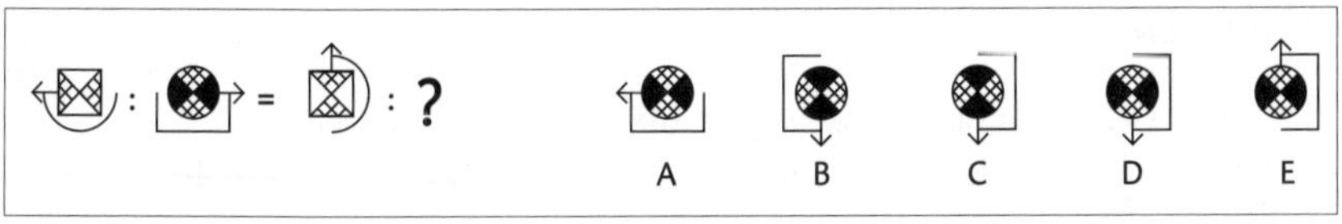

17

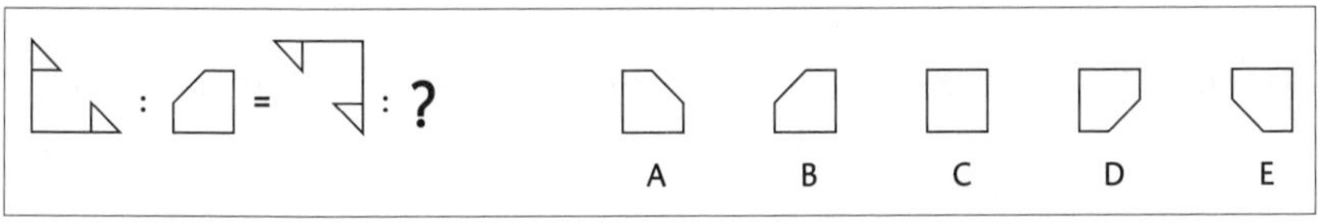

18

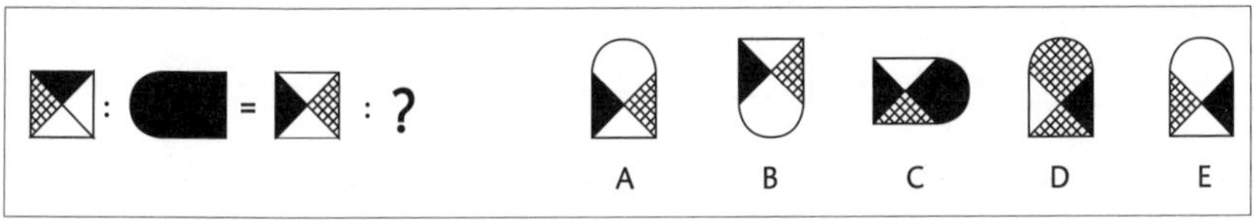

19

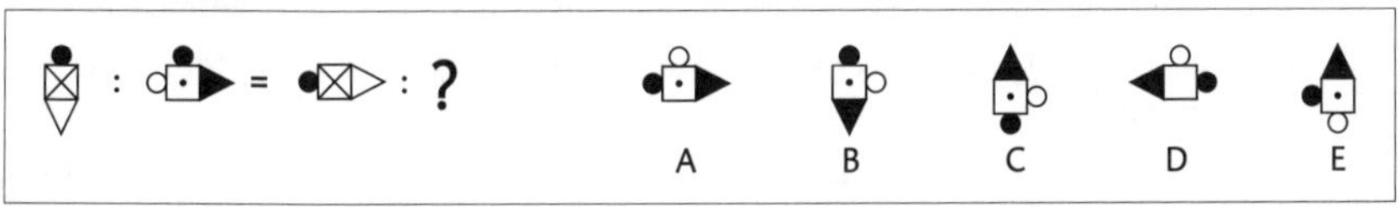

20

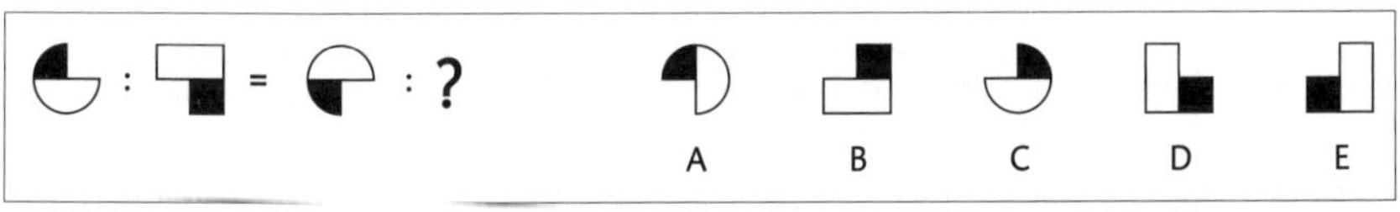

21

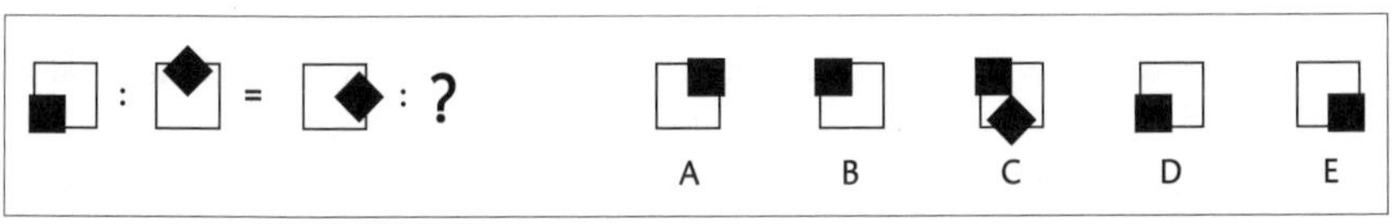

22

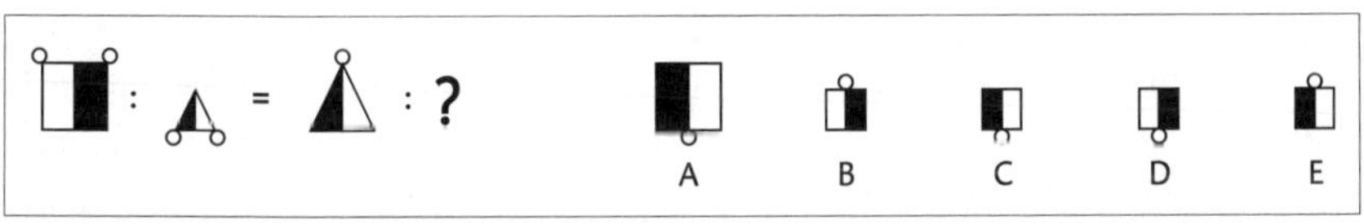

23

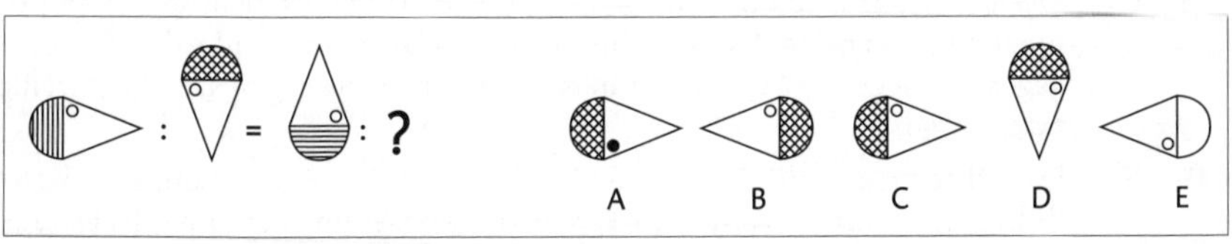

24

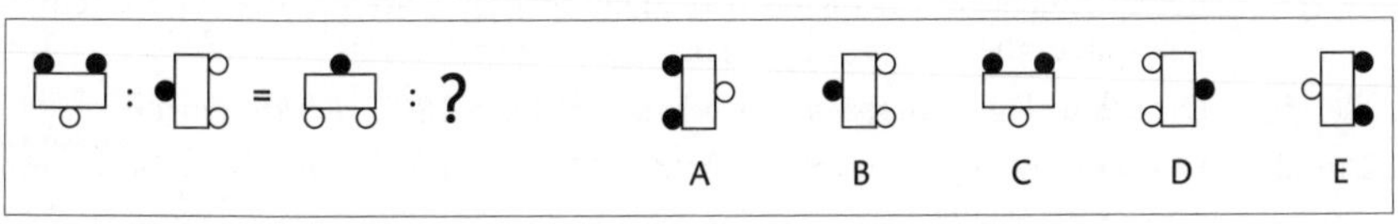

LÖSUNGEN

1	**D**	Die Außenfigur verschwindet, die Innenfigur wird leer.
2	**E**	Auf der rechten Seite sind die Figuren von links um 90° gedreht.
3	**B**	Das Quadrat dreht sich um 90° und wird zum Kreis. Es kommen zwei weitere Linien hinzu.
4	**A**	Die Figur bekommt einen schwarzen Kreis – bei unveränderter Figurengröße.
5	**E**	Mathematisch: 6 : 2 = 3 : 1. Hier muss zudem auf das richtige Symbol (Hexagon) geachtet werden.
6	**B**	Die Figur wird zunächst um ca. 90° nach rechts gedreht, dann das Innere der Figur an der Mittelachse gespiegelt.
7	**C**	Die Außenfigur fällt weg. Der Kreis wird (mitsamt Mustern) an der Senkrechten gespiegelt.
8	**C**	Figur wird um 180° gedreht. Mittelstrich fällt jeweils weg.
9	**E**	Die Figur wird um 180° gedreht und die Farben der Punkte vertauscht.
10	**C**	Das gestrichelte Muster wird in der Mitte getrennt und die untere Hälfte davon gespiegelt.
11	**A**	Zunächst wird die Figur um 90° nach links gedreht, dann die schraffierte Fläche durch das Rautenmuster ersetzt.
12	**B**	Die Figur ist geviertelt. Zunächst eine Drehung um 45° nach links, dann fallen die äußeren Begrenzungslinien (Quadrat bzw. Kreis) weg. Schließlich wandert der kleine Kreis in das gegenüberliegende Viertel.
13	**D**	Das Objekt wird um 90° nach rechts gedreht, die Farben der kleinen Kreise vertauscht, und der Bogen wird zum Dreieck.
14	**E**	Die Figur wird um 90° im Uhrzeigersinn gedreht. Der kleine Kreis behält seine Farbe, während die anderen Formen ihre Farben tauschen.
15	**B**	Form wird rechteckig, kleiner Außenkreis rückt in die Mitte, dann Drehung um 180°.
16	**C**	Figur ist spiegelverkehrt, wobei aus rund eckig wird und umgekehrt. Darüber hinaus werden die karierten Flächen schwarz und die weißen kariert.
17	**D**	Figur ist spiegelverkehrt. Zwei Seiten der kleinen Dreiecke fallen weg, eine Linie kommt hinzu und schließt die Figur.
18	**E**	Die erste Figur wird um 180° gedreht. Das fehlende Viertelquadrat kommt hinzu plus ein halber Kreis, wobei beide das Muster / die Farbe des gegenüberliegenden Viertelquadrats übernehmen. So ergibt sich die jeweilige zweite Figur.
19	**E**	Das Mittelkreuz wird durch einen Punkt ersetzt. Die Figur ist um 90° nach links gedreht, dabei werden die Farben des Kreises und des Dreiecks vertauscht. Ein zweiter, schwarzer Kreis tritt an der rechten Seite auf (die Figur „steht“ auf der Spitze, alle anderen Lagen sind Drehungen).
20	**B**	Die eckige Figur entspricht der runden, die um 180° gedreht wurde.
21	**D**	Das schwarze Quadrat rotiert um den Mittelpunkt des weißen Quadrats um 135° nach rechts.

22	**D**	180°-Drehung. Eine große Figur wird mit einer kleinen ins Verhältnis gesetzt, dabei gilt die Folge „Quadrat-Dreieck-Quadrat-Dreieck“.
23	**C**	Drehung um 90° nach rechts. Schraffierte Fläche wird kariert, Kreis wechselt die Seite.
24	**A**	90°-Drehung nach rechts, die Farbe der Kreise wird vertauscht.

Einschätzung

15 richtige Lösungen sind ok, ab 18 sind Sie gut!

Interpretation von Schaubildern und Tabellen

Für die auf den nächsten Seiten folgenden 6 Schaubilder und Tabellen (A–F) sowie die dazugehörigen Fragen haben Sie insgesamt 30 Minuten Bearbeitungszeit. Bitte bearbeiten Sie diese Aufgaben zur Übung am Stück. Anschließend finden Sie zum weiteren Training neue Aufgaben, bei denen Sie jeweils eine individuelle Bearbeitungszeit erhalten.

A. Klima

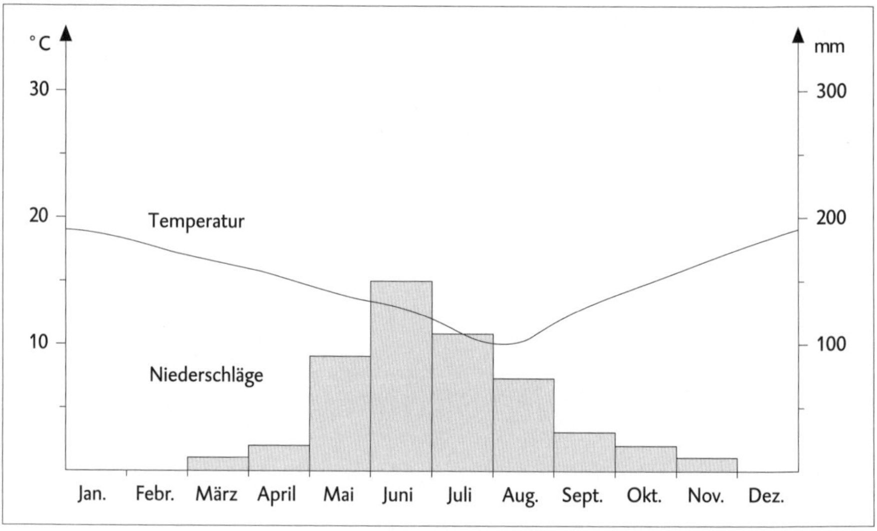

Das Diagramm zeigt Temperatur- und Niederschlagswerte im Jahresmittel in Santiago (Chile). Welche der folgenden Aussagen ist richtig bzw. falsch?

1 In Santiago herrscht ein gemäßigtes Klima.

a stimmt
b stimmt nicht

2 In den Monaten Juni bis September ist die Temperatur in Santiago am niedrigsten.

a stimmt
b stimmt nicht

3 **Die meisten Niederschläge fallen in den Monaten Juni und Juli.**

a stimmt
b stimmt nicht

4 **Die Jahresdurchschnittstemperatur liegt bei ca. 19 Grad Celsius.**

a stimmt
b stimmt nicht

B. Verstädterung

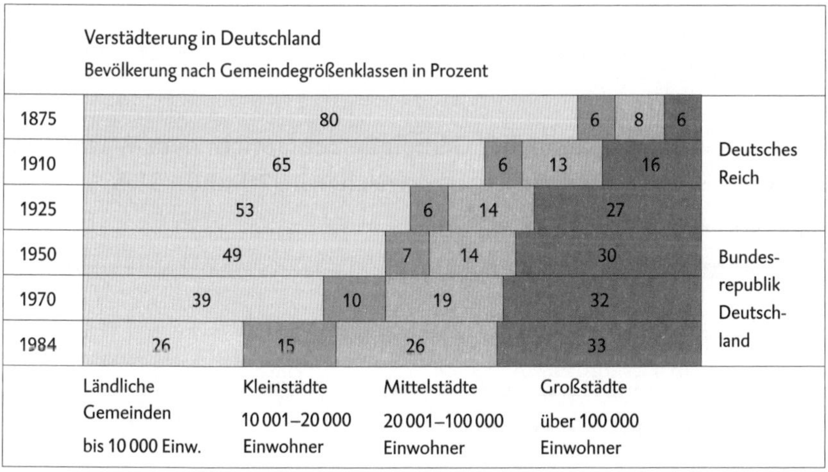

Welche der folgenden Aussagen gibt den Inhalt des Diagramms korrekt wieder?

1 **6 % der Bevölkerung lebten 1875 in Großstädten.**

a stimmt
b stimmt nicht

2 **Der Anteil der städtischen Bevölkerung hat sich von 1875 bis 1984 vervielfacht.**

a stimmt
b stimmt nicht

3 Der Anteil der Gemeinden unter 10 000 ist in einem Zeitraum von etwas mehr als 100 Jahren deutlich zurückgegangen.

a stimmt
b stimmt nicht

4 Ungefähr die Hälfte der Einwohner lebte 1970 in Großstädten.

a stimmt
b stimmt nicht

5 Zwischen 1875 und 1925 wuchsen die Großstädte am stärksten.

a stimmt
b stimmt nicht

6 Die Entwicklung ländlicher Gemeinden entspricht dem Wachstum der Großstädte am deutlichsten zwischen 1970 und 1984.

a stimmt
b stimmt nicht

C. Wirtschaft

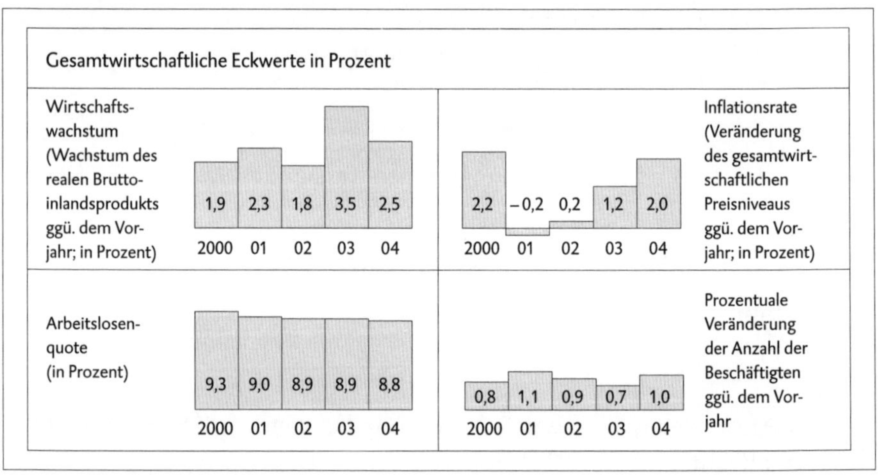

Unter der Bezeichnung „magisches Viereck“ versteht man in der Volkswirtschaftslehre die Kombination folgender Daten: Wirtschaftswachstum, Inflationsrate, Arbeitslosenquote und Zahl der beschäftigten Arbeitnehmer.

Welche Aussagen sind aufgrund der oben dargestellten Grafik richtig oder falsch?

1 Zwischen 2002 und 2003 hat das Bruttoinlandsprodukt um 1,7 Mrd. € zugenommen.

a stimmt
b stimmt nicht

2 Das Wirtschaftswachstum hat zwischen 2002 und 2003 um 1,7 % zugenommen.

a stimmt
b stimmt nicht

3 Seit 2002 kann ein Anstieg der Inflationsrate festgestellt werden.

a stimmt
b stimmt nicht

4 2003 lag die Zahl der Arbeitslosen etwas unter 9 Mio.

a stimmt
b stimmt nicht

5 2001 ist die Inflationsrate gegenüber 2000 gefallen.

a stimmt
b stimmt nicht

D. Niederschläge und Temperaturen

Die folgende Übersicht zeigt die durchschnittlichen Jahresniederschläge (JN) für vier verschiedene Städte sowie deren Höchst- (HT) und Niedrigsttemperaturen (NT). Im Anschluss daran sollen Sie einige Fragen beantworten.

Jahr	K-Stadt			T-Stadt			M-Stadt			H-Stadt		
	HT	NT	JN	HT	NT	JN	HT	NT	JN	HT	NT	JN
1990	31	07	65	26	12	66	36	04	55	32	14	62
1991	34	06	66	28	16	68	39	05	33	28	17	68
1992	33	07	69	24	13	63	37	07	41	29	17	64
1993	32	07	73	25	18	65	41	06	46	31	13	67
1994	33	08	64	27	16	67	39	05	44	31	15	18

1 In welcher Stadt und in welchem Jahr war die höchste Tages-Durchschnittstemperatur?

2 In welchem Jahr hatte welche Stadt die geringste Jahres-Niederschlagsmenge?

3 Welche Stadt kann die größten Temperaturschwankungen in einem Jahr aufweisen, und wann war das?

4 Welche Stadt hatte in welchem Jahr 100 % mehr Niederschlag als eine andere Stadt im selben Jahr?

5 Welche Stadt hatte von 1990 bis 1994 im Durchschnitt den meisten Niederschlag, und wie hoch war der Wert?

6 Welche Stadt weist die geringste durchschnittliche Niedrigsttemperatur auf (Beobachtungszeitraum: 1990–1994)?

7 Welche Stadt erreichte von 1990 bis 1994 den größten Höchsttemperaturendurchschnitt?

8 Welche Stadt hat in welchem Jahr die tiefste Niedrigsttemperatur in Relation zum höchsten Jahresniederschlag?

E. Schöne Wirtschaft

Folgendes Wirtschaftsdiagramm zeigt die Entwicklung von Bruttoinlandsprodukt, Exporten, Importen, Durchschnittseinkommen der Arbeitnehmer, Zahl der Arbeitslosen, Vorhandensein von Teilzeitarbeitsplätzen sowie die Inflationsrate für einen Zeitraum von vier Jahren (2086 bis 2089).

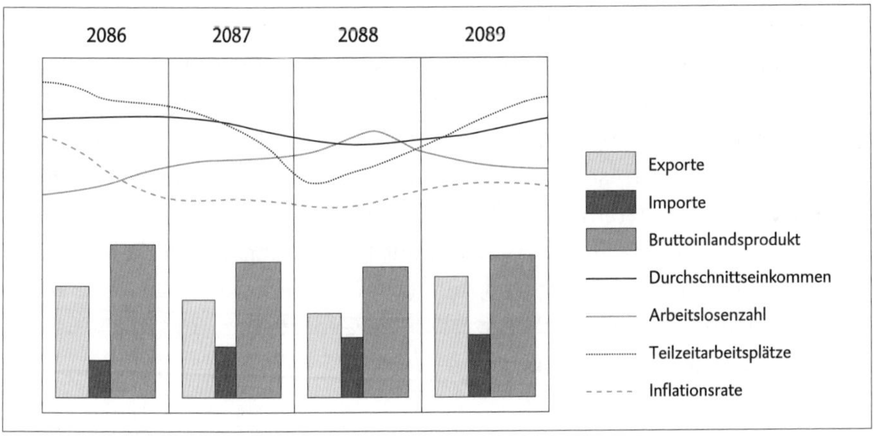

A Dazu zunächst drei Fragen:

1. In welchem Zusammenhang stehen Zu- und Abnahme von Im- und Export in den Jahren 2086 bis 2089?
2. Wie verhält sich die Zahl der Teilzeitarbeitsplätze in Relation zu den Exportzahlen?
3. Welche Werte (maximal 3) bleiben über den dargestellten Zeitraum relativ stabil?

B Überprüfen Sie folgende Aussagen (stimmt/stimmt nicht):

1. Im Laufe der Jahre 2086 bis 2089 verändert sich das Bruttoinlandsprodukt nur geringfügig.
2. Die Exportzahlen fallen gegen Ende der Achtzigerjahre.
3. Die Arbeitslosigkeit hat 2087 ihren Höhepunkt.
4. Parallel mit der Arbeitslosenzahl entwickelt sich die Inflation.
5. Das Angebot an Teilzeitarbeitsplätzen verhält sich ähnlich wie die Entwicklung der Arbeitslosenzahlen, jedoch mit umgekehrten Vorzeichen und zeitlich leicht versetzt.
6. Das Durchschnittseinkommen bleibt relativ stabil.
7. Anfang 2088 ist das Teilzeitarbeitsplatzangebot auf seinem tiefsten Stand.

F. Testament

Die folgende Statistik-Tabelle beschäftigt sich u. a. mit verschiedenen Todesursachen innerhalb einer nicht näher benannten Bevölkerungsgruppe über einen fiktiven Zeitraum von 2150 bis 2250. Dabei geht es u. a. um die Sterblichkeitsrate bei internistischen Krankheitsbildern insgesamt (z. B. Tod durch Nierenversagen, Leberzirrhose usw.). Es werden aber auch einzelne Todesursachen dargestellt, z. B. die Anzahl tödlich ausgegangener Verkehrsunfälle, Tod durch Drogen sowie der Tod durch drei spezielle Krankheiten: Herzinfarkt, Krebs und Aids. Zusätzlich werden die Geburtenrate und die Neugeborenen-Sterblichkeitsrate angegeben.

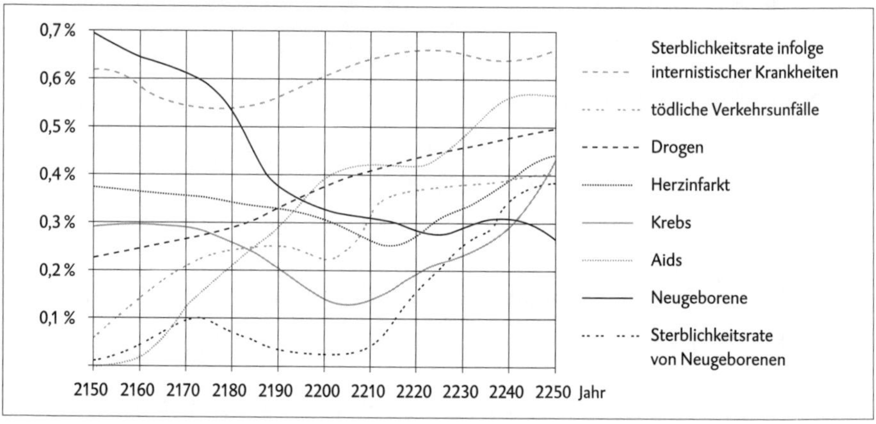

Beantworten Sie bitte zu diesem Diagramm folgende Fragen:

1 Was vermittelt das Diagramm bezüglich der Gesamtsterblichkeitsrate infolge internistischer Todesursachen in der Bevölkerung und der Geburtenrate insbesondere in den 70er- und 80er-Jahren?

2 Welche Sterblichkeitsrate steigt am stärksten innerhalb des Zeitraums von 2210 bis 2250?

3 Welche Todesarten übersteigen die Neugeborenenrate innerhalb des Zeitraums von 2180 bis 2220 (inkl.)?

4 Zu welchem Zeitpunkt sind Krebstod, tödliche Verkehrsunfälle und Tod durch Aids auf nahezu gleich hohem Niveau?

5 Welche Todesarten bleiben über einen längeren Zeitraum (mindestens 40 Jahre) nahezu konstant und verändern sich insgesamt um weniger als 0,03 %?

6 Welche Todesursache erreicht nach einem deutlich starken Anstieg eine Plateauphase für etwa 20 Jahre, um dann nach einem Anstieg erneut in eine Plateauphase einzutreten?

7 Welche Todesursache steigt am kontinuierlichsten im Laufe der Jahre 2150 bis 2250?

8 Wie ist die Tendenz der Todesursachen insgesamt?

G. Absolute Zahlen

Diese Aufgabe kann mithilfe eines Taschenrechners gelöst werden. Nur eine der vorgegebenen Antworten ist richtig. Zum Lösen haben Sie 6 Minuten Zeit.

	A	B	C	D	E	F
1	425	156	35	721	331	79
2	357	44	178	386	501	433
3	63	483	387	12	222	682
4	114	245	409	31	9	112
5	49	23	108	78	131	66
6	207	73	13	67	21	79

1 In welcher Zelle steht die größte Zahl?

a A1
b B3
c C4
d D1
e F3

2 **Welche Zeilensumme beträgt 50 % welcher anderen Zeilensumme?**

a Summe von Zeile 4 = 50 % der Summe von Zeile 3
b Summe von Zeile 6 = 50 % der Summe von Zeile 3
c Summe von Zeile 5 = 50 % der Summe von Zeile 4
d Summe von Zeile 6 = 50 % der Summe von Zeile 4
e Summe von Zeile 4 = 50 % der Summe von Zeile 2

3 **Die Zahl welcher Zelle muss um 50 % erhöht werden, um auf die Zahl der Zelle F5 zu kommen?**

a C1
b B5
c B2
d D4
e E6

4 **Die Zahlen welcher zwei Zellen ergeben addiert die Zahl der Zelle E3?**

a D5 + E5
b A4 + C5
c C5 + F4
d D6 + C2
e B1 + F6

5 **In welchen Spalten stehen gleiche Spaltensummen?**

a A und B
b B und E
c C und D
d E und F
e A und E

H. Kostenvergleich Haushaltskosten

Eine der vorgegebenen Antworten ist richtig. Sie haben 5 Minuten Zeit.

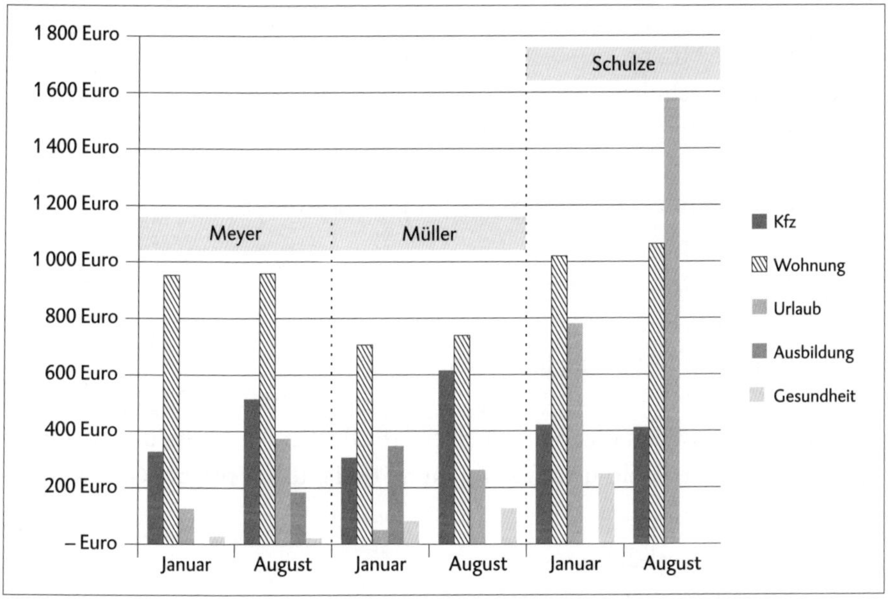

Zugrundeliegende Tabelle

	Meyer		**Müller**		**Schulze**	
	Januar	August	Januar	August	Januar	August
Kfz	325,96 €	503,50 €	305,00 €	610,00 €	423,80 €	410,95 €
Wohnung	954,00 €	963,00 €	710,55 €	745,55 €	1 012,78 €	1 062,60 €
Urlaub	125,00 €	375,00 €	50,00 €	255,80 €	790,00 €	1 590,00 €
Ausbildung	– €	190,00 €	350,55 €	– €	– €	– €
Gesundheit	23,78 €	15,95 €	75,98 €	125,70 €	253,98 €	– €

1 In welchem Monat stehen bei Familie Müller weniger Kosten an?

a Januar

b August

2 **Bei welcher Familie wird das meiste Geld für die Gesundheit ausgegeben?**

a Familie Meyer
b Familie Müller
c Familie Schulze
d kann nicht eindeutig festgestellt werden

3 **Welche Familie hat im August die meisten Kosten?**

a Familie Meyer
b Familie Müller
c Familie Schulze
d kann nicht eindeutig festgestellt werden

4 **Für welchen Posten geben alle drei Familien in diesen beiden Monaten das meiste Geld und für welchen Posten das wenigste Geld aus?**

a Urlaub/Gesundheit
b Urlaub/Ausbildung
c Kfz/Gesundheit
d Wohnung/Ausbildung
e Wohnung/Gesundheit

5 **Welche Familie hat insgesamt die geringsten Ausgaben?**

a Familie Meyer
b Familie Müller
c Familie Schulze

6 **Bei welcher Familie steigen die Kfz-Kosten zwischen Januar und August um 100 %?**

a Familie Meyer
b Familie Müller
c Familie Schulze

I. Wahlergebnisse

Für jede Behauptung ist eine richtige Antwort zu wählen. Sie haben diesmal 4 Minuten Bearbeitungszeit.

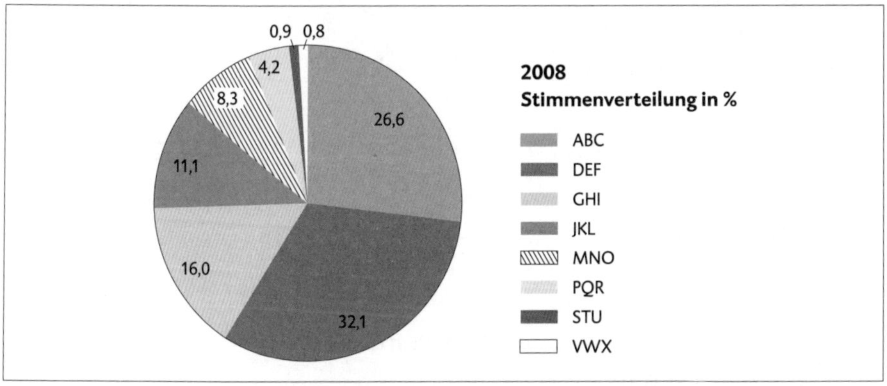

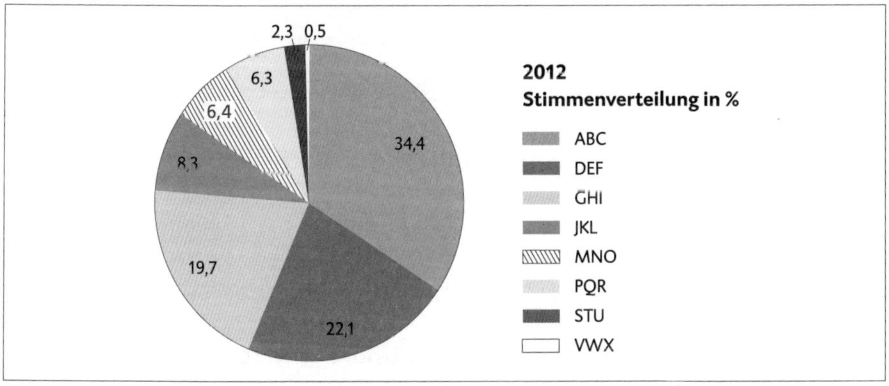

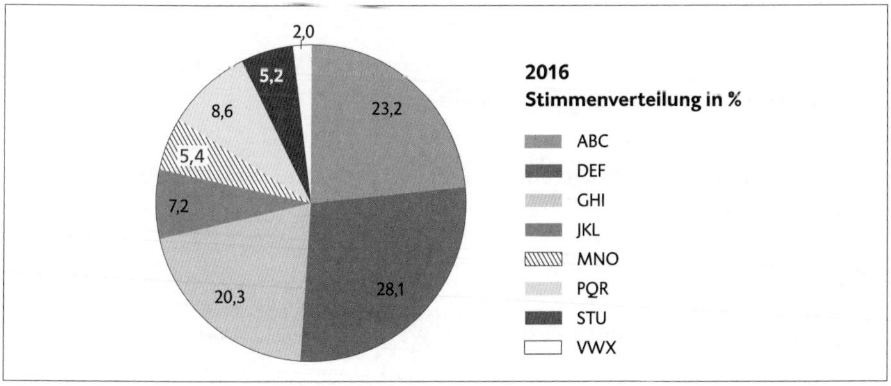

BEHAUPTUNGEN:

1 **Die Partei DEF hat im Jahr 2008 den größten Stimmenanteil.**

a stimmt
b stimmt nicht
c kann nicht eindeutig festgestellt werden

2 **Die Partei STU hat in jedem Wahljahr den geringsten Stimmenanteil.**

a stimmt
b stimmt nicht
c kann nicht eindeutig festgestellt werden

3 **Die Parteien DEF, STU und VWX konnten im Jahr 2016 ihren Stimmenanteil gegenüber 2012 erhöhen.**

a stimmt
b stimmt nicht
c kann nicht eindeutig festgestellt werden

4 **Die Partei GHI hat in jedem Wahljahr den höchsten Stimmenanteil.**

a stimmt
b stimmt nicht
c kann nicht eindeutig festgestellt werden

5 **Der Stimmenanteil der Parteien STU und VWX übersteigt in allen drei Jahren nicht die 5 %-Hürde.**

a stimmt
b stimmt nicht
c kann nicht eindeutig festgestellt werden

6 **Im Jahr 2008 bilden die Parteien ABC, DEF und GHI eine Zwei-Drittel-Mehrheit.**

a stimmt
b stimmt nicht
c kann nicht eindeutig festgestellt werden

7 **Die Parteien JKL und MNO haben in den drei Wahljahren kontinuierlich ihre Wählerstimmen verloren.**

a stimmt
b stimmt nicht
c kann nicht eindeutig festgestellt werden

8 **Die Parteien JKL und PQR haben im Jahr 2012 den gleichen Stimmenanteil.**

a stimmt
b stimmt nicht
c kann nicht eindeutig festgestellt werden

9 **Im Jahr 2008 können die Parteien ABC und DEF eine Koalition eingehen, um eine absolute Mehrheit (mehr als 50 Prozent der Stimmen) im Parlament zu erzielen.**

a stimmt
b stimmt nicht
c kann nicht eindeutig festgestellt werden

J. Aktienkurse

Bitte beantworten Sie die folgenden fünf Fragen mithilfe der Aktienkurse vom Deutschen Aktienmarkt. Für Ihre Antworten haben Sie 10 Minuten Zeit, Nebenrechnungen sind erlaubt, Fehler bei der Beantwortung der Fragen werden mit Punktabzug bestraft.

Name	Div./Bonus	28.9.	27.9.	Hoch	Tief
Metro	1,13	40,49	40,30	53,00	38,60
BMW	0,40	37,95	36,65	38,49	23,20
E.ON	1,25	58,65	58,19	60,80	41,15
Allianz	1,02	37,00	36,00	43,65	28,00
Bayer	0,00	90,00	90,00	193,00	16,30
MAN	1,18	130,00	133,00	180,00	35,00
Linde	1,00	151,45	154,45	195,40	75,60
Fresenius	0,80	21,20	22,10	41,00	20,02
Lufthansa	0,00	25,20	24,90	47,40	22,10
Volkswagen	0,77	50,35	49,85	57,10	39,10

1 Zwischen welchen der in der Tabelle angeführten Unternehmen bestand am 27. 9. die höchste Differenz im aktuellen Tageswert?

a Metro/BMW
b Bayer/MAN
c Lufthansa/BMW
d Volkswagen/Fresenius
e Fresenius/Linde

2 Welche beiden Unternehmen haben die höchste Differenz zwischen ihren Hoch- und Tiefwerten?

a Metro/BMW
b E.ON/Metro
c Lufthansa/Volkswagen
d E.ON/BMW
e MAN/Bayer

3 Wenn man alle Boni zusammenzählt: Welches Aktienpaket hat die zweithöchste Ausschüttung?

a Metro/BMW/Linde/Fresenius
b Lufthansa/Metro/E.ON/Volkswagen
c Volkswagen/Lufthansa/E.ON/Allianz
d Bayer/Lufthansa/MAN/E.ON
e Allianz/MAN/E.ON/Metro

4 Bei welchen Unternehmen gibt es zwischen dem 27. 9. und 28. 9. die höchste Wertschwankung (a), bei welchem die geringste (b)?

a ______________________________

b ______________________________

5 Welches Unternehmen ist am 27. 9. seinem unternehmensbezogenen Tiefstwert am nächsten (a) und welches ist am zweitweitesten entfernt (b)?

a ______________________________

b ______________________________

K. Maulwurfspopulationen

Bitte werten Sie nun die folgende Tabelle zur Anzahl von Maulwurfspopulationen aus. Insgesamt haben Sie 10 Minuten Zeit. Fehler werden mit Punktabzug bestraft.

Anzahl der Individuen von Maulwurfspopulationen									
	Ort X			Ort Y			Ort Z		
	Individuen		Nachwuchs	Individuen		Nachwuchs	Individuen		Nachwuchs
Jahr	m	w		m	w		m	w	
2013	103	78	102	47	23	6	342	504	432
2014	143	150	123	37	34	9	643	533	601
2015	120	170	87	67	77	43	448	400	548
2016	112	99	87	78	56	88	397	456	532
2017	167	174	199	131	158	129	664	435	653

Die Daten verstehen sich inkl. Zu- und Abwanderungen der Tiere.

AUFGABEN

1 Wie groß ist der Unterschied zwischen der niedrigsten und höchsten Individuenzahl (m und w getrennt angesehen!)?

a 604 m 499 w
b 723 m 624 w
c 627 m 510 w
d 666 m 514 w
e 689 m 562 w

2 In welchem Jahr hat es in allen drei Orten zusammen die höchste Nachkommenzahl der Maulwurfspopulationen gegeben?

a 2013
b 2014
c 2015
d 2016
e 2017

3 **Wie hoch war die durchschnittliche Nachkommenzahl aller Individuen in Ort X?**

a 119,2
b 119,3
c 119,4
d 119,5
e 119,6

4 **An welchem Ort und zu welchem Jahreswechsel stieg die Nachkommenzahl der Individuen um 50 %?**

a Ort Y / 2013 → 2014
b Ort Z / 2015 → 2016
c Ort X / 2014 → 2015
d Ort X / 2016 → 2017
e Ort Y / 2014 → 2015

5 **Wie groß war durchschnittlich der Unterschied in der Anzahl der Nachkommen zwischen Ort Y und Ort Z?**

a 497,9
b 498
c 498,1
d 498,2
e 498,3

L. Tourismusbranche

Zunächst werden die Übernachtungen nach Betriebsarten in Deutschland prozentual in einem fiktiven Jahr 2040 dargestellt. Danach wird die Veränderung der Betriebsartenaufteilung in Deutschland gegenüber dem Vorjahr aufgezeigt. Anschließend wird der gleiche Sachverhalt mit einer Stadt namens Teststadt veranschaulicht. Nur jeweils eine der vorgegebenen Antworten ist richtig. Sie haben für die Bearbeitung 10 Minuten Zeit.

Übernachtungen nach Betriebsarten in % in Deutschland 2040

Betriebsarten	Anteil Betriebsarten in % der Gesamtübernachtungen
Hotels	30,2
Gasthöfe	25,1
Pensionen	18,3
Ferienhäuser	8,4
Ferienwohnungen	10,5
Ferienzentren	1,1
Jugendherbergen	2,7
Hütten	0,6
Campingplätze	2,7
Sonstige Unterkünfte	0,4

Veränderung der Betriebsarten in Deutschland gegenüber 2039

Betriebsarten	Anteil Betriebsarten in % der Gesamtübernachtungen
Hotels	5,3
Gasthöfe	4,2
Pensionen	−2,1
Ferienhäuser	2,4
Ferienwohnungen	1,5
Ferienzentren	−1,5
Jugendherbergen	2,0
Hütten	−3,4
Campingplätze	−1,2
Sonstige Unterkünfte	−2,6

Übernachtungen nach Betriebsarten in % in Teststadt 2040

Betriebsarten	Anteil Betriebsarten in % der Gesamtübernachtungen
Hotels	40,2
Gasthöfe	7,0
Pensionen	5,3
Ferienhäuser	5,2
Ferienwohnungen	24,6
Ferienzentren	0,9
Jugendherbergen	12,7
Hütten	0,2
Campingplätze	3,6
Sonstige Unterkünfte	0,3

Veränderung der Betriebsarten in Teststadt gegenüber 2039

Betriebsarten	Anteil Betriebsarten in % der Gesamtübernachtungen
Hotels	9,8
Gasthöfe	2,1
Pensionen	−1,5
Ferienhäuser	1,4
Ferienwohnungen	6,4
Ferienzentren	−0,5
Jugendherbergen	5,3
Hütten	−0,5
Campingplätze	−1,4
Sonstige Unterkünfte	−3,8

BEHAUPTUNGEN:

1 In Deutschland fallen 2040 die meisten Übernachtungen auf die Hotels gefolgt von den Gasthöfen und den Ferienhäusern.

a stimmt
b stimmt nicht
c kann nicht eindeutig festgestellt werden

2 In Teststadt fallen 2040 die meisten Übernachtungen auf die Hotels und die wenigsten auf die Hütten.

a stimmt
b stimmt nicht
c kann nicht eindeutig festgestellt werden

3 Verglichen mit Deutschland hat Teststadt 2040 weniger Übernachtungen in Gasthöfen und mehr Übernachtungen in Hotels.

a stimmt
b stimmt nicht
c kann nicht eindeutig festgestellt werden

4 In Deutschland sind von 2039 zu 2040 die Übernachtungszahlen der Ferienhäuser, Ferienwohnungen und Ferienzentren prozentual gestiegen.

a stimmt
b stimmt nicht
c kann nicht eindeutig festgestellt werden

5 Bei den Übernachtungen in Teststadt haben 2040 die Pensionen und Ferienhäuser annähernd denselben Wert.

a stimmt
b stimmt nicht
c kann nicht eindeutig festgestellt werden

6 Die Übernachtungszahlen der Pensionen, Ferienzentren und Campingplätze sind in Teststadt von 2039 zu 2040 prozentual gesunken.

a stimmt
b stimmt nicht
c kann nicht eindeutig festgestellt werden

7 Die Anzahl der Hotelübernachtungen und Übernachtungen in Ferienwohnungen sind in Teststadt von 2040 zum Vorjahr stärker gestiegen als in Deutschland.

a stimmt
b stimmt nicht
c kann nicht eindeutig festgestellt werden

8 In Teststadt sind die Übernachtungszahlen bei den Ferienhäusern, Jugendherbergen und Campingplätzen von 2039 bis 2040 gesunken.

a stimmt
b stimmt nicht
c kann nicht eindeutig festgestellt werden

9 Der Anteil der Übernachtungen in Jugendherbergen und Ferienwohnungen ist in Teststadt deutlich höher als in Deutschland.

a stimmt
b stimmt nicht
c kann nicht eindeutig festgestellt werden

M. Bruttojahresverdienste

Berufsgruppen	Bruttojahres-verdienst in €	Anteil der Männer in dieser Berufs-gruppe in %	Anteil der Frauen in dieser Berufsgruppe in %
Angestellte Ärztin, Angestellter Arzt	78 333	60,3	39,7
Raumpfleger/-in	20 568	13,5	86,5
Glas-, Gebäudereiniger/-in	20 304	41,6	58,4
Bibliothekar/-in	40 089	24,7	75,3
Verlagskaufmann, Verlagskauffrau	47 256	29,1	70,9
Hauswirtschaftliche/-r Betreuer/-in	20 862	6,3	93,7
Geschäftsführer/-in	93 304	83,4	16,6
Publizist/-in	61 200	54,6	45,4
Friseur/-in	14 988	10,8	89,2
Chemieingenieur/-in	78 056	76,7	23,3
Krankenschwester, Krankenpfleger	34 855	12,8	87,2
Luftverkehrsberufe	80 994	79,4	20,6
Gymnasiallehrer/-in	46 234	38,0	62,0
Wäscher/-in	20 467	16,5	83,5
Unternehmensberater/-in	79 800	74,8	25,2
Rechtsvertreter/-in	85 365	65,1	34,9
Datenverarbeitungsfachleute	57 689	89,8	10,2
Postverteiler/-in	28 156	43,1	56,9

AUFGABEN

Bitte beantworten Sie die offenen Fragen. Sie haben dazu 15 Minuten Zeit.

1 Welche Berufsgruppe hat den geringsten Bruttojahresverdienst und welche den höchsten?

2 Welche Berufsgruppen verdienen unter 30 000 € im Jahr?

3 Welche Berufsgruppe hat den höchsten Frauenanteil und welche den höchsten Männeranteil?

4 Wie hoch ist das Bruttomonatsgehalt einer Friseurin, eines Publizisten und eines Unternehmensberaters, wenn von möglichen Zusatz- oder Sonderzahlungen abgesehen wird?

5 Welche Berufsgruppen verdienen über 80 000 € im Jahr?

6 Wie viel müsste ein Gymnasiallehrer dazuverdienen, um den gleichen Bruttojahresverdienst wie ein Datenverarbeitungsfachmann zu bekommen?

7 In welcher Berufsgruppe ist das Verhältnis zwischen Männern und Frauen am ehesten ausgeglichen?

8 Bei den Berufsgruppen, die einen Bruttojahresverdienst zwischen 30 000 € und 50 000 € bekommen, hat welche den höchsten Männeranteil und welche den höchsten Frauenanteil?

9 Wie hoch ist die Differenz der Bruttojahresverdienste der Berufsgruppe mit dem höchsten Männeranteil und der Berufsgruppe mit dem geringsten Männeranteil?

N. Kriminalitätsstatistiken

In den zwei fiktiven Jahren 2085 und 2086 wurden die Straftaten in verschiedenen Städten mit ungefähr gleicher Bevölkerungsanzahl ermittelt und die Veränderung in absoluten Zahlen sowie Prozent ausgerechnet.
Das Kurvendiagramm zeigt zusätzlich die Aufklärungsquote der Straftaten mit Angaben in %. Im Kreisdiagramm wird die Straftatenaufteilung im Jahr 2086 so angezeigt, wie sie sich im Durchschnitt aller Städte ergibt.

Bitte beantworten Sie die Fragen. Jeweils eine der angegebenen Antworten ist richtig. Zeit: 10 Minuten

Straftaten in verschiedenen Städten 2086 und 2085, Veränderungen absolut und in %

Stadt	Straftaten 2086	Straftaten 2085	Veränderung absolut	Veränderung in %
Prüfstadt	21 435	22 086	–651	–2,9
Teststadt	80 623	78 263	2 360	3,0
Schätzstadt	50 449	47 348	3 101	6,5
Sehstadt	76 487	76 586	–99	–0,1
Schaustadt	106 318	114 560	–8 242	–7,2
Musterstadt	28 356	27 538	818	2,9
Probestadt	73 432	71 387	2 045	2,8
Kontrollstadt	24 548	24 986	–438	–1,7
Zensurstadt	81 247	79 483	1 764	2,2
Suchstadt	35 468	30 587	4 881	15,9
Fragstadt	201 745	222 412	–20 667	–9,2
Notenstadt	29 235	31 789	–2 554	–8,0

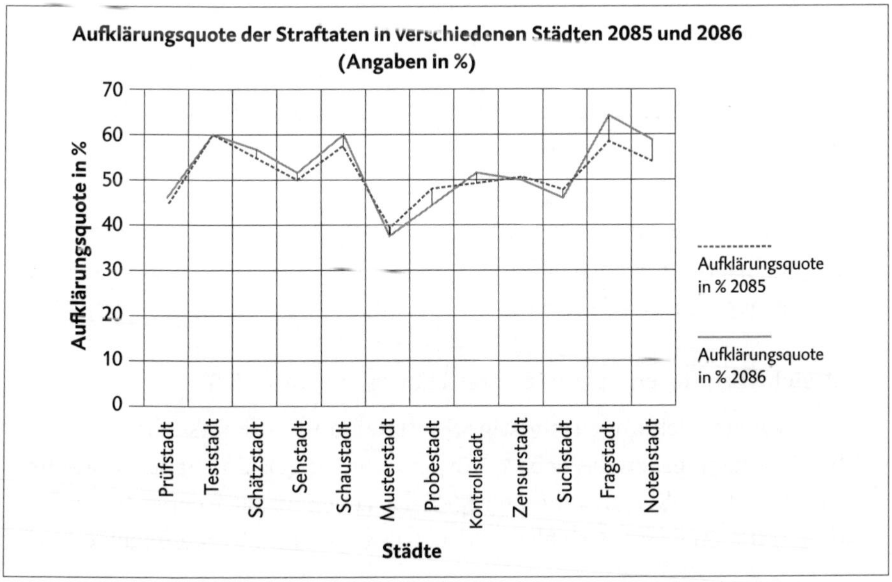

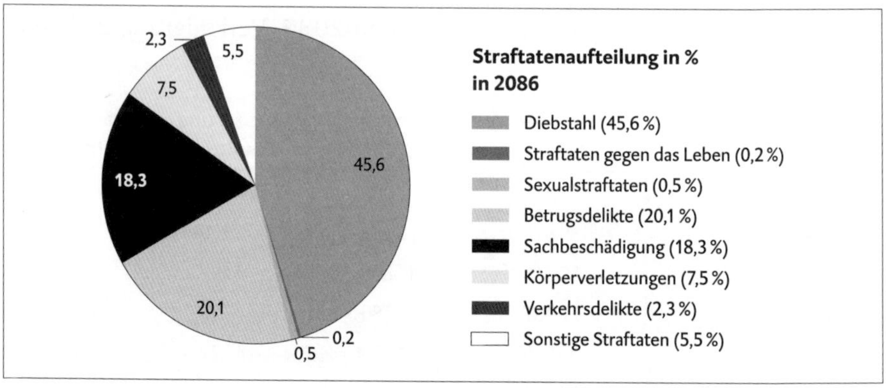

AUFGABEN

1 In welcher Stadt ist die Zahl der Straftaten von 2085 bis 2086 um 438 gesunken?

a Schätzstadt
b Kontrollstadt
c Zensurstadt
d Fragstadt

2 In welchen Städten ist die Zahl der Straftaten von 2085 bis 2086 um mehr als 5 % angestiegen?

a Musterstadt und Probestadt
b Zensurstadt und Suchstadt
c Suchstadt und Schätzstadt
d Schätzstadt und Teststadt

3 Welche Straftaten liegen in ihrer Häufigkeit unter 5 %?

a Körperverletzungen, sonstige Straftaten und Verkehrsdelikte
b Straftaten gegen das Leben, Körperverletzungen und Sexualstraftaten
c Verkehrsdelikte, Straftaten gegen das Leben und Körperverletzungen
d Straftaten gegen das Leben, Sexualstraftaten und Verkehrsdelikte

4 Welche Stadt hat durchschnittlich die höchste Aufklärungsquote?

a Fragstadt
b Schaustadt
c Teststadt
d Schätzstadt

5 Welche beiden Straftaten nehmen insgesamt bereits 65,7 % ein?

a Betrugsdelikte/Sachbeschädigungen
b Diebstahl/Betrugsdelikte
c Verkehrsdelikte/Diebstahl
d Betrugsdelikte/Körperverletzung

6 In welcher Stadt hat sich die Anzahl der Straftaten von 2086 zum Vorjahr um 8 242 verringert?

a Suchstadt
b Schaustadt
c Schätzstadt
d Teststadt

7 Die prozentualen Anteile welcher beiden Straftaten ergeben addiert einen Wert, der um 0,5 % über dem prozentualen Anteil der Betrugsdelikte liegt?

a Sachbeschädigung/Sonstige Straftaten
b Betrugsdelikte/Verkehrsdelikte
c Verkehrsdelikte/Körperverletzungen
d Sachbeschädigung/Verkehrsdelikte

8 Welche Stadt hat durchschnittlich die geringste Aufklärungsquote?

a Musterstadt
b Suchstadt
c Probestadt
d Sehstadt

9 In welcher Stadt ist die Aufklärungsquote von 2085 bis 2086 von ca. 55 % auf ca. 59 % angestiegen?

a Fragstadt
b Schaustadt
c Notenstadt
d Teststadt

10 In welcher Stadt ist die Anzahl der Straftaten von 2086 zum Vorjahr um 4 881 angestiegen?

a Zensurstadt
b Probestadt
c Schätzstadt
d Suchstadt

LÖSUNGEN

A. Klima

1 a	**2** a	**3** a	**4** b

B. Verstädterung

1 a	**2** a	**3** a	**4** b	**5** a	**6** b

C. Wirtschaft

1 b	**2** a	**3** a	**4** b	**5** a

D. Niederschläge und Temperaturen

1 M-Stadt, 1993

2 H-Stadt, 1994

3 M-Stadt, 1993

4 K-Stadt (66), 1991 gegenüber M-Stadt (33)

5 K-Stadt, 67,4

6 M-Stadt

7 M-Stadt

8 M-Stadt, 1990

E. Schöne Wirtschaft

A 1 Die Exporte sinken, die Importe nehmen zu, bei wieder steigenden Exporten bleiben im Verlauf die Importe relativ konstant.

2 Die Teilzeitarbeitsplätze sinken mit den Exporten und steigen mit der Erhöhung der Exporte wieder an.

3 Das Bruttoinlandsprodukt und das Durchschnittseinkommen bleiben relativ stabil, kein dritter Wert.

B (s = stimmt, sn = stimmt nicht)

1 s	**2** sn	**3** sn	**4** sn	**5** s	**6** s	**7** s

F. Testament

1 Ende der 70er-/Anfang der 80er-Jahre kreuzen sich die beiden Kurven und die Gesamtsterblichkeitsrate übersteigt die Geburtenrate.

2 die Neugeborenen-Sterblichkeitsrate

3 tödliche Verkehrsunfälle, Aids, Drogentod und die Gesamtsterblichkeitsrate internistischer Krankheiten

4 Mitte der 80er-Jahre

5 internistische Krankheiten zwischen 2210 und 2250 nahezu konstant bei 0,64 %–0,66 %

6 Aids

7 Drogentod

8 steigend

G. Absolute Zahlen

1	d	D1 = 721
2	d	Summe von Zeile 6 = 50 % der Summe von Zeile 4
3	c	B2 = 44
4	b	A4 + C5 = 222
5	e	A und E (1 215)

H. Kostenvergleich Haushaltskosten

1	a	Januar: 1 492,08 €; im August sind es 1 737,05 €
2	c	Familie Schulze; beim genauen Hinsehen kann dies auch anhand des Diagramms erkannt werden; Familie Schulze:= 253,98 €; Familie Müller: 201,68 €; Familie Meyer: 39,73 €
3	c	Familie Schulze: 3 063,55 €; Familie Meyer: 2 047,45 €; Familie Müller: 1 737,05 €
4	e	Wohnung / Gesundheit; Summe Wohnung: 5 448,48 €; Summe Gesundheit: 495,39 €; Summe Ausbildung: 540,55 €; Summe Kfz: 2 579,21 €; Summe Urlaub: 3 185,80 €
5	b	Familie Müller: 3 229,13 €; Familie Meyer: 3 476,19 €; Familie Schulze: 5 544,11 €
6	b	Familie Müller; von 305 € auf 610 €

I. Wahlergebnisse

1	a	stimmt = 32,1 %
2	b	stimmt nicht; in den Jahren 2008 und 2012 hat die Partei VWX weniger Stimmen als die STU
3	a	stimmt; DEF von 22,1 % auf 28,1 %; STU von 2,3 % auf 5,2 %; VWX von 0,5 % auf 2,0 %
4	b	stimmt nicht; in jedem Wahljahr gibt es mindestens eine Partei, die mehr Stimmen hat als die Partei GHI
5	b	stimmt nicht; die VWX übersteigt eindeutig nicht die 5 %-Hürde, aber die STU übersteigt mit 5,26 % im Jahr 2012 die 5 %-Hürde
6	a	stimmt; die drei Parteien bilden zusammen einen Stimmenanteil von 74,7 %
7	a	stimmt; den Werten nach ist der Stimmenanteil bei beiden Parteien in allen drei Jahren geringer geworden; JKL 2004 = 11,1 %, 2008 = 8,3 %, 2012 = 7,2 %; MNO 2004 = 8,3 %, 2008 = 6,4 %, 2012 = 5,4 %
8	b	stimmt nicht; das Tortenstück der Partei JKL ist geringfügig breiter als das der Partei PQR; JKL = 8,3 % und PQR = 6,3 %
9	a	stimmt; sie haben zusammen einen Stimmenanteil von 58,7 %

Zugrundeliegende Tabelle
Prozentualer Stimmenanteil verschiedener Parteien in den Jahren 2004, 2008 und 2012

Stimmenanteil in %	**2004**	**2008**	**2012**	**Summe**
ABC	26,6	34,4	23,2	84,2
DEF	32,1	22,1	28,1	82,3
GHI	16,0	19,7	20,3	56,0
JKL	11,1	8,3	7,2	26,6
MNO	8,3	6,4	5,4	20,1
PQR	4,2	6,3	8,6	19,1
STU	0,9	2,3	5,2	8,4
VWX	0,8	0,5	2,0	3,3

J. Aktienkurse

1 e Fresenius (22,10); Linde (154,45)

2 e MAN (145); Bayer (176,7)

3 a 3,33. Die höchste Ausschüttung bietet e (4,58).

4 Lösung (a): MAN (– 3)/Linde (– 3). Bei der Wertpapieranalyse wird immer der frühere Kurs vom späteren abgezogen.
Lösung (b): Bayer (keine)

5 Lösung (a): Metro (1,7)
Lösung (b): Bayer (73,7); Linde (78,85) ist am weitesten entfernt.

K. Maulwurfspopulationen

1 c Im Ort Z war im Jahr 2012 die höchste männliche Individuenzahl zu verzeichnen, im Ort Y im Jahr 2009 die geringste (664 – 37 = 627). Im Ort Z war im Jahr 2009 die höchste weibliche Individuenzahl zu verzeichnen, im Ort Y im Jahr 2008 die geringste (533 – 23 = 510).

2 e Im Ort X = 199; im Ort Y = 129; im Ort Z = 653. Das sind 981 Individuen.

3 e 598 : 5 = 119,6

4 a Ort Y / 2008 / 2009

5 d Durchschnittliche Anzahl Nachkommen im Ort Y = 55. Durchschnittliche Anzahl Nachkommen im Ort Z = 553,2 (553,2 – 55 = 498,2).

L. Tourismusbranche

1 b stimmt nicht; die meisten Übernachtungen fallen auf die Hotels gefolgt von den Gasthöfen und den Pensionen

2 a stimmt; Hotels = 40,2 %, Hütten = 0,2 %

3 a stimmt; Teststadt: Übernachtungen in Gasthöfen = 7,0 %, Hotels = 40,2 %, Deutschland: Übernachtungen in Gasthöfen = 25,1 %, Hotels = 30,2 %

4 b stimmt nicht; die Übernachtungen sind bei den Ferienhäusern um 2,4 %, bei den Ferienwohnungen um 1,5 % gestiegen, bei den Ferienzentren aber um 1,5 % gesunken.

5 a stimmt; der prozentuale Anteil der Übernachtungen in Pensionen liegt bei 5,3 % und der von Ferienhäusern liegt um 0,1 % niedriger bei 5,2 %

6 a stimmt; in Teststadt sind die Übernachtungszahlen folgendermaßen gesunken: Pensionen= –1,5 %, Ferienzentren = –0,5 % und Campingplätze = –1,4 %

7 a stimmt; in Teststadt sind die Übernachtungszahlen folgendermaßen gestiegen: Hotels = 9,8 %, Ferienwohnungen = 6,4 %; in Deutschland dagegen in Hotels = 5,3 %, Ferienwohnungen = 1,5 %

8 b stimmt nicht; in Teststadt beträgt die prozentuale Veränderung der Übernachtungszahlen von 2039 zu 2040: bei den Ferienhäusern = 1,4 %, Jugendherbergen = 5,3 % und Campingplätzen = –1,4 %

9 a stimmt; in Teststadt betragen die Anteile der Übernachtungen 2040: bei den Jugendherbergen = 12,7 % und bei den Ferienwohnungen = 24,6 %; in Deutschland betragen die Anteile der Übernachtungen 2040: bei den Jugendherbergen = 2,7 % und bei den Ferienwohnungen = 10,5 %

M. Bruttojahresverdienste

1 Die Friseure und Friseurinnen haben den geringsten und die Geschäftsführer/-innen haben den höchsten Bruttojahresverdienst.

2 Die Postverteiler/-innen, hauswirtschaftlichen Betreuer/-innen, Raumpfleger/-innen, Wäscher/-innen, Glas-, Gebäudereiniger/-innen und Friseure/Friseurinnen verdienen unter 30 000 € im Jahr.

3 Die Datenverarbeitungsfachleute haben mit 89,9 % den höchsten Männeranteil und die hauswirtschaftlichen Betreuer/-innen haben mit 93,7 % den höchsten Frauenanteil.

4 Das Bruttomonatsgehalt einer Friseurin beträgt 1 249 €, eines Publizisten 5 100 € und eines Unternehmensberaters 6 650 €.

5 Die Luftverkehrsberufe, Rechtsvertreter/-innen und die Geschäftsführer/-innen verdienen mehr als 80 000 €.

6 Ein Gymnasiallehrer müsste 11 455 € mehr verdienen, um den gleichen Bruttojahresverdienst wie ein Datenverarbeitungsfachmann zu bekommen.

7 Bei den Publizisten und Publizistinnen ist das Verhältnis am ehesten ausgeglichen; der Männeranteil beträgt 54,6 % und der Frauenanteil 45,4 %.

8 Krankenschwestern und Krankenpfleger, Bibliothekare und Bibliothekarinnen, Gymnasiallehrer/-innen sowie Verlagskaufmänner und Verlagskauffrauen verdienen zwischen 30 000 € und 50 000 €. Den höchsten Frauenanteil hat die Gruppe der Krankenschwestern und Krankenpfleger mit 87,2 % und den höchsten Männeranteil haben die Gymnasiallehrer/-innen mit 38,0 %.

9 Die Datenverarbeitungsfachleute sind die Berufsgruppe mit dem höchsten Männeranteil (= 89,8 %). Sie verdienen 57 689 €. Die hauswirtschaftlichen Betreuer/-innen sind die Berufsgruppe mit dem geringsten Männeranteil (= 0,63 %) mit einem Bruttojahresverdienst von 20 862 €. Die Differenz beträgt 36 827 €.

N. Kriminalitätsstatistiken

1 b in Kontrollstadt

2 c in Suchstadt und Schätzstadt

3 d Straftaten gegen das Leben, Sexualstraftaten und Verkehrsdelikte

4 a Fragstadt

5 b Diebstahl/Betrugsdelikte

6 b in Schaustadt

7	d	Sachbeschädigung/Verkehrsdelikte
8	a	Musterstadt
9	c	in Notenstadt
10	d	in Suchstadt

Zugrunde liegende Tabellen

Städte	**Aufklärungsquote in % 2085**	**Aufklärungsquote in % 2086**
Prüfstadt	45,2	46,3
Teststadt	60,2	60,1
Schätzstadt	55,3	56,9
Sehstadt	50,4	51,7
Schaustadt	58,3	60,4
Musterstadt	39,2	38,1
Probestadt	47,8	44,9
Kontrollstadt	49,5	51,7
Zensurstadt	50,4	49,7
Suchstadt	48,3	46,6
Fragstadt	58,9	64,3
Notenstadt	54,8	58,9

Straftaten	**Straftaten-aufteilung in %**
Diebstahl	45,6
Straftaten gegen das Leben	0,2
Sexualstraftaten	0,5
Betrugsdelikte	20,1
Sachbeschädigung	18,3
Körperverletzungen	7,5
Verkehrsdelikte	2,3
Sonstige Straftaten	5,5

Einschätzung

Wenn Sie 50 % richtige Lösungen haben, ist das gut, 60 % und mehr wäre besser!

Schlussfolgerungen – Teil 1

Beantworten Sie bitte die folgenden Fragen unter Berücksichtigung der Informationen, die Sie bekommen.

Beispiel 1
Welches Auto ist am schnellsten?
Auto A ist langsamer als Auto C.
Auto D ist langsamer als Auto B, aber schneller als Auto C.

Lösung: Auto B ist am schnellsten.

Erklärung:
- Aussage: A < C → A ist kleiner / langsamer als C.
- Aussage: C < D < B.
- Daraus folgt: A < C < D < B → d. h.: Auto B ist am schnellsten.

Beispiel 2
Welche Lampe ist die hellste?
Lampe A ist dunkler als Lampe B.
B ist heller als C.
C ist gleich hell wie D.
B ist heller als D.
D ist heller als A.

Lösung: Lampe B ist die hellste.

Es kann aber auch vorkommen, dass keine eindeutige Aussage möglich ist.

AUFGABEN

Für 5 Aufgaben haben Sie 10 Minuten Zeit.

1 Schüler

Paul wäre der beste Schüler, wenn Robert nicht wäre.
Friederike und Simone haben immer die gleichen Noten.
Anna ist nicht besser als Simone.
Friederike ist ein bisschen besser als Anna.

Wer ist der/die schlechteste Schüler/-in?

a Keine Lösung ist möglich.
b Friederike und Simone
c Robert
d Paul
e Anna

2 Währungen

Der Jenn ist sehr stabil, aber nicht so wie das Fund. Die Drachmän sind nicht so stabil wie die Rubbels. Die Schillings sind zwar stabiler als das Fund, die Drachmän sind jedoch noch fester. Der Fronk ist nicht die stärkste Währung, aber doch recht begehrt.

Welche Währung ist die stärkste, stabilste, festeste?

a Jenn
b Fund
c Drachmän
d Rubbels
e Fronk
f Keine Lösung ist möglich.

3 Edelsteine

Topazine werden nicht am häufigsten gefunden, jedoch häufiger als Diamantine. Rubintine und Turkisine findet man gleich oft, aber Amethystine werden doch häufiger gefunden. Jedoch werden Amethystine seltener als Topazine gefunden. Topazine sind viel schöner als Amethystine. Granatine findet man nicht so oft wie Diamantine.

Welche Edelsteine findet man am seltensten?

a Topazine
b Rubintine und Turkisine
c Keine Lösung ist möglich.
d Turkisine
e Diamantine
f Granatine
g Rubintine
h Amethystine

4 Hunde

Rambo ist nicht der schnellste Hund, wenn es um die Wurst geht. Waldi und Bonzo sind gleich schnell. Ringo ist schneller als Bonzo, aber doch langsamer als Fiffi. Rikki ist langsamer als Waldi, aber bedeutend schneller als Hektor. Rambo ist schneller als Rikki, und Hektor ist ein guter Futterverwerter.

Welcher Hund kriegt die Wurst (am schnellsten)?

a Rikki
b Waldi
c Keine Lösung ist möglich.
d Fiffi
e Rambo
f Bonzo
g Hektor
h Ringo

5 Mahlzeit

Sechs Freunde haben eine Abmachung getroffen: Immer wenn einige von ihnen gemeinsam essen gehen, wird für alle das gleiche Gericht bestellt. Da ihre Lieblingsgerichte sehr unterschiedlich sind, muss sich jeweils ein Freund nach dem anderen richten. Bernd z. B. isst gern Suppen, aber zusammen mit Klaus isst er Braten. Emil und Detlef entscheiden sich zusammen immer für Fisch, wenn aber Andreas mitessen soll, bestellen die drei Salat. Klaus isst zusammen mit Detlef Spaghetti, obwohl er eigentlich lieber etwas Anderes essen würde. Franz, der am liebsten Eierspeisen isst, richtet sich immer nach Bernd.

Was wird bestellt, wenn alle sechs Freunde zusammen essen gehen?

a Hühnchen
b Braten
c Salat
d Spaghetti
e Fisch
f Keine Lösung ist möglich.
g Eierspeisen
h Suppe

LÖSUNGEN

Einschätzung
Sie sollten mindestens 3 richtige Lösungen haben.

1	**b**	Melbourne liegt in Australien. Es ist die zweitgrößte Stadt in Australien nach Sydney.
2	**d**	Tschechien liegt, zu Mitteleuropa gehörend, viel zu weit westlich des Schwarzen Meeres.
1	**e**	Paul und Robert können nicht die schlechtesten Schüler sein, da sie der beste und zweitbeste sind. Friederike ist besser als Anna und da Simone die gleichen Noten hat wie Friederike, muss sie ebenfalls besser sein als Anna, die folglich die schlechteste Schülerin ist.
2	**d**	Die Rubbels sind die stärkste Währung, sie stehen über den Drachmäns. Die Schillings sind schwächer als die Drachmän, aber stärker als das Fund, sie stehen also zwischen ihnen. Der Jenn ist schwächer als das Fund und steht damit an letzter Stelle. Zum Fronk wird nur gesagt, dass er nicht die stärkste Währung ist, er ist damit in die Reihe nicht einzuordnen. Allerdings ist er auf keinen Fall die stärkste Währung.
3	**c**	Es ist keine Lösung möglich. Diamantine < Topazine Rubintine/Turkisine < Ametistine Ametistine < Topazine Granatine < Diamantine Aussagen wie „Topazine sind schöner als Ametistine" sollen nur verwirren und müssen nicht beachtet werden. Es ergibt sich: Granatine < Diamantine < Topazine und Rubintine/Turkisine < Ametistine < Topazine, womit Topazine am häufigsten gefunden werden. Aber: Die erste Aussage ist, dass Topazine nicht am häufigsten gefunden werden. Somit ist hier keine Lösung möglich.
4	**d**	Fiffi ist der schnellste Hund. Reihenfolge: Fiffi, Ringo, Waldi und Bonzo, Rikki, Hektor. Rambo kann nicht einsortiert werden, ist aber nicht der Schnellste.

5 c Salat. Alle Freunde gehen zusammen essen, und es wurde die Abmachung getroffen, dass sich je ein Freund nach dem anderen richten muss. Sie müssen nun sehen, welcher der sechs Freunde den größten „Einfluss“ hat, d. h., nach wem sich letztlich gerichtet wird. Zur Verdeutlichung des „Einflusses“ werden Relationszeichen benutzt. Z. B. folgt aus der ersten Aussage („Bernd z. B. isst gern Suppen, aber zusammen mit Klaus essen sie beide gemeinsam Braten“):
Bernd < Klaus

Es ergeben sich für die anderen im Text getroffenen Aussagen die folgenden Relationen:
Emil = Detlef < Andreas
Klaus < Detlef
Franz < Bernd

Die vier „Ungleichungen“ zusammengefasst ergibt sich:
Franz < Bernd < Klaus < Detlef = Emil < Andreas

Andreas hat also den größten „Einfluss“, nach ihm wird sich gerichtet. Da er am liebsten Salat isst und alle das gleiche Gericht essen sollen, wird also Salat bestellt.

Schlussfolgerungen – Teil 2

Welche der Schlussfolgerungen ergeben sich Ihrer Meinung nach aus dem Text, ohne dass Sie Zusatzvermutungen anstellen müssen? Beachten Sie, dass auch mehrere Aussagen richtig sein können. Daher müssen Sie jede Aussage genau überprüfen.

Bitte schreiben Sie vor die Lösung ein „R“, wenn Sie die Aussage für richtig halten. Schreiben Sie vor die Lösung ein „F“, wenn die Aussage Ihrer Meinung nach falsch ist.

Beispiel 1

Feststellung: Von der Beantragung eines Kabelanschlusses bis zur tatsächlichen Ausführung liegt oft eine große Zeitspanne.

Schlussfolgerungen:

F Manchmal kann es bei der Ausführung zu Engpässen kommen, da sehr viele Menschen gleichzeitig einen Kabelanschlussauftrag stellen.

R Einige der Antragsteller müssen lange auf ihren Kabelanschluss warten.

Beispiel 2

Feststellung: Die Pferde der deutschen Springreiter sind für die Weltmeisterschaft in bester Form.

Schlussfolgerungen:

F Die Pferde der deutschen Springreiter bekommen sehr hochwertiges Futter, damit sie gute Leistungen bringen.

R Die deutschen Springreiter haben gute Siegchancen, da ihre Pferde in bester Form sind.

AUFGABEN

Bitte bearbeiten Sie nun die folgenden fünf Aussagen. Dafür haben Sie fünf Minuten Zeit.

1 Im Frühjahr werden mehr Ferienreisen zu Sonnenzielen gebucht als im Herbst oder Winter.

F a Viele Urlauber glauben, sich im Sommer besser erholen zu können, als sie dies im Winter, im Skiurlaub, tun könnten.

R b Es ist auffällig, dass die Häufigkeit, mit der Urlaub zu Sonnenzielen gebucht wird, von der Jahreszeit abhängig ist.

F c Insgesamt haben mehr Menschen Lust, Ferienreisen zu Sonnenzielen zu buchen als zu Winterzielen.

F d Mehr Menschen wollen im Sommer auch zu Sonnenzielen fliegen als im Winter.

2 Die statistische Häufigkeit von Unfällen im Straßenverkehr steigt jährlich immer wieder an.

F a Das Straßennetz müsste erweitert werden, weil es zu viele Autos gibt.

R b Vor zehn Jahren gab es weniger Unfälle im Straßenverkehr, als es sie heute gibt.

F c Der Schaden der Volksgemeinschaft wird durch immer mehr Unfälle immer größer.

R d Die Zahl der Autos im Straßenverkehr ist heute größer als vor zehn Jahren.

3 Obwohl die Gefahren von gesundheitlichen Schäden durch das Rauchen hinlänglich allen Menschen bekannt sein müssten, steigt der Zigarettenkonsum weiter an.

a Viele der rauchenden Menschen glauben den Warnungen der Wissenschaftler nicht.

b Da Rauchen zu den Suchtkrankheiten zählt, bringen Warnungen keine Besserung.

c Viele rauchende Menschen sterben an Lungenkrebs.

d Viele verdrängen mit dem Griff zur Zigarette ihre Probleme.

4 Viele Menschen fahren auch kurze Wege mit dem Auto, obwohl Sie wissen, dass dadurch am meisten Abgase entstehen, der Kraftstoffverbrauch am höchsten ist und die Umwelt somit am meisten geschädigt wird.

a Viele Menschen haben kein Interesse an einer sauberen Umwelt.

b Hoher Kraftstoffverbrauch bedeutet hohe Umweltbelastungen.

c Autofahrer brauchen sich über die Umwelt keine Gedanken zu machen, da sie Kraftfahrzeugsteuern zahlen.

d Kurze Wege mit dem Auto zurückzulegen, belastet die Umwelt.

5 Die Frankfurter Messen ziehen jedes Jahr Millionen von Besuchern an.

a Die Frankfurter Messen sind qualitativ sehr gut, da sie viele Besucher haben.

b Viele Menschen reisen jedes Jahr nach Frankfurt, um eine Messe zu besuchen.

c Wenn in Frankfurt eine Messe stattfindet, ist auf den umliegenden Autobahnen meistens Stau.

d Die Frankfurter Messen haben auf das Jahr gerechnet viele Besucher.

LÖSUNGEN

Einschätzung

Ab 12 richtigen Lösungen ist ok, ab 15 gut!

1 a F Falsch. Im Text wird nur eine Aussage über die größere Anzahl Buchungen zu Sonnenzielen im Frühjahr gemacht. Der Text enthält jedoch keinen Hinweis auf die Gründe dafür und keinen Hinweis, dass weniger Buchungen für Winterurlaube erfolgen.

1	**b R**	Richtig.
1	**c F**	Falsch. Im Text wird keine Aussage über die Relation von Buchungen zu Sommer- bzw. zu Winterzielen gemacht.
1	**d F**	Falsch.
2	**a F**	Falsch. Der Text enthält keine Lösungsmöglichkeiten zur Senkung der Unfallzahlen.
2	**b R**	Richtig.
2	**c F**	Falsch. Der Text sagt nichts über den Schaden für die Volkswirtschaft durch Unfälle aus.
2	**d F**	Falsch. Der Text sagt nichts über die steigende Anzahl von Autos im Straßenverkehr aus.
3	**a F**	Falsch. Der Text enthält keinen Hinweis auf Warnungen von Wissenschaftlern.
3	**b F**	Falsch. Der Text sagt nichts über die Wirkung von Warnungen vor Suchtkrankheiten aus.
3	**c F**	Falsch. Der Text sagt nichts über die Sterblichkeitsrate rauchender Menschen aus.
3	**d F**	Falsch. Der Text sagt nichts über die Gründe von Rauchern aus.
4	**a F**	In der Aufgabe steht lediglich das, was die Menschen wissen und nicht das, wofür sie Interesse haben.
4	**b R**	Stimmt, denn das geht genau aus der Aufgabe hervor.
4	**c F**	Erstens steht im Text nichts von Kfz-Steuern in Zusammenhang mit Umweltbelastung und zweitens sind Kfz-Steuern kein Freibrief für Umweltverschmutzung.
4	**d R**	Stimmt, denn es belastet die Umwelt, kurze Wege mit dem Auto zurückzulegen.
5	**a F**	Masse ist nicht Klasse. Nur weil die Messen gut besucht sind, müssen sie nicht automatisch qualitativ sehr gut sein.
5	**b R**	Wenn die Messen jedes Jahr Millionen von Besuchern anziehen, dann müssen automatisch viele Menschen pro Jahr nach Frankfurt reisen, um sie zu besuchen.
5	**c F**	Stimmt nicht. Wir können nichts über die Verkehrssituation auf Frankfurter Autobahnen sagen, da in der Aufgabe darüber keine Informationen enthalten sind.
5	**d R**	Die Frankfurter Messen haben viele Besucher, da sie Millionen (sehr viele) von Besuchern anziehen.

Sprachgefühl

Von fünf Wörtern sind vier in einer gewissen Weise einander ähnlich. Finden Sie das fünfte Wort heraus, das nicht in diese Reihe passt.

Beispiel 1

a Tisch
b Sessel
c Schrank
d Bett
e Taube

Lösung: e, denn a, b, c und d sind Möbelstücke.

Beispiel 2

a Butter
b Milch
c Gras
d Käse
e Joghurt

Lösung: c, denn die anderen Begriffe sind Lebensmittel.

AUFGABEN

Für die nächsten 18 Aufgaben haben Sie 5 Minuten Zeit.

1
a Betrug
b Unterschlagung
c Schwindel
d Fälschung
e Trugschluss

2
a Kochen
b Schneidern
c Brauen
d Schmieden
e Lernen

3
a sofort
b bald
c demnächst
d in Kürze
e übermorgen

4
a Patient
b Klient
c Mandant
d Kunde
e Freund

5
a Mikroskop
b Fenster
c Glas
d Fernglas
e Sonnenbrille

6
a identisch
b kongruent
c gleich
d ähnlich
e symmetrisch

7
a gefettet
b gepflegt
c gebohnert
d geschmirgelt
e gewaschen

8
a Ansprache
b Abstimmung
c Monolog
d Rede
e Diskussion

9
a verängstigt
b verunsichert
c beunruhigt
d bedroht
e verstimmt

10
a Entwicklungsprozess
b Steigerung
c Fortschritt
d Reifungsprozess
e Wachstum

11
a beispielhaft
b ausgezeichnet
c hervortretend
d mustergültig
e vorbildlich

12
a Herberge
b Hotel
c Pension
d Restaurant
e Gasthof

13
a überreichen
b übergeben
c übereignen
d überlassen
e aushändigen

14
a Flugzeug
b Lift
c Treppe
d Fallschirm
e Leiter

15
a Eheverbindung
b Gemeinschaft
c Brücke
d Grenze
e Steg

16
a windig
b regnerisch
c kalt
d bewölkt
e neblig

17
a entscheiden
b quittieren
c planen
d beurteilen
e werten

18
a gebohrt
b gehobelt
c geschliffen
d poliert
e gewalzt

LÖSUNGEN

1	**e**	Beim „Trugschluss“ irrt man sich selbst, während alle anderen Dinge von anderen Personen angerichtet werden.
2	**e**	„Lernen“ ist ein geistiger Vorgang, die restlichen handwerkliche.
3	**e**	„Übermorgen“ ist zeitlich viel präziser als alle anderen Aussagen.
4	**e**	Mit dem Freund steht man in einer privaten Beziehung, zu den anderen unterhält man Geschäftsbeziehungen.
5	**c**	„Glas“ ist ein Werkstoff, alle anderen Gegenstände haben Glas unter anderem als einen Bestandteil.
6	**d**	Sind sich Dinge „ähnlich“, so unterscheiden sie sich auch. Die anderen Wörter beschreiben Dinge, die keine Unterschiede haben.
7	**d**	„Geschmirgelt“ ist ein Vorgang, bei dem die Oberfläche abgetragen wird. Die anderen sind pflegende Vorgänge ohne Substanzverlust.
8	**b**	Die „Abstimmung“ dient der gemeinsamen Entscheidung. Bei den anderen wird sich lediglich sprachlich ausgetauscht.
9	**d**	„Bedroht“ wird man von einer anderen Person. Die restlichen Wörter beschreiben eigene Gefühlszustände.
10	**b**	„Steigerung“ beschreibt die Verbesserung einer Leistung, alle anderen Begriffe beschreiben eine Weiterentwicklung.
11	**c**	„Hervortretend“ ist etwas, das aus einem Hintergrund hervorsticht. Alle anderen sind positive Bewertungen.
12	**d**	Ins „Restaurant“ geht man zum Essen. Alle anderen dienen der Unterkunft.
13	**c**	„Übereignen“ ist das zivilrechtliche Übertragen von Eigentum. Bei den restlichen Verben wird aktiv ein Gegenstand von einem zum anderen gereicht
14	**d**	Der „Fallschirm“ ist ein Sportgerät. Alle anderen nicht.
15	**d**	Eine „Grenze“ dient der Teilung. Alle anderen sind Verbindungen.
16	**c**	„Kalt“ beschreibt eine Temperatur. Alle anderen beschreiben Wettererscheinungen.
17	**c**	Beim „Planen“ muss etwas noch vorbereitet werden. Bei den anderen liegt etwas zur weiteren Bearbeitung (z. B. quittieren, entscheiden) vor.
18	**a**	Das „Bohren“ dient der Befestigung, alle anderen der Weiterverarbeitung.

Alternativ, so wurde uns berichtet, ist auch eine kleine Abwandlung des Tests denkbar, d. h., Sie bekommen 5 Wörter präsentiert und sollen 2 Wörter herausfinden, die einen gemeinsamen Oberbegriff haben.

Tatsache und Meinung

Sie sollen überprüfen, ob es sich bei den gemachten Aussagen um eine Tatsache oder um eine Meinung handelt. Handelt es sich um eine Tatsache, so sollen Sie das „T“ durchstreichen, handelt es sich um eine Meinung, so streichen Sie bitte das „M“ durch.

Beispiel

1	Die Sonne geht im Osten auf und im Westen unter.	~~T~~ M
2	Früher war alles besser.	T ~~M~~

Bitte bearbeiten Sie die folgenden Sätze. Lassen Sie dabei keinen Satz aus. Sie sollen keine inhaltliche Bewertung vornehmen! Sie haben 1,5 Minuten Zeit.

AUFGABEN

1	Fliegen macht Spaß.	T M
2	Frauen sind durchschnittlich kleiner als Männer.	T M
3	Mit viel Geld lässt es sich leicht leben.	T M
4	Es gibt tatsächlich Menschen, die die Diktatur besser finden als die Demokratie.	T M
5	Es gibt Menschen, die Vorurteile gegenüber Ausländern haben.	T M
6	In Amerika herrschte lange Zeit die Sklaverei.	T M
7	Im Alter nimmt die Hörfähigkeit des Menschen ab.	T M
8	Viele Politiker sind korrupt.	T M
9	Im Sommer ist es in der Regel wärmer als im Winter.	T M
10	In 10 Jahren gibt es selbstlenkende Autos.	T M
11	Die Welt ist rund.	T M
12	Selten ist der Nutzen eines Krieges größer als der Schaden.	T M
13	Fernsehen bildet.	T M
14	Ramstein war eine große Flugzeugkatastrophe.	T M
15	Hunde in einem Zwinger zu halten ist Tierquälerei.	T M

16	Die Kluft zwischen Arm und Reich wird auch in wohlhabenden Ländern immer größer.	**T M**
17	In China leben mehr Menschen als in Deutschland.	**T M**
18	Kernkraft ist die Energie der Zukunft.	**T M**
19	Heute verbrauchen Autos im Durchschnitt weniger Kraftstoff als früher.	**T M**
20	Die größte Gefahr eines neuen Weltkrieges geht von Russland aus.	**T M**

LÖSUNGEN

Einschätzung

Sie sollten mindestens 12 richtige Lösungen haben, besser aber mehr als 15!

1	**M**	Es lässt sich darüber streiten, ob Fliegen Spaß macht oder nicht. Menschen mit Flugangst werden dieser Meinung sicherlich vehement widersprechen.
2	**T**	Statistiken belegen, dass Frauen durchschnittlich kleiner als Männer sind.
3	**M**	Ob sich mit viel Geld wirklich leicht leben lässt, ist fraglich. Man kann diese Meinung vertreten, sicherlich gibt es auch Gegenmeinungen, die ein Leben mit viel Geld als beschwerlich einstufen.
4	**T**	Vor- und Nachteile einer Diktatur gegenüber einer Demokratie sind immer zu diskutieren. Persönliche Überzeugungen und Meinungen sind ausschlaggebend.
5	**T**	Studien belegen, dass es Menschen gibt, die Vorurteile gegen Ausländer haben, z. B. das Vorurteil „Ausländer sind Kriminelle“.
6	**T**	Etwa vom 17. bis zum 19. Jahrhundert gab es in den Vereinigten Staaten Sklaverei. Am 18. 12. 1865 wurde sie mit Änderung der Verfassung endgültig abgeschafft.
7	**T**	Unter „Presbyakusis“ versteht man die Schwerhörigkeit im Alter, die meist zwischen dem 55. und 65. Lebensjahr auftritt und in der Regel mit einem Hörgerät ausgeglichen wird.
8	**M**	Es gibt Staaten, in denen Korruption ein Problem darstellt. Aber für die allgemeine Aussage, dass viele Politiker korrupt seien, gibt es keinerlei Beweise.
9	**T**	Auch wenn Großwetterlagen und andere Faktoren für Abweichungen sorgen können, ist der Sommer in der Regel die wärmste Jahreszeit. Auch auf der Südhalbkugel, wo er am 21. oder 22. Dezember beginnt.
10	**M**	Es gibt keine Meldungen aus der Autoindustrie, dass in 10 Jahren selbstlenkende Autos entwickelt werden. Somit ist auch das nur eine Meinung, die man vertreten kann.
11	**T**	Die Erde hat durch die Eigengravitation ihrer Masse die Form einer Kugel.

12	**M**	Auch diese Aussage ist zu allgemein, als dass man sie mit Berechnungen belegen könnte.
13	**M**	Ob „Fernsehen bildet“ ist immer wieder Teil der öffentlichen Diskussion. Anstoß dafür geben z. B. Kindersendungen mit wenig oder entstellter Sprache oder Comic-Sendungen mit Gewaltdarstellungen. Ob Fernsehen bildet oder nicht, ist somit eine Frage der Einstellung/Meinung dazu und keine Tatsache.
14	**T**	Bei dem Flugzeugunglück von Ramstein am 28. 08. 1988 stießen drei Militärflugzeuge zusammen, 70 Menschen starben und 345 wurden verletzt.
15	**M**	Sogar das Tierschutzgesetz erlaubt unter bestimmt Voraussetzungen die Haltung eines Hundes in einem Zwinger. Man kann die Meinung vertreten, dass die Zwingerhaltung Tierquälerei sei. Die Aussage ist aber zu allgemein, als dass man sie auch belegen könnte.
16	**T**	Nach einer Untersuchung der OECD haben die Einkommensunterschiede in den Industrieländern von Mitte der 1970er- bis zur Mitte der 1990er-Jahre stark zugenommen.
17	**T**	Die Volksrepublik China hat etwa 1,35 Mrd. Einwohner. Die Bundesrepublik Deutschland hat etwa 80 Mio. Einwohner.
18	**M**	Ob Kernkraft die Energie der Zukunft ist oder nicht, ist umstritten. Einige Länder, wie z. B. Deutschland oder Belgien haben einen Ausstieg aus der Atomenergienutzung beschlossen.
19	**T**	In der Autoindustrie wird fortlaufend an der Entwicklung kraftstoffsparender Motoren gearbeitet. So sank der durchschnittliche Kraftstoffverbrauch der Pkw seit 1980 deutlich.
20	**M**	Je nach politischem Lager oder geografischem Standort werden unterschiedliche Staaten oder Gruppierungen als Gefahr für den Weltfrieden gesehen. Dass die größte Gefahr von Russland ausgehen soll, lässt sich nicht belegen.

Textanalyse

Lesen Sie bitte den folgenden Text und versuchen Sie, den Inhalt zu verstehen. Im Anschluss an den Text finden Sie 7 Sätze (a–g), von denen lediglich einer Teilaspekte des Inhalts korrekt wiedergibt. Alle anderen Sätze enthalten inhaltlich etwas anderes oder falsche bzw. neue Informationen, die im Text nicht vorgegeben sind. Ihre Aufgabe ist es, den einzigen Satz bzw. die Aussage herauszufinden, die bestimmte Textinhalte korrekt wiedergibt.

Beispiel

Zu den wichtigsten Entscheidungshilfen für Ihre persönliche Studien- und Berufswahl gehören neben der Information über die sachlichen und rechtlichen Aspekte der Ausbildung und späteren Berufsausübung Informationsschriften, Internetseiten, Bücher, Hörfunk- und Fernsehbeiträge sowie das persönliche Gespräch und die Diskussion mit Freunden und Bekannten. In diesem für Sie nicht einfachen Entscheidungsprozess können auch Gruppenmaßnahmen der Berufsberatung sowie der Besuch von Studien- und Bildungsberatungsstellen in Schulen und Hochschulen, bei Beauftragten für Behindertenfragen wie auch die Teilnahme an geeigneten Volkshochschulkursen weiterhelfen.

a Entscheidungsprozesse für oder gegen die Studien- und Berufswahl gehören zu den wichtigsten Schritten im persönlichen Leben eines heranwachsenden Menschen.

b Auch Hörfunk- und Fernsehsendungen können wichtige Entscheidungshilfen für die persönliche Berufswahl darstellen.

c Durch Gruppenmaßnahmen der Beauftragten für Behindertenfragen können geeignete Volkshochschulkurse gefunden werden.

d Der nicht einfache Entscheidungsprozess für die richtige Studienwahl wird besonders durch Freunde und Bekannte entscheidend beeinflusst.

e Schriftliche Informationsmittel gehören neben anderen Medien sowie dem persönlichen Gespräch unter Freunden zu den wichtigsten Entscheidungshilfen beim Besuch von Studien- und Bildungsberatungsstellen.

f Entscheidungshilfen durch Beauftragte für Behindertenfragen können eine wesentliche Unterstützung darstellen.

g Keiner der hier aufgeführten Sätze a–f gibt den obigen Textinhalt korrekt wieder.

Lösung: b

Nur diese Aussage gibt einen Teilaspekt des Textes richtig wieder.

AUFGABEN

Für die Bearbeitung der folgenden 3 Texte haben Sie insgesamt 12 Minuten Zeit.

Aufgabe 1

Hauptmerkmale des Aufgabenbereichs eines Bankkaufmanns lassen sich unterscheiden nach Beratungs- und Verkaufsaktivitäten im kundennahen Bereich sowie in Planung, Organisation und Verwaltung im bankinternen Bereich. Hauptfunktionen des kundennahen Bereichs sind u. a. Kontoführung, Einzahlungsverkehr, Geld- und Kapitalanlage, Auslands- und Kreditgeschäfte sowie die sonstige Beratungs- und Vermittlungstätigkeit beim Handel mit Geld, Devisen und Wertpapieren. Demgegenüber sind die Hauptaufgaben des bankinternen Bereichs durch die Organisation automatisierter Datenverarbeitung, Rechnungswesen, Revision sowie Personal- und Ausbildungswesen gekennzeichnet. Nach abgeschlossener Berufsausbildung besteht gegebenenfalls die Möglichkeit, ein berufsbegleitendes Studium an der Bankakademie zu absolvieren, dessen erste Stufe aus einem zweijährigen Lehrgang zur Vorbereitung auf die Prüfung zum Bankfachwirt besteht.

Welche der folgenden Aussagen gibt Teilaspekte des Textinhaltes als Einzige korrekt wieder? Oder ist keine der Aussagen korrekt?

a Hauptfunktion des kundennahen Tätigkeitsfeldes des Bankkaufmanns ist die Organisation von Datenverarbeitung und Rechnungswesen.

b Geldgeschäfte durch Devisen und Wertpapiere sind Inhalt des berufsbegleitenden Aufbaustudiums an der Bankakademie.

c Personal- und Ausbildungswesen gehören ebenso zu den Aufgaben im bankinternen Bereich wie Planung, Organisation und Verwaltung.

d Die erste berufsbegleitende Stufe der Fortbildung an der Bankakademie beinhaltet die Möglichkeit, nach abgeschlossener Berufsausbildung vorwärts zu kommen.

e Nach abgeschlossener Berufsausbildung als Bankkaufmann hat man die Wahl zwischen zwei Bereichen und Arbeitsschwerpunkten.

f Der kundennahe Bereich im Tätigkeitsfeld des Bankkaufmanns unterscheidet sich nur geringfügig vom bankinternen Bereich.

g Keiner der hier aufgeführten Sätze a–f gibt den obigen Textinhalt korrekt wieder.

Aufgabe 2

Die Pädagogik (Erziehungswissenschaft) beschäftigt sich heutzutage mit allen Fragen der Entwicklung und Hinführung des Einzelnen zum selbstständigen und verantwortlichen Leben in Gesellschaft und Gemeinschaft. Damit hat die Pädagogik zugleich der Erziehungswirklichkeit in der Familie und Gesellschaft und in den erzieherischen, insbesondere den schulischen und sozialpädagogischen Einrichtungen konsequent Rechnung zu tragen, wobei sie durch wichtige Nachbarwissenschaften wie Anthropologie, Biologie, Philosophie, Psychologie und Soziologie Unterstützung findet, da hier sowohl die Voraussetzungen als auch die Funktionen von Erziehungs- und Lernprozessen Aufklärung finden.

Welche der folgenden Aussagen gibt Teilaspekte des Textinhaltes als Einzige korrekt wieder? Oder ist keine der Aussagen korrekt?

- a In erzieherischen sozialpädagogischen Einrichtungen hat die Pädagogik der Erziehungsrealität der Gesellschaft Rechnung zu tragen.
- b Die Erziehungswirklichkeit wird durch den Einzelnen in der Gesellschaft und Gemeinschaft bestätigt.
- c Die Pädagogik hat den angrenzenden Wissenschaften wie Anthropologie, Soziologie und Philosophie Rechnung durch Aufklärung zu tragen.
- d Wichtige Nachbarwissenschaften wie Anthropologie, Biologie, Philosophie, Psychologie und Soziologie unterstützen die Pädagogik durch ihre Aufklärungsarbeit im Hinblick auf Lernprozesse.
- e Heute beschäftigt sich die Pädagogik vor allem mit erziehungswissenschaftlichen Entwicklungen in Familie und Gesellschaft.
- f Sozialpädagogische Einrichtungen haben die Aufgabe, die Erziehungswirklichkeit im Leben von Gesellschaft und Gemeinschaft selbstständig zu verantworten.
- g Keiner der hier aufgeführten Sätze a–f gibt den obigen Textinhalt korrekt wieder.

Aufgabe 3

Die Musikwissenschaft umfasst als aktuelles Studienfach im Unterschied zu den musikpraktischen und musikpädagogischen Studiengängen – als Beispiel dafür kann die Ausbildung zum Konzertpianisten bzw. der Bildungsweg zum Studienrat mit Hauptfach Musik angeführt werden – vorrangig die theoretischen und historischen Aspekte der Musik. Dadurch bedingt, gliedert sich die Musikwissenschaft einerseits in Musikgeschichte – auch als historische Musikwissenschaft bezeichnet –, andererseits in die systematische Musikwissenschaft sowie in die Musikethnologie, d. h. in die musikalische Volks- und Völkerkunde. Den Kern des musikwissenschaftlichen Studiums bildet jedoch eindeutig die Musikgeschichte, deren Hauptaufgabe es ist, die Entwicklung der Musik von der Antike bis zur Gegenwart zu erforschen. Ebenso gehört die intensive Beschäftigung mit dem Leben und den Werken führender Musiker dazu wie auch das Studium des Wandels der Stile und die Auseinandersetzung mit einzelnen Gattungen und historischen Epochen.

Welche der folgenden Aussagen gibt Teilaspekte des Textinhaltes als Einzige korrekt wieder? Oder ist keine der Aussagen korrekt?

- a Die historische Musikwissenschaft ist ein Untergebiet des musikpraktischen Bildungswegs.
- b Aus musikethnologischer Sicht ist die musikalische Volks- und Völkerkunde ein musikpraktischer Aspekt systematischer Musikwissenschaftsuntersuchungen.
- c Die theoretischen und historischen Aspekte der Musik werden hauptsächlich im Studienfach Musikwissenschaft untersucht.
- d Schwerpunkt des musikwissenschaftlichen Studiums ist die Beschäftigung mit dem Leben und den Werken alter Meister.
- e Musiktheoretische und musikpraktische Studien stehen im Gegensatz zum musikwissenschaftlichen Studium.
- f Eine intensive Auseinandersetzung mit musikalischen Stilwandlungen und historischen Epochen ist Gegenstand musikethnologischer Untersuchungen.
- g Keiner der hier aufgeführten Sätze a–f gibt den obigen Textinhalt korrekt wieder.

LÖSUNGEN

1 c

a Stimmt nicht, denn die Organisation von Datenverarbeitung und Rechnungswesen ist bankintern und nicht kundennah.

b Stimmt nicht. Diese Antwort geht nicht aus dem Text hervor.

c Stimmt. Personal- und Ausbildungswesen, Planung, Organisation und Verwaltung gehören zu den bankinternen Aufgaben.

d Stimmt nicht. Von Vorwärtskommen im Beruf durch Fortbildungen ist im Text nicht die Rede.

e Stimmt nicht. Im Text ist nicht die Rede davon, dass man die Wahl zwischen zwei Aufgabenschwerpunkten hat.

f Stimmt nicht, denn der kundennahe Bereich und der kundeninterne Bereich unterscheiden sich wesentlich, wie im Text beschrieben.

g Stimmt nicht, denn Antwort c ist richtig.

2 d

a Stimmt nicht, da die Pädagogik zugleich der Erziehungswirklichkeit in der Familie und Gesellschaft und in den erzieherischen, insbesondere den schulischen und sozialpädagogischen Einrichtungen Rechnung trägt.

b Stimmt nicht. Diese Aussage geht aus dem Text nicht hervor.

c Stimmt nicht, da die Pädagogik diesen Wissenschaften keine Rechnung tragen muss, sondern darin Unterstützung findet.

d Stimmt. Die Biologie, Soziologie, Psychologie und andere Wissenschaften unterstützen die Pädagogik.

e Stimmt nicht, da sich die Pädagogik laut Text heutzutage mit allen Fragen der Entwicklung und Hinführung des Einzelnen zum selbstständigen und verantwortlichen Leben in Gesellschaft und Gemeinschaft beschäftigt.

f Stimmt nicht, da im Text nicht die Aufgabe sozialpädagogischer Einrichtungen beschrieben wird.

g Stimmt nicht, denn Antwort d ist richtig.

3 c

a Stimmt nicht, weil die historische Musikwissenschaft laut Text ein Teilbereich des aktuellen Studienfachs Musikwissenschaft ist und nicht ein Untergebiet des musikpraktischen Bildungswegs.

b Stimmt nicht, laut Text ist die musikalische Volks- und Völkerkunde (Musikethnologie) ein Teilgebiet der theoretischen Musikwissenschaft.

c Stimmt. Musikwissenschaft umfasst vorrangig die theoretischen/historischen Aspekte der Musik

d Stimmt nicht, da der Kern des musikwissenschaftlichen Studiums laut Text die Musikgeschichte ist. Deren Hauptaufgabe ist es, die Entwicklung der Musik bis zur Gegenwart zu erforschen.

e Stimmt nicht. Diese Antwort geht aus dem Text nicht hervor.

f Stimmt nicht, da sich Musikethnologie mit der musikalischen Volks- und Völkerkunde befasst.

g Stimmt nicht, denn Antwort c ist richtig.

Wortanalogien

Aufgabe ist es, aus vorgegebenen Lösungsvorschlägen das Wort auszuwählen, das ein fehlendes Element in einer Wortgleichung sinnvoll ergänzt. Oder anders ausgedrückt: Drei Worte sind vorgegeben, bei denen zwischen dem ersten und zweiten eine gewisse Beziehung besteht. Ihre Aufgabe ist es, zwischen dem dritten und einem allein passenden Wahl- und Lösungswort eine Beziehung herzustellen.

Beispiel 1
Dach verhält sich zu Keller
wie Decke zu …?

a Teppich
b Leuchter
c Wand
d Boden
e Tisch
f Stuhl

Lösung: d

Beispiel 2
Gerade / Viereck
= Kurve / …

a Fläche
b Kugel
c Quadrat
d Kreis
e Laufbahn
f Kegel

Lösung: d

AUFGABEN

Für die folgenden 25 Aufgaben haben Sie 12 Minuten Zeit.

1 Auto / Räder = Flugzeug / …

a Motor
b fliegen
c Tragflächen
d Pilot
e Düsen
f Kerosin

2 Muster / Entwurf = Maschine / …

a Antrieb
b kaputt
c Räder
d Arbeit
e Konstruktion
f Kraft

3 **manchmal / oft = etwas / ...**

a mehr
b viel
c immer
d meistens
e wenig
f alles

4 **Leder / Eisen = zäh / ...**

a flexibel
b schwer
c hart
d haltbar
e biegsam
f fest

5 **Telegramm / Brief = Stichwort / ...**

a Nachricht
b Erzählung
c Zeile
d Information
e Satz
f Telefonat

6 **Reportage / Dichtung = Foto / ...**

a Kunst
b Zeichnung
c Lyrik
d Gedicht
e Aquarell
f Gemälde

7 **gestehen / verhören = diagnostizieren / ...**

a heilen
b Krankheit
c untersuchen
d Befund
e Behandlung
f vernehmen

8 **Haus / Stein = Pflanze / ...**

a Zweig
b Blatt
c Samen
d Baum
e Zelle
f Wurzel

9 **werben / verkaufen = Sport treiben / ...**

a trainieren
b jung bleiben
c Ehrgeiz
d gesund bleiben
e turnen
f siegen

10 **Kanal / Fluss = Park / ...**

a Anlage
b Bäume
c Sträucher
d Landschaft
e Rasen
f Garten

11 gehen / schlendern = sprechen / …

a lallen
b plaudern
c schwafeln
d stottern
e springen
f weinen

12 Stoffwechsel / Natur = Verbrennung / …

a Maschine
b Kraft
c Motor
d Antrieb
e Kohle
f Leben

13 Wind / Sturm = rinnen / …

a strömen
b tröpfeln
c einsickern
d brausen
e duschen
f fließen

14 Ton / Melodie = Farbe / …

a Brillanz
b Kunstobjekt
c Gemälde
d Farbkasten
e Palette
f Foto

15 Molekül / Atom = Pfund / …

a Menge
b Last
c Zentner
d Gramm
e Gewicht
f viel

16 Gramm / Gewicht = Stunde / …

a Minuten
b Zeit
c Uhr
d Tag
e Jahr
f Monat

17 Wasser / Erosion = Alter / …

a Jugend
b Kindheit
c Falten
d Lebenszeit
e Pubertät
f Rente

18 chronisch / akut = dauerhaft / …

a ständig
b öfter
c zeitweilig
d langwierig
e schnell
f langsam

19 Flut/Damm = Regen/...

a Tropfen
b Schirm
c Wasser
d feucht
e kühl
f nass

20 liberal/radikal = gemäßigt/...

a gleichgültig
b verständnisvoll
c extrem
d engagiert
e plus
f fix

Bei den nun folgenden Wortgleichungen fehlt das Anfangs- und das Endwort. Die Sätze sind aus den vorhandenen Lösungsmöglichkeiten so zu ergänzen, dass sie einen Sinn enthalten.

Beispiel

... verhält sich zu Blindheit wie Ohr zu ...

a	Auge	1	hören
b	Sehfähigkeit	2	Gehör
c	Brille	3	Taubheit
d	Blindenhund	4	Schwerhörigkeit

Lösung: a 3 (Auge verhält sich zu Blindheit wie Ohr zu Taubheit.)

21 ... verhält sich zu Länge wie Gramm zu ...

a	Entfernung	1	Waage
b	Geschwindigkeit	2	Gewicht
c	Zentimeter	3	abwiegen
d	Abstand	4	Kilo

22 ... verhält sich zu niemand wie alles zu ...

a	manche	1	mehr
b	jeder	2	immer
c	viele	3	nichts
d	einige	4	nie

23 … verhält sich zu Kreis wie Würfel zu …

a	Kegel	1	Quadrat
b	rund	2	sechs
c	Kugel	3	Rechteck
d	Kuppel	4	Rhombus

24 … verhält sich zu Herz wie Takt zu …

a	Pumpe	1	Dirigent
b	Pulsschlag	2	Komposition
c	Gesundheit	3	Musik
d	Leben	4	Musiker

25 … verhält sich zu Krankheit wie Schweiß zu …

a	Arzt	1	Erfolg
b	Tablette	2	Anstrengung
c	Fieber	3	Lob
d	Thermometer	4	Chef

LÖSUNGEN

Einschätzung
16 richtige Lösungen sind ok, gut sind Sie ab 20.

1	**c**	Das Auto benutzt zur direkten Fortbewegung die Räder, das Flugzeug die Tragflächen.
2	**e**	Ein Muster ist eine Art Entwurf und eine Maschine ist eine Art Konstruktion.
3	**b**	Manchmal bedeutet das Gegenteil von oft und etwas bedeutet das Gegenteil von viel.
4	**c**	Leder ist zäh und Eisen ist hart.
5	**e**	Das Telegramm ist die Kurzform eines Briefes und das Stichwort ist die Kurzform eines Satzes.
6	**f**	Eine Reportage ist die moderne Form der Dichtung und das Foto ist die moderne Form eines Gemäldes.
7	**c**	Einem Geständnis geht ein Verhör voraus, so wie einer Diagnose eine Untersuchung vorausgeht.
8	**e**	Der Stein ist ein elementarer Baustein eines Hauses, so wie eine Zelle ein Baustein einer Pflanze ist.

9	**d**	Werben hat als Ziel den Verkauf, so wie Sport treiben als Ziel das Gesundbleiben hat.
10	**d**	Ein Kanal ist ein vom Menschen in seinem natürlichen Verlauf eingeschränkter Fluss, so wie ein Park eine ebenso eingeschränkte Landschaft ist.
11	**b**	Schlendern bezeichnet das entspannte zwanglose Gehen, so wie plaudern das entspannte zwanglose Sprechen meint.
12	**c**	Der Stoffwechsel hat in der Natur die gleiche Funktion wie die Verbrennung für den Motor.
13	**a**	Sturm ist die Steigerung von Wind, so wie strömen die Steigerung von rinnen ist.
14	**c**	Eine Melodie besteht aus mehreren Tönen, ein Gemälde besteht ebenso aus mehreren Farben.
15	**d**	Ein Molekül besteht aus mehreren Atomen, so wie ein Pfund (500 g) aus mehreren Gramm besteht.
16	**b**	Gramm ist eine Maßeinheit für Gewicht, so wie die Stunde eine Maßeinheit für Zeit ist.
17	**c**	Wasser ist die Ursache einer Erosion und Alter ist die Ursache von Falten.
18	**c**	Chronisch ist ein zeitlich unbegrenzter Zustand (also dauerhaft), akut hingegen bezeichnet einen zeitlich begrenzten, nur kurz anhaltenden (also zeitweiligen) Zustand.
19	**b**	Ein Damm hält eine Flut zurück, so wie ein Schirm den Regen abhält.
20	**c**	Liberal bezeichnet eine gemäßigte Einstellung, wohingegen radikal eine extreme Einstellung bezeichnet.
21	**c 2**	Zentimeter sind eine Längenangabe, Gramm sind eine Gewichtsangabe.
22	**b 3**	Jeder ist das Gegenteil von niemand, ebenso ist alles das Gegenteil von nichts.
23	**c 1**	Ein Kreis und ein Quadrat sind die zweidimensionale Darstellung einer Kugel und eines Würfels.
24	**b 1**	Das Herz gibt einem Lebewesen die Geschwindigkeit des Pulsschlags vor, der Dirigent den Takt eines Orchesters.
25	**c 2**	Fieber ist ein Anzeichen für eine Krankheit, der Schweiß ist ein Anzeichen für eine Anstrengung.

Wörter erkennen

Hier eine Übungsaufgabe, bei der Sie Ihr Abstraktionsvermögen trainieren. Sie bekommen eine Vielzahl von Wörtern, bei denen die Buchstaben durcheinander gewürfelt worden sind. Ihre Aufgabe ist nun, diese Wörter zu erkennen (nur in Gedanken!) und den Anfangsbuchstaben zu unterstreichen.

Zwei Beispiele

G L D O (Gold)

E I N W (Wein)

AUFGABEN

Für die folgenden 24 Wörter haben Sie 5 Minuten Zeit.

1 G N Ö I K

2 S A S W R E

3 F F A K E E

4 P S U E P

5 Z L I P

6 L A B L N O

7 R E F E U H E R W

8 T T D S S T U G R E N N E I

9 N K R A

10 K R E R Ü H A R F N

11 G Z U

12 I Z I E L O P

13 H C R I K E

14 R E H C E R P S T U A L

15 P U T M O E R C

16 T O A U

17 S I L E B A N H

18 S C H I T

19 G A E R L

20 A B M U

21 T S R H U H L A F

22 P E M L A

23 H H H C A U S O

24 G Z F L E U U G

LÖSUNGEN

1	K König	**2**	W Wasser
3	K Kaffee	**4**	S Suppe
5	P Pilz	**6**	B Ballon
7	F Feuerwehr	**8**	R Rettungsdienst
9	K Kran	**10**	K Kranführer
11	Z Zug	**12**	P Polizei
13	K Kirche	**14**	L Lautsprecher
15	C Computer	**16**	A Auto
17	S Seilbahn	**18**	T Tisch
19	R Regal oder L Lager	**20**	B Baum
21	F Fahrstuhl	**22**	A Ampel oder L Lampe oder P Palme
23	H Hochhaus	**24**	F Flugzeug

Zahlenreihen knacken

Ein Klassiker unter allen Einstellungstests sind Zahlenreihen, die nach einer bestimmten Regel aufgebaut sind und die Sie ergänzen sollen. Eine Regel vorab: Es wird immer nur addiert, subtrahiert, dividiert und multipliziert. Andere Rechenarten kommen nicht vor. Für diesen Test dürfen Sie Papier und Stift zu Hilfe nehmen.

Beispiel 1

2 4 6 8 10 ?

Lösung: 12 (Vorzahl immer + 2)

Beispiel 2

2 4 8 16 32 ?

Lösung: 64 (Vorzahl · 2)

AUFGABEN

Für die folgenden 20 Aufgaben haben Sie 10 Minuten Zeit.

1	1	3	5	7	9	11	?
2	1	2	4	7	11	16	?
3	10	15	12	17	14	19	?
4	2	7	3	8	4	9	?
5	10	9	11	10	12	11	?
6	100	90	81	73	66	60	?
7	100	102	51	53	26,5	28,5	?
8	100	200	100	200	100	200	?
9	60	15	19	76	19	23	?
10	23	27	33	41	51	63	?
11	13	4	16	8	32	25	?
12	360	120	113	108	36	29	?
13	52	13	39	41	40	10	?
14	99	97	291	294	292	876	?
15	67	64	32	96	93	46,5	?
16	14	21	17	17	24	20	?
17	16	13	39	35	140	135	?
18	33	23	28	48	38	43	?
19	200	100	105	35	40	10	?
20	289	240	198	163	135	86	?

LÖSUNGEN

1	13	+2+2+2+2+2 usw.	**2**	22	+1+2+3+4+5 usw.
3	16	+5−3+5−3+5−3 usw.	**4**	5	+5 −4 +5 −4 +5 −4 usw.
5	13	−1+2−1+2−1+2 usw.	**6**	55	−10−9−8−7−6 usw.
7	14,25	+2:2+2:2+2:2 usw.	**8**	100	·2:2·2:2·2:2 usw.
9	92	:4+4·4 usw.	**10**	77	+4+6+8+10+12 usw.
11	100	−9·4−8·4−7·4 usw.	**12**	24	:3−7−5 usw.
13	30	:4·3+2−1 usw.	**14**	879	−2·3+3 usw.
15	139,5	−3:2·3 usw.	**16**	20	+7−4·1 usw.
17	675	−3·3−4·4−5·5 usw.	**18**	63	−10+5+20 usw.
19	15	:2+5:3+5:4+5:5 usw.	**20**	44	−49−42−35−28 usw.

Zahlensymbole

Bei diesem Aufgabentyp wurden Ziffern durch Symbole ersetzt (jede Ziffer hat ein anderes Symbol und andersherum!). Dabei stehen zwei nebeneinander stehende Symbole für eine zweistellige Zahl (erstes Symbol: Zehnerstelle; zweites Symbol: Einerstelle; analog: drei- oder vierstellige Zahlen). Ihre Aufgabe ist es, aus den rechts für ein Symbol angebotenen Ziffern eine Lösung zu finden, wodurch die linke Gleichung erfüllt ist. D. h., es muss nur eine Lösung für das Symbol rechts gefunden werden!

Beispiel

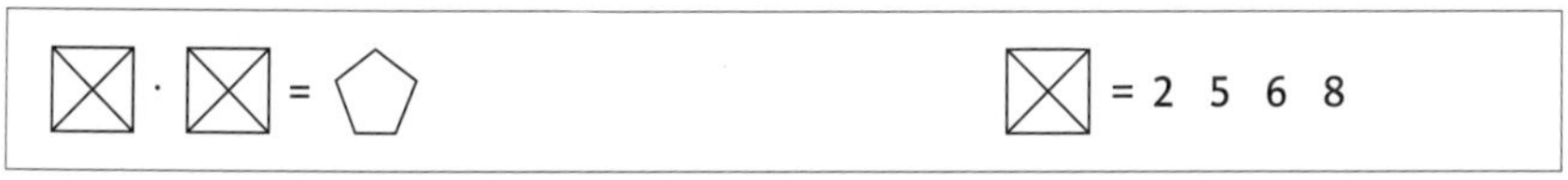

Hier wird eine Ziffer für das Quadrat mit den eingezeichneten Diagonalen gesucht. Die Lösungsvorschläge sind 2, 5, 6 und 8. Die richtige Lösung findet man hier schnell per Ausschlussverfahren: Nur die 2 ergibt mit sich selbst multipliziert wieder eine einstellige Zahl.

AUFGABEN

Für die folgenden 24 Aufgaben haben Sie 24 Minuten Zeit.

1

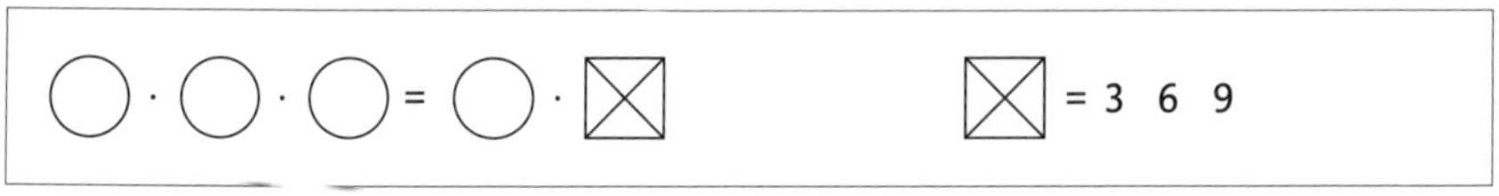

2

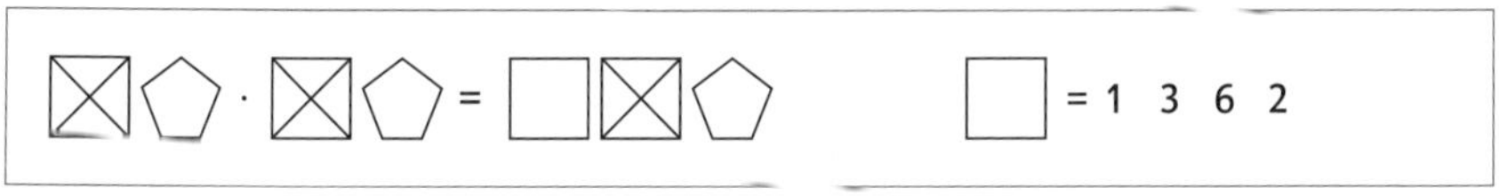

3

4

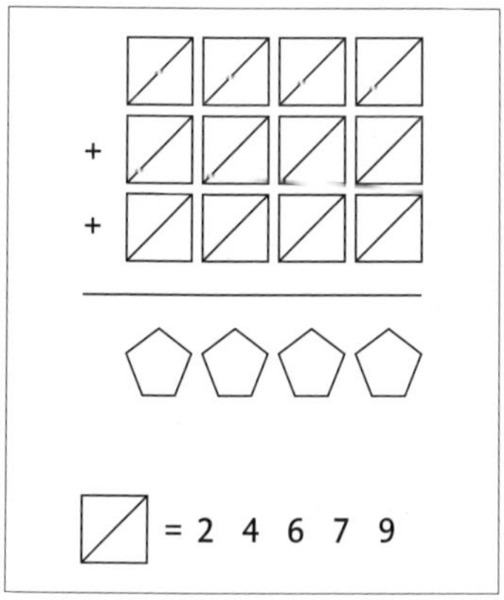

5

6

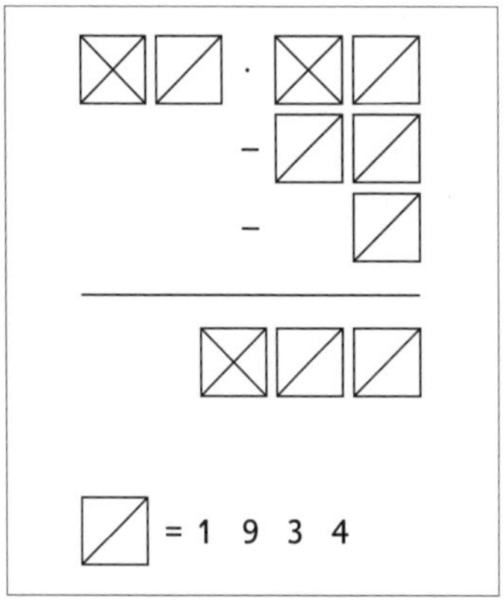

7

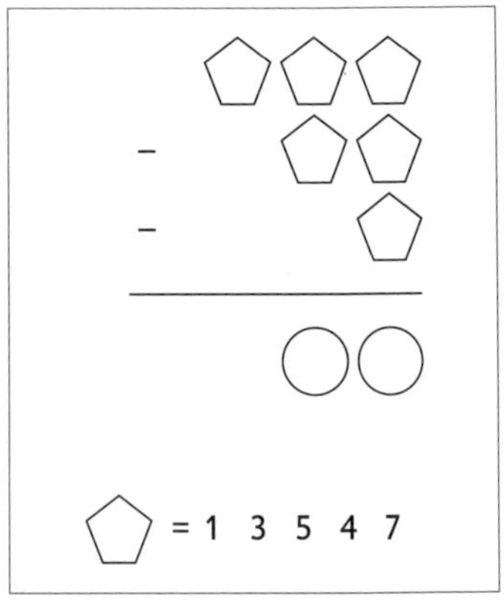

8

9

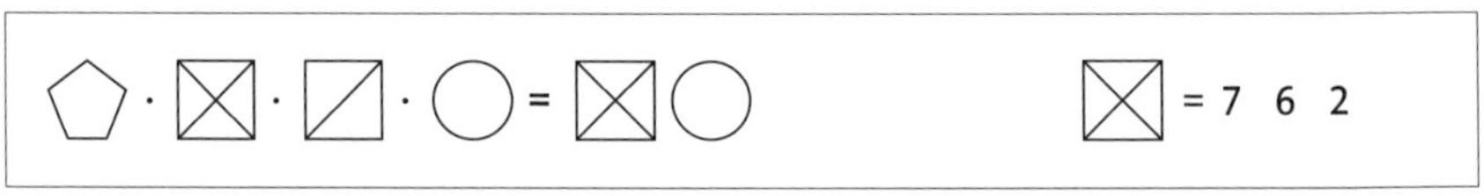

10

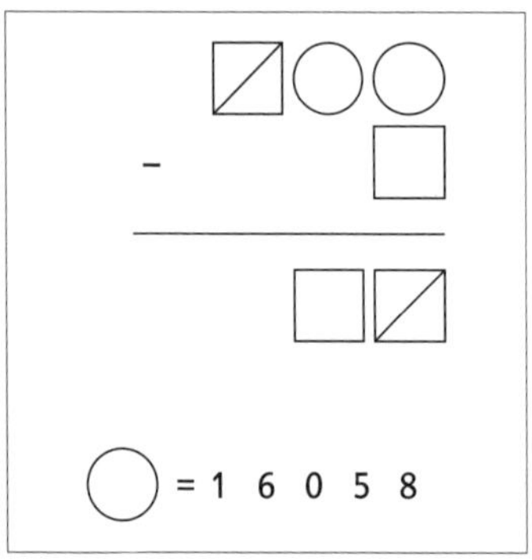

11

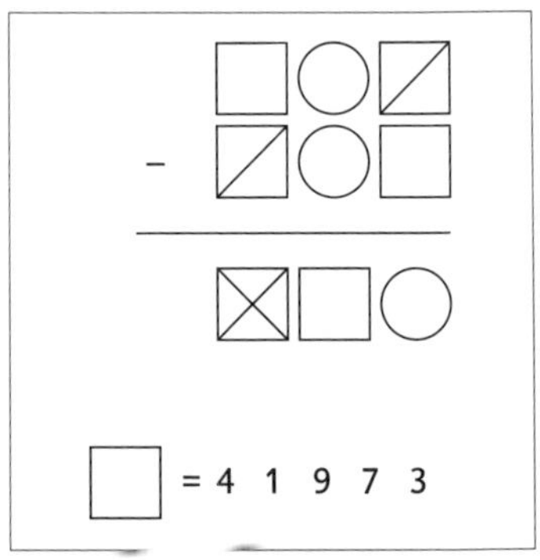

12

13

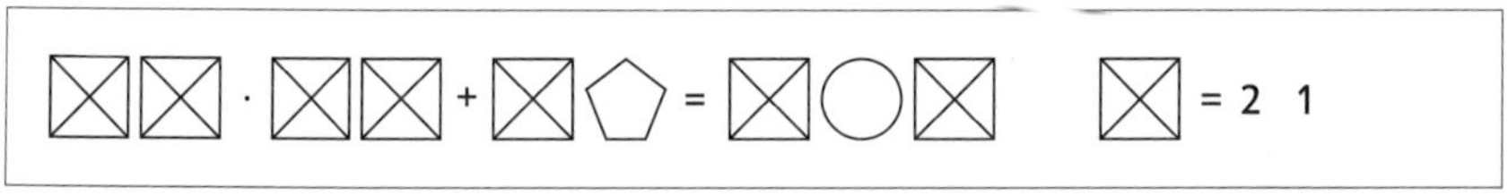

14

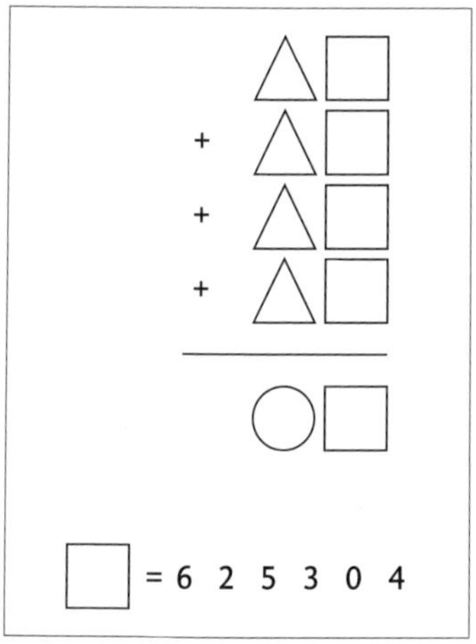

15

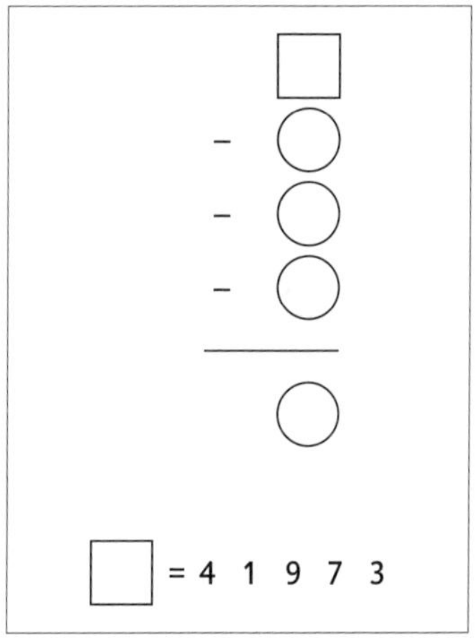

16

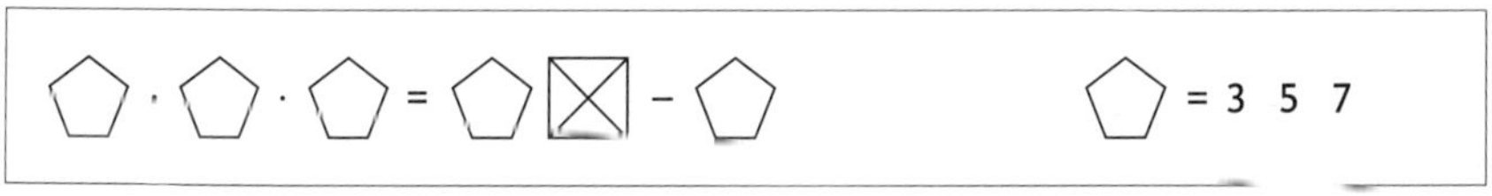

17

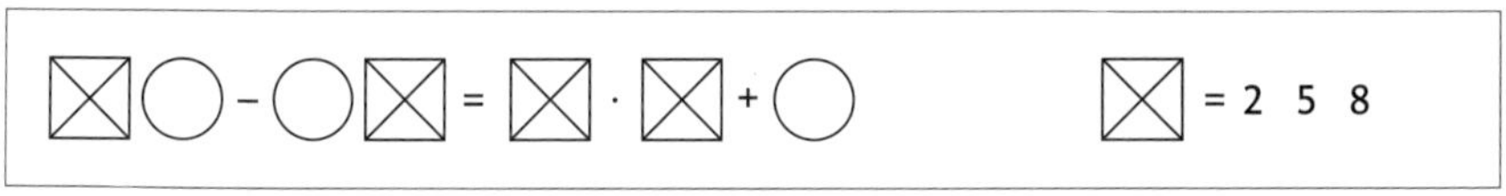

18

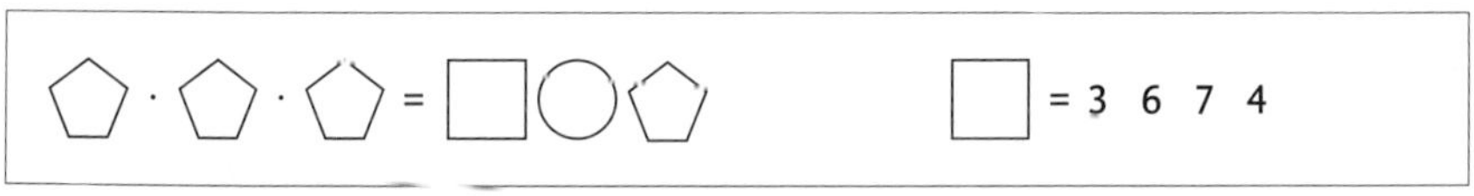

19

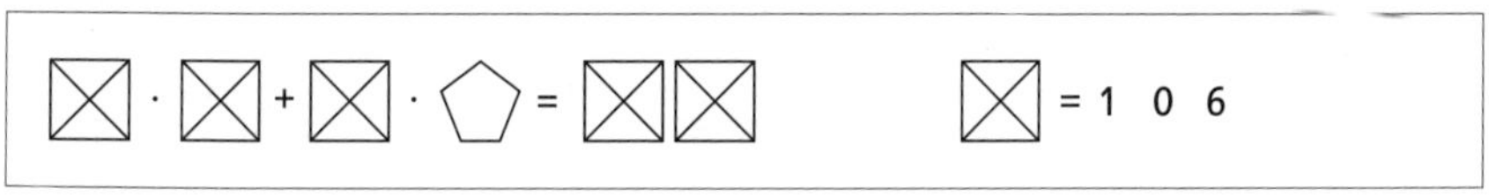

20

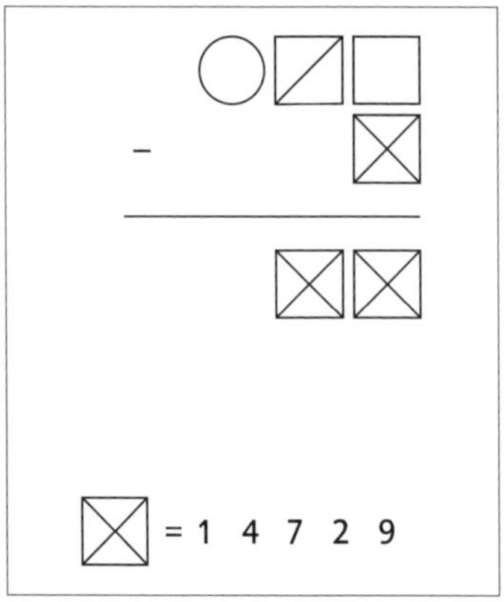

21

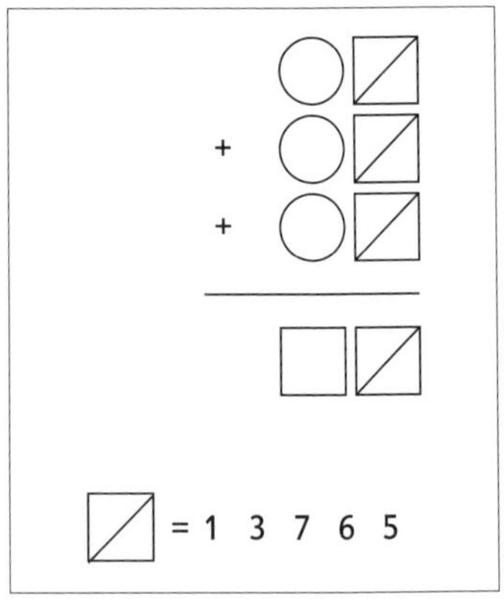

22

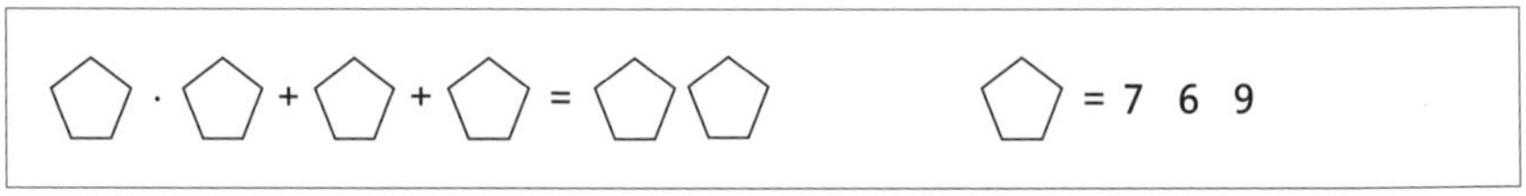

23

24

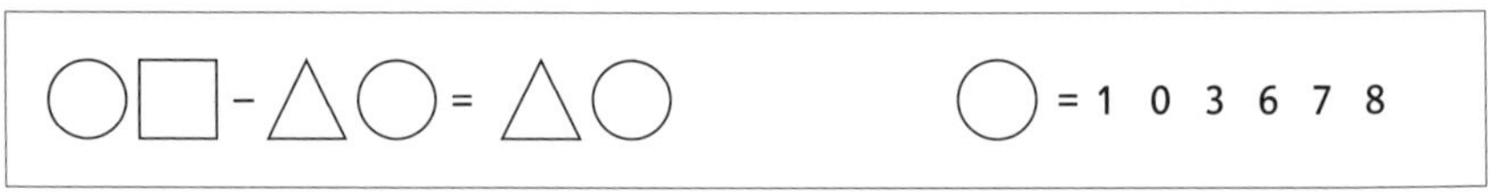

LÖSUNGEN

1 9	**2** 6	**3** 7	**4** 2	**5** 6	**6** 3	**7** 1
8 9	**9** 2	**10** 0	**11** 9	**12** 3	**13** 1	**14** 0
15 4	**16** 3	**17** 5	**18** 7	**19** 6	**20** 9	**21** 5
22 9	**23** 1	**24** 7				

Bearbeitungshilfen

Bei diesem Test geht es nicht um höhere Mathematik oder gar abnormes Abstraktionsvermögen. Mit ein bisschen Mut und dem richtigen Training wird es Ihnen in Zukunft leichter fallen, diese relativ simplen Aufgaben zu entschlüsseln.

Natürlich ist während eines Tests die Zeit für die Aufgabenbearbeitung so knapp bemessen, dass Sie nicht jeden einzelnen Lösungsvorschlag überprüfen können. Grundsätzlich sollten Sie sich Folgendes merken, um die Lösungsfindung zu erleichtern: Es gibt Zahlen, die mit sich selbst multipliziert eine Zahl ergeben, bei der die Grundzahl wieder auftritt. Diese sind

$5 \rightarrow 5 \cdot 5 = 25$

$6 \rightarrow 6 \cdot 6 = 36$

Auch folgende Zahlen sollten Sie nicht vergessen:

$11 \rightarrow 11 \cdot 11 = 121$

$22 \rightarrow 22 \cdot 22 = 484$

Außerdem ist es, auch für andere mathematische Tests, in jedem Fall empfehlenswert, alle Quadratzahlen bis $25 \cdot 25$ auswendig zu lernen, um wertvolle Zeit zu sparen. Zur Ergänzung empfehlen wir Ihnen Folgendes:

Gehen Sie nach der Ausschlussmethode vor: Welche Lösung kann es auf keinen Fall sein? So bleiben meist nur wenige Zahlen übrig, die Sie überprüfen müssen. Setzen Sie für die Symbole auf einem Schmierzettel Zahlen ein. Oft hilft es schon, wenn Sie ein paar Symbole durch Zahlen ersetzt haben und nun etwas klarer die Aufgabe vor Augen haben. Mit genügend Ruhe und Zeit wird es Ihnen gelingen, kompetenter in der Lösung solcher Aufgaben zu werden, sodass diese ihren Schrecken verlieren.

Zugehörigkeiten identifizieren

Bei diesem Test bekommen Sie zwei Gruppen, A und B, vorgestellt sowie 5 Auswahlbilder. Sie sollen nun die jeweilige Gemeinsamkeit der Gruppe A und der Gruppe B herausfinden und dann die 5 Auswahlbilder den jeweiligen Gruppen zuordnen.

Beispiel 1

Gruppe A Gruppe B

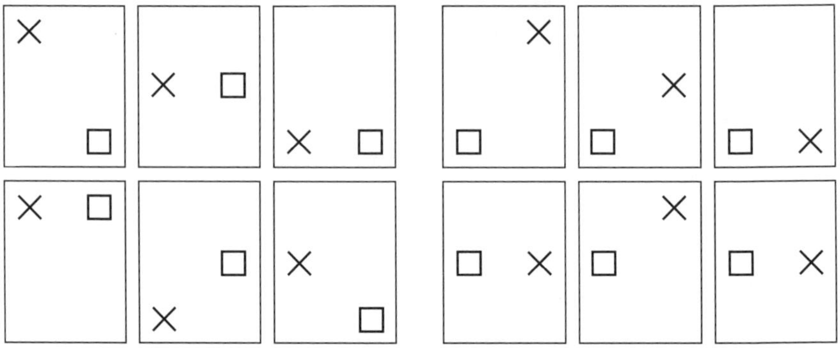

Auswahlbilder:

1. 2. 3. 4. 5.

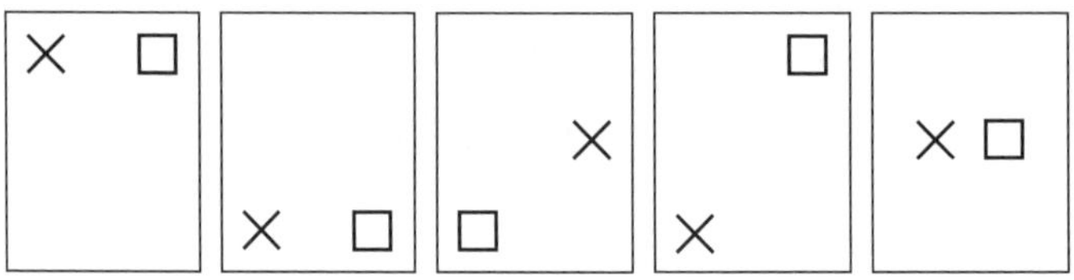

Welches der 5 Auswahlbilder gehört in Gruppe A, welches in Gruppe B?

Lösung:
1 A, 2 A, 3 B, 4 A, 5 A

Begründung:
In Gruppe A steht das X immer links vom Quadrat, in Gruppe B immer rechts.

Beispiel 2

Gruppe A Gruppe B

Auswahlbilder:

1. 2. 3. 4. 5.

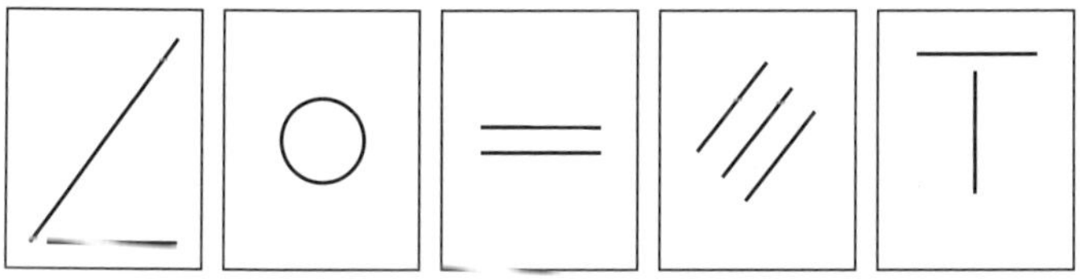

Welches der 5 Auswahlbilder gehört in Gruppe A, welches in Gruppe B?

Lösungen:
1 B, 2 A, 3 B, 4 B, 5 B

Begründung:
In Gruppe A gibt es immer nur eine fortlaufende Linie, in Gruppe B zwei oder mehr.

AUFGABEN

Lösen Sie nun die folgenden 3 Aufgaben. Sie haben 5 Minuten Zeit.

1. Aufgabe

Gruppe A

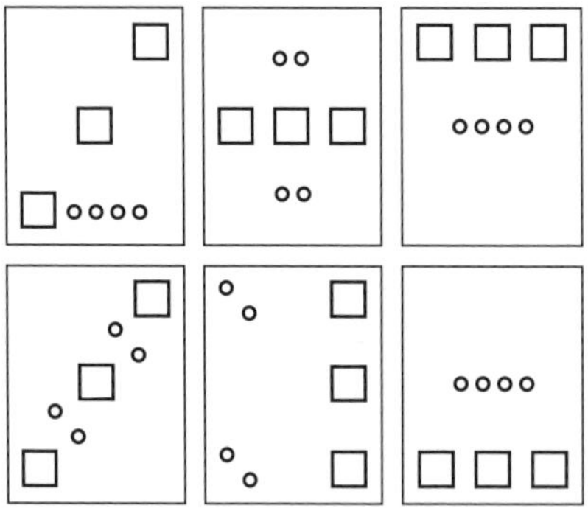

Gruppe B

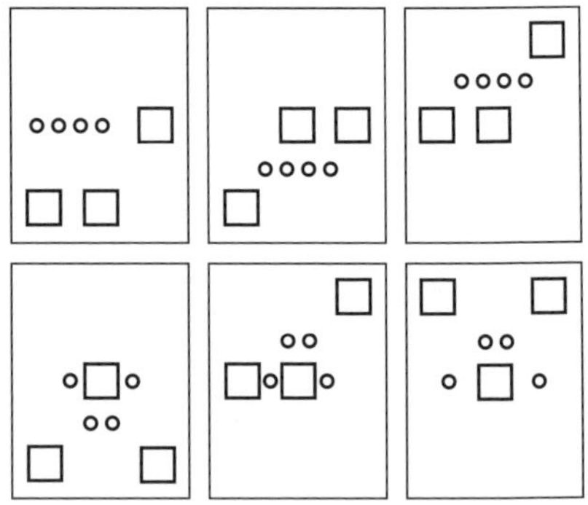

Auswahlbilder:

1. 2. 3. 4. 5.

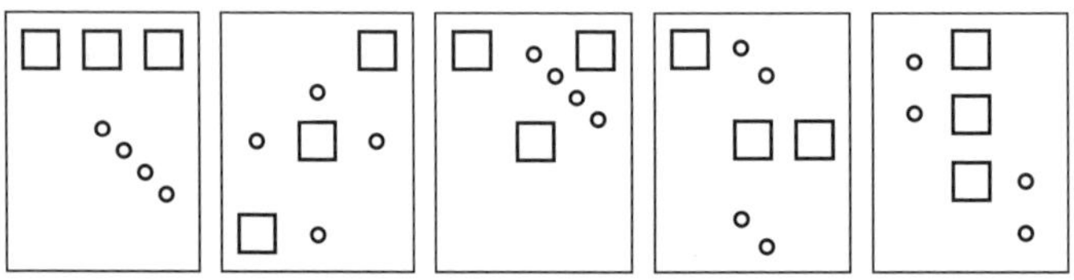

2. Aufgabe

Gruppe A

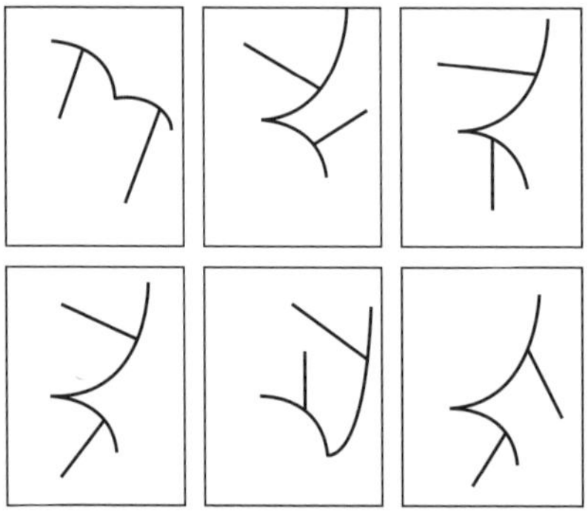

Gruppe B

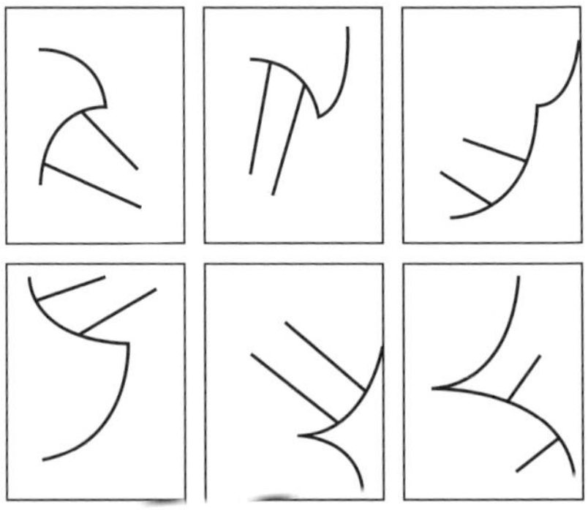

Auswahlbilder:

1. 2. 3. 4. 5.

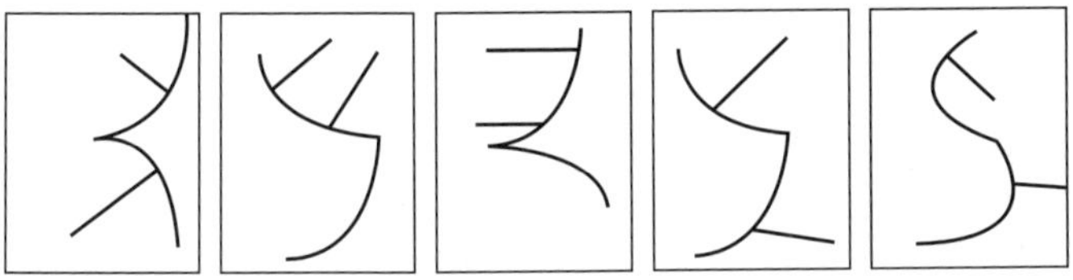

3. Aufgabe

Gruppe A

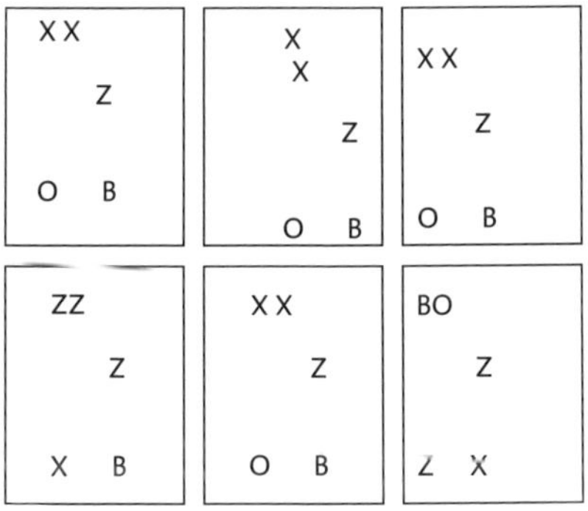

Gruppe B

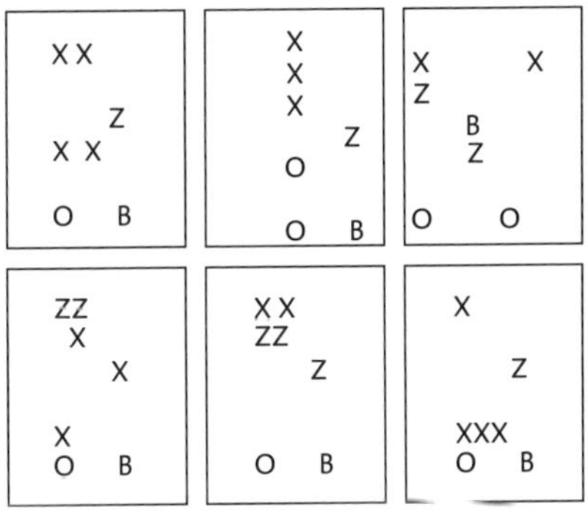

Auswahlbilder:

1. 2. 3. 4. 5.

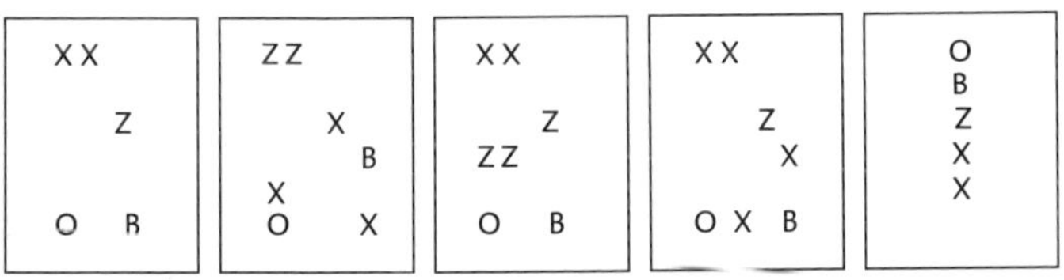

LÖSUNGEN

1	Lösung Gruppe A: 1, 2, 5 Lösung Gruppe B: 3, 4 In Gruppe A bilden die Quadrate eine Linie. In Gruppe B nicht.
2	Lösung Gruppe A: 1, 4, 5 Lösung Gruppe B: 2, 3 Beide geraden Striche sind in Gruppe B immer gemeinsam an einem Bogen platziert, während bei Gruppe A jeweils nur ein Strich an einem Bogen ist.
3	Lösung Gruppe A: 1, 5 Lösung Gruppe B: 2, 3, 4 In Gruppe A kommen immer fünf Buchstaben vor, während es in Gruppe B immer sieben sind.

7 Kurzzeitgedächtnis und Merkfähigkeit

Buchstaben merken

Hier wird Ihre akustische Merkfähigkeit überprüft. Sie bekommen Buchstaben genannt, die Sie sich merken sollen. Sofort danach präsentiert man Ihnen eine Kopfrechenaufgabe. Erst nach Lösen der Aufgabe dürfen Sie einen Stift zur Hand nehmen und die Buchstaben und das Rechenergebnis auf einem Lösungsbogen notieren. Der zeitliche Rahmen zum Lösen der Kopfrechenaufgaben ist vollkommen ausreichend. Der Schwierigkeitsgrad sollte bei einem soliden Grundwissen in Mathematik – alle Aufgaben sind auch wirklich im Kopf lösbar! – keine Probleme bereiten.

> *Beispiel*
> Ihnen wird der Buchstabe „A" angesagt. Nach etwa 3 Sekunden bekommen Sie die Aufgabe „7 · 7". Nun dürfen Sie einen Stift nehmen und im Lösungsfeld unter der ersten Aufgabe „49" und „A" eintragen.
>
> Tipp: Versuchen Sie, die Buchstaben zu „Wörtern" zusammenzufassen. So lassen diese sich, gerade wenn es mehrere werden, leichter merken.

Lassen Sie sich nun die folgenden Aufgaben von einem Helfer vorlesen. Kopieren Sie vorher den abgebildeten Lösungsbogen aus diesem Buch oder laden Sie ihn sich unter **www.berufundkarriere.de/onlinecontent** herunter und nutzen Sie ihn, um Ihre Lösungen einzutragen. www.

AUFGABEN

1	A	3·4
2	GH	56–6
3	JUR	90–4
4	KGUF	5·8
5	UGRPK	12–6
6	UFGWAK	40–2
7	PIBYWQU	12+12
8	ZTZTREWG	3+14
9	ZGSOPHJF	34+12
10	RDHKUIRG	19–7
11	ZGBKJHNF	3·3
12	HABERVAW	16·4
13	IOPETUFG	50+49
14	UTRFWASX	44:4
15	REGFUJIO	1·13
16	TUZHPOLO	34–17
17	OPLHUSTA	36:2
18	ZUNFREHG	54:9
19	KLJHUGMN	34+2
20	RUSTFAST	99–88

Lösungsbogen

Aufgabe	1	2	3	4	5	6	7	8	9	10	11	12	13	14	15	16	17	18	19	20
Ergebnis																				
Buchstaben																				

LÖSUNGEN

Aufgabe	1	2	3	4	5	6	7	8	9	10	11	12	13	14	15	16	17	18	19	20
Ergebnis	12	50	86	40	6	38	24	17	46	12	9	64	99	11	13	17	18	6	36	11
Buchstaben	A	G	J	K	U	U	P	Z	Z	R	Z	H	I	U	R	T	O	Z	K	R
		H	U	G	G	F	I	T	G	D	G	A	O	T	E	U	P	U	L	U
			R	U	R	G	B	Z	S	U	B	B	P	R	G	Z	L	N	J	S
				F	P	W	Y	T	O	K	K	E	E	F	F	H	H	F	H	T
					K	A	W	R	P	U	J	R	T	W	U	P	U	R	U	F
						K	Q	E	H	I	H	V	U	A	J	O	S	E	G	A
							U	W	J	R	N	A	F	S	I	L	T	H	M	S
								G	F	G	F	W	G	X	O	O	A	G	N	T

Einzelheiten merken

Lesen Sie sich bitte nun den folgenden Text in Ruhe durch. Merken Sie sich bitte möglichst viele Einzelheiten. Später werden Sie nach dem Textinhalt gefragt und sollten auch Details beantworten können.

Zum Durchlesen und Merken des Textes haben Sie 2 Minuten Zeit.

> Rainer Hauff, Direktor einer Gummibärchenfabrik, ging am 30. 6. 2013 nach fast 50 Jahren Betriebszugehörigkeit in Rente. Aus diesem Anlass bekam er Glückwünsche von einer befreundeten Schokoladenwarenfabrik, einem Schuhladen, einer Bierbrauerei, einer Spedition und seinem Autohaus Stellmann.
> Seine Abschiedsfeier fand im Parkhotel Bremen statt und ging bis in die frühen Morgenstunden. Diese Feier wurde von seinem Prokuristen und seinen beiden Sekretärinnen (Frau Inga Haje und Frau Nadine Kupke) organisiert. Selbst der Bürobote Herr Ralf Carstens hatte mitgeholfen.
> Aus der Familie des Direktors waren seine Ehefrau, seine Tochter, sein Schwager und eine Enkeltochter bis 2 Uhr nachts anwesend. Am 1. 7. 2013 flog Herr Hauff mit seiner engsten Familie für 3 Wochen in den Sommerurlaub auf die Kanaren. Dort erholte er sich hervorragend.

Erinnern Sie sich nun bitte an möglichst viele Einzelheiten aus dem vorigen Textfeld. Schreiben Sie bitte die Ihrer Meinung nach richtige Antwort rechts neben die Frage in das zugehörige Feld.

1 Wie hieß der Direktor der Fabrik mit Vornamen? ______________

2 Was produzierte die Fabrik? ______________

3 Welche Firmen gratulierten dem Direktor? ______________

____

____

____

____

4 Welchen Beruf hat Ralf Carstens? ______________

5 Wie lange war der Direktor in der Firma tätig? ______________

6 Wo fand die Abschiedsfeier statt? ______________

7 Wie hießen die beiden Sekretärinnen? ____________________

____

8 Wie viele Familienmitglieder waren außer ihm bei der Feier anwesend? ____________________

9 Welche Familienmitglieder waren es? ____________________

____

____

____

____

____

10 Wie lange war die Familie bei der Feier anwesend? ____________________

11 Wohin flog der Direktor in den Urlaub? ____________________

12 Für wie lange flog der Direktor in den Urlaub? ____________________

LÖSUNGEN

1 Rainer	**2** Gummibärchen
3 Schokoladenwarenfabrik, Schuhladen, Bierbrauerei, Spedition, Autohaus Stellmann (max. 5 Punkte)	**4** Bürobote
5 fast 50 Jahre	**6** Parkhotel Bremen
7 Inga Haje, Nadine Kupke (max. 2 Punkte)	**8** vier Familienmitglieder
9 Ehefrau, Tochter, Schwager, Enkeltochter (max. 4 Punkte)	**10** bis 2 Uhr nachts
11 auf die Kanaren	**12** 3 Wochen

Einschätzung

An wie viele Einzelheiten konnten Sie sich erinnern? 20 Punkte konnte man insgesamt erreichen, 15 bis 18 sind schon ein gutes bis sehr gutes Ergebnis.

Geometrische Figuren und Zahlen merken

Auch hier haben Sie wieder eine neue Art von einem Merkfähigkeitstest vor sich. Diesmal sollen Sie sich Zahlen merken, die in bestimmten grafischen Symbolen abgebildet sind. Später müssen Sie Zahlen und Figuren wieder einander zuordnen. Natürlich ist es auch möglich, dass man diesen Test leicht abwandelt. So wäre es auch denkbar, dass Sie sich statt Zahlen Buchstaben oder andere Symbole wie ein Fahrrad, ein Auto u. Ä. merken sollen.

Bitte prägen Sie sich nun die folgenden Figuren und Zahlen gut ein. Sie haben dazu 2 Minuten Zeit.

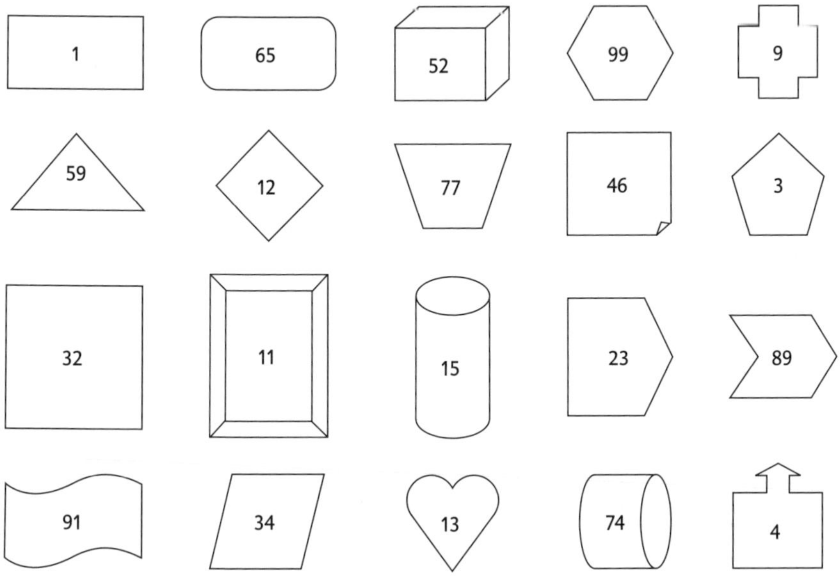

Decken Sie nun die obere Hälfte dieser Seite ab. Tragen Sie jetzt in die geometrischen Figuren unten die zugehörigen Zahlen ein und vergleichen diese anschließend mit den Originalzahlen. Sie haben 1 Minute Zeit

Lebensdaten einprägen

Die nachfolgenden beiden Lebensgeschichten sowie die Fotos der handelnden Personen prägen Sie sich bitte gut ein. Dafür stehen Ihnen nach dem ersten Durchlesen der beiden Lebensgeschichten 5 Minuten Zeit zur Verfügung.

Lebensgeschichte A

Emil Koll
geboren am 11. 3. 1959 in Sääs
Wohnort: Labonn
Telefon: 321 64 00

Emil Koll war der Älteste von fünf Geschwistern und musste schon früh seinen Eltern in der Gaststätte helfen. In seiner Freizeit bewies er ein beachtliches Zeichentalent. Mit 19 Jahren heiratete er eine junge, ehrgeizige, aber leichtsinnige Handelsvertreterin für Spirituosen, Frau Wepp. Schon nach zweieinhalb Jahren musste er einsehen, dass seine Ehe verfehlt war. Nach der Scheidung ging er zunächst zu seinen Eltern zurück und bildete sich durch den täglichen Besuch von Kursen in der Nachbarstadt Bulo als Modezeichner fort. Bald hatte er viel Erfolg in dieser Tätigkeit. Als er seine zweite Frau, Vera Puschmann, eine Kinderärztin, kennenlernte, gab er seine Tätigkeit auf.

Emil Koll

Vater von Emil Koll

Frau Wepp

Lebensgeschichte B

Adele Notzell
geboren am 8. 12. 1966 in Cann
Wohnort: Rantrum
Telefon: 723 45 00

Adele Notzell wollte, wie ihr Vater, den Lehrerberuf ergreifen. Von Jugend an interessierte sie sich für Technik. Nach einem vierjährigen Studium wurde sie Ingenieurin. Zunächst beschäftigte sie sich mit der Entwicklung neuzeitlicher Kühlmaschinen. Mit ihrer Kollegin, Fräulein Luna, erfand sie eine verbesserte Eiszubereitungsmaschine. Sie entwarf außerdem einen neuartigen und sehr preisgünstigen Seifenspender, der sehr sparsam im Stromverbrauch war. Später wechselte sie ihre Arbeitsstelle und kam in einen Großbetrieb für Motorräder in Dagblitz. Sie wurde Chefkonstrukteurin und arbeitete mit ihrem Mitarbeiterstab an Plänen für einen neuartigen Lärmschutz für Auspuffanlagen. Auf einer längeren Geschäftsreise lernte sie in Venedig ihren Mann kennen. Sie haben zwei Mädchen und zwei Jungen und sind glücklich verheiratet.

Mutter von Adele Notzell

Fräulein Luna

Mann von Adele Notzell

Tochter Notzell

Bearbeiten Sie jetzt bitte die folgenden Aufgaben, bis Sie zu den Lebensgeschichten befragt werden.

Polizeiorientierte Merkfähigkeit

Im Folgenden finden Sie einen (polizeilichen) Sachverhalt, zu dem Sie sich möglichst viele Details einprägen sollen. In einem Einstellungstest für den Polizeivollzugsdienst wird Ihnen bei einem solchen Test zumeist ein Video gezeigt oder eine Situationsbeschreibung ausgeteilt bzw. vorgelesen. Im Gegensatz zu einem realen Polizeieinsatz dürfen Sie sich hier keine Notizen machen.

Bitte merken Sie sich nun aus der folgenden Sachverhaltsschilderung möglichst viele Details. Nach einer Einprägephase von 10 Minuten haben Sie 20 Minuten Zeit, diesen Sachverhalt in Form eines Berichts so genau wie möglich zu schildern.

Raubüberfall

Am 23.07. werden Sie um 11.50 Uhr im Streifenwagen 4116 zu einem Raubüberfall auf dem Gelände der Oregon-Tankstelle an der Hamburger Straße/Münchener Straße gerufen. Vor Ort treffen Sie auf eine Zeugin, die Ihnen auf Befragen Folgendes schildert: „Ich war gerade dabei, meinen Wagen zu betanken, als mich ein junger Mann angesprochen hat, ob ich ihm etwas Kleingeld geben könnte. Ich habe zu ihm gesagt, dass ich im Moment kein Kleingeld habe, ihm aber, nachdem ich zu Ende getankt und bezahlt habe, etwas geben würde. Daraufhin ist er weggegangen, und ich habe weiter getankt. Irgendwie hatte ich mich unwohl gefühlt und deswegen auch meine Handtasche über die Schulter gehängt. Plötzlich hat dieselbe Person mich von hinten umgestoßen und mir meine Tasche weggerissen. Ich habe noch versucht, sie festzuhalten, hatte aber keine Chance."

Bei der Zeugin/dem Opfer handelt es sich um:
Anke Udluft
*01.05.1972 in Bremtal
Eschendorfer Ring 12
68814 Bremtal
Tel. 0 61 97/96 24

Die Handtasche wird wie folgt beschrieben:
Eine gelbe Damenhandtasche, schon recht alt, mit schwarzem Zebramuster. In der Tasche befanden sich die Haustürschlüssel, der Personalaus-

weis und der Führerschein des Opfers, ein Portemonnaie mit ca. 230 Euro, eine Packung Taschentücher und eine American-Express-Kreditkarte.

Der Täter wird vom Opfer wie folgt beschrieben:
Männlich, ca. 18 bis 26 Jahre alt, ca. 170 bis 180 cm groß, gebräunte Haut, ungepflegtes Äußeres mit buschigen, schwarzen Haaren und einem abstehenden, ebenfalls buschigen Bart. Die Haare sind recht lang. Getragen hat er eine Jeans. Über eine mögliche Bewaffnung kann die Dame nichts sagen und sich auch nicht an weitere Einzelheiten erinnern.

Im Zuge der von Ihnen eingeleiteten Nahbereichsfahndung treffen Sie um 12.13 Uhr in der Nürnberger Straße, ca. 300 m vom Tatort entfernt, auf den Tatverdächtigen (TV)

Timo Fisch
*05. 04. 1988 in Kirchwalsede
Krügerstraße 3
28199 Fischerhude

auf den die vom Opfer abgegebene Personenbeschreibung ziemlich genau passt.

Eine Durchsuchung des TV fördert 244 Euro zutage. Fisch gibt nach erfolgter Belehrung an, er habe so viel Geld bei sich, da er sich gerade ein Fahrrad in der Stadt kaufen wollte. Zur fraglichen Tatzeit wäre er auf dem Weg zum Bus gewesen. Im Übrigen sage er jetzt gar nichts mehr.

Das Geld wird von Ihnen beschlagnahmt und der TV mit zur Wache genommen. Dort nehmen Sie von ihm Fingerabdrücke und machen Lichtbildaufnahmen. Ihr Kollege überprüft, ob der TV zur Fahndung ausgeschrieben oder er als Täter schon zuvor in Erscheinung getreten ist.

Nachdem der Bericht von Ihnen am PC geschrieben und Ihre handschriftlichen Notizen im Datenschredder vernichtet wurden, stürzt Ihnen leider der PC ab, ohne dass Sie gesichert hatten. Bitte verfassen Sie zu dem von Ihnen wahrgenommenen Sachverhalt innerhalb der nächsten 20 Minuten einen ausführlichen Bericht und vergleichen anschließend Ihre Darstellung des Sachverhalts mit der obigen Schilderung.

LÖSUNGEN

Verständlicherweise können wir Ihnen hier keine ganz genaue Lösung anbieten. Trotzdem an dieser Stelle einige Daten, die sich in Ihrem Bericht wiederfinden sollten:

- Tatzeit/Tatort
- Art/Beschreibung der erfolgten Tathandlung
- Name, Geburtsdatum und Geburtsort des Opfers
- Beschreibung des Stehlguts/Inhalt der Tasche
- Beschreibung des Tatverdächtigen
- Antreffzeit und Antreffort des Tatverdächtigen
- Erfolgte Maßnahmen vor Ort mit dem Tatverdächtigen
- Name, Geburtsdatum und Geburtsort des Tatverdächtigen
- Erste Aussage des Tatverdächtigen nach erfolgter Belehrung
- Erfolgte Maßnahmen an der Wache

Achten Sie bei Ihren Schilderungen auf eine chronologische Reihenfolge und auf korrekte Rechtschreibung.

Richtig erinnern und identifizieren

Erinnern Sie sich noch an die Aufgabe „Lebensdaten einprägen" – die Lebensschicksale von Emil Koll und Adele Notzell? Nun sollen Sie feststellen, welche Details in der folgenden nacherzählten Lebensgeschichte unserer beiden Helden falsch wiedergegeben oder neu hinzugefügt worden sind (natürlich ohne irgendwelche Rückblätteraktionen).

Beispiel

Welches Detail ist falsch?

Seit seiner Jugend (a) interessierte sich (b) Emil Koll (c) für die Gaststätte seiner Eltern (d).

Lösung: Detail b ist falsch, denn Emil Koll interessierte sich nicht für die Gaststätte, sondern musste dort helfen.

AUFGABEN

1 **Bitte notieren Sie, welche Details in dem folgenden Text falsch sind, und arbeiten Sie dann weiter (insgesamt zu dieser Thematik 10 Minuten):**

Emil Koll musste nach drei Jahren erkennen, dass seine Ehe gescheitert war,
a b c

und ging deshalb nach der Scheidung zurück zu seinen fünf Geschwistern.
d e

Er bildete sich zum Modezeichner fort und hatte in dieser Tätigkeit
f

viel Erfolg, als er seine Frau, eine Tierärztin, kennenlernte.
g h

Vera Notzell entwickelte mit ihrer Kollegin, Frau Luna, einen neuen,
i j

verbesserten Seifenspender und lernte in Venedig ihre zwei Kinder
k l m

kennen …

Weitere Fragen:

2 Wie viele Kinder hatten die Eltern von Emil Koll?

3 Welchen Beruf hat die zweite Frau von Emil Koll?

4 Welchen Beruf erlernte Emil Koll?

5 In welchem Alter heiratete Emil Koll zum ersten Mal?

6 Wie heißt Emil Kolls Frau aus erster Ehe?

7 Was besaßen die Eltern von Emil Koll?

8 In welchem Beruf arbeitete der Vater von Adele Notzell?

9 Wie lange studierte Adele Notzell Ingenieurwissenschaft?

10 Wie viele Kinder hat sie zusammen mit ihrem Ehemann?

Noch nicht genug: Welche der folgenden Einzelheiten kommt in einer der beiden Geschichten vor?

11	a	Sass	b	Saß	c	Säs	d	Sääs
12	a	Labonn	b	Bonn	c	Laboe	d	Labohn
13	a	Nizza	b	Cann	c	Kahn	d	Kannes
14	a	Rantrum	b	Rantram	c	Rant	d	Radebold
15	a	321 64 01	b	321 64 00	c	322 00 64	d	328 12 89
16	a	723 45 00	b	714 35 00	c	676 76 76	d	777 27 00
17	a	8. 12. 1961	b	12. 8. 1966	c	8. 12. 1966	d	9. 12. 1973
18	a	3. 11. 1959	b	29. 3. 1941	c	11. 3. 1951	d	11. 3. 1959

Erinnern Sie sich noch an die Fotos, können Sie noch die richtigen Namen zuordnen? Ordnen Sie bitte der folgenden Namensliste die richtige Foto-Nummer zu. Beachten Sie, dass es auch vorkommen kann, dass zu einem Namen gar kein Foto abgebildet war.

1 Emil Koll

2 Bruder von Emil Koll

3 Frau Wepp

4 Vera Puschmann

5 Adele Notzell

6 Vater von Adele Notzell

7 Fräulein Luna

8 Herr Notzell

9 Tochter Notzell

10 Eduard Zimmermann

1

2

3
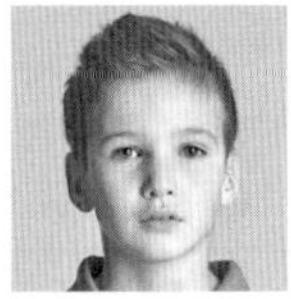
4
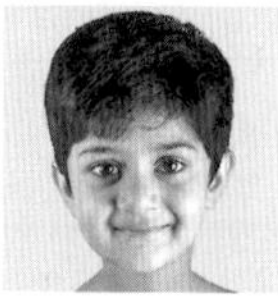
5

6

7

8

9

10

11

12

13

14

15

16

17

18

19

20

LÖSUNGEN

1	Falsch: b, e, h, i, j, k, m	**2**	5
3	Kinderärztin	**4**	Modezeichner
5	19 Jahre	**6**	Wepp
7	Gaststätte	**8**	Lehrer
9	4 Jahre	**10**	4
11	d	**12**	a
13	b	**14**	a
15	b	**16**	a
17	c	**18**	d

Fotos:

1	11	**2**	unbekannt
3	17	**4**	unbekannt
5	unbekannt	**6**	unbekannt
7	20	**8**	18
9	8	**10**	unbekannt

Stadtplantest

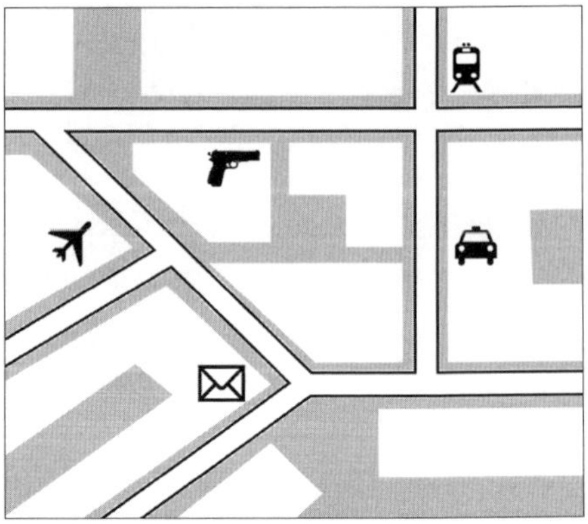

Dieser Test findet für gewöhnlich am PC statt, er lässt sich aber auch auf Papier durchführen. Auf dem Bildschirm wird Ihnen ein Stadtplan gezeigt, auf dem verschiedene Gebäude o. Ä. durch Symbole markiert sind. Ihre Aufgabe ist es, sich die Lage der Symbole genau zu merken und anschließend deren Position möglichst exakt aus dem Gedächtnis in einen „leeren" Plan einzutragen. Hierbei gibt es einen gewissen Toleranzbereich, in dem Ihre Eingaben noch als richtig gewertet werden.

Rechnen Sie damit, dass die Einprägezeit für die Symbole zunächst etwas länger ist, ca. 30 Sekunden, und anschließend kontinuierlich verkürzt wird. Gleichwohl werden Sie zunächst mit nur wenigen Symbolen beginnen, die in der Anzahl dann stetig zunehmen.

Decken Sie jetzt den Stadtplan mit den Symbolen ab und tragen Sie in den folgenden „leeren“ Stadtplan die Symbole aus dem Gedächtnis ein.

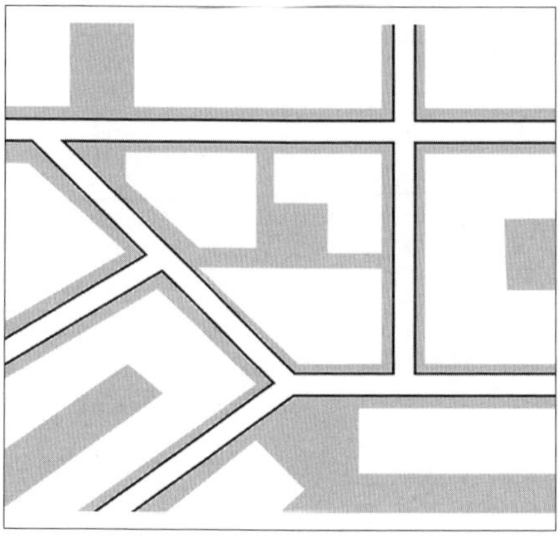

Tipp:
Die Symbole sind meist auf einer Art Kreisbahn angeordnet und können so im Uhrzeigersinn leichter gemerkt werden. Ab und zu kommt es auch zu einer Ansammlung von Symbolen an einer Stelle. Hier lohnt es sich, auf Lücke zu setzen und sich die außerhalb liegenden Symbole besonders einzuprägen und beim Rest auf den Toleranzbereich zu setzen.

Bitte lösen Sie die nun folgenden 5 Aufgaben. Zum Einprägen stehen Ihnen jeweils 15 Sekunden, zum Eintragen der Lösungen je Aufgabe anfangs 60 Sekunden, bei den beiden letzten Aufgaben 4 und 5 jeweils 90 Sekunden zur Verfügung. Zur einfacheren Korrektur finden Sie die Felder zum Einzeichnen direkt im Anschluss an die Aufgabe. Zum Eintragen müssen Sie nur die obere Aufgabe abdecken. Schauen Sie anschließend selbst, wie gut Ihnen die Platzierung gelungen ist. Mindestens die Hälfte der Symbole bei jeder Aufgabe sollten Sie richtig eingezeichnet haben. Sie dürfen auch das Wort (z. B. Taxi) schreiben.

1

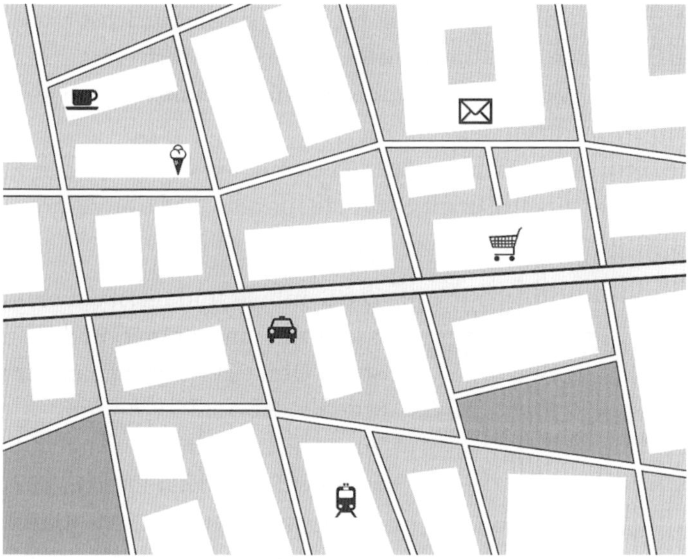

Bitte zeichnen Sie hier Ihre Lösung ein:

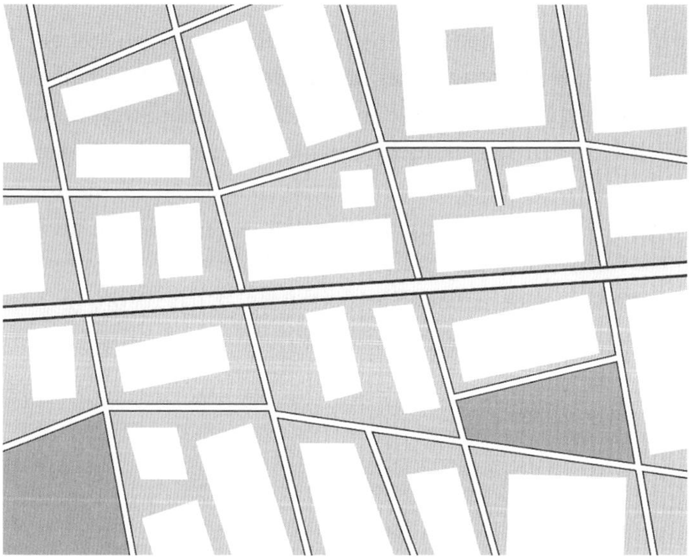

2

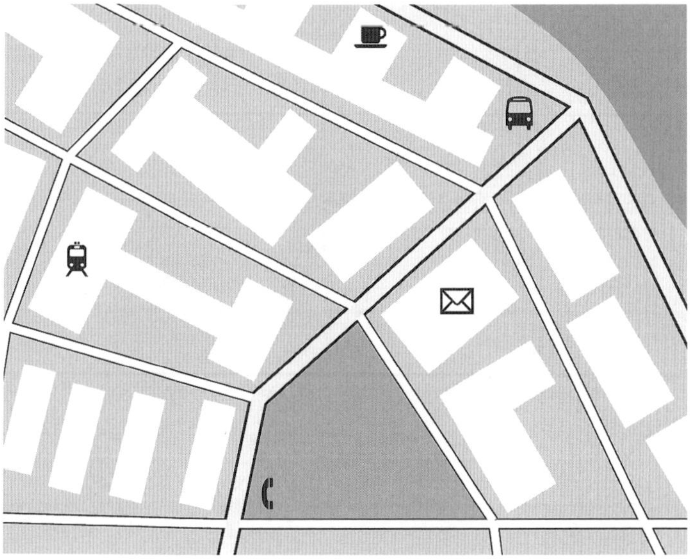

Bitte zeichnen Sie hier Ihre Lösung ein:

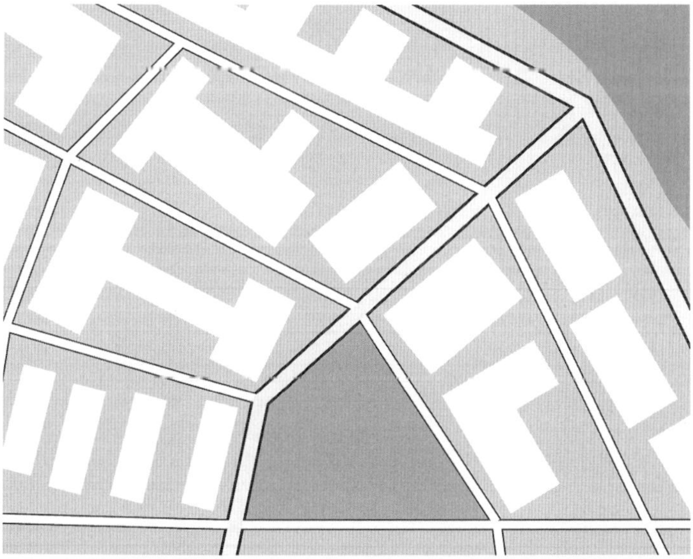

3

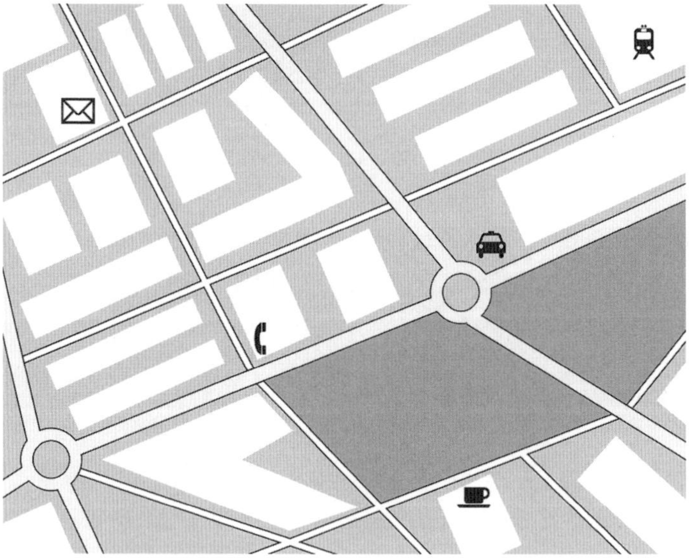

Bitte zeichnen Sie hier Ihre Lösung ein:

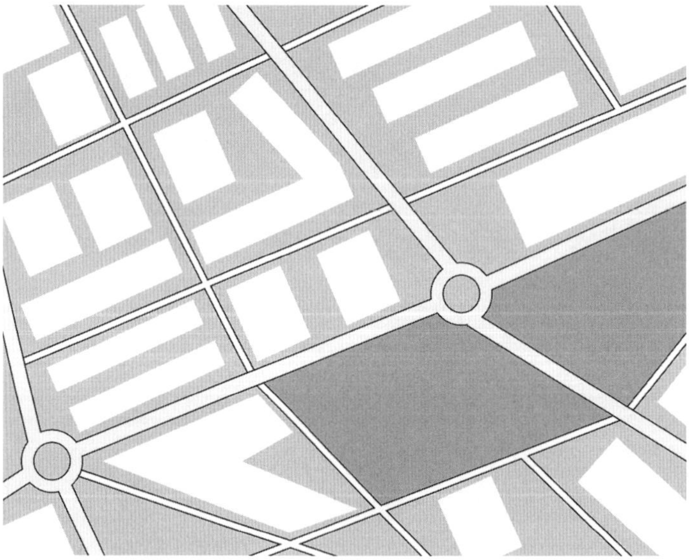

4

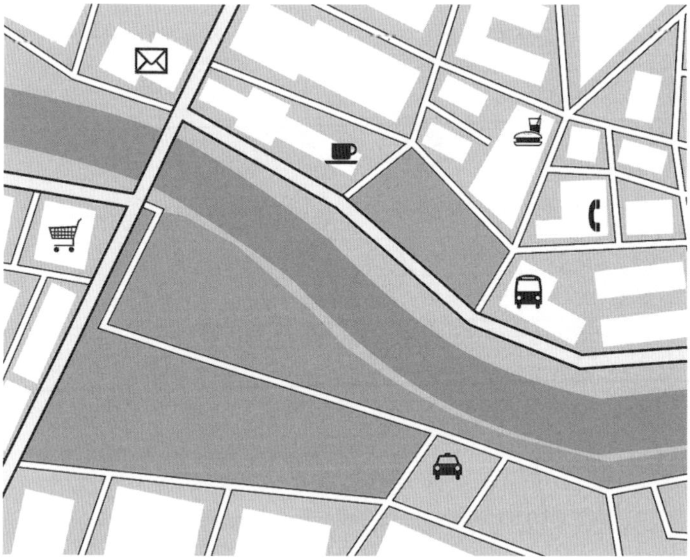

Bitte zeichnen Sie hier Ihre Lösung ein:

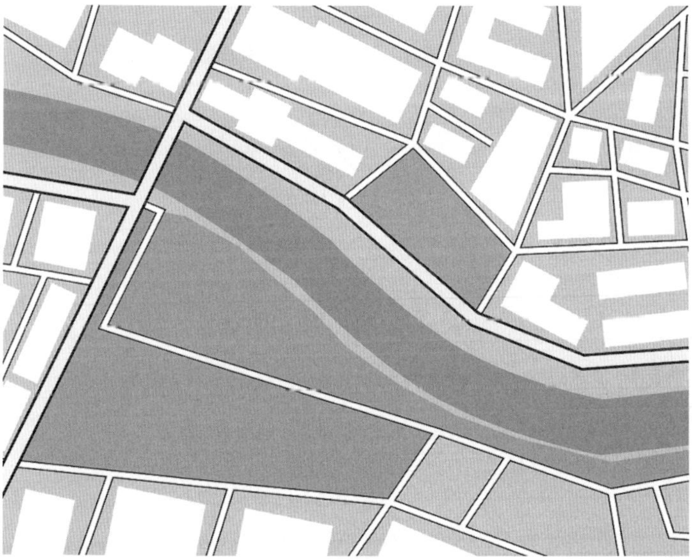

5

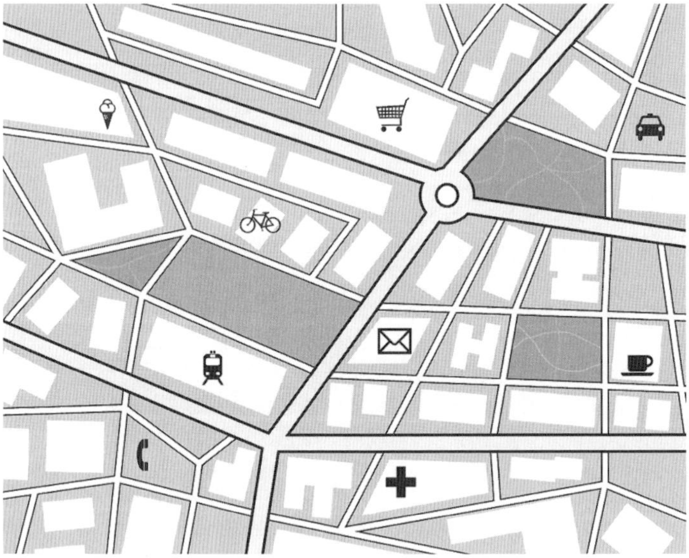

Bitte zeichnen Sie hier Ihre Lösung ein:

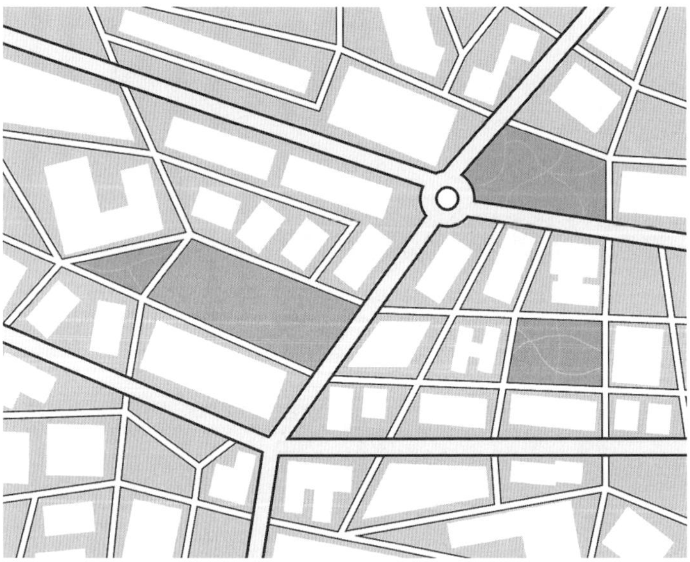

Vokabeln einer Fantasiesprache

In einem Zeitfenster von 2 Minuten sollen Sie sich 20 Fantasievokabeln, die Ähnlichkeit mit der türkischen Sprache haben, merken. Die Abfrage der Vokabeln findet in einem Multiple-Choice-Verfahren statt. Sie haben 2 Minuten Zeit, sich die nachfolgenden Vokabeln zu merken.

Deutsches Wort	Fantasie-vokabel
Gehen	Gitmek
Tag	Gün
Lernen	Ögrenmek
Flugkapitän	Kaptan pilot
Technik	Teknik
Arbeiten	Calismak
Auto	Otomobil
Flughafen	Havaalani
Deutschland	Almanya
Triebwerk	Motor takimi

Deutsches Wort	Fantasie-vokabel
Flugzeug	Ucak
Essen	Yemek
Geld	Para
Radio	Radyo
Experiment	Deney
Schlafen	Uyumak
Fliegen	Ucmak
Nacht	Gece
Schule	Okul
Flug	Ucus

AUFGABEN

Decken Sie die Tabelle ab und ordnen Sie den Wörtern ihre Übersetzung zu:

Deutsches Wort	A	B	C	D
1 Flug	Ucus	Locus	Carus	Drus
2 Arbeiten	Calismak	Dschürgun	Ucak	Ögrenmec
3 Flughafen	Airomobil	Hava flag	Havaalani	Yemek
4 Gehen	Gün	Gitmek	Para	Ulko
5 Tag	Yemek	Hugago	Gün	Gece
6 Schule	Mekanizma	Erfo	Havaalani	Okul
7 Flugzeug	Ucak	Yemek	Para	Deney
8 Radio	Ucmak	Teknik	Radyio	Radyo
9 Flugkapitän	Kaptan Yemek	Kaptan Para	Kaptan Ucac	Kaptan pilot

Deutsches Wort	A	B	C	D
10 Lernen	Para	Ögrenmek	Gün	Uyumak
11 Nacht	Gece	Hamide	Ucmak	Calide
12 Triebwerk	Eknis	Motor takimi	Hugago	Drus
13 Fliegen	Jugo	Haljaro	Ucmak	Rawad
14 Auto	Motomobil	Kotomobil	Rabomobil	Otomobil
15 Deutschland	Almanya	Alamagne	Almaja	Almayia
16 Essen	Hajo	Grobi	Yemek	Gece
17 Geld	Haja	Para	Lara	Gara
18 Experiment	Ikom	Radar	Jugio	Deney
19 Schlafen	Uyumak	Ugugu	Yumogo	Ujugomi
20 Technik	Tecnik	Tecnak	Tecna	Teknik

LÖSUNGEN

1 A	2 A	3 C	4 B	5 C	6 D	7 A
8 D	9 D	10 B	11 A	12 B	13 C	14 D
15 A	16 C	17 B	18 D	19 A	20 D	

Wörter merken – Teil 1

Folgende Wörter sollen Sie in 3 Minuten auswendig lernen:

A Berufe: Eismann – Imker – Nachtwächter – Pfarrer – Uhrmacher

B Städte: Aachen – Cuxhaven – Oldenburg – Quellbach – York

C Bauwerke: Funkturm – Jagdhaus – Liederhalle – Scheune – Viadukt

D Lebensmittel: Butter – Kartoffeln – Reis – Teigwaren – Wurst

E Sport: Hockey – Golf – Marathonlauf – Degenfechten – Zehnkampf

Achtung! Bitte nicht umblättern,
bevor die Auswendiglernzeit beendet ist!

Das ist jetzt Ihre Aufgabe:

Beispiel
In welche Gruppe gehört das Wort mit dem Anfangsbuchstaben V?
a in die Berufsgruppe
b in die Städtegruppe
c in die Bauwerkegruppe
d in die Lebensmittelgruppe
e in die Sportgruppe
Lösung: c (Viadukt – Bauwerke)

AUFGABEN

Für die nun folgenden Fragen haben Sie 5 Minuten Bearbeitungszeit.

1 In welche Gruppe gehört das Wort mit dem Anfangsbuchstaben A?

a in die Berufsgruppe
b in die Städtegruppe
c in die Bauwerkegruppe
d in die Lebensmittelgruppe
e in die Sportgruppe

2 In welche Gruppe gehört das Wort mit dem Anfangsbuchstaben B?

a in die Berufsgruppe
b in die Städtegruppe
c in die Bauwerkegruppe
d in die Lebensmittelgruppe
e in die Sportgruppe

3 In welche Gruppe gehört das Wort mit dem Anfangsbuchstaben C?

a in die Berufsgruppe
b in die Städtegruppe
c in die Bauwerkegruppe
d in die Lebensmittelgruppe
e in die Sportgruppe

4 **In welche Gruppe gehört das Wort mit dem Anfangsbuchstaben D?**

a in die Berufsgruppe
b in die Städtegruppe
c in die Bauwerkegruppe
d in die Lebensmittelgruppe
e in die Sportgruppe

5 **In welche Gruppe gehört das Wort mit dem Anfangsbuchstaben E?**

a in die Berufsgruppe
b in die Städtegruppe
c in die Bauwerkegruppe
d in die Lebensmittelgruppe
e in die Sportgruppe

Bitte führen Sie die Aufgabe für die restlichen Buchstaben des Alphabets (außer X) fort:

6 F in a b c d e
7 G in a b c d e
8 H in a b c d e
9 I in a b c d e
10 J in a b c d e
11 K in a b c d e
12 L in a b c d e
13 M in a b c d e
14 N in a b c d e
15 O in a b c d e
16 P in a b c d e
17 Q in a b c d e
18 R in a b c d e
19 S in a b c d e
20 T in a b c d e
21 U in a b c d e

22 V in a b c d e

23 W in a b c d e

24 Y in a b c d e

25 Z in a b c d e

Überprüfen Sie Ihre Lösungen bitte selbst durch Zurückblättern.

Wörter merken – Teil 2

Bei diesem Test wird Ihr Kurzzeitgedächtnis gefordert. Sie haben jetzt eine halbe Minute Zeit, sich die folgenden Wörter einzuprägen. Bitte decken Sie dann die Wörter ab.

Zahl	Straßenbahn
Zeit	Schnaps
Zierfisch	Hut
Haus	Foto
Himmel	Chemie
Kiste	Turbodiesel
Radar	Treppe
Spaceshuttle	Schublade
Schlüsselbein	Uhr
Rotwein	Tonne
Headhunter	Eisenbahn

Schreiben Sie jetzt alle Wörter auf, die Sie sich eben gemerkt haben. Sie haben für 22 Wörter 2 Minuten Zeit.

1 ______________________________

2 ______________________________

3 ______________________________

4 ______________________________

5 ______________________________

6 ______________________________

7 ______________________________

8 ______________________________

9 ______________________________

10 ______________________________

11 ______________________________

12 ______________________________

13 ______________________________

14 ______________________________

15 ______________________________

16 ______________________________

17 ______________________________

18 ______________________________

19 ______________________________

20 ______________________________

21 ______________________________

22 ______________________________

Vergleichen Sie jetzt Ihre Wörter mit den Ausgangswörtern.

Zahlenpaare merken

Bitte merken Sie sich jetzt die folgenden 12 Zahlenpaare. Nach 2 Minuten Merkzeit werden wir Sie bitten, anhand der linken Zahl die richtige rechte Zahl aus einem Zahlenfeld von 5 Zahlen wiederzuerkennen. Diese Zahl markieren Sie dann mit einem geraden, waagerechten Strich.

Beispiel
Zu merkende Zahlenpaare:
12 – 345
43 – 840

Rekapitulierung:

12 –	532	865	612	097	<u>345</u>
43 –	<u>840</u>	765	836	234	965

Bitte merken Sie sich die jetzt folgenden Zahlenpaare.
Sie haben 2 Minuten Zeit.

45 – 743	28 – 329
83 – 012	46 – 783
11 – 085	96 – 474
77 – 358	82 – 001
13 – 999	16 – 248
84 – 629	66 – 911

Unterstreichen Sie nun bitte rechts die richtige Zahl, die ursprünglich zur linken Zahl gehörte. Sie haben 2 Minuten Zeit.

84 –	745	628	112	452	629
83 –	012	678	565	637	986
96 –	845	474	666	132	087
16 –	976	667	248	452	811
11 –	111	723	810	894	085
45 –	743	734	853	642	841
82 –	001	765	932	010	764
66 –	911	752	134	532	671
13 –	643	965	245	999	535
77 –	947	532	358	865	614
46 –	252	521	783	445	245
28 –	564	643	329	642	532

LÖSUNGEN

84 –	745	628	112	452	<u>629</u>
83 –	<u>012</u>	678	565	637	986
96 –	845	<u>474</u>	666	132	087
16 –	976	667	<u>248</u>	452	811
11 –	111	723	810	894	<u>085</u>
45 –	<u>743</u>	734	853	642	841
82 –	<u>001</u>	765	932	010	764
66 –	<u>911</u>	752	134	532	671
13 –	643	965	245	<u>999</u>	535
77 –	947	532	<u>358</u>	865	614
46 –	252	521	<u>783</u>	445	245
28 –	564	643	<u>329</u>	642	532

Hinweis

Üben Sie Ihr Zahlen-Kurzzeitgedächtnis und stellen Sie sich selbst Zahlen (auch dreistellige) zusammen.

Ergebnis

6 Zahlen = durchschnittlich;
ab 8 = sehr ordentlich;
ab 10 = sehr gut

Zahlen merken – Teil 1

Jetzt ist Ihr Kurzzeitgedächtnis für Zahlen gefragt. Bitte prägen Sie sich nun die folgenden zweistelligen Zahlen ein. Sie haben insgesamt 1 Minute Zeit!

44	34	21	85	73	79	75	41
53	84	32	12	14	19	98	67

Bitte verdecken Sie nun die oberen Zahlen mit einem Blatt und tragen Sie die gemerkten Zahlen in beliebiger Reihenfolge in die Lösungsfelder ein. Wieder haben Sie 1 Minute Zeit.

1 ____________ 2 ____________

3 ____________ 4 ____________

5 ____________ 6 ____________

7 ____________ 8 ____________

9 ____________ 10 ____________

11 ____________ 12 ____________

13 ____________ 14 ____________

15 ____________ 16 ____________

Geschafft! Vergleichen Sie nun Ihre Zahlen mit denen aus der Aufgabe. Wie viele konnten Sie sich merken? Alles über zehn ist schon gut.

Zahlen merken – Teil 2

Wieder geht es darum, sich Zahlen zu merken und diese nach einer kurzen Einprägphase in einem Zahlenfeld zu identifizieren.

Bitte merken Sie sich die folgenden Zahlen. Sie haben 1 Minute Zeit!

63456	32847	83522	23452	28378
93857	98432	78634	34534	74554

Bitte verdecken Sie nun die oberen Zahlen mit einem Blatt und markieren Sie in dem Zahlenfeld alle Zahlen, die Sie sich eben gemerkt haben, mit einem geraden, waagerechten Strich. Sie haben dafür 2 Minuten Zeit.

73362	98964	76453	75637	97842	63456
54216	76532	74554	43197	64113	32345
98643	75982	53213	54321	34534	54227
98432	23455	75652	42114	28378	76543
85643	87654	43678	63212	63323	42578
98664	32847	45232	67432	25335	43527
98965	54323	74346	86532	77554	42313
44713	78634	83522	32534	53425	52532
86754	36355	35744	53426	63425	23452
87644	74346	63525	67578	93857	33433

LÖSUNGEN

73362	98964	76453	75637	97842	**63456**
54216	76532	**74554**	43197	64113	32345
98643	75982	53213	54321	**34534**	54227
98432	23455	75652	42114	**28378**	76543
85643	87654	43678	63212	63323	42578
98664	**32847**	45232	67432	25335	43527
98965	54323	74346	86532	77554	42313
44713	**78634**	**83522**	32534	53425	52532
86754	36355	35744	53426	63425	**23452**
87644	74346	63525	67578	**93857**	33433

Zahlenreihen merken

Für diese Aufgabe benötigen Sie einen **Mitspieler**, der Ihnen bei der Durchführung des Zahlengedächtnistests hilft. Bitten Sie ihn, Ihnen die folgenden 10 Zahlenreihen vorzulesen. Ihre Aufgabe besteht darin, nach dem einmaligen deutlichen und lauten Vorlesen (ohne Versprecher) einer Zahlenreihe diese auswendig aufzuschreiben. Vergleichen Sie anschließend Ihr Ergebnis mit den vorgelesenen Zahlenreihen.

A 6 4 5 4 2

B 3 4 6 7 9 0

C 5 4 2 1 3 6

D 7 4 1 2 4 6 7

E 8 9 0 3 4 6 7 8

F 9 7 4 2 3 4 9 7 0

G 1 3 7 9 0 7 3 1 0 3

H 2 3 7 6 9 0 1 4 8 9 0

I 7 8 7 6 4 3 2 2 8 9 7

J 2 8 4 2 3 6 7 1 8 4 6

8 Technisches Verständnis

Physikalische Textaufgaben

Für die folgenden 30 Fragen aus dem Bereich Physik haben Sie 40 Minuten Zeit!

1 Wie viel wiegen 100 m Kupferdraht von 2 mm Durchmesser?

(Die Dichte von Kupfer beträgt d = 8,9 g/cm³.)

a 2 796 kg
b 2,796 kg
c 11 184 g
d 27,96 kg

2 Welche physikalische Größe ist keine Basisgröße?

a Länge
b Zeit
c Leistung
d Stoffmenge

3 Zu 40 Litern heißem Wasser von 80 °C gibt man 70 Liter kaltes Wasser von 15 °C. Berechnen Sie die Mischungstemperatur.

a 16,5 °C
b 19,5 °C
c 38,6 °C
d 45,7 °C

4 Wie lautet die goldene Regel der Mechanik?

a Wird auf einen Körper eine Kraft ausgeübt, so erfährt dieser eine Beschleunigung.
b Energie kann weder erzeugt noch vernichtet werden, sondern nur in eine andere Energieform umgewandelt werden.
c Was an Arbeit gespart wird, muss an Weg zusätzlich aufgewendet werden.
d Was an Kraft gespart wird, muss an Weg zusätzlich aufgewendet werden.

5 Zwei Kräfte F1 = 800 N und F2 = 1,5 kN greifen in einem Punkt an. Der Winkel zwischen beiden Kräften ist 90°. Wie groß ist die resultierende Kraft?

a 1,7 kN
b 47,96 N
c 800 N
d Zwei senkrecht aufeinander wirkende Kräfte addieren sich zu null.

6 Erklären Sie, …

a … weshalb man auf Eis Schlittschuh laufen kann.
b … weshalb in höheren Gebirgsregionen Wasser bereits unter 100 °C siedet.

7 Welcher der genannten Vorgänge stellt eine Sublimation dar?

a Trennung eines Alkohol-Wasser-Gemisches
b Allmähliche Verteilung einer Kaliumpermanganatlösung in Wasser bis zur gleichmäßigen Violettfärbung
c Erhitzen einiger Iodkristalle, wobei violette Dämpfe entweichen
d Auftauen von Eis durch Streuen von Salz

8 Wandeln Sie die Einheit Watt in SI-Einheiten um.

a $kg \cdot m^2 : s^3$
b $kg \cdot m^2 \cdot s^3$
c $kg \cdot m^2 \cdot s$
d $kg \cdot m : s^2$

9 Ein zweiseitiger Hebel wird auf einer Seite im Abstand von 0,6 m vom Drehpunkt mit der Kraft 440 N belastet. In welchem Abstand muss ein Gewicht mit der Kraft 550 N hängen, damit der Hebel im Gleichgewicht bleibt?

a 0,48 cm
b 4,8 cm
c 4,8 dm
d 48 dm

10 Wie groß ist die Masse, die an einer festen Rolle hängt, wenn am Seilende mit einer Kraft von 250 N gezogen werden muss, damit Gleichgewicht besteht?

a 250 kg
b 125 kg
c 25,48 kg
d 12,74 kg

11 Mit einer losen Rolle, die eine Masse von 8,15 kg hat, soll eine Masse von 55 kg angehoben werden. Infolge der Reibungsverluste kann eine zusätzliche Masse von 5 Prozent der Gesamtmasse angenommen werden. Mit welcher Kraft muss am Seil gezogen werden, damit Gleichgewicht besteht?

a 566,53 N
b 325,24 N
c 33,15 N
d 15,45 N

12 Ein LKW legt insgesamt 120 km zurück, davon 90 km mit einer Geschwindigkeit von 40 km/h und 30 km mit einer Geschwindigkeit von 60 km/h. Wie lange dauert die Fahrt?

a 7 h
b 2 h + 45 min
c 2 h + 75 min
d 2 h + 26 min

13 Ein Güterzug verringert durch gleichmäßiges Bremsen seine Geschwindigkeit von 54 km/h auf 36 km/h und legt dabei eine Strecke von 500 m zurück. Wie lange dauert der Bremsvorgang?

a 40 s
b 11,12 s
c 3,33 min
d nicht lösbar

14 Mit welcher Kraft zieht eine Lokomotive einen Zug der Gesamtmasse 800 t eine Strecke mit 5 Prozent Steigung hinauf? Sehen Sie von Reibungsverlusten ab.

a 4 000 N
b 308,1 kN
c 39 240 N
d 391,9 kN

15 Eine Federwaage (Gerät zur Bestimmung der Gewichtskraft) wird von einem 100-g-Wägestück um 15 mm gedehnt. Um wie viele Millimeter dehnt ein 300-g-Wägestück die Feder?

16 Wo ist die Gewichtskraft eines Körpers größer: am Äquator oder an den Polen?

17 An der 3 cm langen Kurbel eines Büchsenöffners dreht man mit der Kraft 30 N. Wie groß ist das Drehmoment?

a 90 N
b 90 Nm
c 0,9 Nm
d 10 N/cm

18 Eine 25 kg schwere Bücherkiste wird von einem 75 kg schweren Mann in den 3 m höher gelegenen 1. Stock getragen. Dieser Weg ist insgesamt 15 m lang. Welche Arbeit verrichtet der Mann?

a 0,74 kJ
b 2,94 kJ
c 6,87 kJ
d 44,1 kJ

19 Mit welcher Geschwindigkeit hebt ein Kran mit einem 15 kW leistungsstarken Motor eine Last von 0,3 t?

a 5,1 km/s
b 5,1 m/h
c 5,01 m/s
d 5,1 m/s

20 Welche Leistung vollbringt ein 70 kg schwerer Matrose, wenn er in 20 Sekunden auf einen 50 m hohen Mast klettert?

a 1,71 W
b 175 W
c 34,33 kW
d 1,72 kW

21 Am Kondensator einer Dampfmaschine wird ein Unterdruck von $0{,}9 \cdot 10^5$ Pa gemessen. Berechnen Sie den tatsächlichen Druck im Kondensator, wenn das Barometer 982 mbar anzeigt.

a 820 mbar
b 8 200 Pa
c 0,082 bar
d 0,82 Pa

22 Welche Druckkraft verschließt den Deckel eines Konservenglases (innerer Durchmesser: 80 mm), wenn von innen der Dampfdruck des Wassers mit 25 mbar und von außen der Luftdruck mit 978 mbar wirkt?

a 4,79 N
b 1 916 N
c 479 N
d $479 \cdot 10^6$ N

23 Der Druckkolben einer hydraulischen Presse hat einen Querschnitt von 8 mm^2. Welche Kraft ist am Druckkolben aufzuwenden, um ein 1,2 t schweres Auto zu heben, wenn der Presskolben einen Querschnitt von 550 mm^2 hat?

a 809,3 kN
b 171,2 mN
c 17,5 N
d 171,2 N

24 Wie groß ist der Druck am Boden eines 8 cm hohen, mit Öl der Dichte $d = 0{,}8\ g/cm^3$ gefüllten Gefäßes bei einem Luftdruck von 986,9 hPa?

a 0,993 MPa
b 0,993 N/m^2
c 993,18 kPa
d 993,18 mbar

25 Erklären Sie die Anomalie des Wassers. Welche Folgen hat die Anomalie für stehende Gewässer (z. B. für einen See)?

26 Erklären Sie, was ist Dampf ist.

27 Eine Rolle Kupferdraht mit dem Querschnitt 2 mm^2 hat die Masse 20 kg. Wie lang ist der Kupferdraht? (Dichte von Kupfer: d = 8,9 g/cm^3)

a 1 124 km
b $1{,}124 \cdot 10^{-3}$ m
c 11 236 dm
d unlösbar

28 Welche Masse Mineralöl (d = 0,92 g/cm^3) wird in einer Stunde durch eine Rohrleitung von 0,5 m Durchmesser gefördert, wenn es mit der Geschwindigkeit 1 m/s strömt?

a 650,3 t
b 650 309 t
c 180,6 kg
d 10,84 t

29 Welche Spannung besteht zwischen zwei um 50 cm voneinander entfernten Punkten eines 1 mm dicken Kupferdrahtes, durch den ein Strom von 6 A fließt? (Der spezifische Widerstand von Kupfer beträgt $0{,}0178\ \Omega \cdot mm^2/m$.)

a 68 V
b 0,068 mV
c 68 mV
d 17 mV

30 Welche Ladungsmenge fließt bei 4,8 A in einer Minute durch einen Leiterquerschnitt?

a 4,8 C
b 288 C
c 80 mC
d 80 MC

LÖSUNGEN

1 b Dichte: $d = m / V$

Auflösen nach der Masse: $m = dV$

Volumen des Drahtes ist das eines Zylinders: $V_{Zylinder} = \pi \cdot r^2 \cdot h$

Rechnung: $m = \pi \cdot 0{,}1^2\ cm^2 \cdot 10\,000\ cm \cdot 8{,}9\ g/cm^3 \Rightarrow m = \mathbf{2{,}796\ kg}$

2 c 7 Basisgrößen: Länge, Zeit, Masse, Lichtstärke, Stoffmenge, Stromstärke, Temperatur

3 c Vereinfachte Form der Richmann'schen Mischungsregel:
Hier:

$$T = \frac{Masse_1 \cdot Temperatur_1 + Masse_2 \cdot Temperatur_2}{Masse_1 + Masse_2}$$

$$T = \frac{40 \cdot 80 + 70 \cdot 15}{40 + 70} = 38{,}6\ °C$$

4 d
1) Kraft = Masse · Beschleunigung: $F = m \cdot a$ (2. Newtonsches Axiom, auch Grundgleichung der Dynamik genannt)
2) Energieerhaltungssatz

5 a Da zwischen beiden Kräften ein rechter Winkel (90 °) ist, gilt der Satz des Pythagoras mit der resultierenden Kraft als Hypotenuse:

$$F_R^2 = F_1^2 + F_2^2 \Rightarrow F_R = \sqrt{F_1^2 + F_2^2}$$

Rechnung: $F_R = \sqrt{800^2\ N^2 + 1500^2\ N^2} = \sqrt{2\,890\,000\ N^2} \Rightarrow F_R = \mathbf{1{,}7\ kN}$

6 a Der Schmelzpunkt des Eises ist druckabhängig. Ist der Druck auf die Eisoberfläche höher als der Atmosphärendruck, z. B. durch die Kufen des Schlittschuhläufers, schmilzt das Eis und es bildet sich eine Wasserschicht zwischen den Kufen und der Eisoberfläche. Diese Wasserschicht verringert die Gleitreibung und ermöglicht so das Schlittschuhlaufen.

6 b Der Siedepunkt des Wassers ist – genauso wie sein Schmelzpunkt – druckabhängig. Je höher man über dem Meeresspiegel ist, umso niedriger ist der Luftdruck und umso früher siedet das Wasser.

7 c
1) Destillation: Trennung zweier mischbarer Flüssigkeiten, die sich in ihrem Siedepunkt unterscheiden.
2) Diffusion
3) Sublimation: Übergang vom festen Aggregatzustand direkt in den gasförmigen Zustand, ohne dass ein flüssiger Aggregatzustand auftritt.
4) Gefrierpunkterniedrigung: ein Eis-Kochsalz-Gemisch schmilzt früher als reines Eis, also bereits vor 0 °C.

8 a Da $J = N \cdot m$ und $N = kg \cdot \frac{m}{s^2} \Rightarrow W = \frac{J}{s} = \frac{N}{s} = \frac{kg \cdot \frac{m}{s^2} \cdot m}{s} = \frac{\frac{kg \cdot m^2}{s^2}}{s} = \mathbf{\frac{kg \cdot m^2}{s^3}}$

9 c Hebelgesetz: $F_1 \cdot \ell_1 = F_2 \cdot \ell_2$ (Kraft mal Kraftarm = Last mal Lastarm)

Auflösen nach der Länge ℓ_2: $\ell_2 = \frac{\ell_1 \cdot F_1}{F_2} = \frac{0{,}6\ m \cdot 440\ N}{550\ N} \Rightarrow \ell_2 = \mathbf{4{,}8\ dm}$

10 c Feste Rolle: Kraft = Last $F = m \cdot g$

Auflösen nach der Masse: $m = \frac{F}{g}$

Rechnung: $m = \frac{250\,N}{9{,}81\,\frac{m}{s^2}} = \frac{250\,kg\,\frac{m}{s^2}}{9{,}81\,\frac{m}{s^2}} \Rightarrow m = \mathbf{25{,}48\,kg}$

11 b Lose Rolle: Kraft = halbe Last, d. h. $F_1 = \frac{F_2}{2}$ wobei $F_2 = m_{Gesamt} \cdot g$

Zu hebende Masse:

55 kg + 8,15 kg = 63,15 kg unter Berücksichtigung der 5 % Reibung:

$m_{Gesamt} = 63{,}15\,kg + 0{,}05 \cdot 63{,}15\,kg = 66{,}3075\,kg$

$F_2 = 66{,}3075\,kg \cdot 9{,}81\,\frac{m}{s^2} \Rightarrow F_2 = 650{,}48\,N$

$F_1 = \frac{650{,}48\,N}{2} \Rightarrow F_1 = \mathbf{325{,}24\,N}$

12 b Geschwindigkeit: $v = \frac{s}{t}$ Auflösen nach der Zeit: $t = \frac{s}{v}$

1. Zeitabschnitt (mit $v_1 = 40\,km/h$): $t_1 = \frac{s_1}{v_1}$

2. Zeitabschnitt (mit $v_2 = 60\,km/h$): $t_2 = \frac{s_2}{v_2}$

Rechnung:

$t_{Gesamt} = \frac{90\,km}{40\,\frac{km}{h}} + \frac{30\,km}{60\,\frac{km}{h}} = 2{,}25\,\frac{km \cdot h}{km} + 0{,}5\,\frac{km \cdot h}{km} \Rightarrow t_{Gesamt} = \mathbf{2\,h + 45\,min}$

13 a Zeit: $t = \frac{s}{v_m}$ wobei v_m = mittlere Geschwindigkeit

Mittlere Geschwindigkeit: $v_m = \frac{v_1 + v_2}{2} = \frac{v_{Anfang} + v_{Ende}}{2} = \frac{54\,\frac{km}{h} + 36\,\frac{km}{h}}{2} = 45\,\frac{km}{h}$

Benötigte Zeit zum Abbremsen: $t = \frac{500\,m}{45\,\frac{km}{h}} = \frac{0{,}5\,km \cdot h}{45\,km} = 0{,}011\,h = 0{,}66\,min$

$\Rightarrow t = \mathbf{40\,s}$

14 d Für die schiefe Ebene gilt: $\frac{F_H}{F_G} = \frac{h}{b}$ mit $F_G = m \cdot g$

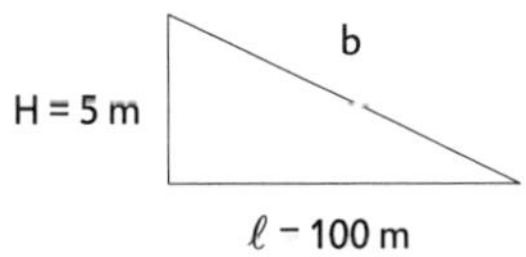

Steigung: $b = \sqrt{5^2\,m^2 + 100^2\,m^2} = 100{,}12\,m$

Auflösen nach der Hangabtriebskraft: $F_H = m \cdot g \cdot \frac{5\,m}{100{,}12\,m}$

Rechnung: $F_H = 800\,000\,kg \cdot 9{,}81\,\frac{m}{s^2} \cdot \frac{5\,m}{100{,}12\,m} = \mathbf{391{,}9\,kN}$

Anmerkung: Die gesuchte Kraft ist der Richtung der Hangabtriebskraft entgegengesetzt, hat aber denselben Betrag wie diese.

15 45 mm

Die Feder wird von einem 3-mal so schweren Körper 3-mal so weit gedehnt. Dahinter steckt das Hookesche Gesetz, welches besagt, dass die Gewichtskraft eines Körpers der Ausdehnung einer Feder direkt proportional ist ($F \sim s$).

Hookesches Gesetz: $F = D \cdot s$ (der Proportionalitätsfaktor D heißt Federkonstante)

Gleichungen: $F_{100} = D \cdot s_{100}$ und $F_{300} = D \cdot s_{300} \Rightarrow \frac{F_{100}}{s_{100}} = \frac{F_{300}}{s_{300}}$ (D kürzbar)

Auflösen nach s_{300}: $s_{300} = s_{100} \cdot \frac{F_{300}}{F_{100}}$ wobei $F = m \cdot g$

Rechnung: $s_{300} = 15\,\text{mm} \cdot \frac{300\,\text{g}}{100\,\text{g}} = \mathbf{45\,mm}$

16 An den Polen: Die Erde ist keine vollkommene Kugel, sondern an den Polen wegen der Rotation etwas abgeflacht. Daher ist die Entfernung zum Erdmittelpunkt an den Polen kleiner als am Äquator. Je größer diese Entfernung, umso geringer die Erdanziehung und umso geringer der Ortsfaktor und damit die Gewichtskraft.

17 c Drehmoment: $M = F \cdot a$ wobei a = Abstand zum Drehpunkt

18 b Hubarbeit: $W_H = F_G \cdot h = m \cdot g \cdot h$

Rechnung:

$W_H = (75\,\text{kg} + 25\,\text{kg}) \cdot 9{,}81\,\frac{\text{m}}{\text{s}^2} \cdot 3\,\text{m} = 2\,943\,\frac{\text{kg} \cdot \text{m}^2}{\text{s}^2} = 2\,943\,\text{Nm} \approx \mathbf{2{,}94\,kJ}$

Bei der Hubarbeit interessiert nur die **Höhendifferenz**, nicht aber die Wegstrecke!

19 d Leistung: $P = \frac{W}{t}$

Arbeit: $W = F \cdot s$; Kraft: $F = m \cdot g \Rightarrow P = \frac{m \cdot g \cdot s}{t} \Rightarrow P = m \cdot g \cdot v$

Auflösen nach der Geschwindigkeit: $v = \frac{P}{m \cdot g}$

Rechnung: $v = \frac{15\,000\,\text{W}}{300\,\text{kg} \cdot 9{,}81\,\frac{\text{m}}{\text{s}^2}} = 5{,}097\,\frac{\frac{\text{J}}{\text{s}}}{\text{kg} \cdot \frac{\text{m}}{\text{s}^2}} = 5{,}097\,\frac{\frac{\text{Nm}}{\text{s}}}{\text{N}} = 5{,}097\,\frac{\text{Nm}}{\text{Ns}} \approx \mathbf{5{,}1\,\frac{m}{s}}$

20 d Leistung: $P = \frac{W}{t}$ wobei $W_H = m \cdot g \cdot h$

Rechnung: $W_H = 70\,\text{kg} \cdot 9{,}81\,\frac{\text{m}}{\text{s}^2} \cdot 50\,\text{m} = 34\,335\,\text{Nm} = 34{,}335\,\text{kJ}$

$P = \frac{34{,}335\,\text{kJ}}{20\,\text{s}} \Rightarrow P = \mathbf{1{,}72\,kW}$

Anmerkung: Wichtig ist hier auch der **Wortlaut** der Gleichung: Leistung ist Arbeit pro Zeit; ähnlich auch bei der Arbeit: Arbeit ist Kraft mal Weg.

21 b Gesamtdruck (absoluter Druck): $P = P_L - P_Q$

$0{,}9 \cdot 10^5\,\text{Pa} = 90\,000\,\text{Pa} = 0{,}9\,\text{bar}$ ($1\,\text{bar} = 100\,000\,\text{Pa} = 10^5\,\text{Pa}$)

$982\,\text{mbar} = 0{,}982\,\text{bar}$

Rechnung: $p = 0{,}982\,\text{bar} - 0{,}9\,\text{bar} = 0{,}082\,\text{bar} = 82\,\text{mbar} = \mathbf{8\,200\,Pa}$

22 c Druck: $p = \frac{F}{A}$

Auflösen nach der Kraft: $F = p \cdot A$

$p = 978\,\text{mbar} - 25\,\text{mbar} = 953\,\text{mbar} = 0{,}953\,\text{bar} = 95\,300\,\frac{\text{N}}{\text{m}^2}\left(1\,\text{bar} = 10^5\,\frac{\text{N}}{\text{m}^2}\right)$

Kreisfläche: $A = \pi \cdot r^2 = \pi \cdot (40 \cdot 10^{-3}\,\text{m})^2$

Rechnung: $F = 95\,300\,\frac{\text{N}}{\text{m}^2} \cdot \pi \cdot (40 \cdot 10^{-3}\,\text{m})^2 = \mathbf{479\,N}$

23 d Hydraulische Presse: p (Druckkolben) = p (Presskolben) $\Rightarrow \frac{F_D}{A_D} = \frac{F_P}{A_P}$

Auflösen nach F_D: $F_D = F_P \cdot \frac{A_D}{A_P}$ wobei $F = m \cdot g$

Rechnung: $F_D = 1200\,\text{kg} \cdot 9{,}81\,\frac{\text{m}}{\text{s}^2} \cdot \frac{8\,\text{mm}^2}{550\,\text{mm}^2} = \mathbf{171{,}2\,N}$

24 d Gesamtdruck: $p = p_{Hydro} + p_L$

Hydrostatischer Druck: $p_{Hydro} = d \cdot h \cdot g$

Luftdruck: $p_L = 986{,}9\,\text{hPa} = 98\,690\,\text{Pa} = 98\,690\,\text{N}/\text{m}^2$

Dichte: $d = 0{,}8\,\frac{\text{g}}{\text{cm}^3} = 0{,}8 \cdot \frac{10^{-3}\,\text{kg}}{10^{-6}\,\text{m}^3} = 0{,}8 \cdot 10^3\,\frac{\text{kg}}{\text{m}^3} = 800\,\frac{\text{kg}}{\text{m}^3}$

Rechnung:

$p = 800\,\frac{\text{kg}}{\text{m}^3} \cdot 0{,}08\,\text{m} \cdot 9{,}81\,\frac{\text{m}}{\text{s}^2} + 98\,690\,\frac{\text{N}}{\text{m}^2} = 627{,}84\,\frac{\text{kg}}{\text{m}^2 \cdot \text{s}^2} + 98\,690\,\frac{\text{N}}{\text{m}^2}$

$= 99\,317{,}84\,\frac{\text{N}}{\text{m}^2}$

$p = \mathbf{993{,}18\,mbar}$

25 Erwärmt man 0 °C kaltes Wasser, so nimmt das Volumen nicht wie bei anderen Stoffen zu, sondern zunächst ab, bis 4 °C erreicht sind. Erst bei weiterem Erwärmen nimmt das Volumen zu. Wasser hat daher bei 4 °C das kleinste Volumen und somit die größte Dichte. Folge: Eis schwimmt auf Wasser, Seen gefrieren von oben zu.

26 Dampf ist ein Gas, das mit der Flüssigkeit oder dem Feststoff desselben Stoffes noch in Kontakt steht, sodass ein Gleichgewicht besteht zwischen Verdampfung und Rekondensation.

27 c Dichte: $d = \frac{m}{V}$

Drahtvolumen (Zylinder): $V = A \cdot \ell$ (A: Querschnittsfläche des Drahtes; ℓ: Länge)

Einsetzen in d: $d = \frac{m}{A \cdot \ell}$

Auflösen nach der Länge: $\ell = \frac{m}{A \cdot d}$

Rechnung: $\ell = \frac{20\,000\,\text{g}}{0{,}02\,\text{cm}^2 \cdot 8{,}9\,\frac{\text{g}}{\text{cm}^3}} = \frac{20\,000\,\text{g}}{0{,}178\,\frac{\text{g}}{\text{cm}}} = \frac{20\,000\,\text{g} \cdot \text{cm}}{0{,}178\,\text{g}} = 112\,359{,}55\,\text{cm}$

$\Rightarrow \ell = \mathbf{11\,236\,dm}$

28 a Masse: $m = d \cdot V$

Rohrvolumen (Zylinder): $V = A \cdot \ell$ und Rohrquerschnitt (Kreis): $A = \pi \cdot r^2$

Strömungsgeschwindigkeit: $\ell = v \cdot t$ wobei ℓ die Rohrlänge ist

Durch die Leitung strömende Masse $m = d \cdot \pi \cdot r^2 \cdot v \cdot t$

Rechnung: $m = 0{,}92 \frac{g}{10^{-6}\,m^3} \cdot \pi \cdot 0{,}25^2\ m^2 \cdot 1 \frac{m}{s} \cdot 3\,600\ s = 650\,309\,679\ g$

$\Rightarrow\ m = \mathbf{650{,}3\ t}$

29 c Ohmsches Gesetz: $U = R \cdot I$ wobei R: Ohmscher Widerstand

Widerstand: $R = \frac{\kappa \cdot \ell}{A}$ (κ („Kappa"): Spezifischer Widerstand des Materials)

Leiterquerschnitt (Kreis) $A = \pi \cdot r^2$

Spannung: $U = \frac{\kappa \cdot \ell}{\pi \cdot r^2} \cdot I$

Rechnung: $U = \frac{0{,}0178 \frac{\Omega \cdot mm^2}{m} \cdot 0{,}5\ m}{\pi \cdot 0{,}5^2\ mm^2} \cdot 6\ A = 0{,}068\ \Omega \cdot A = 0{,}068\ V \ \Rightarrow\ U = \mathbf{68\ mV}$

30 b Ladungsmenge in einem stromdurchflossenen Leiter: $Q = I \cdot t$

Rechnung: $Q = 4{,}8\ A \cdot 60\ s = 288\ As$ (Ampèresekunden) $\Rightarrow\ Q = \mathbf{288\ C}$

Technisches Verständnis: Bildaufgaben

Im folgenden Test, der speziell für alle Bewerber bei der Feuerwehr von großer Bedeutung ist, sollen Sie komplexe Systeme erklären und auf Funktionsfähigkeit und evtl. nötigen Kraftaufwand hin prüfen sowie technische Detailfragen beantworten. Die Tests bei Polizei und Feuerwehr und diejenigen in diesem Buch werden sich nicht sonderlich unterscheiden, sodass Sie mit einiger Übung diesem Prüfungsabschnitt gelassen entgegensehen können. Trotzdem noch ein wichtiger **Hinweis:** Es ist möglich, dass Ihnen Punkte für Fehler abgezogen werden, also Vorsicht beim Raten.

Bitte bearbeiten Sie die folgenden 60 Bildaufgaben zum technischen Verständnis innerhalb der nächsten 45 Minuten.

1 **Zeichnen Sie eine Flaschenzugvorrichtung, bei der die hydraulische Hebeeinrichtung des Feuerwehrfahrzeugs das Gewicht von 16 kN nur noch mit 4 kN zu heben braucht.**

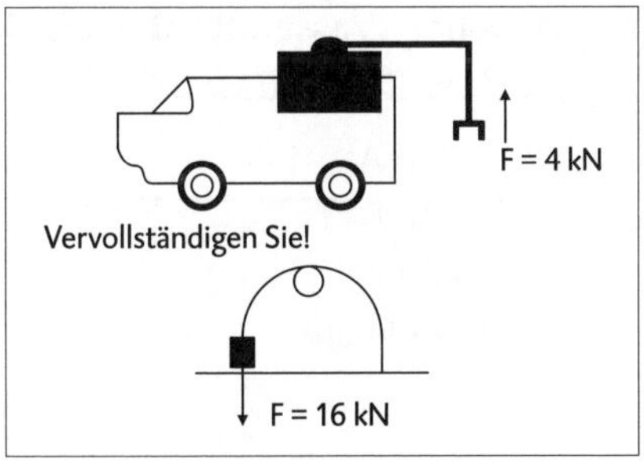

2 **Welcher Bohrer ist für hartes Metall am besten geeignet?**

a Bohrer A
b Bohrer B
c Bohrer C

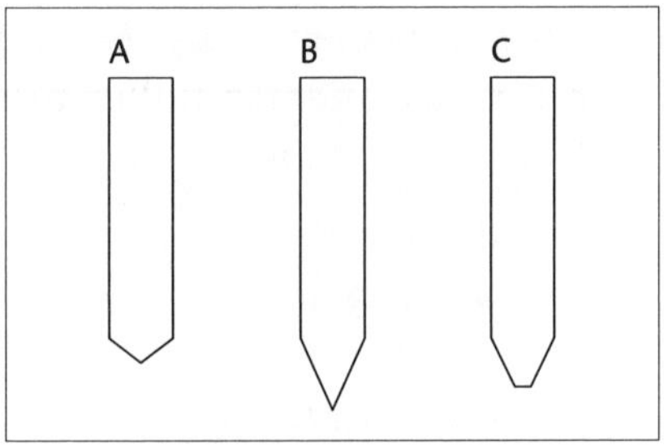

3 **Ein abgebrochenes Schilfrohr schwimmt im Wasser. Ist es so richtig gezeichnet?**

a Ja
b Nein

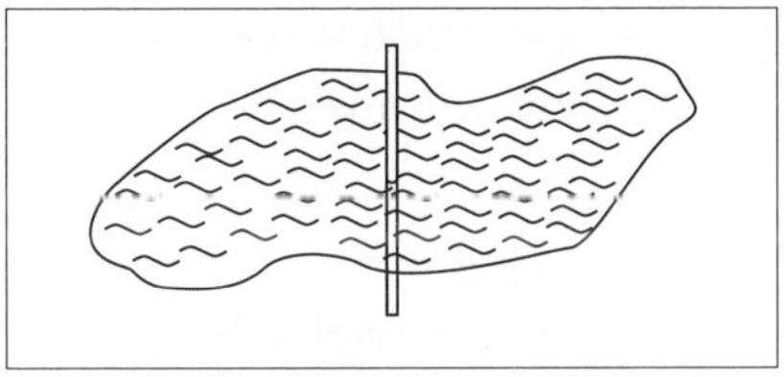

4 Welcher Wasserstrahl tritt mit dem größten Druck heraus?

a Strahl A
b Strahl B
c Strahl C
d Alle gleich

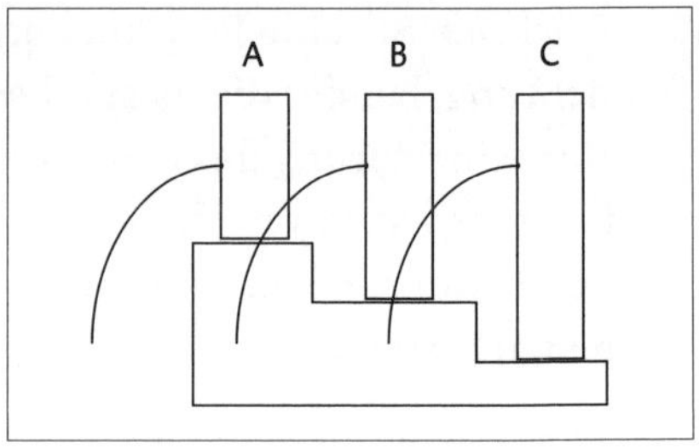

5 In welcher Richtung kann sich die Antriebswelle nur drehen, wenn die beiden anderen Rollen nicht fest montiert sind?

a Richtung A
b Richtung B
c Dreht gar nicht
d Beide Richtungen

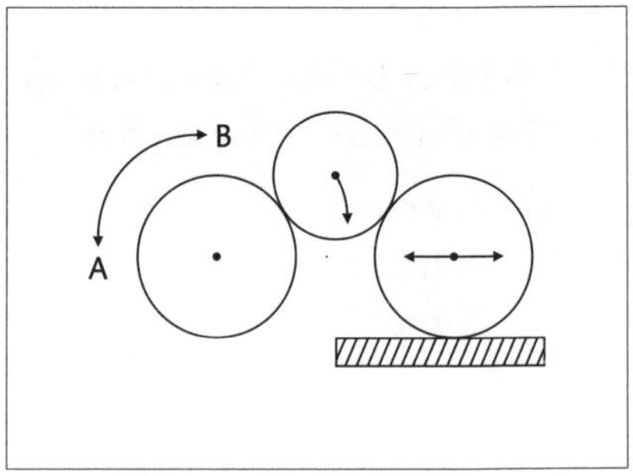

6 Welcher Tisch wackelt bei unebenem Boden?

a Tisch A
b Tisch B
c Kein Unterschied

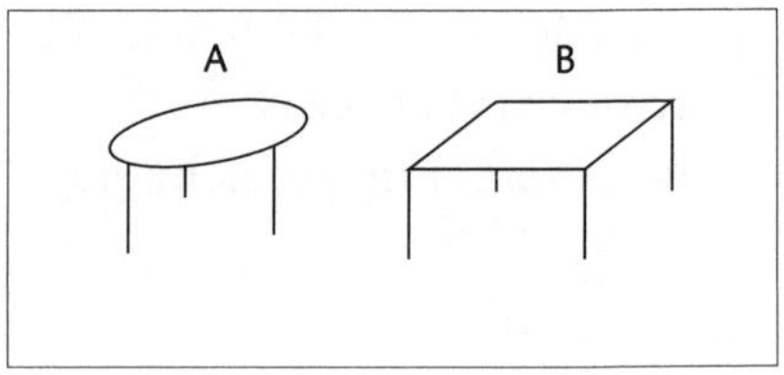

7 Welche Hebevorrichtung ist die zweckmäßigere?

a Haken A
b Haken B
c Kein Unterschied

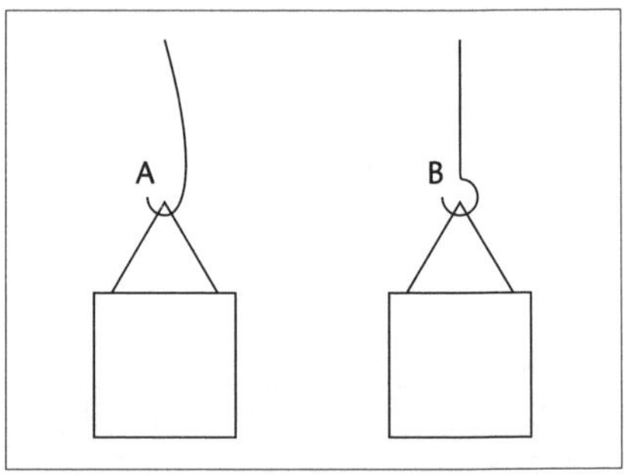

8 **Welcher Wasserstrahl zeigt eine realistische Kurve?**

a Strahl A
b Strahl B
c Strahl C
d Kein Unterschied

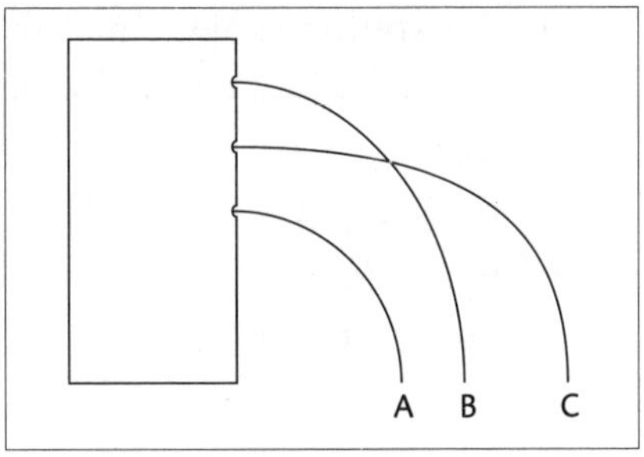

9 **Welche Richtung ist als Antriebsrichtung für eine Walze geeignet?**

a A
b B
c Beide gleich

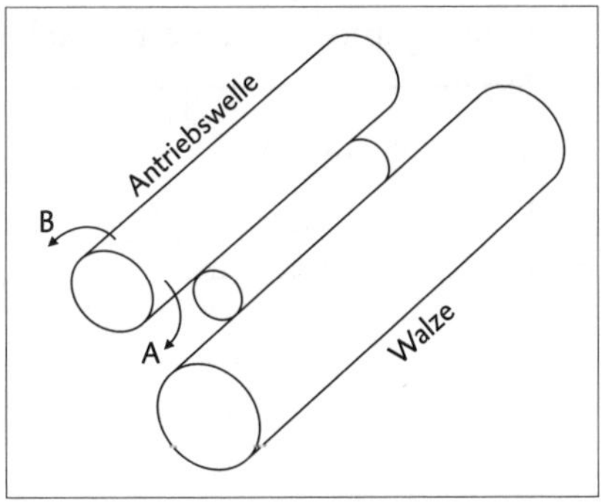

10 **In welche Richtung dreht das große Rad?**

a In Richtung A
b In Richtung B
c Dreht gar nicht

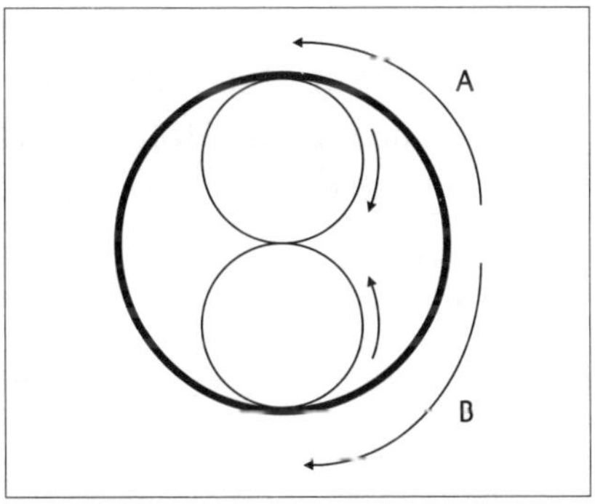

11 **Aus der dargestellten Vorrichtung fällt eine harte Kugel. In welchen Behälter wird sie fallen?**

a In Behälter A
b In Behälter B
c In Behälter C

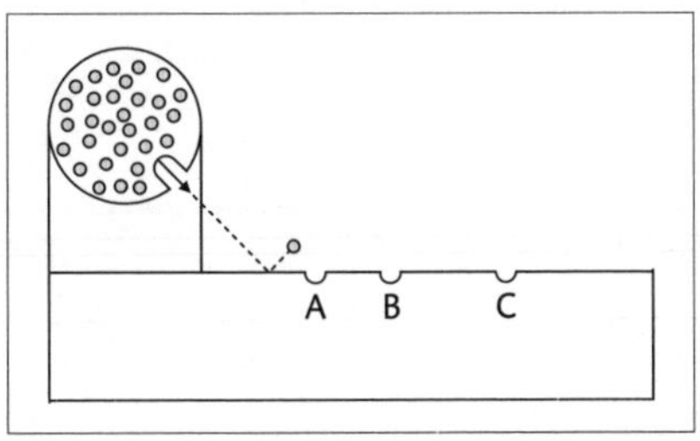

12 **Die Darstellung zeigt eine Fahrradpumpe. Welcher Ventilsitz ist richtig?**

a Ventilsitz A
b Ventilsitz B
c Kein Unterschied

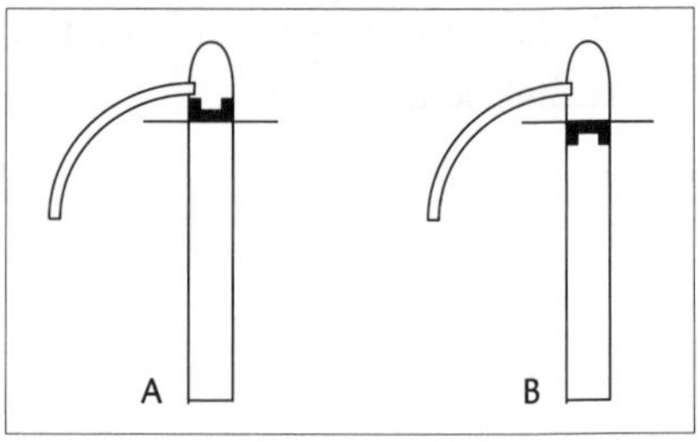

13 **Was ist richtig beim Abheben eines Spanes aus einem Stück Holz?**

a Zeichnung A
b Zeichnung B
c Kein Unterschied

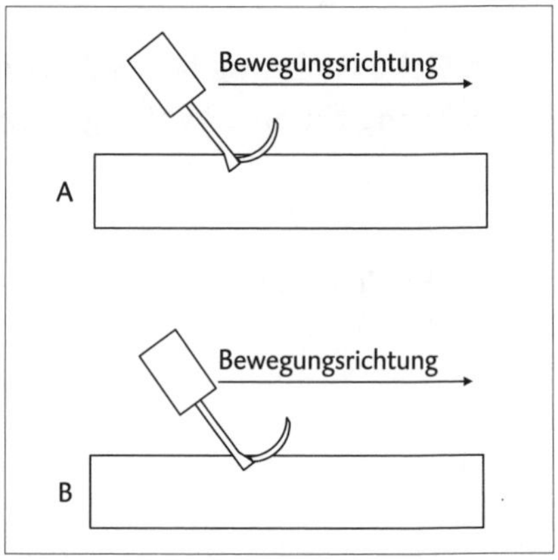

14 **Mit welchem Heißluftballon kann man eine größere Höhe erreichen?**

a Ballon A
b Ballon B
c Beide gleich

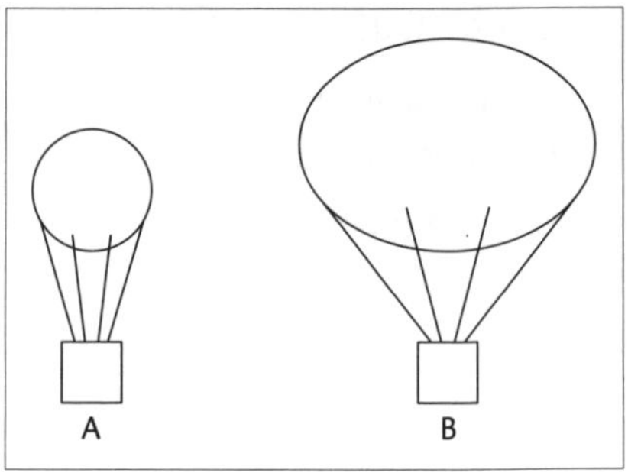

15 **Welche Raupenkonstruktion ist zweckmäßig?**

a Raupe A
b Raupe B
c Raupe C

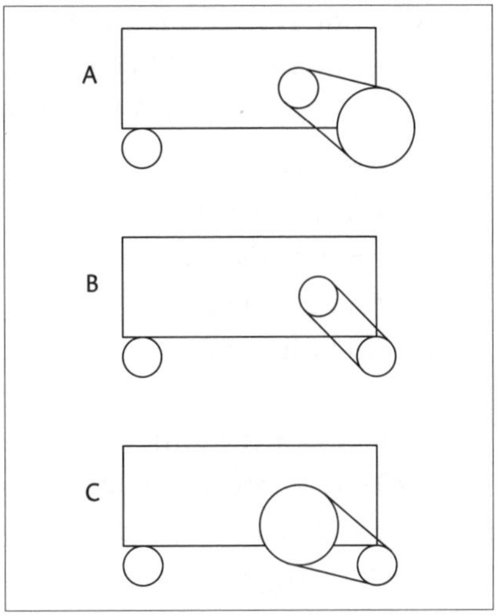

16 **In welche Richtung muss die Kreissäge laufen?**

a Richtung A
b Richtung B

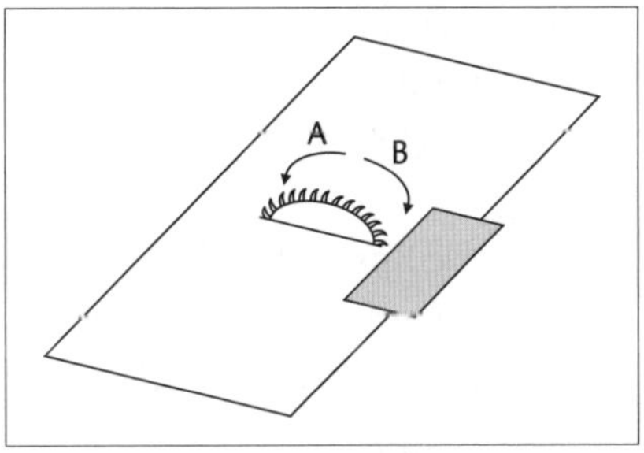

17 **Welche Aussage zum Antriebssystem ist richtig?**

a Das Mitnahmerad bewegt sich nicht.
b Das Mitnahmerad bewegt sich ruckartig in Gegenrichtung.
c Das System blockiert.

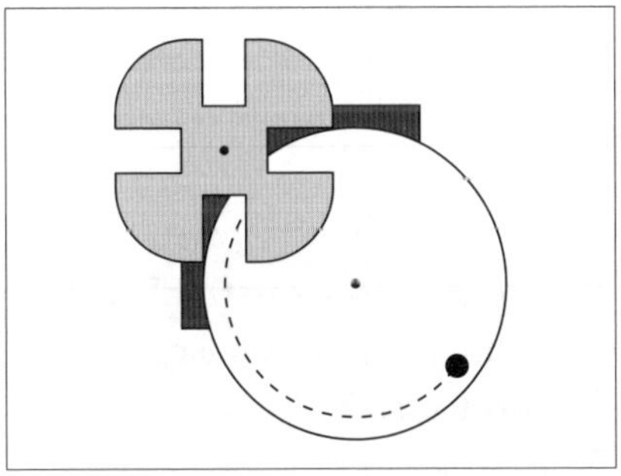

18 **Folgende Abbildung zeigt einen aerodynamischen Flügel. Wo bilden sich die größten Kräfte?**

a An Position A
b An Position B
c An Position C
d An Position D
e An Position E

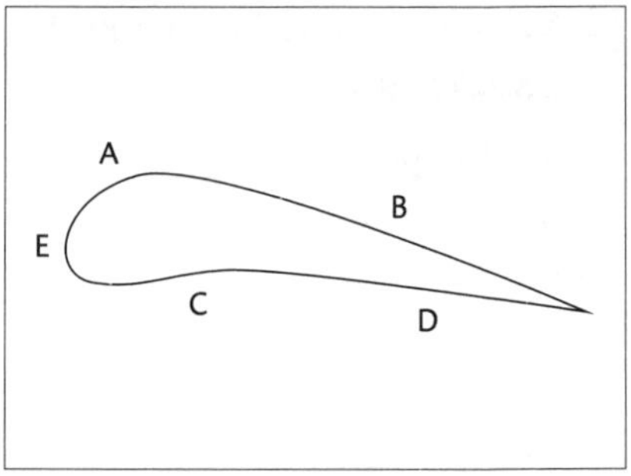

19 **Welche Spritzstrahlen nach oben aus Wasservorratsbehältern sind bei einem vorhandenen Unterdruck richtig?**

a Strahl A
b Strahl B
c Strahl C
d Kein Strahl

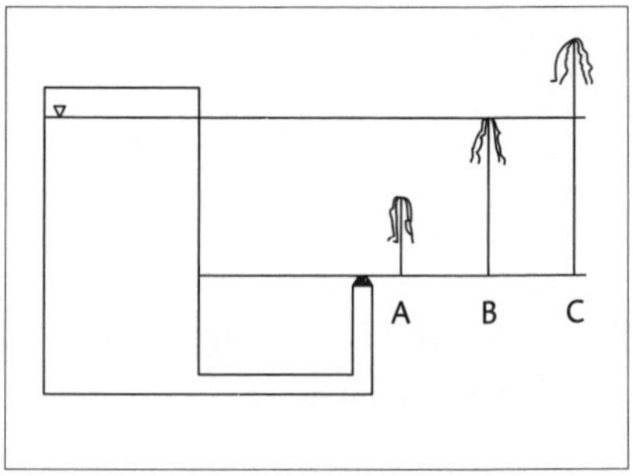

20 **Welche Spritzstrahlen nach oben aus Wasservorratsbehältern sind bei abgebildetem Druck richtig?**

a Strahl A
b Strahl B
c Strahl C
d Kein Strahl

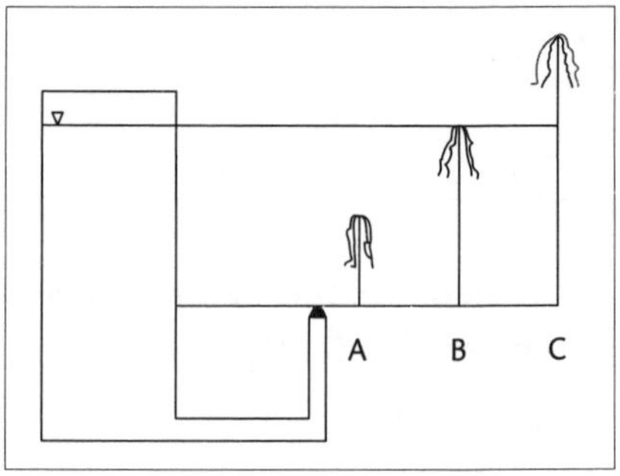

21 **Welcher Wasserstrahl ist bei geringem Druck falsch gezeichnet?**

a Strahl A
b Strahl B
c Strahl C
d Kein Strahl

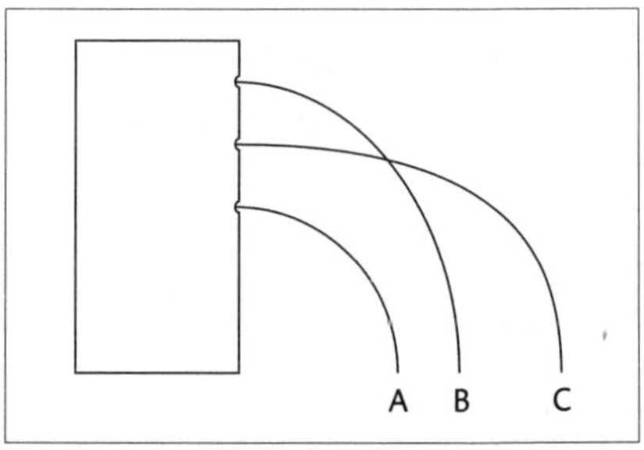

22 Welcher Pfosten steht am sichersten?

a Pfosten A
b Pfosten B
c Pfosten C
d Alle gleich

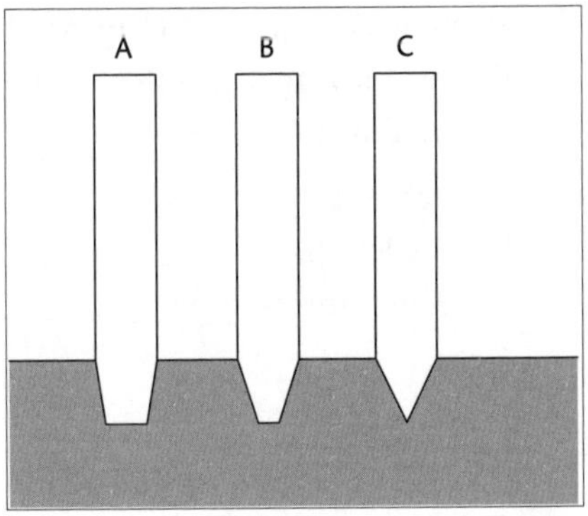

23 Bei welcher Kombination der Zahnräder dieser Fahrradschaltung dreht sich die x-Achse am schnellsten?

a D–A
b D–B
c D–C
d Alle gleich

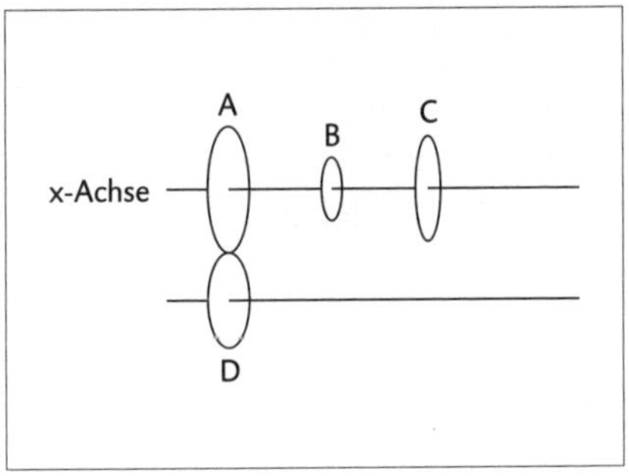

24 Aus einem fahrenden Zug wird eine Flasche geworfen. Wie ist deren Flugbahn?

a Richtung A
b Richtung B
c Richtung C

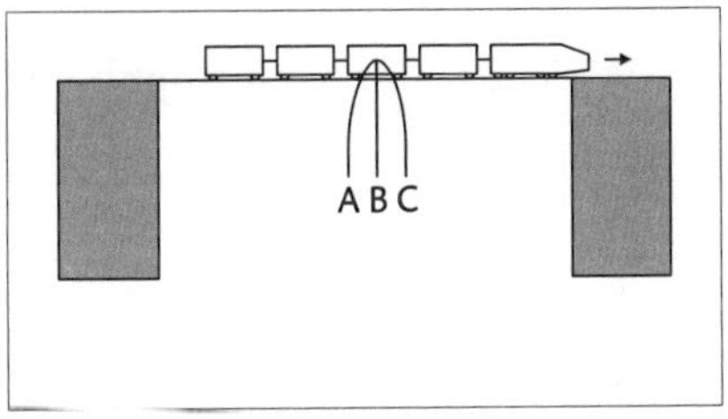

25 Mit welchem Hammer lässt sich die größte Kraft pro Flächeneinheit ausüben?

a Hammer A
b Hammer B
c Hammer C
d Alle gleich

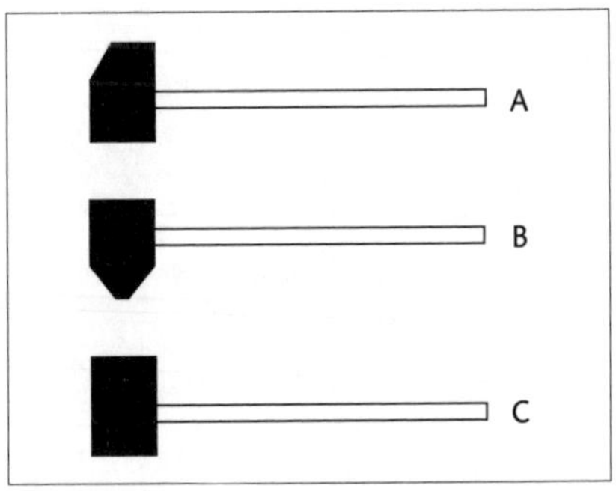

26 Welche Schiene sollte höher liegen, damit der Zug schneller durch die Kurve fahren kann?

a Schiene A
b Schiene B
c Kein Unterschied

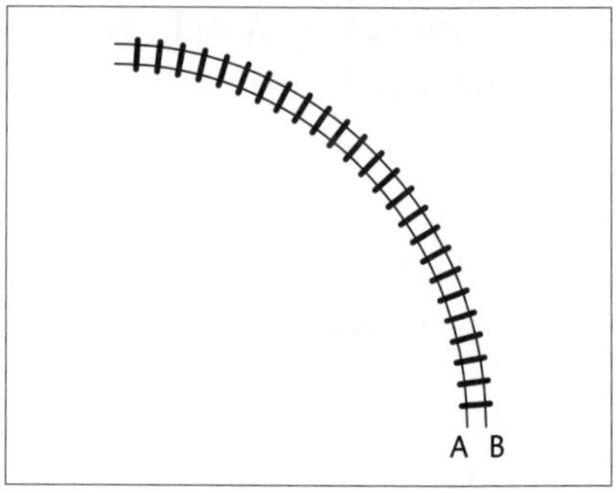

27 Welcher Damm hält das Wasser am besten?

a Damm A
b Damm B
c Beide gleich

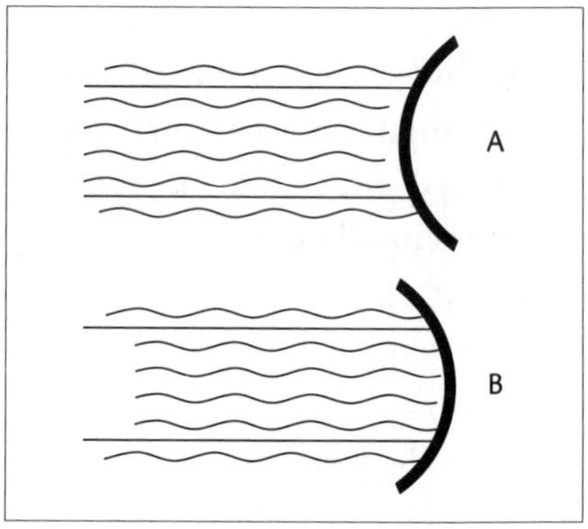

28 Welches Glas zerspringt bei Hitze eher?

a Glas A
b Glas B
c Kein Unterschied

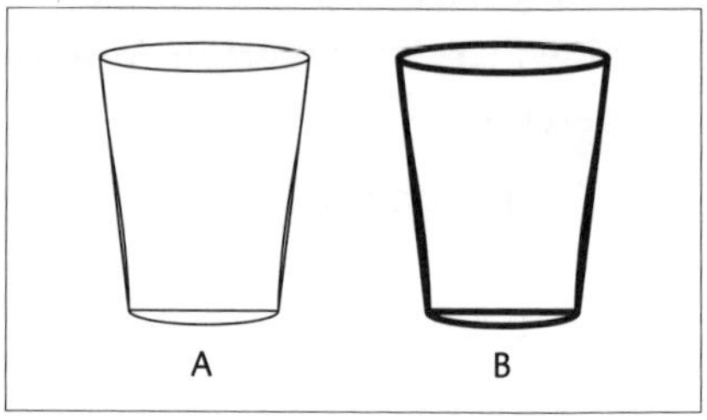

29 Das gekennzeichnete Triebwerk des Flugzeugs ist ausgefallen. Wie muss über das Seitenruder korrigiert werden, damit das Flugzeug geradeaus fliegt?

a Richtung A
b Richtung B
c Korrektur über das Höhenruder

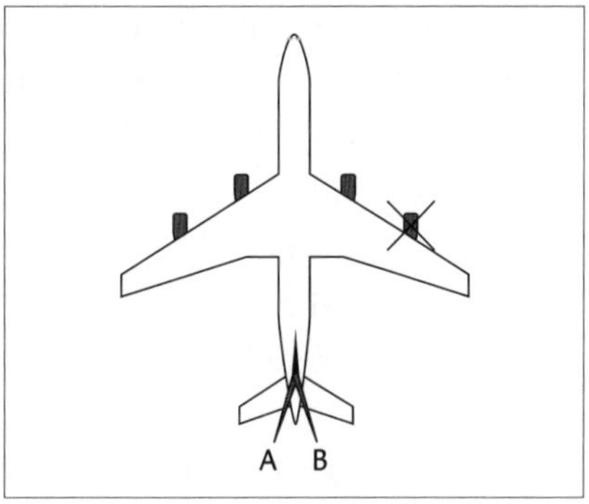

30 Welche Pumpe ist richtig konstruiert?

a Pumpe A
b Pumpe B
c Pumpe C
d Keine der Pumpen

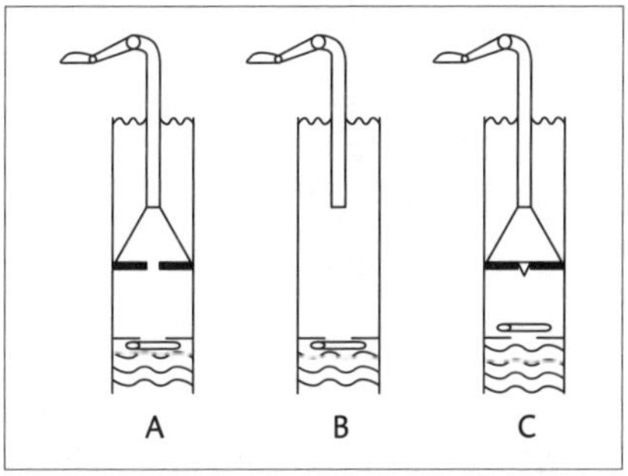

31 Abgebildet ist eine Flöte: Welche Schwingung ergibt sich bei konstantem Blasen des Tones?

a Schwingung A
b Schwingung B
c Schwingung C
d Keine der abgebildeten

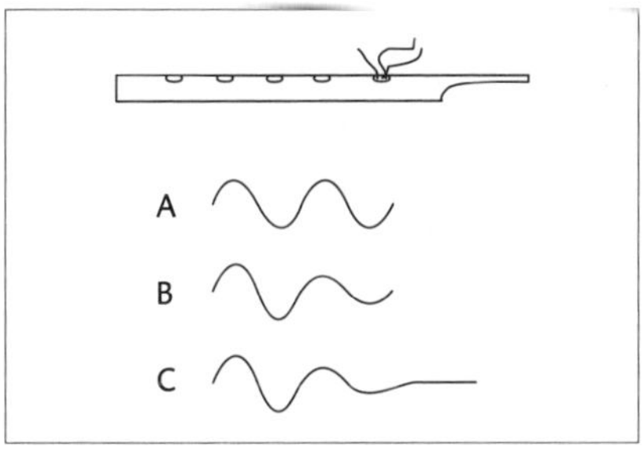

32 Realisierung eines Kippschalters. Ist der Schalter

a An
b Aus?

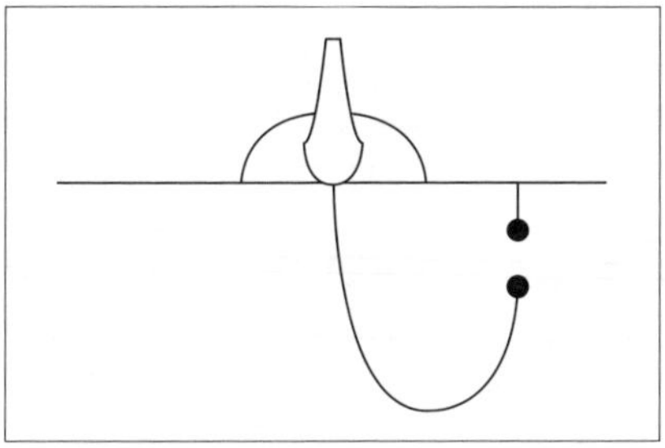

33 **Wo sieht der Angler den Fisch, wenn sich der Fisch an der eingezeichneten Position befindet?**

a An Position A
b An Position B
c An Position C
d An Position D

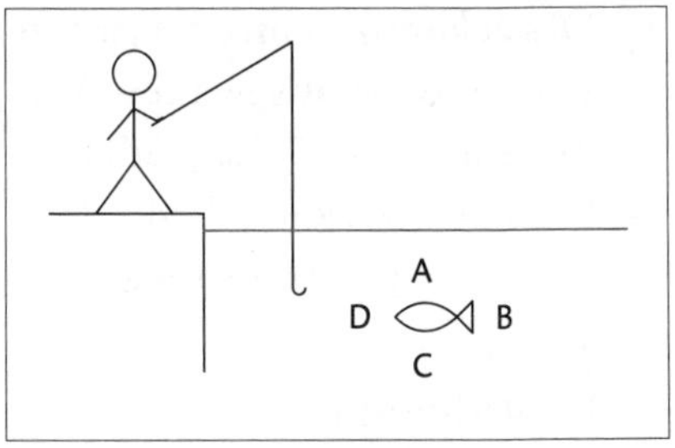

34 **Welche Segelstellung ist falsch, wenn der Wind von oben nach unten weht?**

a Stellung A
b Stellung B
c Stellung C
d Stellung D

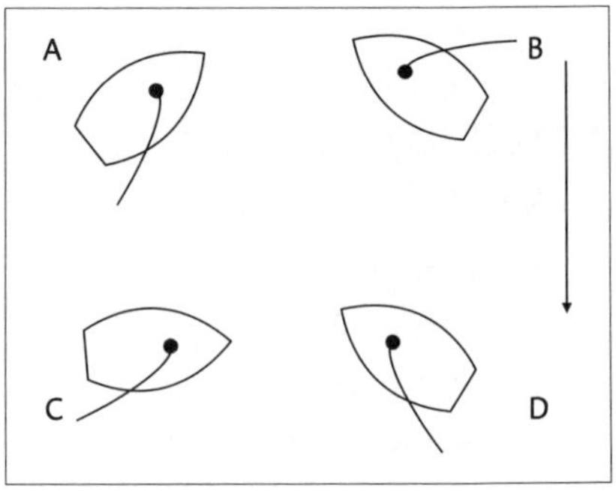

35 **Mit welcher Tragfläche hebt ein Flugzeug schneller ab?**

a Tragfläche A
b Tragfläche B
c Tragfläche C
d Kein Unterschied

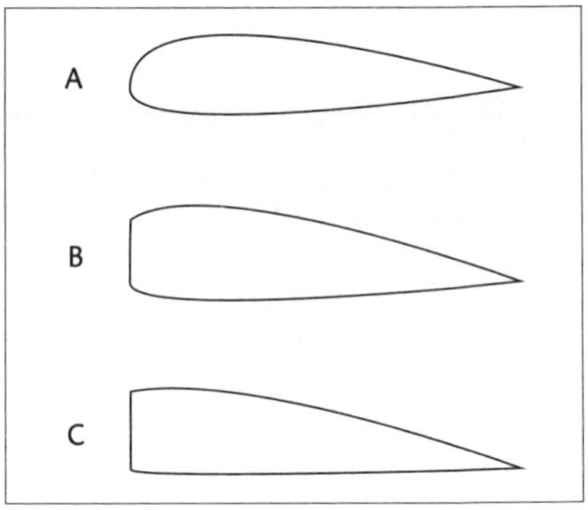

36 **Wie ist die korrekte Zahnrichtung bei einem Holzsägeblatt?**

a Richtung A
b Richtung B
c Kein Unterschied

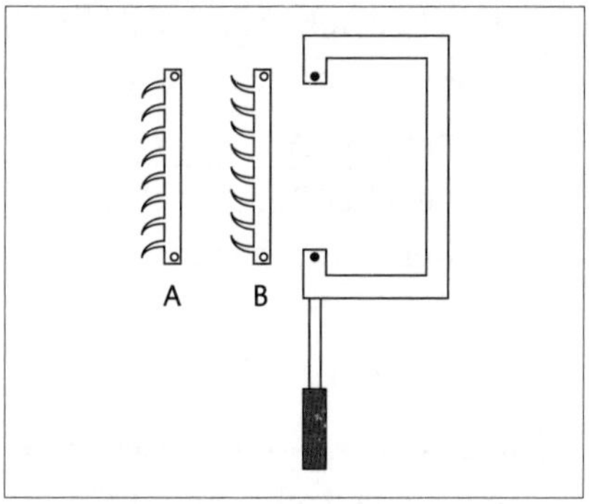

37 **Welche Schlagrichtung ist am zweckmäßigsten, um den Kopf einer Axt mit einem Hammer zu befestigen?**

a Richtung A
b Richtung B
c Kein Unterschied

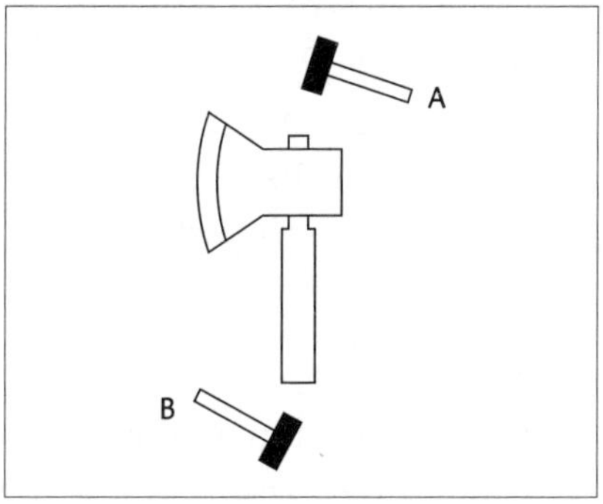

38 **Bei welcher Konstruktion funktioniert der Büchsenöffner am zweckmäßigsten?**

a Konstruktion A
b Konstruktion B
c Kein Unterschied

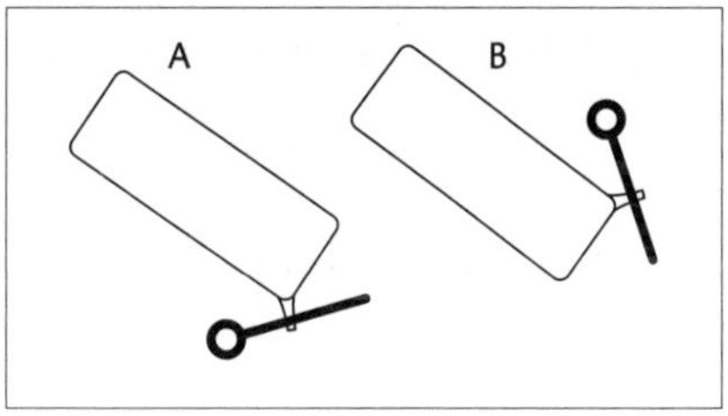

39 **Dargestellt ist eine Elektrolyse: In welchem Behälter ist Wasserstoff?**

a Behälter A
b Behälter B
c In beiden Behältern

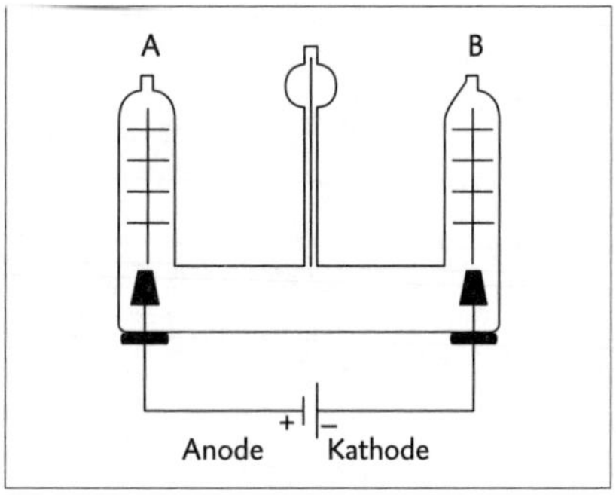

40 Welcher Behälter enthält mehr Gas?

a Behälter A
b Behälter B
c Kein Unterschied

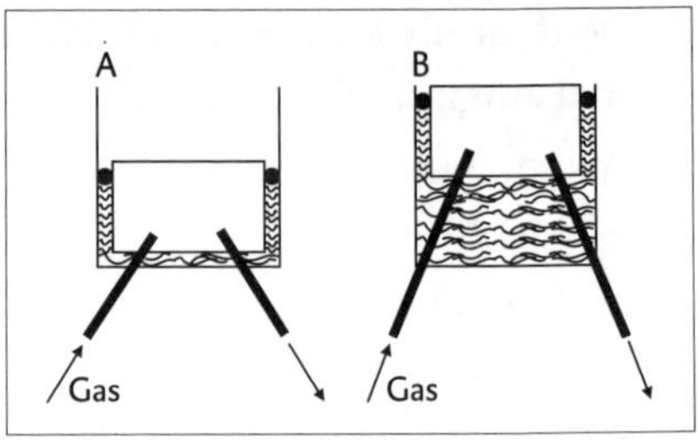

41 Realisierung einer Druckanzeige. In welche Richtung schlägt das Pendel aus, wenn Druck hinzugegeben wird?

a Richtung A
b Richtung B
c Kein Unterschied

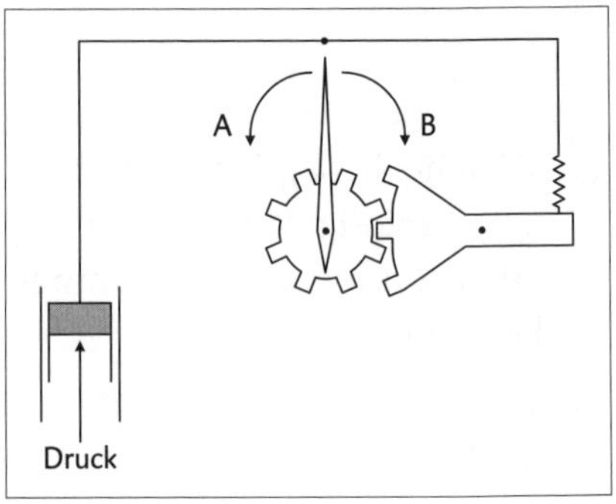

42 In einem Kasten wird ein Luftballon aufgeblasen. Nun wird im Kasten ein Vakuum erzeugt. Was passiert mit dem Luftballon?

a Er wird größer
b Er wird kleiner
c Keine Reaktion

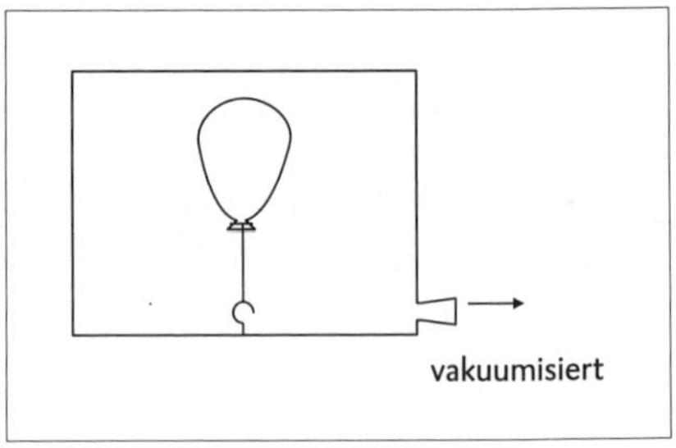

43 Welcher Generator ist ein Schnellläufer?

a Generator A
b Generator B
c Generator C
d Generator D

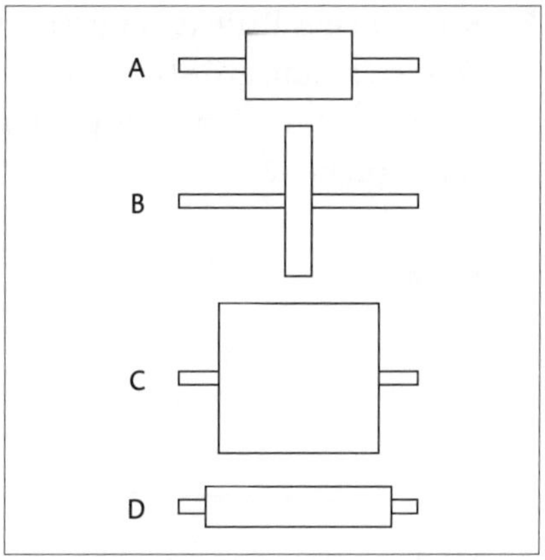

44 Berechnen Sie das Volumen der dargestellten Zeichnung (die Maße in der Zeichnung sind in cm angegeben).

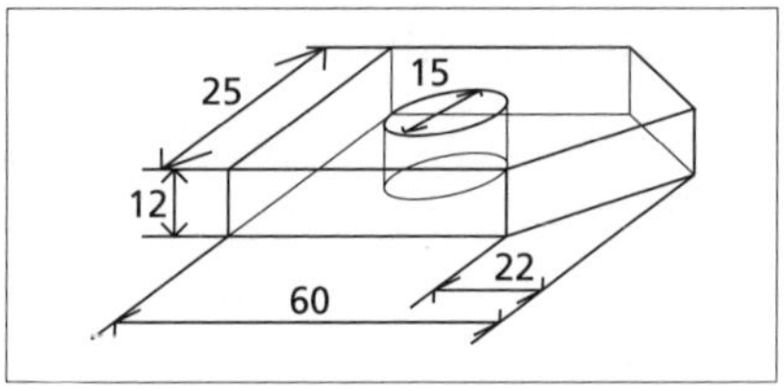

45 Mit welcher Drahtschneidezange lässt sich ein Draht am leichtesten durchschneiden?

a A
b B
c C

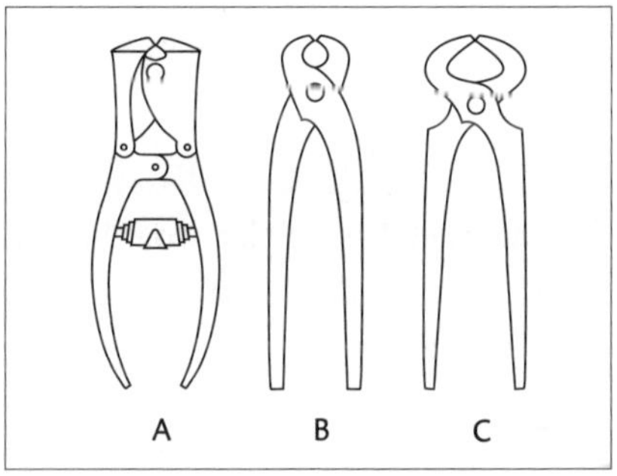

46 Welche Räder drehen sich entgegen der Antriebsrichtung?

a 1, 2, 4
b 1, 2, 5
c 2, 3, 4
d 2, 4, 5

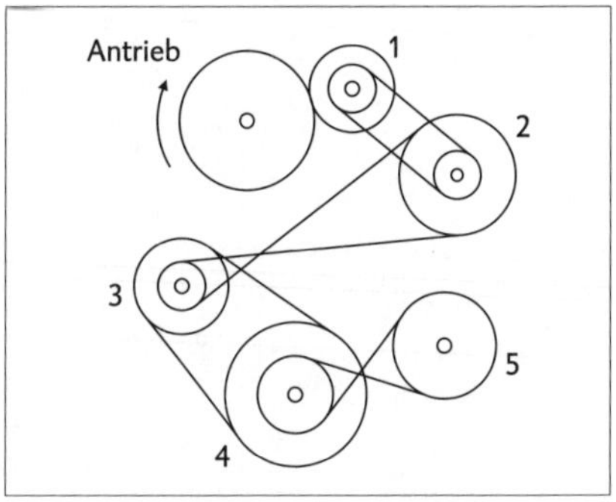

47 Mit welcher Brückenkonstruktion lässt sich eine größtmögliche Entfernung ohne Zwischenpfeiler überbrücken?

a A
b B
c C
d D

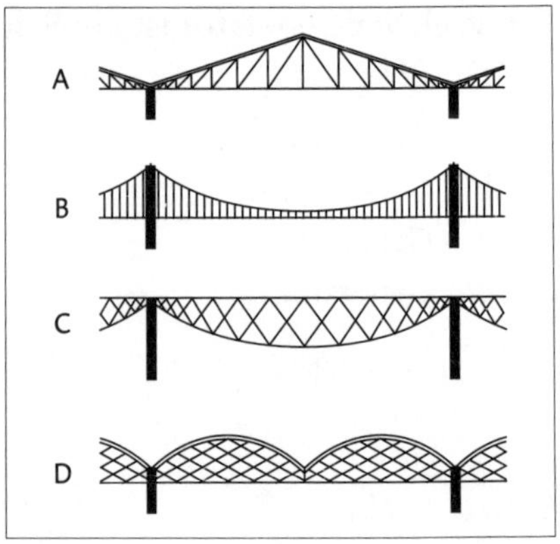

48 Welches Wasserrad liefert die größte Kraft?

a A
b B
c C

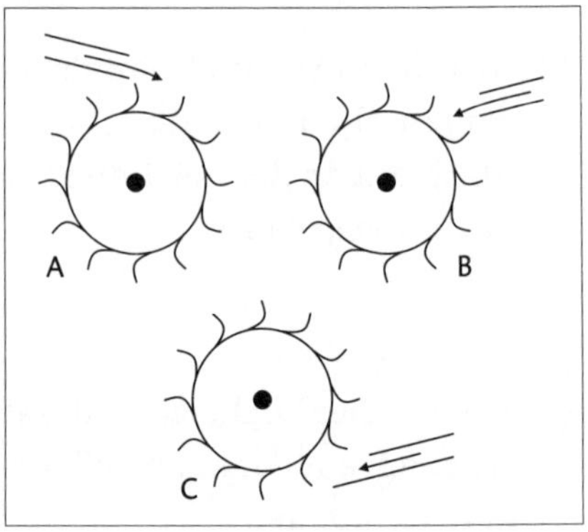

49 Mit welchem Schraubenschlüssel kann man die Mutter am festesten ziehen?

a A
b B
c C
d D

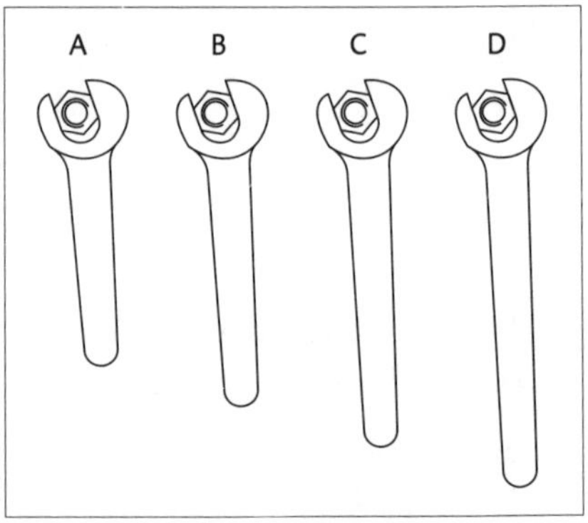

50 Welche Kiste ist die schwerste?

a A
b B
c C
d D

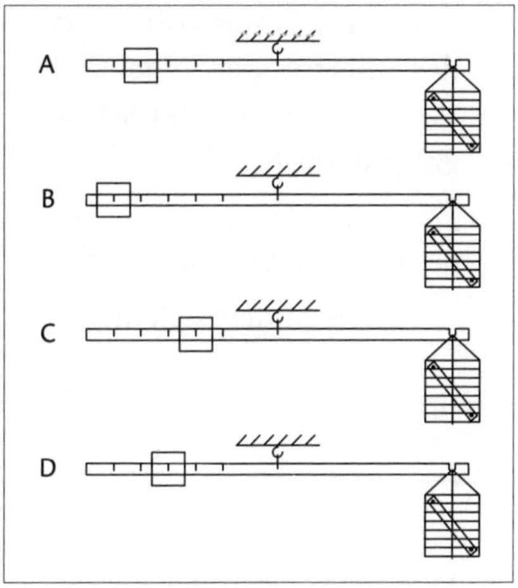

51 In welche Richtung dreht sich die Achse 2?

a A
b B
c In keine

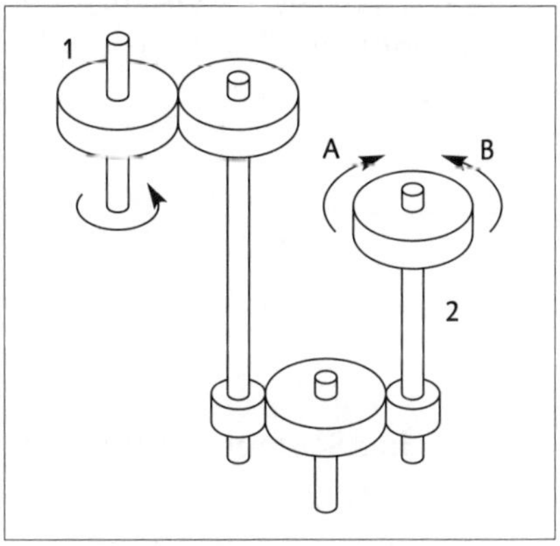

52 Wie dreht sich Achse 4 im Vergleich zu Achse 1?

a Schnell
b Langsamer
c Gleich schnell

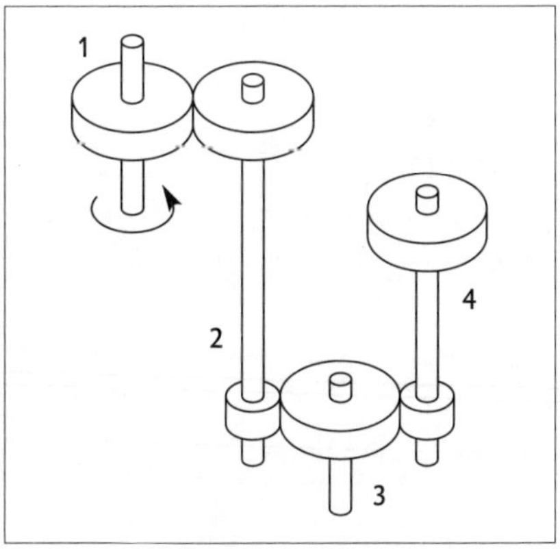

53 Am Punkt X wird die Pendellänge des Seils mit der Kugel verkürzt. Was passiert mit der Schwingungsdauer?

a Sie wird länger
b Sie wird kürzer
c Sie verändert sich nicht

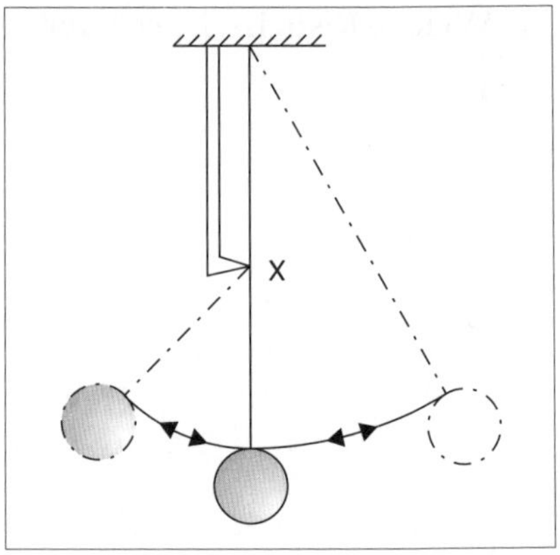

54 Wie muss bei angegebener Strömung gesteuert werden, damit das Boot geradeaus fährt?

a A
b B
c C
d D

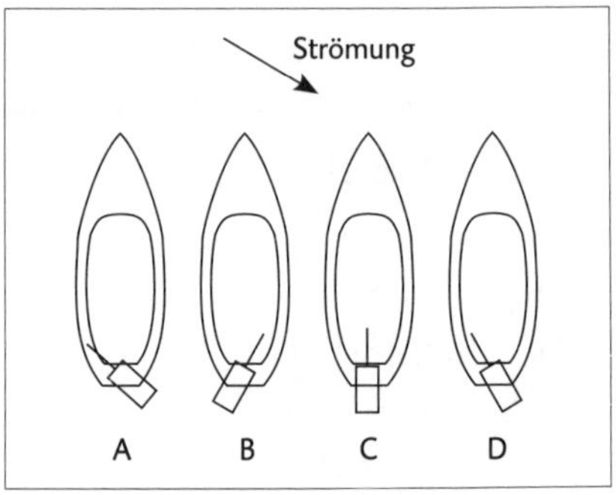

55 Welcher Schraubendreher ist am besten dazu geeignet, eine Schraube fest anzuziehen?

a A
b B
c C
d D

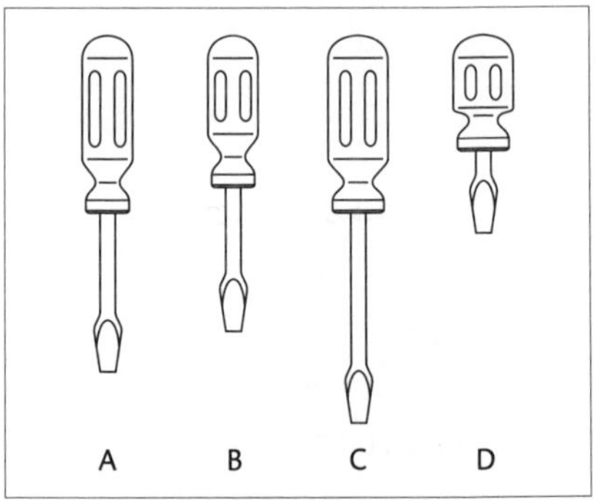

56 Welcher der (gleich langen) Leitungsdrähte ist bei klirrender Kälte dargestellt?

a A
b B
c C

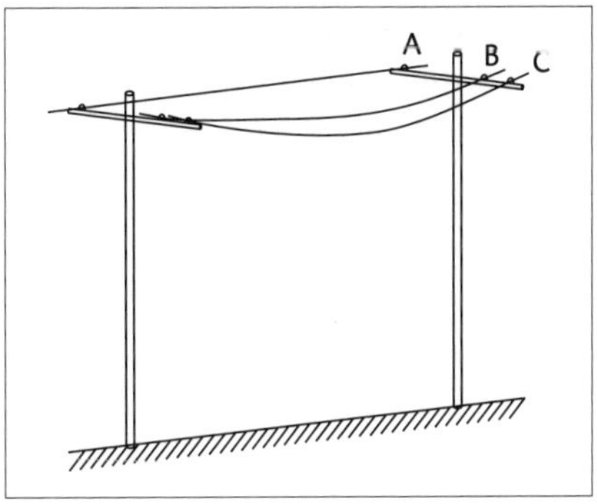

57 Welche Spritzwasserflasche ist richtig konstruiert?

a A
b B
c C

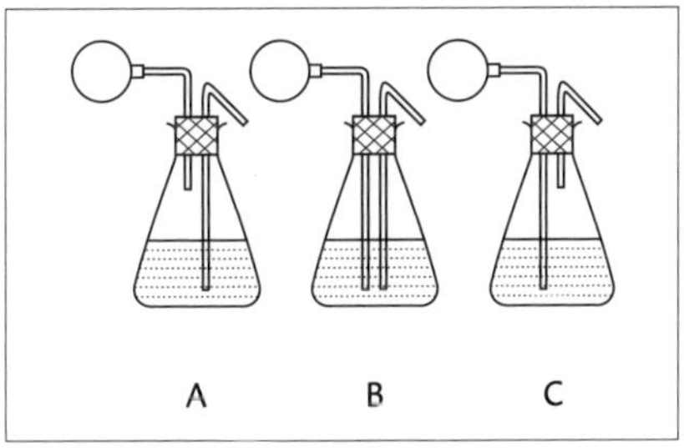

58 Welches Stahlträgerprofil hält die stärkste Belastung aus?

a A
b B
c C
d D
e E

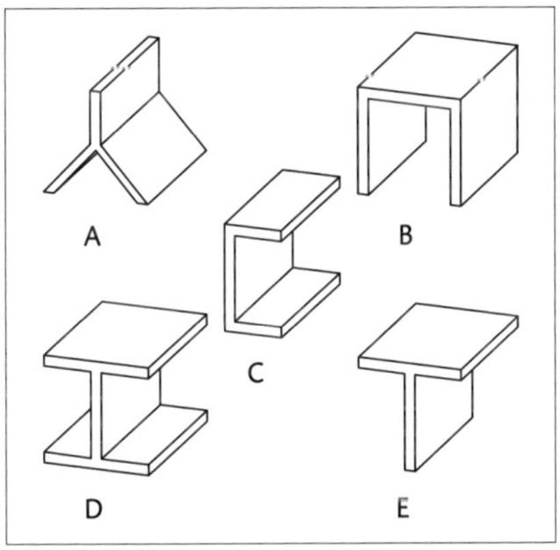

59 **Welches Gewicht muss gewählt werden, damit die Waage im Gleichgewicht bleibt?**

a A
b B
c C
d D

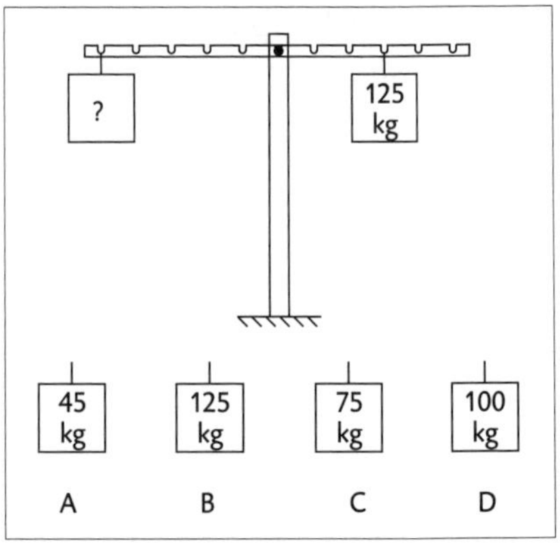

60 **Welches der drei Kugellager dreht sich am besten?**

a A
b B
c C

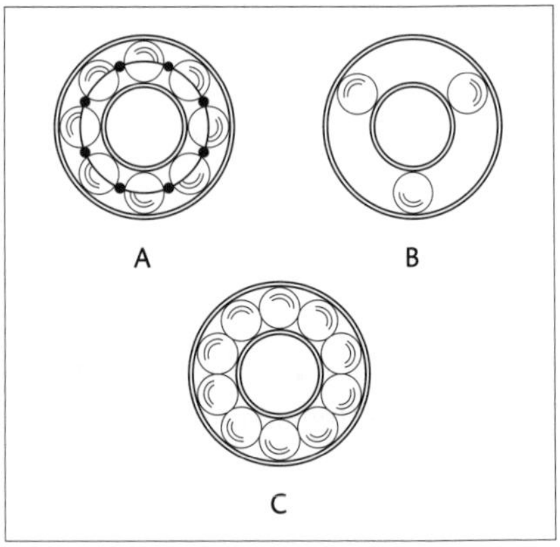

LÖSUNGEN

1		Lösung: Flaschenzug mit 2 Rollen und 4 Seilen. Pro Rolle wird die Kraft halbiert.
2	**a**	Bohrer B ist zu spitz, C zu stumpf. A kann die entstehende Wärme besser abführen.
3	**b**	Es müsste korrekt gezeichnet mit der größten Fläche auf dem Wasser aufliegen.
4	**d**	Der Höhenunterschied ist überall gleich und damit auch der Austrittsdruck.
5	**b**	In Richtung A drehend würde das mittlere Zahnrad herausspringen.
6	**b**	Der Tisch mit drei Beinen ist statisch bestimmt und steht daher sicherer.
7	**b**	Bei Haken B liegt der Schwerpunkt günstiger als bei Haken A.
8	**b**	Bei den anderen Strahlen außer B sind die Kurven nicht realistisch abgebildet.
9	**a**	Die Übersetzungswalze würde bei Drehrichtung B nach oben herausfallen.

10	**c**	Die kleinen Räder laufen gegenläufig, wodurch sich das große Rad nicht drehen kann.
11	**c**	Die Kugel prallt mit Einfallswinkel = Ausfallswinkel von der Platte ab und folgt dann einer Parabelflugbahn.
12	**a**	Überdruck im oberen Bereich.
13	**b**	Bei A kann der Span nicht abgleiten. Dies bedeutet einen zu großen Kraftaufwand. Bei Zeichnung B weist eine Spitze in Bewegungsrichtung. Diese hat eine günstigere Reibung.
14	**b**	Ballon B, da mehr Gasvolumen, das eine kleinere Masse tragen muss, als in A vorhanden ist.
15	**a**	Raupe A, wegen der größeren Übersetzung.
16	**b**	Gegenläufig, sonst würde das Brett wegfliegen.
17	**b**	Das Mitnahmerad wird pro Umdrehung vom Mitnahmestift auf dem Antriebsrad um eine viertel Umdrehung gegen den Uhrzeigersinn bewegt.
18	**a**	Unterdruck erzeugt Zugkraft, sodass der Flügel steigt.
19	**d**	Der Unterdruck hält das Wasser im Behälter.
20	**b**	Das Wasser erreicht ein gleiches Energieniveau.
21	**c**	Geringster Wasserdruck bedeutet auch die geringste Weite.
22	**a**	Pfosten A hat die größte Fläche entgegen der Wirkrichtung einer einwirkenden Kraft.
23	**b**	Die Kombination D–B hat die größte Übersetzung.
24	**c**	Überschneidung zweier Bewegungen: freier Fall mit Bewegung des Zuges. Hieraus resultiert ein schräger Wurf.
25	**b**	Kleinste Fläche mit gleicher Kraft; je länger der Stiel desto größer der Impuls, desto größere Kraft.
26	**b**	Die kurvenäußere Schiene muss höher liegen, um der Zentrifugalkraft entgegen zu wirken, sodass der Zug in der Spur bleibt.
27	**a**	Der größte Wasserdruck wird auf die Seiten gelenkt.
28	**a**	Glas A, da es die dünneren Wände aufweist.
29	**a**	Richtung A, um der Drehbewegung des Flugzeugs entgegen zu wirken.
30	**c**	Es entsteht ein Unterdruck, der den unteren Schwimmer anhebt und das Wasser in den höheren Behälter zieht.
31	**a**	Es entsteht Schwingung A, da es sich um eine konstante Schwingung handelt.
32	**b**	Die Kontakte berühren sich nicht.
33	**b**	Durch die Lichtbrechung des Wassers wird der optische Eindruck getäuscht und der Fisch ist an Position B.
34	**b**	Bei Boot B steht das Segel gegen den Wind.
35	**a**	Bei allen anderen Tragflächen außer A herrscht ein zu großer Widerstand.
36	**a**	Bei Sägeblatt A lässt sich mit der gezeigten Säge günstiger Kraft aufbringen.

37	**b**	Durch die Massenträgheit des Axt-Kopfes wird dieser bei einem Schlag auf den Stil aus Richtung B weiter auf den Axt-Stil aufgeschoben.
38	**a**	Öffner B ist gegenläufig, womit sich die Büchse nicht öffnen lässt.
39	**b**	Wasserstoff ist positiv geladen, sodass er zur negativ geladenen Kathode wandert.
40	**b**	Behälter B verdrängt weniger Wasser, wodurch er leichter sein muss, als A.
41	**a**	Bei der hier gezeigten Mechanik bewegt sich das Pendel in Richtung A, wenn der Druck in gezeigter Richtung wirkt.
42	**a**	Das Vakuum zieht den Ballon an jeder Stelle gleich stark auseinander bis es zum Riss des Materials kommt. Der Ballon platzt.
43	**d**	Generator D, da er das geringste Flächenträgheitsmoment aufweist.
44		Lösung: 12 579 cm^3 Rechenweg: + Quadervolumen + Dreiecksvolumen – Zylindervolumen = Gesamtvolumen Quader: $12 \cdot 25 \cdot (60-22) = 11\,400$ Dreieck: $12 \cdot (0{,}5 \cdot 25 \cdot 22) = 3\,300$ Zylinder: $12 \cdot \pi \cdot (0{,}5 \cdot 15)^2 = 2\,121$
45	**d**	Durch den erhöhten Luftdruck nutzt sich der Reifen in der Mitte stärker ab, da der Druck auf die Lauffläche hier am größten ist.
46	**b**	1 und somit auch 2 werden vom Antrieb umgekehrt angetrieben. Durch den gekreuzten Riemen zwischen 2 und 3 erfolgt für 3 und somit auch für 4 die Drehrichtung wieder in Antriebsrichtung. 5 läuft dann durch den wiederum gekreuzten Riemen entgegen der Antriebsrichtung.
47	**b**	Hängebrücken erlauben die größten Pfeilerabstände, da die Fahrbahn an den Seiten aufgehängt wird und somit die Brücke das geringste Gewicht auf die Pfeiler stützt.
48	**a**	Bei Wasserrad A addiert sich zu der Kraft aufgrund des Druckes noch die Gewichtskraft des Wassers.
49	**d**	Durch den Hebel, der bei Schraubenschlüssel D am längsten ist, ergibt sich das größte Drehmoment.
50	**b**	Je weiter das Gewicht vom Drehpunkt entfernt ist, desto größer ist das Drehmoment.
51	**a**	Achse 1 dreht sich gegen den Uhrzeigersinn. Von dort aus die nächste Achse muss sich also im Uhrzeigersinn drehen. Die darauf Folgende wieder gegen den Uhrzeigersinn und so muss sich Achse 2 wiederum im Uhrzeigersinn drehen.
52	**c**	Achse 2 dreht sich gleich schnell wie Achse 1. Da die beiden unteren Räder auf Achse 2 und 4 gleich groß sind und über das Rad auf Achse 3 verbunden sind, derhen sie gleich.

53 b	Das Pendel wandelt permanent kinetische Energie in potenzielle (Lage-) Energie um. Beim kürzeren Pendel wird der Endpunkt schneller erreicht.
54 b	Die von links kommende Strömung würde das Boot nach rechts drücken, somit muss nach links gegengesteuert werden. Hierfür legt man die Pinne nach rechts, wodurch sich das Ruderblatt nach links dreht.
55 c	Durch den dicksten und größten Griff kann hier das größte Drehmoment übertragen werden.
56 a	Metalle haben im Allgemeinen einen positiven Temperaturausdehnungskoeffizienten. Bei Wärme Ausdehnung heißt bei Kälte Schrumpfung.
57 a	Durch den Balg wird die Luft in den oberen mit Luft gefüllten Raum gepresst. Durch den entstehenden Überdruck wird die Flüssigkeit über das Steigrohr nach außen gedrückt.
58 d	Durch das obere und untere Querprofil, die jeweils Zug- und Druckkräfte aufnehmen können, ist das Stahlträgerprofil C am stabilsten.
59 c	Kraft mal Hebellänge müssen gleich sein; also $125 \cdot 3 = x \cdot 5$ $\frac{375}{5} = 75$
60 a	Gleichmäßige Belastung für Innen- und Außenring. Durch den Käfig werden die Kugeln auf Abstand gehalten, wodurch ein Festklemmen verhindert wird.

80 Fragen aus den Naturwissenschaften

Nun folgen noch einmal 80 Fragen, dieses Mal ohne Zeichnungen, die insbesondere für alle Bewerber bei der Feuerwehr interessant und beachtenswert sind. Bitte beantworten Sie diese innerhalb der nächsten 40 Minuten.

AUFGABEN

1 Auf welchem Grundstoff basiert die gesamte organische Chemie?

a auf Sauerstoff
b auf Wasserstoff
c auf Kohlenstoff
d auf Stickstoff

2 Wie schnell breitet sich der Schall im Vakuum aus?

a ca. 300 m/sek
b ca. 1 200 m/sek
c ca. 150 m/sek
d gar nicht

3 Welches der folgenden Instrumente dient zum Messen des Luftdrucks?

a das Barometer
b das Thermometer
c das Hygrometer
d das Spektroskop

4 Was versteht man unter der Fluchtgeschwindigkeit?

a die Geschwindigkeit, die ein Gegenstand benötigt, um die Schallmauer zu durchbrechen
b die Geschwindigkeit, die notwendig ist, um die Anziehungskraft eines Himmelskörpers überwinden zu können; für die Erde ist dies 11,2 m/s bzw. 40 320 km/h
c die Geschwindigkeit, mit der ein Gas aus einem Raum mit normalem Luftdruck von 1 atm und 0 °C in ein Vakuum entweicht
d die Geschwindigkeit, mit der sich ein Blitz durch die Atmosphäre bewegt; sie ist keine Konstante, sondern abhängig von Luftpartikeln (Wasser, Staub)

5 Welcher der folgenden Stoffe leitet die Wärme am besten?

a Luft
b Holz
c Glas
d Metall

6 Wer war der erste Mensch, der ins All flog?

a Neil Armstrong
b Alan Shepard
c Frank Borman
d Juri Alexejewitsch Gagarin

7 Wie heißt der mechanische Teil, der die Vor- und Rückwärtsbewegung eines Kolbens in eine Drehbewegung umsetzt?

a Kardanwelle
b Zylinder
c Pleuelstange
d Schiebemuffe

8 Welche Frequenz hat Hausstrom in Mitteleuropa?

a 220 Hertz
b 110 Hertz
c 50 Hertz
d 85 Hertz

9 Was besagt der Satz von Pythagoras?

a das Produkt aus der Multiplikation zweier negativer Zahlen ist stets positiv
b eine Zahl ist niemals durch null teilbar
c die Oberfläche eines Würfels ist gleich dem sechsfachen Quadrat seiner Grundfläche
d in einem rechtwinkligen Dreieck ist die Summe der Quadrate über den Katheten gleich dem Quadrat über der Hypotenuse ($a^2 + b^2 = c^2$)

10 Welche Zeit benötigt das Licht von der Sonne zur Erde?

a 8 Minuten, 13 Sekunden
b 1 Stunde, 4 Minuten, 7 Sekunden
c 59,8 Sekunden
d 22 Sekunden

11 Konstruktionsprinzipien aus der Natur zur Entwicklung technischer Lösungen verwendet die …

a Biometrie
b Bionik
c Biochemie
d Biophysik

12 Was ist ein Zyklotron?

a der Name des weltweiten Netzes von Wetterstationen zur Frühwarnung vor Wirbelstürmen
b ein dreifach positiv geladenes Teilchen, das bei der Kernspaltung von Uran freigesetzt wird
c eine Anlage zur Beschleunigung elektrisch geladener Teilchen durch ein starkes Magnetfeld
d ein Wasserkraftwerk, bei dem die Kraft des zu- und abfließenden Wassers, bedingt durch die unterschiedlichen Wasserstände bei Ebbe und Flut, als Energie genutzt wird

13 Wer war der/die Erfinder/-in des Dynamits?

a Marie Curie 1898
b Joseph Monier 1848
c Katrin Zielke 1896
d Alfred Nobel 1867

14 Wie heißt das Instrument, mit dem die Erschütterungen eines Erdbebens registriert werden?

a Tremblograf
b Hygrometer
c Seismograf
d Tektoskop

15 Bei welcher Temperatur liegt der absolute Nullpunkt?

a bei −273,15 °C
b bei 0 °C
c bei 0 °F (Fahrenheit)
d bei −301,20 °C

16 Was versteht man unter einer Oxidation?

a die Anreicherung von Gewässern mit Sauerstoff zur Verbesserung der Lebensbedingungen darin
b eine Reaktion, bei der die Oxidationszahl eines Elements vergrößert wird
c die Verbindung eines Stoffes mit Stickstoff oder Stickstoffverbindungen
d die Freisetzung von Sauerstoff bei bestimmten chemischen Reaktionen

17 Wie lautet die Einheit zur Angabe der elektrischen Stromstärke?

a Volt (V)
b Coulomb (C)
c Watt (W)
d Ampere (A)

18 Wo findet die braunsche Röhre ihre Verwendung?

a im Telefon
b im Röntgenapparat
c als Fernsehbildröhre
d als Lichtverstärker im Laserapparat

19 Was ist ein Ion?

a ein Molekül oder ein Atom, das fähig ist, elektrischen Strom zu leiten
b die antike Bezeichnung für einen vermuteten „Stromkörper"
c die physikalische Maßeinheit für Stromverlust durch Widerstand
d ein Atom, das entweder durch Anlagerung von Elektronen negativ (Anion) oder durch den Verlust von Elektronen positiv (Kation) geladen ist

20 **Wer war der Erfinder der Dampfmaschine?**

a Rudolf Diesel 1799
b Werner von Siemens 1866
c Carl Benz 1885
d James Watt 1765

21 **Was versteht man unter einem Semaphor?**

a einen Mast zur optischen Signalgebung (hauptsächlich in der Seefahrt)
b ein Musikinstrument zur Erzeugung von tiefen Tönen
c beim Flugzeug das Staurohr zur Bestimmung der Geschwindigkeit
d die Flagge zur Zeichengebung in der Seefahrt

22 **Was ist eine Primzahl?**

a jede Zahl, die durch zehn teilbar ist
b eine natürliche Zahl mit genau zwei positiven Teilern
c eine positive ganze Zahl
d die Zahl, die sich ergibt, wenn eins durch sie geteilt wird

23 **Wie hoch ist die Temperatur des Drahtes in der Glühlampe?**

a ca. 1 000 °C
b ca. 400 °C
c über 2 000 °C
d ca. 100 °C

24 **Was ist Quecksilber (Hg)?**

a eine Legierung aus Silber und Eisen
b eine giftige, silberfarbige Lauge
c ein Element und Metall
d eine silber glänzende, ätzende Säure

25 Woraus ist Bernstein entstanden?

a aus dem Harz von Nadelhölzern der Tertiärzeit

b aus Erdöl beim Zusammentreffen mit Lava unter Hitze- und Druckeinfluss

c aus fossilen Ablagerungen, ähnlich wie bei der Entstehung von Kohle

d aus dem Verpressen von Quarzsand durch das Gewicht eiszeitlicher Gletscher

26 Wann betrat mit Neil Alden Armstrong zum ersten Mal ein Mensch den Mond?

a am 17. 8. 1970

b am 21. 7. 1969

c am 30. 7. 1964

d am 21. 8. 1966

27 Welche der folgenden Lehren ist keine Naturwissenschaft?

a Astronomie

b Meteorologie

c Astrophysik

d Astrologie

28 Was versteht man unter dem spezifischen Gewicht?

a frühere Bezeichnung für das Gewicht von 1 m^3 eines Gegenstandes auf einem zweiachsigen Wagen, das von zwei Pferden in einer Minute 100 m weit gezogen werden konnte

b das Gewicht, das ein Stoff ohne jeglichen Einfluss der Erdanziehungskraft hätte

c das Gewicht eines Stoffes, das sich im Vergleich mit 1 dm^3 reinem Gold ergibt

d die Wichte eines Stoffes, also die Gewichtskraft pro Raummaß (N/m^3)

29 **Wie lautet die Formel zur Berechnung der Fläche (A) eines Kreises?**

a $A = \pi \cdot r^2$
b $A = 2\pi \cdot r$
c $A = \pi^2 \cdot r$
d $A = \pi \cdot 2r$

30 **Wie viele Stunden zeigt die Skala einer Sonnenuhr an?**

a 8 Stunden
b 12 Stunden
c 24 Stunden
d 10 Stunden

31 **Können Diamanten verbrennen?**

a nein, sie sind zu hart
b ja, ohne weitere Rückstände zu Kohlendioxid
c nein, aufgrund ihrer ungewöhnlichen Reinheit
d ja, wobei Stickstoff und Nickel entsteht

32 **Wer war der/die Erfinder/-in des ersten Gleitfluggerätes?**

a die Brüder Wilbur und Orville Wright 1903
b Gabriele Raskopf 1888
c Otto Lilienthal 1891
d Elisabeth Boeing 1899

33 **Was ist der Fachausdruck für „nach innen gewölbt"?**

a konvex
b inkav
c introdux
d konkav

34 **Was bezeichnet man als „weiches Wasser"?**

a Wasser mit starkem Kalkgehalt
b Wasser ohne Kalkgehalt
c Wasser, das abgekocht wurde
d Wasser, das radioaktiv strahlt

35 Welche Funktion hat ein Transformator?

a die Überführung von mechanischer Energie (Bewegung) in elektrischen Strom
b die Vermeidung von Kurzschlüssen in einem elektrischen System
c die Umwandlung von niedrigen elektrischen Wechselspannungen in höhere oder umgekehrt
d die Speicherung von elektrischer Energie in Trafospeichern

36 Wieso ist ein schwarzes Loch (ein massereicher Reststern) schwarz?

a schwarze Löcher kommen nur in den äußersten Randbereichen des Alls vor, sie sind daher so lichtschwach, dass ihre Leuchtkraft von anderen Himmelskörpern überlagert wird
b da dieses immer der kleinere Teil eines Doppelsterns ist, wird seine Leuchtkraft immer vom lichtstärkeren Stern überlagert
c weil aufgrund seiner gewaltigen Masse und der daraus folgenden Gravitationskraft eine Fluchtgeschwindigkeit resultiert, die höher als die Lichtgeschwindigkeit ist, daher kann das Licht den Stern nicht verlassen, dieser ist somit nicht sichtbar
d ein schwarzes Loch (black hole) ist überhaupt nicht schwarz, der Name geht lediglich auf seinen Entdecker, den Astrophysiker Frank Black, zurück

37 Woraus wird Benzin gewonnen?

a aus Erdöl
b aus Steinkohle
c aus Erdgas
d aus Löschkalk

38 Welcher Stein schwimmt auf Wasser?

a Feuerstein
b Kalkstein
c Sandstein
d Bimsstein

39 Was zeigt ein Geigerzähler an?

a Röntgenstrahlen
b radioaktive Strahlung
c Wärmestrahlung
d Mikrowellen

40 Was versteht man unter der Zentrifugalkraft?

a eine chemische Reaktion
b eine elektronische Aufladung
c eine durch kreisförmige Bewegung eines Gegenstands auftretende Fliehkraft
d weder noch, keine Lösung stimmt

41 Was versteht man in der Physik unter Entropie?

a ein Maß für die Ungeordnetheit in einem abgeschlossenen thermodynamischen System – je größer die Ordnung der Teilchen, desto kleiner die Entropie
b die Wärme, die freigesetzt wird, wenn ein Stoff von einem Aggregatzustand in einen anderen übergeht
c die Gesamtheit aller Moleküle, die sich an der Oberfläche eines festen Körpers befinden
d die Zeiteinheit, die notwendig ist, bis sich ein Gleichgewicht in einem thermodynamischen System eingestellt hat

42 Was ist ein Episkop?

a ein Gerät zum Messen von Schallwellen
b ein Apparat zur Projektion von Bildern
c ein Gerät zur Aufzeichnung von Erschütterungen durch Erdbeben
d eine Kleinstkamera, die in der Chirurgie eingesetzt wird

43 Was ist die Summe der drei Winkel eines Dreiecks?

a 360°
b 90°
c 100°
d 180°

44 Was versteht man unter einem faradayschen Käfig?

a eine geschlossene Hülle aus Blechen oder Maschendraht, in die von außen kein elektrisches Feld eindringen kann
b der Raum eines Röntgenapparates, in dem sich die Röntgenstrahlung ausbreitet
c die Sicherheitshülle eines Atomreaktors, die die radioaktive Strahlung von der Außenwelt abschirmt
d ein geschlossenes physikalisches System, aus welchem keine Moleküle entweichen können

45 Wann und wo wurde die erste Atombombe militärisch eingesetzt?

a am 17. Juli 1945 in Nagasaki
b am 22. Dezember 1944 in Osaka
c am 6. August 1945 in Hiroshima
d am 14. Oktober 1944 auf den Midway-Inseln

46 Was soll durch Rostschutz verhindert werden?

a die Korrosion
b das Oxidieren
c die Infiltration
d die Kollision

47 Wer stellte 1905 die spezielle Relativitätstheorie auf?

a Werner Heisenberg
b Otto Hahn
c Albert Einstein
d Stephen W. Hawking

48 Was wird als Fokus bezeichnet?

a das Ergebnis eines naturwissenschaftlichen Experimentes
b der Moment beim Startvorgang einer Rakete, in dem der Motor gezündet wird
c ein Teleskop mit Lichtverstärker zum Beobachten weit entfernter Objekte
d der Punkt, in dem sich Lichtstrahlen nach Brechung oder Konzentration vereinigen

49 Wie schnell ist das Licht?

a ca. 300 000 km/h
b ca. 300 000 km/sek
c ca. 10 000 km/sek
d ca. 10 000 km/h

50 Was ist der Hauptbestandteil der Sonne?

a Neon
b Wasserstoff
c Uranium
d Helium

51 Wer war der Erfinder des Buchdrucks mit beweglichen Lettern?

a Friedrich A. Brockhaus
b Johannes Gutenberg
c Wolfgang Tappeser
d Johann Gottfried von Herder

52 Was ist eine Diode?

a ein Halbleiterbauelement mit zwei Anschlüssen
b ein Signalkontrolllämpchen
c ein zweiwertiger Alkohol
d nichts von alledem

53 **Was ist in der Naturwissenschaft ein Quark?**

a das kleinste bekannte Elementarteilchen, aus dem sich die Materie aufbaut
b die theoretisch kleinste Zeiteinheit
c ein schnell rotierender, blinkender Stern
d der Teil eines Moleküls, der chemische Reaktionen ermöglicht

54 **Woraus besteht Seide?**

a aus der Kunstfaser Perlon®
b aus der Rindenfaser des Seidenstrauches
c aus fein gesponnener Edelbaumwolle
d aus einem proteinhaltigen Fadensekret der Seidenspinnerraupe

55 **Was versteht man unter Kondensation?**

a die Entladung elektrischer Spannung
b die Verdichtung von Stoffen durch Verpressen
c den Übergang vom gas- oder dampfförmigen in den flüssigen Aggregatzustand
d den Gehalt einer Lösung in einer Flüssigkeit

56 **Wie lautet der binomische Satz (die Darstellung durch eine Reihe) der Potenz $(a+b)^2$?**

a $2a+2b$
b $a^2+2ab+b^2$
c a^2+b^2
d $4ab$

57 **Was ist die Abkürzung für das Binärzeichen in der elektronischen Datenverarbeitung?**

a dig
b code
c log
d bit

58 Was bewirkt ein Katalysator in der Chemie?

a die Ermöglichung, Lenkung oder Beschleunigung einer chemischen Reaktion
b die Umwandlung organischer in anorganische Materie
c die Messung freigesetzter Wärmeenergie einer Reaktion
d die Abpufferung von Säuren

59 Wie lautet der Name des ersten Marsmobils, das am 4. 7. 1997 auf dem Mars landete?

a Hubble
b Voyager
c Explorer
d Sojourner

60 Was bedeutet in der Kernenergienutzung „GAU"?

a „General Atomic Union", der US-Verband der Atomindustrie
b der „Gesamtverband der Atomnutzenden Unternehmen" in Deutschland
c der „größte anzunehmende Unfall", eine Nuklearkatastrophe
d „general automatic unit", das automatische Abschaltsystem in Kernreaktoren

61 Woraus besteht ein Schwingkreis?

a Kondensator und Spule
b Wechselstromwiderstand und Spule
c Kondensator und Gleichstromwiderstand
d Transistor und Spule

62 Wovon hängt die Induktivität einer Spule ab?

a von der Spannung
b vom Widerstand des Drahtes
c von der Beschaffenheit des Kernmaterials
d vom Durchmesser der Spule

63 **Die Kapazität eines Kondensators wird vergrößert. Wie verhält sich der Wechselstromwiderstand?**

a der Wechselstromwiderstand wird größer
b der Wechselstromwiderstand wird kleiner
c es ändert sich nichts
d die Fragestellung ist falsch

64 **Welche Spannung liegt an der Autozündkerze an?**

a 12 V
b 15 000 V
c 120 V
d 24 V

65 **Welche Reihenfolge nach spezifischem Gewicht ist die richtige?**

a Titan, Kupfer, Aluminium, Stahl
b Kupfer, Stahl, Titan, Aluminium
c Stahl, Kupfer, Titan, Aluminium
d Aluminium, Titan, Stahl, Kupfer

66 **Die Differenz zwischen Blitz und Donner beträgt 13 Sekunden. Wie weit ist das Gewitter entfernt?**

a ½ km
b 12 km
c 2 km
d 4 km

67 **In einem Kettenkarussell sitzen eine schwere und eine leichte Person. Wer wird weiter herausgetragen?**

a beide gleich
b die leichte Person
c die schwere Person
d die Fragestellung ist falsch

68 Vorteile des V-Motors gegenüber dem Reihenmotor:

a mehr Leistung
b höheres Drehmoment
c kürzere Bauweise
d günstigerer Verbrauch

69 Zwei gleiche Pendel werden verschieden weit ausgelenkt. Welches der Pendel schwingt schneller?

a beide gleich
b das weniger weit ausgelenkte
c das weiter ausgelenkte
d die Frage ist falsch formuliert

70 Wie oft dreht die Kurbelwelle eines 8-Zylinder-4-Takt-Motors, bis alle Zylinder einmal gezündet haben?

a 1 Umdrehung
b 2 Umdrehungen
c 4 Umdrehungen
d 8 Umdrehungen

71 Wie viele Ventile hat ein normaler 4-Zylinder-4-Takt-Motor?

a 8
b 24
c 4
d 2

72 Ein Großkreis ist ein Kreis auf der Kugeloberfläche, dessen Mittelpunkt mit dem Kugelmittelpunkt identisch ist. Wie viele Großkreise gibt es?

a 360
b 1
c 180
d mehr als 360

73 Welches Bauteil lässt keinen Gleichstrom durch?

a Widerstand
b Spule
c Transistor
d Kondensator

74 Welches Bauteil verwandelt AC in DC?

a Transistor
b Gleichrichterdiode
c Spule
d Kondensator

75 Wie bewegen sich die Elektronen in einem Leiter?

a entgegen der Stromrichtung von – nach +
b mit der Stromrichtung von + nach –
c ist nicht genau definiert
d die Frage ist falsch formuliert

76 Womit wird ein Bleiakku gefüllt?

a Wasser
b Verdünnung
c Salzsäure
d verdünnte Schwefelsäure

77 Ein Wasserrohr hat drei unterschiedliche Bohrungen. Der Druck ist konstant 3 kp/cm^2. Welcher Wasserstrahl reicht am höchsten?

a der des kleinsten Loches
b der des größten Loches
c alle gleich
d der des mittleren Loches

78 Welche Strahlen haben die höchste Frequenz?

- a Röntgenstrahlen
- b elektrische Wellen
- c Infrarotstrahlung
- d technische Strahlen (Rundfunk, Fernsehen)

79 Woraus besteht ein Blitzableiter?

- a Kupfer
- b Zinn
- c Eisen
- d Aluminium

80 Was ergibt die Reaktion Salzsäure + Lauge?

- a Wasser und Zucker
- b Schwefelsäure
- c Wasser und Salz
- d Salzsäure

LÖSUNGEN

1	**c**	Kohlenstoffverbindungen bilden die stoffliche Grundlage des gesamten organischen Lebens.
2	**d**	Kann sich im Vakuum nicht ausbreiten, da kein Medium zur Schallübertragung vorhanden ist, braucht gasförmiges oder flüssiges Medium.
3	**a**	Barometer werden auch zur Höhenbestimmung verwendet. (Barometrische Höhenmessung)
4	**b**	Beim sogenannten Schwarzen Loch ist die Fluchtgeschwindigkeit größer als die Lichtgeschwindigkeit. Das hat zur Folge, dass nichts dem Schwarzen Loch entkommen kann, das in dessen Ereignishorizont gelangt.
5	**d**	Metall, weil Wärme stets vom wärmeren auf den kälteren Körper übergeht.
6	**d**	Sowjetischer Fliegeroffizier (1934–1968), der bei einem Flugzeugabsturz ums Leben kam. Er umkreiste die Erde in einer „Wostok"-Raumkapsel.
7	**c**	Bei Dampfmaschinen dienen Pleuel dazu, die lineare Kolbenbewegung in eine Drehbewegung der Kurbelwelle umzusetzen.
8	**c**	Nach Heinrich Rudolf Hertz, deutscher Physiker (1857–1894).
9	**d**	Pythagoras, griechischer Philosoph und Mathematiker aus Samos (rund 570–496 v. Chr.).

10 a Die Lichtgeschwindigkeit ist als konstante Größe überall gleich; sie beträgt etwas weniger als 300 000 000 m / s oder 18 000 000 km in der Minute bzw. 1 080 000 000 km / h (also über 1 Milliarde km).

11 b Die Bionik nimmt sich die Natur zum Vorbild, um technische, besonders elektronische Probleme zu lösen.

12 c Eine Anlage zur Beschleunigung elektrisch geladener Teilchen (Ionen) durch ein starkes Magnetfeld für physikalische Versuchsanordnungen.

13 d Der schwedische Erfinder Alfred Nobel, der einen Bruder bei einer Explosion in der väterlichen Sprengstofffabrik verloren hatte, suchte nach Möglichkeiten, das damals übliche Nitroglyzerin ungefährlich zu machen. Er kam 1866 zufällig darauf, dass mit Nitroglyzerin getränkte Kieselgur zwar die gleiche Sprengkraft wie zuvor hatte, jedoch nur mithilfe eines Zünders zur Explosion gebracht werden konnte. Das Schießpulver wurde übrigens von den Chinesen erfunden.

14 c Die Intensität eines Erdbebens wird angegeben in Zahlenwerten der Richterskala von 0 bis (bisher maximal) 8,6. C. F. Richter, amerikanischer Seismologe (1900–1985).

15 a Der absolute Nullpunkt ist die theoretisch tiefste mögliche Temperatur (0 Kelvin).

16 b In der ursprünglichen Bedeutung verstand man unter einer Oxidation eine chemische Reaktion eines Stoffes mit Sauerstoff. Heute wird der Begriff der Oxidation allgemeiner definiert und beschreibt eine Vielzahl chemischer Reaktionen.

17 d Nach dem französischen Physiker und Mathematiker André Marie Ampère (1775–1836).

18 c Karl Ferdinand Braun, deutscher Physiker (1850–1918).

19 d Elektrisch geladenes Teilchen, das weniger oder mehr Ladung als in seinem Normalzustand aufweist.

20 d Englischer Erfinder (1736–1819), baute 1765 die erste direkt wirkende Dampfmaschine.

21 a Das Wort Semaphor kommt vom Griechischem sema = Zeichen und pherein = tragen.

22 b Eine natürliche Zahl a, die nur die Teiler 1 und a besitzt, ist eine Primzahl. Dabei gilt: 1 ist keine Primzahl, 2 ist die kleinste Primzahl.

23 c Der Schmelzpunkt des Drahtes liegt bei ca. 3 400 °C.

24 c Vom griechisch-lateinischen Begriff „Hydragyrum", chemisches Element. Ein silbrigweißes, flüssiges Metall.

25 a Eigentlich „Brennstein", tertiärzeitliches Baumharz. Als Schmuckstein bekannt.

26 b Amerikanischer Astronaut (1934–2012); im Rahmen des Apollo-11-Fluges setzte Armstrong mit der Mondfähre „Eagle" am 20. Juli auf dem Mond auf und betrat ihn am 21. Juli mit den Worten: „Ein kleiner Schritt für den Menschen, ein großer Schritt für die Menschheit."

27	**d**	Die Astrologie versucht, Charakter und Schicksal des Menschen aus den Stellungen der Planeten zum Zeitpunkt der Geburt zu deuten.
28	**d**	Die Massendichte eines Stoffes, z. B.: 1 cm^3 Wasser wiegt bei 4 °C 1 g.
29	**a**	Flächeninhalt (A) = 3,14159 (π) mal den Radius zum Quadrat (r^2).
30	**b**	Die Sonnenuhr ist ein Zeitmesser, der aus der Lage des Schattens eines von der Sonne beschienen Stabes die wahre Sonnenzeit erkennen lässt.
31	**b**	Diamant ist der härteste natürliche Stoff. Dennoch kann er verdampft werden.
32	**c**	Deutscher Ingenieur (1848–1896); führte seit 1891 als Erster Gleitflüge von erhöhten Geländepunkten über mehrere hundert Meter Länge aus.
33	**d**	Der Gegensatz ist nach außen gewölbt, konvex.
34	**b**	Wasser ohne Kalkgehalt, aber: Wasser, das radioaktiv strahlt, nennt man schweres Wasser.
35	**c**	Auch Umspanner genannt. In der Nachrichtentechnik: Überträger, in der Messtechnik: Messwandler.
36	**c**	Weil auf Grund der gewaltigen Masse im schwarzen Loch die Gravitationskraft so groß ist, dass sogar Licht nicht entweichen kann.
37	**a**	Benzin wird auch als Lösungs- und Reinigungsmittel benutzt.
38	**d**	Vom althochdeutschen „bumiz“: „aus Lava erstarrtes Gesteinsglas“.
39	**b**	Zählrohr, benannt nach den Erfindern J. Geiger und W. Müller zum Nachweis einzelner energiereicher Teilchen.
40	**c**	Die Zentrifugalkraft ist eine durch kreisförmige Bewegung eines Gegenstands auftretende, nach außen (vom Mittelpunkt weg) gerichtete Fliehkraft.
41	**a**	Von R. J. E. Clausius (1822–1888) eingeführte makrophysikalische Zustandsgröße thermodynamischer Systeme, ist für die Berechnung des Wirkungsgrades von Wärmekraftmaschinen von Bedeutung.
42	**b**	Zur Projektion undurchsichtiger (Aufsichts-) Bilder.
43	**d**	In einem Rechteck ist die Summe der Winkel 360°. Ein Rechteck kann man sich aus zwei Dreiecken bestehend denken.
44	**a**	Nach Michael Faraday (1791–1867), englischer Physiker; am weitesten verbreitete Version eines Faraday-Käfigs ist das Auto.
45	**c**	Im 2. Weltkrieg (1939–1945) wurde von Amerikanern die erste Atombombe über Hiroshima abgeworfen.
46	**a**	Rostschutz verhindert die Korrosion, also das Rosten von Metall.
47	**c**	Der deutsche Physiker Albert Einstein stellte 1905 die spezielle Relativitätstheorie auf, nach der sich Körper mit wachsender Geschwindigkeit zusammenziehen und an Masse zunehmen. Sie ist eine Theorie der Relativität, weil der Begriff „Geschwindigkeit“ nur eine Bedeutung in Bezug auf einen Beobachter hat und es keine „absolute Bewegung“, keinen „absoluten Raum“ und keine „absolute Zeit“ gibt.

48 d Auch „Brennpunkt“ genannt. In der Fotografie: Fokussierung zur Scharfeinstellung.

49 b Der vom Licht zurückgelegte Weg beträgt 299 793 km/s, erstmalige Messung der Lichtgeschwindigkeit durch Beobachtung der Jupitermonde durch Olaus Rømer (1640–1710). In einem erdgebundenen Experiment erstmals gemessen 1849/50 von Fiteau und Foucault.

50 b Die Sonne besteht hauptsächlich aus Wasserstoff.

51 b Johannes Gutenberg (um 1397–1468). Die Gutenberg-Bibel zeichnet sich durch ihre technische Qualität aus und gilt als eines der wichtigsten Bücher der Inkunabelzeit.

52 a Eine Diode ist ein Halbleiterbauelement mit zwei Anschlüssen.

53 a Quarks sind neben den Leptonen die fundamentalen Bausteine der Materie.

54 d Seide ist eine feine Naturfaser. Sie kommt ursprünglich aus China und ist eine wichtige Handelsware.

55 c Erreicht man entweder über Abkühlung oder Druckerhöhung.

56 b Im Produkt zweier Summen wird jedes Glied einer Summe mit jedem Glied der anderen Summe multipliziert, um dann die Gesamtsumme aus all diesen Teilprodukten zu bilden.

57 d Abkürzung für „binary digit“.

58 a Der Katalysator tritt dabei im Endprodukt nicht auf.

59 d Herzstück der US-Raumsonde „Mars-Pathfinder“, Größe: 50 cm lang, 28 cm hoch.

60 c Ein größter anzunehmender Unfall (GAU) ist ein statistisch unwahrscheinlicher Störfall in einem Kernkraftwerk, für den die Anlage ausgelegt sein muss, ohne dass radioaktive Strahlung aus der Anlage austritt. Die Beherrschbarkeit des GAUs ist im Genehmigungsverfahren nachzuweisen.

61 a Auch Resonanzkreis genannt, Anwendung in der Elektrotechnik, Elektroakustik.

62 c, d Einheit der Induktivität: Henry (H), benannt nach dem amerikanischen Physiker Joseph Henry (1797–1878).

63 b Einheit der elektrischen Kapazität: Farad (F), nach dem englischen Physiker Michael Faraday (1791–1867).

64 b Die Zündkerze erzeugt in Ottomotoren die für die Zündung notwendigen Zündfunken.

65 d Ist aufgrund von Messungen festgelegt.

66 d Im Bereich des Blitzes wird die Luft auf bis zu 30 000 °C erhitzt, sodass sie sich explosionsartig ausdehnt. Hierdurch wird der Knall des Donners verursacht. Aus der Zeit zwischen Donner und Blitz lässt sich die Entfernung des Blitzes errechnen, da die Geschwindigkeit des Schalls 332 m / s beträgt. Drei Sekunden entsprechen einem Kilometer.

67	**a**	Beide werden gleich weit herausgetragen, da sich Zentrifugalkraft (größer bei einer schweren Person) und Normalkraft (Schwerkraft) ausgleichen.
68	**c**	Bei einem V-Motor sind die Zylinder in V-Form angeordnet.
69	**a**	Weil auf Grund ihrer gleichen Schwingungsdauer Resonanz zwischen ihnen auftritt.
70	**b**	Kolbenmotoren arbeiten in vier Schritten (Ansaugen, Verdichten, Verbrennen, Ausstoßen). Jeder der vier Schritte läuft während eines Taktes (eine Auf- oder Abwärtsbewegung des Kolbens) ab. In vier Takten dreht sich die Kurbelwelle also zwei Mal.
71	**a**	Der normale 4-Zylinder-4-Takt-Motor hat 8 Ventile.
72	**d**	Auf einer Kugeloberfläche ist ein Großkreis der größtmögliche Kreis, dessen Mittelpunkt immer mit dem Mittelpunkt der Kugel zusammenfällt. Schneidet man eine Kugel auf dem Großkreis in zwei Hälften, sind diese gleich groß.
73	**d**	Der Kondensator speichert elektrische Ladungen.
74	**b**	Bauelement zur Umwandlung (Gleichrichtung) von Wechsel- in (pulsierenden) Gleichstrom.
75	**a**	Die Elektronen bewegen sich im Leiter vom Minus- zum Pluspol. In der Technik wird die Stromrichtung von Plus nach Minus gezählt.
76	**d**	Bleiakkumulatoren bestehen aus Bleielektroden und einem Elektrolyt aus verdünnter Schwefelsäure. Sie werden z. B. für die Notstromversorgung, Alarmanlagen oder den Antrieb von Gabelstaplern oder Rollstühlen verwendet.
77	**a**	Das kleinste Loch wirkt als Engpass mit Kompressionswirkung. Der austretende Druck ist höher und der Wasserstrahl reicht am höchsten.
78	**a**	In der Medizin werden Röntgenstrahlen angewendet, um den menschlichen Körper zu durchleuchten. Dabei können Knochen sichtbar gemacht und Schädigungen festgestellt werden.
79	**a**	Der Blitzableiter wurde von Benjamin Franklin 1752 erfunden, nachdem er beim Gewitter einen Drachen steigen ließ, dessen Spitze aus Metall mit einem Seidenfaden verbunden war, an dem ein Schlüssel gebunden war. Er fand, dass die „himmlische Elektrizität“ durch die Spitze gefangen und durch den Faden bis zum Schlüssel weitergeleitet werden kann.
80	**c**	Als 0,1–0,5 %-ige Lösung kommt sie in der Magensäure vor.

9 Räumliches Vorstellungsvermögen

Figuren abwickeln

Dieser Test überprüft Ihr räumliches Vorstellungsvermögen. Die Fragestellung lautet: Welcher der vier rechts dargestellten Körper kann aus der Faltvorlage links gebildet werden? Die Faltvorlage stellt immer die Außenseite des Körpers dar.

Beispiel 1

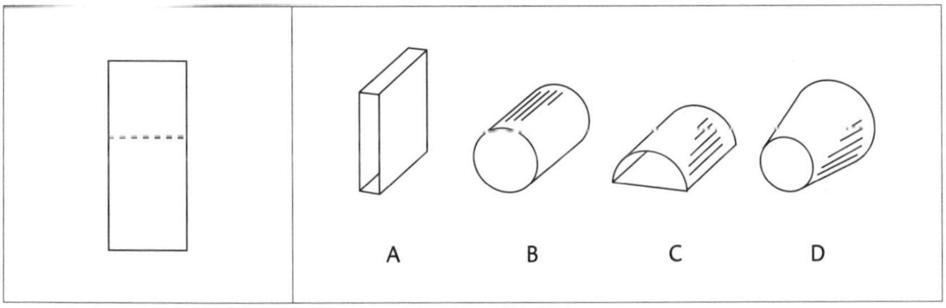

Lösung: C

Beispiel 2

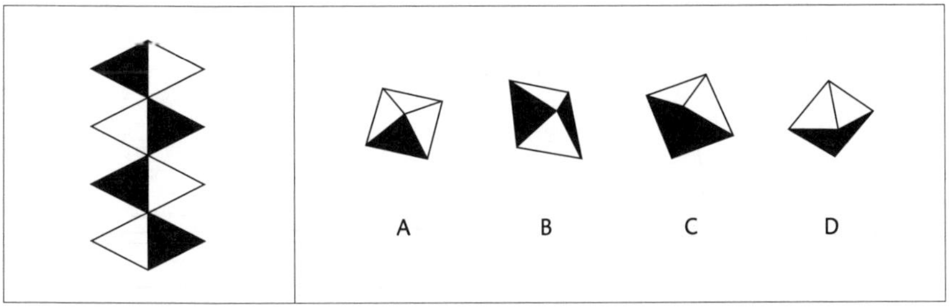

Lösung: B

AUFGABEN

Für die folgenden 19 Aufgaben haben Sie 10 Minuten Zeit.

1

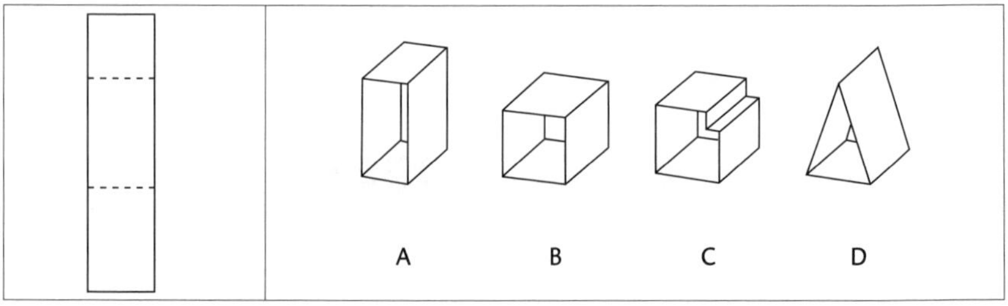

2

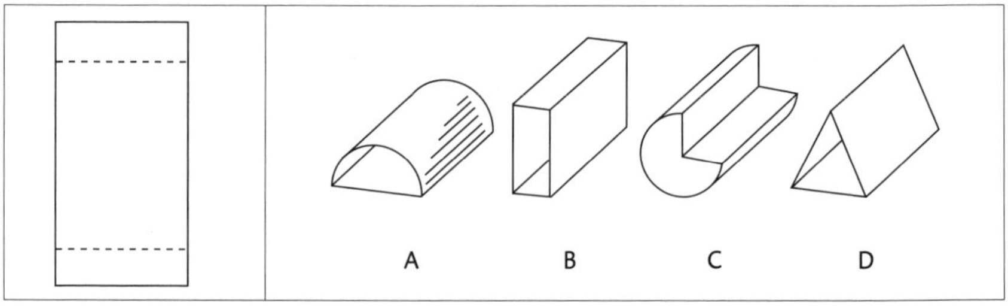

3

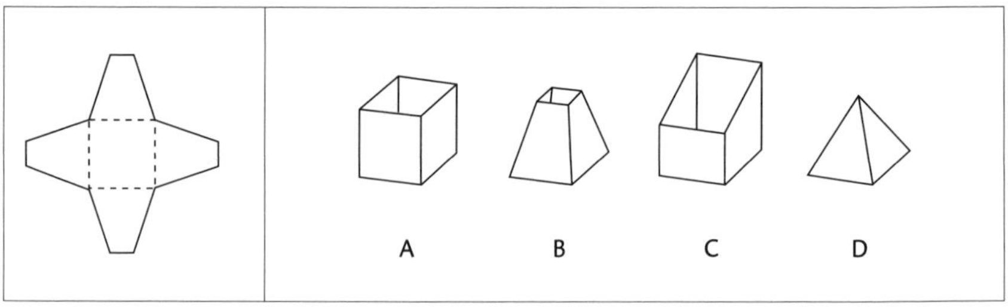

4

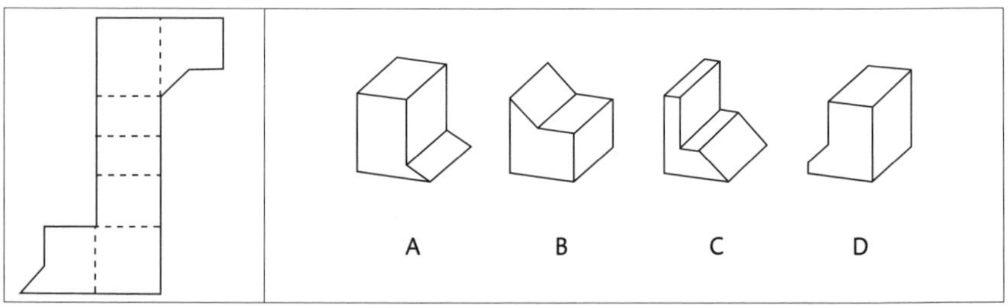

5

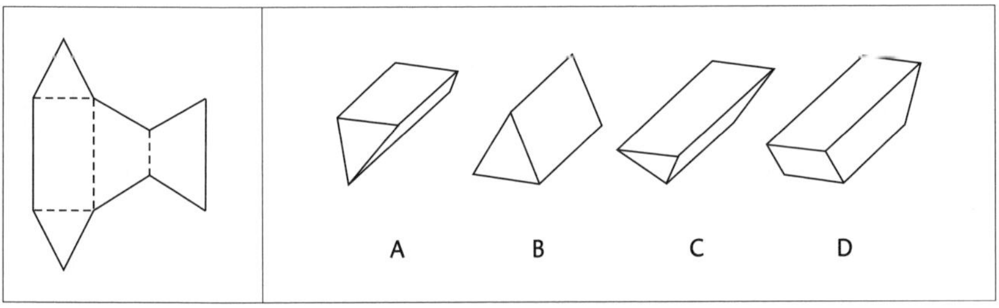

6

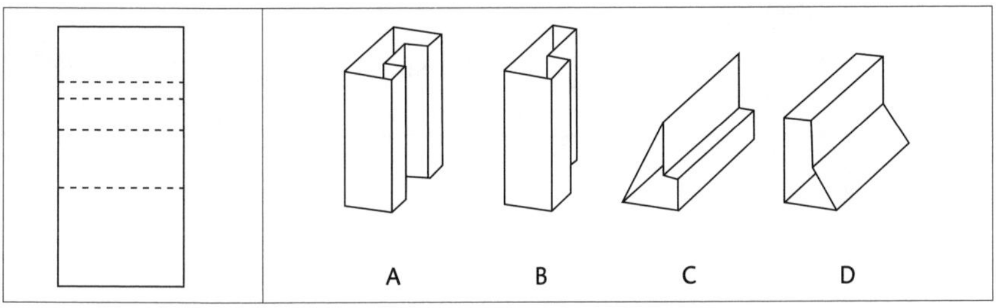

7

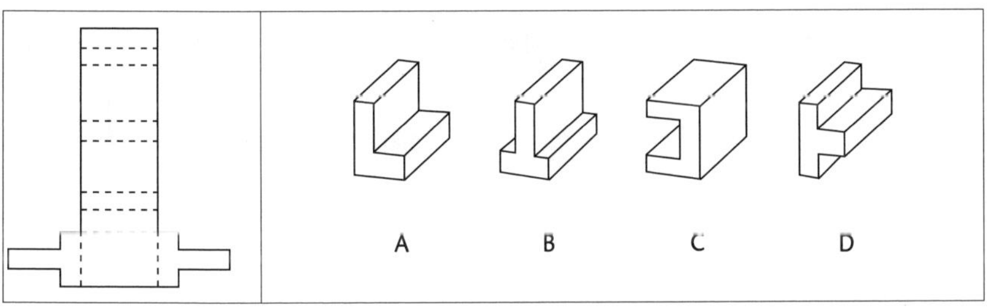

8

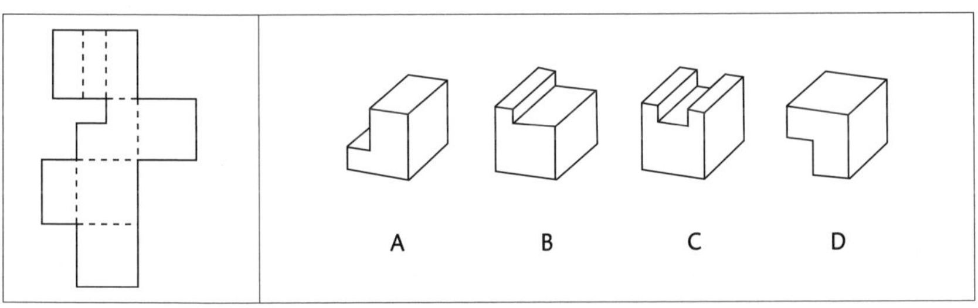

9

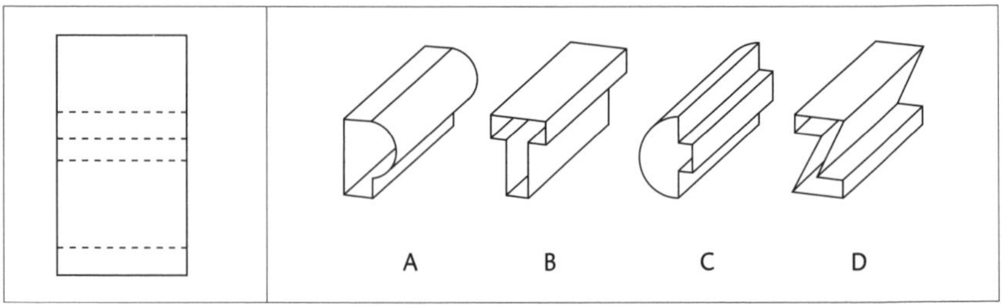

10

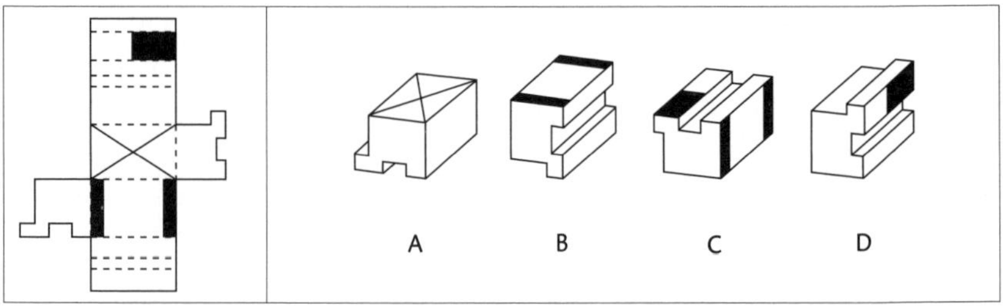

11

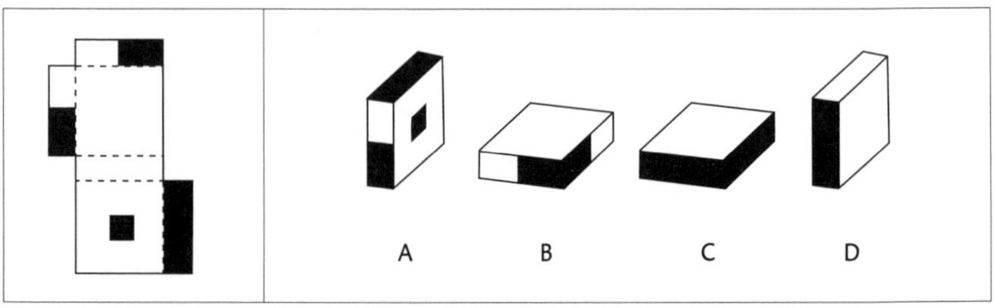

12

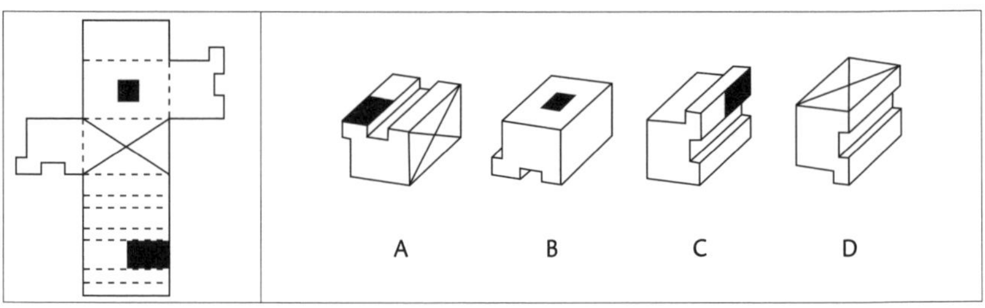

13

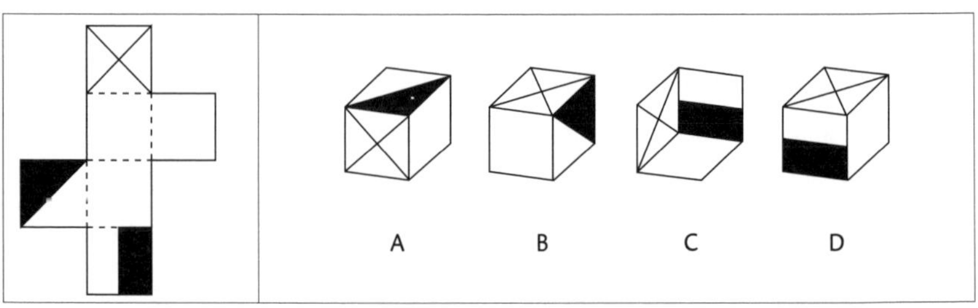

14

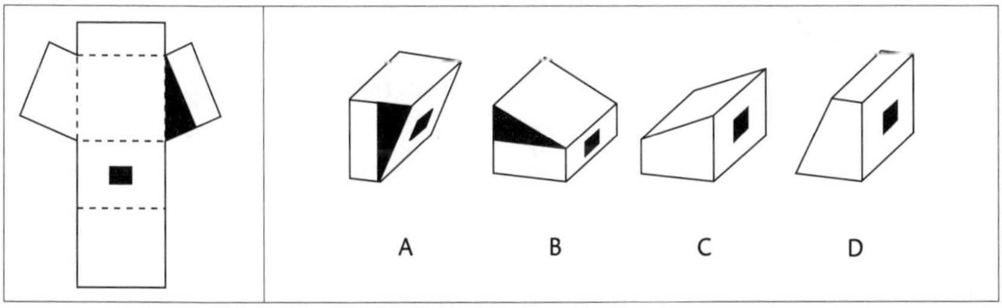

15

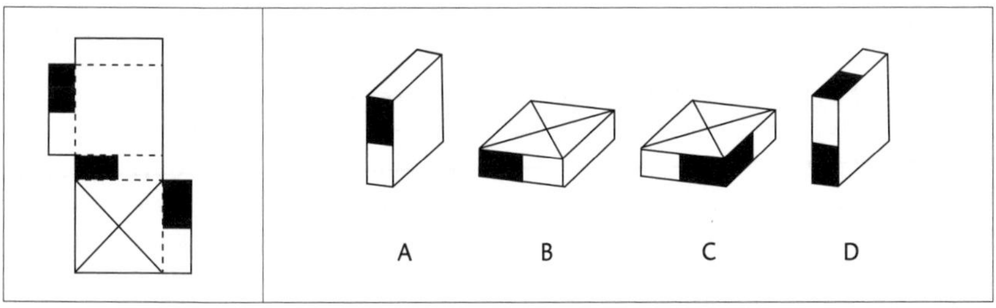

16

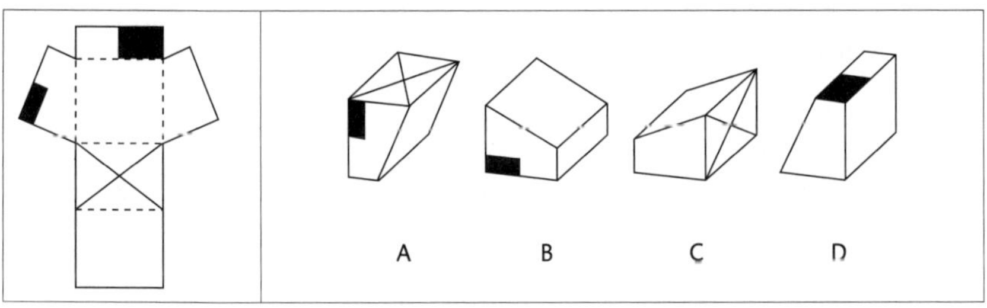

17

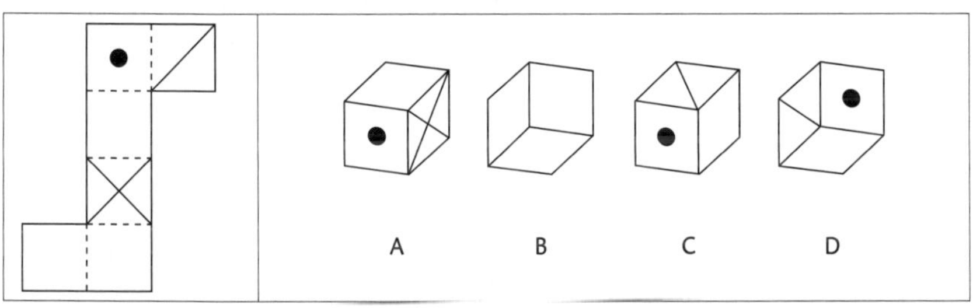

18

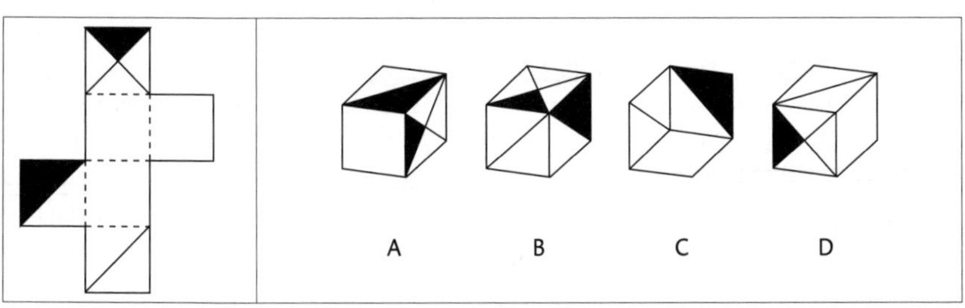

19

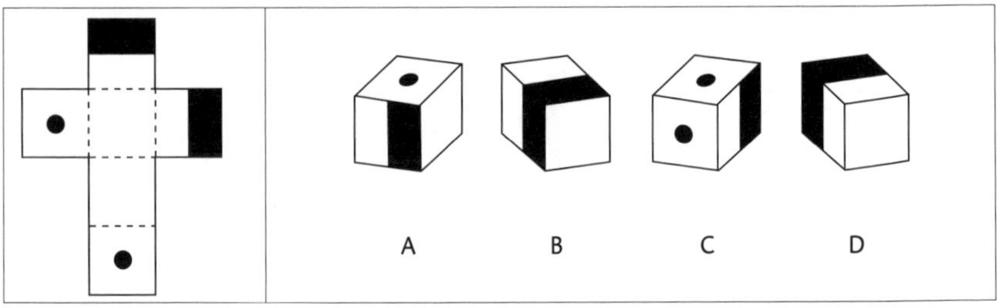

LÖSUNGEN

1	**D**	Die Faltvorlage hat nur drei Seiten, sodass auch nur ein Körper mit drei Seiten als Lösung in Frage kommen kann. Die ist nur beim „Dreieck" (D) der Fall.
2	**C**	Die Faltvorlage zeigt zwei gleich kurze Enden und eine lange Fläche dazwischen. Damit scheiden das Dreieck (D) und die Schachtel (B) als Lösungen aus. Der halbrunde Körper (A) hat zwar eine lange Fläche, besteht aber nur aus zwei Flächen, sodass er auch ausscheidet und nur der halbrunde Körper mit der Ecke (C) die richtige Lösung sein kann.
3	**B**	Die Grundfläche der Faltvorlage ist ein Quadrat. Das weisen alle Körper auf. Jedoch sind die 4 Seitenflächen der Vorlage alle gleichförmig, werden nach außen hin schmaler und haben ein flaches Ende. Damit scheiden die Körper A (Würfel), B (Karton, Seiten sind unterschiedlich lang), D (Tetraeder, läuft spitz zu) aus. Nur B lässt sich aus der Vorlage bilden.
4	**B**	Hier ist die Lösung sehr leicht zu finden, indem man die Vorderseiten der Körper mit der Fläche unten links in der Faltvorlage vergleicht. Diese Fläche passt nur (mittels einer Vierteldrehung nach oben) auf die Vorderseite des Körpers B.
5	**C**	Der Körper D scheidet von vornherein aus, da er keine dreieckige Fläche aufweist. Beim Körper A hat das Dreieck auf der Vorderseite eine andere Form als auf der Vorlage und beim Körper B sind die Seitenflächen länger als in der Vorlage. Damit stimmt nur der Körper C mit allen Flächen der Vorlage überein.
6	**C**	In der Faltvorlage sind 5 Flächen erkennbar. Die Körper A und B haben 7 bzw. 6 Flächen, sodass sie von vornherein ausscheiden. Vergleicht man die Körper C und D, fällt auf, dass der Körper C eine sehr schmale Fläche aufweist, so wie sie in der Vorlage auch vorhanden ist. Daher kann nur C die richtige Lösung sein.
7	**B**	Auffallend in dieser Faltvorlage sind die beiden t-förmigen Seitenteile. Diese sind nur bei den Körpern B und D vorhanden. Vergleicht man die Körper B und D fällt auf, dass das „T" bei B eher langgezogen und bei D eher gestaucht ist. Die Faltvorlage weist ein langes „T" auf, sodass nur B die richtige Lösung sein kann.
8	**D**	Aufschluss bietet hier die l-förmige Fläche in der Faltvorlage. Eine l-förmige Fläche weisen nur die Körper A und D auf. Der Körper A scheidet dann aus, da der eine Schenkel vom „L" schmaler ist als in der Vorlage. Nur beim Körper D passt es genau.
9	**A**	Nur der Körper A weist 5 Flächen auf, wie die Faltvorlage. Alle anderen haben mehr Flächen.

10 C Bei dieser Aufgabe habe alle Körper die Form der Faltvorlage. Nur die Positionierung der schwarzen Balken und des Kreuzes bieten Hinweise auf die richtige Lösung. Körper A scheidet aus (wenn das Kreuz oben liegt, müssten auf der rechten Seite die beiden schwarzen Balken zu sehen sein). Körper B scheidet aus, da der Balken, der nach rechts zeigt und unten liegt, zur Hälfte schwarz sein müsste. Körper D scheidet aus, da die schwarze Fläche vorne und nicht hinten liegen muss. Damit bleibt C als einzige richtige Lösung übrig.

11 D Hier bietet nur die Positionierung der schwarzen und weißen Flächen Hinweise auf die richtige Lösung. Wenn das schwarze Quadrat wie bei Körper A rechts liegt, muss die schwarze Fläche auf der Vorderseite oben und nicht unten liegen. Damit scheidet Lösung A aus. Liegt die weiße Seite oben und liegt die schwarze Fläche auf der Vorderseite rechts, muss die rechte Seite komplett weiß sein und darf nicht wie bei Körper B halb schwarz sein. Körper C scheidet damit ebenfalls aus. Nur Körper D bietet die richtige Lösung.

12 A Körper D scheidet aus, da die Fläche, die auf der rechten Seite unten liegt, zur Hälfte schwarz sein müsste, wenn das Kreuz auf der Oberseite zu sehen ist. Körper C scheidet aus, da die Fläche, die auf der rechten Seite oben liegt, vorne schwarz sein müsste. Beim Lösungsvorschlag ist die Fläche hinten schwarz. Wenn das schwarze Quadrat wie bei Körper B oben liegt, muss sich auf der Fläche, die nach rechts zeigt, das Kreuz befinden. Beim Lösungsvorschlag ist sie weiß. Damit bleibt nur A als richtiger Lösungsvorschlag übrig.

13 C Vergleicht man die Faltvorlage und den Würfel A fällt auf, dass die diagonal gestreifte Fläche nicht oben liegen kann, wenn das Kreuz nach vorne zeigt. Die längs gestreifte Fläche, die in der Faltvorlage dem Kreuz gegenüber liegt, müsste nach oben zeigen. Bei Würfel B müsste die längs gestreifte Fläche vorne liegen, wenn das Kreuz oben und die diagonal gestreifte Fläche rechts liegt. Somit scheidet auch Würfel D aus, bei dem ebenfalls das Kreuz oben liegt. Nur bei Würfel C werden alle Seiten richtig dargestellt.

14 C Vergleicht man die Faltvorlage und Figuren A und D, erkennt man, dass das schwarze Quadrat auf der schmalen Fläche liegt und nicht auf einer der beiden längeren. Somit scheiden diese beiden Figuren schon aus. Aus demselben Grund kommt auch die Figur B nicht als Lösung in Betracht. Hier liegt das schwarze Quadrat auf der kleinen schmalen Fläche; in der Vorlage aber auf der etwas größeren schmalen Fläche. Nur bei der Figur C ist das Quadrat richtig abgebildet.

15 A Vergleicht man die Faltvorlage mit der Figur A erkennt man, dass die weiße Fläche und die schmalen Seiten genau passend liegen, ohne dass man sie gedanklich noch drehen oder kippen muss. Alle anderen Figuren scheiden als Lösung aus: Bei der Figur B müsste die schwarze Fläche rechts liegen, wenn das Kreuz oben und die weiße Fläche auf der rechten Seite liegt. Die Figur C scheidet aus, weil nie zwei schwarze Flächen aneinander liegen können. Und bei der Figur D liegen die schwarzen Flächen auf der falschen Seite.

16 D Wenn das Kreuz wie bei A oben liegt, muss die schwarze Fläche vorne, an der rechten Kante, liegen. Bei der Figur B ist die schmale Fläche, die nach rechts zeigt, weiß. Diese ist in der Faltvorlage schwarz-weiß. Bei C müsste vorne der schwarze Balken zu sehen sein, wenn das Kreuz auf der rechten Seite liegt. Die Figur D ist richtig abgebildet.

17 C Der Punkt und das Kreuz sind auf gegenüberliegenden Seiten des Würfels. Daher können sie nicht nebeneinander liegen wie bei Würfel A dargestellt. Die drei weißen Seiten liegen alle nebeneinander, sodass der Würfel B nicht korrekt ist. Bei der Darstellung müsste entweder das Kreuz oder der Punkt unten liegen.

18 B Wenn die weiße Fläche vorne und die halb-schwarze Fläche oben liegt, wie bei Würfel A, muss das schwarze Dreieck auf der rechten Seite an der hinten Kante liegen. Wenn die halb-schwarze Fläche und die Fläche mit dem Strich, wie bei Würfel C, aufeinandertreffen, müssen die quer verlaufenen Linien aufeinanderstoßen und dürfen nicht parallel verlaufen. Bei Würfel D liegt das schwarze Dreieck auf der Vorderseite falsch, es muss nach oben zeigen, wenn die Fläche mit dem Strich oben liegt. Nur bei Würfel B sind alle Seiten richtig abgebildet.

19 D Liegt der Punkt oben und verläuft das schwarz-weiße Feld auf der Vorderseite senkrecht, wie bei Würfel A, muss auf der rechten Seite auch ein Feld mit Punkt sein. Bei Würfel A ist die Seite weiß, sodass er falsch ist. In der Vorlage erkennt man, dass das weiße Feld mit den weißen Feldern der angrenzenden Flächen aufeinander trifft. Beim Würfel B müssten somit die weißen Flächen an der vorderen Kante liegen und nicht hinten. Bei Würfel C sind beide Flächen mit einem Punkt zu sehen. Dann müsste die schwarze bzw. die weiße Fläche auf der rechten Seite waagerecht verlaufen. Bei Würfel C verlaufen sie senkrecht. Nur bei Würfel D sind alle Seiten korrekt abgebildet.

Formlegetest

Der Formlegetest wird z. B. bei der Berufsfeuerwehr Stuttgart verwendet und soll Ihr räumliches Vorstellungsvermögen testen. Hierzu bekommen Sie mehrere Einzelfiguren aus Holz, aus denen eine große Figur zusammengesetzt ist. Ihre Aufgabe ist es nun, weitere vorgegebene Figuren nachzulegen und in diesen Figuren die Umrisse der Einzelteile nachzuzeichnen.

Beispiel

Sie sehen hier die Einzelfiguren 1 bis 4. Ihre Aufgabe ist es nun, in der vorgegebenen Umrisszeichnung „Hut" die Umrisse der Einzelfiguren einzuzeichnen.

Einzelfiguren:

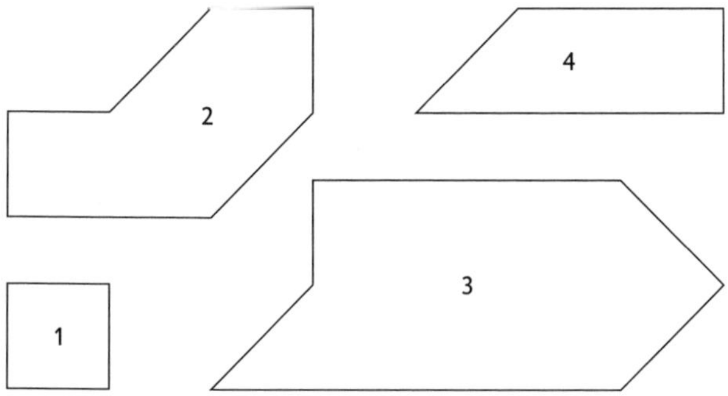

Beispielaufgabe „Hut“

Bitte zeichnen Sie in den hier dargestellten „Hut“ die Umrisse/Trennlinien der Einzelfiguren ein.

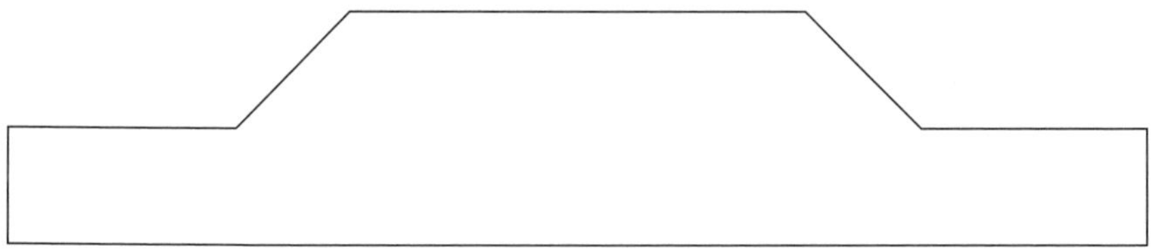

Die richtige Lösung wäre nun wie folgt:

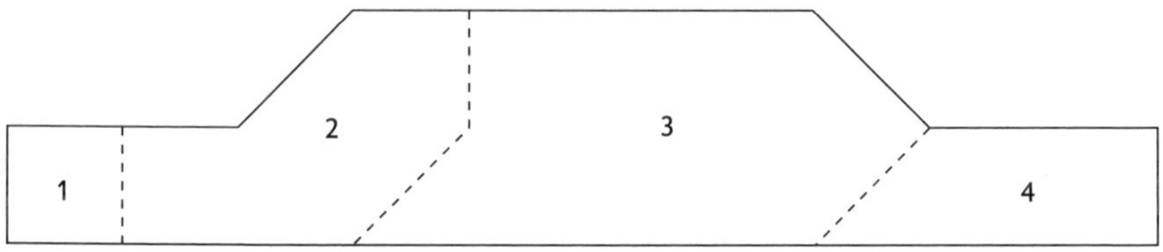

Zum Einzeichnen der Trennlinien bei den kommenden 6 Aufgaben haben Sie insgesamt 6 Minuten Zeit. Bitte beachten Sie, dass die Einzelfiguren sowohl gedreht als auch gespiegelt werden können! Empfehlung: Kopieren Sie sich die oben gezeigten Einzelfiguren, schneiden Sie diese aus und benutzen sie zum Üben.

1 Aufgabe: Hering

2 Aufgabe: Pfeil

3 Aufgabe: Boot

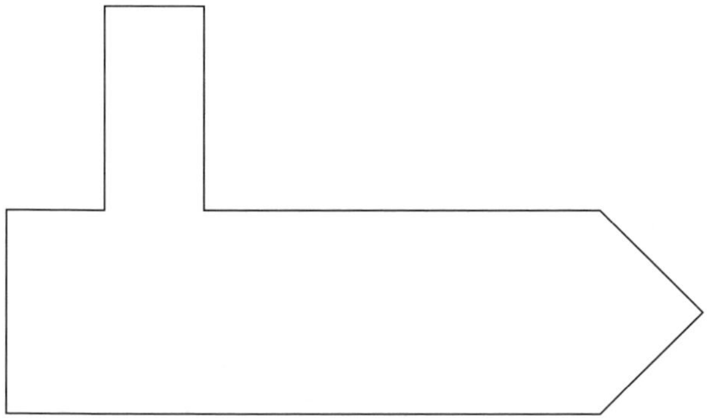

4 Aufgabe: Schwert

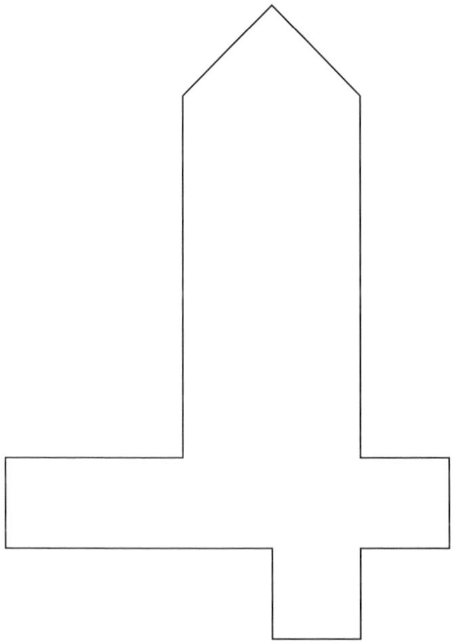

5 Aufgabe: Laserpistole

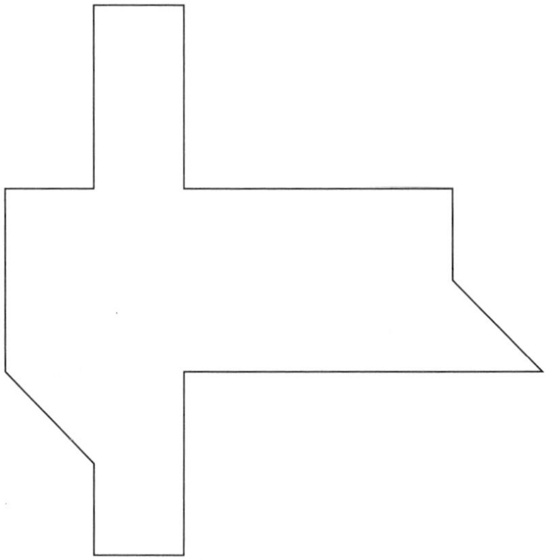

6 Aufgabe: Buchstabe „C“

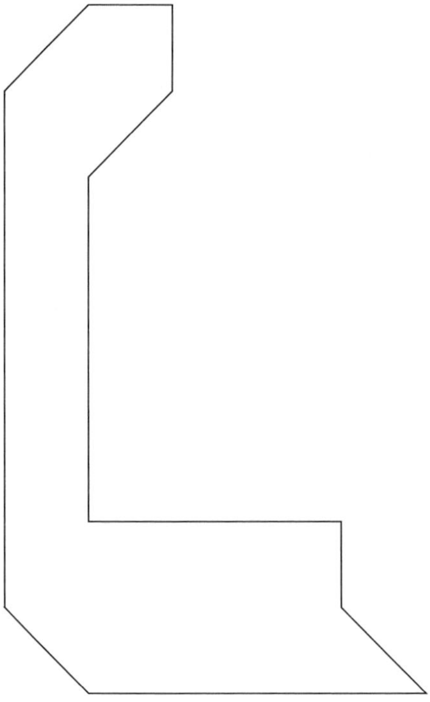

LÖSUNGEN

1. Aufgabe
Hering

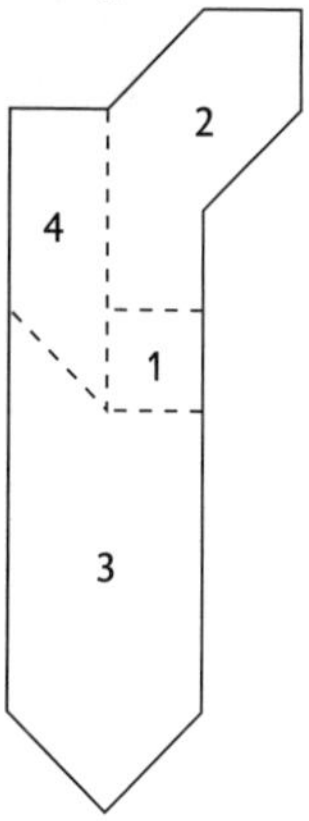

2. Aufgabe
Pfeil

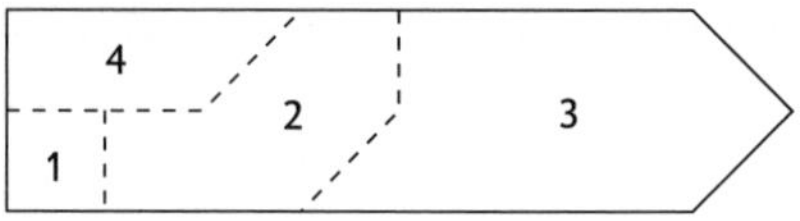

4. Aufgabe
Schwert

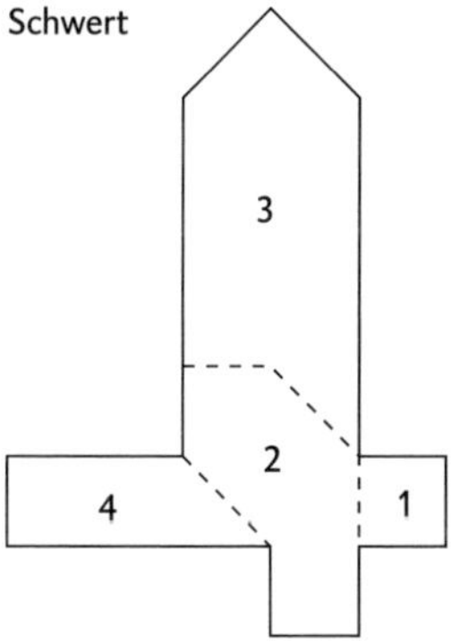

3. Aufgabe
Boot

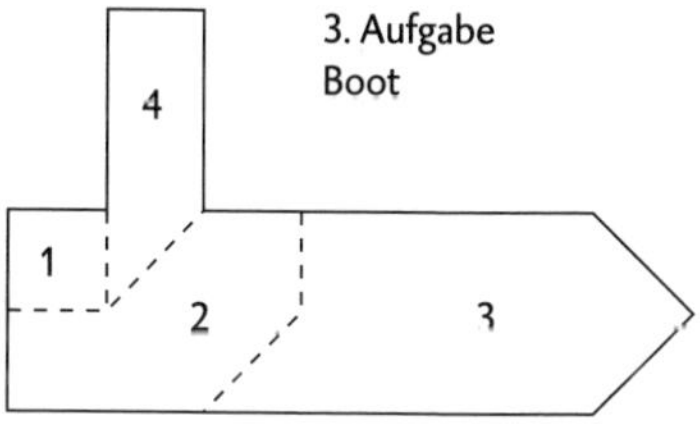

6. Aufgabe
Buchstabe „C“

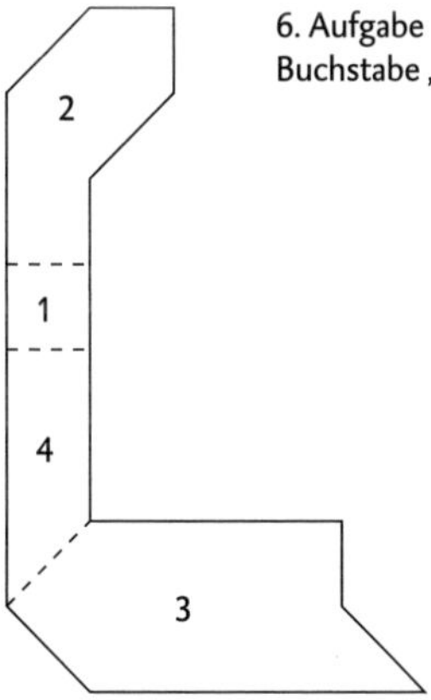

5. Aufgabe
Laserpistole

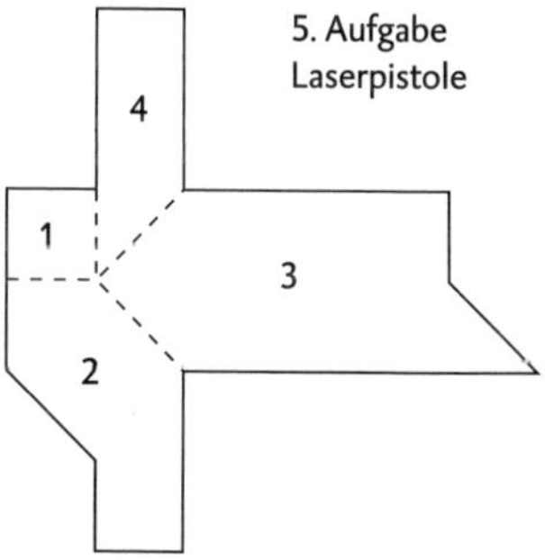

Spiegelbilder wiedererkennen

Die folgenden Figuren lassen sich durch einfaches Verschieben zur Deckung bringen – bis auf eine. Diese muss man erst umklappen bzw. spiegeln, bis auch sie durch Verschieben zur Deckung mit den anderen Figuren gebracht werden kann. Welche Figur das ist, sollen Sie herausfinden.

Beispiel 1

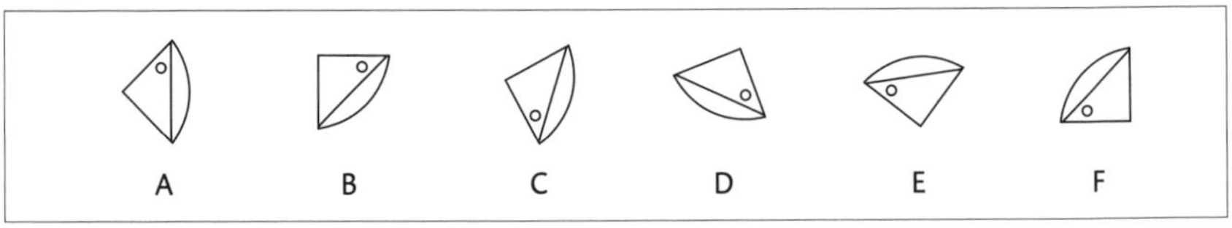

Lösung: C

Beispiel 2

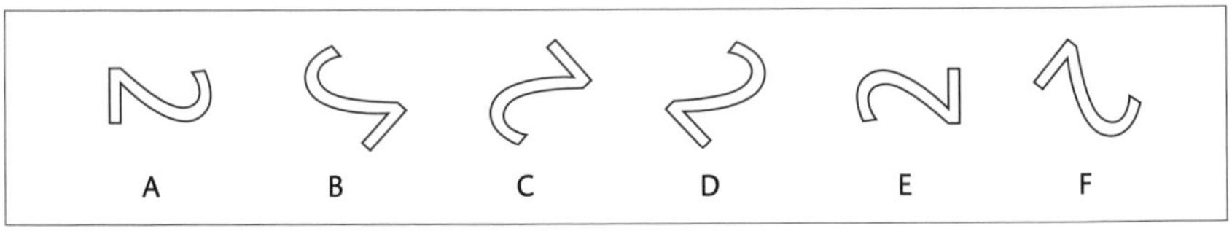

Lösung: B

Beispiel 3

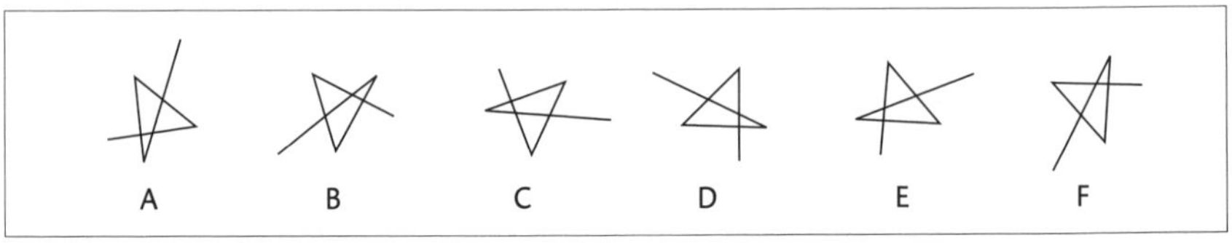

Lösung: E

AUFGABEN

Für die folgenden 50 Aufgaben haben Sie 20 Minuten Zeit.

1

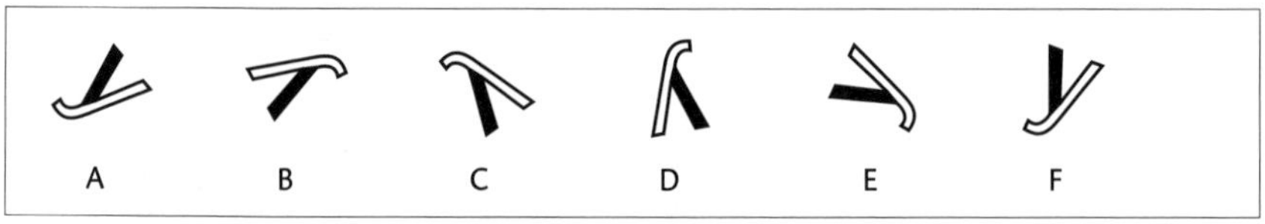

2

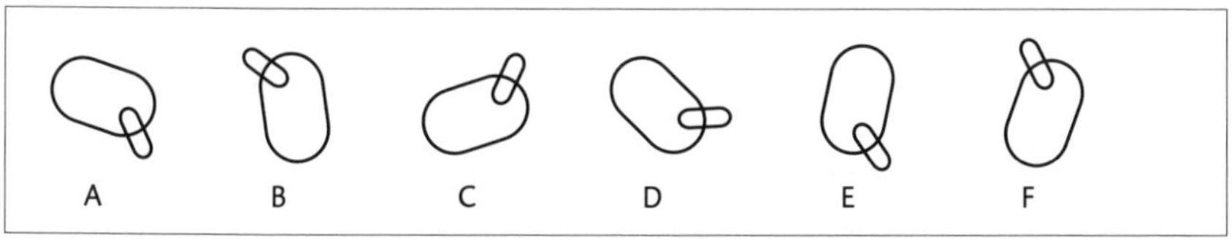

3

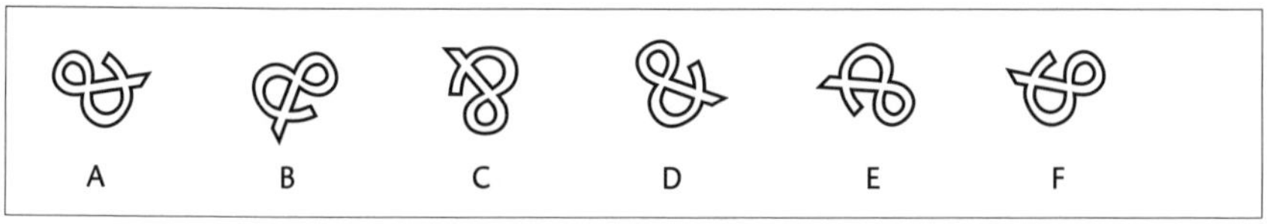

4

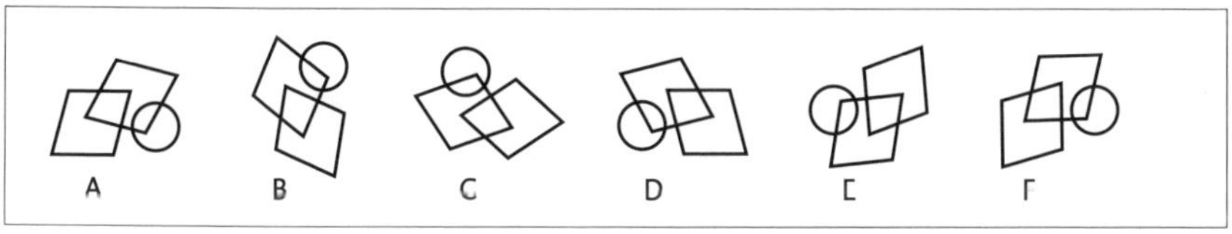

5

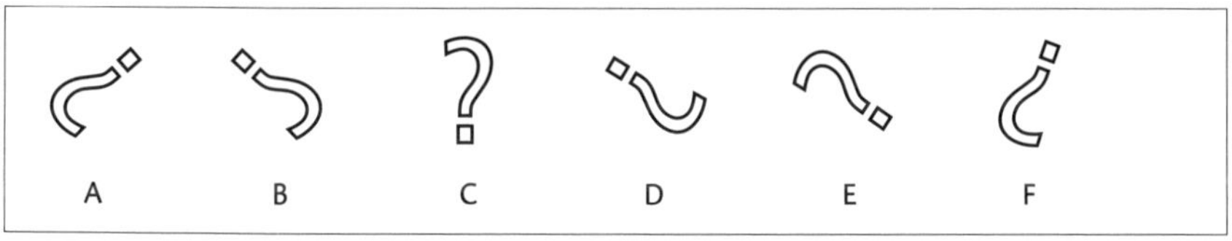

6

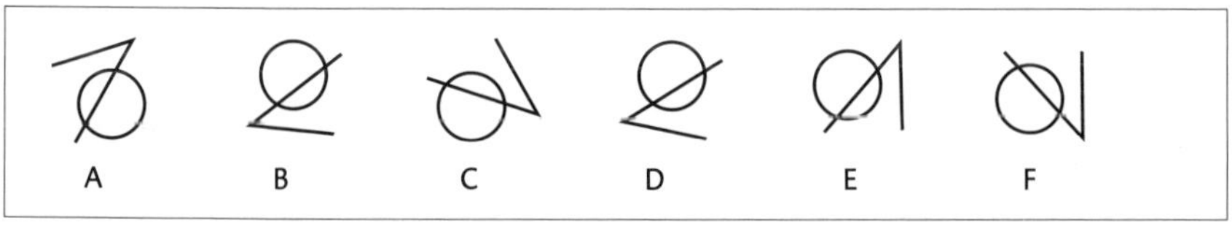

7

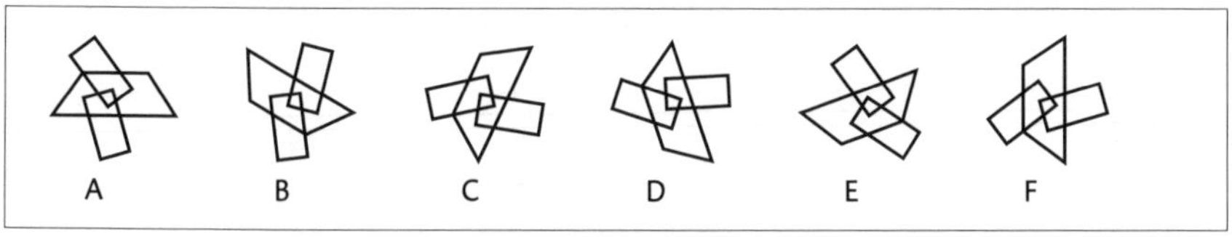

8

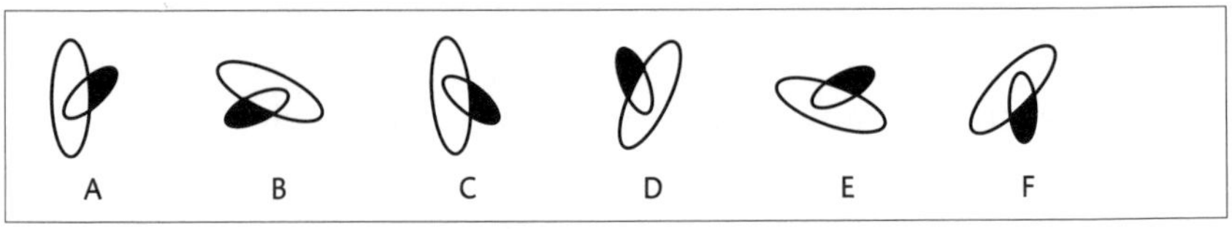

9

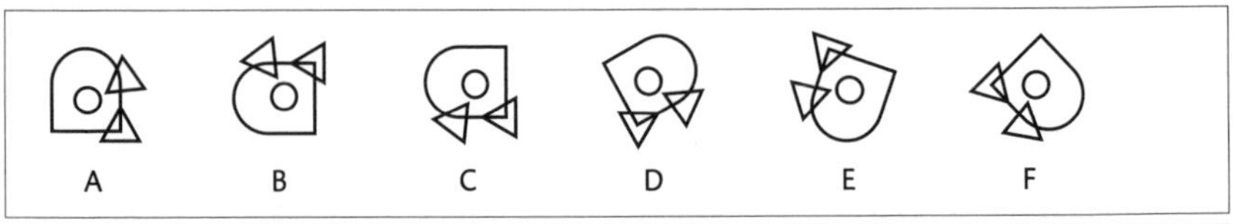

10

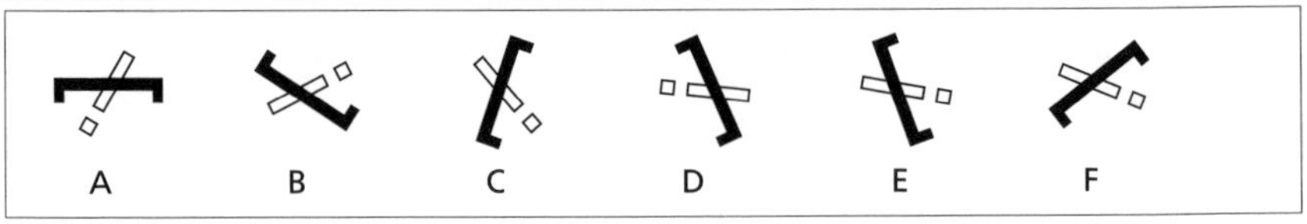

11

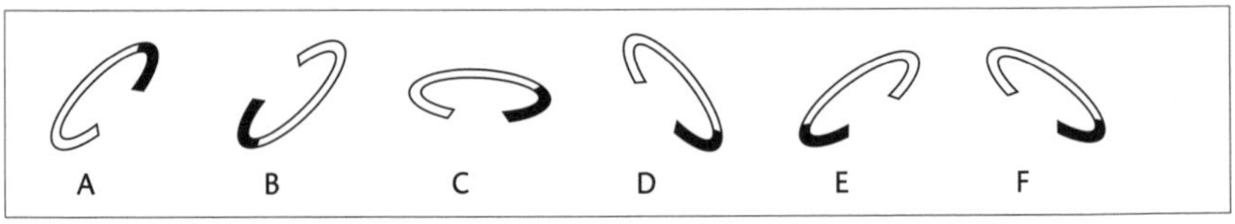

12

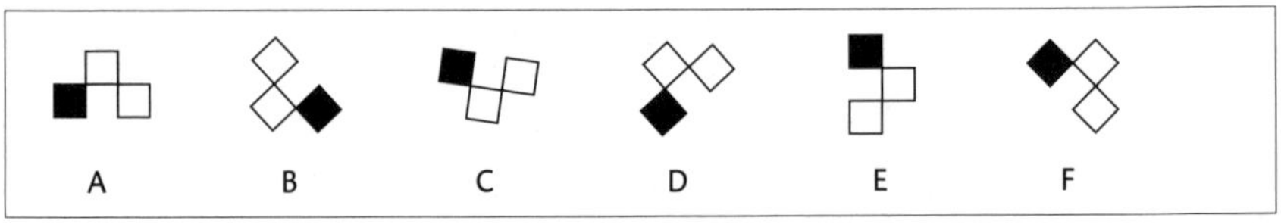

13

14

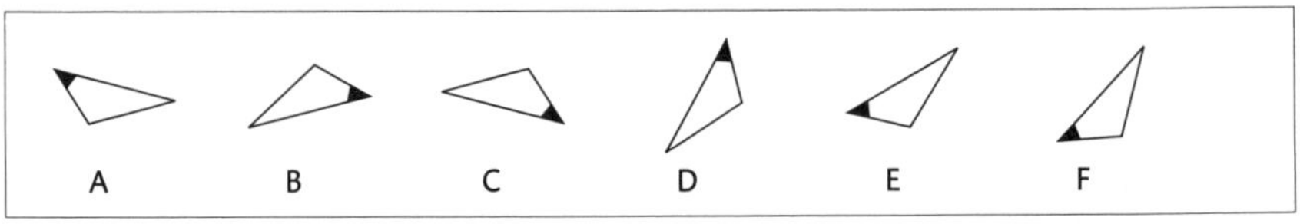

15

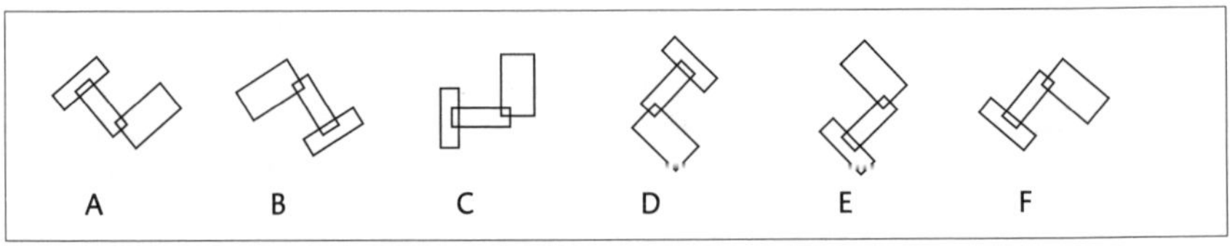

16

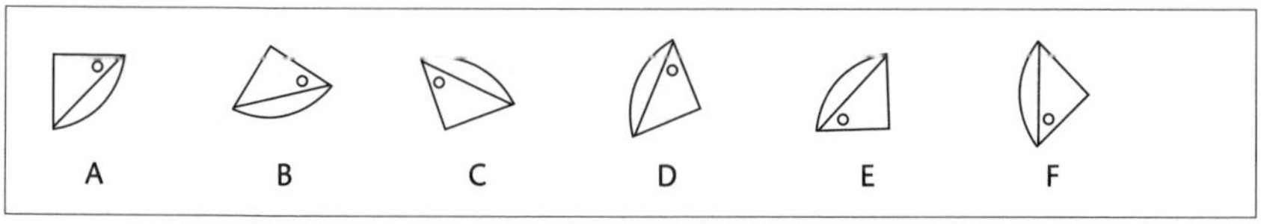

17

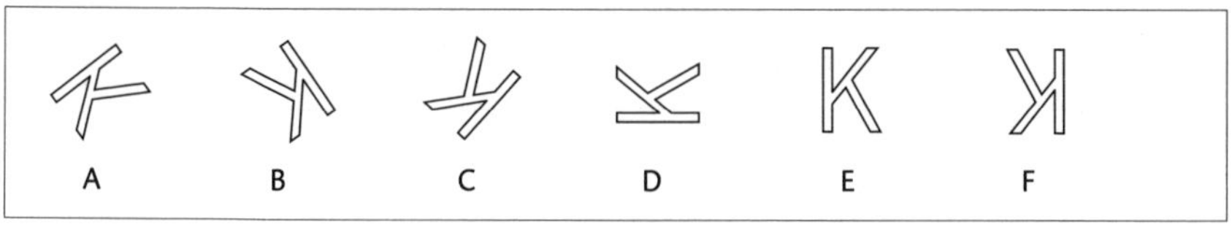

18

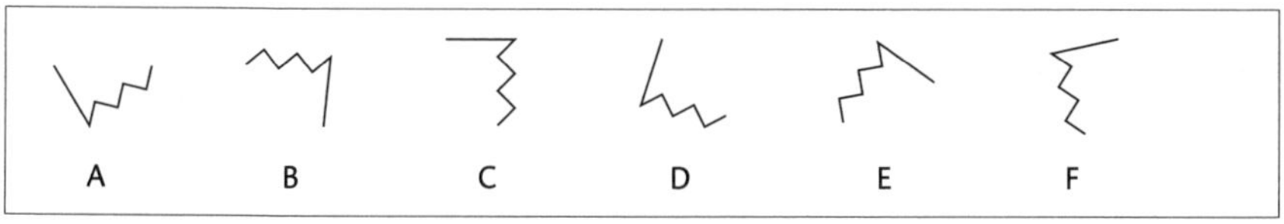

19

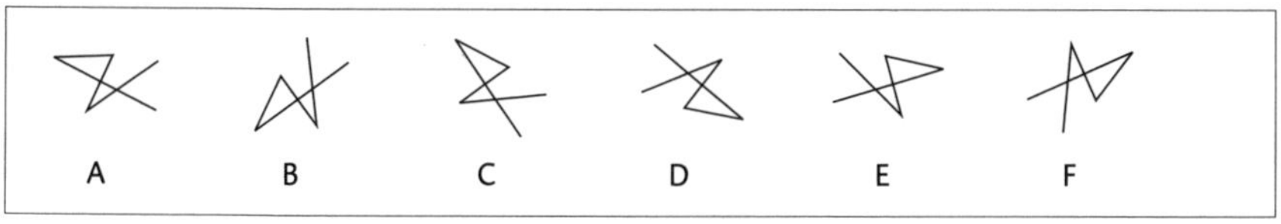

20

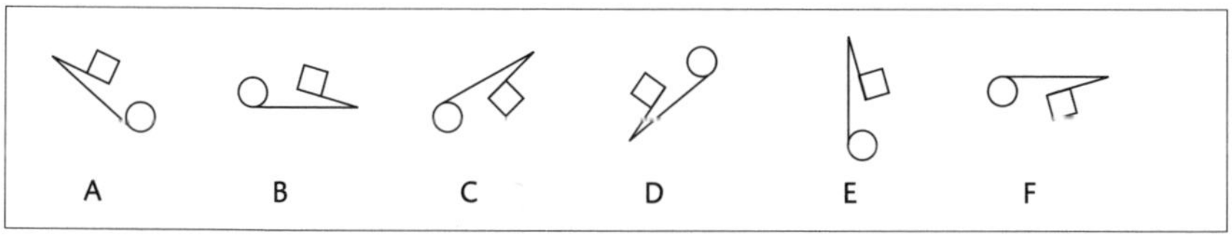

21

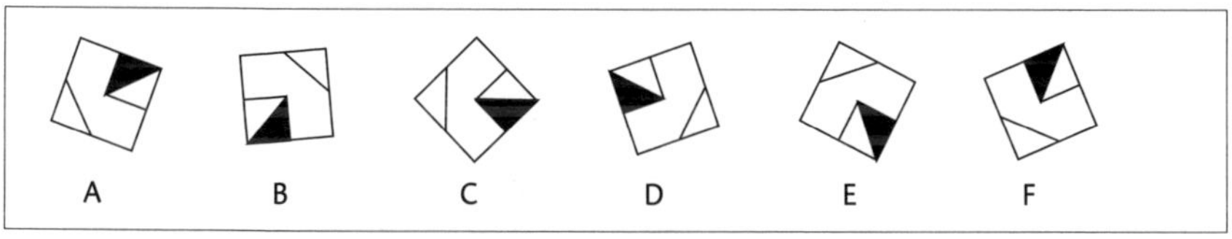

22

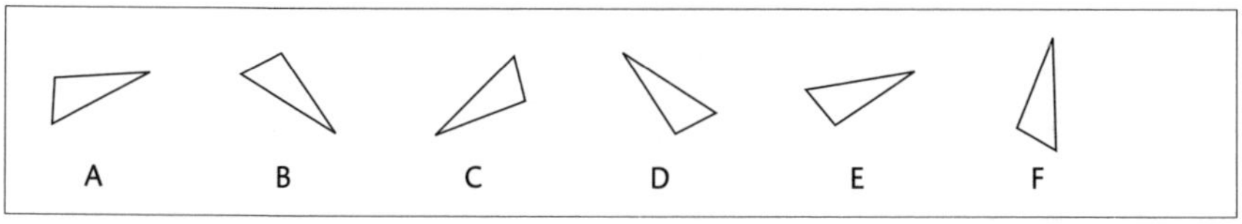

23

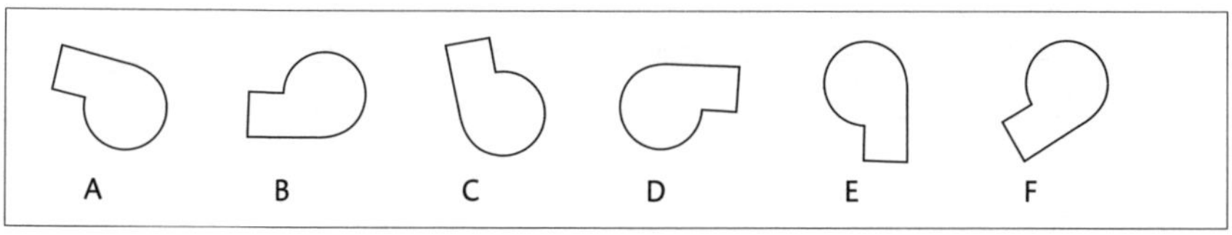

24

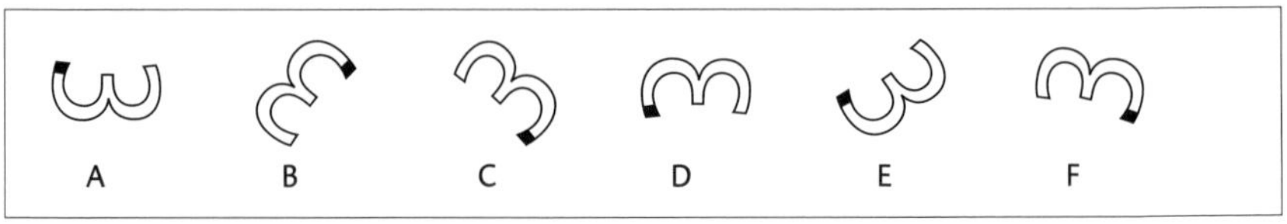

25

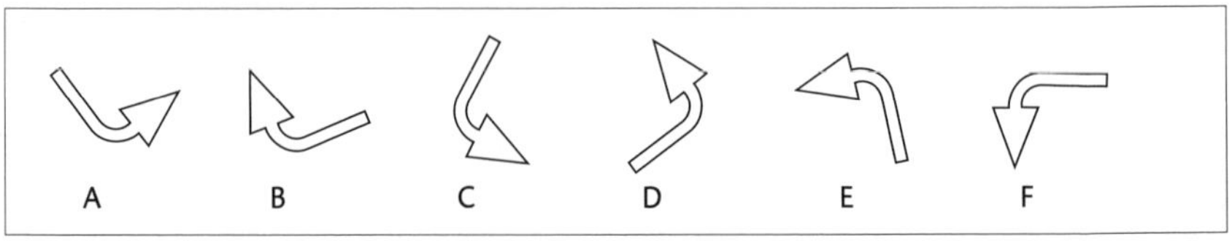

26

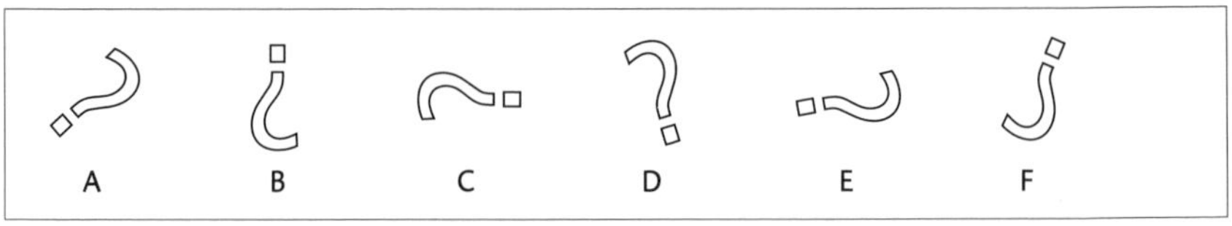

27

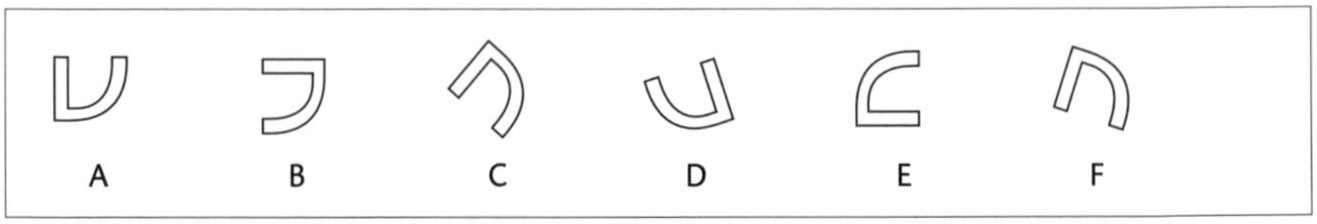

28

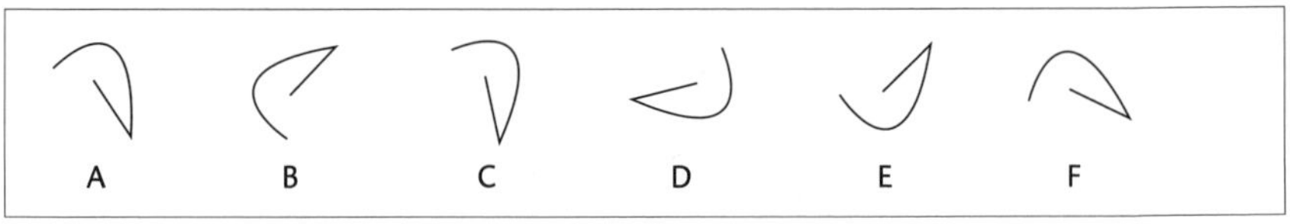

29

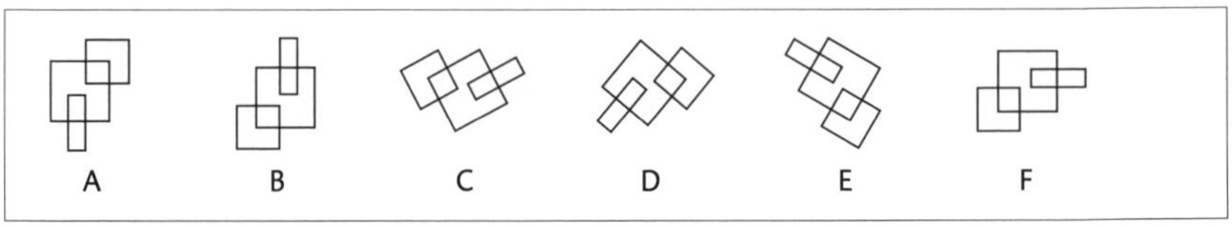

30

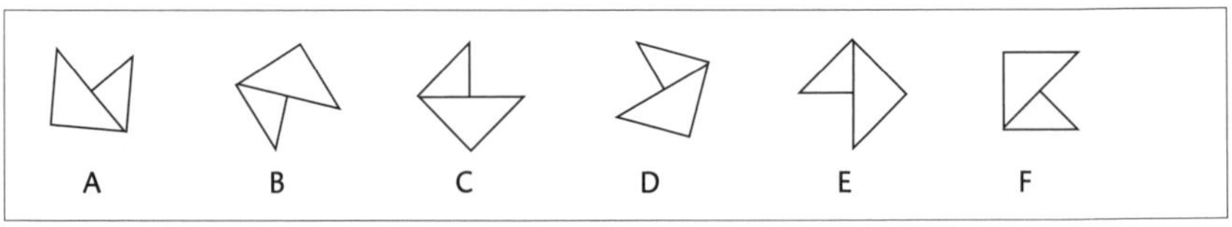

31

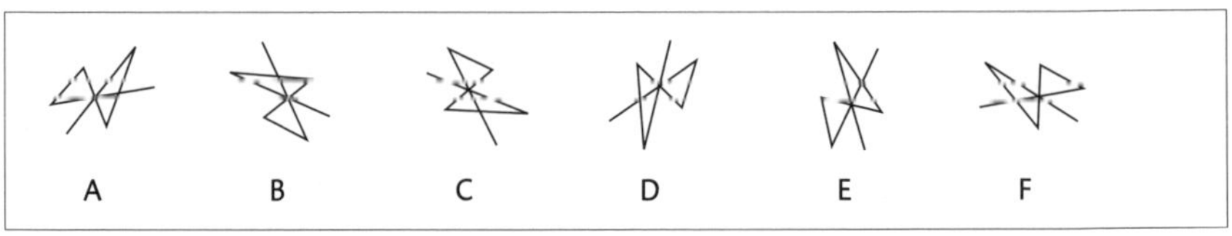

32

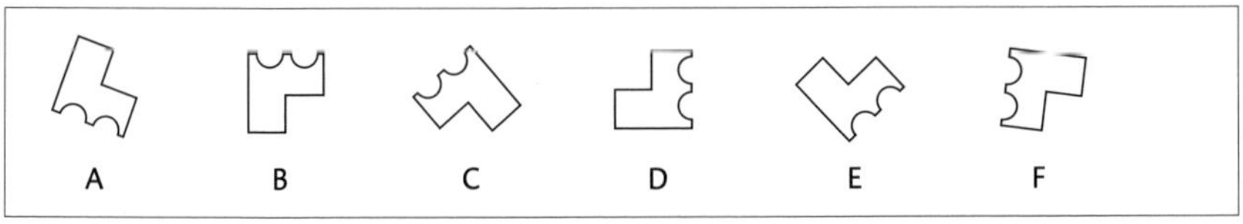

33

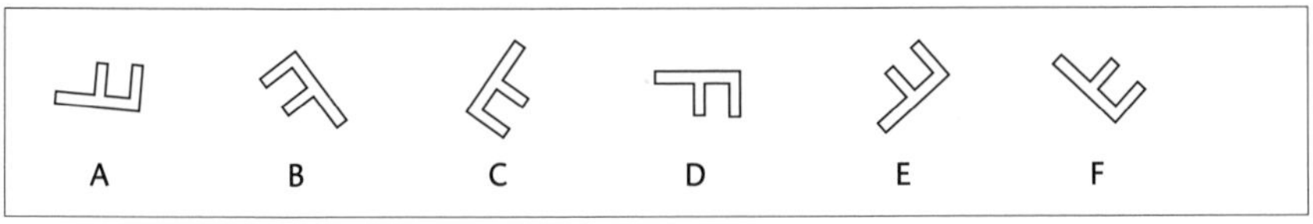

34

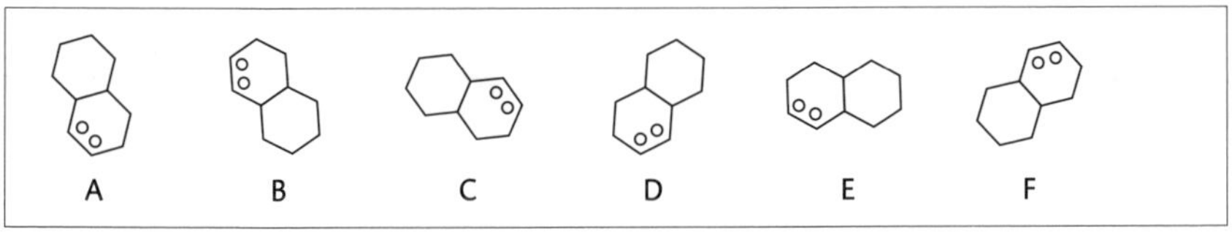

35

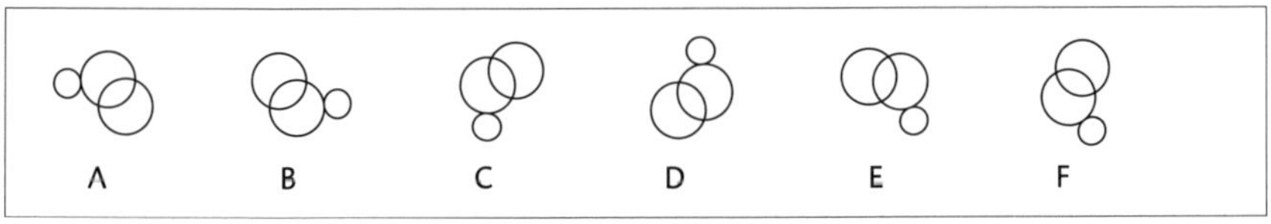

36

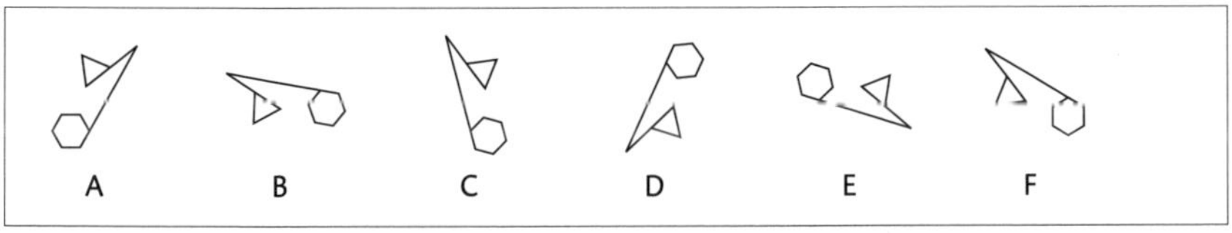

37

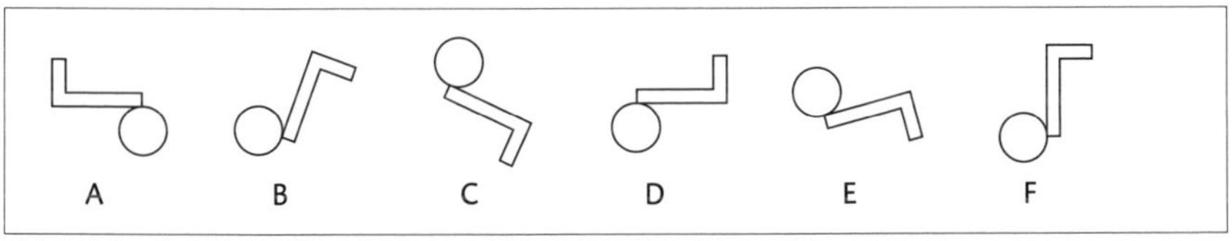

38

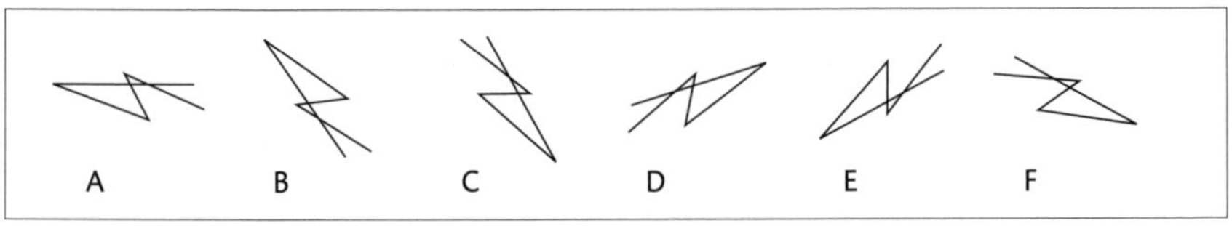

39

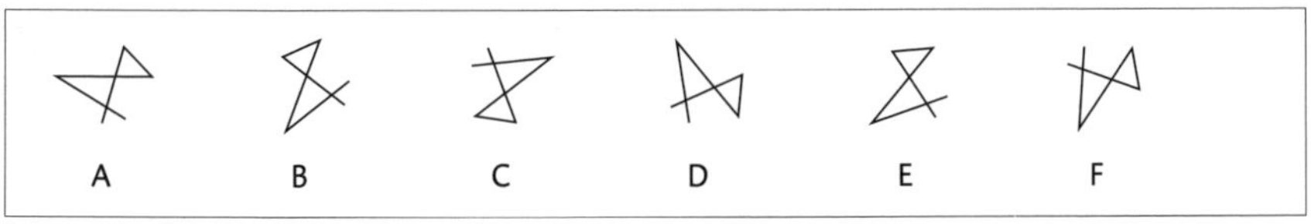

40
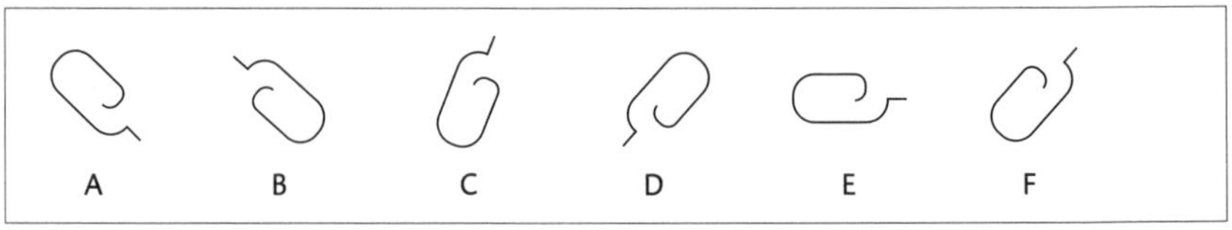

41
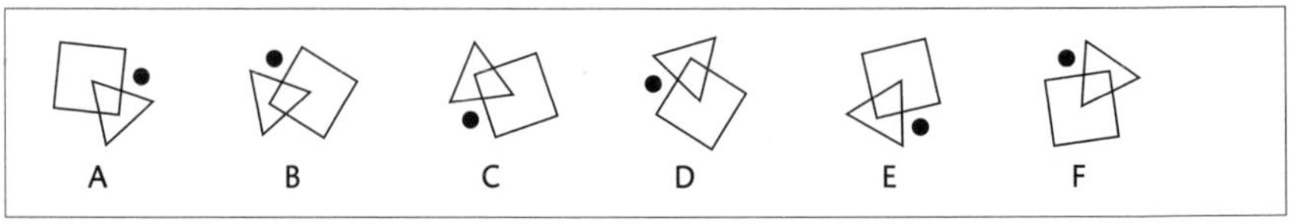

42
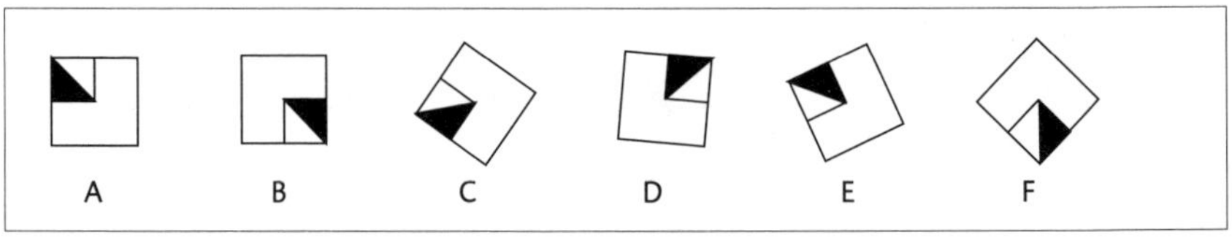

43
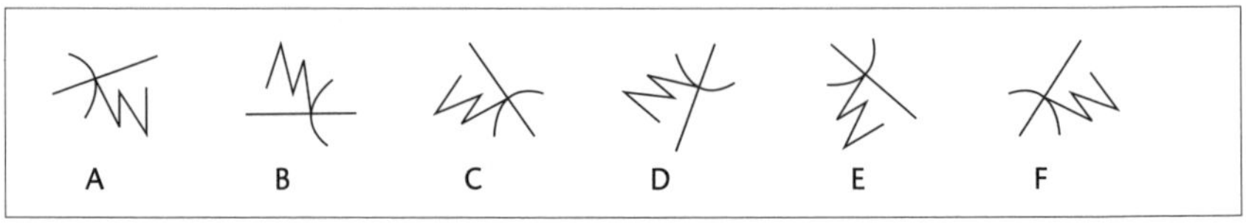

44
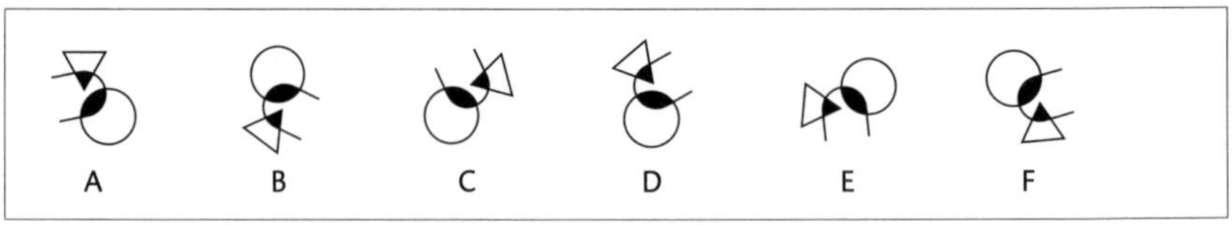

45
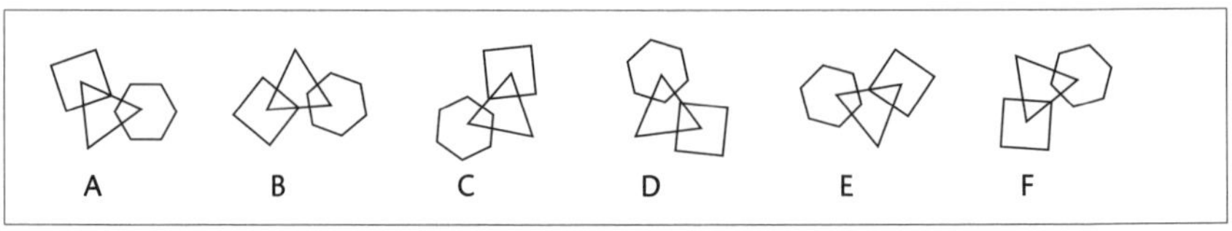

46
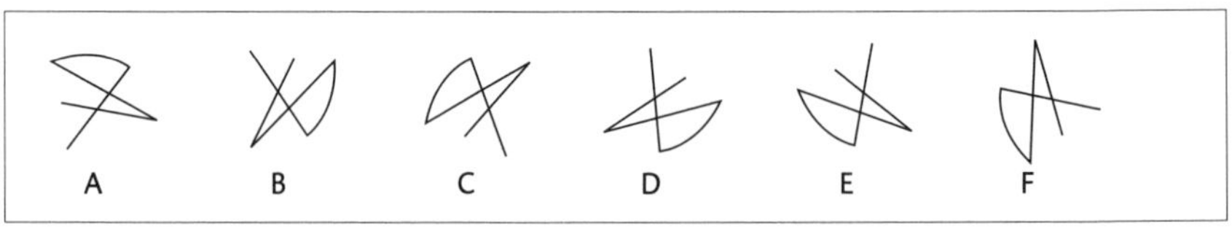

47

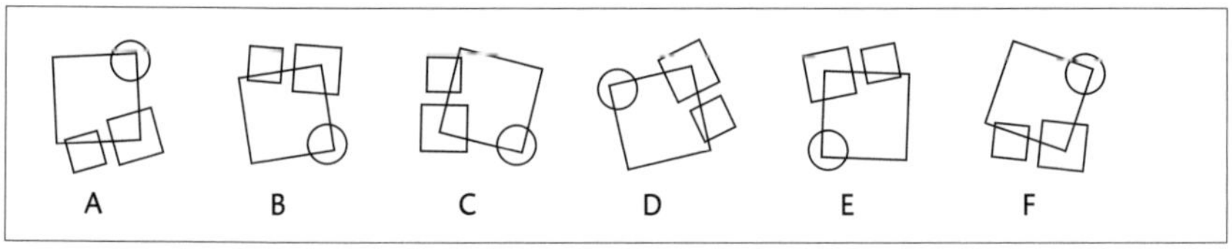

48

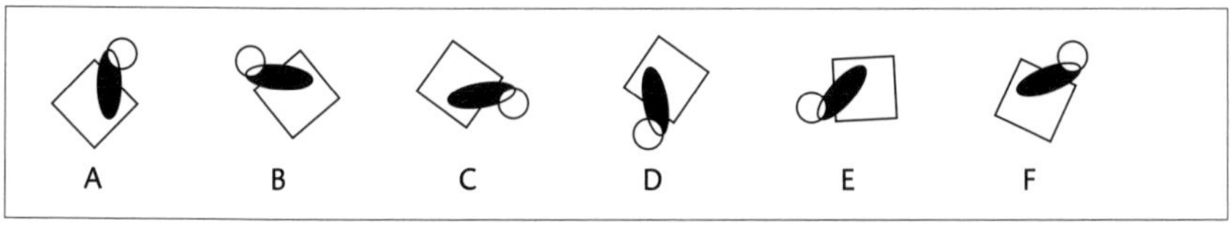

49

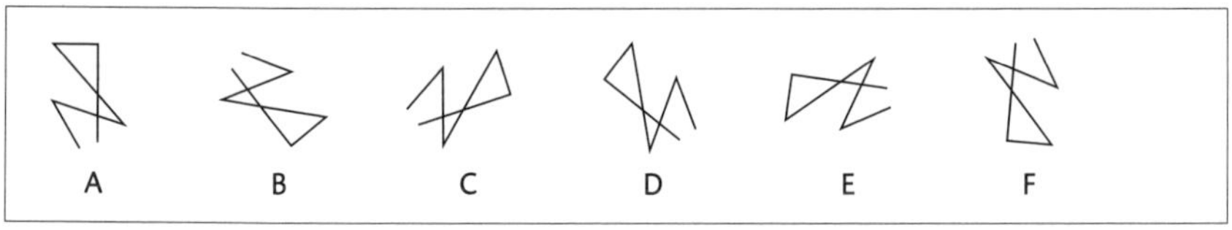

50

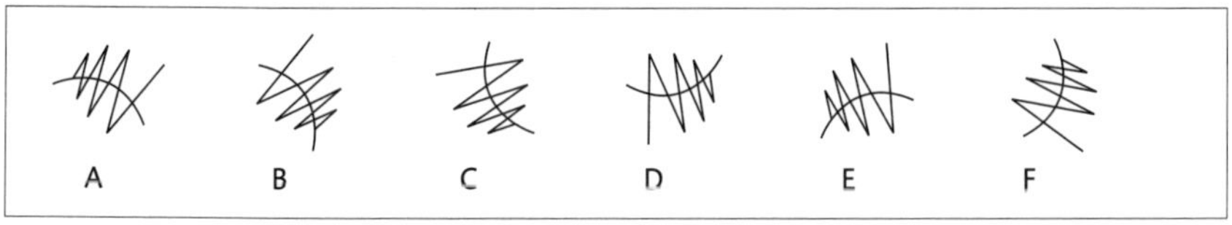

LÖSUNGEN

Erläuterung

Für diesen Test können wir Ihnen leider keine Erklärungen anbieten. Wenn Sie eine andere Lösung haben, können Sie die Bilder auf Transparentpapier kopieren, ausschneiden und übereinanderlegen.

1 C	**2** A	**3** F	**4** D	**5** B	**6** E	**7** D	**8** A
9 C	**10** F	**11** E	**12** C	**13** B	**14** D	**15** F	**16** D
17 A	**18** C	**19** E	**20** B	**21** C	**22** E	**23** A	**24** D
25 B	**26** F	**27** A	**28** E	**29** F	**30** C	**31** F	**32** B
33 D	**34** A	**35** E	**36** C	**37** D	**38** A	**39** F	**40** C
41 B	**42** E	**43** C	**44** D	**45** A	**46** E	**47** B	**48** F
49 D	**50** B						

Persönlichkeit, Charakter und Sozialverhalten

Nachdem Sie erfolgreich die schriftliche und sportliche Überprüfung Ihrer Leistungsfähigkeit bestanden haben, erwartet Sie möglicherweise auch schon eine Gruppendiskussion sowie ein ausführliches Vorstellungsgespräch. Bei diesen sollen Sie nochmals von sich und Ihrer Wesensart überzeugen.

Assessment-Center und Persönlichkeit

Assessment-Center (kurz AC) sind mittlerweile fast Standard, wenn es um die Auswahl neuer Mitarbeiterinnen und Mitarbeiter in größeren Unternehmen, aber auch im öffentlichen Dienst wie beispielsweise bei Polizei und Feuerwehr geht. In einem AC geht es vorrangig um die Überprüfung Ihres sozialen Verhaltens. Wie gehen Sie mit anderen um und wie interagieren die mit Ihnen? Etwas verkürzt dargestellt: Es geht um die Frage, wie gut Sie in die Organisation passen.

Das doch recht zeit- und organisationsaufwendige Auswahlverfahren besteht aus unterschiedlichen Übungen und Tests, die in der Gruppe, manchmal auch nur zu zweit, seltener ganz allein gelöst werden müssen. Aspekte wie Kontakt- und Kommunikationsvermögen, Problemlösungskompetenz, Konzentrationsfähigkeit und selbst Allgemeinwissen werden dabei abgeklopft. Die Beobachtung der Umgangs- und Verhaltensweisen der Bewerberinnen und Bewerber übernimmt eine besonders auf die Beobachtung geschulte Expertengruppe. In der Regel setzt sie sich zusammen aus Vertreterinnen und Vertretern der Personalstelle, der Ausbildungsabteilung bzw. ausbildenden Abteilung/Hochschule sowie der Gleichstellungsbeauftragten und dem Personalrat. Während sich über die Teilnehmerzahl und Dauer (wenige Stunden bis hin zu mehreren Tagen) keine allgemein gültigen Angaben machen lassen, tauchen einzelne Aufgabentypen immer wieder auf.

Allgemeine Informationen

In der Regel beginnt ein AC mit einer Vorstellungsrunde, bei der die Bewerberinnen und Bewerber aufgefordert werden, sich selbst oder eine andere Bewerberin/einen anderen Bewerber vorzustellen. Hier, wie auch bei Vorträgen über ein vorgegebenes oder frei wählbares Thema, geht es immer um Ihr Kontakt- und Kommunikationsvermögen. Wirken Sie selbstsicher und können Sie sich gut ausdrücken? Vermeiden Sie ausschweifende Reden, aber seien Sie auch nicht zu wortkarg. Eine kleine **Selbstpräsentation** lässt sich vorher gut vorbereiten und vor Freunden ausprobieren. Dabei kommt es darauf an, in wenigen Minuten klar formulieren zu können, wer man ist und wie man sich seine (berufliche) Zukunft vorstellt.

Typisch in **Gruppenübungen** sind Diskussionsrunden oder Aufgaben, die es mit anderen zusammen zu lösen gilt. Zwar soll jeder seinen Standpunkt vertreten, doch am Ende soll ein gemeinsam erarbeitetes Ergebnis vorliegen. Diese Übungen dienen dazu, Ihre Kompromissbereitschaft und Ihre Durchsetzungsfähigkeit zu überprüfen. Wählen Sie wiederum den goldenen Mittelweg: Nicht in den Vordergrund drängen, aber sich auch nicht bevormunden lassen oder gar schweigen. Zeigen Sie Interesse daran, was andere zu sagen haben, gehen Sie auf deren Argumente ein, fassen Sie Standpunkte zusammen und geben Sie der Diskussion eine Richtung.

In **Rollenspielen** werden vielfältige Anforderungen an die Protagonisten gestellt. Es geht darum, Ihre Fähigkeit zur Diplomatie, Ihre Sprachgewandtheit, Ihre Entscheidungs- und Überzeugungskraft zu bewerten. Dazu bekommen Sie eine Aufgabe gestellt, z. B. einen Radfahrer im Rahmen der polizeilichen Präventionsarbeit davon zu überzeugen, einen Fahrradhelm zu tragen, oder Sie müssen ein schwieriges Mitarbeitergespräch führen. In der Regel haben die Konfliktparteien einen Kompromiss herauszuarbeiten und zu verhandeln. Am besten Sie probieren vorher mit Freunden aus, wie Sie eine Argumentation aufbauen können, um Einwände überzeugend zu widerlegen.

Schriftliche Tests, die im AC vorkommen können sind z. B. Intelligenz-, Konzentrations-, Leistungs- und Persönlichkeitstests. Daneben erwartet Sie häufig auch noch eine **Postkorbübung**. Unter enormem Zeitdruck müssen Sie eine Anzahl unterschiedlichster Aufträge bearbeiten und dabei schnell wichtige Entscheidungen treffen. Was muss als Erstes bearbeitet werden? Was kann warten oder delegiert werden? Verschaffen Sie sich zunächst einen Überblick und setzen Sie dann Prioritäten. Damit beweisen Sie Organisationstalent, Entscheidungsfähigkeit und Weitblick. Im anschließenden Gespräch sollten Sie Ihre Entscheidungen plausibel machen können und sich von kritischen Bemerkungen nicht aus der Fassung bringen lassen. Denn auch Ihre Kritikfähigkeit steht auf dem Prüfstand.

Auf den Punkt gebracht die besten Tipps und Hinweise:

- In einem AC geht es zum Großteil darum, Sympathien und Vertrauen zu gewinnen. Zeigen Sie sich offen, kommunikativ und bemühen Sie sich um eine aktive Teilnahme. Dann wird man Ihnen den Job auch zutrauen!
- Ihr Auftreten, Ihre Kleidung und Körpersprache werden ebenso bewertet, wie Ihr verbales Verhalten. Erscheinen Sie pünktlich und angemessen gekleidet.
- Wenn die Dauer des ACs aus dem Einladungsschreiben nicht hervorgeht, informieren Sie sich am besten telefonisch oder im Internet. Möglicherweise erfahren Sie auch etwas über den Tagesablauf und einzelne Übungen. Auch das hilft, Anspannung abzubauen!
- Neben den Inhalten aus diesem Buch erhalten Sie weitere Texte zum Thema AC unter **www.berufundkarriere.de/onlinecontent**. www.

Vorbereitung – Training – Strategie

Am Testtag möglichst entspannt eintreffen und auftreten

Es ist zwar wichtig, sich rechtzeitig mithilfe von Büchern, auf ein AC vorzubereiten, den Tag vor dem AC sollten Sie jedoch möglichst ruhig gestalten. Lassen Sie die Party mit Freunden besser sausen und gehen Sie früh ins Bett. Denn am nächsten und ggf. übernächsten Tag brauchen Sie volle Konzentration und Ihre ganze Energie. Verzichten Sie auf Beruhigungsmittel – wenn Sie wie eine Schlaftablette vor der Prüfungskommission sitzen, sammeln Sie mit Sicherheit keine Pluspunkte. Im Gegenteil: Ein bisschen Aufregung kann sympathischer wirken als totale Coolness. Etwas Anspannung macht auch munter. Sollten Sie so etwas wie Prüfungsangst haben, dann setzen Sie lieber auf Entspannungsmethoden wie autogenes Training, Yoga oder progressive Muskelentspannung statt auf pharmazeutische Produkte. Falls Sie extrem unter Prüfungsangst leiden, sollten Sie professionelle Hilfe in Anspruch nehmen. Erfahrene Fachleute können Ihnen bestimmt helfen.

Das sollten Sie besser dabeihaben

Denken Sie an Kopien Ihrer Bewerbungsunterlagen. Damit können Sie sich bei Bedarf, z. B. vor dem „Interview“, schnell in Erinnerung bringen, wie Sie sich schriftlich präsentiert haben. Stecken Sie Stifte, Papier und evtl. sogar Linienpapier zum Unterlegen ein. In der Regel werden Sie mit diesen Utensilien versorgt, doch Ausnahmen bestätigen die Regel. Nehmen Sie auch Bonbons für den Hals mit und Traubenzucker oder einen kleinen Snack für die Stärkung zwischendurch. Manche AC-Übungen ziehen sich ziemlich lang hin. Dann sinkt der Blutzuckerspiegel und damit auch Ihre Konzentration. Wenn Sie am Ort des ACs übernachten müssen, denken Sie auch an entspannende Lektüre oder Musik, falls Sie so abends besser abschalten können. Und vergessen Sie nicht Ihr Handy und evtl. noch einen Reisewecker. Sollten Sie vor lauter Anstrengung Kopfschmerzen bekommen, ist es gut, Tabletten d-abei zu haben.

Die wichtigsten Aufgaben und Übungen im AC

Die Aufgabentypen im AC werden gern Arbeitsproben oder Übungen genannt. Doch diese harmlos klingenden Bezeichnungen sollten nicht darüber hinwegtäuschen, dass es sich um Prüfungen handelt. Die wichtigsten Einzelverfahren des AC im Überblick:

- Selbstvorstellungsrunde oder Vorstellung eines anderen Bewerbers durch Sie, welcher dafür dann Sie vorstellt (beurteilt wird aber nur, wie Sie bzw. Ihr Nachbar vortragen, nicht was über Sie/Ihren Nachbarn ausgesagt wird!)
- individuell auszuführende Arbeitsproben/Aufgabensimulationen wie Organisations-, Planungs-, Entscheidungs- und Analyseaufgaben
- Gruppendiskussion (mit und ohne Rollenvorgabe)
- Gruppenaufgaben (mit Wettbewerb und/oder Kooperation)
- Vorträge und Präsentationen
- Rollenspiele, z. B. Mitarbeiter-Problem-/Konfliktgespräche, meist zu zweit
- Einzel-, Gruppen- und Panel-Interviews (Befragung eines Bewerbers durch mehrere Interviewer)
- Planspiele
- Intelligenz- und Leistungs-/Konzentrationstests
- Persönlichkeits- und Interessentests
- biografische Fragebögen
- Interviews in Form von Abschluss- und/oder Beurteilungsgesprächen

Nach diesen Kriterien wird geprüft

ACs sind recht ausgeklügelte Ausleseverfahren. Wichtig ist zu wissen, worum es dabei geht. Die Eignung der Bewerber und Bewerberinnen wird meist anhand von drei Kriterien erfasst:

1. **Kompetenz (bedeutsam):** Haben Sie berufsrelevante Erfahrungen, Kenntnisse, Eigenschaften?
2. **Leistungsmotivation (wichtig):** Sind Sie engagiert? Haben Sie Biss? Sind Sie wirklich lern-, einsatz- und arbeitswillig? Können Sie sich mit den Aufgaben, die der Beruf stellt, identifizieren?
3. **Persönlichkeit (absolut entscheidend):** Sind Sie sympathisch, anpassungsfähig, vertrauenswürdig? Passen Sie zur Organisation?

Die drei Auswahlkriterien lassen sich nicht immer klar abgrenzen. So könnte man z. B. Eigenschaften wie Verantwortungsbewusstsein, Zuverlässigkeit und Teamfähigkeit allen drei Kategorien zuordnen.

Die Bedeutung des Faktors Sympathie

Dass Sie fachlich „was drauf haben“, konnte man schon Ihren Bewerbungsunterlagen und den sehr wahrscheinlich bereits absolvierten Intelligenz-, Persönlichkeits-, Sport-, Leitungs- und Konzentrationstests entnehmen. Nun will man sehen, was für ein Mensch Sie sind. Sind Sie jemand, mit dem man gern den ganzen Tag und länger zusammenarbeiten würde? Wie gehen Sie mit anderen um? Wie wirken Sie auf andere? Was sind Ihre Persönlichkeitsmerkmale?

„Persönlichkeit“ zählt (neben Kommunikationsfähigkeit) bei vielen Organisationen zu den wichtigsten Einstellungs- und Aufstiegskriterien. Hier spielt der berühmt-berüchtigte erste Eindruck eine wichtige Rolle. Sehr oft stellt dieser die Weichen in Richtung Sympathie oder Antipathie. Das trifft sowohl für die Beobachter als auch für die anderen AC-Teilnehmer zu. Einige AC-Aufgaben machen das sogar zum Thema („Wem aus der Gruppe würden Sie am ehesten ein gebrauchtes Auto abkaufen?“). Sympathie entsteht aufgrund verbaler und nonverbaler Kommunikation, also über die Sprache (formal, inhaltlich) und Sprechweise (laut/leise, Klang, Dialekt) einerseits und andererseits aufgrund von Aussehen, Auftreten, Körpersprache und Kleidung. Alles nicht ganz unwichtig für Ihr Vorhaben, die Auswähler von sich zu überzeugen!

Was sich die Auswähler vom AC versprechen

Da jeder Arbeitsplatz ganz bestimmte Eignungen und Persönlichkeitsmerkmale verlangt, wird versucht, diese herauszufiltern und mittels mehr oder weniger realitätsgerechten Übungen das Vorhandensein und/oder die Entwicklungsmöglichkeiten zu prüfen. Im AC stehen Sie auf dem Prüfstand. Es soll herausgefunden werden, ob Sie das Zeug zum fähigen Mitarbeiter haben.

Diese(r) zeichnet sich durch folgende Eigenschaften aus:

1. soziale Kompetenz
2. systematisch-zielorientiertes Denken und Handeln
3. Aktivitätspotenzial
4. verbale und schriftliche Ausdrucksfähigkeit

Soziale Kompetenz

Nach einer gängigen Definition versteht man unter „sozialer Kompetenz" das Ausmaß, in dem ein Mensch in der Interaktion mit anderen im privaten, beruflichen und gesamtgesellschaftlichen Kontext selbständig, umsichtig und konstruktiv zu handeln vermag. Es geht um die Fähigkeit, die zwischenmenschliche Kommunikation und Interaktion optimal zu gestalten. Dazu gehören:

- **Sensibilität** (Einfühlungsvermögen, Probleme und Gefühle anderer erkennen und berücksichtigen, realistische Einschätzung der Wirkung der eigenen Person auf andere)
- **Kontaktfähigkeit** (auf andere zugehen können, leicht ins Gespräch kommen, Offenheit hinsichtlich der eigenen Ziele, Absichten, Methoden, vertrauensvoller und hilfsbereiter Umgang mit anderen)
- **Kooperationsfähigkeit** (Aufgreifen und Weiterführen der Ideen anderer, sich nicht auf Kosten anderer durchsetzen, Erfolg mit anderen teilen, Verzicht auf Konkurrenzdenken, Machtinteressen und Rivalität)
- **Integrationsvermögen** (Konfliktursachen erkennen und Lösungen anstreben, unterschiedliche Interessen zielgerichtet „kanalisieren", ohne das eigene Konzept aufzugeben)
- **Informationsbereitschaft** (andere mit Informationen versorgen, wichtige Informationen nicht zurückhalten, zuhören können und Zeit für Gespräche haben)
- **Selbstkontrolle** (auf Angriffe nicht aggressiv reagieren, andere nicht provozieren, in der Stimmungslage berechenbar sein) Was fällt Ihnen dazu

ein? Bei welchen Ereignissen in Ihrem (Berufs-)Leben haben Sie soziale Kompetenz unter Beweis gestellt?

Bei der Vorbereitung auf das AC sollten Sie sich dazu ein paar Gedanken, gegebenenfalls auch Notizen, machen. Fragen Sie im Zweifelsfall auch ihre Familie, Partner, Freunde und Bekannten, was sie zu Ihrer sozialen Kompetenz zu sagen haben.

Systematisch-zielorientiertes Denken und Handeln

Aber auch Ihr systematisch-zielorientiertes Denken und Handeln wird geprüft. Damit ist ein Denken und Handeln gemeint, das sich durch Logik, Zielsetzung und Nachvollziehbarkeit auszeichnet – also nicht einfach aus dem Bauch herauskommt, sondern klaren Regeln folgt.

Es setzt sich aus diesen Merkmalen zusammen:

- **Analytisches Denken** (Gemeinsamkeiten zwischen unterschiedlichen Sachverhalten erkennen, allgemeine Regeln aus mehreren Einzelfällen ableiten können und auf die Ziele anwenden)
- **Konzeptionelles Denken** (Entwickeln von Problemlösungsstrategien, Erstellen einer adäquaten Rangfolge von Einzelschritten bei der Projektplanung)
- **Kombinatorisches Denken** (Verarbeitung und Übernahme von Informationen und Denkweisen anderer Fachdisziplinen, Kombinieren vorhandener Daten in neuartiger Weise und das Entwickeln von Alternativen)
- **Effiziente Arbeitsorganisation** (Einhalten von Terminen und Absprachen, Überblick bewahren und Aufgaben verteilen können, eigene Aufgaben vollständig abschließen)

- **Entscheidungsvermögen** (Einbeziehung aller verfügbaren Informationen, Anfordern und Bewerten von Alternativen, kein Auf- oder Abschieben von Entscheidungen, kalkulierbares Risiko eingehen, Folgen der Entscheidung bedenken)
- **Planungs- und Kontrollvermögen** (Arbeitsziele formulieren, Ordnungskriterien suchen und sichtbar machen, planvolles Vorgehen, Arbeitsabläufe aufeinander abstimmen, komplexe Sachverhalte schnell strukturieren können, Überprüfung der Planerfüllung)

Aktivitätspotenzial

Aktivitätspotential ist eine Art Energie, ein Kraftreservoir, das – wenn es gut gefüllt ist – dafür sorgt, dass man aktiv ist, auch Widerständen trotzt, flexibel auf neue Situationen reagiert, nicht schnell aufgibt und andere begeistert. Dazu gehören:

- **Arbeitsmotivation** (Konstante Arbeitsleistung, auch bei komplexen Aufgaben, selbständig und zügig arbeiten, kurzfristige Veränderungen akzeptieren und verarbeiten)
- **Führungsmotivation** (Führungsrollen annehmen und organisieren, für Interessenausgleich bei den Mitarbeitern sorgen, stärkere Konzentration auf die Arbeitsergebnisse als auf den Arbeitsprozess)
- **Autonomie** (selbständiges Arbeiten, eigenständige Formulierung neuer Aufgaben und Ziele, Streben nach besseren Arbeitsergebnissen, Bereitschaft, Neues zu erkunden und zu erlernen)
- **Durchsetzungsvermögen** (Ziele nicht aus dem Auge verlieren, eigenen Standpunkt auch gegen Widerstände durchsetzen, Konkurrenzsituationen nicht ausweichen, insgesamt stark zielorientiertes Vorgehen)
- **Selbstvertrauen** (bei Rückschlägen nicht aufgeben, sich von Fakten und Sachverhalten, nicht von der Persönlichkeit anderer beeinflussen lassen, erfolgsorientiertes und -sicheres Denken und Fühlen)

Verbale und schriftliche Ausdrucksfähigkeit

Ausdrucksfähigkeit ist die Kompetenz, sich mündlich und schriftlich mitzuteilen. Nicht nur Wortwahl, Tonlage, Stimme und Lautstärke sind entscheidend, sondern auch die Fähigkeit, andere durch überzeugende Argumente für sich einzunehmen. Zur Ausdrucksfähigkeit gehören:

- **Mündliches und schriftliches Darstellungsvermögen** (klare, verständliche Sprache, flüssige Formulierung, akustisch gut zu verstehen, Stilsicherheit, Sprachgewandtheit im Schriftlichen)
- **Rhetorische Fähigkeiten** (argumentative Überzeugungskraft)

Gruppendiskussionen

Bei der Gruppendiskussion geht es darum, sich im direkten Vergleich mit den Mitbewerbern gut zu präsentieren. Findet ein Einzel-AC statt, müssen Sie mit den Beobachtern diskutieren. Wichtig: Es gibt Diskussionsrunden mit und ohne Rollenvorgabe (s. u.). Die Gruppendiskussion kann vier, sechs und mehr Teilnehmer haben. Größere Bewerbergruppen werden bei dieser Übung oft aufgeteilt. Zwei bis drei Beobachter sind hier die Regel.

Unsere wichtigste **Empfehlung** für die Gruppendiskussion: Seien Sie weder ein „stummer Fisch" noch ein eloquenter, selbstverliebter „Vielquatscher", finden Sie ein gutes, ausgewogenes Mittelmaß.

Bei der Gruppendiskussion lassen sich grob drei Formen unterscheiden:

1. Diskussion eines (eher globalen) Themas mit oder ohne Zielvorgabe

Hier besteht die Aufgabe darin, ein vorgegebenes oder frei zu wählendes Thema zu diskutieren. Manchmal wird verlangt, dass die Gruppe zu einem gemeinsamen Ergebnis gelangt (Stellungnahme, Konsens). Möglich ist auch, dass Sie die Aufgabe bekommen, sich als Gruppe unter zehn Themen auf eins zu einigen, um es anschließend zu diskutieren. Bereits die Auswahl des Themas, die erfahrungsgemäß nicht leicht vonstattengeht, wird aufmerksam beobachtet und beurteilt. Wer hier eine von den anderen Gruppenmitgliedern akzeptierte Führungsrolle übernehmen kann, steht natürlich bei Weitem besser da als der völlig unscheinbare Mitläufer oder ein ewig nörgelnder Neinsager. Manchmal wird man vor der Gruppendiskussion aufgefordert, vorab die eigene Meinung zum Thema schriftlich zu äußern. Damit werden individuelle Standpunkte/Beurteilungen festgehalten, um hinterher vergleichen zu können, ob und inwieweit die Gruppenbeurteilung davon abweicht und wie leicht bzw. schwer es jemandem fiel, sich anzupassen.

2. Diskussion eines speziellen Problems in Form eines Planspiels

Etwas Besonderes hat sich ereignet, ist passiert, wie gehen Sie damit um? Ein Beispiel: Volles Fußballstadion kurz vor dem Spiel, ein Anrufer behauptet, eine Bombe wird hochgehen. Die Aufgabe besteht darin, gemeinsam einen Handlungsplan zu entwickeln. Bei den Planspielen geht es um eine konkrete Aufgabenstellung, die anhand von schriftlichem Informationsmaterial innerhalb der Gruppe diskutiert wird. Die Rahmenbedingungen sind vorgegeben und es müssen Entscheidungen auf organisatorischer Ebene gefällt werden. Bei diesen Planspielen ist ein Ergebnis nur dann sinnvoll, wenn alle Mitspieler einbezogen werden, da es möglich ist, dass jedem Gruppenmitglied unterschiedliche Informationen (z. B. auf Extrakärtchen) zur Verfügung stehen und die auf den Karten vermerkten Infos erst einen Sinn ergeben, wenn sie untereinander ausgetauscht werden. Sorgen Sie also dafür, dass alle Informationen allen zugänglich gemacht werden.

3. Diskussion eines vorgegebenen Themas, bei der die Teilnehmer eine bestimmte Rolle bzw. Position zu vertreten haben

Bei dieser Variante wird jedem Einzelnen ein Standpunkt vorgegeben. Man erhält vorab also eine „Regieanweisung" und hat anschließend diese Rolle, also den vorgegebenen speziellen Standpunkt, zu vertreten.

So bekommen Sie eine Gruppendiskussion in den Griff

Nicht selten kommt eine Diskussion nur schleppend in Gang, weil keiner vorpreschen möchte oder das Thema so unumstritten ist, dass sich nur schwer unterschiedliche Positionen finden lassen. Das macht die Sache nicht gerade einfach, kann aber auch eine Chance sein: Wenn Sie versuchen, Struktur in die Diskussion zu bringen, und damit einen konstruktiven Beitrag zum Austausch der Argumente liefern, können Sie Pluspunkte sammeln. Gehen Sie systematisch und schrittweise vor:

1. Schritt: Orientierung

Jeder Versuch, sich bereits im Anfangsstadium auf ein Diskussionsziel zu einigen, dürfte zu Problemen führen. Zu Beginn empfiehlt es sich daher, eine Einschätzung vorzunehmen, in welchem Ausmaß das Thema von subjektiven Werthaltungen und emotional begründeten Einstellungen beeinflusst wird. Oft lässt sich das Thema auch durch Fragen griffiger machen. Mögliche „Eisbrecher-Fragen" sind u. a.:

a Wo sieht jeder Einzelne in der Gruppe die Problematik (Kurzumfrage/Meinungsbild)?
b Wo sind die Meinungsschwerpunkte?
c Wo gibt es Gemeinsames/Trennendes?

2. Schritt: Zielsetzung

Machen Sie sich davon frei, ein Thema bis in alle Facetten durchdiskutieren zu wollen, um mit einem perfekten, für alle Gruppenmitglieder zufriedenstellenden Ergebnis aufwarten zu können. Das ist schon angesichts der knappen Zeit nicht möglich. Wenn Sie dies der Gruppe deutlich machen, kann es dazu beitragen, von allen etwas Druck zu nehmen und das Miteinander zu fördern. Über Fragen (z. B.: „Welche Diskussionsziele sind in der Kürze der Zeit realisierbar? Kann das Thema eingegrenzt werden und ist das hilfreich?") kann man unter Umständen einen Konsens herbeiführen, der hilft, in kurzer Zeit ein Optimum und damit einen Etappensieg zu erzielen.

3. Schritt: Lösungsweg

Mit den richtigen Fragen kommt man oft am besten voran. Fragen Sie die anderen Teilnehmer, wie man am besten zu einem Ergebnis kommt oder welche Möglichkeiten sich anbieten und was davon den größten Erfolg verspricht. Diese Fragen können helfen, dass alle in dieselbe Richtung (wenn auch mit unterschiedlichen Ergebnissen) denken und Sie ganz nebenbei Pluspunkte für den Versuch erhalten, Struktur ins Gespräch zu bringen. Versuchen Sie auch, möglichst alle in die Bearbeitung des Themas einzubeziehen und ermuntern Sie auch passivere Teilnehmer zum Mitdiskutieren. Indem Sie Ideen und Anregungen anderer aufgreifen und weiterentwickeln, beweisen Sie Kooperationsfähigkeit.

4. Schritt: Ergebnisprüfung

Im Verlauf des Gesprächs (nicht erst gegen Ende) können Sie zur Überprüfung des Ergebnisses anregen. Fragen Sie in die Runde, wie weit man mit der Bearbeitung des Themas gekommen ist (Meinungsbild/Schwerpunkte). Was kann zum jetzigen Zeitpunkt zusammenfassend gesagt werden? Lässt sich bereits ein Resümee ziehen? Diese Fragen helfen, das Ziel im Auge zu behalten, ergebnisorientiert vorzugehen und damit eine gute Figur zu machen. Nicht selten ist das Diskussionsthema so komplex, dass das geforderte gemeinsame Ergebnis, z. B. ein Gruppenkonsens, in der vorgegebenen Zeit nicht erreicht werden kann. Dies kann zu einer aggressiv-gereizten Stimmung führen, da alle den Leistungsdruck spüren und Versagensängste aufkommen. Lassen Sie sich nicht mitreißen. Dieser Stress wurde zum Teil absichtlich erzeugt, da die Beobachter sehen möchten, wie Sie in einer solchen Drucksituation agieren. Wer sich dabei sichtbar aufregt, sammelt möglicherweise Minuspunkte. Manchmal wird später (z. B. im Einzelinterview) erfragt, wie man die Diskussionsrunde erlebt hat, wie man seinen eigenen Part und den der anderen einschätzt. Haben z. B. alle Teilnehmer eine bestimmte Person positiv oder negativ erlebt, wird sich das darauf auswirken, wie der oder die Betreffende von den Beobachtern bewertet wird.

So schneiden Sie bei der Gruppendiskussion gut ab

Lassen Sie sich von dem harmlosen Begriff „Gruppendiskussion" nicht blenden. Es ist ein spezieller mündlicher Test, der hohe Konzentration erfordert. Anders als häufig angenommen, wird weniger das Ergebnis der Diskussion beurteilt, sondern wie es zustande kam. Die Beobachter sind also an der Interaktion und insbesondere an Ihrem Sozialverhalten interessiert. Außerdem geht es um Ihr sprachliches Ausdrucksvermögen. Die generellen Kriterien bei der Gruppendiskussion sind:

1. **Die Erfassung und Steuerung sozialer Prozesse**
   a Kontaktfähigkeit (aktives Zugehen auf andere)
   b Einfühlungsvermögen (Erkennen/Berücksichtigen von Bedürfnissen/Gefühlen anderer)
   c Integrationsfähigkeit (Fähigkeit, Konflikte zu analysieren und zu lösen, Bündelung auseinandergehender Interessen auf ein Ziel hin)
   d Kooperationsfähigkeit (kein Dominanzstreben auf Kosten anderer, Verzicht auf Druck- und Machtmittel)

e Informationspolitik (Weitergabe von Informationen, Fähigkeit, zuzuhören)
f Selbstdisziplin (moderat-freundlicher Umgang mit anderen, auf Angriffe angemessen reagieren)

2. Systematisches Denken und Handeln
a Kombinationsfähigkeit (Übernahme/Verarbeitung von Informationen/Denkstilen anderer, die Fähigkeit, Alternativen zu entwickeln)
b Entscheidungsfähigkeit (Entwicklung und Beurteilung von Alternativen, angemessene Entscheidungsfreudigkeit, kein Aufschieben, Nachdenken darüber, welche Konsequenzen die jeweiligen Entscheidungen haben)

3. Aktivitätspotenzial
a Führungspotenzial/-motivation (Anstreben einer Führungsposition/-rolle, Initiativen zur Strukturierung/Koordination sozialer Prozesse)
b Selbstwertgefühl (positiv und erfolgsorientiert, angemessene Selbstsicherheit)
c Durchsetzungsvermögen (Zielstrebigkeit, Beharrlichkeit)

4. Die Ausdrucksmöglichkeiten
a Die Fähigkeit, mündlich und schriftlich zu formulieren (flüssig und unmissverständlich)
b Überzeugungskraft (andere aus der Gruppe übernehmen eingebrachte Vorschläge/Ziele/Methoden, Argumentation erzeugt bei anderen keinen Widerstand, Flexibilität in Ausdruck/Argumentation)

Optimal wäre es, wenn Sie grafische Hilfs- und Darstellungsmittel (Flipchart etc.) einsetzen, um das Vereinbarte sichtbar zu machen. Das gilt übrigens für sämtliche Diskussions- und Präsentationsübungen im AC. Wenn Ihnen Overhead-Projektor, Flipchart, Tafel etc. angeboten werden, nutzen Sie diese unbedingt. In der Gruppendiskussion könnten Sie z. B. Ihre Dienste anbieten, nach vorn gehen und die wichtigsten Punkte notieren. Aber Vorsicht: Fragen Sie zuvor die anderen, ob es ihnen recht ist. Sonst sieht es so aus, als wollten Sie sich zu sehr in den Vordergrund drängen.

Weitere Pluspunkte sammeln Sie, wenn Sie diese Verhaltensregeln bei der Gruppendiskussion beachten:

- den jeweiligen Sprecher ansehen
- Aufmerksamkeit signalisieren
- kontrolliert reagieren
- gedämpftes (angemessenes) Engagement
- deutlich und ruhig sprechen
- freundliches Interesse zeigen
- sachliche Argumentation, alles vermeiden, was die Gesprächsharmonie stören könnte
- auf Argumente eingehen und sie konstruktiv weiterentwickeln
- sich nicht in den Vordergrund spielen
- sich nicht zu sehr zurück- und raushalten
- kein Sarkasmus, keine Ironie, niemanden herabsetzen
- auf ausgeglichene Rollenverteilung achten (z. B. nicht zu allen Themen Contra-Beiträge liefern, da sonst die Gefahr besteht, als Nörgler wahrgenommen zu werden)
- Teilnehmer, die Fragen aufwerfen, auch mal loben („wichtig/bemerkenswert“ etc.)
- Mängel offen zugeben („Sie haben da einen heiklen Punkt angesprochen.“)
- stets bedenken: Man muss nicht immer alles (besser) wissen und ständig versuchen, Patentrezepte und -lösungen „aus dem Hut zu zaubern“
- auch mal die eigene Meinung zur Diskussion stellen („Mich würde interessieren, wie Sie darüber denken.“)

Rollenspiele

Das Rollenspiel ist eine Art Mini-Diskussionsgruppe. Zugführer einer Bereitschaftspolizeieinheit, Vorgesetzter, Teamleiter – das sind die typischen Rollen, in die AC-Teilnehmer schlüpfen sollen. In der Regel geht es um ein simuliertes Gespräch zwischen einem Teilnehmer und einem Beobachter. Rollenspiele zwischen zwei Kandidaten sind seltener. Im Rollenspiel werden Situationen simuliert, wie sie im Arbeitsalltag auftreten, etwa ein Konfliktgespräch zwischen Vorgesetztem und Mitarbeiter (Stichworte: schlechte Leistung, sonstige Kritik, Unangenehmes). Die Rolle, in die Sie schlüpfen müssen, ist weder leicht noch angenehm. Auch dürfen Sie nicht mit allzu viel Entgegenkommen bei Ihrem Rollenspielpartner rechnen. Denn seine Rolle sieht vor, Ihnen das Leben schwer zu machen. Für dieses Stegreif-Rollenspiel hat man zwischen 10 und 30 Minuten Zeit. In der Vorbereitungszeit (etwa 5 bis 15 Minuten) kann man sich mit der schriftlichen Rollen- und Situationsbeschreibung vertraut machen.

Rollenspiel und soziale Kompetenz

Das Rollenspiel hat ähnliche Anforderungen wie die Gruppendiskussion:

1. **Erfassung und Steuerung sozialer Prozesse**
   - a Einfühlungsvermögen (Erkennen/Berücksichtigen von Bedürfnissen/Gefühlen anderer)
   - b Kontaktfähigkeit (Beratung anbieten, Vertrauen entgegenbringen)
   - c Kooperationsfähigkeit (anderen aus Schwierigkeiten heraushelfen, kein Dominanzstreben auf Kosten anderer)
   - d Informationspolitik (Fähigkeit, zuzuhören)
   - e Selbstdisziplin (auf Angriffe angemessen reagieren, moderat-freundlicher Umgang mit anderen)

2. **Systematisches Denken und Handeln**
   - a Arbeitsorganisation (sich einen Überblick verschaffen)
   - b Entscheidungsfähigkeit (Suchen/Verwerten von allen verfügbaren Informationen, Entwicklung und Beurteilung von Alternativen, angemessene Entscheidungsfreude, kein Aufschieben, die Konsequenzen der Entscheidungen abwägen)
   - c Planung und Kontrolle (Arbeitsziele setzen)

3. **Aktivitätspotenzial**
   - a Führungspotenzial/-motivation (Initiativen zur Strukturierung/Koordination sozialer Prozesse)
   - b Arbeitsantrieb/-motivation (schnelles Erledigen anstehender Arbeiten/Probleme)
   - c Selbstständigkeit (erkennbares Bemühen um Optimierung eigener Arbeitsergebnisse)
   - d Selbstwertgefühl (positiv und erfolgsorientiert, angemessene Selbstsicherheit, Durchhaltevermögen bei Rückschlägen)
   - e Durchsetzungsvermögen (Zielstrebigkeit, Beharrlichkeit)

4. **Ausdrucksmöglichkeiten**
   a Flexibilität (rhetorische Fähigkeiten/Argumentationstechnik)
   b Überzeugungskraft (Argumentation erzeugt bei anderen keinen Widerstand, Flexibilität in Ausdruck/Argumentation, Führungsrolle wird anerkannt).

Auch hier dreht sich alles um die soziale Kompetenz. Gefragt sind im Wesentlichen Kontaktfähigkeit, Einfühlungsvermögen und Verhandlungsgeschick, gepaart mit Überzeugungskraft und Durchsetzungsvermögen.

Situationen im Rollenspiel

Man wird zum Vorgesetzten ernannt, der mit einem Mitarbeiter ein ernstes Wörtchen zu reden hat, da dessen Leistungen oder Verhaltensweisen – wohl wegen Alkohol- und Eheproblemen – absolut kritikwürdig sind. Hinzu kommt, dass in dieser fiktiven Situation das Kind/die Ehefrau des Mitspielers gerade tödlich verunglückt ist. Also keine einfache Ausgangsbasis für ein heikles Gespräch. Darüber hinaus ist die Person mit dem Polizeipräsidenten verwandt!

Häufig werden Überzeugungs- oder Motivationsgespräche verlangt. Beliebt sind auch „Kundengespräche“. Da hat man es dann beispielsweise mit einem wütenden Demonstranten zu tun, der sich bei Ihnen, dem Chef, über die schlechte und unfreundliche Behandlung durch einen Kollegen beschwert.

Ableitung von Führungsqualitäten

Aus Ihrem Gesprächsverhalten wird versucht, Rückschlüsse auf Ihr Führungspotenzial zu ziehen:

- Wie werden Sie einmal mit Mitarbeitern, für die Sie Personalverantwortung haben, umgehen?
- Zeigen Sie Ansätze einer Gesprächsstrategie, gelingt Ihnen eine Klärung?
- Wie geschickt sind Sie im verbalen Umgang mit anderen Menschen?
- Wie stark ist Ihre Empathie, d. h., wie gut können Sie sich in Ihr Gegenüber hineinversetzen?
- Sind Sie in der Lage, die Situation zu analysieren und gemeinsam eine Lösung zu erarbeiten?

- Können Sie ein Verhandlungsergebnis vorweisen bzw. sind Sie in der Lage, am Ende des Gesprächs klare Vereinbarungen, ggf. Entscheidungen, zu treffen?
- Besonders wichtig ist das sich meist anschließende Gespräch über Ihr Verhalten beim Rollenspiel: Übernehmen Sie, falls Ihnen kritische Fragen gestellt werden, Verantwortung. Fallen Sie also nicht bei der ersten Kritik um, bleiben Sie stattdessen ruhig und liefern Sie sachliche Gründe für Ihr Verhalten, Ihre Argumentation.

Präsentationen

Ob Sie als Moderator auftreten, eine Fallstudie lösen oder ob Sie – nach kurzer Vorbereitungszeit – einen Vortrag über ein gesellschaftspolitisches Thema halten sollen: Es handelt sich stets um eine Präsentation. Dabei geht es darum, ein Thema in der zur Verfügung stehenden Zeit inhaltlich zu erfassen und den Zuhörern per mündlichem Vortrag zu vermitteln. Entweder sollen Sie einen bestimmten Standpunkt vertreten oder Überzeugungsarbeit leisten. Es kann also sein, dass Sie dabei in die Rolle eines Beraters schlüpfen müssen, um einem fiktiven Leitungsgremium bestimmte Aktionen vorzuschlagen. Möglich ist auch, dass Sie sich gleich bei der Eingangsrunde einfach selbst vorstellen sollen. Entweder ganz frei, sodass Sie selbst entscheiden können, wie und was Sie über sich erzählen, oder mit einer Vorgabe wie „Stellen Sie uns Ihre drei größten Stärken und Schwächen vor!“ oder „Erläutern Sie die wichtigsten Stationen in Ihrem Lebenslauf!“ oder „Beschreiben Sie Ihren Lieblingsurlaubsort!“.

Pluspunkte sammeln

Eine Präsentation kann entweder aus dem Stand heraus verlangt werden (mit einer Vorbereitungszeit von fünf bis zehn Minuten für einen drei- bis fünfminütigen Vortrag) oder mit abendlichem, mehrstündigen Unterlagenstudium vor dem Prüfungstag. Denkbar ist bei dieser zweiten Variante die zusätzliche Aufgabe, Ihren Vortragstext schriftlich auszuarbeiten, das bedeutet jedoch nicht, dass Sie ihn dann einfach ablesen dürfen. Die Beobachter konzentrieren sich auf das „Wie“ Ihres Vortrags und nehmen die inhaltliche Beurteilung Ihres Referats später vor. Pluspunkte bringen:

1. **Erfassung und Steuerung sozialer Prozesse**
   a Einfühlungsvermögen (Erkennen/Berücksichtigung von Bedürfnissen der Zuhörer)
   b Kooperationsfähigkeit (Aufgreifen und Weiterführung anderer Meinungen/Ideen)

2. **Systematisches Denken und Handeln**
   a Analytisches und abstraktes Denken (didaktisch sinnvoller und logischer Aufbau des Vortrags, Fähigkeit, zu strukturieren)
   b Arbeitsorganisation (Einhalten von Zeitvorgaben, Belastbarkeit, Stressresistenz)
   c Entscheidungsfähigkeit (Entwickeln und Beurteilen von Alternativen, die Konsequenzen der Entscheidungen abwägen)
   d Planung/Kontrolle (Formulierung von Zielen)

3. **Aktivitätspotenzial**
   a Selbstwertgefühl (positives Denken und Erfolgsorientierung, angemessene Selbstsicherheit)
   b Kreativität
   c Durchsetzungsvermögen (Aufmerksamkeit erzielen, Konzentration, Zielstrebigkeit)

4. **Ausdrucksmöglichkeiten**
   a Fähigkeit, mündlich zu formulieren
   b flüssige und unmissverständliche Ausdrucksweise
   c akustisch gut zu verstehen
   d Überzeugungskraft (Plausibilität von Vorschlägen/Methoden/Zielen, Argumentation erzeugt keinen Widerstand)
   e Flexibilität (plastische Vergleiche/Bilder, Variation des Ausdrucks, Einsatz didaktischer, optischer Hilfsmittel)

Bei dieser Übung geht es weniger um das zwischenmenschliche Verhalten, sondern mehr um Sprache, Form, Ausdruck, Klarheit und Sicherheit, Ausstrahlung, Überzeugungskraft und erst an letzter Stelle um Sachkompetenz. Das gilt vor allem für willkürliche Ein-Wort-Themen wie „Der Glaube“ oder Allerweltsthemen wie „Tempolimit – pro und contra“, die nichts mit dem späteren Arbeitsplatz zu tun haben. Fachliche Kompetenz wird dann wichtiger, wenn es um Themen Ihres künftigen Arbeitsgebiets geht.

Vorbereitungsmöglichkeiten

„Lassen Sie Ihren Gedanken freien Lauf" könnte das Motto für die Bearbeitung der Themen lauten. Es geht also zunächst darum, Material zu sammeln. Notieren Sie alles – ruhig ungeordnet –, was Ihnen zu dem Thema einfällt. Hilfreiche Fragestellungen dazu sind z. B.:

- Welchen Kernbegriff (welches Keyword) enthält das Thema?
- Welche weiteren Begriffe stecken im Thema?
- Welche anderen Begriffe/Stichworte (vergleichbare, gegensätzliche, Ober-/Unterbegriffe) assoziiert man mit dem Kernbegriff?

Auch die bekannten W-Fragen (wer, wie, was, wann, wo, warum?) können einen wichtigen Beitrag leisten:

- Was heißt …? Was ist …? Was bedeutet (für mich/den Einzelnen/die Gesellschaft) …?
- Wer ist mit … befasst?
- Welche Arten von … gibt es?
- Wann geschieht …?
- Wo geschieht …?
- Warum …?
- Welche Ursache …?
- Welchen Zweck …?
- Welche Folgen, Vor-/Nachteile, Gefahren …?
- Wem nützt schadet …?
- Wozu dient …?

Schlüpfen Sie gedanklich in andere Personen (Freunde, Arbeitskollegen, Eltern, Nachbarn etc.). Wie würden die argumentieren? Ordnen Sie die so gewonnenen Stichworte nach Zusammengehörigkeit und in die Gliederungsabschnitte Einleitung, Hauptteil, Schluss. Es gibt bestimmte Gliederungsformen, die die Vorbereitung von speziellen Aufgaben erleichtern:

Bei Themen, die eine **Pro-/Contra-Erörterung** erfordern, hat sich diese Gliederung des Hauptteils bewährt:

- These (Argumente für …)
- Antithese (Gegenargumente)
- Wenn möglich: Lösung, Entscheidung (Synthese)

Haben Sie es mit einem **berufstypischen Fachproblem** zu tun, bietet sich eine Gliederung anhand dieser Fragen an:

- Worin besteht das Problem?
- Wie ist bisher damit verfahren worden?
- Welche Lösungsansätze sind praktikabel, welche nicht?
- Wie sieht meine Empfehlung aus?

Die gelungene Präsentation

Die für den Vortrag vorgesehene Zeit sollten Sie unbedingt einhalten. Die fünf oder zehn Minuten sind angesichts des Prüfungsstresses jedoch schnell vorbei. Wenn Sie mit dem Vortrag aufhören müssen, weil die Zeit abgelaufen ist, und wichtige Argumente ungesagt bleiben, haben Sie die Präsentation „in den Sand gesetzt". Verzichten Sie also lieber auf ein paar zusätzliche, aber schwächere Argumente, und lassen Sie sich genügend Zeit für die wirklich guten. Sehr wichtig ist, wie Sie den Vortrag beginnen. Denn hier entscheidet sich, ob Sie das Interesse der Zuhörer erregen.

Journalisten geht es, wenn sie Artikel schreiben, nicht anders. Deshalb sollten Sie sich ein „Lockmittel" überlegen, z. B. eine knackige Headline, eine spannende Einleitung, eine unvermutete Frage oder eine witzige, kurze Anekdote. Machen Sie Ihre Zuhörer neugierig auf das, was folgt. Beleuchten Sie das Thema von verschiedenen Seiten. Machen Sie Gebrauch von sprachlichen Bildern, Vergleichen etc. Und greifen Sie auch bei dieser Übung zu didaktischen Hilfsmitteln (Flipchart, Overheadprojektor, Tafel). Visualisieren Sie (komplizierte) Zusammenhänge – nach dem Motto: Ein Bild sagt mehr als tausend Worte –, wann immer es möglich und sinnvoll ist. Zusammenhänge, die Sie durch Pfeile, Kreise o. Ä. sichtbar machen, werden deutlicher – eine Methode, die immer gut ankommt. Zögern Sie nicht, ein Keyword an die Tafel zu schreiben, um seine Bedeutung zu unterstreichen. Halten Sie mit Ihren Zuhörern Blickkontakt. Werden Sie unterbrochen, gehen Sie auf Zwischenfragen ein. Auf diese Weise soll Ihre Flexibilität getestet werden. Aber lassen Sie das Zwiegespräch nicht ausufern. Geben Sie Ihren Zuhörern etwas zum Nachdenken, beteiligen Sie sie an Ihrem Thema. Sollten diese nicht von sich aus fragen, können Sie – um Leben in die Sache zu bringen – auch Fragen stellen. Es ist besser, keine einzelne Person zu fragen, denn das könnte dieser peinlich sein. Stellen Sie Fragen am besten an die ganze Runde. Fassen Sie die wichtigsten Aspekte des Themas am Ende kurz und prägnant zusammen, und kommen Sie zum Schluss, der ähnlich gestrickt sein sollte wie der Anfang – nämlich interessant. Sollten Sie sehr aufgeregt sein, ist es eine gute Taktik, das offen und humorvoll anzusprechen, statt sich zu verkrampfen und zu hoffen, dass es niemand sieht – das bringt sogar Sympathiepunkte. Auf diese Weise machen Sie eine kleine Schwäche zu einer Stärke, indem Sie zeigen, dass Sie auch mit einem kleinen Manko umgehen können.

Postkorbübungen

Neben der führerlosen Gruppendiskussion ist der Postkorb eine häufige Übung im AC. Sie wird als sogenannter Paper-Pencil-Test, bzw. zunehmend häufiger auch auf dem PC dargeboten. Jeder Teilnehmer muss diesen Test allein bearbeiten. Ihre Aufgabe: Sie müssen als Chef (Mitarbeiter) vieles durcharbeiten, was sich während einer längeren Dienstreise in Ihrer Post angesammelt hat.
Dabei müssen sehr viele Entscheidungen getroffen werden, zu

- finanziellen Dingen,
- geschäftlichen Angelegenheiten und
- familiären oder sonstigen privaten Dingen.

Hinzu kommt, dass Sie unter enormem Zeitdruck stehen, da Sie kurz danach wieder auf Dienstreise müssen oder in den Urlaub fahren. Allein die Papiere in Ihrem „Postkorb" (bzw. Ihrem elektronischen Postfach) durchzulesen, erfordert schon einen erheblichen Teil der Bearbeitungszeit. Es wird jedoch auch verlangt, dass Sie schnell und angemessen auf die Ereignisse, Anforderungen, Probleme etc. reagieren. Später wird man Sie fragen, wieso Sie diese oder jene Entscheidung getroffen haben. Gehen Sie daher bei der Bearbeitung immer systematisch vor!

Beurteilungskriterien

Hier die Kriterien, nach denen Sie beurteilt werden. Einiges davon kennen Sie schon:

1. **Erfassen und Steuern sozialer Prozesse**
   a Kontaktfreudigkeit (aktives Zugehen auf andere)
   b Einfühlungsvermögen (Erkennen/Berücksichtigen von Bedürfnissen/Gefühlen anderer)
   c Integrationsfähigkeit (Konflikte analysieren und lösen, Bündelung vieler auseinandergehender Interessen auf ein Ziel hin)
   d Kooperationsfähigkeit (kein Dominanzstreben auf Kosten anderer, Verzicht auf Druck- und Machtmittel)
   e Informationspolitik (Weitergabe von Informationen)

2. **Systematisches Denken und Handeln**
   a Abstraktes und analytisches Denken (Informationen ordnen nach vorgegebenen Kriterien)
   b Kombinationsfähigkeit (Übernahme/Verarbeitung von Informationen/Denkstilen anderer, Alternativen entwickeln)
   c Entscheidungsfähigkeit (Informationen suchen und verarbeiten, Entscheidungsfreudigkeit, kein Aufschieben, die Konsequenzen der Entscheidungen abwägen)
   d Arbeitsorganisation (Delegationsfähigkeit, Zeitvorgaben einhalten, Belastbarkeit/Stressresistenz, Überblick gewinnen, gewissenhafte Bearbeitung, Konzentrationsfähigkeit)
   e Planung und Kontrolle (Strukturierung komplexer Sachverhalte)

3. **Aktivitätspotenzial**
   a Arbeitsantrieb/-motivation (konstante Arbeitsleistung bei komplexen Aufgaben)

Bei dem Interview, das häufig im Anschluss an die Postkorbübung folgt, erkundigen sich die Beobachter oft – manchmal auch sehr detailliert – nach den Gründen für Ihre Entscheidungen. Dabei sind sie auf der Suche nach Ihrem Organisations- und Planungstalent und hoffen, dem mit Fragen nach einem bestimmten Konzept oder Strategien auf die Spur zu kommen. Besonders interessiert sie Ihr Weitblick, d. h., ob Sie auch die Konsequenzen Ihrer

Entscheidungen berücksichtigt haben. Schlechte Noten handelt sich ein, wer unsystematisch, also eher aus dem Gefühl heraus, Entscheidungen trifft oder sich gar davor drückt. Bei der Postkorbübung und später auch beim Interview geht es auch um Ihre Belastungsfähigkeit, Auffassungsgabe und Flexibilität. Können Sie vermitteln, dass Sie bei komplexen Aufgaben planvoll und überlegt organisieren, Ihre Arbeitsleistung selbst bei hohem Zeitdruck nicht abfällt, Ihre Konzentration konstant bleibt und Sie bemüht sind, begonnene Arbeiten zügig abzuschließen?

Bewältigungsstrategien

Um sich einen Überblick zu verschaffen, sollten Sie zunächst alle vorgelegten Informationen durchlesen und sich auf einem Extrazettel Notizen machen. Dabei helfen diese Fragen:

- Habe ich einen Überblick gewonnen?
- Kann ich einen Zeitplan aufstellen?
- Welche Vorgänge/Ereignisse sind wirklich wichtig und warum?
- Welche können zurückgestellt bzw. vorerst vernachlässigt werden und warum?
- Wie hängen die einzelnen Vorgänge/Ereignisse zusammen?
- Gibt es weitere Gemeinsamkeiten?

Fürs weitere Vorgehen sind auch folgende Punkte wichtig:

- Welche Aufgaben muss man selbst bearbeiten?
- Welche Termine müssen eingehalten werden?
- Was geschieht, wenn ein Termin verpasst wird?
- Lässt sich ein Ordnungssystem (Unterscheidungsmerkmale) für die einzelnen Vorgänge finden?
- Wo sind Prioritäten zu setzen, aus welchen Gründen?
- Wie ist dabei die Interessenlage?
- Wird bei der Bearbeitung eine systematische Leitlinie erkennbar?

Diese Fragen helfen beim Delegieren:

- Was lässt sich an andere Personen delegieren und warum?
- Kontrollfrage dabei: Könnte bei den Beobachtern der Eindruck entstehen, dass man sich vor Entscheidungen und Aufgaben drückt?
- Wie lassen sich Effizienz und Erfolg kontrollieren?

Unterziehen Sie Ihre Entscheidungen abschließend einer kritischen Kontrolle mit den folgenden Fragen:

- Fließen in die Entscheidungen alle verfügbaren Informationen ein?
- Welche Konsequenzen, möglicherweise auch Probleme, ziehen die Entscheidungen nach sich? Gibt es Alternativen?
- Wie lassen sich die Entscheidungen erklären, rechtfertigen, begründen?
- Werden die Beobachter Ihre Motive verstehen?

Bei der Bearbeitung der Aufgaben sollten Sie möglichst gelassen wirken. Dabei wird auch Ihre Körpersprache von den Beobachtern registriert.

Übrigens gibt es bei den Postkorbübungen fast nie einen Königsweg, also eine allein richtige Lösung. Wichtig ist vielmehr, dass Sie im Interview begründen können, weshalb Sie sich für eine bestimmte Aufgabenverteilung entschieden haben, etwa „weil Personalfragen immer Chefsache sind“ etc. Gehen Sie daher bei der Postkorbübung selbstbewusst und entscheidungsfreudig vor. Auch wenn es in der realen Arbeitswelt wichtig ist, die Dinge gründlich zu durchdenken – bei der Postkorbübung machen Sie damit kaum Punkte. Stattdessen sollen Sie hier Mut zur Entscheidung und Entschlossenheit demonstrieren. Dazu gehört auch ein gewisses Maß an Selbstsicherheit und Optimismus.

Ziel der Postkorbübung

- Wie sind Ihr Entscheidungs- und Führungsverhalten sowie Arbeitsstil und -systematik?
- Können Sie Wichtiges von Unwichtigem unterscheiden und Prioritäten setzen?
- Können Sie Aufgaben delegieren und dennoch die Dinge im Auge behalten, indem Sie eine Effizienz- und Erfolgskontrolle einplanen?

Für die Postkorbübung steht meistens eine Stunde zur Verfügung, für „Mini-Postkörbe“ weniger. Oftmals werden Sie unmittelbar danach oder auch im weiteren Verlauf des ACs zu einem Gespräch gebeten, um Ihre Entscheidungen nochmals zu erklären und zu begründen. Wer dabei einen zu zögerlichen Eindruck macht und nicht klar erkennen lässt, dass er in der Lage ist, Entscheidungen zu treffen und die Verantwortung dafür zu übernehmen, wird mit Kritik an seinem Führungspotenzial rechnen müssen. Bleiben Sie gelassen, wenn Ihre Herangehensweise an die Probleme als logisch wenig sinnvoll und nicht als systematisch und angemessen bezeichnet wird. Es könnte sein, dass man auch jetzt wieder testen will, ob Sie leicht von Ihrem Standpunkt abzubringen sind. Verkneifen Sie sich Entschuldigungen wie „Wenn die Zeit nicht so knapp gewesen wäre, hätte ich gern noch dies oder jenes erledigt." Erstens wissen die Beobachter selbst, wie viel Zeit zur Verfügung stand, zweitens verfügen sie über Erfahrungswerte, was sich im Schnitt schaffen lässt, und drittens wirken Entschuldigungen und Ausreden nicht sonderlich überzeugend. Man könnte daraus sogar folgern, dass Sie überfordert oder zu sehr gestresst sind.

Interviews

Beim Interview, einem Frage-und-Antwort-Spiel, geht es meist um die speziellen Anforderungen, die mit dem Arbeitsplatz verbunden sind. Es sind sogar mehrere Einzel- oder Kleingruppeninterviews denkbar. Verwechseln Sie das Interview nicht mit einem gewöhnlichen Vorstellungs- bzw. dem AC-Abschlussgespräch oder mit dem Small Talk beim Mittagstisch oder Abendessen. Persönlichkeit, Leistungsmotivation und Kompetenz sind die Kriterien, die im Interview im Mittelpunkt stehen. Im Einzelnen geht es um:

1. **Aktivitätspotenzial**
   a Kontaktfähigkeit (aktives Zugehen auf andere)
   b Führungspotenzial/-motivation (Anstreben einer Führungsposition/-rolle, Initiativen zur Strukturierung/Koordination sozialer Prozesse)
   c Selbstwertgefühl (positiv und erfolgsorientiert, angemessene Selbstsicherheit)
   d Durchsetzungsvermögen (Zielstrebigkeit, Stresstoleranz)

2. **Ausdrucksmöglichkeiten**
   a Fähigkeit, mündlich zu formulieren (flüssig und unmissverständlich)
   b Überzeugungskraft (Vorschläge/Ziele/Methoden werden von anderen übernommen, Argumentation erzeugt bei anderen keinen Widerstand, Flexibilität in Ausdruck/Argumentation)

Beim Interview ist – unabhängig von den Einzelfragen, mit denen man konfrontiert wird – eine gute Portion Selbstdarstellung erforderlich. Wer von sich und seinen Fähigkeiten überzeugt ist, ohne anmaßend zu sein und zu dick aufzutragen, und darüber hinaus andere überzeugen kann, hat hier relativ leichtes Spiel.

Vorbereitung

Vor dem Interview sollten Sie sich Gedanken darüber machen, wie Sie diese Aspekte präsentieren:

- Ihren schulischen Werdegang,
- Ihre Kompetenzen und Eignung für den angestrebten Beruf,
- aus welchen Gründen, Sie sich bei der Organisation beworben haben, und Ihre Leistungsmotivation,
- Ihren persönlichen, sozialen Hintergrund.

Das wird Ihnen umso leichter fallen, je intensiver Sie sich auf das Bewerbungsverfahren vorbereitet haben. Bevor Sie sich überhaupt irgendwo bewerben, sollten Sie sich über diese zentralen Fragen im Klaren sein:

- Was für ein Mensch bin ich?
- Was kann ich?
- Was will ich?

Das Stressinterview

Eine Abwandlung des normalen Interviews stellt das sogenannte Stressinterview dar. Hier versucht man Sie unter Stress zu setzen, in die Enge zu drängen, zu emotionalisieren. Rechnen Sie z. B. mit folgenden Fragen:

- Was spricht gegen Sie als Kandidaten?
- Was sind Ihre Schwächen, Nachteile, Defizite?
- Was war Ihr größter Misserfolg, Ihre größte Enttäuschung?
- Was haben Sie daraus gelernt?
- Wovor fürchten Sie sich?
- Was kann Sie richtig ärgerlich machen?
- Was mögen Sie nicht, schätzen Sie bei z. B. Freunden, Klassenkameraden, Lehrern und Eltern nicht?
- Welche Anti-Vorbilder haben Sie, welche Personen lehnen Sie ab und warum?
- Was wollen Sie wann und wie beruflich in Ihrem Leben erreicht haben?

- Was ist Ihr Lebensmotto?
- Wie definieren Sie die Begriffe Verantwortung, Schwäche, Leistung und Führung?
- Was machen Sie, wenn wir Sie nicht nehmen?
- Was würden Sie tun, wenn Sie im Lotto Millionen gewinnen?

Das Schwierige an Stressinterviews sind nicht nur die Fragen. Es kann sein, dass man Sie auch auf andere Art und Weise aus der Fassung zu bringen versucht. Etwa indem man Sie zwischendurch länger warten lässt oder Schweigepausen im Interview einlegt. Da Sie die Absichten jedoch durchschauen, bleiben Sie ruhig und gelassen. Ein kleiner Hinweis noch: Missverstehen Sie nicht jede kritische Frage als den Beginn eines Stressinterviews, und begegnen Sie Ihrem AC-Interviewpartner nicht von vornherein „übermisstrauisch".

Die 11 wichtigsten Verhaltensregeln beim Interview:

1. Hören Sie aufmerksam und konzentriert zu.
2. Halten Sie angemessenen Blickkontakt.
3. Beobachten Sie genau (ohne zu mustern).
4. Überlegen Sie, bevor Sie antworten. Nehmen Sie sich Zeit.
5. Scheuen Sie sich nicht, nachzufragen.
6. Reden Sie lieber etwas weniger als zu viel.
7. Lassen Sie Ihren Gesprächspartner (aus-)reden.
8. Warten Sie ab, stehen Sie auch mal eine kleine Gesprächspause durch.
9. Seien Sie lieber etwas zurückhaltend, statt zu forsch aufzutreten.
10. Bleiben Sie sachlich, ruhig, geduldig und gelassen.
11. Last but not least: Versuchen Sie, die wichtigsten Regeln der Körpersprache zu berücksichtigen.

Körpersprache

Mit der Körpersprache drücken wir unseren Gefühlszustand aus. Den meisten Menschen ist jedoch gar nicht bewusst, dass sie mit ihrem Körper genauso deutlich sprechen wie mit ihren Worten. Erhobener Zeigefinger, hochgezogene Augenbrauen, gerümpfte Nase und eine in Falten gelegte Stirn sind jedoch klare Signale. Wer die Hände im Schoß faltet oder hinter dem

Kopf verschränkt, signalisiert seiner Umwelt bewusst oder unbewusst etwas. Beobachter/-innen im AC hantieren gerne mit Listen, aus denen sie ablesen können, was eine bestimmte Haltung, Geste, Mimik etc. angeblich bedeutet. Im Wesentlichen geht es um:

- Blickverhalten
- Gesten
- Mimik
- Körperhaltung
- Sprechweise
- Geruch

Ob die Körpersprache tatsächlich so einfach zu interpretieren ist, sei dahingestellt. Sie sollten sich jedoch bewusst machen, dass auch Ihre nonverbale Kommunikation bewertet wird, und daher im AC verstärkt auf Ihre körperlichen Signale achten. Allerdings halten wir wenig von einer einstudierten Körpersprache – abgesehen davon lässt sie sich auf Dauer auch gar nicht durchhalten, da Körpersprache sehr eng mit dem Unterbewusstsein in Verbindung steht. Versuchen Sie, sympathisch, gelassen, konzentriert und doch auch locker zu wirken. Verstellen, „verbiegen" Sie sich nicht zu sehr!

Abschlussgespräche

Das Abschlussgespräch soll das Auswahlverfahren abrunden und zum Ausklang und Abschied eine gute Atmosphäre schaffen. Dazu können Ihnen unterschiedlichste Fragen gestellt werden:

- Wie haben Sie das AC-Verfahren erlebt?
- Was war gut am AC, was schlecht, was sollten wir ändern?
- Wo sehen Sie persönliche Stärken und Schwächen?
- Wie zufrieden sind Sie mit Ihrer Leistung?
- Wie beurteilen Sie Ihre Mitbewerber?

Nach der Befragung werden die Leistungen der Bewerber von den Beobachtern in der Regel mehr oder minder ausführlich bewertet. Dabei werden auch die Kandidaten, die das AC nicht bestanden haben, in freundlich-moderater Weise gelobt. Gelegentlich gibt man ihnen auch einige Tipps mit auf den Weg, an welchen Punkten sie nach Ansicht der Prüfungskommission noch arbeiten müssen, um bei künftigen ACs erfolgreich zu sein. Und natürlich wünscht man allen alles Gute für ihre berufliche Zukunft.

Sollten Sie das AC nicht bestanden haben, war es dennoch eine wertvolle Erfahrung für Sie, aus der Sie nur lernen können. Mit Sicherheit gehen Sie entspannter in das nächste AC, da Sie nun wissen, wie der Hase läuft. Nicht umsonst gibt es viele Bewerber, die erst ein oder zwei ACs bei Organisationen durchlaufen, bei denen sie eigentlich nicht arbeiten wollen, um sich dann mit dieser Erfahrung dort zu bewerben, wo sie wirklich anfangen möchten.

Personal-Auswahl-Center der Polizei NRW

Im Folgenden werden wir Ihnen beispielhaft Informationen über das Assessment-Center bzw. den Testablauf der Polizei in NRW für den gehobenen Dienst geben. Diese Informationen sind internes Material, das wir über mehrere Umwege erhalten haben.

Verfahrensablauf

1. Tag:	**Zeitansatz**
• Leistungstests	$1\frac{1}{4}$ Stunden
– Intelligenztest	
– Gedächtnistest	
• Fragebögen	$1\frac{1}{4}$ Stunden
– Stressbewältigung und Leistungshaltung	
– Kooperationsfähigkeit	
– berufliches Entscheidungsverhalten	
• Fachkompetenzüberprüfung	$1\frac{1}{2}$ Stunden
– Multiple-Choice-Verfahren	
2. Tag:	
• Assessment-Center	5 Stunden
– 2 Rollenspiele	
– 1 Vortrag	
• Abschlussinterview	20 Minuten

Leistungstests und Fragebögen

- Intelligenz- und Gedächtnistest
- Fragebogen zur Erfassung der Stressstabilität und Leistungshaltung
- Fragebogen zur Kooperationsfähigkeit
- Fragebogen zum beruflichen Entscheidungsverhalten

Assessment-Center

- Rollenspiele
  - Sicherheit in der Aufgabenanalyse
  - Motivationsfähigkeit
  - Kreativität in der Aufgabenerledigung
  - Sicherheit im Handeln
  - Sachentscheidungen sicher treffen
  - sozial verträglicher Machtgebrauch
- Vortrag
  - Qualität
  - Sprachsicherheit
  - Blickkontakt, Körperausdruck

Abschlussinterview

- Thematisierung individueller Testergebnisse
- Selbstdarstellung
- Rückmeldung

Rangplatzermittlung

Gewichtung der Auswahlkomponenten:

- Leistungstests, Fragebögen: 29 Prozent
- Fachkompetenz: 29 Prozent
- Assessment-Center: 28 Prozent
- Abschlussinterview: 14 Prozent

Verfahrensinhalte

Mögliche Vortragsthemen:

- Die Wechselwirkung zwischen angemessenem Informationsfluss und effektiver (polizeilicher) Arbeit
- Rollenerwartung der Gesellschaft an Polizeibeamte
- Ermöglicht polizeiliche Arbeit einen ausreichenden Handlungs- und Entscheidungsspielraum?
- Beeinflusst der Status eines „Beamten auf Lebenszeit" die Einstellung zur Arbeitsleistung?
- Grenzen der Loyalität gegenüber Vorgesetzten und Mitarbeiterverhalten
- Öffentlicher Dienst und persönliche Selbstverwirklichung – ein Widerspruch?

1. Rollenspiel

Situationsschilderung	Polizeihauptmeister (PHM) G. hat Anzeigendienst auf dem Gruppenposten. Er nimmt gerade einen „kleinen" Diebstahl auf, der inhaltlich recht umfangreich ist. Kurz nachdem mit der Aufnahme des Diebstahls begonnen wurde, kommt eine Dame in das Zimmer, die einen Verkehrsunfall mit Unfallflucht melden will. Diese Person drängt darauf, zuerst angehört zu werden. Andere Kollegen haben wegen einer Geiselnahme keine Zeit, sich um die Angelegenheiten zu kümmern.
Angenommene Örtlichkeit	Tageswache Marktplatz
Beteiligte Personen	– PHM G. – Geschädigter des Diebstahls, Herr R. – Geschädigte des Unfalls, Frau A.
Verhaltensweise des Bewerbers	

2. Rollenspiel

Situationsschilderung	Ein Kriminalbeamter in einer ländlichen Gegend hat kurz vor seinem Jahresurlaub noch eine große Menge an Akten, die er zu bearbeiten hat. Während dieser Tätigkeit kommt ein Schutzpolizist in sein Büro und bittet ihn, bei einer Wohnungsdurchsuchung zu helfen. Trotz des Hinweises, dass der Kriminalbeamte diese Wohnung schon einmal durchsucht hat und weiß, wie mit dem Tatverdächtigen umzugehen ist, lehnt dieser seine Mitarbeit ab. Sie als Schutzpolizist bestehen aber auf seiner Teilnahme.
Angenommene Örtlichkeit	Im Büro des Kriminalbeamten
Beteiligte Personen	– Kriminalbeamter – Schutzpolizist
Verhaltensweise des Bewerbers	

Persönlichkeitstests

„Mit was für einem Menschen habe ich es zu tun?" lautet die wohl wichtigste Frage für einen Arbeitgeber, um festzustellen, ob Bewerber auch von der Persönlichkeit in das vorhandene Team passen. Bei Polizei, Feuerwehr und Justiz müssen Sie im Team arbeiten können – entweder zu zweit, beispielsweise im Streifenwagen, oder in einem etwas größeren Team auf einem Löschzug. Teamgeist, Stressstabilität, angemessenes Verhalten in komplexen, dynamischen Situationen und weitgehende Angstfreiheit sind die Persönlichkeitsfaktoren, die für diese Berufe sicherlich unerlässlich sind. So kann es Ihnen passieren, dass man Ihre gesamten Charaktereigenschaften zu erfassen versucht. Um dies zu erreichen, wird man Ihnen Persönlichkeitstests vorlegen.

An dieser Stelle wollen wir Ihnen einen Einblick in die Fragen der gängigsten Persönlichkeitstests geben. Zu manchen Fragen gibt es wahrscheinlich nur Antwortmöglichkeiten, die nicht hundertprozentig auf Sie zutreffen. Versuchen Sie dann, die Antwort zu geben, die auf Sie noch am ehesten zutrifft. Sie haben aber auch die Möglichkeit, „teils-teils" anzukreuzen. Dies sollten Sie jedoch auf keinen Fall zu oft tun! Sie wirken unter Umständen unglaubwürdig, und man könnte denken, dass Sie etwas zu verheimlichen haben.

Eine Zeitvorgabe gibt es nicht, Sie sollten aber auch nicht zu lange überlegen. In maximal 20 Minuten müssten Sie diesen ersten Persönlichkeitstest mit 66 Fragen absolviert haben.

AUFGABEN

1 Gleiches Gehalt vorausgesetzt, wäre ich lieber …

a Chemiker im Labor
b unsicher
c Manager im Hotel

2 Ich halte viel von dem Satz „Erst die Arbeit, dann das Vergnügen".

a stimmt
b teils-teils
c stimmt nicht

3 **Ich arbeite lieber …**

a mit Zahlen und Statistiken
b unsicher
c mit Menschen zusammen

4 **Karriere ist nicht alles im Leben.**

a stimmt
b teils-teils
c stimmt nicht

5 **Ich vermeide es, mich mit Leuten herumzustreiten.**

a ja
b manchmal
c nein

6 **Wenn Leute mit der Moral argumentieren, regt mich das auf.**

a stimmt
b teils-teils
c stimmt nicht

7 **In unserer Wirtschaftsordnung sollte im Prinzip alles so bleiben, wie es ist.**

a stimmt
b teils-teils
c stimmt nicht

8 **Lieber ein ganz sicherer Arbeitsplatz mit festem, aber kleinerem Gehalt als das Gegenteil.**

a stimmt
b teils-teils
c stimmt nicht

9 **Wenn andere die Köpfe zusammenstecken und tuscheln, denke ich, dass sie schlecht über mich reden könnten.**

a stimmt
b teils-teils
c stimmt nicht

10 **Ich denke, dass ich Herausforderungen mutig begegne.**

a ja, meistens
b manchmal
c sehr selten

11 **Mit einer schweren Erkältung im Bett liegend, …**

a versuche ich, die Zeit als eine Art Urlaub zu genießen
b teils-teils
c mache ich mir Gedanken über die versäumte Arbeit

12 **Ich fühle mich öfter einsam.**

a stimmt
b teils-teils
c stimmt nicht

13 **Nachts habe ich bisweilen schlechte Träume.**

a stimmt
b teils-teils
c stimmt nicht

14 **Ich lese lieber ein gutes Buch, als mich mit anderen angeregt zu unterhalten.**

a stimmt
b teils-teils
c stimmt nicht

15 **Wenn andere erfolgreich sind, kann ich sie schon ein bisschen beneiden.**

a stimmt
b teils-teils
c stimmt nicht

16 **Wenn jemand es verdient, kann ich sehr spöttisch sein.**

a im Allgemeinen
b manchmal
c nie

17 **Wenn jemand besonders freundlich zu mir ist, frage ich mich schnell, warum – und was möglicherweise dahintersteckt.**

a stimmt
b teils-teils
c stimmt nicht

18 **Auch kleinere Experimente können ein schwer kalkulierbares Risiko beinhalten.**

a stimmt meistens
b teils-teils
c stimmt selten

19 **Ich glaube nicht, dass mir jemand wirklich Schwierigkeiten wünscht.**

a stimmt
b teils-teils
c stimmt nicht

20 **Jemandem, der mein Vertrauen enttäuscht, …**

a bin ich sehr böse
b teils-teils
c kann ich recht schnell wieder verzeihen

21 Ich habe Qualitäten, die mich vielen anderen überlegen machen.

a stimmt
b teils-teils
c stimmt nicht

22 Es ist mir unangenehm, andere in Verlegenheit zu bringen.

a stimmt
b teils-teils
c stimmt nicht

23 Ich möchte im Leben vorankommen.

a stimmt
b teils-teils
c stimmt nicht

24 Wenn ich mit mehreren Menschen im Fahrstuhl fahre, beschleicht mich ein unangenehmes Gefühl.

a stimmt
b teils-teils
c stimmt nicht

25 Wenn ich zu Bett gehe, kann ich gut einschlafen.

a stimmt
b teils-teils
c stimmt nicht

26 Es passiert mir häufiger, dass ich die Arbeit anderer kritisiere.

a stimmt
b teils-teils
c stimmt nicht

27 **Die Welt braucht zur Orientierung mehr …**

a Beständigkeit und Verlässlichkeit
b unsicher
c Ideale und Utopien

28 **Nur aus Angst vor Strafe verhalten sich die meisten Menschen korrekt.**

a stimmt
b teils-teils
c stimmt nicht

29 **Als Kind war ich selten anderer Meinung als meine Eltern.**

a stimmt
b teils-teils
c stimmt nicht

30 **Im Straßenverkehr lasse ich mich nicht unterkriegen.**

a stimmt
b teils-teils
c stimmt nicht

31 **Jemanden, der schlecht über mich redet, …**

a lasse ich links liegen
b unsicher
c versuche ich zu ertappen und zur Rede zu stellen

32 **Oft fällt es mir schwer, angefangene Arbeiten auch zu vollenden.**

a stimmt
b teils-teils
c stimmt nicht

33 Es macht mir Spaß, mit anderen Leuten zu reden.

a stimmt
b teils-teils
c stimmt nicht

34 Bei gleichem Gehalt wäre ich lieber …

a Lehrer
b unsicher
c Förster

35 Bei mir läuft manches schief.

a oft
b manchmal
c selten

36 Tagträumereien kenne ich bei mir nicht.

a stimmt
b teils-teils
c stimmt nicht

37 Ziele, die ich mir gesetzt habe, erreiche ich fast immer.

a stimmt
b teils-teils
c stimmt nicht

38 Bei gleicher Arbeitszeit und gleichem Gehalt wäre ich in einem guten Restaurant lieber …

a Kellner
b unsicher
c Koch

39 In einer Fabrik wäre ich gerne verantwortlich für …

a den Maschinenpark
b unsicher
c die Personalabteilung

40 Das ganze Jahr über freue ich mich auf den Urlaub.

a stimmt
b teils-teils
c stimmt nicht

41 Lieber schreibe ich in einer schwierigen Situation einen Brief, als ein Telefonat zu führen.

a stimmt
b teils-teils
c stimmt nicht

42 Am liebsten gehe ich in allen Dingen meine eigenen Wege.

a stimmt
b teils-teils
c stimmt nicht

43 Wer viel lächelt, meint es oft nicht gut.

a stimmt
b teils-teils
c stimmt nicht

44 Ein unaufgeräumter Schreibtisch stellt für mich und meinen Ordnungssinn eine Herausforderung dar.

a stimmt
b teils-teils
c stimmt nicht

45 Einen besonderen, ausgefallenen Wunsch zu äußern, fällt mir schwer.

a stimmt
b teils-teils
c stimmt nicht

46 Das Sprichwort „Lieber den Spatz in der Hand als die Taube auf dem Dach“ ist für meine Einstellung zum Leben …

a zutreffend
b unsicher
c unzutreffend

47 Wenn Leute freundlich zu mir sind, habe ich den Verdacht, dass sie hinter meinem Rücken schlecht über mich reden.

a stimmt
b teils-teils
c stimmt nicht

48 Wenn mir im Restaurant das Essen nicht schmeckt, fällt es mir schwer, beim Kellner zu reklamieren.

a stimmt
b teils-teils
c stimmt nicht

49 Das Sprichwort „Was der Bauer nicht kennt, das isst er nicht“ gilt für mich.

a stimmt
b teils-teils
c stimmt nicht

50 Ich bin lieber dafür, dass man bei Problemlösungen …

a auf bewährte Methoden zurückgreift
b teils-teils
c neue Wege und Vorschläge ausprobiert

51 **Bei einer wichtigen Arbeit lasse ich mich nicht gerne unterbrechen.**

a stimmt
b teils-teils
c stimmt nicht

52 **Wenn ich eine große Geldsumme für wohltätige Zwecke zur Verfügung hätte, würde ich …**

a lieber den vollen Betrag der Kirche geben
b jedem die Hälfte
c den vollen Betrag für die Wissenschaft spenden

53 **Wenn das Wetter sich verändert, spüre ich Auswirkungen auf meine Arbeitsleistung und Stimmung.**

a zutreffend
b gelegentlich
c unzutreffend

54 **Ich bin lieber für mich allein als mit anderen zusammen.**

a stimmt
b teils-teils
c stimmt nicht

55 **Ich bin selten krank.**

a stimmt
b teils-teils
c stimmt nicht

56 **Oft denke ich über Möglichkeiten nach, wie man die Gesellschaft verändern müsste, damit alles besser funktioniert.**

a stimmt
b teils-teils
c stimmt nicht

57 Wenn ich im Kaufhaus nicht so bedient werde, wie ich es für angemessen halte, lasse ich – wenn nötig – den Abteilungsleiter rufen.

a stimmt
b teils-teils
c stimmt nicht

58 Hätte ich mein Leben noch einmal vor mir, würde ich …

a es ganz anders planen
b weiß nicht
c es mir ziemlich genauso wünschen

59 Ich bin für eine gewissenhafte Planung und Organisation bei der Arbeit.

a stimmt
b teils-teils
c stimmt nicht

60 Ich neige zu Stimmungsschwankungen.

a stimmt
b gelegentlich
c stimmt nicht

61 Mir geht im Leben manches daneben.

a selten
b manchmal
c oft

62 Oftmals leide ich unter einem Gefühl des Alleinseins.

a stimmt
b teils-teils
c stimmt nicht

63 Der berufliche Aufstieg ist nicht das Wichtigste im Leben.

a stimmt
b teils-teils
c stimmt nicht

64 Ich streite nicht gern mit anderen Menschen.

a stimmt
b teils-teils
c stimmt nicht

65 Öfter kann ich an den Leistungen anderer kein gutes Haar lassen.

a stimmt
b teils-teils
c stimmt nicht

66 Am System der sozialen Marktwirtschaft gibt es viel zu reformieren.

a stimmt
b teils-teils
c stimmt nicht

Geschafft! – Sie sind sicher schon auf Ihr „persönliches" Ergebnis gespannt!

AUSWERTUNG

Dazu die folgende Aufstellung (Angabe der Persönlichkeitsmerkmale sowie der Punktzahlen für die a/b/c-Ankreuzungen):

Item	Persönlichkeits-merkmal	Punkte			Item	Persönlichkeits-merkmal	Punkte		
		a	b	c			a	b	c
1	Kontakt	2	1	0	**34**	Kontakt	0	1	2
2	Leistung	0	1	2	**35**	Ausgeglichenheit	2	1	0
3	Kontakt	2	1	0	**36**	Ausgeglichenheit	0	1	2
4	Leistung	2	1	0	**37**	Ausgeglichenheit	0	1	2
5	Durchsetzung	2	1	0	**38**	Kontakt	0	1	2
6	Vertrauen	2	1	0	**39**	Kontakt	2	1	0
7	Veränderung	2	1	0	**40**	Leistung	2	1	0
8	Veränderung	2	1	0	**41**	Kontakt	2	1	0
9	Vertrauen	2	1	0	**42**	Durchsetzung	0	1	2
10	Durchsetzung	0	1	2	**43**	Vertrauen	2	1	0
11	Leistung	2	1	0	**44**	Leistung	0	1	2
12	Kontakt	2	1	0	**45**	Durchsetzung	2	1	0
13	Ausgeglichenheit	2	1	0	**46**	Veränderung	2	1	0
14	Kontakt	2	1	0	**47**	Vertrauen	2	1	0
15	Leistung	0	1	2	**48**	Durchsetzung	2	1	0
16	Durchsetzung	0	1	2	**49**	Veränderung	2	1	0
17	Vertrauen	2	1	0	**50**	Veränderung	2	1	0
18	Veränderung	2	1	0	**51**	Leistung	0	1	2
19	Vertrauen	0	1	2	**52**	Veränderung	2	1	0
20	Vertrauen	2	1	0	**53**	Ausgeglichenheit	2	1	0
21	Durchsetzung	0	1	2	**54**	Kontakt	2	1	0
22	Durchsetzung	2	1	0	**55**	Ausgeglichenheit	0	1	2
23	Leistung	0	1	2	**56**	Veränderung	0	1	2
24	Ausgeglichenheit	2	1	0	**57**	Durchsetzung	0	1	2
25	Ausgeglichenheit	0	1	2	**58**	Ausgeglichenheit	2	1	0
26	Vertrauen	2	1	0	**59**	Leistung	0	1	2
27	Veränderung	2	1	0	**60**	Ausgeglichenheit	2	1	0
28	Vertrauen	2	1	0	**61**	Ausgeglichenheit	0	1	2
29	Veränderung	2	1	0	**62**	Kontakt	2	1	0
30	Durchsetzung	0	1	2	**63**	Leistung	2	1	0
31	Vertrauen	0	1	2	**64**	Durchsetzung	2	1	0
32	Leistung	2	1	0	**65**	Vertrauen	2	1	0
33	Kontakt	0	1	2	**66**	Veränderung	0	1	2

Addieren Sie bitte die Punktwerte für Ihre Ankreuzungen pro Persönlichkeitsmerkmal:

A Kontakt			B Leistung			C Durchsetzung		
Item	1		Item	2		Item	5	
	3			4			10	
	12			11			16	
	14			15			21	
	33			23			22	
	34			32			30	
	38			40			42	
	39			44			45	
	41			51			48	
	54			59			57	
Summe:			Summe:			Summe:		

D Vertrauen			E Ausgeglichenheit			F Veränderung		
Item	6		Item	13		Item	7	
	9			24			8	
	17			25			18	
	19			35			27	
	20			36			29	
	26			37			46	
	28			53			49	
	31			55			50	
	43			58			52	
	47			60			56	
Summe:			Summe:			Summe:		

Tragen Sie jetzt bitte Ihre Punktwerte hier ein:

A	Kontaktfähigkeit	
B	Leistungsbereitschaft	
C	Durchsetzungsvermögen	
D	Vertrauensbereitschaft	
E	Ausgeglichenheit	
F	Veränderungsbereitschaft	

Sie müssen pro Persönlichkeitsmerkmal jeweils einen Punktwert zwischen 0 und 20 erreicht haben. Tragen Sie jetzt bitte Ihre Punktwerte für die Themenbereiche A–F in die nachstehende Tabelle ein und verbinden Sie die Punkte durch eine Linie:

Profil

	0	1	2	3	4	5	6	7	8	9	10	11	12	13	14	15	16	17	18	19	20	
A Kontaktfähigkeit																						Kontaktunfähigkeit
B Leistungsbereitschaft																						Leistungsvermeidung
C Durchsetzungsvermögen																						Unterordnungsbereitschaft
D Vertrauensbereitschaft																						Misstrauensbereitschaft
E Ausgeglichenheit																						Unausgeglichenheit
F Veränderungsbereitschaft																						Sicherheitsdenken

Wie sieht Ihre „Persönlichkeits-Linie“ aus? Ein Blitz mit extremen Zacken (nahe an 0 oder 20), eine Diagonale wie im Firmenzeichen der Deutschen Bank, eine Senkrechte in der Mitte (10) oder mehr rechts bzw. links davon?

Die Form Ihrer Linie – man kann auch von einem (Persönlichkeits-) Profil sprechen – hat eine Bedeutung. Wie bzw. was hier aus dem Verlauf der Linie herausgelesen wird, wollen wir Ihnen jetzt demonstrieren:

Es wäre denkbar, dass Sie z. B. beim Persönlichkeitsmerkmal A „Kontakt“ 20 Punkte haben, was zum Ausdruck bringen würde: Sie sind – vorsichtig formuliert – ein sehr kontaktscheuer, ein Kontakt vermeidender Mensch.

Das andere Extrem wäre ein Punktwert von 0, der für eine extrem hohe Kontaktbereitschaft spräche. Beide Extremwerte sind sicherlich selten. Sie sollen aber verdeutlichen, dass der Persönlichkeitsbereich „Kontaktfähigkeit“ aus zwei gegenüberliegenden Positionen auf einer Achse bzw. Skala besteht (vereinfacht: vergleichbar der Ost-West-Achse auf einem Kompass). Es geht um die extremen Pole „heiß“ und „kalt“ und alles, was an Abstufungen dazwischen denkbar ist.

Wie kommt der Punktwert auf der Skala „Kontaktfähigkeit“ zustande? Für eine Ankreuzung, die für Kontaktfähigkeit spricht, haben Sie 0 Punkte erhalten, für eine Antwort in Richtung Kontaktvermeidung 2 Punkte, für eine mittlere Position („teils-teils“) 1 Punkt. 10 Items zum Thema „Kontakt“ ergeben den von Ihnen oben addierten Gesamtpunktwert.

Diese Vorgehens-, Aufbau- und Auswertungsweise trifft für alle aus gegensätzlichen Positionen aufgebauten Persönlichkeitsmerkmale zu:

A Kontakt: Kontaktfähigkeit – Kontaktunfähigkeit
B Leistung: Leistungsbereitschaft – Leistungsvermeidung/-unwilligkeit
C Durchsetzung: Durchsetzungsvermögen – Unterordnungsbereitschaft
D Vertrauen: Vertrauensbereitschaft – Misstrauensbereitschaft
E Ausgeglichenheit: Ausgeglichenheit – Unausgeglichenheit
F Veränderung: Veränderungsbereitschaft – Sicherheitsdenken

Sie merken schon, dass die auf den ersten Blick relativ wertfreien Themen bzw. Persönlichkeitsmerkmale zunehmend mehr Inhalt bekommen und ein Charakterbild ermöglichen, wenn auch im Sinne einer etwas groben „Schwarz-Weiß-Malerei“.

Klingt der Themenbereich A „Kontakt“ noch recht harmlos, gilt das für die beiden Pole „kontaktfähig“ gegenüber „kontaktunfähig“ nicht mehr. „Kontaktfähig“ bedeutet im Extrem (Punktwert: 0 oder 1) eine hochgradige, übertriebene Kontaktsucht oder -gier, „Kontaktunfähigkeit“ (20 oder 19 Punkte) eine Kontaktstörung, für die die Charakterisierung „kontaktscheu“ noch eine Untertreibung darstellen würde.

Die mittleren Werte 7–13 (in der genauen Mitte 10 bzw. 9 und 11) zeigen eine unauffällige neutrale Position auf der Skala zwischen „heiß" und „kalt" (kontaktbesessen – kontaktgestört). Hätten Sie bei den Entscheidungsfragen zum Themenbereich „Kontakt" immer die ausgewogene Mitte (b = teils-teils etc.) angekreuzt, wäre die Punktzahl 10 das Ergebnis.
Die Punktwerte 12 und 13 geben ebenso wie 8 und 7 eine Tendenz an – im Sinne einer Ausprägung in Richtung weniger oder stärker kontaktorientiert.
6 und 5, auf der anderen Seite 14 und 15 zeigen deutlicher, in welche Richtung Ihre Persönlichkeit in Sachen Kontaktverhalten „ausschlägt".
4 und 3 als Punktwerte einerseits bzw. 16 und 17 andererseits sind in diesem Persönlichkeitstest sehr deutliche Hinweise auf die Art Ihres Kontaktverhaltens (bis hin zum extremen Rand: 2 bzw. 18).
Schauen wir uns jetzt einmal inhaltlich an, wie sich ein extrem kontaktbetonter Mensch in diesem Test beschreibt: Er arbeitet bevorzugt als Manager im Hotel, Lehrer oder Kellner (Items 1, 34, 38), grundsätzlich jedenfalls eher mit Menschen als mit Zahlen (3) und kennt somit keine Einsamkeitsgefühle (12); er unterhält sich lieber mit anderen, als zu lesen (14, 33); klar, dass dieser Mensch und Testankreuzer sich mehr für die Personalabteilung als für den Maschinenpark interessiert (39) und viel lieber telefoniert als Briefe schreibt (41).
Wer sich als dermaßen kontaktorientiert beschreibt, sammelt 0 Punkte und riskiert damit (auch bei 1 Punkt) die eben erwähnte Charakterisierung als „hochgradig kontaktsüchtig".
Nun das andere Extrem: Der Kontakt vermeidende Mensch arbeitet bevorzugt als Förster, Koch oder Chemiker (34, 38, 1), in jedem Fall lieber mit Zahlen als mit Menschen (3); in einem Unternehmen möchte er eher für den Maschinenpark als für das Personal verantwortlich sein (39); es macht ihm keinen Spaß, mit Leuten zu reden (33), er ist lieber mit einem guten Buch (14) allein für sich (54), kennt Einsamkeitsgefühle (12), und in schwierigen Situationen schreibt er lieber, als zu telefonieren (41).
Klar – wer alle diese Items so ankreuzt (20 Punkte), stellt sich als völlig kontaktuninteressiert, im Psycho-Klartext gesprochen: als extrem kontaktgestört dar (gilt auch für das Ergebnis 18 oder 19 Punkte).

Überblick

Das Persönlichkeitsmerkmal A „Kontakt" bedeutet
Kontaktfähigkeit – Kontaktunfähigkeit
in den extremen Punktwerten:
Kontaktbesessenheit gegenüber schwerer Kontaktstörung

• übersprudelnd	• verschlossen
• distanzlos	• zurückgezogen

Das Persönlichkeitsmerkmal B „Leistung" bedeutet
Leistungsbereitschaft – Leistungsvermeidung
in den extremen Punktwerten:
absolute Leistungsorientierung gegenüber Leistungsverweigerung

• übermotiviert sein	• Drückebergerei
• mehr wollen als können	• Faulheit

Das Persönlichkeitsmerkmal C „Durchsetzung" bedeutet
Durchsetzungsvermögen – Unterordnungsbereitschaft
in den extremen Punktwerten:
starkes Dominanzstreben gegenüber ausgeprägter Gefügigkeit

• Selbstbehauptung, Selbstbewusstsein	• Anpassungsbereitschaft
• Egoismus, Unnachgiebigkeit	• Unterwürfigkeit, Kriecherei

Das Persönlichkeitsmerkmal D „Vertrauen" bedeutet
Vertrauensbereitschaft – Misstrauensbereitschaft

in den extremen Punktwerten:
Vertrauensseligkeit gegenüber misstrauischem Argwohn

- Vertrauensduselei
- dümmliche Naivität
- kritische Skepsis
- Nörgelsucht

Das Persönlichkeitsmerkmal E „Ausgeglichenheit“ bedeutet
Ausgeglichenheit – Unausgeglichenheit
in den extremen Punktwerten:
extreme Dickfelligkeit gegenüber psychischer Gestörtheit

- kühle Robustheit
- seelische Unberührbarkeit
- extreme Stimmungsschwankungen
- „hysterische“ Charakterzüge

Das Persönlichkeitsmerkmal F „Veränderung“ bedeutet
Veränderungsbereitschaft – Sicherheitsdenken
in den extremen Punktwerten:
hohe Risikobereitschaft gegenüber starrem Konservatismus

- Radikalismus
- revolutionäre Tendenzen
- keine Flexibilität
- absolute Starrheit

Hier eine Kurzinterpretation im Überblick:

A Kontakt
0–1 Punkt: Was ist mit Ihnen los? Sie stürzen sich ja auf alles, was sich bewegt, so kontaktbesessen sind Sie. Stimmt das wirklich? Können Sie nicht mal fünf Minuten für sich alleine sein?
2–4 Punkte: Sie sind sehr, sehr kontaktfreudig. Das macht Sie vielen Leuten sympathisch, manche reagieren aber auch mit deutlicher Zurückhaltung darauf. Bei denen kommen Sie trotz aller Bemühungen nicht besonders gut an.
5–7 Punkte: Sie sind ein wirklich aufgeschlossener und überzeugend kontaktfreudiger, sympathischer Mensch. Das spürt man, und so kommt man Ihnen gerne näher.
8–9 Punkte: Sie sind kontaktfreudig, aber in Grenzen.
10 Punkte: Bei Ihnen herrscht eine ausgewogene Balance. Sie mögen die Kontaktaufnahme mit anderen, wenn Ihnen der Sinn danach steht. Aber Sie sind auch gerne für sich.
11–12 Punkte: Sie sind im Kontakt mit Ihren Mitmenschen ein wenig zurückhaltend. Warum auch nicht?
13–15 Punkte: Sie sind eher abwartend, was das Anknüpfen von Kontakten betrifft. Vielleicht sind Sie nur einfach wählerisch und suchen sich Ihre Mitmenschen besonders gut aus. Oder haben Sie gewisse Hemmungen, auf andere zuzugehen?
16–18 Punkte: Sie sind deutlich kontaktscheu. Dadurch wirken Sie vielleicht eher kühl bzw. reserviert. Woher kommt Ihre Angst vor Menschen?
19–20 Punkte: Was ist mit Ihnen los? Sind Sie eine im eigenen Haus gefangene Schnecke? Lehnen Sie wirklich alle Kontakte so rigoros ab und möchten Sie nur für sich bleiben?

B Leistung
0–1 Punkt: Sie sind ohne Rast und Ruhe, wie ein Löwe auf der Jagd, und wollen stets Größtes leisten. Gelingt Ihnen das wirklich oder übernehmen Sie sich damit nicht ein wenig? Zählt bei Ihnen wirklich nur Leistung?
2–4 Punkte: Sie sind ausgesprochen stark leistungsorientiert. Ruhepausen sind nichts für Sie und Ihre Schaffenskraft. Ziele, die Sie sich vornehmen, verwirklichen Sie in der Regel – koste es, was es wolle.
5–7 Punkte: Sie leisten etwas und fühlen sich dabei wohl. Leistung macht Ihnen einfach Spaß. Sie scheuen keine Aufgabe.

8–9 Punkte: Leistung ist für Sie kein Fremdwort. Man kann sich diesbezüglich auf Sie verlassen.
10 Punkte: Sie zeigen eine ausgewogene Leistungsbalance. „Nicht zu viel und nicht zu wenig" könnte Ihr Motto sein.
11–12 Punkte: Bevor Sie drauflosarbeiten, überlegen Sie zunächst, wie Sie sich die anstehende Aufgabe erleichtern könnten.
13–15 Punkte: Sie stehen Leistungsanforderungen kritisch gegenüber. Bevor Sie sich anstrengen, wollen Sie erst mal wissen, wofür und ob sich die Mühe denn auch wirklich lohnt.
16–18 Punkte: Die Arbeit wurde für Sie nicht unbedingt erfunden. Wenn es nicht sein muss, kommen Sie bestens ohne aus. Leistungsvermeidung ist das Stichwort.
19–20 Punkte: Sie stellen sich als ausgesprochen faul dar. Stimmt das denn so, sind Sie wirklich ein Leistungsverweigerer und rechter Tunichtgut? Gibt es wirklich rein gar nichts, was Sie anspornen kann?

C Durchsetzung
0–1 Punkt: So manch einer hält Sie für einen unnachgiebigen Egoisten, der sich absolut um jeden Preis durchsetzen muss. Sehen Sie sich auch so machtbesessen?
2–4 Punkte: Sie scheinen ausgesprochen willensstark zu sein. Deshalb bestimmen Sie gerne und fast immer, wo es langgeht. Sie sind ein „Leader"-Typ.
5–7 Punkte: Sie wissen, was Sie wollen und wie Sie es bekommen. Sie lassen sich die Butter nicht vom Brot nehmen.
8–9 Punkte: Wenn Sie etwas Wichtiges für sich wollen, schaffen Sie es meistens auch. Sie wissen recht gut, wie Sie Ihre Vorhaben durchsetzen können.
10 Punkte: Sie können sich einfügen oder führen – je nach Situation. Dabei haben Sie ein ausgewogenes Verhältnis zu Befehl und Gehorsam.
11–12 Punkte: Sie sind gerne bereit sich anzupassen, wenn es Sinn macht. Damit haben Sie keine Probleme und machen keine.
13–15 Punkte: Anpassungs- und Einordnungsbereitschaft gehört zu Ihren starken Seiten. Dabei kommt Ihr Durchsetzungsvermögen logischerweise zu kurz. Schade.
16–18 Punkte: Sie sind wirklich extrem anpassungswillig, häufig auf Kosten Ihrer eigenen Person. Ist Ihnen das bewusst?
19–20 Punkte: Diese unterwürfige Anpassungsbereitschaft kann bis zur (A ...-)Kriecherei gehen. Haben Sie sich verrechnet?

D Vertrauen
0–1 Punkt: Sie sind das ideale Opfer für jeden Trickbetrüger und fallen wegen Ihrer hochgradigen Vertrauensseligkeit wirklich auf alles rein.
2–4 Punkte: Ein unerschütterliches Vertrauenspotenzial zeichnet Sie aus, und mit Ihrem Glauben an das Gute können Sie Berge versetzen.
5 –7 Punkte: Ihr Vertrauen hilft Ihnen und anderen. Das gibt und macht Mut.
8–9 Punkte: In der Beziehung zu anderen Menschen sind Sie von einer positiven, vertrauensbereiten Grundstimmung getragen.
10 Punkte: Vertrauen und Misstrauen halten sich bei Ihnen die Waage.
11–12 Punkte: Kein blindes Vertrauen, sondern eine gesunde Portion Skepsis beschreibt Ihre Grundhaltung.
13–15 Punkte: Eine deutlich kritische Skepsis zeichnet Sie aus. Sicherlich haben Sie Ihre Erfahrungen gemacht.
16–18 Punkte: „Vertrauen ist gut, Kontrolle ist besser" lautet Ihre Devise. Diese Art von ständigem Misstrauen steigert nicht gerade Ihre Beliebtheit bei anderen.
19–20 Punkte: Sind Sie wirklich ein so misstrauischer, argwöhnischer und nörgelnder Typ? Kaum zu glauben!

E Ausgeglichenheit
0–1 Punkt: Sie sind wirklich „cool wie die Tagesschau“, nichts berührt Sie. Oder ist das alles nur „Mache“?
2–4 Punkte: Sie haben ein dickes Fell und lassen sich überhaupt nicht aufregen. So kommt es, dass Sie mit einer ausgeprägten seelischen Robustheit durchs Leben gehen.
5–7 Punkte: Gelassenheit ist eine Ihrer wichtigsten Charaktereigenschaften. Sie behalten die Nerven, wenn andere ihre verlieren.
8–9 Punkte: Eine gewisse innere Ruhe nennen Sie Ihr Eigen. Es gibt viele Menschen, die Sie deshalb bewundern.
10 Punkte: Zwischen Aufregung und Ruhe halten Sie die Balance.
11–12 Punkte: Sie können mitfühlen, ohne den Boden unter den Füßen zu verlieren.
13–15 Punkte: Sie geraten schon mal aus dem Gleichgewicht – auch bei kleineren Anlässen.
16–18 Punkte: Sie wissen, was Stimmungsschwankungen bedeuten – Ihre Umwelt auch. Wünschen Sie sich nicht manchmal etwas mehr seelische Stabilität?
19–20 Punkte: Wie ein Grashalm im Wind schwanken Sie von Krise zu Krise. Sind Sie wirklich ein solches Sensibelchen?

F Veränderung
0–1 Punkt: Sie geben sich wirklich total revolutionär. Sind Sie wirklich so radikal oder möchten Sie nur so erscheinen?
2–4 Punkte: Sie nehmen jedes Risiko auf sich und zeigen einen extremen Mut zur Veränderung. Alles Bestehende wird kritisch hinterfragt.
5–7 Punkte: Neuem stehen Sie stets aufgeschlossen und interessiert gegenüber.
8–9 Punkte: Auf Veränderungen reagieren Sie mit Gelassenheit. Sie kommen schon klar.
10 Punkte: Zwischen Verändern und Bewahren halten Sie die Balance.
11–12 Punkte: Sie sind kein großer Freund von Veränderungen. Warum auch nicht?
13–15 Punkte: Sie lieben das Bestehende und beklagen den Wandel. Aber immerhin kommen Sie mit der Realität noch klar.
16–18 Punkte: Sie sind erzkonservativ. Haben Sie schon einmal an eine politische Karriere gedacht? Zu großes Risiko? Klar.
19–20 Punkte: Sie wollen nun wirklich alles beim Alten belassen und klammern sich an bestehende Verhältnisse, die möglicherweise längst passé sind. Stimmt das?

Lügenfallen
Bisher haben Sie sich mit den 60 Items beschäftigt, die als Auswertungsgrundlage dem Ziel dienten, Licht in Ihre Persönlichkeitsmerkmale „Kontakt“, „Leistung“ usw. zu bringen.
Vielleicht ist Ihnen aufgefallen, dass die letzten Items des Fragebogens (61–66) bisher noch nicht in die Auswertung einbezogen wurden. Dies wollen wir jetzt nachholen. Dabei handelt es sich um sogenannte „Lügenfragen“. Damit bezeichnen die Persönlichkeitstester Items, die der Überprüfung Ihrer Glaubwürdigkeit dienen. Fangen wir an:
Da gibt es das Item 35 (aus der Persönlichkeitsdimension „Ausgeglichenheit“):
Bei mir läuft manches schief.
a oft (2 Punkte)
b manchmal (1 Punkt)
c selten (0 Punkte)
Für welche Ankreuzung hatten Sie sich entschieden?

Bitte vergleichen Sie jetzt dazu Ihre Ankreuzung bei Item 61:
Mir geht im Leben manches daneben.
a selten (0 Punkte)
b manchmal (1 Punkt)
c oft (2 Punkte)

Im Wesentlichen sind beide Aussagen gleich und Sie sollten deshalb bei den Ankreuzungen keine große Abweichung in der Punktzahl haben. Das bedeutet: Wer in Item 35 2 Punkte hat, sollte auch in Item 61 2 Punkte (wenigstens aber 1 Punkt) haben. Eine etwaige Differenz notieren Sie sich bitte auf einem gesonderten Blatt.

Bitte vergleichen Sie nun Ihre Ankreuzungen bei den folgenden 5 Item-Paaren und ermitteln Sie die etwaige Differenz in den Punktwerten:

Vergleichen Sie Item 12 („Kontakt") → mit Item 62:

Ich fühle mich öfters einsam.

a stimmt (2 Punkte)
b teils-teils (1 Punkt)
c stimmt nicht (0 Punkte)

Oftmals leide ich unter einem Gefühl des Alleinseins.

a stimmt (2 Punkte)
b teils-teils (1 Punkt)
c stimmt nicht (0 Punkte)

Vergleichen Sie Item 4 („Leistung") → mit Item 63:

Karriere ist nicht alles im Leben.

a stimmt (2 Punkte)
b teils-teils (1 Punkt)
c stimmt nicht (0 Punkte)

Der berufliche Aufstieg ist nicht das Wichtigste im Leben.

a stimmt (2 Punkte)
b teils-teils (1 Punkt)
c stimmt nicht (0 Punkte)

Vergleichen Sie Item 5 („Durchsetzung") → mit Item 64:

Ich vermeide es, mich mit Leuten herumzustreiten.

a ja (2 Punkte)
b manchmal (1 Punkt)
c nein (0 Punkte)

Ich streite nicht gern mit anderen Menschen.

a stimmt (2 Punkte)
b teils-teils (1 Punkt)
c stimmt nicht (0 Punkte)

Vergleichen Sie Item 26 („Vertrauen") → mit Item 65:

Es passiert mir häufiger, dass ich die Arbeit anderer kritisiere.

a stimmt (2 Punkte)
b teils-teils (1 Punkt)
c stimmt nicht (0 Punkte)

Öfter kann ich an den Leistungen anderer kein gutes Haar lassen.

a stimmt (2 Punkte)
b teils-teils (1 Punkt)
c stimmt nicht (0 Punkte)

Vergleichen Sie Item 7 („Veränderung") → mit Item 66:

In unserer Wirtschaftsordnung sollte im Prinzip alles so bleiben, wie es ist.

a stimmt (2 Punkte)
b teils-teils (1 Punkt)
c stimmt nicht (0 Punkte)

Am System der sozialen Marktwirtschaft gibt es viel zu reformieren.

a stimmt (0 Punkte)
b teils-teils (1 Punkt)
c stimmt nicht (2 Punkte)

Sie haben jetzt bei den sechs Item-Paaren eine maximale Differenz von 12 Punkten ausrechnen können bzw. – wenn Sie immer gleich geantwortet haben – 0 Punkte. Tragen Sie Ihren Punktwert auf der nachstehenden Skala (der sogenannten „Lügenskala") ein:

Übereinstimmung	0	1	2	3	4	5	6	7	8	9	10	11	12	Abweichung
	___	___	___	___	___	___	___	___	___	___	___	___	___	

Sollte Ihr Abweichungswert bis zu 4 betragen, würde man Ihnen in der Testinterpretation noch eine relativ hohe „Wahrheitstendenz in Ihrem Antwortverhalten" bescheinigen.
Bei mehr als 6 Punkten ist die „Ehrlichkeit" beim Bearbeiten des Tests infrage zu stellen, sodass eine Interpretation eigentlich fragwürdig ist.

Allgemeine Anforderungen in Persönlichkeitstests

Im Wesentlichen geht es bei dieser Art von Tests um drei Persönlichkeitsmerkmale, aufgrund derer man glaubt, entscheiden zu können, ob Sie für eine bestimmte Position die richtige Bewerberin/der richtige Bewerber sind:

- Emotionale Stabilität
- Kontaktfähigkeit
- Leistungsbereitschaft

Was unter diesen drei Begriffen zu verstehen ist, verdeutlicht die folgende Übersicht:

1. Emotionale Stabilität

- Man unterliegt nicht grundlos Stimmungsschwankungen,
- wird nicht von diffusen Ängsten und Sorgen gequält,
- kennt keine Schuldgefühle,
- neigt nicht zum Perfektionismus,
- ist nicht launenhaft,
- nur sehr selten krank,
- hat keine Schwierigkeit, sich auf seine Arbeit zu konzentrieren,
- kennt keine Tagträumereien,
- man ist mit seinem Leben zufrieden und würde sich ein neues Leben genauso wünschen und vorstellen,
- leidet nicht unter Platzangst,
- plant seine Arbeit und geht ihr zügig nach,
- fühlt sich selten schlecht oder elend,
- ist gewöhnlich nicht nervös, sondern ausgeglichen,
- nach dem Aufwachen frühmorgens frisch und munter,
- leidet nicht unter Schlafstörungen und kann auch gut einschlafen,
- ist nicht wetterfühlig,
- man lässt sich durch Unordnung nicht stören,
- leidet nicht unter Kopfschmerzen, Migräne oder Schwindelanfällen,
- sorgt sich nur wenig um die eigene Gesundheit,
- hat als Kind auch schon mal etwas gegen den Willen der Eltern getan,
- fühlt sich den Anforderungen des Lebens gut gewachsen,
- zeigt Toleranz,
- hat Selbstvertrauen und kennt keine Minderwertigkeitsgefühle,

- handelt nicht impulsiv,
- neigt nicht zu Grübeleien,
- ist eher offen,
- kennt keine ständig wiederkehrenden unnützen Gedanken,
- man fühlt sich nicht unverstanden, verkannt oder im Stich gelassen,
- leidet nicht unter Appetitlosigkeit,
- usw.

2. Kontaktfähigkeit

- Man ist von der Grundstimmung her Optimist,
- fühlt sich zusammen mit vielen Menschen wohl,
- man trifft sich gern mit Freunden,
- schließt schnell Freundschaften,
- verfügt über einen großen Bekannten- und Freundeskreis,
- ist aktiv, gesprächig, temperamentvoll, kurzum lebhaft,
- geht gerne und oft aus,
- glaubt, erfolgreich zu sein,
- fühlt sich auch in großen Gruppen unbefangen,
- ist in der Lage, in Gesellschaften aus sich herauszugehen,
- man sucht die Geselligkeit anderer Leute,
- ergreift gewöhnlich bei neuen Bekanntschaften die Initiative,
- übernimmt in Gruppen gerne eine Führungsposition,
- bevorzugt gesellige Freizeitbeschäftigungen,
- man lässt sich leichter auf Risiken ein,
- bevorzugt Berufe, die einen Kontakt zu anderen Menschen schaffen bzw. herstellen,
- telefoniert lieber, als Briefe zu schreiben,
- geht eher auf eine Party, als ein Buch zu lesen,
- man schätzt sich als schlagfertig ein und hat immer eine passende Antwort parat,
- erzählt auch gerne mal einen Witz,
- behält selbst in kritischen Situationen, bei Problemen und Ärger die gute Laune,
- man hält es für wichtig, allgemein beliebt zu sein,
- empfindet keine Hemmungen beim Sprechen vor größeren Gruppen
- usw.

3. Leistungsbereitschaft

- „Erst die Arbeit, dann das Vergnügen" ist der Lebensgrundsatz,
- man schiebt Arbeiten nicht auf,
- lässt begonnene Arbeiten nicht liegen,
- man lässt sich bei der Arbeit nur schwer unterbrechen,
- arbeitet planvoll, überlegt und organisiert,
- vorher überlegt man sich genau, was zu tun ist,
- man kann sich auf seine Arbeit leicht konzentrieren,
- bereitet sich z. B. auf Prüfungen intensiv vor,
- man scheut einen Wettkampf nicht,
- vergleicht die eigene Leistung und Fähigkeit mit der von anderen,
- zeigt Ehrgeiz und verfolgt seine Ziele mit Entschlossenheit,
- lässt sich nicht von der Arbeit abhalten,
- zeigt sich bemüht, begonnene Arbeiten abzuschließen,
- man beneidet den Erfolg anderer,
- besitzt genug Kraft, um mit eigenen Problemen fertigzuwerden,
- man möchte gerne eine wichtige oder berühmte Persönlichkeit sein,
- selbst in den Ferien denkt man an die Arbeit,
- ständig zeigt man sich bemüht, voranzukommen,
- und genießt seine Freizeit erst dann, wenn die Arbeit getan ist,
- usw.

Die drei großen Themenbereiche emotionale Stabilität, Kontaktfähigkeit und Leistungsbereitschaft sind Bereiche, aus denen viele Persönlichkeitstestfragen stammen. Sie zielen darauf ab, Ihren Charakter zu erforschen. Mit ein wenig Übung gelingt es Ihnen, alle nur erdenklichen Fragen in diese drei Bereiche einzuordnen. Wir geben Ihnen einen tieferen Einblick in die gängigen Persönlichkeits-Testverfahren, wie beispielsweise den Berufsbezogene-Persönlichkeitsmerkmale-Test und biografische Fragebögen.

Berufsbezogene-Persönlichkeitsmerkmale-Test

Während noch vor etwa zwei Jahrzehnten fachliche Qualifikationen das Erfolgskriterium für Aufstieg und Karriere waren, spielen heute soziale Skills eine immer größere Rolle. Ein Arbeitnehmer muss heutzutage zwar nicht seine Persönlichkeit verkaufen, aber er muss sie nutzen, einsetzen und weiterentwickeln, so der neuere Tenor aus der Wirtschaftspsychologie-Forschung. Und genau dafür gibt es den folgenden Test. Dabei erhebt dieser nicht den Anspruch einer „Durchleuchtung" der Testperson, sondern bietet sich als selbstbildkompatible Beschreibung an, die Grundlage für ein weiter- und tiefergehendes Gespräch sein kann. Vier große Untersuchungsthemen sollen die persönliche Eignungsvoraussetzung beleuchten.

1. Die berufliche Orientierung (Macht- und Leistungsanspruch)

(oder: Welche beruflichen Ziele haben Sie? In welcher „Liga", auf welcher Hierarchieebene wollen Sie spielen?) unterteilt nach:

- Führungsmotivation
- Gestaltungsmotivation
- Leistungsmotivation
- Durchsetzungsfähigkeit

2. Das Arbeitsverhalten (Arbeitsweise)

(oder: Wie ist Ihr Arbeitsstil? Wie gehen Sie an Aufgaben heran?) unterteilt nach:

- Handlungsorientierung
- Flexibilität
- Gewissenhaftigkeit
- Einfallsreichtum

3. Die sozialen Komponenten (Sozialverhalten)

(oder: Wie gehen Sie mit anderen um? Wie kommen Sie mit anderen klar?) unterteilt nach:

- Teamorientierung
- Kontaktfähigkeit
- Verträglichkeit
- Einfühlungsvermögen

4. Die psychische Konstitution (Seelenzustand)

(oder: Wie normal, wie stabil, wie gesund sind Sie?) unterteilt nach:

- Selbstbewusstsein
- emotionale Stabilität
- Belastbarkeit
- Sympathiemobilisierungspotenzial

1. Einschätzungsfragen zu Ihrer beruflichen Orientierung

Führungsmotivation (FM)

Wären Sie gerne der Chef? Welchen Anspruch auf die Führung einer Gruppe, eines Teams von Mitarbeitern haben Sie? Würden Sie gerne „anderen sagen, wo es langgeht"? Hier soll die Bereitschaft zur Übernahme einer Leitungsfunktion mit Personalverantwortung abgefragt werden. Sind Sie bereit, in den „Handlungsspielraum" anderer aktiv einzugreifen? Haben Sie Lust auf Macht über andere, oder möchten Sie damit besser nichts am Hut haben? Ein niedriger Wert bedeutet wenig Interesse, andere anzuleiten, führen zu wollen, Anordnungen, „Befehle" zu erteilen. Ein hoher Wert wird als Bereitschaft interpretiert, Führungsaufgaben zu übernehmen, für andere liebend gerne den Leithammel, den Chef zu spielen. Extrem hohe (Punkt-)Werte sind aber ebenso ein Problem wie auffällig niedrige. Einerseits könnte der Eindruck entstehen, Sie akzeptierten nur etwas, wenn es „nach Ihrer Nase" geht, wenn Sie über andere bestimmen können. Ein extrem niedriger Wert deutet andererseits darauf hin, dass Sie weniger Wert auf soziale Einflussnahme als auf fachlich anspruchsvolle Aufgaben legen.

Es geht um die Einschätzung folgender Aussagen:
- Kollegen zu sagen, was getan werden muss, kann ich mir für mich gut vorstellen. (Machtanspruch)
- Es gefällt mir, wenn ich andere beeinflussen kann. (Machtanspruch)
- In einer Führungsposition zu sein reizt mich nicht besonders. (Ablehnung = Machtanspruch)
- Andere zu kritisieren fällt mir nicht schwer. (Machtanspruch)

Gestaltungsmotivation (GM)
Wie stark ist Ihr Wunsch nach aktiver Einflussnahme und Gestaltung? Spüren Sie den starken inneren Antrieb, sich Ihre berufliche Umgebung selbst zu gestalten? Damit ist weniger das Tapetenmuster gemeint als die beruflichen und sozialen Rahmenbedingungen. Ein hoher Punktwert würde hier beispielsweise signalisieren, dass Sie sich gerne aktiv und engagiert an der Veränderung Ihrer Umgebung beteiligen. Ein niedriger bedeutet, dass Sie eher auf die Kontinuität und Bewahrung des Bestehenden setzen, sich lieber einordnen, als alles grundsätzlich infrage zu stellen. Die eigenen Vorstellungen durchzusetzen, erkannt geglaubte Missstände zu beseitigen, etwas Neues zu gestalten sind Präferenzen, die mit einem hohen Punktwert einhergehen und ebenso gut mit hohen Werten aus den Bereichen Führungs- und Leistungsmotivation zusammenpassen. Es geht um die Einschätzung folgender Aussagen:
- Ich mag es, Dinge oder Prozesse so zu beeinflussen, wie ich es als richtig empfinde.
- Ich habe schon eine ganze Menge bewegt in meinem Leben.
- Bisweilen muss ich schon mal in meinem Tatendrang gebremst werden.
- Ich bin sicher für einige so etwas wie ein unbequemer Querdenker.

Leistungsmotivation (LM)
Wie hoch ist Ihre Leistungsmotivation? Wer hier auf einen hohen Punktwert kommt, signalisiert, dass er sich selbst stets etwas auferlegt, sich immer wieder etwas abfordern muss, sich permanent Höchstleistungen abringt. Mit anderen Worten: „Immer höher, schneller, weiter" scheint das rastlose Motto, wenn Sie den entsprechenden Aussagen deutlich zustimmen, im Extremfall jedoch häufige Unzufriedenheit und Ruhelosigkeit. Vielleicht fehlt es Ihnen aber auch am nötigen Drive oder Schwung, und Sie sind schnell mit dem Vorhandenen, einmal Erreichten zufriedenzustellen und machen daher bei diesen Aussagen nicht allzu viele Punkte. Im Extrem, bei

sehr wenigen Punkten, laufen Sie Gefahr, für antriebsschwach bis faul gehalten zu werden. Es geht um die Einschätzung folgender Aussagen:

- Für mich kommt an erster Stelle meine Arbeit.
- Ich bin nicht besonders ehrgeizig. (Ablehnung = Leistungsmotivation)
- Wegen der vielen Arbeit vernachlässige ich schon mal mein Privatleben.
- Es reizt mich, besonders schwierige Probleme zu lösen.

Durchsetzungsfähigkeit (DU)

Knicken Sie sehr schnell ein, oder sind Sie eher etwas zu halsstarrig? Kämpfen Sie schon mal für die Durchsetzung Ihrer Auffassung? Oder sind Sie eher schnell kompromissbereit und anpassungswillig? Über dominantes Verhalten oder Nachgiebigkeit bis hin zur Unterwürfigkeit sollen Sie hier Auskunft geben. Mit anderen Worten: Muss einfach alles nach Ihrem Willen geschehen, oder lassen Sie sich eher leicht den Wind aus den Segeln nehmen und die Butter vom Brot? Gar nicht so einfach zu beantworten, denn es kommt ja immer darauf an ... Ein höherer Punktwert bedeutet: Sie wissen sich durchzusetzen, können sich Gehör verschaffen und geben nicht so schnell klein bei. Sie haben und zeigen Rückgrat. Bei einem sehr hohen Punktwert erlebt man Sie aber auch als autoritär und kompromisslos. Sehr niedrige Werte zeigen an: Sie geben evtl. zu schnell auf, wenn Sie Ihre Ideen durchsetzen sollten. Sie sind leicht zu beeinflussen und von Ihrem Anliegen abzubringen. Es geht um die Einschätzung folgender Aussagen:

- Ich weiß, wie ich mich durchsetzen kann.
- Es fällt mir auf der Arbeit leicht, andere Kollegen für meine Ideen einzunehmen.
- Anderen gegenüber bin ich meist etwas zu nachgiebig. (Ablehnung = Durchsetzungsfähigkeit)
- Bei einem Streit haben es andere mit mir schwer.

2. Einschätzungsfragen zu Ihrem Arbeitsverhalten

Handlungsorientierung (HO)

Überlegen Sie zu viel und handeln Sie zu wenig oder umgekehrt? Zögern und zaudern Sie, bevor Sie endlich – aber noch immer sehr bedachtsam – mit der Bearbeitung eines Problems, einer Aufgabe beginnen? Oder gehen Sie mutig entschlossen, rasch, ziel- und ergebnisorientiert vor? Wissen Sie, worauf es bei einem Job vor allem ankommt, und wählen Sie die Prioritäten richtig? Oder verzetteln Sie sich leicht, verlieren schnell den Überblick und damit auch das Ziel aus den Augen? Bei niedrigen Werten werden Sie kaum zu Schnellschüssen neigen. Arbeiten, die ein beherztes, entschlossenes Handeln verlangen, sind Ihnen eher ein Graus. Hohe Punktzahlen signalisieren, dass Sie ein souveräner Macher sind, vielleicht ein handfester Praktiker, ein Mensch, der auch wirklich etwas tut und sich nicht nur in Ankündigungen ergeht. Zu hohe Werte verweisen auf die Gefahr, dass Sie etwas auch unter allen Umständen durchboxen ... Es geht um die Einschätzung folgender Aussagen:

- Während andere noch nachdenken und reden, handle ich bereits.
- Oftmals komme ich mir bei der Bearbeitung eines Problems wie vor einem Berg vor. (Ablehnung = Handlungsorientierung)
- Wenn ich mir etwas tagsüber vornehme, habe ich es am Abend meistens auch erledigt.
- Habe ich ein klares Ziel vor Augen, verzettle ich mich auch nicht.

Flexibilität (FL)

Wie schwer tun Sie sich mit notwendig werdender Anpassung? Wie leicht können Sie sich neuen Gegebenheiten anpassen? Wie umständlich stellen Sie sich an, wenn unvorhergesehene Ereignisse Ihnen völlig andere Rahmen- und Arbeitsbedingungen aufgeben und ein ganz neues Verhalten erforderlich wird? Brauchen Sie ein sehr stabiles, klar geordnetes Umfeld, um sich bei der Arbeit wohlzufühlen? Oder ist genau das eher langweilig und Sie bevorzugen die Überraschung, das ständig Neue oder wenigstens den gelegentlichen Wechsel? Ein hoher Punktwert signalisiert Ihre Vorliebe für immer neue Herausforderungen, den beständigen Wandel. Ein zu hoher Wert würde aber auch bedeuten: Sie ertragen kaum die Kontinuität, die tägliche Routine ist Ihnen verhasst, Sie sind unbedingt auf permanente Abwechslung aus, langweilen sich ansonsten zu Tode. Ein niedriger Wert bedeutet etwa: Sie sind berechenbar und stabil, bevorzugen dementsprechend ein klar geordnetes Arbeitsumfeld mit Aufgaben, die, auch wenn sie zur Routine werden, Sie nicht so schnell langweilen.

Es geht um die Einschätzung folgender Aussagen:
- Ich kann mich veränderten Gegebenheiten schnell und gut anpassen.
- Mir sind Aufgaben lieber, bei denen ich weiß, was auf mich zukommen kann. (Ablehnung = Flexibilität)
- Aufgaben, die ein sofortiges Handeln bedingen, sind für mich eine positive Herausforderung.
- Wenn alles seinen gewohnten Gang geht, langweile ich mich schon mal.

Gewissenhaftigkeit (GE)

Sehen Sie sich eher als fixen Überflieger oder beinahe schon als Erbsenzähler? Arbeiten Sie lieber schnell und dafür zwangsläufig etwas oberflächlicher? Oder haben Sie die sprichwörtliche Liebe zum Detail und sind sehr präzise, dadurch bedingt aber auch ein bisschen langsamer? Sehr pointiert: Überflieger oder Erbsenzähler, besser: Pragmatiker oder Perfektionist? Das sind in etwa die Pole, um die es hier geht. Natürlich spielen auf der einen Seite die Aspekte von Sorgfalt, Genauigkeit und Zuverlässigkeit wie z. B. Termintreue eine wichtige Rolle, auf der anderen Seite Spontaneität, der „Mut zur Lücke", das Vorantreiben und der Abschluss eines Vorhabens. Niedrige Punktwerte sprechen eher für den weniger geduldigen, weniger am Detail orientierten, hohe Werte eher für einen besonders gründlichen, sehr verantwortungsbewussten Menschen. Zu hohe Werte könnten als Indiz für einen zwanghaften, zu niedrige für einen etwas sehr sorglosen, leichtfertigen Vertreter gewertet werden. Es geht um die Einschätzung folgender Aussagen:
- Ich bin für sehr hohe Sorgfalt und Präzision bei der Erledigung meiner Arbeitsaufgaben bekannt.
- Für mich gilt: erst die Arbeit, dann das Vergnügen.
- Arbeiten, die ein hohes Maß an Sorgfalt und Ausdauer benötigen, liegen mir.
- Ich bin ziemlich perfektionistisch veranlagt.

Einfallsreichtum (EF)

Finden Sie auf die Schnelle immer eine Lösung? Haben Sie den rettenden Einfall quasi in letzter Minute und wissen, was zu tun ist? Gelingt Ihnen der richtige Dreh – wenn es darauf ankommt, wenn es schnell gehen muss, wenn dringend eine gute, neue, aber vor allem hilfreiche Idee und Problemlösung gebraucht wird? Oder sind Sie in solchen Situationen eher blockiert, kommen nicht auf das evtl. Naheliegende, das Hilfreiche, die Lösung des Problems, können nicht schnell und kreativ neue Handlungsvorschläge entwickeln und anderen unterbreiten oder für sich selber nützen? Wie schnell können Sie sich ziel- und ergebnisorientiert etwas ausdenken? Ja, Fantasie ist hilfreich, aber es geht nicht ums Träumen ... Wir unterscheiden uns in solchen Momenten; während die einen unter Druck eher langsam und ganz steif werden, drehen die anderen plötzlich richtig auf und sprühen nur so ... Das kann toll sein, aber zu viel davon ist auch nicht gut. Da läuft man fast schon Gefahr, ins Manische zu gleiten, überbordend zu werden, vor lauter Ideen nicht zum Handeln zu kommen.

- Die besten Einfälle kommen mir häufig dann, wenn die anderen aufgegeben haben oder schon schlafen gegangen sind.
- Wenn den anderen die Ideen oder Vorschläge ausgehen, habe ich immer noch etwas auf Lager.
- Egal, was das Problem ist, mir fällt schon etwas Brauchbares dazu ein.
- Bei einem Problem fällt mir auf Knopfdruck meist nichts Gescheites ein. (Ablehnung = Einfallsreichtum)

3. Einschätzungsfragen zu sozialen Komponenten

Teamorientierung (TO)

Was bedeutet Ihnen Autonomie, was Kooperation? Sehen Sie sich eher als starker Einzelkämpfer, oder sind Sie erfolgreicher, wenn Sie in einem Team arbeiten? Brauchen Sie andere, um etwas zu erreichen, oder kommen Sie am besten allein zum Ziel? Wie weit ist Ihre Kompromiss- und Kooperationsfähigkeit ausgebildet? Wie sehr sind Sie bereit, auf andere Rücksicht zu nehmen, sich ein- und gelegentlich unterzuordnen? Wie wichtig sind Ihnen andere bei der Lösung von Problemen? Treffen Sie Entscheidungen lieber allein, oder stimmen Sie sich zu Ihrer eigenen Sicherheit lieber mit anderen ab (und gehen so ein kleineres Risiko ein, denn: auch andere haben über die Entscheidung mit nachgedacht ...)? Ein niedriger Wert spricht eher für eine ausgeprägte Selbstständigkeit und Unabhängigkeit, ein hoher für die Fähigkeit zu teilen, Kooperationsbereitschaft und den Wunsch, im Team gemeinsam etwas zu bewirken. Es geht um die Einschätzung folgender Aussagen:

- Davon bin ich überzeugt: Gemeinsam geht es meist besser, erreicht man häufig mehr.
- Am besten arbeite ich allein. (Ablehnung = Teamorientierung)
- Ich mag es nicht, ständig alles mit anderen diskutieren zu müssen. (dito)
- Am liebsten arbeite ich mit anderen gemeinsam an einer Aufgabe.

Kontaktfähigkeit (KO)

Wie leicht fällt es Ihnen, auf andere zuzugehen? Fühlen Sie so etwas wie Unsicherheit und Befangenheit in (beruflichen) Situationen, in denen Sie auf neue, Ihnen unbekannte Personen stoßen? Oder bereitet es Ihnen eher Spaß, neue Leute in und aus Ihrem Arbeitsumfeld kennenzulernen? Haben Sie ein großes Netz aus wichtigen und hilfreichen Kontakten? Oder reicht Ihnen eher ein ganz kleiner Kreis von ausgewählten Unterstützern? Neigen Sie zu einem umfangreichen Erfahrungsaustausch, oder tun Sie sich eher schwer mit dem aktiven Aufbau von persönlichen Beziehungen? Sicherlich alles auch eine Frage Ihres Temperaments, ob Sie offen sind für Small Talk oder doch eher etwas zurückhaltend mit Personen, die Sie noch nicht lange genug kennen. Ein hoher Wert spricht für eine deutliche Außenorientierung, Offenheit im Umgang mit anderen, eine spielerische Leichtigkeit in der Kontaktaufnahme und -pflege, ein niedriger Wert für das Gegenteil. Vereinfacht ausgedrückt: Zu hohe Werte würden Sie nicht für den Job des Leuchtturmwärters empfehlen, zu niedrige sicherlich nicht als Mitarbeiter an einer Hotelrezeption. Es geht um die Einschätzung folgender Aussagen:

- Schnell mit anderen ins Gespräch zu kommen ist für mich kein Problem.
- Es fällt mir schwer, mich mit fremden Personen über etwas zu unterhalten. (Ablehnung – Kontaktfähigkeit)
- Wegen meiner guten Kontaktfähigkeit werde ich von anderen beneidet.
- Es fällt mir leicht, auf andere Menschen zuzugehen.

Verträglichkeit (VE)

Wie freundlich wirken Sie auf andere? Sind Sie aufgrund Ihrer liebenswürdigen Art überall beliebt und gern gesehen? Oder schätzt man Sie bestenfalls für Ihre ehrliche, unverblümte Art, anderen offen Ihre Meinung zu sagen? Kommt es Ihnen vor allem auf Harmonie und gutes Einvernehmen mit anderen an? Oder scheuen Sie sich vor keiner Auseinandersetzung und sagen auch jedem ziemlich unverblümt, direkt und schonungslos, was Sie von ihm denken? Mit einem hohen Punktwert erscheinen Sie als jemand, der stets freundlich und sympathisch wirkt (bzw. wirken möchte), mit einem etwas zu hohen Wert aber auch als jemand, dem es schwerfällt, unangenehme Dinge beim Namen zu nennen, und der eher einen faulen Kompromiss eingeht, als ein klares Nein oder Stopp zu riskieren. Ein niedriger Wert spricht eher für das Gegenteil. Es gibt nicht wenige berufliche Situationen, die eine etwas geringere Soziabilität von Vorteil erscheinen lassen.

Es geht um die Einschätzung folgender Aussagen:

- Die meisten Menschen, die ich kenne, mag ich eigentlich auch gut leiden.
- Wer sich mit mir anlegt, wird es schnell bereuen. (Ablehnung = Verträglichkeit)
- Wenn ich jemanden nicht mag, mache ich auch keinen Hehl daraus. (dito)
- Ich komme nicht mit jedem gleich gut aus. (dito)

Einfühlungsvermögen (EI)

Überschätzen Sie (nicht) Ihr Einfühlungsvermögen? Fällt es Ihnen leicht, zu erspüren, was andere denken und – noch wichtiger – was andere fühlen? Sind Sie dabei eher unbeholfen und bisweilen sogar hilflos? Verfügen Sie über ein Gespür für Stimmungen? Oder sind Sie weniger darauf ausgerichtet, die Befindlichkeit Ihres Gegenübers wahrzunehmen, und kommen auch so prima mit allem klar? Mit einem sehr niedrigen Punktwert erleben Sie Situationen häufig als völlig unproblematisch, die es gar nicht sind, und staunen dann nicht schlecht, wenn plötzlich die Stimmungslage umschlägt, vielleicht sogar explodiert, und man Ihnen Vorwürfe macht. Ein hoher Wert dagegen könnte bedeuten, dass Sie mit den unterschiedlichsten und auch schwierigen Menschen selbst in heiklen Situationen sehr gut klarkommen. Aber Vorsicht: In keinem anderen Beurteilungsbereich sind die Abweichungen zwischen Selbsteinschätzung und Fremdwahrnehmung so groß wie in diesem. Es geht um die Einschätzung folgender Aussagen:

- Ich kann mich gut in andere Menschen hineinversetzen.
- In heiklen Situationen treffe ich fast immer den richtigen Ton.
- Wenn sich jemand in meiner Gegenwart nicht wohlfühlt, bemerke ich das ziemlich schnell.
- Ich bin mir oft nicht sicher, was andere von mir erwarten. (Ablehnung = Einfühlung)

4. Einschätzungsfragen zu Ihrer psychischen Konstitution

Selbstbewusstsein (SB)

Sind Sie wirklich so, wie Sie sich geben? Und finden Sie das auch gut so? Machen Sie sich häufig Gedanken darüber, wie und was andere über Sie denken, wie man Sie einschätzt und was man von Ihnen hält? Sind Sie öfters in Sorge, weil Sie befürchten, andere würden Sie ablehnen, Sie nicht besonders mögen? Sie selbst wüssten auch nicht, warum man Sie gut leiden sollte, sind kein bisschen stolz auf sich und das, was Sie tun? Verbale Schlagfertigkeit ist nicht Ihre Stärke – und wenn es zu einer Meinungsverschiedenheit kommt, legen Sie so gut wie keinen Wert darauf, sich zu behaupten, geben eher um des lieben Friedens willen schnell nach? Vor versammelter Mannschaft etwas zu sagen, zu erklären oder vorzustellen, ist Ihnen verhasst? Sie mögen es nicht, wenn alle Augen auf Sie gerichtet sind? Sie würden bei der Bejahung dieser Fragen einen nur geringen Punktwert erzielen und damit ein deutlich unterentwickeltes Selbstbewusstsein vermitteln. Andernfalls gilt für Sie eher: Sie glauben, alles gut im Griff zu haben, sind spontan und schlagfertig, wenn es notwendig ist, und kennen keine Hemmungen, sich mit Ihrer Meinung ordentlich Gehör zu verschaffen. Sie sind stolz auf Ihre Erfolge und können diese auch gut anderen vermitteln. Eine hohe Punktzahl dokumentiert dies, doch bei einem Extremwert folgert man, Sie seien eingebildet oder gar arrogant. Dahinter stecken aber eigentlich wieder nur Ängste ... Es geht um die (Selbst-)Einschätzung folgender Aussagen:

- Ich gebe mich meistens so, wie ich auch wirklich bin.
- Ich stehe eigentlich sehr ungern im Mittelpunkt. (Ablehnung = Selbstbewusstsein)
- Wenn andere mich nicht mögen, macht mich das ziemlich unsicher. (dito)
- Es ist mir ziemlich egal, was die Leute hinter meinem Rücken reden.

Emotionale Stabilität (ES)

Wie schnell wirft Sie etwas aus der Bahn? Ein niedriger Wert würde hier für häufige Stimmungsschwankungen, insbesondere Einbrüche in deutlich negativ gefärbte Stimmungslagen stehen. Mit Herausforderungen tun Sie sich schwer, Sie fühlen sich schnell überfordert oder gestresst. Wenn Dinge nicht so laufen wie geplant, verkraften Sie Misserfolge und Niederlagen nur sehr langsam. Sie sind leicht irritierbar (bei sehr niedrigem Punktwert: sehr leicht). Aber auch bei kleineren Anlässen reagieren Sie häufig nervös, stellen sich selbst sowie „alles und jedes" infrage und neigen zu Grübeleien, die Sie dann beinahe lähmen können. Ein höherer Punktwert lässt Sie als stabile Persönlichkeit dastehen, die gut mit Rückschlägen und Niederlagen klarkommt, persönliche Probleme kaum kennt und sich stets durch ein hohes Maß an Gelassenheit auszeichnet. Sie sehen optimistisch und positiv gestimmt in die Zukunft und kommen auch mit großen Herausforderungen gut klar.

Es geht um die Einschätzung folgender Aussagen:

- Ich habe ziemlich gute Nerven.
- Ich grüble relativ häufig über persönliche Probleme. (Ablehnung = Stabilität)
- Ich kann zu Recht behaupten, dass ich ein ziemlich dickes Fell habe.
- Wenn mich Probleme richtig belasten, bin ich für andere ziemlich ungenießbar. (Ablehnung = Stabilität)

Belastbarkeit (BL)

Wie viel Stress, wie viel Arbeitsdruck können Sie vertragen? Kennen Sie die Grenzen Ihrer Leistungsfähigkeit? Reagieren Sie schnell mit Kopf-, Bauch- (Magen-) oder Rückenschmerzen – oder entwickeln Sie andere klassische (sogenannte psychosomatische) Symptome, wenn die Arbeitsbelastung, der Leistungsdruck zunimmt? Fühlen Sie sich schnell überfordert, erschöpft und ausgelaugt (ein niedriger Punktwert), oder beschreiben Sie sich als bemerkenswert gesund und leistungsstark (ein hoher Punktwert)? Verfügen Sie über enorme Energiereserven, aus denen Sie auch bei lang andauernden, starken Arbeitsanforderungen Ihre Kraft schöpfen? Oder geht Ihnen relativ schnell die Puste aus? Mit Ihrer Selbsteinschätzung bzw. -beschreibung geben Sie zu diesem Thema Auskunft. Es geht um die Einschätzung folgender Aussagen:

- Mich haut so schnell nichts um.
- Auch wenn alles gleichzeitig auf mich einströmt, bleibe ich relativ ruhig.
- Auf längere Sicht würde mir eine hohe Arbeitsbelastung ziemlich zu schaffen machen. (Ablehnung = Belastbarkeit)
- Ich bleibe auch gelassen, wenn ich sehr hart arbeiten muss.

Sympathiemobilisierungspotenzial (SM)

Wissen Sie, wie man positive Aufmerksamkeit gewinnt? Oder wie man andere dazu bekommt, dass sie das tun, was man sich von ihnen wünscht, und dann auch noch, ohne groß bitten oder gar betteln zu müssen? Verfügen Sie über Charme und können Sie Menschen und deren Vertrauen leicht für sich gewinnen? Wer weiß, wie er positiv auf Menschen (ein)wirkt, wie er/sie andere Personen für sich einnehmen kann, ist klar im Vorteil. Im Privaten wie im Beruflichen. Menschen anleiten, motivieren oder gar einschwören zu können ist nicht einfach und den meisten nicht gegeben; einigen jedoch schon. Gehören Sie dazu? Dabei bildet aber genau diese Fähigkeit die Grundlage für alle Führungsaufgaben und jede größere Form der Verantwortungsübernahme. Wie stellt man es an, von vielen gemocht zu werden, ohne dabei sich selbst zu verleugnen, ohne sich selbst und seine eigenen Wertvorstellungen und Wünsche aufgeben zu müssen? Wer möchte nicht sympathisch wirken und von anderen gemocht werden? Und dann noch das erreichen, was er/sie sich vorgenommen hat. Manche machen es zu ihrem Beruf und werden Schauspieler und später sogar noch Politiker. Gut, wenn man zaubern kann, wenn man weiß, wie man mit anderen umgehen muss, um das von ihnen zu bekommen, was man will. Sicher, lächeln können gehört ebenso dazu wie diplomatisches Geschick, Komplimente machen, zuhören und sich einfühlen können. Gut im Small Talk sein und das richtige Maß an Humor ist bestimmt auch von Nutzen. Allerdings kann eine zu starke Konzentration auf die Sympathiebekundungen der anderen schnell peinlich werden, in Schleimerei abgleiten.

- Menschen fassen schnell Vertrauen zu mir.
- Ich habe einen gut entwickelten Humor, der mich allseits beliebt macht.
- Streit gehe ich nur selten aus dem Weg. (Ablehnung = Sympathiemobilisierung)
- Ich mag die meisten Menschen und die meisten mögen auch mich.

Test zu den vier Untersuchungsthemen

Testen Sie nun, ob Sie das System der kommenden Fragen verstehen. Tragen Sie den Wert ein, der Ihnen am ehesten entspricht. Von totaler Ablehnung (falsch, überhaupt gar nicht), bis zu völliger Zustimmung (richtig, sehr, sehr viel). Vereinfacht ausgedrückt zwischen Ablehnung (Minus-) und Zustimmung (Plus-Zeichen), sich überhaupt nicht wiedererkennen – bzw. das Gegenteil davon, nichts empfinden – bis total mitschwingen können. Addieren Sie dann Ihre Punktwerte für jedes Thema.

1. Thema: Die berufliche Orientierung	**(–) Ablehnung**				**▶ Zustimmung (+)**	
FM: Ich übernehme gerne die Verantwortung für wichtige Entscheidungen.	1	2	3	4	5	6
GM: Für meine Überzeugung kämpfe ich, auch wenn ich Nachteile dafür hinnehmen muss.	1	2	3	4	5	6
LM: Ich wäre nicht unglücklich, wenn nicht alle meine Potenziale ausgeschöpft würden.	6	5	4	3	2	1
DU: Ich lasse mir so schnell nichts gefallen.	1	2	3	4	5	6
FM: Kollegen behaupten, ich strahle Autorität aus.	1	2	3	4	5	6
GM: Läuft etwas schief, kümmere ich mich darum, auch wenn ich nicht direkt betroffen bin.	1	2	3	4	5	6
LM: Ich bemühe mich immer, auch meine besten Stärken noch weiter auszubauen.	1	2	3	4	5	6
DU: Kollegen sagen von mir, ich würde häufig versuchen, meinen Kopf durchzusetzen.	1	2	3	4	5	6
FM: In einer Spezialistenrolle fühle ich mich wohler als in einer Führungsrolle.	6	5	4	3	2	1
GM: Wenn etwas Neues initiiert werden muss, bin ich immer als Erstes mit dabei.	1	2	3	4	5	6
LM: Ich wünschte mir, mein Verdienst wäre direkt an meine Leistungen geknüpft.	1	2	3	4	5	6
DU: Andere von etwas zu überzeugen fällt mir vergleichsweise schwer.	6	5	4	3	2	1

2. Thema: Das Arbeitsverhalten		(–) Ablehnung		▶ Zustimmung (+)			
HO:	Ich bin gut im Aufschieben von unangenehmen Dingen, die ich erledigen sollte.	6	5	4	3	2	1
FL:	Wenn ich einmal einen Plan gefasst habe, weiche ich nur sehr ungern davon ab.	6	5	4	3	2	1
GE:	Am liebsten plane ich alles im Voraus.	1	2	3	4	5	6
EF:	Oft fehlt mir ein bisschen Fantasie.	6	5	4	3	2	1
HO:	Vor lauter Aufgaben weiß ich manchmal gar nicht, wo ich anfangen soll.	6	5	4	3	2	1
FL:	Wenn Arbeiten sich anders entwickeln als erwartet, komme ich nur schlecht damit klar.	6	5	4	3	2	1
GE:	Ich bin alles andere, nur nicht perfektionistisch veranlagt.	6	5	4	3	2	1
EF:	Wenn es darauf ankommt, fällt mir immer etwas zur Problemlösung ein.	1	2	3	4	5	6
HO:	Wenn ich etwas entschieden habe, setze ich es meist auch sofort um.	1	2	3	4	5	6
FL:	Ich kann mich ziemlich schnell auf neue Anforderungen einstellen.	1	2	3	4	5	6
GE:	Meine Unterlagen sind meist nicht so ordentlich abgelegt, dass ich alles sofort finde.	6	5	4	3	2	1
EF:	Ich verfüge über eine gute Portion Vorstellungskraft und Fantasie.	1	2	3	4	5	6

3. Thema: Die sozialen Komponenten	(–) Ablehnung			▶ Zustimmung (+)		
TO: Kollegen sagen von mir, ich sei der geborene Einzelkämpfer.	6	5	4	3	2	1
TO: Im Team löse ich Probleme besser als alle.	1	2	3	4	5	6
KO: Wenn ich mit Menschen zusammen bin, die ich nicht kenne, fühle ich mich angespannt.	6	5	4	3	2	1
VE: Im Umgang mit anderen bin ich eher rücksichtsvoll.	1	2	3	4	5	6
EI: Auf Veränderungen in der Gesprächsatmosphäre reagiere ich sensibel.	1	2	3	4	5	6
	(–) Ablehnung			**▶ Zustimmung (+)**		
KO: Ich bin ein ziemlich geselliger Mensch.	1	2	3	4	5	6
VE: Kollegen halten mich häufig für ziemlich kühl und berechnend.	6	5	4	3	2	1
EI: Auch zu schwierigen Personen finde ich häufig einen guten Draht.	1	2	3	4	5	6
TO: In der Zusammenarbeit mit anderen kann ich meine Stärken noch besser entfalten.	1	2	3	4	5	6
KO: Ich verfüge über ein großes Netzwerk von beruflichen Kontakten.	1	2	3	4	5	6
VE: Wenn mein Verhalten nicht gut ankommt, versuche ich mich besser anzupassen.	1	2	3	4	5	6
EI: Ich kann mich nicht so gut und schnell auf andere Menschen einstellen.	6	5	4	3	2	1
TO: Ich arbeite nicht gern alleine.	1	2	3	4	5	6

4. Thema: Die psychische Konstitution	**(–) Ablehnung**			**▶ Zustimmung (+)**		
BL: Starke Belastungen verkrafte ich besser als andere.	1	2	3	4	5	6
ES: Ich erlebe mich eigentlich fast nie mutlos.	1	2	3	4	5	6
SB: Wenn es Probleme mit Kollegen gibt, kann ich das relativ gut aushalten.	1	2	3	4	5	6
SM: Ich glaube, Humor ist nicht eine meiner Stärken.	6	5	4	3	2	1
BL: Auch mal ohne Pause durchzuarbeiten macht mir weniger aus als anderen.	1	2	3	4	5	6
ES: Wenn mir etwas mal nicht so richtig gelingt, macht mir das noch lange zu schaffen.	6	5	4	3	2	1
SB: Ich bin ziemlich selbstbewusst.	1	2	3	4	5	6
SM: Meistens bin ich eher ein fröhlicher und optimistischer Mensch.	1	2	3	4	5	6

	(–) Ablehnung			**▶ Zustimmung (+)**		
BL: Wenn ich unter Druck gerate, reagiere ich schnell gereizt.	6	5	4	3	2	1
ES: Ängste kenne ich bei mir eigentlich nicht.	1	2	3	4	5	6
SB: Wenn ich vor einer größeren Gruppe von Personen reden muss, bin ich sehr nervös.	6	5	4	3	2	1
SM: Ich bin eher ein sehr ernster und etwas verschlossener Mensch.	6	5	4	3	2	1

TESTAUSWERTUNG

Haben Sie die vier Hauptthemen richtig wiedererkannt? Die zwei Buchstaben (Abkürzung) vor der einzuschätzenden Aussage geben Ihnen noch einen weiteren Hinweis, worum es eigentlich dabei geht (natürlich gibt es die nur hier bei uns, in der Realität leider nicht!)

1. Thema – Überprüfungsobjekt: seelische Verfassung
Insgesamt: unter 20 = sehr problematisch; 20–30 = gefährdet; um 38 = akzeptabel; 50–63 = alles prima; über 63 = verdächtig; über 67 = zu extrem

2. Thema – Überprüfungsobjekt: soziale Kompetenz
Insgesamt: unter 20 = sehr problematisch; 20–30 = gefährdet; um 38 = akzeptabel; 50–63 = alles prima; über 63 = verdächtig; über 67 = zu extrem

3. Thema – Überprüfungsobjekt: Arbeitsverhalten
Insgesamt: unter 20 = sehr problematisch; 20–30 = gefährdet; um 38 = akzeptabel; 50–63 = alles prima; über 63 = verdächtig; über 67 = zu extrem

4. Thema – Überprüfungsobjekt: berufliche Zielorientierung
Insgesamt: unter 20 = sehr problematisch; 20–30 = gefährdet; um 38 = akzeptabel; 50–63 = alles prima; über 63 = verdächtig; über 67 = zu extrem

Biografische Fragebögen

„Wir haben hier noch einige Fragen an Sie. Bitte füllen Sie doch gleich mal unseren Personalfragebogen aus …“ Wenn Sie als Kandidat eines Assessment-Centers (s. Seite 497) dazu aufgefordert werden, freuen Sie sich bitte nicht zu früh. Denn das heißt noch lange nicht, dass Sie es geschafft haben. Was aussieht wie die letzten Formalitäten vor dem endgültigen Ausbildungsvertrag, ist nichts anderes als eine weitere Art von Persönlichkeitstest. Neben den persönlichen Daten (Name, Adresse, Alter, Schulabschlüsse, Schuhgröße usw.) werden überwiegend Fragen aus folgenden Bereichen gestellt

- Ursprungsfamilie (Größe, Ausbildung und Beruf der Eltern)
- Kindheit/Jugend (elterlicher Erziehungsstil, prägende Erfahrungen)
- schulischer Werdegang (geliebte/ungeliebte Fächer, Leistungen, Anpassung an Lehrer/Mitschüler)
- erste, evtl. schon vorhandene Berufserfahrungen
- Freizeitgestaltung/Interessen (Hobbys, soziales Engagement)
- Selbsteinschätzung (besondere Stärken und Schwächen, Gründe für Fehl- und Rückschläge, Entwicklungs- und Verbesserungschancen)
- Lebensziele (berufliche und persönliche Ziele, optimistische/pessimistische Zukunftseinschätzung)

Aber auch Fragen, die Sie freier beantworten können, z. B. in Form eines Kurzaufsatzes, können es in sich haben. Dazu drei Beispiele:

- Welche Menschen bewundern Sie am meisten (bitte Namen nennen)?
- Nennen Sie einige von Ihnen bevorzugte Bücher!
- Welchen Beruf würden Sie wählen, wenn Sie ohne Rücksicht auf Ausbildungsvoraussetzungen, Ihr Umfeld und die aktuelle Arbeitsmarktsituation entscheiden könnten?

Und wie würden Sie diese Frage beantworten?
Welches sind die größten Missstände Ihrer Meinung nach:
a in der Welt,
b in unserem Land,
c in der Stadt, in der Sie wohnen,
d in der Schule, die sie besuchen?

Was so harmlos daherkommt, ist keinesfalls unproblematisch. Überlegen Sie genau, was Sie von sich preisgeben wollen. Versuchen Sie mal, Ihre Antworten wie ein Außenstehender zu lesen mit der Fragestellung: Wie wirkt diese Person?

Fragen im Vorstellungsgespräch

Ein Vorstellungsgespräch zur Erlangung eines Arbeits- bzw. Ausbildungsplatzes ist nichts anderes als eine mündliche Test- und Prüfungssituation und deshalb auch gut trainierbar. Sie können und sollten sich darauf so gut vorbereiten wie auf andere bereits von Ihnen absolvierte Prüfungen (Klassenarbeiten, Klausuren, Führerschein usw.). Der Zeitaufwand für die Vorbereitung darf nicht zu knapp bemessen sein. Sich dafür zwei, drei Tage Zeit zu nehmen ist durchaus angemessen und zahlt sich bestimmt aus! Natürlich brauchen Sie noch etwas mehr Zeit, wenn es Ihr erstes Vorstellungsgespräch sein sollte.

Häufig wird zunächst auch telefonisch ein kurzes Vorstellungsgespräch geführt. Vielleicht nicht länger als 10 bis 15 Minuten, um einen ersten (akustischen) Eindruck von Ihnen zu bekommen. Wäre schon irgendwie peinlich, wenn dann Ihre kleine Schwester ans Telefon geht und auf die Frage nach

Ihnen antwortet: „Mein Bruder treibt sich rum, sagt die Mama immer…“ Gut, so schlimm muss es ja nicht kommen. Jedoch tun Sie gut daran, Ihre „Mitbewohner“ (z. B. Eltern, Geschwister etc.) vorzubereiten und zu instruieren, was gesagt werden soll, wenn Sie nicht direkt greifbar sind.

Aber jetzt wollen wir uns mal den Fragen zuwenden! Und da bekommen Sie mit Garantie die ganz typischen Fragen gestellt und wissen hoffentlich, was Sie antworten wollen …

Was Sie unbedingt wissen sollten

Für welche Ausbildung Sie sich auch entscheiden – Sie sollten über die Entstehung und Entwicklung des Berufs Bescheid wissen, berühmte Berufsvertreter ebenso kennen wie relevante Gewerkschaften, Aufgaben und Tätigkeiten sowie Vor- und Nachteile des Berufsalltags. Vor allem sollten Sie über Ihre potenzielle Ausbildungsorganisation gut Bescheid wissen. Wenn Sie z. B. zum Bundeskriminalamt wollen, müssen Sie schon wissen, dass dieses zwischenzeitlich den Hauptsitz in Berlin hat, Wiesbaden nur noch eine Dependance ist, und auch wer es zurzeit leitet etc.

Die wichtigsten Fragen im Vorstellungsgespräch

Mit den folgenden 30 Fragen müssen Sie sich auseinandergesetzt haben und wissen, was Sie hierzu sagen wollen, aber auch was Sie nicht sagen wollen. Dabei geht es nicht darum, dass Sie die Antworten auswendig „runterrattern“, sondern darum, authentisch Stellung beziehen zu können.

- Erzählen Sie uns etwas über sich – was sollten wir über Sie wissen?
- Wie sind Sie auf diesen Beruf gekommen, und seit wann interessieren Sie sich dafür?
- Welche Vor- und Nachteile sehen Sie an/in diesem Beruf?
- Warum bewerben Sie sich um diesen Ausbildungsplatz?
- Warum bei unserer Organisation?
- Wo haben Sie sich noch beworben?
- Warum sind Sie für uns der richtige Kandidat?
- In welchen Schulfächern haben Sie gute und in welchen schlechte Noten?
- Wie erklären Sie sich das?
- Wie sind Sie mit Lehrern und Mitschülern ausgekommen?

- Haben Sie Vorbilder? Bitte benennen Sie uns Ihre Vorbilder und beschreiben Sie diese!
- Haben Sie bereits praktische Erfahrungen in dem von Ihnen angestrebten Berufsfeld?
- Was erwarten Sie für sich/von uns/der Ausbildung?
- Was sind Ihre persönlichen Stärken?
- Was Ihre Schwächen?
- Worauf sind Sie stolz?
- Womit sind Sie bei sich selbst unzufrieden?
- Was kann Sie so richtig „auf die Palme bringen", nerven?
- Sind Sie schon mal ungerecht behandelt worden? Erzählen Sie mal ...!
- Gibt es etwas in Ihrem Leben, das Sie bereuen?
- Was möchten Sie in 3 / 5 / 10 Jahren erreicht haben?
- Wie sieht so ein ganz typischer Alltag bei Ihnen aus, was machen Sie von früh bis spät, schildern Sie uns mal z. B. was Sie gestern gemacht haben?
- Was machen Sie in Ihrer Freizeit?
- Wie und wo sind Sie im Internet unterwegs?
- Welche Fragen haben Sie an uns?
- Wie stehen Eltern/Geschwister/Freunde zu Ihren beruflichen Plänen?
- Was machen Sie, wenn Sie diesen Ausbildungsplatz nicht bekommen?
- Wissen Sie, was Sie bei uns verdienen?
- Welche Fragen haben Sie erwartet, die noch nicht gestellt wurden?
- Welche Fragen würden Sie sich selbst stellen, wenn Sie in unserer Position wären?

Ablauf eines Vorstellungsgesprächs

In der Regel hat ein Vorstellungsgespräch ein ganz bestimmtes Muster.

1. Begrüßung und Einleitung des Gesprächs
2. Bewerbungs- und Berufswahl-Hintergründe
3. Schulausbildung und ggf. andere berufsnahe Tätigkeiten
4. Persönlicher, familiärer und sozialer Hintergrund
5. Gesundheitszustand
6. Test- und Prüfungsfragen
7. Informationen für den Bewerber
8. Fragen des Bewerbers
9. Abschluss des Gesprächs und Verabschiedung

Personalchefs und Ausbilder wollen im Vorstellungsgespräch neben äußeren Merkmalen wie Aussehen, Auftreten, Manieren, sprachliches Ausdrucksvermögen vor allem Folgendes testen:

- Ihre Persönlichkeit
- Ihre Leistungsbereitschaft (auch Lernmotivation)
- Ihre Eignung (was Sie so draufhaben, im Kopf, aber auch körperlich ...)

Wir haben Persönlichkeit ganz bewusst an erster Stelle genannt. Denn zum überwiegenden Teil entscheidet der Faktor Persönlichkeit, ob Sie den Ausbildungsplatz erhalten oder nicht. Bei der Erforschung Ihrer Persönlichkeit geht es vor allem darum, ob Sie sympathisch und vertrauenswürdig wirken, anpassungsfähig sind und zur Organisation sowie zum Team passen.

Leistungsbereitschaft wird getestet, indem man nach Ihrem Engagement, Ihrer Begeisterung, Ihren Interessen fragt. Außerdem wird geprüft, ob Sie lern- und arbeitswillig sind und sich mit der Arbeit und der Organisation, bei der Sie eingestellt werden, identifizieren können.

Ihre Eignung soll im Vorstellungsgespräch zusätzlich überprüft werden, indem man Sie nach berufsrelevanten Eigenschaften fragt, z. B. Kontaktfreude beim angehenden Streifenpolizist und kriminalistischen Spürsinn bei der Spurensicherung. Auch Zuverlässigkeit, Ehrlichkeit, Pünktlichkeit und andere elementare „preußische" Tugenden gelten immer noch als Indikatoren von Eignung.

Bewerber im Vergleich: Gruppenvorstellungsgespräche

Es gibt neben den üblichen Einzel-Vorstellungsgesprächen häufig auch Gruppenvorstellungsgespräche. Ihre Dauer ist unterschiedlich und schwankt (je nach Ausbildungsplatz und zu bewältigender Bewerberzahl bzw. Gesprächsteilnehmenden auf Arbeitgeberseite) in der Regel zwischen 20 und 45 Minuten. Sollten Sie in einer Gruppe antreten müssen, bietet Ihnen das den Vorteil, von der Präsentationstechnik Ihrer Mitbewerber zu profitieren. Meist beginnt so ein Gruppenvorstellungsgespräch mit der freundlichen Bitte, sich zunächst einmal kurz vorzustellen. Manchmal wird an die Vorstellung eine zusätzliche Aufforderung geknüpft (z. B. „Stellen Sie sich bitte vor und erzählen Sie uns, mit welchen Gefühlen Sie heute hierhergekommen sind").

Hintergrund der Gruppenvorstellung ist der Wunsch, die Bewerber direkt miteinander vergleichen zu können, sie aber auch gleichzeitig in eine gewisse Konkurrenzsituation zu bringen. Wer hier den Anfang macht oder das Schlusslicht bildet, hat es deutlich schwerer als alle anderen. Positionen im ersten oder im letzten Drittel bieten bessere Chancen. Am Anfang ist die Aufnahme- und Zuhörbereitschaft des Sie fragenden Auswahlgremiums deutlich höher. Wenn man ganz am Ende an der Reihe ist, fällt es sehr schwer, noch etwas wirklich Neues oder Originelles zu äußern, was nicht schon den anderen vor Ihnen eingefallen wäre. Unsere Empfehlung: Sprechen Sie das Problem der Anfangs- bzw. Endposition humorvoll an („Einer muss ja den Anfang machen; ich will mich nicht in den Vordergrund drängen, aber …“ – „Den Letzten beißen die Hunde, aber einer muss ja wohl das Schlusslicht sein …“). Wenn es Ihnen gelingt, für einen Lacher zu sorgen, sammeln Sie bestimmt Sympathie- und damit Pluspunkte.

Den Interviewern geht es darum, die soziale Interaktion, den Umgang der Bewerber/-innen miteinander zu beobachten. Hieraus werden verschiedene Rückschlüsse gezogen, z. B. auf Teamfähigkeit, Durchsetzungsvermögen, Anpassungsfähigkeit usw. Bisweilen ergeht sogar die Aufforderung an die Bewerber/-innen, in dieser Gruppe ein Thema gemeinsam zu diskutieren. Überlassen Sie es ruhig den anderen, sich in den Vordergrund zu spielen. Besser ist es, eine gewisse Zurückhaltung zu zeigen, ohne allerdings in das andere Extrem des „stummen Fisches“ zu verfallen. Und wenn notwendig thematisieren Sie ruhig, dass es Ihnen schwerfällt, zu Wort zu kommen, weil bestimmte Vielredner Ihnen und auch anderen Teilnehmenden kaum ein Chance lassen zu sprechen, Sie denen aber nicht ins Wort fallen möchten, weil das schließlich kein respektvoller, konstruktiver Umgang sei.

Tipps, Tricks und Taktiken

Zurück zum Einzel-Vorstellungsgespräch: Bestimmte Fragen sind einfach Standard. Die Wahrscheinlichkeit, dass diese im Vorstellungsgespräch gestellt werden, ist wirklich sehr hoch. Das bedeutet für Sie, dass Sie sich darauf unbedingt vorbereiten sollten:

Realistische Einschätzung

Um Ihre *Motivation* und Ihren *Informationsstand* zu ergründen, sind folgende Fragen typisch:

- Warum bewerben Sie sich für den Beruf der/des ...?
- Wie sind Sie auf diesen Beruf gekommen, und seit wann interessieren Sie sich dafür?
- Welche Vor- und Nachteile sehen Sie an diesem Beruf?

Sie sehen, wie wichtig es ist, gut vorbereitet in das Gespräch zu gehen (noch einmal das Stichwort Recherche). Ihre Antworten auf diese Fragen sollten Qualität haben. Sie können die Vor- und Nachteile des angestrebten Berufs durchaus subjektiv, also aus Ihrer ganz persönlichen Perspektive beschreiben. Das hat allerdings auch seine Grenzen, d. h., die Vor- und Nachteile müssen für den Gesprächspartner nachvollziehbar, die Argumentation muss angemessen sein.

Der Vorteil erster beruflicher Erfahrungen

Um *Interessen/Neigungen* auf den Grund zu gehen, werden meist folgende Fragen gestellt:

- In welchen Schulfächern haben Sie gute und in welchen schlechte Noten und warum?
- Wie sind Sie mit Lehrern und Mitschülern ausgekommen?
- Haben Sie Praktika gemacht, schon einmal gearbeitet bzw. gejobbt? Gab es Aushilfstätigkeiten?

Schulnoten werden von Arbeitgeberseite häufig als Gradmesser für die Anpassungsfähigkeit und Leistungsmotivation gesehen. Deshalb sollten Sie Ihre letzten Zeugnisse und Noten „abrufbereit gespeichert" haben. Dabei kommt es auf Ihren Vortrag, auf die Art der Darstellung und die plausible Präsentation der Zusammenhänge an. Ein Beispiel: „Ich habe mich zwar im Fach Deutsch in den letzten Jahren nicht verbessern können, bin aber in Mathematik auf eine Zwei gekommen." Wenn es Ihnen dann noch gelingt, einen ausbildungsplatzbezogenen Aspekt einzuflechten, können Sie Pluspunkte sammeln. Bei der Antwort auf die Frage nach dem Auskommen mit den Lehrern und Mitschülern sollten Sie nicht unnötig Zündstoff liefern. Schließlich wollen Sie ja, dass man Ihnen Kontakt-und Teamfähigkeit zuschreibt. Na klar, es gab mal kleinere Auseinandersetzungen, aber im

Großen und Ganzen sind Sie immer gut mit anderen zurechtgekommen – es existierte immer ein sehr freundschaftliches Miteinander.

Praktika und Jobs deuten auf Ihr Interesse an dem Beruf (oder wenigstens die Richtung) hin. Gut, wenn Sie in der bestimmten Branche vielleicht schon Erfahrungen gesammelt haben. Aber auch eine fremde Branche kann hilfreich sein. Wer vorher als Verkäuferin gejobbt hat, kann durchaus auch bei seiner Bewerbung als Polizeibeamtin darauf verweisen. Immerhin haben Sie dabei schon einiges im Umgang mit Menschen gelernt und vielleicht in Bezug auf einen Ladendiebstahl schon hautnah einen Einblick in einen Arbeitsbereich der Polizei bekommen.

Familiäre Schwierigkeiten

Ihr *soziales Umfeld* möchte man erfragen, um dann Rückschlüsse auf Sie ziehen zu können. Folgende Fragen sind zu erwarten:

- Wie ist Ihr persönlicher, familiärer und sozialer Hintergrund?
- Fragen nach Beruf und Arbeitgeber der Eltern, nach Geschwistern und sogar Freunden;
- Welche Tageszeitung lesen Sie?

Geben Sie grundsätzlich nichts von familiären Auseinandersetzungen preis. Das geht den Arbeitgeber nun wirklich nichts an. Plaudern Sie nett über die „geordneten Verhältnisse“. Gut für Sie, wenn Eltern, Geschwister etc. schon in dem Beruf, den Sie anstreben, arbeiten.

Ihre Gesundheit

Gesundheitliche Einschränkungen der *Leistungsfähigkeit* und *Einsatzmöglichkeit* sollen mit folgenden Fragen geprüft werden:

- Haben Sie eine chronische Erkrankung?
- Neigen Sie zu häufigen Erkältungen?
- Haben Sie eine Allergie?

Falls Sie einen Behindertenausweis mit Erwerbsminderung ab 50 Prozent haben, müssen Sie überlegen, ob Sie dies unaufgefordert sagen wollen. Da sich die Rechtsprechung zu diesem Punkt regelmäßig ändert, haben wir zu diesem schwierigen Thema ein ganzes Buch geschrieben *(Bewerbung mit Handicap).* Ansonsten sollten Sie Fragen zu gesundheitlichen Einschränkungen bereits mit Ihrem zuständigen Einstellungsberaterteam besprochen haben und sehen daher auch der kommenden Gesundheitsprüfung gelassen entgegen.

Berufsbezogenes Wissen

Mit folgenden Fragen möchte man Ihre *Informiertheit,* Ihr *allgemeines* und *berufsbezogenes Wissen* testen:

- Welches tagespolitische Ereignis beschäftigt Sie gerade?
- Wie könnte man Jugendgewalt bekämpfen?
- Wie stehen Sie zum Problem des demografischen Wandels?

Selbst wenn Sie sich sonst wenig dafür interessieren, sollten Sie zumindest vor dem Vorstellungsgespräch auch einmal den politischen Teil einer seriösen Tageszeitung bzw. Wochenzeitschrift (z. B. Spiegel/die Zeit) lesen und abends „Tagesschau“, „heute“ oder andere TV-Nachrichten verfolgen. Sie sollten auf keinen Fall wie eine oberflächliche Person wirken, die sich nur um das kümmert, was gerade bei der Lieblings-TV-Serie passiert. Am besten spielen Sie ein Vorstellungsgespräch mit einem Freund oder in der Schule einfach mal durch. Je öfter Sie eine solche Situation üben, desto besser bewältigen Sie das „echte“ Vorstellungsgespräch.

Fragen, die es in sich haben

Manche Fragen klingen ganz nett und harmlos, doch tatsächlich steckt viel mehr dahinter. Beispiel: „Wir wollen Sie gern kennenlernen, erzählen Sie uns doch bitte etwas über sich.“ Tappen Sie bei dieser Frage – auch wenn sie noch so freundlich und harmlos vorgetragen wird – nicht in die Falle, d. h., reden Sie nicht zu lange und zu viel über sich. Wer hier bei seiner frühesten Kindheit anfängt, sich in Details verliert und vielleicht erst nach 10 Minuten bei der Gegenwart ankommt, um dann noch in aller Breite sein Privat- und Familienleben zu offenbaren, begeht eine Art „seelischen Striptease“ mit oftmals verheerenden Auswirkungen. Fassen Sie sich besser kurz, und kommen Sie präzise auf den Punkt.

Kommen wir zu weiteren Fragen, auf die Sie wohlüberlegt antworten sollten: „Was sind Ihre Stärken, was sind Ihre Schwächen?“ Hier wird getestet, wie Sie sich darstellen und wie glaubwürdig Sie dabei wirken. Lassen sich ungeahnte Schwächen entdecken? Stellen Sie ruhig Ihre positiven Seiten, aber auch wenige, harmlose (!) negative Seiten dar. Überlegen Sie sich genau, welche Offenheit Sie sich bei der Darstellung von Schwächen und Misserfolgen leisten können. So kann die Rechenschwäche im großen Einmaleins für angehende Polizeibeamte als zu vernachlässigendes Problem durchgehen, bei einer Bankkauffrau eher nicht. Ihnen fallen keine harmlosen Schwächen ein? Sie streben ja keinen Dolmetscher-Beruf an, könnten also z. B. angeben, dass Sie mit Ihren Spanischkenntnissen nicht zufrieden sind, obwohl Sie schon dreimal dort Urlaub gemacht haben. Wollen Sie diese vermeintliche Schwäche noch in eine Stärke verwandeln? Dann ergänzen Sie, dass Sie sich deshalb vorgenommen haben, als Nächstes einen Spanisch-Volkshochschulkurs zu besuchen. Die Schwäche wird so zur Stärke, weil Sie bereit sind, an sich zu arbeiten! Achtung: Sie sind nicht im Beichtstuhl. Bei der Stärke/Schwäche-Fragestellung sollten Sie grundsätzlich nie vergessen, dass Ihr Gegenüber nicht Ihr Beichtvater oder Therapeut ist – es geht also für Sie nicht darum, Ihr Innerstes nach außen zu kehren, sondern eine vorteilhafte und gleichzeitig glaubwürdige Selbstdarstellung anzustreben!

„Warum sollten wir gerade jemanden wie Sie einstellen?" oder „Was spricht gegen Sie als Bewerber für diesen Ausbildungsplatz?". Gelassenheit ist hier die beste Methode, sich aus der Affäre zu ziehen. Heben Sie hervor, was für Sie spricht, und bieten Sie nach wohlkalkuliertem Zögern ein, maximal zwei Punkte an, die aber nicht wirklich überzeugend gegen Sie vorzubringen sind. Diese müssen Sie sich vorher genau überlegt haben, damit Sie in einer so kritischen Situation den bestmöglichen Eindruck machen. Sollte man weiter den Standpunkt vertreten, Sie seien nicht der richtige Kandidat, lassen Sie sich nicht provozieren, aber auch nicht zur Verzweiflung bringen! Warum hätte man Sie eingeladen, wenn man von vornherein gewusst hätte, dass Sie nicht der Richtige sind? Jetzt kommt es darauf an, Ruhe, Nerven und Haltung zu bewahren.

„Was würden Sie tun, wenn wir Ihnen den Ausbildungsplatz nicht anbieten?" – „Mensch, Sie können vielleicht Fragen stellen!" – das sagen Sie natürlich nicht, sondern denken es vielleicht. Ansonsten gilt hier: Sie sind weder völlig zerknirscht, am Boden zerstört, noch heilfroh und glücklich, dass Ihnen dieser Ausbildungsplatz erspart geblieben ist. Bringen Sie zum Ausdruck, dass Sie eine Entscheidung gegen sich bedauern, aber akzeptieren (was bleibt Ihnen sonst auch übrig?). Verdeutlichen Sie aber noch einmal, was der Institution ohne Sie verloren ginge und warum Sie sich für geeignet halten, aber auch was Sie an dem Beruf wirklich reizt.

Echte Stressinterviews sind eher selten, schwierige Fragen nicht! Hüten Sie sich aber auch davor, hinter jeder Frage eine Heimtücke zu vermuten.

Schließlich möchte man Sie kennenlernen und Sie deshalb zu Ihrer Person befragen. Als Ausbildungsplatzsuchender müssen Sie nicht mit regelrechten Stressinterviews, in denen eine gehässige Frage die nächste jagt, rechnen. Auch wenn Ihnen die Situation im Vorstellungsgespräch bisweilen so vorkommen mag, ein richtiges professionelles Stressinterview gestaltet sich noch ganz anders – mit wirklich beleidigenden Fragen, extrem langen Schweigepausen etc. Aber, wie gesagt, davon dürften Sie als angehender Azubi sehr wahrscheinlich verschont bleiben.

Wenn Ihnen eine Frage merkwürdig vorkommt, fragen Sie zurück, ob Sie sie richtig verstanden haben, und reagieren Sie mit Gelassenheit. Möglicherweise ist auch das nur ein Test, und man möchte herausfinden, wie leicht Sie sich provozieren lassen.

Ihre Fragen im Vorstellungsgespräch

Im Vorstellungsgespräch müssen Sie nicht nur die Rolle des Befragten einnehmen. Auch Sie können, ja, sollten sogar selbst Fragen stellen, die Sie interessieren. Damit unterstreichen Sie Ihr aktives Interesse. Außerdem ist das für Sie eine Möglichkeit, die Richtung des Gesprächs mitzubestimmen. Aber bitte fragen Sie nicht als Erstes nach dem Gehalt oder ab wann Sie wie viel Urlaub haben können. Sinnvolle Fragen, die Sie stellen könnten, wären z. B.:

- Wie ist die Ausbildung geplant und organisiert?
- An welchen Orten werde ich während meiner Ausbildung eingesetzt?
- Gibt es die Möglichkeit, auch interne Praktika zu machen?
- Wie viele Mitarbeiter hat die Institution (an meinem Ausbildungsort)?
- Welche Weiterbildungsmöglichkeiten werden angeboten?

Drei bis fünf Fragen sollten Sie vorbereitet haben. Denn es ist möglich, dass im Laufe des Gesprächs die eine oder andere schon beantwortet wurde. Seien Sie während des Gesprächs aufmerksam, da es peinlich wäre, nach etwas zu fragen, das zuvor von Ihrem Gegenüber erläutert wurde. Zum Schluss sollten Sie eins nicht vergessen: Die Frage, wann Sie in etwa mit einer Entscheidung rechnen bzw. ob und wann Sie sich noch einmal melden können.

1. Erstellen Sie in der Vorbereitung auf das Vorstellungsgespräch eine Liste von Fragen, die Sie im Vorstellungsgespräch fürchten, und versuchen Sie – wie auch bei allen anderen möglichen Fragen –, sich schon vorher Antwortmöglichkeiten zurechtzulegen.
2. Prüfen Sie, bevor Sie sich zum Vorstellungsgespräch bzw. zum Auswahlverfahren aufmachen, ob Sie alle Unterlagen/Kopien eingesteckt haben, die Sie mitbringen sollen und die Sie bereits verschickt haben.
3. Kommen Sie rechtzeitig und nicht abgehetzt und verschwitzt zum Termin. Planen Sie bei der Berechnung des Anfahrtswegs ein, dass es zu Staus, Umleitungen, Verspätungen im öffentlichen Nahverkehr etc. kommen kann. Seien Sie auf jeden Fall etwas früher da, um sich einstimmen und auch noch einmal auf der Toilette Ihr Outfit prüfen zu können.
4. Wenn Sie eine längere Anreise z. B. mit der Bahn vor sich haben, sollten Sie am besten noch nicht mit der Kleidung losfahren, die Sie auch im Vorstellungsgespräch tragen werden. Ist Ihnen das Umziehen z. B. auf der Bahnhofstoilette zu umständlich, sorgen Sie dafür, dass zumindest Hemd oder Bluse knitterfrei ankommt. Wenn Sie mit einer großen Tasche reisen, sollten Sie die dann aber nicht mit ins Vorstellungsgespräch nehmen. Entweder deponieren Sie Ihr Gepäck im Schließfach; oder Sie bitten z. B. den Pförtner, die Tasche bei ihm abstellen zu dürfen.
5. Kommen Sie ausgeschlafen zum Vorstellungsgespräch. Sollten Sie an dem Tag des Gesprächs krank sein, z. B. schwer erkältet, ist es sinnvoller, anzurufen und um Verschiebung zu bitten, als mit allen sichtbaren und unsichtbaren Beeinträchtigungen einer schweren Erkältung anzutreten und sich nicht optimal präsentieren zu können. Das gilt natürlich auch für die Einladung zum Test.
6. Kleiden Sie sich angemessen, sauber und ordentlich. Schlichte Eleganz ist vielleicht die beste Empfehlung, nicht zu viel, aber auch nicht zu wenig! Es ist Ihre Entscheidung, ob Sie einen Anzug oder Blazer anziehen wollen oder die sportlich gepflegte Jeans vorziehen. Verdeutlichen Sie sich, dass Sie auch mit Ihrer Kleidung eine Art Arbeitsprobe und Visitenkarte abgeben. Verzichten Sie deshalb auf Extravaganz wie übertriebene Schminke oder allzu grelle, buntgemusterte Bekleidung.

7. Begrüßung: Schon hier findet die erste Überprüfung statt, der erste Eindruck bildet sich. Ein zu kräftiger Händedruck oder verschämte Laschheit „Marke Hasenpfote“ erzeugen wenig Sympathie in den ersten wichtigen Sekunden dieser für Sie bedeutsamen Begegnung mit Ihrem potenziellen Ausbildungsplatzanbieter. Stellen Sie sich mit Vor- und Nachnamen vor. Begrüßen Sie Ihr Gegenüber freundlich lächelnd, und merken Sie sich möglichst seinen Namen.
8. Reden Sie Ihre/-n Gesprächspartner/-in gelegentlich mit Namen an.
9. Denken Sie an Ihre Körpersprache: Verschränken Sie nicht Ihre Arme und Beine. Das wirkt abwehrend und unsympathisch. Wer mit der Hand vor dem Mund spricht, kann sich nur schwer verständlich machen, und wer sich alle Augenblicke nervös durchs Haar fährt, überzeugt nicht. Einfachste, aber auch beste Regel: Hände weg vom Kopf!
10. Halten Sie mit dem Gegenüber Blickkontakt. Das heißt natürlich nicht, dass Sie ihn oder sie unentwegt anstarren sollen, sondern blicken Sie offen und freundlich.
11. Unterbrechen Sie Ihr Gegenüber nicht, sondern hören Sie geduldig und interessiert zu. Antworten Sie erst danach.
12. Es kommt – wie bereits erwähnt – im Vorstellungsgespräch nicht darauf an, dass Sie möglichst viel reden. Antworten Sie auf die Fragen überzeugend und relativ knapp, aber gut formuliert. Bis zu 80 Prozent der Zeit – so zeigen entsprechende Untersuchungen – verbringen Bewerber im Vorstellungsgespräch mit Zuhören. Lassen Sie Ihr Gegenüber ruhig reden. Hören Sie aufmerksam zu und versuchen Sie zwischendurch, einige verständnisvolle, kurze Zwischenbemerkungen fallen zu lassen.
13. Reagieren Sie immer freundlich und höflich.
14. Sprechen Sie nie negativ über (ehemalige) Lehrer, Mitschüler.
15. Was immer man gegen Sie einwendet, es kommt darauf an, wie Sie damit umgehen.
16. Verdeutlichen Sie sich: Sie bestimmen den Verlauf des Vorstellungsgesprächs weitestgehend mit.
17. Als Bewerber sollten Sie wissen, was und wie Sie etwas sagen wollen. Insbesondere muss Ihnen klar sein, was Sie nicht sagen wollen und wie Sie mit Worten schweigen.
18. Es gibt keine unangenehmen Fragen im Vorstellungsgespräch, wenn Sie die richtige Einstellung haben, gut vorbereitet sind und somit angemessen antworten können.

19. Zum Schluss kommt es auf den Versuch eines angenehmen Abgangs an. Man wird sich bei Ihnen für Besuch, Bewerbung, Interesse an der Organisation bedanken. Wichtig: Eine Klärung, wie es weitergeht, d. h., wann man Sie benachrichtigen wird. Ihre Frage sollte aber nicht drängend oder ungeduldig vorgetragen werden. Am besten so: „Was meinen Sie, wie sollten wir verbleiben? Soll ich anrufen oder melden Sie sich bei mir? Wissen Sie schon, wann in etwa das sein wird?“
20. Beim Rausgehen auch hinter der Bürotür die Fassung bewahren (man weiß nie, wie hellhörig es ist, wer Sie sonst noch beobachten kann etc.). Die Tür natürlich nicht zuknallen, nicht erleichtert aufatmen (und wenn, nur ganz leise), schon gar keine Flüche ausstoßen …

Weitere Hinweise und Tipps finden Sie im Internet unter: **www.**
www.berufundkarriere.de/onlinecontent

Sport, Gesundheit und körperliches Leistungsvermögen

Egal ob Sie sich bei der Polizei, Bundespolizei, Bundeswehr, Feuerwehr oder in der Justiz beworben haben, Sie werden in jedem Fall einer ausführlichen gesundheitlichen und sportlichen Prüfung unterzogen.

Auf diese Tests können Sie sich aber selbst sehr einfach vorbereiten: Fast immer bekommen Sie bei Ihrer Bewerbung ein Merkblatt nach Hause geschickt, auf dem der Test in den Grundzügen – teilweise sogar sehr genau – beschrieben ist. Beginnen Sie mit dem Training für den Sporttest möglichst gleich nach dem Abschicken Ihrer Bewerbung. Kondition bekommt man nicht innerhalb von zwei Tagen. Überhaupt ist Kondition das A und O einer Überprüfung Ihrer sportlichen Fähigkeiten. Üben Sie deshalb nicht nur das, was in der Informationsbroschüre gefordert wird, sondern besser mehr! Bedenken Sie, dass es sich um einen Einstellungstest handelt, der für Sie unter Umständen sehr wichtig sein kann. Häufig ist man bei einem solchen Test auch aufgeregt und fühlt sich nicht richtig wohl. Da kann es nur positiv sein, wenn man weiß, dass man die Anforderungen bereits im Training locker geschafft hat. Üben Sie mit einem Helfer, der für Sie die Zeit bei den entsprechenden Übungen nimmt. Teilweise ist es möglich, sich bei der Polizei an „Informationstagen" einen ersten Eindruck über die spätere Arbeit zu verschaffen, sich sehen zu lassen und Interesse zu bekunden (!) – und sogar den originalgetreuen Sporttest ohne Druck zu absolvieren. Hier einige Beispiele, was Sie in Sporttests erwarten kann.

Polizei/Bundespolizei/Bundeswehr

Die Sporttests für die Polizei bzw. den Justizdienst und die Bundeswehr sind sich meist sehr ähnlich. Häufig ist es so, dass die jeweiligen Institutionen entweder direkt bei der Bewerbung, spätestens aber auf Nachfrage die Übungen des Sporttests bekannt geben.
Im Folgenden stellen wir Ihnen den Sporttest der Polizei Bremen vor, den Sie auch im Internet unter www.polizei.bremen.de, wenn Sie „Sportprüfung" in die Suche eingeben, ausführlich beschrieben vorfinden.

Der gesamte Sporttest findet in einer Sporthalle statt und dient der Überprüfung der körperlichen Fitness der Bewerberinnen und Bewerber. Begonnen wird mit einem Sprinttest. Dabei müssen folgende Leistungen erbracht werden:

- Distanz: 35 m
- Mindestleistung: Frauen: maximal 6,1 Sek.
  Männer: maximal 5,6 Sek.

Danach folgt ein **Konditionstest:**

- Überwindung eines 1,8 m hohen Sprungtisches mithilfe eines Kletterseils
- Durchsteigen einer Sprossenwand
- Unterschwung an einem Stufenbarren
- Grätsche mithilfe eines Sprungbrettes über einen Bock:
  Frauen: Bockhöhe 1,2 m
  Männer: Bockhöhe 1,3 m
- Sprung in die Höhe mit Berührung eines Basketballkorbes
  Frauen: 2,5 m Höhe
  Männer: 2,7 m Höhe
- Slalomlauf durch eine Pylonenbahn mit einem Basketball
- Vollführung einer Vorwärtsrolle auf einer Turnmatte
- Durchkriechen von drei auf dem Boden stehenden Kastenrahmen
- Hürdensprung
  Frauen: 1 Hürde, Höhe 0,8 m
  Männer: 2 Hürden, Höhe 0,7 m und 0,8 m

- Bankdrücken aus einer Kniebeuge – die Bank ist in einer Sprossenwand etwa in Augenhöhe der Person eingehangen, die Bank, d. h., auch die Arme, müssen ganz hochgedrückt werden
  Frauen: 6-mal
  Männer: 10-mal

Die maximale Zeit für diesen Test ist für
  Frauen: 1:55 Min.
  Männer: 1:35 Min.

Der *Prüfungsparcours* könnte in etwa wie folgt aufgebaut sein:

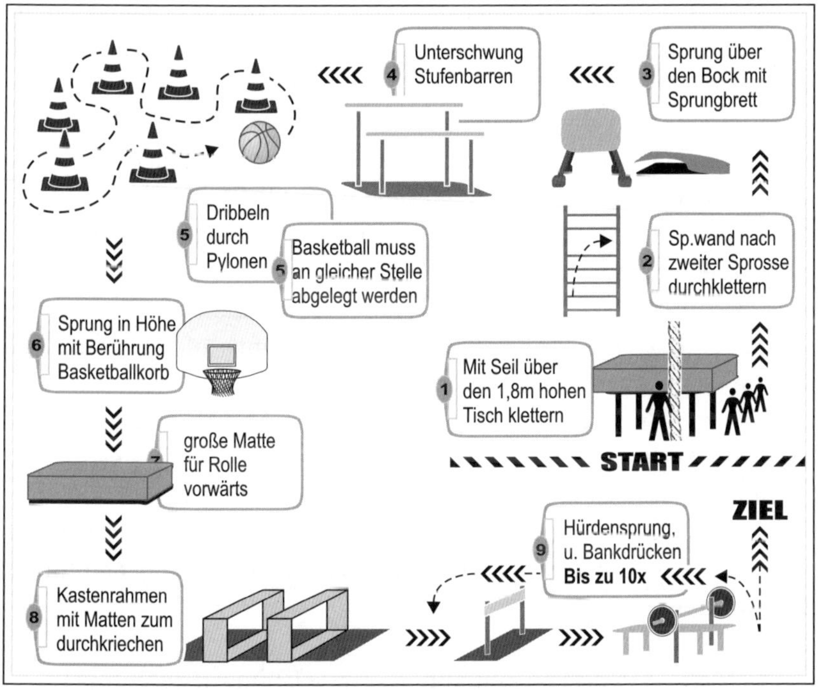

Als letzter Teil im Sporttest folgt ein **Ausdauerlauf**. Ohne Unterbrechung müssen Frauen mindestens 15 Runden, Männer mindestens 18 Runden in der Halle laufen. Die Zeit beträgt für Männer und Frauen maximal 7:30 Min. Die Mindestleistung für Frauen entspricht ca. 1 350 m bzw. 1 620 m für Männer.

Für alle (Sport-)Tests erhalten Sie Punkte. Sollte ein Teiltest nicht bestanden werden, so führt das nicht nur in Bremen häufig zum Ausschluss des Bewerbers. Zum Testende werden alle Punkte zusammengezählt und mit den Ergebnissen Ihrer Mitbewerber verglichen. Daraus wird eine Liste erstellt, bei der die Besten deutlich bessere Chancen haben, die wenigen Ausbildungs- bzw. Studienplätze zugewiesen zu bekommen.

Feuerwehr

Die meisten Feuerwehren empfehlen, sich rechtzeitig und umfassend auf die zu erwartenden Einstellungstests vorzubereiten. Wie ernst dieses Anliegen ist, zeigt sich u.a. darin, dass es ein eigenes Trainingshandbuch „Physische Eignungsfeststellung für die Berufsfeuerwehren in Deutschland" (Deutscher Städtetag, 2016) gibt, welches vom Deutschen Städtetag und der Deutschen Sporthochschule in Köln entworfen wurde. Geben Sie den Titel im Internet ein, so finden Sie verschiedene Seiten, von denen Sie die jeweils aktuelle Version downloaden können.

Inhaltlich führt Sie das Trainingshandbuch durch die (sportliche) Testvorbereitung, sodass es allein an Ihnen liegt, die Tipps und Hinweise zu beherzigen und entsprechend zu trainieren.

Zunächst wird mit einem Vorbereitungskonzept begonnen, welches Ihnen hilft, Ihr Leistungsniveau einzuschätzen. Dabei gilt es als erstes, das eigene Leistungsniveau zu bestimmen, ein Trainingsprogramm zu entwerfen, und dieses nach Durchführung auf den gewünschten Erfolg zu überprüfen. Insgesamt sollten Sie – je nach individuellem Bedarf – ca. 12 Wochen für Ihr Training einplanen.

Inhaltlich werden Sie in diesem Zeitraum folgende Übungen durchführen:

- Balancieren
- Liegestütze
- Wechselsprünge
- Beugehang
- Seitlicher Medizinballwurf
- Closed Kinetic Chain Upper Extremity (CKCU)-Test
- Kasten-Bumerang-Test

- Personenrettung (Dummy ziehen)
- 3 000m-Lauf

Alle Übungen sind detailliert beschrieben und bebildert, sodass ein Nachahmen problemlos möglich ist. Beispielhafte Informationen, was Sie dann in einem echten Auswahlverfahren erwartet, finden Sie im Folgenden für die Berufsfeuerwehr Bremen und Hannover.

Tipp: Auf dem youtube-Kanal der Feuerwehr Hamburg finden Sie eine ausführliche Playlist zum „Physischen Einstellungstest". Hier beispielsweise das Video zum CKCU-Test: **https://youtu.be/21GLaORbPbI**

Berufsfeuerwehr Bremen

- 200 m Schwimmen, Ziel: 200m ohne Unterbrechungen innerhalb von 6 Minuten
- Tauchen, Ziel: mindestens 20 m weit, während des Tauchvorgangs alle Körperteile unter der Wasseroberfläche
- Liegestütze, Ziel: mindestens 12 Wiederholungen
- Gleichgewichtstest DFFA, Ziel: 50 Sek. oder weniger
- Kasten-Bumerang-Test, Ziel: 19 Sek. oder weniger
- CKCU-Test, Ziel: mindestens 23 Wiederholungen
- Seitlicher Medizinballwurf, Ziel: mindestens 7,5 m
- Handkraft, Ziel: mindestens 45 N pro Hand in maximal 3 Sekunden
- Wechselsprünge, Ziel: mindestens 42 Wiederholungen in 30 Sek.
- Beugehang, Ziel: mindestens 45 Sek.
- 400-Meter-Lauf, Ziel: 85 Sek. oder weniger
- 3 000-Meter-Lauf, Ziel: 15 Min. oder weniger

Quelle: Feuerwehr Bremen, 2017

Berufsfeuerwehr Hannover

Wird eine der Übungen nicht erfüllt, kann der Test nicht fortgesetzt werden.

- Übergehen eines Schwebebalkens (ca. 10 cm breit)
- Nacheinander fünf Sprünge aus der Hocke (mindestens 11 m)
- Liegestütze, mindestens 12
- Jump-and-Reach-Test: Aus der Halbhocke maximal hochspringen (mindestens 45 cm)
- 50 m laufen in maximal 7,3 Sek.
- Cooper-Test (12 Min.), dabei müssen mindestens 2 400 m gelaufen werden
- Rückenschwimmen: Grätschschwung, mindestens 25 m
- Ab Beckenrand mindestens 15 m tauchen, auftauchen und bis zum Ende einer 25-m-Bahn weiter schwimmen
- Feuerwehrdrehleiter: Drehleitersteigen (30 m)
- Einfache handwerkliche Arbeiten mit einfachen Werkzeugen

Quelle: Feuerwehr Hannover, 2017

Erfahrungsberichte

Im Folgenden erhalten Sie eine kleine Auswahl verschiedener Berichte von Bewerberinnen und Bewerbern. Weitere finden Sie im Internet unter: **www.berufundkarriere.de/onlinecontent**

Polizei

Bundeskriminalamt

Ich habe mich vor ca. 2 Jahren beim Bundeskriminalamt für den gehobenen Kriminaldienst beworben und studiere nun im 2. Semester an der Fachhochschule des Bundes für öffentliche Verwaltung im Fachbereich Kriminalpolizei in Wiesbaden. Am Anfang des Auswahlverfahrens stand meine schriftliche Bewerbung, der neben den geforderten Unterlagen ein ordentliches Anschreiben und ein tabellarischer Lebenslauf beizufügen waren. Solange die formellen Voraussetzungen passen (Abitur bzw. Studiumsnote und Englischnachweis), die Bewerbung ohne Kaffeeflecken und man noch nicht strafrechtlich in Erscheinung getreten ist, wird man wahrscheinlich auch zum Auswahlverfahren geladen.

Das Auswahlverfahren beginnt mit einem psychodiagnostischen Test. Hier werden auch die meisten Bewerber aussortiert. Von bei uns ca. 1 600 zugelassenen Bewerbern blieben in meinem Fall nach dem Test nur noch ca. 300 Kandidaten und Kandidatinnen übrig. Im Grunde ähnelt der psychodiagnostische Test einem IQ-Test, erweitert um eine Bearbeitungsgeschwindigkeits- und Konzentrationsaufgabe sowie eine Art Diktat. Allgemeinwissen war (noch) nicht Bestandteil. Ich habe mich 2 bis 3 Tage vorher mit dem vorliegenden Buch von Hesse/Schrader, ein paar IQ-Tests aus dem Internet und diversen Kopfrechenübungen vorbereitet. Gerade das

Buch und die Tests bieten ein gutes Training, sowohl inhaltlich als auch im Hinblick auf die für mich größte Schwierigkeit ... die Zeitvorgabe. Die einzelnen Aufgaben werden jeweils zunächst gemeinsam besprochen, im Anschluss erhält man einen unbekannten Zeitrahmen zur Bearbeitung für jede einzelne Aufgabe. Dabei wird keine Zeitvorgabe genannt und auch nicht während der Bearbeitung auf die verbleibende Restzeit hingewiesen – es gibt nur ein „Start" und ein „Stopp". Dann folgt die Erläuterung und Bearbeitung der nächsten Aufgabe. So hätte ich manche Aufgaben zweimal durchgehen können, bei anderen Aufgaben kam ich nicht mal bis zur Hälfte. Ich denke, diese spezielle Stresssituation ist Teil der Prüfung. Insbesondere die beiden Bearbeitungsgeschwindigkeits- und Konzentrationsaufgaben sind meines Erachtens kaum vollständig innerhalb der Zeit zu schaffen, hier gilt es nur, so weit wie möglich zu kommen.

Als zweiter Teil des Auswahlverfahrens folgte der Sporttest. Die vier Aufgabenstellungen sind dabei eigentlich kein Geheimnis. Er ist nur zu bestehen und fließt nicht mit ins Ranking ein. Sportliche Menschen dürften keine Probleme haben, weniger bewegungsfreudige Kandidaten sollten sich mit Sitzklimmzügen und Joggen vorbereiten. Besonders hingewiesen sei nur auf den Achterlauf, eine Art vorgegebener Slalom durch fünf Stangen hindurch. Entscheidend ist hier die korrekte Ausführung der Übung, nicht so sehr die Geschwindigkeit. Ein Fehler führt zu null Punkten und erschwert das Bestehen des Sporttests erheblich. In meinem Durchgang hat der Achterlauf bei einem Drittel der Teilnehmer (5 von 15) das Bestehen verhindert!

Der dritte Teil des Auswahlverfahrens ist das sogenannte Gruppen- und Einzelgespräch, bestehend aus einer Gruppendiskussion, einem Kurzvortrag und dem Einzelgespräch, jeweils vor den Augen der 5- bis 7-köpfigen Jury. Als älterer Jahrgang mit Uni-Abschluss und Berufserfahrung war für mich die Situation in Bewerbungsgesprächen kein Neuland. Vorbereitet habe ich mich durch tägliches Zeitunglesen und Nachrichtensehen und mithilfe der BKA-Broschüre (Download als PDF auf der Homepage des BKA).

In der Gruppendiskussion wählt man als Gruppe eines von drei vorgegeben Themen aus und diskutiert dann die Pros und Kontras. Hierbei sollte man sich weder zu stark in den Vordergrund reden noch zu zurückhaltend sein, sondern nach meiner Wahrnehmung eher als eine Art Moderator auftreten und die üblichen Höflichkeitsregeln einer gemeinsamen Unterhaltung beachten. Für den 5-minütigen Kurzvortrag erhält man 20 Minuten Vorbereitungszeit zu einem vorgegebenen Thema mit Text, den man im Grunde nur zusammenfassend darstellt und im Anschluss seine eigene Meinung dazu kundtut. Das Einzelgespräch folgt abschließend. Zunächst stellt man kurz sich selbst und seinen Lebenslauf vor, dann wurde ich zu meiner Motivation befragt, zu den einzelnen Abteilungen des BKA und einigen Allgemeinwissensthemen zum aktuellen Tagesgeschehen wie beispielsweise: „Wer waren die letzten drei Bundespräsidenten?“, „Was ist eine IP-Adresse?“ oder zur damals die Medien beherrschenden NSU-Geschichte.

Im Gruppen- und Einzelgespräch werden wiederum Ranking-Punkte vergeben, zusammen mit den Punkten aus dem psychodiagnostischen Test ergibt das dann den jeweiligen Tabellenplatz. Abschließend steht nur noch der medizinische Test an mit Seh- und Hörtest, einer körperlichen Untersuchung und dem EKG auf dem Hometrainer. Tatsächlich sind bei uns trotz ihrer Jugend relativ viele aufgrund des EKGs ausgeschieden, eine entsprechende Vorbereitung ist also sicherlich von Vorteil. Ist man nach dem erfolgreichen medizinischen Test unter den je nach Jahrgang veranschlagten besten 20, 60 oder 100 Bewerbern, hat man es geschafft.

Studium

Das Studium ist ganz anders, als ich es von meinem Magisterstudium kannte. Zumeist hat man täglich Unterricht von 8.00 Uhr bis 15.30 Uhr, hauptsächlich Jura (Staatsrecht, Strafrecht und Polizeirecht) sowie Kriminalistik und Kriminologie. Immer wieder werden spannende Abwechslungen geboten, wie die Fahrt nach Berlin mit Botschaftsbesuch oder Besuche in der JVA und der Rechtsmedizin, praktische Tatortübungen und natürlich Schießen und Einsatztrainings. Der Arbeitsaufwand ist ordentlich, die Prüfungen fair. Außer der Reihe steht dabei das Grundstudium an der FH Bund in Brühl bei Köln. Hier lebt man für fünf Monate im Exil ohne große polizeirelevante Anforderungen oder Abwechslungen. Die Stoffmenge ist sehr hoch, die Prüfungen am Ende eine nicht zu unterschätzende Hürde – sieben Fächer in fünf Tagen: juristische Fächer plus BWL, VWL und Psychologie/Soziologie.

Bundespolizei

Im Vorfeld meiner Bewerbung absolvierte ich zwei Praktika bei der Bundespolizei, was mir zum einen half, einen tieferen Einblick in die Polizeiarbeit zu bekommen, zum anderen bei einer eventuellen Bewerbung mein Interesse an diesem Beruf zu untermauern und somit der Auswahlkommission einen positiven Eindruck von mir zu vermitteln.

Im Juni bewarb ich mich dann für den gehobenen nichttechnischen Dienst bei der Bundespolizei. Meine Bewerbung enthielt einen Lebenslauf, ein Bewerbungsanschreiben mit Foto, mein letztes Zeugnis und einige sportliche Anerkennungen, nach denen zwar nicht gefragt war, die aber einen guten Eindruck machen sollten. Die komplette Bewerbung heftete ich zusammen, steckte sie in eine Klarsichthülle (eher unüblich, hier aber ausdrücklich gefordert) und richtete sie an die für mich zuständige Einstellungsberatung. Die dafür erforderlichen Bewerbungsunterlagen erhielt ich vorab durch den zuständigen Einstellungsberater, den ich unter www.bundespolizei.de ausfindig gemacht hatte.

Ein paar Wochen später erhielt ich ein Schreiben, welches den Eingang meiner Bewerbung bestätigte. Des Weiteren musste ich nun einen Bewerbungsbogen ausfüllen und ihn mit ein paar anderen zu klärenden Formalitäten (Wohnsitz, Führerschein, Einverständniserklärung zur Einholung einer Polizeiauskunft über mich) ans Präsidium zurückschicken. Da ich im Bewerbungsbogen angegeben hatte, dass ich einen leichten Heuschnupfen habe, bekam ich kurze Zeit später einen Bogen zugeschickt, in dem man mich aufforderte, einen hausärztlichen Bericht zu meiner Pollenallergie von meinem Hausarzt erstellen zu lassen. Diesen besorgte ich mir auch und schickte ihn dann wieder an die Bundespolizei zurück.

Dann bekam ich die Einladung zum ersten Teil des Auswahlverfahrens. Dieses fand in Oerlenbach statt, der Ausbildungsstätte des Bundespolizeipräsidiums Süd. Der Test selbst dauerte 2 Tage, wofür ich mit einem weiteren Bewerber zusammen auch ein Zimmer gestellt bekam. Um gleich am ersten Tag fit zu sein, reiste ich schon einen Tag früher am Vorabend an. Die Bahnkosten wurden übrigens übernommen, dass Essen (gut und günstig) musste ich selbst bezahlen.

Am ersten Tag ging es dann schon sehr früh, pünktlich um 7.30 Uhr, los. Wir waren insgesamt nur sieben Bewerber und mussten zunächst einige Fragebögen zur Biografie und Persönlichkeitsstruktur ausfüllen. Alles kein großer Aufwand. Dann wurde ein Intelligenztest bearbeitet, der I-S-T 2000 R (Anmerkung der Autoren: Aufgaben sind in diesem Buch behandelt.), auf den ich gut vorbereitet war. Danach war schon Mittagspause und Zeit zum Essen. Hiernach folgte für die ersten Bewerber das Aus: Jeder, der nicht genügend Punkte gesammelt hatte, wurde nach Hause geschickt.

Als Nächstes folgte eine Erörterung. Hierzu durfte ich drei Karten ziehen und mir ein Thema aussuchen. Die Erörterung sollte zwei DIN-A4-Seiten umfassen. Die Atmosphäre empfand ich übrigens als sehr locker und angenehm.

Danach musste ich zum ärztlichen Check. Hier wurde mein Sehvermögen getestet, meine Hörfähigkeit, usw. Als Ergänzung musste ich noch einen ärztlichen Bogen zu meinem Gesundheitszustand und meiner Krankengeschichte ausfüllen. Für zwei von uns war auch hier schon Schluss, da sie nicht polizeidiensttauglich waren. Da wir nicht alle zeitlich durchgekommen waren, wurde die ärztliche Untersuchung noch am zweiten Tag fortgesetzt. Gegen Mittag war dann aber auch Schluss. Wir wurden noch belehrt, wie es nun weitergehen würde, mussten ein paar Sachen unterschreiben und konnten Fragen stellen. Uns wurde gesagt, wenn wir gut abgeschnitten hätten, würden wir zum zweiten Teil nach Lübeck in die Bundespolizeiakademie eingeladen werden, wo auch unsere Erörterung korrigiert und der Sporttest stattfinden werden würde.

Ich hatte Glück, hatte bis dahin alles bestanden und war dann ca. 4 Wochen später nach Lübeck unterwegs. Dort erwarteten mich nun erneut zwei Testtage. Ansonsten war alles wie gehabt: Die Bahnkosten trug die Bundespolizei, die Essenskosten ich. Diesmal hatte ich allerdings auch ein Einzelzimmer.

Am ersten Tag erfolgten die Begrüßung und die Durchführung eines computergestützten Testverfahrens zur Messung meiner sozialen Kompetenz, vor allem meiner Führungskompetenz. Hierzu wurden Filme gezeigt und Fragen gestellt, die man mittels Multiple Choice beantworten sollte.

Nach dem Mittagessen wurden wir zur Bundespolizeiakademieunterkunft St. Hubertus gefahren, wo der Sporttest stattfand. Dieser bestand aus einem speziellen Zirkellauf, dem Standweitsprung und einem 12-Minuten-Lauf. Über den Sporttest kann man übrigens auch im Internet schon vorab eine ausführliche Beschreibung finden. Einfach mal nachschauen. Lohnt sich, sich darauf intensiv vorzubereiten. Wer den Test nicht besteht, wird sofort nach Hause geschickt.

Am zweiten Tag wurden wir in das mündliche Auswahlverfahren eingewiesen und belehrt. Es besteht aus einer Gruppendiskussion mit einem vorgegebenen Thema und verfolgt das Ziel, das Argumentationsgeschick, die Durchsetzungsfähigkeit und Führungskompetenz der Bewerber aufzuzeigen.

Danach folgte ein Kurzvortrag. Hierzu durfte man aus einem ausgewählten Themenbereich ein Thema ziehen. 20 Minuten gab es zur Vorbereitung, dann hatte man für den Vortrag selbst 5 Minuten Zeit. Ziel dieses Tests, so wurde mir erklärt, war die Feststellung und Einschätzung der Fähigkeit zur freien Rede, die psychische Belastbarkeit und die Sicherheit im mündlichen Ausdruck und Auftreten. Danach folgte zum Abschluss des mündlichen Testverfahrens ein strukturiertes Interview, bei der die Jury auch noch offene Fragen klären konnte/wollte. Hier sollte die Ausdrucks- und Dialogfähigkeit geprüft und das Persönlichkeitsprofil der Bewerber noch umfänglicher erfasst werden.

Das Interview dauerte 30 Minuten. Das Wissen zu den Tätigkeiten der Bundespolizei wurde abgefragt und Szenen aus dem Polizeialltag nachgestellt, auf die man reagieren sollte. Zum Schluss folgte ein ungezwungenes Abschlussgespräch – angeblich außerhalb der Wertung. Hier wurde noch mal alles reflektiert und einem das Gesamtergebnis mitgeteilt. Es gibt bei der Bundespolizei auch nur drei Ergebnisse: nicht geeignet, geeignet und gut geeignet. Dann konnte ich noch Fragen stellen und fuhr anschließend nach Hause.

Vier Wochen später bekam ich dann noch mal Post von der Bundespolizei: Man bestätigte mir, dass ich das Auswahlverfahren erfolgreich bestanden hätte und nun in die bundesweite Rangliste aufgenommen worden sei. Nochmals ca. vier Wochen später erhielt ich dann meinen Einstellungsbescheid zum nächsten Herbst, verbunden mit der Aufforderung, nun verbindlich zu- oder abzusagen. Ich habe allerdings abgesagt, da ich ein noch interessanteres Angebot einer Länderpolizei bekommen habe, die näher an meinem Wohnort liegt.

Hier noch ein paar Infos, wie ich mich vorbereitet habe:

- Ich habe jeden Tag die Nachrichten im Fernsehen und Radio verfolgt.
- Regelmäßiges Zeitunglesen
- Intensives Training des Sporttests
- Intensives Durcharbeiten von *Testtraining Polizei und Feuerwehr*

Niedersachsen (höherer Dienst)

Der Beginn meines Testes bei der Deutschen Gesellschaft für Personalwesen zum Aufstieg vom gehobenen in den höheren Dienst der Polizei Niedersachsen war um 9.15 Uhr. Es erfolgten eine allgemeine Begrüßung, eine kurze Erklärung hinsichtlich des neuen Tests (die Erfahrungen von zehn Jahren hätten Veränderungen notwendig gemacht) und das Ausfüllen eines (obligatorischen) Fragebogens.

Die Gruppe meiner Mitbewerber setzte sich insgesamt aus vier männlichen Personen zusammen. Durchgeführt wurde der Test in einer der vielen polizeilichen Einrichtungen in Niedersachsen. Hierzu war ein Lehrsaal, an dem beidseitig Flure waren – der Geräuschpegel war dementsprechend –, für uns reserviert. Die Geräusche aus dem Gang und das ständige Kramen der Testpsychologin in ihrer Handtasche trugen nicht unbedingt zu einer entspannten Arbeitsatmosphäre bei.

Gegen 9.30 Uhr verteilte die Psychologin an jeden von uns ein Aufgabenbuch vom Berliner Intelligenz-Strukturtest. (Anmerkung der Autoren: Aufgaben sind in diesem Buch behandelt!) Der Test begann mit verschiedenen Aufgabentypen, wobei die einzelnen Aufgabenlängen eher recht kurz waren. Ein Aufgabentyp hatte ca. sechs bis zehn Einzelaufgaben. Die einzige Pause gab es gegen 10.30 Uhr, sie dauerte eine Viertelstunde. Danach wurde der Test bis zum Ende gegen 12.30 Uhr fortgesetzt.

Von den Testaufgaben wurde ich geradezu überwältigt. Dies lag daran, dass sie alle recht kurz und mitunter auch sehr schwierig waren. Ferner hatten wir natürlich viel zu wenig Zeit, um alle Aufgaben lösen zu können. Dabei muss ich erwähnen, dass immer nur eine Lösung richtig war.

Folgende Testaufgaben mussten wir bearbeiten:

- Wortschatz (angeblich würde hier keine Bewertung stattfinden, so teilte man uns mit, dieser Testteil diene nur zur Einstimmung und um mit dem Ankreuzen zurechtzukommen …)
- Wortanalogien
- Zeichenanalogien
- Textanalyse
- Schlussfolgerungen
- Schätzen
- Tabellen und Statistiken

- Abwicklungen
- Tests zum räumlichen Vorstellungsvermögen (Zeichnungen wurden gedreht)
- Zeichenreihen fortsetzen
- „Wie sollte ein Frühstück sein ...?", Adjektive aufzählen
- Wissensfragen zu verschiedenen Themenbereichen wie z. B. Geschichte, Geografie etc.

Am gleichen Tag sollte gegen 13.00 Uhr im gleichen Lehrsaal noch ein Test stattfinden. Einen Tag später sollte der mündliche Test erfolgen, wobei ich den aber nicht mehr erleben durfte – mich schickte man schon nach dem ersten Testtag wieder nach Hause.

Anmerkung der Autoren: Informationen für das Auswahlverfahren für den höheren Dienst finden Sie auf S. 605. Zur Vorbereitung empfehlen wir Ihnen unser Buch: *Testtraining Höherer Dienst.*

Feuerwehr

Berlin

Der Test bei der Berufsfeuerwehr in Berlin findet im K.O.-Verfahren statt, was den Druck bei den einzelnen Testteilen bei uns allen deutlich erhöht hat. Folgende Tests kamen bei mir zum Einsatz:

Technisches Verständnis

Hier kamen ausschließlich Bildaufgaben zum Einsatz, die ich in ihrer Art schon aus dem *Testtraining Polizei und Feuerwehr* kannte. Insgesamt waren es 50 Technikaufgaben, von denen man mindestens 25, also die Hälfte, korrekt lösen musste, um weiterzukommen. Eine Besonderheit war hier, dass es für falsch gelöste Aufgaben einen Punktabzug gab.

Mathe ohne Taschenrechner

Hierbei handelte es sich um 8 Aufgaben, die wir in ca. 5 Minuten lösen mussten.

Diese waren vom Prinzip her wie folgt:

- $1\,347 + 1\,348 + 36 + 19 =$
- $5\,511 : 3 =$
- $0{,}8 \cdot 4 \cdot 5 : 0{,}25 =$
- $13{,}006 + 14{,}765 - 13{,}432 - 1{,}003 =$

Allgemein gesagt handelte es sich bei allen Aufgaben um eher „unangenehme“ Zahlen.

Mathe mit Taschenrechner

Zunächst wurden wir in Zahlenreihen getestet (vgl. S. 374). Da ich den Test schon gut geübt hatte, hatte ich damit überhaupt gar keine Probleme. Danach galt es, Abwicklungen aufzulösen. Auch kein Problem, da vorher auch schon gut geübt (vgl. S. 475). Warum diese beiden Tests unter „Mathe mit Taschenrechner“ liefen, blieb mir schleierhaft, da ich bis dahin keinen benötigt habe. Als Nächstes sollten Textaufgaben gelöst werden. Hier war der Rechner dann doch hilfreich. An folgende Aufgabenbeispiele kann ich mich noch erinnern:

- V_{Quader} = Höhe · Breite · Länge
  H = 12,4 m
  B = 85,5 dm
  L = 250 cm
  V = ? m^3

Die Schwierigkeit bestand darin, dass die Aufgabe(n) in der geforderten Größeneinheit dm^3 gerechnet werden musste. Wurde mit einer anderen Größenordnung gerechnet, so gab es keine Punkte.

- 1 940 Euro Guthaben bringen im Jahr 4,5 Prozent Zinsen. Wie viel Guthaben ist nach 9 Monaten auf dem Konto?
- 5 Pumpen brauchen 3 Stunden, um einen Keller leer zu pumpen. Wie lange brauchen 2 Pumpen?
- 6,325 km = ? m
- 1,8 Tage = wie viele Stunden und Minuten?
- Ein Feuerwehrauto braucht 18 Minuten zum Einsatzort mit 36 km/h. Mit Blaulicht und Horn könnte es die gleiche Strecke mit 48 km/h befahren. Wie groß wäre die Zeitersparnis in Minuten?
- $0{,}5 \cdot 10^{-2}\ cm^2 = ?\ mm^2$
- $3{,}8 \cdot 10^3\ g = ?\ kg$

- Nimmt man das Doppelte einer Zahl und zählt 6 hinzu und multipliziert diese Summe mit 8, so erhält man 256 mehr als ein Fünftel dieser Zahl. Wie heißt diese Zahl? Mein Lösungsansatz war hier $(2x+6)\cdot 8=\frac{1}{5}x+256$. Die Formel muss dann nur noch nach x aufgelöst werden.
- Eine Klappleiter wird so aufgestellt, dass sie ein gleichschenkliges Dreieck ergibt. Eine Seite ist 1,7 m. Wie lang ist die Grundseite?
- $4x+16+6x+9=9x+43-2x+3$
  Für welche Zahl steht das x?

Allgemeinwissen

- Wer sind die 5 Weisen?
- Wann entdeckte Kolumbus Amerika?
- Welcher Minister traf die Aussage „Wohlstand für alle“?
- Wer war der erste Mensch im Weltraum?
- Wie kann man sein Recht gegenüber der Bundesrepublik einklagen?
  - Bundesgerichtshof
  - Bundesverfassungsgericht
  - Europäischer Gerichtshof
- Wer stellte das Gravitationsgesetz auf?
- Wer war der Erfinder des Penicillins?
- Wie heißt der längste Fluss Europas?
- Die Pyrenäen sind ein ...

Naturwissenschaften

- Wozu dient ein Prisma?
- Bremst man Kathodenstrahlen ab, so erhält man ...
- Welche Farbe ist nicht im Licht: Violett, Rot, Schwarz, Orange?
- Die Schallgeschwindigkeit beträgt ... m/s.
- Der absolute Nullpunkt liegt bei ... Grad.
- Die Lichtgeschwindigkeit beträgt ... km/h.
- Wie lautet die Umrechnung von Fahrenheit in Grad Celsius?

Deutsch

Zunächst sollten wir die richtige Schreibweise von mehreren Wörtern herausfinden. Das war recht einfach. Hier ein paar Beispiele:

- Hoffnung
- Identifizierung
- Repräsentieren
- Diametral

Danach kam eine kleine Denkaufgabe zum Einsatz: Es galt, in mehreren Sätzen das X und das Y richtig und sinnvoll zu ersetzen. Ein Beispiel: Ich glaube nicht, X Y richtig ist. Hier sollte erkannt werden, dass das X für „dass“ und das Y für „das“ steht.

In einem weiteren Deutschtest sollten wir dann Sätze auf Sinnhaftigkeit überprüfen. Dazu auch ein Beispiel: „Ich habe am 21. 03. 2014 auf Ihr Schreiben vom 25. 03. 2014 geantwortet.“ Der Satz macht natürlich keinen Sinn, weil man nicht am 21. auf ein Schreiben vom 25. antworten kann … Hier musste man auch nur Ja oder Nein als richtige Lösung ankreuzen. Insgesamt also kein sehr schwieriger Test.

Als letzter Teil des Deutschtests mussten wir in einem Text Kommata an die richtige Stelle setzen.

Drahtbiegeprobe

Hier galt es, eine Figur von einem Blatt Papier in einen Draht einzubiegen, ohne dass dieser am Schluss total verbogen ist. Hierzu war es nur erlaubt, ausschließlich die Hände – und keine Hilfsmittel – zu nutzen.

Dazu von mir zwei Tipps:

- Immer in der Mitte des Drahtes = Mitte der Figur anfangen
- Nicht verbiegen und dann wieder zurück- und „geradebiegen“ wollen: Den Knick bekommt man niemals mehr raus und es gibt so oder so Abzüge.

Die Figuren sahen z. B. so aus:

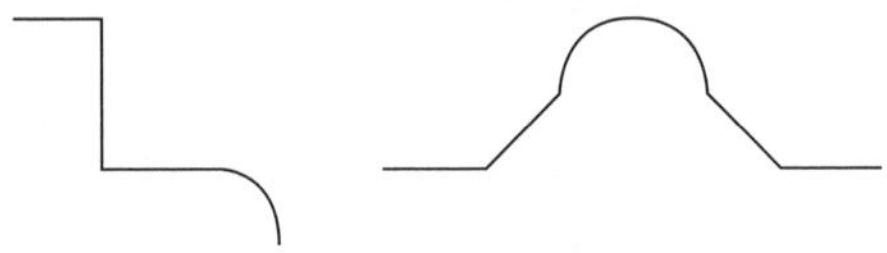

Frankfurt/Main

Mehrere Wochen vor Beginn bekam jeder Bewerber den Zugang zu einem Online-Testverfahren mit dem Namen „Dimensionen und Werte der Persönlichkeit“. Dieser Persönlichkeitstest umfasste ca. 80 Fragen und war bis zwei Wochen vor dem eigentlichen Einstellungstest durchzuführen. Einfach mal googeln, dann findet ihr einiges zu diesem Test.

Mittwochmorgen, 7.30 Uhr. Insgesamt 28 Kandidaten hatten sich an der Bereichswache 21 der Berufsfeuerwehr Frankfurt für den schriftlichen und praktisch-sportlichen Teil des Einstellungstests sowie evtl. anschließenden Gruppensituationstest eingefunden. Einer dieser Bewerber würde die begehrte Zusage für einen Ausbildungsplatz in der Laufbahn des gehobenen feuerwehrtechnischen Dienstes bekommen.

Begonnen wurde mit der schriftlichen Prüfung. Diese dauerte ca. 2,5 Stunden und gliederte sich in mehrere, voneinander unabhängige Teile. Der erste Part war, ein bestimmtes Wort laut Beschreibung zu finden und korrekt niederzuschreiben. Eigentlich wie ein Kreuzworträtsel, nur war die Anzahl der Buchstaben nicht bekannt. Ein Beispiel: „Differenz zwischen Soll und Haben eines Kontos“. Die (hoffentlich) richtige Antwort lautet: „Saldo“. Es galt, 18 Wörter in 9 Minuten zu finden.

Als nächste Aufgabe wurden verschiedene Aussagen/Meinungen vorgegeben, diesen musste man zustimmen oder sie ablehnen. Ein Beispiel: „70 Prozent der Deutschen sind der Meinung, dass Rauchen der Gesundheit schadet.“ Darunter konnte man sein Kreuz bei „Ich stimme dieser Aussage zu“ oder „Ich stimme dieser Aussage nicht zu“ setzen. Der Clou war, dass uns keine Bearbeitungszeit mitgeteilt wurde. Nachdem ich gut die Hälfte von ca. 50 Aussagen bearbeitet hatte, wurde abgebrochen und die Bögen eingesammelt.

Für den dritten Testteil standen 40 Minuten zur Verfügung. Hier war genug Zeit, um alle Aufgaben zu bearbeiten, es ging wohl mehr um die Korrektheit. Diese Prüfung gliederte sich in zwei Unterteile.

Im ersten waren 2 Aussagen/Zahlen gegeben, die zu vergleichen waren.

Beispiel 1

Aussage A: $\frac{3}{6} \cdot \frac{7}{9} \cdot \frac{1}{4}$

Aussage B: $\frac{1}{4} \cdot \frac{4}{7} \cdot \frac{7}{9}$

Antwortmöglichkeiten:

a Aussage A ist größer
b Aussage B ist größer
c beide gleich
d Vergleich nicht möglich

Hier ist Antwort b richtig.

Hinweis: Man kann aus beiden Antworten $\frac{1}{4}$ und $\frac{7}{9}$ kürzen und den Rest vergleichen. Mit etwas mathematischem Geschick kommt ihr mit diesen Aufgaben gut zurecht!

Beispiel 2

Welches Auto erreicht sein Ziel schneller?

Aussage A: Fahrzeug 1 beschleunigt von 0 auf 100 km/h in 4 s
Aussage B: Fahrzeug 2 beschleunigt von 0 auf 120 km/h in 4,2 s

Antwortmöglichkeiten:

a Aussage A ist schneller
b Aussage B ist schneller
c beide gleich
d Vergleich nicht möglich

Hier ist Antwort d richtig. Es wird nur die Beschleunigung genannt, aus dieser alleine lässt sich keine Geschwindigkeit/Zeit errechnen.

Der andere Teil dieses Testteils war ähnlich aufgebaut. Auch hier war mathematisch-logisches Verständnis wichtig. Am besten lässt sich dieser Aufgabentyp an einem Beispiel darstellen:

> Wie viele Personen befanden sich in einem Raum, nachdem 22 gegangen sind?
> Aussage A: Es sind noch 75 Prozent der Gäste anwesend.
> Aussage B: Eine gerade Anzahl an Personen war anwesend.
>
> Antwortmöglichkeiten:
> a Aussage A reicht ALLEINE aus, um die Frage zu beantworten.
> b Aussage B reicht ALLEINE aus, um die Frage zu beantworten.
> c JEDE der beiden Aussagen FÜR SICH kann die Frage beantworten.
> d Beide Aussagen ZUSAMMEN werden für die Antwort benötigt.
> e Mit beiden Aussagen ist KEINE Antwort möglich.
>
> Hier ist meiner Meinung nach Antwort a korrekt, denn nur mit dieser kann die ehemalige Personenanzahl errechnet werden.

Der Trick bei dieser Eignungsprüfung bestand meiner Erfahrung nach darin, sich die Aufgaben und möglichen Antworten genauestens durchzulesen und zu verstehen. Oft waren versteckte Schlagworte entscheidend für die Beantwortung. Die Zeit war vollkommen ausreichend, also genau arbeiten!

Der vierte Part des Einstellungstests bestand wieder aus einem Konzentrationstest unter Zeitdruck. Es war eine „Umrechnungstabelle" für das Alphabet gegeben, z. B. so:

A	B	C	D	E	F	G	H	I	J	K	L	M	N	O	P	Q	R	S	T	U	V	W	X	Y	Z
P	O	I	U	Z	T	R	E	W	Q	L	K	J	H	G	F	D	S	A	M	N	B	V	C	X	Y

Vorgegebene Buchstaben mussten mit dieser Tabelle „umgerechnet" werden, um sie anschließend in einer langen Buchstabenreihe zu suchen. Der jeweils davorstehende Buchstabe war am Ende unter „Wort" zu notieren.

Vorgabe	Reihe	Wort
B	K W J E N C H N T O M S H I E N T M S O N E N T O M S N E T H N A O N M W	T S T A
VW; Z	…	…

B wird also laut Tabelle zu O, das O kommt viermal vor und zwar nach den Buchstaben „T“, dann „S“, dann wieder „T“ und zum Schluss „A“. Dies ist das Lösungswort.

Selbstverständlich steigerte sich die Anzahl der gesuchten Buchstaben und auch Kombinationen kamen hinzu. Es war nicht möglich, die Reihe zuerst nach einem, dann nach dem anderen Buchstaben zu durchsuchen, denn dann würde die Reihenfolge der Lösungsbuchstaben nicht mehr stimmen. Gewertet wurden nur korrekte Lösungen. Außer dem Lösungswort durften keine Notizen auf dem Aufgabenblatt gemacht werden.

Im Anschluss war gleich der sportliche Test angesagt. Hier zuerst: Drehleitersteigen. Eigentlich relativ simpel, man wird gesichert, klettert hoch und wieder runter. Es gibt in Frankfurt kein Zeitlimit. Dann gleich in die Atemschutzstrecke. Jeder bekam ein Übungsgerät hatte eine Maske aufzusetzen, angeschlossen wurde nicht. Zuerst 60 m laufen und 25-mal Hammer ziehen, dann in Zweierteams durch die Strecke. Auch wieder ohne Zeitlimit.

Dies war der einfache Teil. Jetzt zum harten Part: Zirkeltraining und direkt im Anschluss Treppensteigen. Das Zirkeltraining stellte für mich kein großes Problem dar. Man hatte 3,40 Minuten Zeit für die folgende Übung:

1. Ca. 10 m laufen und dabei über 3 Bänke springen, um ein Hütchen und wieder zurück – das Ganze achtmal.
2. Über einen Bock springen und unter einem zweiten durchkriechen, auch achtmal.
3. 20 Wechselsprünge über eine Bank machen.
4. Barren: Von der Kopfseite einlaufen und seitlich über den Holmen rausschwingen, achtmal.
5. Sit-ups: Der Kopf muss in Grundstellung den Boden berühren, in Endstellung müssen Ellenbogen an den Knien anliegen, Füße werden festgehalten, achtmal.

Genau sechs Minuten nach Start dieser Übung geht es mit Treppensteigen weiter. Absolviert man den Zirkel also in 3,30 Minuten, hat man 2,30 Minuten zum Regenerieren. Bei dieser Übung muss der Proband 2 Schlauchtragekörbe mit je 3 C-Schläuchen ins siebte Obergeschoss tragen. Die zeitliche Obergrenze liegt bei 1 Minute und 20 Sekunden. Ich sollte hinzufügen, dass es sich um Stockwerke mit einer Deckenhöhe von 4 bis 5 m handelt, was in einem normalen Wohnhaus wohl etwa 10 (!) Stockwerke ausmachen dürfte.

Diese Übung hätte mir fast das Genick gebrochen. Ich war am Ende einige Sekunden über der Zeit, aber es wurde wohl ein Auge zugedrückt.

Während des Sporttests lief die Auswertung der schriftlichen Aufgaben. Mehreren Teilnehmern wurde schon vor ihrem Antritt zum Sporttest mitgeteilt, dass sie gehen müssen.

Am Ende von schriftlichem und sportlichem Test waren noch zehn von ursprünglich 28 Teilnehmern übrig. Die Aussortierung erfolgte maßgeblich anhand des schriftlichen Testes, den sportlichen Teil haben nur zwei oder drei nicht bestanden.

Als Nächstes stand der sogenannte Gruppensituationstest auf dem Programm. Wir wurden in zwei Gruppen zu je fünf Bewerbern eingeteilt. In der ersten Aufgabe ging es um die Verteilung von Geld. Die Beträge waren von 10 000 Euro bis 18 000 Euro in 2 000-Euro-Schritten vorgegeben. Jeder Bewerber hatte eine ihm vorgegebene Interessensgruppe/Bürgerinitiative zu vertreten: Verkehrsberuhigung, Jugendliche, Altenheim, mehr Grünflächen und bessere Sportstätten. Wir hatten nun eine halbe Stunde Zeit, um eine gemeinsame Lösung (also die genau Geldverteilung) zu präsentieren.

In der zweiten Gruppensituation war wieder Entscheidungsfindung gefragt: Wir bekamen eine Liste mit den Namen von fünf Mitarbeitern, denen unterschiedliche Eigenschaften/Angaben zugeordnet wurden. So waren z. B. das Alter, Dauer der Firmenzugehörigkeit, Familienstand, Anzahl der Kinder, Arbeitsleistung und sonstige Anmerkungen angegeben. Zwei der fünf Mitarbeiter sollten entlassen werden, es war an uns, gemeinsam zu entscheiden, welche das sein sollten. Vor Beginn der Diskussion musste jeder einen Zettel abgeben mit den zwei Namen derjenigen, die er entlassen würde.

Am nächsten Tag wären die Vorstellungsgespräche gewesen, doch für mich war nach dem Assessment-Center Ende. Ein Feedback zu dem AC bekam ich auch auf Nachfrage nicht.

Besondere Auswahlverfahren

Im Folgenden finden Sie Informationen zu besonderen Auswahlverfahren im Polizeidienst. Vorgestellt werden Ihnen ebenso Anforderungen für den höheren Polizeivollzugsdienst, den Bundespolizei-Flugdienst, wie auch für die Polizei in Österreich und der Schweiz.

Der höhere Polizeivollzugsdienst

Der höhere Dienst (hD) stellt die „Königsklasse" des öffentlichen Dienstes dar. Neben einem krisensicheren Arbeitsplatz lockt jedes Jahr zahlreiche Bewerber selbst in Zeiten klammer Kassen eine sehr gute Bezahlung. Neben dem Bewährungsaufstieg aus dem gehobenen Dienst ist in einigen (wenigen) Bundesländern bzw. beim BKA und der Bundespolizei gelegentlich auch ein Direkteinstieg möglich. Aufgrund der Vielfalt der Anforderungen können wir Ihnen an dieser Stelle nur einen kleinen Einblick geben, was Sie bei einer Bewerbung erwartet. Wollen oder müssen Sie sich näher mit den Verfahren für den hD beschäftigen, so empfehlen wir Ihnen unser Buch *Testtraining Höherer Dienst*. Darin bereiten wir Sie umfassend auf die Eignungs- und Einstellungstests dieser besonderen Welt vor. Dass eine solch intensive Vorbereitung notwendig ist, zeigen die statistischen Zahlen. Nach Auskunft hochrangiger Beamter treffen alleine im Assessment-Center über 80 Prozent (!) aller Bewerberinnen und Bewerber das Thema nicht. Dies ließe sich mit etwas Übung sicherlich vermeiden. Interessierte erhalten auf den folgenden Seiten schon einmal einen Einblick, was sie später erwarten wird.

Zahlenbindung

Bei diesem Test geht es um Zahlenbindungen. Ihre Aufgabe ist es, alle Zahlen mit einem geraden, waagerechten Strich zu markieren, die zwischen zwei vorgegebenen Zahlen liegen. Am Ende sollen Sie die ermittelte Anzahl in die Lösungsspalte eintragen. Andere als die gesuchten Zahlen dürfen nicht markiert werden.

Beispiel

Markieren Sie bitte alle Zahlen, die zwischen 99 und 165 liegen. Tragen Sie die Anzahl der ermittelten Zahlen in die rechte Spalte ein.

									Anzahl
101	86	45	345	164	140	567	212	167	

Ihre Lösung sollte nun wie folgt aussehen:

									Anzahl
~~101~~	86	45	345	~~164~~	~~140~~	567	12	167	**3**

Bevor Sie starten, noch ein Hinweis: Die Aufgaben sind so konstruiert, dass die Bearbeitungszeit in der Regel nicht ausreichen wird.

AUFGABEN

Bitte bearbeiten Sie die folgenden Aufgaben. (1 Minute Zeit pro Block).

Gesuchte Zahlen zwischen 143 und 220

									Anzahl
99	251	144	198	267	176	118	108	133	
156	132	112	189	221	155	178	188	110	
116	142	231	221	347	199	078	106	138	
140	102	222	244	259	290	237	274	261	
228	274	294	194	110	109	103	168	292	
173	184	111	154	155	140	170	034	098	
107	106	134	123	133	144	067	098	116	
179	194	208	200	045	146	046	242	230	
245	221	145	134	147	176	150	113	152	
102	190	229	136	108	115	244	231	029	

LÖSUNGEN

Gesuchte Zahlen zwischen 143 und 220

									Anzahl
99	251	~~144~~	~~198~~	267	~~176~~	118	108	133	3
~~156~~	132	112	~~189~~	221	~~155~~	~~178~~	~~188~~	110	5
116	142	231	221	347	~~199~~	078	106	138	1
140	102	222	244	259	290	237	274	261	0
228	274	294	~~194~~	110	109	103	~~168~~	292	2
~~173~~	~~184~~	111	~~154~~	~~155~~	140	~~170~~	034	098	5
107	106	134	123	133	~~144~~	067	098	116	1
~~179~~	~~194~~	~~208~~	~~200~~	045	~~146~~	046	242	230	5
245	221	~~145~~	134	~~147~~	~~176~~	~~150~~	113	~~152~~	5
102	~~190~~	229	136	108	115	244	231	029	1

Rautentest

Beim Rautentest bekommen Sie die Aufgabe, in einer Kolonne aus unterschiedlichen Symbolen auf ganz bestimmte Anordnungen zu achten und diese zu markieren.

Beispiel
Gesucht werden sollen alle Rauten mit drei sowie alle Kreise mit zwei schwarzen Punkten. Im Beispiel wären das die folgenden Symbole, die Sie mit einem einfachen Kreuz markieren können (hier grau hinterlegt).

Beispiel 1 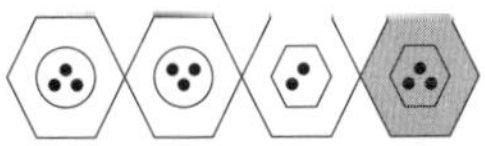

Beispiel 2 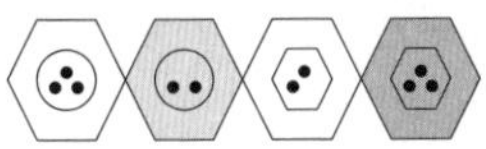

AUFGABEN

Bitte bearbeiten Sie nun die folgenden 15 Reihen. Markieren Sie alle Rauten mit drei schwarzen Punkten sowie alle Kreise mit zwei schwarzen Punkten. Falsch markierte Symbole bringen Punktabzüge. Sie haben 2 Minuten Zeit.

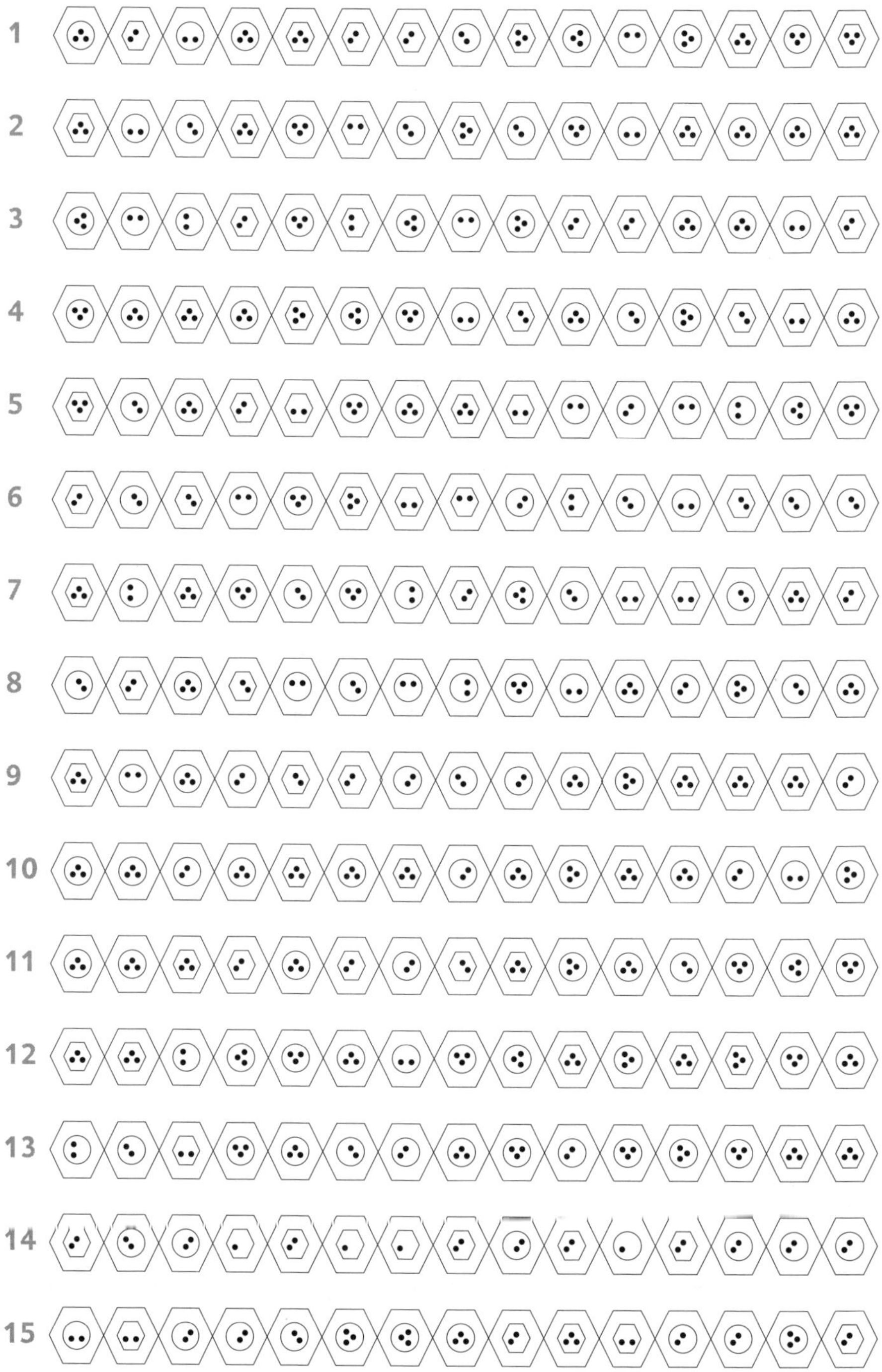
1
2
3
4
5
6
7
8
9
10
11
12
13
14
15

LÖSUNGEN

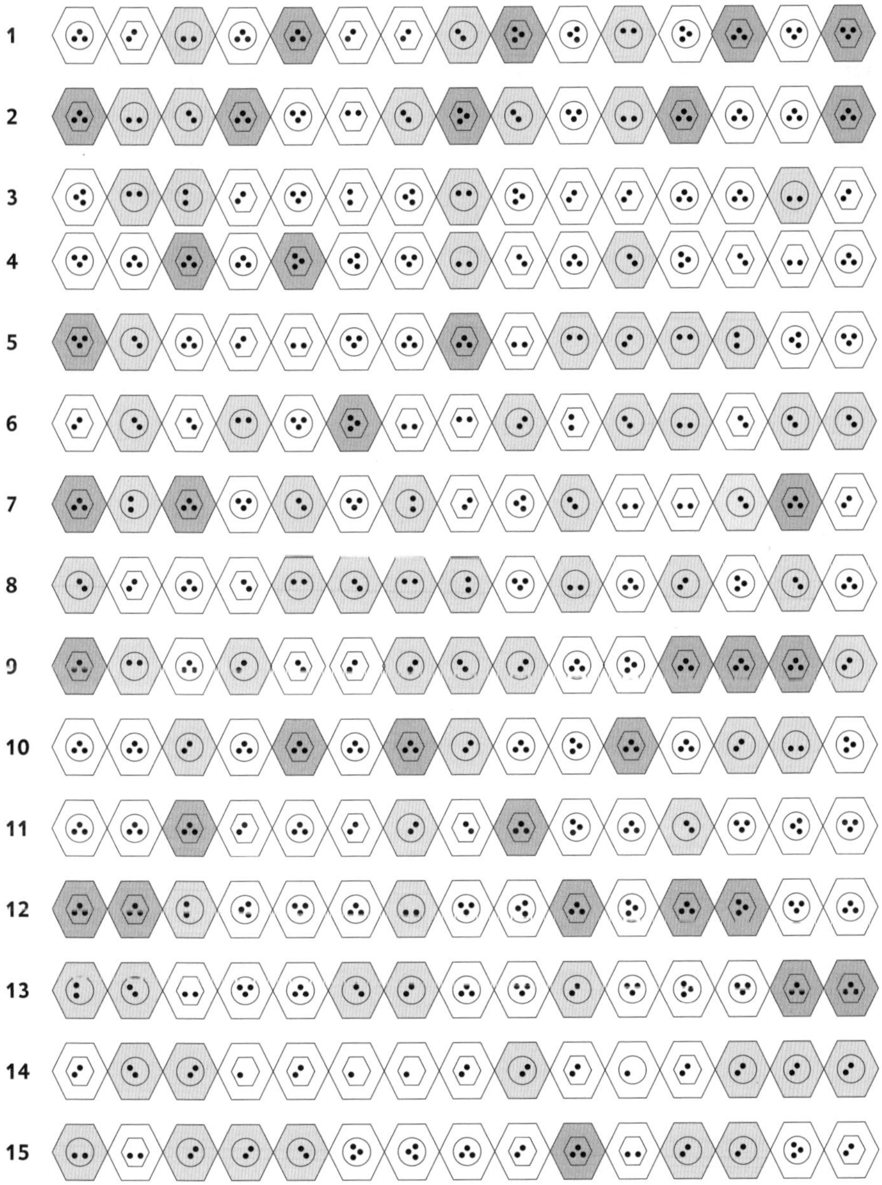

Einschätzung
60 % richtige Lösungen sind das Minimum, 70 % besser. Gut wären 80 % und mehr.

Zahlenmatrizen

Die folgende Aufgabe ist eine Art Kombination aus Figuren- und Zahlenreihen. Finden Sie die Zahl, die als einzige logisch in das Feld mit dem Fragezeichen passt. Die Pfeile geben Ihnen die Richtung vor, in der die Aufbausystematik zu suchen ist.

Beispiel 1

1	2	3
4	?	6
7	8	9

Lösung: 5. Erklärung: Senkrecht wird immer 3 addiert, waagerecht 1.

Beispiel 2

5	6	7
7	8	9
9	10	?

Lösung: 11. Erklärung: Senkrecht wird zu jeder Zahl 2, waagerecht zu jeder Zahl 1 addiert.

AUFGABEN

Für die folgenden 10 Aufgaben haben Sie 15 Minuten Zeit.

1

0	2	4
2	4	6
4	6	?

2

40	25	10
32	17	2
24	9	?

3

16	4	1
32	?	2
64	16	4

4

77	64	51
90	77	64
?	90	77

Ab hier werden die Aufgaben deutlich schwerer.

5

3	2	32	5
6	2	?	8
1	1	11	2

6

21	55	300	?
12	30	156	6
9	?	144	4
3	5	12	2

7

18	36	24	16
9	28	?	10
0	19	11	3
0	?	121	9

8

19	8	6	3	2
?	40	32	4	8
103	?	42	7	6
65	30	25	5	5

Finden Sie nun auch noch die Richtung heraus, in der die Reihe logisch aufgebaut ist.

9

2	3	9	23	32
4	?	9	43	52
2	2	9	?	31
8	6	9	86	95

10

?	28	12	5	2
60	32	16	7	3
52	28	?	9	4
52	24	12	7	5

LÖSUNGEN

		Erläuterung
1	8	senkrecht: + 2 waagerecht: + 2
2	–6	senkrecht: – 8 waagerecht: – 15
3	8	senkrecht: · 2 waagerecht: : 4
4	103	senkrecht: + 13 waagerecht: – 13
5	62	Die ersten beiden Zahlen nebeneinander geschrieben ergeben die dritte Zahl. Die vierte Zahl ist die Quersumme der dritten Zahl.
6	10/25	Die untere Zahl zum Quadrat ergibt die darüberliegende Zahl. Beide Zahlen addiert ergeben die Zahl in der dritten Zeile von unten. Die Zahlen aus der zweiten und dritten Zeile addiert ergeben die Zahl in der obersten Zeile.
7	17/361	In der ersten Zeile werden waagerecht betrachtet in den Spalten 9, 8, 7 und 6 abgezogen, wodurch sich die zweite Zeile ergibt. Die dritte Zeile entsteht, wenn von der zweiten Zeile die Quersumme der Zahl in der ersten Zeile subtrahiert wird. Dieses Ergebnis wird zum Quadrat genommen und ergibt die vierte Zeile.
8	84/48	Die erste und die zweite Zahl multipliziert ergeben die dritte Zahl. Diese wird mit der ersten Zahl addiert. Im letzten Schritt werden alle Zahlen einer Reihe addiert.
9	3/22	Die Zeile wird waagerecht von links nach rechts gelesen. Die Quersumme aus der ersten und zweiten Zahl ergibt die vierte. Die 9 ist statisch und wird nie verändert. Die vierte und die dritte Zahl addiert ergeben die fünfte Zahl.
10	60/16	Die Matrix wird senkrecht von oben nach unten und von rechts nach links gelesen. Die obere Zahl wird zu der darunter stehenden addiert. Diese wird in das Feld links daneben geschrieben: 2 + 3 = 5; 3 + 4 = 7; 4 + 5 = 9; 5 + 2 = 7 usw.

Englisch

Für den höheren Dienst sind gute Fremdsprachenkenntnisse essenziell. Je nach angestrebtem Dienstposten und den in der Bewerbung angegebenen Fremdsprachenkenntnissen, müssen Sie mit einer schriftlichen und/oder mündlichen Überprüfung Ihrer Fähigkeiten rechnen.

Textverständnis

Als Sprachtest für den höheren Dienst wird Ihnen in der Regel ein schriftlicher, im Interview evtl. auch ein mündlicher Englischtest begegnen. Unabhängig davon werden auch noch weitere Sprachen getestet. Welche dies sind, hängt von Ihrer späteren beruflichen Tätigkeit ab.

Lese- und Textverständnis

Next, you will find some information and on each topic some questions. Please select the correct answers. Do not make any assumptions – concentrate only on the given information.[1]

Team Resource Management

One decisive criterion for your success is the interaction of your team. They communicate with all kinds of groups and people from various hierarchies; they connect cultures, conduct crisis management and take care of your customers.

In order to fulfill these duties, efficient teamwork is required. The participants learn to communicate in a focussed and precise manner, to deal with intercultural differences and to organize themselves. Apart from learning how to deal with stress and conflicts and how to develop constructive approaches quickly, your employees will also learn how to make the right, logical decisions and how to implement them.

Given that today's professional environment is increasingly being influenced by high technology, we in our workshops cater for interpersonal needs as well as the human-machine interface. These training courses, which

1 Texte mit freundlicher Genehmigung von www.CultTec.eu

analyze personal behavior and individual habits, are conducted with professionalism and empathy.

a Teamwork is required to communicate with people from various hierarchies.

b The courses are carried out with professionalism and sympathy.

c To deal with intercultural differences and to organize each other is one of the aims of Team Resource Management.

d Team Resource Management is compulsory for personnel working in a technological environment.

e In a Team Resource Management course employees learn how to deal with stress.

Leadership Training

Today's management faces a multitude of different challenges and fulfills a demanding role with great responsibility. In this respect, there is an increasing demand for professional communication with employees and to motivate them to an active participation and involvement regarding performance, responsibility and decision making. The management is therefore increasingly becoming the motivator and initiator of further development, of both the individual employee and the team as a unit.

Management qualities require organizational skills as well as knowledge of the varying work and management techniques. Experience has shown that even leadership can be learned. In many cases the right drive is enough to develop personality and to establish social skills by using the existing potential and by being authentic.

A good management contributes to the development and structure of the entire organization; it knows the overriding aims of the business and is capable of appropriately assigning jobs to be accomplished and together with these, all necessary actions to its team.

f Leadership can't be learned.

g In this course you will learn psychological techniques, negotiation and communication skills

h There is an increasing demand for professional communication with employees and the team.

i A good management contributes to the development and structure of the entire organization.

j Leadership Training teaches how to communicate with employees in a professional way.

Emergency Training

Make seemingly unmanageable situations manageable! Grasp situations in a fraction of a second, make precise decisions and respond to an emergency with effective steps – this is what we prepare flight crews for to be able to do. We particularly concentrate on putting the theoretical knowledge which has been gained into practice.

Every second counts in an emergency, which is why it is important that the crew reacts promptly and in the appropriate way, particularly in unexpected situations. No matter which topic, whether it be a fire on board, sudden loss of cabin pressure, emergency landing, ditching, preparing and carrying out an evacuation or dealing with bomb alerts, we are experienced and qualified trainers who, according to your needs, will teach flexibly, wherever you need us. Together with you, we develop training courses which are exactly tailored to your procedures, your type of aircraft and your airline.

The practical training may be performed on board one of your own aircraft or on board a simulator at the Lufthansa Flight Training Center at Rhein-Main Airport in Frankfurt, Germany.

The training courses do, of course, conform to the statutory requirements of the LBA and the EU-OPS.

k In an emergency, every second counts and precise decisions have to be made.

l In an emergency course, you are prepared to grasp situations in a fraction of a second and to make precise decisions.

m Training courses are developed especially for the needs of the customers, according to LBA and EU-OPS.

n Emergency Training is a part of Team Resource Management.

o Unexpected situations are a fire on board, sudden loss of cabin pressure, emergency landing and ditching. Emergency medical situations are trained in a First Aid Training.

Quelle: Adapted from: © CultTec trainings, www.CultTec.eu

LÖSUNGEN

a	correct	**b**	not correct
c	not correct	**d**	not correct
e	correct	**f**	not correct
g	not correct	**h**	correct
i	correct	**j**	correct
k	correct	**l**	correct
m	correct	**n**	not correct
o	not correct		

Vokabeltest

Please fill in the appropriate word from the box in the text below.
Time for this exercise: 10 minutes.

alleged	relations	incident	deal	hosted
given	denies	occasions	reached	prosecutors
offered	relationship	pseudonym	brushed	

SILVIO BERLUSCONI SAYS HE'S NOT WORRIED ABOUT STANDING TRIAL

Italy's prime minister, Silvio Berlusconi, has (1) __________ aside his indictment on vice charges saying he was untroubled by the prospect of standing trial. In his first public comment since a judge committed him for trial on 6 April, he said: "For love of country I won't talk about it. Suffice to say that I am not in the slightest bit worried."

The prime minister, who was speaking at a press conference in Rome, cut short further questions on the affair saying: "We're here to (2) __________ with the economy after all."

Earlier, an Italian newspaper (3) __________ Berlusconi was aware Karima el-Mahroug, the girl he allegedly paid for sex, was underage, according to a statement she reportedly made to prosecutors.

The centre-left daily La Repubblica has published an extract from el-Mahroug's alleged evidence, in which the Moroccan runaway said that when she first met Berlusconi she told him she was a 24-year-old Egyptian. But on a subsequent visit, in March 2010: "I told him the truth: I was a minor and I had no papers."

She said that at their first meeting, and before any (4) __________ between them, the prime minister gave her € 50 000 (£ 42 000).

Berlusconi (5) __________ any wrongdoing.

The (6) __________ maintain el-Mahroug was aged 17 at the time, though defence lawyers are expected to argue her date of birth, as given in official documents, is wrong. The prime minister is charged with paying an underage prostitute and trying to cover up the fact by abusing his official position.

It had already been reported that el-Mahroug, who used the Facebook (7) __________ Ruby Heartstealer, first met Berlusconi, then 73, at a party at his house on Valentine's night last year. La Repubblica said she told prosecutors on 3 August last year: "Berlusconi took me to one side and led me to a room where we remained alone. He told me my life would be changed and, even though he never spoke explicitly of sexual (8) __________, it was not difficult for me to understand he was proposing I should have sex with him."

The paper said mobile telephone records showed El-Mahroug had been at Villa San Martino, the prime minister's mansion outside Milan, on seven (9) __________ between February and May last year. It said that on four occasions she was present on successive days and that once she was at the mansion for three days.

Her longest stay covered a period in which Russia's prime minister, Vladimir Putin, was also (10) __________ at Villa San Martino, though it is unclear whether he stayed there.

El-Mahroug was said to have told the prosecutors that she admitted to being under 18, the minimum age for prostitution in Italy, after Berlusconi (11) __________ to provide her with a rent-free flat on the estate he built outside Milan. Because of the papers that would have to be filled out, she said: "I had to tell him how things were."

Berlusconi allegedly replied: "I'll tell everyone that you are Mubarak's granddaughter and that way I can justify the resources I'll put at your disposal." The same version was said to have been (12) __________ by Berlusconi to police in May last year after El-Mahroug was detained on suspicion of theft.

That (13) __________ put an end to the connection between them. The young Moroccan reportedly said Berlusconi's last words to her were: "We'll be able to see each other again once you've (14) __________ your majority."

Adapted from: John Hooper: Silvio Berlusconi says he's not worried about standing trial. Guardian.co.uk, 16.02.11, Copyright Guardian News & Media Ltdf 2011
http://www.guardian.co.uk/world/2011/feb/16/silvio-berlusconi-told-girl-underage-report 16.02.2011

LÖSUNGEN

(1) brushed	(2) deal
(3) alleged	(4) relationship
(5) denies	(6) prosecutors
(7) pseudonym	(8) relations
(9) occasions	(10) hosted
(11) offered	(12) given
(13) incident	(14) reached

Würfelrotationstest

Beim Würfelrotationstest wird Ihr dreidimensionales Vorstellungsvermögen getestet. Dazu sehen Sie (links) den aufgeklappten Würfel mit seinen Außenseiten und Punkten und sollen nun aus 5 möglichen Lösungswürfeln (A–E rechts) den richtigen (genau das Modell aus der Aufgabenstellung links!) wieder erkennen. Dabei ist zu beachten, dass die Augenanordnung auf den Würfeln nicht der Anordnung auf den Ihnen bekannten Spielwürfeln entspricht, und dass Abwandlungen mit bis zu 9 Augen und anderer Augenanordnung die Regel sind.

Beispiel 1

Bitte versuchen Sie, den richtigen Würfel aus den Lösungsvorschlägen A bis E wiederzuerkennen.

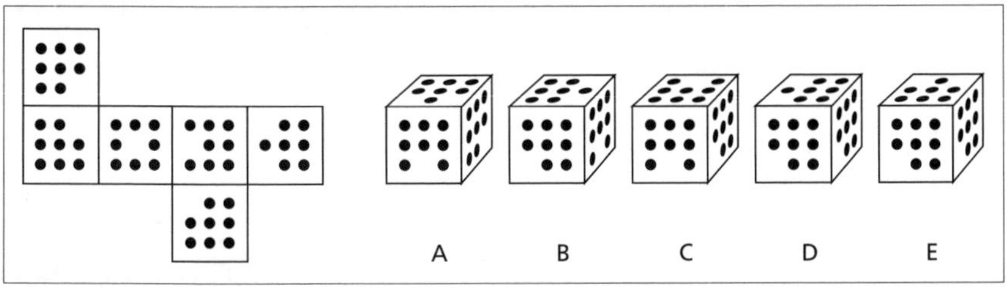

Lösung: B

Beispiel 2

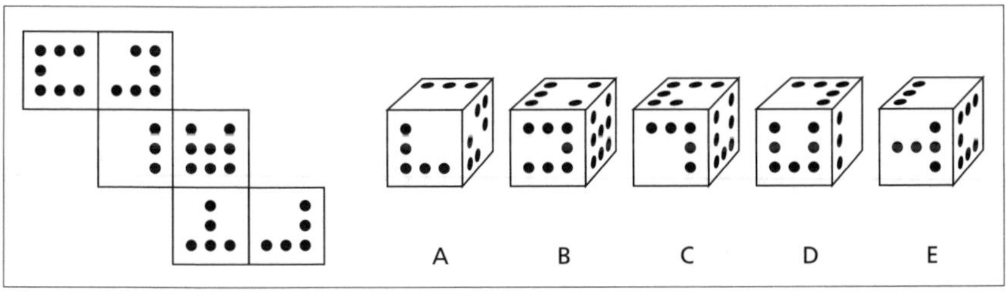

Lösung: C

AUFGABEN

Bitte versuchen Sie nun, die folgenden 5 Aufgaben innerhalb der nächsten 4 Minuten zu lösen.

1

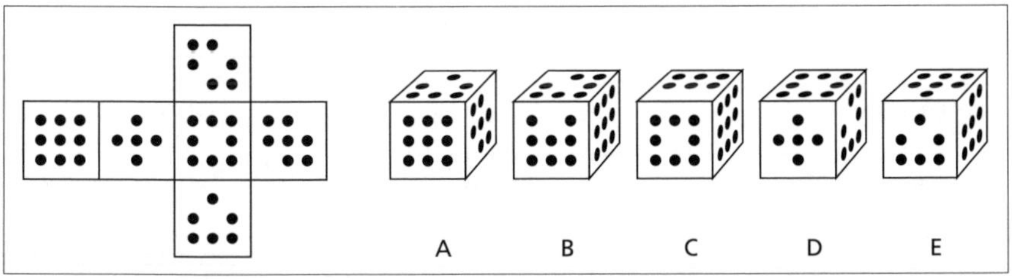

2

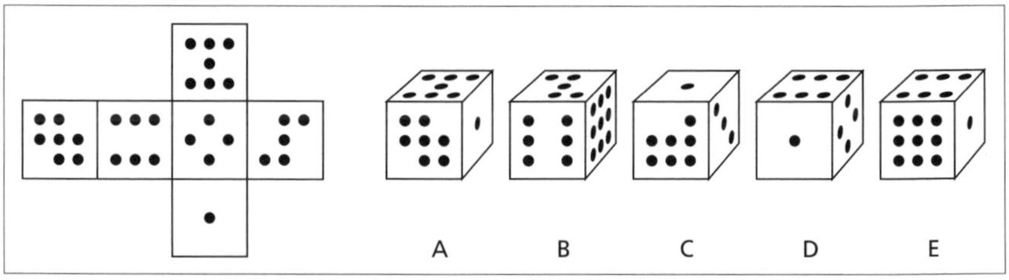

3

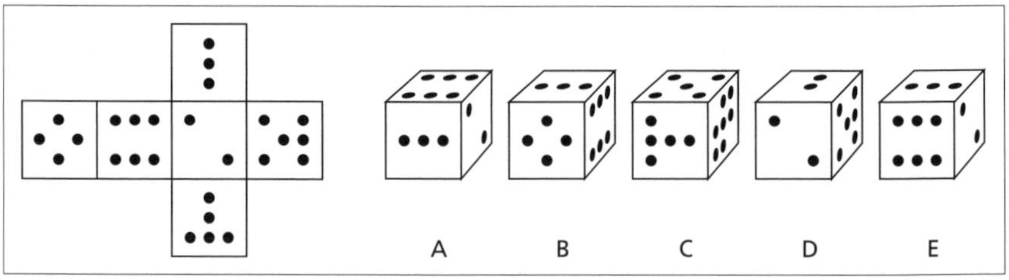

4

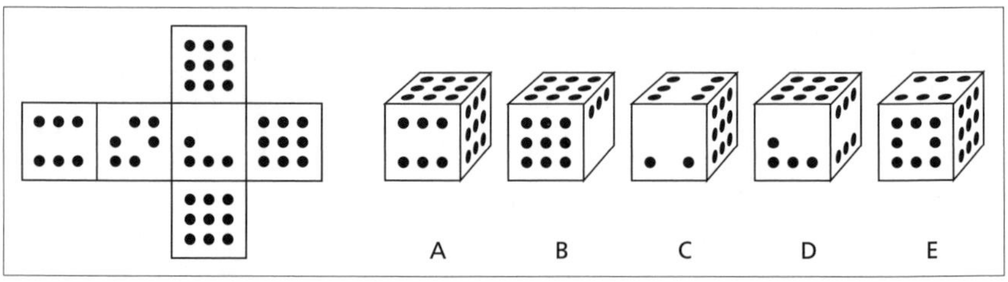

5

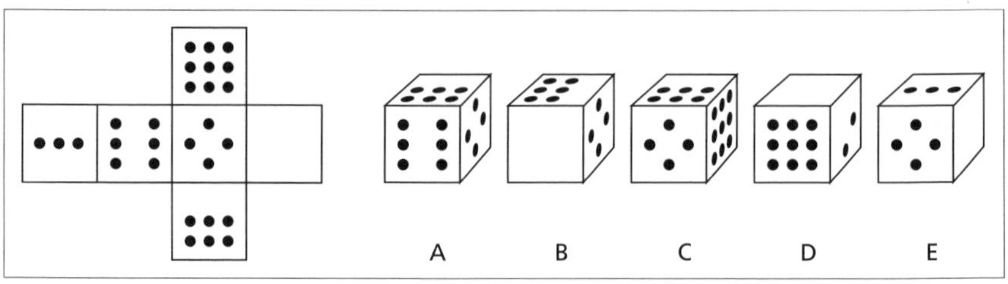

LÖSUNGEN

1 A	**2** D	**3** E	**4** A	**5** B

Big-Five-Persönlichkeitstest

Bei dem Big-Five-Persönlichkeitstest handelt es sich um ein Frageverfahren, mit dem die wichtigsten 5 Faktoren Ihrer Persönlichkeit ermittelt werden sollen. Die Merkmalsbereiche sind:

1. Neurotizismus
   (Neigung zu Verhaltensabweichungen und Auffälligkeiten mit seelischen Ausnahmezuständen, meist aufgrund unverarbeiteter seelischer Konflikte)
2. Extraversion
   (seelische Einstellung, die durch Konzentration der Interessen auf äußere Objekte gekennzeichnet ist)
3. Offenheit für Erfahrungen
4. Verträglichkeit
5. Gewissenhaftigkeit

In der Regel umfasst der Test 60 Fragen mit jeweils einer 5er-Skala von Antwortmöglichkeiten, die von starker Ablehnung bis starker Zustimmung reicht. Je 12 der 60 Fragen beziehen sich auf die einzelnen Faktoren, mit denen in diesem Verfahren versucht wird, Rückschlüsse auf Ihre Persönlichkeitsstruktur zu ziehen.

Welche der Aussagen sich auf welchen Persönlichkeitsfaktor bezieht, ist für den Getesteten dabei nicht ohne weiteres erkennbar. Auch hohe Punktzahlen in den jeweiligen Faktoren können sowohl positive als auch negative Auswirkungen haben. Es ist klar, dass ein hoher Level im Bereich Neurotizismus weniger vorteilhaft gewertet wird als ein entsprechend hohes Niveau im Sektor Gewissenhaftigkeit, aber auch hier droht die Gefahr, bei einer zu hohen Punktzahl für ziemlich kleinkariert eingestuft zu werden.

Den Test zur Erfassung der wichtigsten Persönlichkeitsmerkmale finden Sie auf **www.berufundkarriere.de/onlinecontent**. Bitte gehen Sie die Fragen einmal ehrlich durch und schauen Sie, welches Bild Sie von sich abgeben. Da die Organisationen, die dieses Verfahren anwenden, selbst bestimmen können, welche Merkmale wie stark ausgeprägt sein sollen/dürfen, empfehlen wir Ihnen nicht, Fragen und Antworten auswendig zu lernen. Versuchen Sie stattdessen den Hintergrund der Frage zu verstehen und in die o. a. Faktoren einzuordnen. Was sagen Sie über sich aus? **www.**

Die Polizei in Österreich

Die folgenden Informationen beziehen sich auf die Auswahlverfahren der Polizei in Österreich.

Grundvoraussetzungen

Für eine Aufnahme in den Exekutivdienst müssen Sie folgende Anforderungen erfüllen:

- Besitz der österreichischen Staatsbürgerschaft
- Besitz der vollen Handlungsfähigkeit, mit Ausnahme von Alterseinschränkungen wegen einer eventuellen Minderjährigkeit
- Mindestalter 18 Jahre
- Body-Mass-Index (BMI) zwischen 18 und 28

  Hinweis: $\text{BMI} = \frac{\text{Gewicht in kg}}{(\text{Körpergröße in Metern})^2}$
- Sollte eine Sehschwäche vorhanden sein, so wird ein ärztliches Attest gefordert. Den Vordruck hierzu erhalten Sie in einem Fragebogen.
- keine gesundheitlichen Einschränkungen
- Nachweis der Schwimmfähigkeit (wird im Test gefordert)
- Unbescholtenheit, d. h. insbesondere keine Vorstrafen, kein Führerscheinverlust o. Ä.
- Ableistung des Grundwehrdienstes bis zum Dienstantritt
- Besitz der Fahrerlaubnis der Klasse B
- erfolgreich bestandener Einstellungstest

Schriftlicher Aufnahmetest

Der Aufnahmetest dauert ca. vier Stunden und ist aus folgenden Elementen zusammengesetzt:

- Diktat
- Grammatiktest
- Intelligenztest
- Persönlichkeitsfragebogen

Ärztliche Untersuchung

Mit einer ärztlichen Untersuchung wird bei den Bewerberinnen und Bewerbern die Polizeidiensttauglichkeit, die Eignung für die Exekutive, festgestellt. Untersucht werden dabei u. a.

- die allgemeine Körperkonstitution, z. B. Größe und Gewicht,
- die Seh- und Gehörleistung,
- Laborwerte,
- die Lungenfunktion (auch Lungenröntgen),
- die Blutwerte auf HIV.

Zudem erfolgt ein schriftlicher Persönlichkeitstest. Nach für den Bewerber positiver Auswertung erfolgt dann der Sporttest.

Sportliche Leistungsüberprüfung

Für den Eintritt in den Polizeidienst und seine Ausübung ist die körperliche Leistungsfähigkeit ein entscheidendes Kriterium. Bestimmte Grundvoraussetzungen sollten bereits zum Beginn der Ausbildung vorhanden sein, die in diesem Test abgeprüft werden.

1. Durchführung eines medizinischen Bewegungskoordinationstestes (MBKT) in Form eines Parcours
2. Bergen eines Verletzten (EAH-Test)
3. Durchführung eines Kraft-Ausdauer-Tests in Form von Liegestützen
4. Durchführung eines Lauftests
5. Durchführung eines Schwimmtests (100 m Freistil)

Um während der Ausbildung die psychische und physische Leistungsfähigkeit weiter ausbauen zu können, ist es für eine Einstellung erforderlich, mindestens eine durchschnittliche Fitness in der entsprechenden Altersgruppe vorzuweisen. Die Leistungsstufen unterscheiden sich dabei geringfügig für Männer und für Frauen.

Sporttest	Einheit	Sollwert Männer	Sollwert Frauen
MBKT	Sekunden	max. 32,2	max. 37,7
Liegestütze	Anzahl	21 und mehr	12 und mehr

3 000 m Laufen	Min. : Sek.	max. 13:42,1	max. 18:30,0
100 m Schwimmen	Min. : Sek.	max. 1:51,0	max. 2:11,1

Der medizinische Bewegungskoordinationstest (MBKT) ist ein Kraft-Ausdauer-Geschicklichkeitstest und wird in einer Sporthalle durchgeführt. Für einen ersten Eindruck schauen Sie sich bitte den exemplarisch beschriebenen Hallenaufbau (S. 585) an. Der Testaufbau ähnelt dem, der Sie auch in Österreich erwartet. Beim EAH-Test wird ein Dummy von ca. 70 kg und ca. 170 cm Körpergröße über eine 10 m entfernte Ziellinie gezogen. Der Liegestütztest überprüft Ihre lokale Muskelausdauer sowie die Belastbarkeit der Arm- und Rumpfmuskulatur. Hierbei sollen Sie bei gestreckter Körperlinie möglichst viele Liegestütze korrekt ausführen und bei jedem Absenken des Körpers mit der Nasenspitze den Boden berühren. Ein Liegestütz wird nur als korrekt gewertet, wenn nach der Bodenberührung der Nase die Arme anschließend wieder vollständig durchgestreckt werden. Ein kurzes Verharren in der oberen Position ist erlaubt, sofern keine Unterbrechung stattfindet, wie z. B. ein Abknien. Beim nun folgenden Lauftest sollen Sie 3 000 m in möglichst kurzer Zeit zurücklegen. Dieser Test ist ein Grundlagenausdauertest, der die Herzkreislaufausdauer abprüft und bestätigen soll, dass die Grundanforderungen im Polizeidienst erreicht werden. Der Test sollte in einem möglichst gleichmäßigen Tempo absolviert werden, wobei aber auch kurzes Gehen erlaubt ist, wenn dies aus Konditionsgründen für Sie erforderlich sein sollte.

Um in den Polizeidienst aufgenommen zu werden, ist es auch eine Grundvoraussetzung, gewisse Schwimmfertigkeiten vorzuweisen. Immer wieder kommen Beamte in die Situation, dass sie unter hoher Eigengefährdung Menschen aus Gewässern retten müssen. Sichere Schwimmfertigkeiten sind hierfür unabdingbar. Ihre Aufgabe bei diesem Test ist es, 100 m ohne Unterbrechung in einem freien Schwimmstil durchzuschwimmen. Der Start darf dabei wahlweise von Land oder vom Wasser aus erfolgen.

Ergebnisse und Reihenfolge

Die Auswahl der Kandidaten für einen Ausbildungsplatz im Exekutivdienst erfolgt anschließend in Summierung aller Testergebnisse und durch die Bildung einer Rangreihenfolge. Eingestellt werden dann die Besten im Rahmen der zur Verfügung stehenden freien Planstellen.

Spezielle Auswahlverfahren innerhalb der österreichischen Polizei

Im Folgenden stellen wir Ihnen weitere Auswahlverfahren bzw. Grundvoraussetzungen vor, wenn Sie sich innerhalb der Polizei in eine spezielle Abteilung bewerben wollen.

Wiener Einsatzgruppe Alarmabteilung (WEGA)

Die WEGA, die Wiener Einsatzgruppe Alarmabteilung, nimmt spezielle ordnungsdienstliche Aufgaben wahr sowie Amtshandlungen mit höherem Gefährdungsgrad.
Die Grundvoraussetzungen für einen Dienst in der WEGA sind:

- erfolgreiche Absolvierung der Grundausbildung
- einjährige exekutive Außendiensterfahrung
- aktuelle Ausschreibung eines Auswahlverfahrens
- Bereitschaft zur bundesweiten Dienstverrichtung
- Bereitschaft zur Teilnahme an speziellen Ausbildungen für den Dienst in der WEGA

Landesverkehrsabteilung

Die Landesverkehrsabteilung ist primär für die Überwachung und Lenkung des Straßenverkehrs zuständig. Sie versieht ihren Dienst bei Schwerpunktkontrollen, Lotsungen und Großveranstaltungen (im Verkehrsbereich).
Zugang zur Landesverkehrsabteilung erhält man, wenn man folgende Anforderungen erfüllt:

- erfolgreich abgeschlossene Grundausbildung
- mindestens einjährige Außendiensterfahrung
- Führerscheine der Klassen A (unbeschränkt) und B
- überdurchschnittliche Leistungen im Ausbildungsfach Verkehrsrecht
- keine nachteiligen Eintragungen in der Dienstakte
- Höchstalter von 32 Jahren

- bester Gesundheitszustand
- gute Ortskenntnisse
- erfolgreich bestandener Grundausbildungslehrgang für die Landesverkehrsabteilung mit u. a. folgenden Themen:
  - Fahrtechnik und Fahrverhalten in komplexen, dynamischen Situationen
  - Kontrolle vom Schwerlastverkehr und Gefahrguttransporten
  - Ehren- und Sicherungsgeleite

Strom- und Schifffahrtspolizei

Die Aufgaben der Strom- und Schifffahrtspolizei liegen primär in der Überwachung des Motorboot- und Schiffsverkehrs. Dazu kommen Fischerkontrollen, die Überwachung des Badebetriebs, Hilfeleistungen, Grenzüberwachungen, Landgangsgenehmigungen und die Durchführung von Land- und Bootsstreifen.

Bewerben kann man sich bei der Strom- und Schifffahrtspolizei unter folgenden Voraussetzungen:

- erfolgreich abgeschlossene Grundausbildung
- mindestens 2-jährige Außendiensterfahrung
- Helferschein der Österreichischen Wasserrettung

Diensthundeeinheit

Die Diensthundeeinheit versieht im Regelfall Streifendienst unter Begleitung von speziell ausgebildeten Diensthunden. Diese erhalten neben einer Grund- auch eine Spezialausbildung, z. B. zur Erkennung von Suchtgiften, Leichen-, Sprengstoff- und Fährtensuche. Weiter werden die Hunde regelmäßig zur Durchsuchung von Objekten und bei Großveranstaltungen eingesetzt. Die Diensthunde werden grundsätzlich von der Behörde gestellt, wobei aber auch geeignete Privathunde unter bestimmten Voraussetzungen Verwendung finden können. Da der Diensthund auch in seiner dienstfreien Zeit beim Hundeführer verbleibt, muss dieser über eine geeignete Unterbringungsmöglichkeit für das Tier verfügen. Zugang zur Diensthundeeinheit erhält man unter folgenden Voraussetzungen:

- erfolgreich abgeschlossene Grundausbildung
- mindestens 2-jährige Außendiensterfahrung
- Möglichkeit einer artgerechten Hundehaltung beim Beamten
- Zudem benötigt man einen erfolgreich absolvierten Grundlehrgang. Dieser ist in mehrere Abschnitte untergliedert, wobei der erste Abschnitt 10 Wo-

chen dauert und mit einer Zwischenprüfung endet. Danach folgt der zweite Abschnitt mit einer 6-monatigen Verwendung auf verschiedenen Polizeiinspektionen. Anschließend absolviert man den letzten Ausbildungsabschnitt, der nach drei Wochen mit der Prüfung zum Diensthundeführer endet.

Aufstiegsmöglichkeiten

Nach mehrjähriger Dienstzeit besteht grundsätzlich für alle Beamten die Möglichkeit, sich für spezielle Tätigkeiten zu bewerben. Die Aufstiegskurse werden je nach Verfügbarkeit der Planstellen ausgeschrieben und im Rahmen einer Bestenauslese besetzt.

Ausbildung zum dienstführenden Exekutivbeamten (E2a)

Die Ausbildung zum dienstführenden Exekutivbeamten dauert 4 Monate. Voraussetzungen für eine Teilnahme sind:

- erfolgreich abgeschlossene Grundausbildung
- mindestens 3-jährige Verwendung im Exekutivdienst nach Ernennung in die Verwendungsgruppe E2b
- erfolgreich absolvierte Aufnahmeprüfung

Nach Abschluss des Kurses erfolgt die Verwendung als Dienststellenleiter bzw. mit vorwiegend kriminalpolizeilichen Tätigkeiten im Landespolizeikommando Wien.

Ausbildung zum leitenden Exekutivbediensteten (Offizier)

Für eine Ausbildung zum leitenden Exekutivbediensteten ist der Fachhochschul-Bachelor-Studiengang „Polizeiliche Führung" erforderlich. Die Zugangsvoraussetzungen unterscheiden sich für Kandidaten mit und ohne Matura:

- mit Matura:
  - mindestens 1-jährige Dienstverwendung als Dienstführender Exekutivbeamter
  - erfolgreich absolvierte Aufnahmeprüfung
  - Höchstalter beträgt 42 Jahre

- ohne Matura:
  - mindestens 3-jährige Dienstverwendung als Dienstführender Exekutivbeamter

Die Kursdauer beträgt 6 Semester. Dabei ist ein Semester anrechenbar aus dem Grundausbildungslehrgang für Dienstführende und das 6. Semester beinhaltet nur geringe Anwesenheitszeiten wegen der zu erstellenden Abschlussarbeiten. Das Studium endet mit dem Abschluss: Bachelor of Arts „Polizeiliche Führung".

Hinweise zum Erscheinungsbild

Exekutivbeamte haben ihr Erscheinungsbild so zu wählen, dass das Vertrauen der Bürger in die besondere Stellung des Organs und der Uniform jederzeit gewährleistet ist. Aus diesem Grund sollte schon bei den Einstellungstests auf auffällige Kleidung, Haare (Schnitt, Länge, Färbung etc.) oder Schmuck verzichtet werden. Tätowierungen sollten sich von Kleidung bedecken lassen und können ggf. ein Ausschlusskriterium darstellen.

Erfahrungsbericht: Exekutivdienst Polizei Wien

Ich hatte mich Anfang Januar dazu entschlossen, mich bei der Exekutive Wien zu bewerben. Vom Landespolizeikommando wurden mir nach einem Anruf die Anmeldeformulare übersandt. Darin stand, dass man ziemlich rasch, ca. nach einer Woche, Antwort erhalten würde. Das geschah tatsächlich: Nach nur 6 Tagen erhielt ich einen Termin zur schriftlichen Prüfung.

Ich hatte mir zwischenzeitlich die beiden Bücher *Testtraining Polizei und Feuerwehr* und *Der Testknacker* besorgt, da diese Bücher auf der Polizei-Homepage angeführt waren. Drei Tage hatte ich bereits damit gelernt, doch als die Einladung zur Prüfung da war, bekam ich Angst und lernte 10 bis 12 Stunden täglich. Ich hatte einfach die Zeit – meinen Bürojob hatte ich sausen lassen, weil ich mit 25 Jahren mein Leben verändern wollte. Insgesamt habe ich mich genau 17 Tage lang vorbereitet.

Laut Testinformation sollten folgende Gebiete abgeprüft werden:

- Diktat
- Grammatik
- Intelligenztest
- Persönlichkeitstest

Ich habe beide Bücher *(Testtraining und Testknacker)* insgesamt dreimal durchgearbeitet. Zusätzlich habe ich mir einen Rechtschreibduden und eine Grammatik-CD gekauft sowie mit einer Studentin Diktate geübt. Mehr konnte ich nicht lernen. Ich fühlte mich gut vorbereitet.

Dann war der Tag gekommen. Viel geschlafen hatte ich nicht. Ich grübelte die ganze Nacht, ob ich denn genug gelernt hätte. Mehr ging aber nicht. Aufregung pur.

7.30 Uhr war Treffpunkt in Wien, 3. Bezirk. Ich betrat um 7.15 Uhr das Gebäude. Ein paar andere Prüflinge waren schon dort. Die Stimmung war angespannt. Jeder war nervös und keiner sprach nur ein Wort … Um 7.35 Uhr wurden wir von zwei Polizeibeamten abgeholt und gingen in ein Nachbargebäude. Bevor jedoch die Prüfung begann, wurde unsere Körpergröße genau gemessen.

Nun ging es los, wir wurden in alphabetischer Reihenfolge in einen Raum gerufen und jeder erhielt eine Kennzahl. Diese diente der Anonymität bei der Auswertung, um eine objektive Beurteilung sicherzustellen. Die erste Aufgabe war, einen Lückentext auszufüllen. Die Wörter, die eingefügt werden sollten, hörten wir über ein Tonband, je zwei pro Satz.

Dieser Test hatte nichts mit neuer Rechtschreibung zu tun, dennoch waren es Wörter, die nicht im alltäglichen Gebrauch verwendet werden, zumindest nicht im österreichischen Dialekt. Mir fällt jetzt nur mehr ein Wort ein: „Abonnement“. Und da war sie auch schon, die erste Frage in meinem Kopf: ein n oder zwei n? Ich entschied mich zum Glück für zwei. Man wird so nervös, dass man die einfachsten Sachen vergisst. Zeitlich war überhaupt kein Druck da. Wir hatten genug Zeit, um alles auszufüllen.

Der nächste Punkt war der Intelligenztest. Jeder Zweite erhielt das gleiche Heft, so konnte niemand abschauen. Zwei (neue) Polizisten stellten sich vor, sie sagten, sie machten solche Prüfungen freiwillig, weil es Spaß macht. Dann nannten sie uns bei jeder Übung die entsprechende Seite und erklärten alles ganz genau. Es kam nicht alles zur Prüfung, was in den Heften stand. Die Antworten waren dann auf einem extra A4-Blatt, das wir von den Prüfern bekommen hatten, anzukreuzen. Bei allen Aufgaben hatten wir mehr als genug Zeit. Wir mussten z. B. Buchstabenreihen fortsetzen, bei denen sah man aber binnen kurzer Zeit eine Logik z. B. abbcddeff ... Nicht so schwer.

Es ging locker weiter mit „Genaues Beobachten“. Super, das hatte ich genau geübt, da Fehler suchen nicht so meine Stärke war.

Nächster Punkt: Lebensdaten einprägen. Wir hatten für zwei Lebensgeschichten je 3 Minuten Zeit zum Durchlesen und Merken. Diese Übung wurde erst eine Viertelstunde später abgefragt. Erinnern und identifizieren: Dieser Punkt wurde erst nach weiteren Aufgaben abgefragt. Wir bekamen je 4 Punkte zur Auswahl, z. B. Geburtsdatum: 15. 7. 1925 oder 23. 7. 1927 ... Und wir mussten wieder die richtige Lösung ankreuzen, also wie im Buch.

Der nächste Punkt war schrecklich für mich: „Textaufgaben“ kamen dran. Ich hatte mich nicht besonders auf diesen Punkt vorbereitet, da ich dachte, dass das sicher nicht drankommt. Kam aber ... Ich machte das Bestmögliche daraus. Bei der Hälfte der Zeit fragte ein Prüfling: „Kommen Kommastellen im Ergebnis vor?“ „Nein“, sagte der Prüfer. Oh Gott, bei mir waren bei zwei Aufgaben Kommastellen rausgekommen ... Da wurde ich sehr nervös, aber ich machte einfach weiter, wie es in den Büchern immer steht. Es hätte mich auch zu viel Zeit gekostet, jetzt noch Fehler zu suchen.

Dann kam „Ergebnisse schätzen“. Die Worte des Prüfers: „Ich sage Euch, ich könnte das nicht im Kopf rechnen, also fangt damit gar nicht erst an. Denkt logisch, z. B. rechnet die Kommastellen zuerst zusammen ...“ Er gab uns wichtige Tipps, sonst wäre ich wahrscheinlich aufgeschmissen gewesen. Geholfen hat mir auch, dass ich die Quadratzahlen bis 25 auswendig konnte. Noch besser wäre aber wohl das große Einmaleins bis 25 · 25 gewesen. Na ja, hinterher ist man schlauer, aber es sollte wohl trotzdem gereicht haben.

Der nächste Punkt war ebenfalls nicht so meine Stärke: Sprichwörter. Die im Buch konnte ich ja, aber es kamen andere, die ich noch nie gehört hatte. Konzentration war angesagt.

Um 10 Uhr machten wir eine 20-minütige Pause, die wir auch brauchten. Frisch erholt hatten wir dann noch Grammatik vor uns. Fehler ausbessern von falsch verwendeten unbestimmten Artikeln, Satzrichtigstellung und fehlende Wörter einsetzen, die uns einfielen und in den Satz passten.

Das letzte Kapitel war der Persönlichkeitstest. Die beiden Herren verabschiedeten sich von uns, da es für den Persönlichkeitstest keine zeitliche Einschränkung gab und jeder, der fertig war, gehen konnte. Es waren etwa 200 Fragen, die entweder mit „stimmt“, „oft“, „manchmal“ oder „nie“ beantwortet werden konnten. Die Fragen waren andere als im *Testtraining Polizei.* Gemerkt habe ich sie mir leider nicht, außer einer: Ich bin stolz auf meinen Körper. „Was?“, dachte ich, „was ist denn jetzt los, was soll denn diese Frage bitte aussagen“? … Habe mich für „oft“ entschlossen, will ja nicht eingebildet wirken und ich dachte, dass diese Frage darauf hinaus wollte.

Wir waren alle froh, als es vorbei war. Was mich so fertiggemacht hatte war, dass ich viele schwierige Aufgaben gelernt hatte, diese aber nicht drankamen. Ich konnte z. B. perfekt Figurenreihen fortsetzen, Spiegelbilder erkennen, Kopfrechnen und 3D-Würfel im Kopf zusammenstellen. Es kamen ja nicht alle Aufgaben aus dem Heft zur Prüfung. Im Heft gesehen habe ich die Aufgaben …

Ach ja, wir waren 19 Leute (5 sind nicht erschienen), davon waren 8 Frauen und 11 Männer. Ich dachte eigentlich, wir machen einige Prüfungen am PC, doch es war alles schriftlich.

In Österreich wird man anschließend schriftlich durch das Innenministerium verständigt. Egal, ob bestanden oder nicht. Wenn man bestanden hat, wird man zu einem Explorationsgespräch eingeladen. Wird dieses positiv abgeschlossen, erfolgt die medizinische Überprüfung und ganz am Schluss der Sporttest.

Die Exploration

Treffpunkt war 8.30 Uhr, Wien 1. Bezirk, Landespolizeikommando. Wir waren 3 Leute, die heute den Termin hatten. Es empfingen uns eine Frau (ca. 40 Jahre) und ein Mann (ca. 50 Jahre). Sie sagten uns, dass jeder reingeholt wird und dass das Gespräch zwischen 30 und 45 Minuten dauern würde. Meine Gefühle waren gemischt. Ich hörte, dass die Prüfer sehr nett sein würden, dennoch habe ich Prüfungsangst vor mündlichen Tests. Der Erste ging rein und kam bereits nach 30 Minuten wieder raus. Ich war jetzt dran.

Wir saßen uns an einem Tisch gegenüber. Zu Hause hatte ich mir das Gespräch wie ein Verhör vorgestellt, vielleicht noch mit einem auf mich gerichteten Scheinwerfer. Zum Glück war es nicht so schlimm.

Die beiden Prüfer stellten sich kurz vor und dann musste ich mich vorstellen: Lebenslauf, Hobbys, Familie, Interessen usw. Nach der Kennenlernphase begannen die Fragen:

- Was, glauben Sie, ist Ihre Aufgabe als Polizist?
- Wie kamen Sie darauf, Polizist zu werden?
- Ist es ein Wunsch Ihrer Familie?

- Wie steht/stehen Ihre Familie/Freunde zu Ihrem Berufswunsch?
- Was sind Ihre Stärken und warum?
- Wie kamen Sie mit Ihren Vorgesetzten bis jetzt klar?
- Können Sie mit Männern zusammenarbeiten?
- Wie stehen Sie zu Ausländern?
- Wie reagieren Sie, wenn Ihre Freundin, die auch Ihre Arbeitskollegin ist, vor Ihren Augen stiehlt?
- Sie sind bereits in der Polizeischule und sehen wie zwei Klassenkameraden bei einer Rangelei ein Fenster beschädigen. Der Lehrer betritt die Klasse und fragt, wer das gewesen ist? Keiner meldet sich, der Lehrer droht einen Test für den nächsten Tag an, falls sich die Person nicht meldet. Wie reagieren Sie?
- Wie, glauben Sie, läuft ein Tag im Dienst ab?
- Hatten Sie schon mit der Polizei zu tun?
- Würden Sie als Polizist genauso reagieren und handeln, wie Sie es erlebt haben (z. B. bei einer Routinekontrolle)?
- Sie sind seit 4 Wochen bei der Polizei und fahren mit Ihrem Kollegen, der seit 25 Jahren dabei ist, Streife. Beim Aussteigen aus dem Pkw beschädigt Ihr Kollege ein fremdes Fahrzeug. Sein Statement dazu: „Ist mir ja schon öfter passiert" und geht weiter. Was machen Sie?

An mehr kann ich mich leider nicht mehr erinnern. Nach 45 Minuten war mein Explorationsgespräch vorbei. Jetzt muss ich wieder warten, bis ich den nächsten Termin bekomme, 2 bis 3 Wochen wird's sicher dauern. Jetzt sind nur noch der Sporttest und der Amtsarzt angesagt und dann hoffe ich, dass ich genug Punkte erreicht habe, um im September mit der Polizeischule zu beginnen.

Die sportliche Überprüfung

Nach bestandener schriftlicher Prüfung und dem Explorationsgespräch, erhielt ich eine Einladung für die Sportprüfung. Die vier zu überprüfenden Bereiche sind:

1. Durchführung eines medizinischen Bewegungskoordinationstests (MBKT), der als Parcours angelegt ist
2. Liegestütze als Kraft-Ausdauer-Test
3. 3 000 m Lauftest
4. 100 m Schwimmtest (Freistil)

Alles natürlich zeitlich gebunden. Da ich bereits die Informationen über die sportliche Überprüfung hatte, konnte ich mich darauf gut vorbereiten.

Treffpunkt war wieder Wien, 3. Bezirk, Marokkanerkaserne. Wir waren 20 Bewerber. Nach zehn Minuten wurden wir von zwei Polizisten in Zivil empfangen. Diese führten auch die Überprüfung durch. Wir sind mit einem Bus zur Schwimmhalle gefahren. Dort war die erste Überprüfung. Ich war sehr nervös, wie es bei Prüfungen so ist. Da ich oft schwimmen gegangen bin, war dies kein Problem für mich. Nachdem wir alle die Prüfung abgelegt hatten, wurden uns die Zeiten gesagt und ob wir bestanden hätten oder nicht. Für eine Bewerberin war jetzt schon Schluss, sie war 2 Sekunden über dem Limit und wurde direkt heimgeschickt.

Gleich nach der ablegten Schwimmprüfung fuhren wir wieder mit dem Bus in die Marokkanerkaserne. Die Nervosität war noch immer da. Kurze Zeit später wurden im Sportsaal der Marokkanerkaserne die Liegestütze und der Hindernisparcours durchgeführt. Hier haben alle bestanden. Auf den Hindernisparcours kann man sich ebenfalls gut vorbereiten, da einem nach Einreichen der Bewerbungsunterlagen bei der Bundespolizeidirektion eine konkrete Auflistung über den Sporttest zugeschickt wird mit einer genauen Beschreibung des Parcours.

Ich war schon bedeutend ruhiger, da ich jetzt nur noch das Laufen vor mir hatte. Nach einer kurzen Pause, wurden dann alle Bewerber mit dem Bus zu einer Laufbahn gebracht. Es war die letzte Überprüfung für uns. Wir haben alle im festgelegten Limit die Prüfung bestanden. Was für uns jedoch noch immer nicht hieß, dass wir auch alle die Polizeiausbildung beginnen durften. Jetzt hieß es abwarten, da die Punkteanzahl der schriftlichen und sportlichen Überprüfung und des Explorationsgespräches zusammengezählt wurden und das Ergebnis in eine Rangfolge gebracht wurde. Es war ein Freitag, bis 12 Uhr hatte ich ja noch die Hoffnung, einen Anruf bezüglich bestandener Aufnahme zu erhalten. Doch es kam kein Anruf und ich dachte, vielleicht am Montag … Am frühen Nachmittag war es dann endlich soweit. Ich wurde darüber informiert, dass ich die Überprüfungen mit positivem Ergebnis absolviert hätte und in 4 Wochen mit der Ausbildung in einem Bildungszentrum der Sicherheitsexekutive beginnen dürfte. Ich war sehr froh, dass die Ungewissheit nun ein Ende hatte und ich mein vorerst gestecktes Ziel erreicht hatte …

Auswahlverfahren in der Schweiz: Kantone der Nordwest- und Zentralschweiz

Polizist wird man in der Schweiz auf dem zweiten Bildungsweg. Die Ausbildung richtet sich an Personen mit abgeschlossener Berufslehre, Matura oder höherer Ausbildung.

In der Schweiz liegt die Polizeihoheit bei den Kantonen. Die Auswahlverfahren werden dementsprechend individuell durch die jeweiligen Polizeikorps durchgeführt. Anforderungsprofile und Verfahrensabläufe unterscheiden sich daher im Detail voneinander.

Die nachfolgende Beschreibung beschränkt sich auf die elf Polizeikorps der Nordwest- und Zentralschweiz, welche ihre Mitarbeitenden an die Interkantonale Polizeischule Hitzkirch (IPH) zur Grundausbildung entsenden.

Mit wenigen Ausnahmen wird von Bewerbern die Schweizer Staatsangehörigkeit verlangt. Vereinzelt genügt auch die Niederlassungsbewilligung C für ausländische Staatsangehörige. Im Bereich des Mindest- und Maximalalters für die Zulassung zum Auswahlverfahren liegen die Werte bei 20–23 Jahren für das Mindestalter und bei 30–40 Jahren für das Maximalalter. Lediglich ein Polizeikorps hat keinen Maximalalterswert festgelegt. Knapp die Hälfte der Polizeikorps setzt auch Mindestlimiten bezüglich der Körpergröße, wobei die meisten diesen Wert bei Männern (in der Regel 170 cm) und Frauen (in der Regel 160 cm) unterschiedlich ansetzen. Von allen Bewerbenden wird erwartet, dass sie im Besitz der Fahrerlaubnis Kat. B sind. Vereinzelt wird auch die Fahrerlaubnis Kat. D1 verlangt. Aufgrund der in der Schweiz geltenden allgemeinen Wehrpflicht, ist bei den männlichen Bewerbenden die Militärdiensttauglichkeit erwünscht. Bei fehlender Tauglichkeit wird in der Regel eine entsprechende Begründung erwartet. Weiter beinhalten die Anforderungsprofile die allgemein bekannten Auflagen wie gute körperliche Leistungsfähigkeit sowie psychische Belastbarkeit. Fremdsprachenkenntnisse sind ebenfalls erwünscht. Vorausgesetzt wird auch ein einwandfreier Leumund. Hier werden insbesondere das Vorliegen von Widerhandlungen im Bereich des Straf- und Straßenverkehrsrechts sowie Vorgänge im Bereich von illegalen Betäubungsmitteln und allfälligen Suchtkrankheiten überprüft.

Alle Auswahlverfahren haben gemeinsam, dass sie sequenziert über einen Zeitraum von vier bis sechs Monaten durchgeführt werden. Die Verfahren unterscheiden sich einerseits in der Reihenfolge und Zusammenstellung der einzelnen Testsequenzen und andererseits in Bezug auf die angewendeten Tests an sich sowie auch der dabei gesetzten Resultatgrenzwerte.

Grundsätzlich kommen in den einzelnen Verfahrenssequenzen sowohl quantitative als auch qualitative Testmethoden zum Einsatz. Im Bereich der quantitativen Methoden sind in der Regel Intelligenztests, kognitive Leistungstests sowie Persönlichkeitstests im Einsatz. Vereinzelt wird bei den quantitativen Methoden auch auf computerbasierte Testverfahren gesetzt. Bei den qualitativen Methoden kommen multimodale Interviews, Rollenspiele und Gruppenübungen zur Anwendung. Meist sind diese Methoden in einem klassischen Assessment-Center miteinander kombiniert. Bei allen Auswahlverfahren wird die körperliche Leistungsfähigkeit mittels anerkannter Sporttests überprüft. Ebenfalls allen Verfahren gemeinsam ist eine Überprüfung der Sprachkompetenz in Deutsch. Dies geschieht in der Regel mittels Diktaten, Verfassen von Aufsätzen, Bildbeschreibungen und Ähnlichem.

Die Auswahlverfahren überprüfen größtenteils die Studierfähigkeit und somit den Erfolg in der Ausbildung und nur zu einem kleinen Teil den Erfolg im Beruf, also die sogenannte Employability.

Literaturverzeichnis

Buch, S. (2010). *Karriere in der Bundeswehr.* Marburg: Tectum Verlag.

Bundesamt für das Personalmanagement der Bundeswehr. (2014a). *Mit Sicherheit ein guter Weg – Berufsausbildung bei der Bundeswehr.* Köln: Bundesamt für das Personalmanagement der Bundeswehr.

Bundesamt für das Personalmanagement der Bundeswehr. (2015b). *Beruf trifft Berufung – Die Laufbahnen der Mannschaften.* Köln: Bundesamt für das Personalmanagement der Bundeswehr.

Bundesamt für das Personalmanagement der Bundeswehr. (2015d). *Beruf trifft Berufung – Die Laufbahnen der Offiziere.* Köln: Bundesamt für das Personalmanagement der Bundeswehr.

Bundesamt für das Personalmanagement der Bundeswehr. (2015f). *Beruf trifft Berufung – Die Laufbahnen der Fachunteroffiziere.* Köln: Bundesamt für das Personalmanagement.

Bundesamt für das Personalmanagement der Bundeswehr. (2015h). *Höherer technischer Verwaltungsdienst als Beamtin/Beamter Ingeneurin/Ingenieur Fachrichtung Wehrtechnik mit Master-Abschluss in der Bundeswehrverwaltung.* Troisdorf: SZ-Druck & Verlagsservice GmbH.

Bundesamt für das Personalmanagement der Bundeswehr. (2015i). *Gehobener technischer Verwaltungsdienst als Beamtin/Beamter Ingenieurin/Ingenieur Fachrichtung Wehrtechnik mit Bachelor-Abschluss in der Bundeswehrverwaltung.* Troisdorf: SZ-Druck & Verlagsservice GmbH.

Bundesamt für das Personalmanagement der Bundeswehr. (2015j). *Arbeitgeber Bundeswehrverwaltung – Ein starker Dienstleister für die Truppe.* Troisdorf: SZ-Druck & Verlagsservice GmbH.

Bundesamt für das Personalmanagement der Bundeswehr. (22. Februar 2016a). *Gruppensituationsverfahren.* Von https://www.bundeswehrkarriere.de/ihr-weg-zu-uns/-/36224 abgerufen

Bundesamt für das Personalmanagement der Bundeswehr. (22. Februar 2016c). *Auswahlverfahren.* Von https://www.bundeswehrkarriere.de/ihr-weg-zu-uns/-/36306 abgerufen

Bundeskriminalamt. (20. April 2017a). *Duales Studium zur Kriminalkommissarin/zum Kriminalkommissar.* Von https://www.bka.de/DE/KarriereBeruf/Stellenangebote/Beamte/KriminalkommissarinKriminalkommissar/kka.html?nn=70900 abgerufen

Bundesministerium der Verteidigung. (2016k). *Bei uns geht es ums Weiterkommen. Nicht nur ums Stillstehen.* Berlin: Bundesministerium der Verteidigung.

Bundespolizei. (7. März 2017a). *Hast du, was wir suchen? Die Einstellungsvoraussetzungen.* Von https://www.komm-zur-bundespolizei.de/bewerben/einstellungsvoraussetzungen/ abgerufen

Bundespolizei. (09. März 2017b). *Beweise, dass du es kannst! Das Auswahlverfahren.* Von https://www.komm-zur-bundespolizei.de/bewerben/auswahlverfahren/ abgerufen

Bundespolizei. (09. März 2017c). *PDF.* Von Diktat: https://www.komm-zur-bundespolizei.de/mediathek/pdf/ abgerufen

Deutscher Städtetag. (2016). *Trainingshandbuch „Physische Eignungsfeststellung für die Berufsfeuerwehren in Deutschland".* Berlin: Deutscher Städtetag.

Feuerwehr Wiesbaden. (20. Februar 2017d). *Aus- und Fortbildung.* Von http://www.wiesbaden.de/microsite/feuerwehr/feuerwehren/content/aus-fortbildung.php abgerufen

Feuerwehr Berlin. (10. Februar 2017a). *Mittlerer feuerwehrtechnischer Dienst.* Von http://www.berliner-feuerwehr.de/karriere/mittlerer-feuerwehrtechnischer-dienst/ abgerufen

Feuerwehr Berlin. (10. Februar 2017b). *Gehobener feuerwehrtechnischer Dienst.* Von http://www.berliner-feuerwehr.de/karriere/gehobener-feuerwehrtechnischer-dienst/ abgerufen

Feuerwehr Berlin. (10. Februar 2017c). *Höherer feuerwehrtechnischer Dienst.* Von http://www.berliner-feuerwehr.de/karriere/hoeherer-feuerwehrtechnischer-dienst/ abgerufen

Feuerwehr Bremen. (14. Februar 2017). Einstellungsvoraussetzungen. *Von Bewerbung und Einstellung in den Vorbereitungsdienst.* http://www.feuerwehr-bremen.org/karriere/einstellungsvoraussetzungen/ abgerufen

Feuerwehr Bremen. (04. April 2017). *Reihenfolge und Auflistung der Testverfahren.* Von http://www.feuerwehr-bremen.org/fileadmin/einstellung/Praesentation_20170102.pdf abgerufen

Feuerwehr Erfurt. (16. Februar 2017a). *Ausführliche Informationen für Bewerber – mittlerer feuerwehrtechnischer Dienst. Von Mittlerer feuerwehrtechnischer Dienst – Bewerbungsunterlagen.* http://www.erfurt.de/mam/ef/leben/feuerwehr/ausbildung/141107_informationen_einstellung_mfd_zah.pdf abgerufen

Feuerwehr Erfurt. (16. Februar 2017b). *Ausführliche Informationen für Bewerber – gehobener feuerwehrtechnischer Dienst.* Von http://www.erfurt.de/mam/ef/leben/feuerwehr/ausbildung/150709_informationen_einstellung_gfd_zah.pdf abgerufen

Feuerwehr Hamburg. (17. Februar 2017a). *Ausbildung zum/zur Brandmeister/-in.* Von http://www.hamburg.de/brandmeister/#anker_0 abgerufen

Feuerwehr Hamburg. (17. Februar 2017b). *Bewerbung bei der Feuerwehr Hamburg.* Von http://www.hamburg.de/ausbildung-feuerwehr/3315608/bewerbung-ausbildung-feuerwehr/ abgerufen

Feuerwehr Hamburg. (17. Februar 2017c). *Einstellungstest bei der Feuerwehr Hamburg.* Von http://www.hamburg.de/ausbildung-feuerwehr/3243934/einstellungstest-feuerwehr/ abgerufen

Feuerwehr Hamburg. (17. Februar 2017e). *Brandreferendarin/Brandreferendar.* Von http://www.hamburg.de/brandreferendare/#anker_0 abgerufen

Feuerwehr Hannover. (18. Februar 2017a). *Nachwuchskräfte für die LG1, Brandmeisteranwärter/-innen.* Von http://www.hannover.de/Leben-in-der-Region-Hannover/Sicherheit-Ordnung/Feuerwehr-Hannover/Nachwuchswerbung-und-Stellenangebote/Nachwuchskräfte-für-die-LG-1-Brandmeisteranwärter-innen abgerufen

Feuerwehr Hannover. (18. Februar 2017b). *Laufbahngruppe 2 (gehobener feuerwehrtechnischer Dienst).* Von http://www.hannover.de/Leben-in-der-Region-Hannover/Sicherheit-Ordnung/Feuerwehr-Hannover/Nachwuchswerbung-und-Stellenangebote/Laufbahngruppe-2-gehobener-feuerwehrtechnischer-Dienst abgerufen

Feuerwehr Hannover. (18. Februar 2017c). *Laufbahngruppe 2 (höherer feuerwehrtechnischer Dienst).* Von http://www.hannover.de/Leben-in-der-Region-Hannover/Sicherheit-Ordnung/Feuerwehr-Hannover/Nachwuchswerbung-und-Stellenangebote/Laufbahngruppe-2-höherer-feuerwehrtechnischer-Dienst abgerufen

Feuerwehr Hannover. (04. April 2017d). *Brandmeister-Anwärter/In.* Von http://www.hannover.de/Leben-in-der-Region-Hannover/Sicherheit-Ordnung/Feuerwehr-Hannover/Nachwuchswerbung-und-Stellenangebote/Nachwuchskräfte-für-die-LG-1-Brandmeisteranwärter-innen abgerufen

Feuerwehr Kiel. (18. Februar 2017a). *Brandmeisteranwärter/-innen.* Von http://www.kiel.de/rathaus/arbeitgeberin_stadt/ausbildung/_berufsinfo/brand_kb.pdf abgerufen

Feuerwehr Kiel. (18. Februar 2017b). *Oberbrandinspektoranwärter/-in.* Von http://www.kiel.de/rathaus/arbeitgeberin_stadt/ausbildung/_berufsinfo/oberbrand_kb.pdf abgerufen

Feuerwehr Mainz. (19. Februar 2017a). *Informationen über das 2. Einstiegsamt der Laufbahn Feuerwehr.* Von http://www.berufsfeuerwehr-mainz.de/Ausbildungsunterlagen/Bewerberinformationen%202.%20Einstiegsamt_11-2015.pdf abgerufen

Feuerwehr München. (19. Februar 2017a). *Brandmeisterin/Brandmeister.* Von https://www.muenchen.de/rathaus/Stadtverwaltung/Kreisverwaltungsreferat/Branddirektion-Muenchen/Karriere/Stellenangebote/QE2-Brandmeister.html abgerufen

Feuerwehr München. (19. Februar 2017b). *Brandoberinspektorin/Brandoberinspektor.* Von https://www.muenchen.de/rathaus/Stadtverwaltung/Kreisverwaltungsreferat/Branddirektion-Muenchen/Karriere/Stellenangebote/QE3-Brandoberinspektor.html abgerufen

Feuerwehr Stuttgart. (20. Februar 2017a). *Mittlerer feuerwehrtechnischer Dienst.* Von https://feuerwehr-stuttgart.de/index.php?article_id=87 abgerufen

Feuerwehr Wiesbaden. (20. Februar 2017b). *Ausbildung mittlerer Dienst.* Von http://www.wiesbaden.de/microsite/feuerwehr/feuerwehren/content/mittlerer-dienst.php abgerufen

Feuerwehr Wiesbaden. (20. Februar 2017c). *Darstellung des Einstellungstests.* Von http://www.wiesbaden.de/microsite/feuerwehr/berufe/content/einstellungstest.php abgerufen

Karriereberatungsbüro Bremen. (12. Oktober 2015m). *Bundeswehr. Wir. Dienen. Deutschland. Bremen.*

Karriereberatungsbüro Bremen. (2016w). *Basic-Fitness-Test.* Bremen: Karriereberatungsbüro Bremen.

Landeshauptstadt Wiesbaden. (20. Februar 2017a). *Brandmeister/-innen.* Von http://www.wiesbaden.de/rathaus/virtuelle-verwaltung/stellenausschreibungen/text/brandmeister-innen.php abgerufen

Polizei Baden-Württemberg. (23. Februar 2017a). *Grundvoraussetzungen für den Polizeiberuf.* Von https://nachwuchswerbung.polizei-bw.de/web/index.php/voraussetzungen/#intro abgerufen

Polizei Baden-Württemberg. (23. Februar 2017b). *Das Auswahlverfahren für den mittleren und gehobenen Polizeivollzugsdienst des Landes Baden-Württemberg.* Von Der Auswahltest und die ärztliche Beurteilung der Polizeidienstfähigkeit: https://nachwuchswerbung.polizei-bw.de/web/wp-content/uploads/2013/06/Auswahltest.pdf abgerufen

Polizei Bayern. (25. Februar 2017b). *Der Sporttest der bayrischen Polizei.* Von http://www.mit-sicherheit-anders.de/deine-bewerbung/pruefungs-und-auswahlverfahren/sportpruefung/ abgerufen

Polizei Bayern. (25. Februar 2017c). *Schriftliche Prüfungen, Gruppendiskussion, Bewerbungsgespräch.* Von http://www.mit-sicherheit-anders.de/deine-bewerbung/pruefungs-und-auswahlverfahren/schriftliche-tests-und-gespraeche/ abgerufen

Polizei Bayern. (25. Februar 2017d). *Ärztliche Untersuchung.* Von http://www.mit-sicherheit-anders.de/deine-bewerbung/pruefungs-und-auswahlverfahren/aerztliche-untersuchung/ abgerufen

Polizei Berlin. (26. Februar 2017a). *Bewerbung und Einstellung.* Von http://www.berlin.de/polizei/beruf/polizist-polizistin-werden/bewerbung-einstellung/ abgerufen

Polizei Berlin. (26. Februar 2017b). *Bewerberanforderungen.* Von Einstellung in den mittleren Polizeivollzugsdienst (mPVD): http://www.berlin.de/polizei/beruf/polizist-polizistin-werden/bewerbung-einstellung/ abgerufen

Polizei Berlin. (16. Februar 2017c). *Bewerberanforderungen.* Von Einstellung in den gehobenen Polizeivollzugsdienst (gPVD): http://www.berlin.de/polizei/beruf/polizist-polizistin-werden/bewerbung-einstellung/ abgerufen

Polizei Brandenburg. (27. Februar 2017a). *Ausbildung bei der Polizei.* Von Einstellungsvoraussetzungen für den mittleren Polizeivollzugsdienst: https://polizei.brandenburg.de/seite/einstellungsvoraussetzungen-fuer-den-mit/60157 abgerufen

Polizei Brandenburg. (27. Februar 2017b). *Mittlerer Dienst.* Von http://polizei-brandenburg-karriere.de/laufbahnen/mittlerer-dienst abgerufen

Polizei Brandenburg. (28. Februar 2017c). *Einstellungsvoraussetzungen für den höheren Dienst.* Von https://polizei.brandenburg.de/seite/bewerbung-fuer-den-hoeheren-dienst abgerufen

Polizei Brandenburg. (28. Februar 2017d). *Gehobener Dienst.* Von http://polizei-brandenburg-karriere.de/laufbahnen/gehobener-dienst abgerufen

Polizei Brandenburg. (28. Februar 2017f). *Höherer Dienst.* Von http://polizei-brandenburg-karriere.de/laufbahnen/h%C3%B6herer-dienst abgerufen

Polizei Hamburg. (10. März 2017a). *Einstellungsvoraussetzungen für die Polizei Hamburg.* Von http://akademie-der-polizei.hamburg.de/einstellungsvoraussetzungen-/ abgerufen

Polizei Hamburg. (10. März 2017b). *Einstellungsvoraussetzungen für die Polizei Hamburg.* Von http://akademie-der-polizei.hamburg.de/einstellungstest/4271944/einstellungsvoraussetzungen-art,page-2/ abgerufen

Polizei Hamburg. (10. März 2017c). *Einstellungsvoraussetzungen für die Polizei Hamburg.* Von http://akademie-der-polizei.hamburg.de/einstellungstest/4271944/einstellungsvoraussetzungen-art,page-3/ abgerufen

Polizei Hamburg. (10. März 2017d). *Einstellungsvoraussetzungen für die Polizei Hamburg.* Von http://akademie-der-polizei.hamburg.de/einstellungstest/4271944/einstellungsvoraussetzungen-art,page-4/ abgerufen

Polizei Hamburg. (12. März 2017e). *Selbst-Check.* Von http://akademie-der-polizei.hamburg.de/contentblob/4558896/f1bcbc4473068343ac783c44987c4edd/data/selbstcheck-fragebogen.pdf abgerufen

Polizei Hessen. (12. März 2017a). *Einstellungsvoraussetzungen für den gehobenen Polizeivollzugsdienst bei der hessischen Polizei.* Von https://www.polizei.hessen.de/Karriere/Die-Bewerbung/Einstellungsvoraussetzungen/ abgerufen

Polizei Hessen. (12. März 2017b). *Voraussetzungen für den Polizeiberuf mit mittlerem Bildungsabschluss.* Von https://www.polizei.hessen.de/Karriere/Bewerbung-mit-Realschulabschluss/ abgerufen

Polizei Hessen. (12. März 2017c). *Das Eignungsauswahlverfahren.* Von https://www.polizei.hessen.de/Karriere/Die-Bewerbung/Eignungsauswahlverfahren/ abgerufen

Polizei Hessen. (12. März 2017d). *Psychologisches Testverfahren, Einzelinterview und Gruppenaufgabe.* Von http://k.polizei.hessen.de/1494314026 abgerufen

Polizei Hessen. (12. März 2017e). *Die polizeiärztliche Untersuchung.* Von http://k.polizei.hessen.de/738937473 abgerufen

Polizei Mecklenburg-Vorpommern. (13. März 2017a). *Einstellungsvoraussetzung.* Von http://www.polizei.mvnet.de/Karriere/Einstellungsvoraussetzung/ abgerufen

Polizei Mecklenburg-Vorpommern. (13. März 2017b). *Auswahlverfahren.* Von http://www.polizei.mvnet.de/Karriere/Auswahlverfahren/ abgerufen

Polizei Niedersachsen. (13. März 2017a). *Voraussetzungen für Ihre Einstellung bei der Polizei Niedersachsen.* Von http://www.polizei-studium.de/voraussetzungen,6.html abgerufen

Polizei Niedersachsen. (13. März 2017b). *Abitur- bzw. Fachhochschulreife.* Von http://www.polizei-studium.de/abitur_bzw__fachhochschulreife,7.html abgerufen

Polizei Niedersachsen. (13. März 2017c). *Mittlere Reife (Realschule).* Von http://www.polizei-studium.de/mittlere_reife_realschule,9.html abgerufen

Polizei Niedersachsen. (13. März 2017d). *Computergestützter Eignungstest.* Von http://www.polizei-studium.de/computerunterstuetzter_eignungstest,20.html abgerufen

Polizei Niedersachsen. (13. März 2017e). *Sportprüfung.* Von http://www.polizei-studium.de/sportueberpruefung,21.html abgerufen

Polizei Nordrhein-Westfalen. (16. März 2017a). *Das brauchst Du!* Von http://www.genau-mein-fall.de/ abgerufen

Polizei Nordrhein-Westfalen. (16. März 2017b). *Diese Hürden musst du nehmen!* Von http://www.genau-mein-fall.de/ abgerufen

Polizei Rheinland-Pfalz. (17. März 2017a). *Dein Weg mit Abitur.* Von „Wir brauchen

Polizistinnen und Polizisten mit Herz und Verstand!" : https://www.polizei.rlp.de/de/karriere/dein-weg-mit-abitur/ abgerufen

Polizei Sachsen. (19. März 2017a). *Einstellungsvoraussetzungen.* Von https://www.polizei.sachsen.de/de/3593.htm abgerufen

Polizei Sachsen. (19. März 2017b). *Bewerbungs- und Auswahlverfahren.* Von https://www.polizei.sachsen.de/de/3595.htm abgerufen

Polizei Sachsen-Anhalt. (21. März 2017a). *Änderungen im Einstellungsverfahren.* Von https://fh-polizei.sachsen-anhalt.de/berufsinformation/aenderungen-im-eav/ abgerufen

Polizei Schleswig-Holstein. (21. März 2017a). *Einstellungsvoraussetzungen zweites Einstiegsamt in der Laufbahngruppe 1 (mittlerer Dienst).* Von http://www.schleswig-holstein.de/DE/Landesregierung/LPA/Berufseinstieg/_documents/Einstellungsvoraussetzung/Mittlerer_dienst/Mittlerer_Dienst.html abgerufen

Polizei Schleswig-Holstein. (2017b). *Der Polizeiberuf in Schleswig-Holstein.* Kiel: Polizei Schleswig-Holstein.

Polizei Thüringen. (22. März 2017a). *Landesportal der Thüringer Polizei.* Von Voraussetzungen: http://www.thueringen.de/th3/polizei/karriere/voraussetzungen/index.aspx#schule abgerufen

Polizei Thüringen. (22. März 2017b). *Landesportal der Thüringer Polizei.* Von Testverfahren: http://www.thueringen.de/th3/polizei/karriere/testverfahren/index.aspx abgerufen

Bildnachweis

Umschlagbild: Wesley Hitt
S. 394, Emil Koll, Vater, Frau Wepp: © Katy Otto
S. 395, Mutter, Mann: © Katy Otto
S. 395, Fräulein Luna: © Regine Peter
S. 395, Tochter: © Zen2000 I Dreamstime.com
S. 401, Bild 1: © Anke van Wyk I Dreamstime.com
S. 401, Bild 2: © Hongqi Zhang (aka Michael Zhang) I Dreamstime.com
S. 401, Bild 3: © Phartisan I Dreamstime.com
S. 401, Bild 4: © Valua Vitaly I Dreamstime.com
S. 401, Bild 5: © Skilleddesigner I Dreamstime.com
S. 401, Bild 6: © Romangorielov I Dreamstime.com
S. 401, Bild 7: © Aldo Murillo/www.istockphoto.com
S. 401, Bild 8: © Zen2000 I Dreamstime.com
S. 401, Bild 9, 10, 19, 20: © Regine Peter
S. 401, Bild 11, 12, 13, 14, 15, 16, 17, 18: © Katy Otto
S. 643/644: © BKA
S. 645/646: © Bundespolizei
S. 647-9: © Bundespolizei-Flugdienst
S. 650/651: © Verfassungsschutz
S. 652/653: © Polizei Baden-Württemberg
S. 654/655: © Polizei Bayern
S. 656: © Polizei Brandenburg
S. 658/659: © Polizei Bremen
S. 660/661: © Polizei Bremerhaven
S. 663: © Polizei Hamburg
S. 665/666: © Polizei Niedersachsen
S. 667/668: © IPH Hitzkirch
S. 669/670: © Polizei Thüringen
S. 671: © Polizei Sachsen

Polizei im Porträt

Auf den folgenden Seiten stellen einzelne Organisationen sich und ihre Ausbildungsmöglichkeiten vor. So haben Sie die Möglichkeit, sich ein genaueres Bild darüber zu machen, was Sie erwartet, wenn Sie eine Ausbildung oder ein Studium beim BKA, bei der Bundespolizei, beim Verfassungsschutz, einer Landespolizei oder der Schweizer Polizei anstreben.

Bundeskriminalamt

Das Bundeskriminalamt – Aufbau, Organisation und Zuständigkeiten

Das Bundeskriminalamt (BKA) wurde 1951 als Bundesbehörde eingerichtet, die dem Bundesministerium des Innern direkt unterstellt ist. Als Zentralstelle der deutschen Polizei unterstützt das BKA seitdem die Kriminalitätsbekämpfung im In- und Ausland auf vielfältige Weise. Das BKA trägt aktiv zur Aufrechterhaltung der Inneren Sicherheit Deutschlands als Teil eines freiheitlichen Europas bei. Auch fördert es durch seine Arbeit die Einhaltung der Werteordnung des Grundgesetzes der Bundesrepublik Deutschland.

Derzeit arbeiten rund 5 500 Mitarbeiter/-innen an den Standorten in Berlin, Wiesbaden und Meckenheim bei Bonn.

Die konkreten Aufgaben und Befugnisse werden durch das BKA-Gesetz bestimmt. Das BKA ist die nationale und internationale Zentralstelle der deutschen Kriminalpolizei. Zu den wesentlichen Aufgaben gehören insbesondere:

- Bewertung und Sammlung von Nachrichten und Informationen
- Betreiben erkennungsdienstlicher Einrichtungen und Sammlungen (z. B. Fingerabdrucksammlung)
- Kriminaltechnische Forschung und Entwicklung
- Kriminalistisch-kriminologische Forschung
- Entwicklung polizeilicher Bekämpfungsmethoden
- Kriminalpolizeiliche Spezialausbildung
- Erstellung kriminaltechnischer Gutachten für Polizei und Justiz
- Internationale Zusammenarbeit

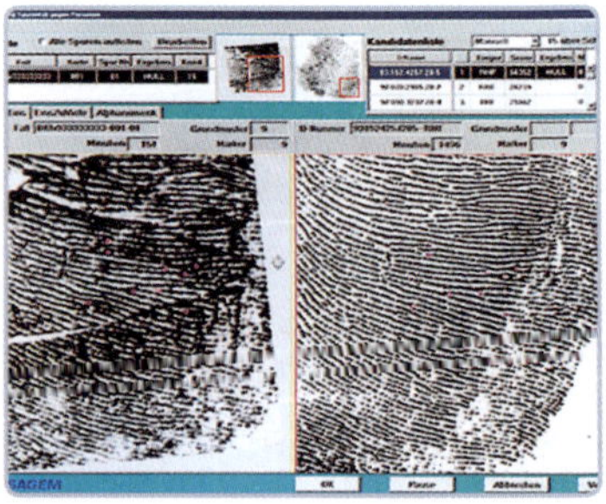

Das BKA koordiniert auf nationaler und internationaler Ebene den Dienstverkehr mit ausländischen Polizei- und Justizbehörden. Es ist das deutsche nationale Zentralbüro für die Internationale Kriminalpolizeiliche Organisation (IKPO), auch unter dem Namen „Interpol" bekannt. Ein weiterer wichtiger Kooperationspartner ist EUROPOL, das Europäische Polizeiamt in Den Haag. Für die internationale Zusammenarbeit setzt das BKA über 60 Verbindungsbeamte in 50 Staaten ein, die Informationen beschaffen und Hinweise im In- und Ausland steuern.

Das BKA ist für den persönlichen Schutz der Mitglieder der deutschen Verfassungsorgane und deren Gäste aus anderen Staaten zuständig. Ebenso schützt das BKA auch Zeugen und deren Angehörige. Zur Verhütung von Straftaten nimmt das BKA in Zusammenarbeit mit den Polizeien der Länder präventive Aufgaben wahr. Gemeinsam werden Strategien und technische Maßnahmen entwickelt, um Straftaten bereits vor deren Ausführung zu verhindern.

Das Bundeskriminalamt ermittelt in den vom BKA-Gesetz festgelegten Fällen selbst. Hierzu gehören:

- der international organisierte ungesetzliche Handel mit Rauschgift, Arzneimitteln, Waffen, Munition oder Sprengstoff
- die international organisierte Herstellung oder Verbreitung von Falschgeld und Geldwäsche
- der international organisierte Terrorismus
- besonders schwere Fälle von Computersabotage

Darüber hinaus kann das BKA nach Beauftragung die Ermittlungen übernehmen. Diese Aufträge erhält das BKA in besonderen Fällen z. B. von der Generalbundesanwaltschaft.

Verwaltungsfunktion: Hier ist das BKA unter anderem für die Umsetzung von Bestimmungen oder Gesetzesvorgaben zuständig, z. B. für die Umsetzung des Waffengesetzes.

Informationen zu den Ausbildungsmöglichkeiten beim BKA finden Sie auf der Seite **www.bka.de** unter „Karriere und Beruf" in der Rubrik „Berufsperspektive".

Bundeskriminalamt in Wiesbaden

BUNDESPOLIZEI

Großer Arbeitgeber, große Verantwortung – die Bundespolizei

Die Bundespolizei beschäftigt rund 43.000 Mitarbeiterinnen und Mitarbeiter – und jeder Einzelne von ihnen leistet einen Beitrag dazu, Deutschland und Europa sicherer zu machen. Als dem Bundesministerium des Innern unterstellte Behörde ist die Bundespolizei für viele anspruchsvolle und abwechslungsreiche Aufgaben zuständig. Dabei arbeiten wir eng mit den Landespolizeien und anderen Sicherheitsbehörden von Bund und Ländern zusammen. Auch grenzüberschreitende Einsätze – zum Beispiel bei internationalen Missionen der Vereinten Nationen oder der EU – gewinnen immer mehr an Bedeutung.

Mit Sicherheit vielfältig – unsere Aufgaben

Wenn du dich für uns entscheidest, stellst du dich immer wieder neuen und spannenden **Herausforderungen**. Zu unseren Aufgaben zählen:

- der grenzpolizeiliche Schutz des Bundesgebietes
- die Abwehr von Gefahren auf dem Gebiet der Bahnanlagen der Eisenbahnen des Bundes
- der Schutz vor Angriffen auf die Sicherheit des Luftverkehrs
- der Schutz von Verfassungsorganen des Bundes und von Bundesministerien
- die Einsätze auf Nord- und Ostsee
- die Mitwirkung an polizeilichen Einsätzen im Ausland
- die Unterstützung des Auswärtigen Amtes beim Schutz deutscher diplomatischer und konsularischer Vertretungen im Ausland
- die Unterstützung des Bundeskriminalamtes im Schutz- und Begleitdienst
- die Unterstützung der Polizeien der Bundesländer, insbesondere bei Großeinsätzen
- die Hilfeleistung bei Katastrophen und besonderen Unglücksfällen

Hast du, was wir suchen? Unsere Einstellungsvoraussetzungen

Du arbeitest gerne im Team, bist fit und flexibel? Dann bringst du schon vieles mit, um bei uns ein- und aufzusteigen. Neben diesen Eigenschaften musst du für eine Einstellung in den Polizeivollzugsdienst aber auch eine Reihe von Voraussetzungen mitbringen.

Allgemeine Voraussetzungen

- Deutsche Staatsangehörigkeit oder
- EU-Staatsangehörigkeit
- Bereitschaft zur bundesweiten Verwendung
- Geistige und körperliche Fitness
- Charakterliche Eignung
- Demokratieverständnis
- Keine gerichtliche Vorstrafe
- Fahrerlaubnis der Klasse B
- Geordnete wirtschaftliche Verhältnisse
- Polizeidiensttauglichkeit nach
- polizeiärztlichem Urteil
- Positives Erscheinungsbild
- Schwimmpass der Stufe Bronze

Neben den allgemeinen **Einstellungsvoraussetzungen** gelten für die verschiedenen Laufbahnen jeweils eigene Kriterien.

Du möchtest mehr erfahren?
Dann besuche uns auf: **www.komm-zur-bundespolizei.de**

Hier kannst du dich ausführlich über die Bundespolizei als Arbeitgeber und die vielfältigen Einsatzbereiche informieren. Zudem findest du weitere Hinweise zu den **Einstellungsvoraussetzungen**, zum **Bewerbungsprozess** und zum **Auswahlverfahren**. Du hast außerdem die Möglichkeit, die für dich zuständigen **Einstellungsberater** in deiner Nähe zu finden, die dir wichtige Tipps geben und dich bei der Bewerbung unterstützen.

Du willst direkt mit uns in Kontakt treten, immer auf dem Laufenden bleiben und dich mit anderen Bewerbern und Auszubildenden austauschen? Dann folge uns auf unseren Social-Media-Kanälen. Unter **Bundespolizei Karriere** findest du uns bei **Facebook**, **Instagram** und **YouTube**.

Der Flugdienst der Bundespolizei

Der Flugdienst der Bundespolizei versteht sich als umfassender Serviceleister für die Dienststellen der Bundespolizei und zahlreicher Bundes- und Landesbehörden. Organisatorisch erfolgt eine Gliederung in die Bundespolizei-Fliegergruppe in Sankt Augustin mit ihren nachgeordneten vier Bundespolizei-Fliegerstaffeln (Oberschleißheim, Fuldatal, Blumberg und Fuhlendorf), dem Luftfahrtbetrieb, dem Instandhaltungsbetrieb und der Luftfahrerschule für den Polizeidienst.

Im Luftfahrtbetrieb und in den Fliegerstaffeln sowie an weiteren sieben Stützpunkten werden permanent 12 Polizeihubschrauber zur Bewältigung der gesetzlichen bundespolizeilichen Alltagsaufgaben vorgehalten.

Hierbei sind die Einsatzfelder der Polizeihubschrauber des Bundes vielfältig. Sie kommen u.a. zum Einsatz zur **Überwachung der Grenzen**, einschließlich des Küstenmeeres im Bereich der Nord- und Ostsee, für den Transport von Polizeikräften bei Großeinsätzen, für den **Luftrettungsdienst**, zur Unterstützung der GSG 9 der Bundespolizei und des Bundeskriminalamtes, für die **Hilfe bei schweren Unglücks- und Katastrophenfällen im In- und Ausland** sowie für die Beförderung von sicherheitsgefährdeten Personen des politisch parlamentarischen Bereichs des Bundes und der Länder und **Staatsgästen der Bundesregierung**.

Darüber hinaus werden die Hubschrauber des Bundes auch für Operationen der Europäischen Grenzschutzagentur **(FRONTEX)** im europäischen Ausland eingesetzt.

Seeüberwachung an Nord- und Ostsee

Die täglich stattfindenden Einsatzflüge an Nord- und Ostsee dienen sowohl der grenzpolizeilichen Überwachung der See-Außengrenzen als auch der Erfüllung allgemeinpolizeilicher Aufgaben auf hoher See. Darüber hinaus werden Aufgaben im Bereich des Umweltschutzes, der Schifffahrtspolizei, des Fischereischutzes sowie des Zolls wahrgenommen.

Dies geschieht unter anderem in Zusammenarbeit mit den Schiffen des Küstenwach-Verbundes.

Luftrettung

Seit Beginn der organisierten Luftrettung in Deutschland in den Jahren 1970/71 sind die Piloten der Bundespolizei maßgeblich an der Rettung von Menschenleben durch den Einsatz von Hubschraubern beteiligt. Die hierfür erforderlichen „fliegenden Notarztwagen" werden vom Bundesamt für Bevölkerungsschutz und Katastrophenhilfe als Zivilschutzhubschrauber beschafft und den Ländern zum Zwecke der Luftrettung zur Verfügung gestellt.

Nachdem im Laufe der Jahre von bis zu 22 Stationen 10 abgegeben wurden, betreuen die vier Bundespolizei-Fliegerstaffeln und der Luftfahrtbetrieb seit 2006 dauerhaft 12 Luftrettungszentren in Deutschland. Auch die Wartung und Instandhaltung dieser Hubschrauber obliegt dem technischen Personal der Bundespolizei-Fliegerstaffeln.

Katastrophenhilfe

Neben dem Einsatz zu Löscharbeiten bei Waldbränden im In- und Ausland u.a. bei der Waldbrandbekämpfung in Frankreich und Portugal 2003/2005 und am Jochberg in Deutschland 2016 gehören auch Hochwassereinsätze z.B. an der Elbe 2002 und 2011 und bei der Hochwasserkatastrophe an Donau und Elbe 2013 zum Handwerk der Piloten der Bundespolizei.

Der Auslandseinsatz zur humanitären Hilfe der Bundesregierung in Mosambik im März 2000 gilt als ein besonderer Meilenstein in der Chronik des Bundespolizei-Flugdienstes. Vier Wochen lang werden unter schwierigen klimatischen Bedingungen Menschen aus dem Katastrophengebiet evakuiert und mehrere Tonnen Hilfsgüter transportiert.

Staatsgäste der Bundesregierung

Herausragende Ereignisse aus dem VIP-Bereich umfassten u.a. den Transport von Delegationsteilnehmern beim G8-Gipfel 2007 in Heiligendamm, dem NATO-Doppelgipfel 2009 in Straßburg und Baden-Baden. Während des G7-Gipfels 2015 auf Schloss Elmau wurden u.a. die Staats- und Regierungschefs aus Kanada, Japan,

Großbritannien, Frankreich und Italien sowie der EU-Ratspräsident und der Präsident der EU-Kommission transportiert.

Seine Heiligkeit Papst Benedikt XVI. konnte ebenfalls als Gast in den Jahren 2006 und 2011 an Bord begrüßt werden.

FRONTEX

Kern der europäischen grenzpolizeilichen Zusammenarbeit bildet die Kooperation mit der Europäischen Grenzschutzagentur Frontex (Europäische Agentur für die operative Zusammenarbeit an den Außengrenzen der Mitgliedstaaten).

Die einzelnen Mitgliedstaaten der Europäischen Gemeinschaft arbeiten beim Schutz der Schengen-Außengrenze zusammen und unterstützen sich technisch und operativ. Die Grenzschutzagentur koordiniert diese Zusammenarbeit.

Für Frontex-Einsätze stellt die Bundespolizei u. a. regelmäßig Hubschrauber zur Verfügung z. B. im Mittelmeer, zur weiträumigen Seeüberwachung. Diese Einsätze dienen sowohl zur Verhinderung irregulärer Migration in das Gebiet der EU auf dem Seeweg als auch zur Unterstützung von Rettungsmaßnahmen auf See.

Für weitere Informationen wenden Sie sich bitte an nachfolgende Adresse:

Bundespolizei-Fliegergruppe
Stabsstelle Öffentlichkeits- und Pressearbeit
Bundesgrenzschutzstraße 100
53757 Sankt Augustin

Telefon: 02241 / 238 – 3095
Fax: 02241 / 238 – 2418
E-Mail: **bpolflg.post.oep@polizei.bund.de**

Internet: **www.bundespolizei.de**
Internet: **www.komm-zur-bundespolizei.de**

Dein Auftrag? Demokratie schützen!

Als Inlandsnachrichtendienst hat das Bundesamt für Verfassungsschutz (BfV) u. a. den Auftrag, die Demokratie vor politischem Extremismus und Terrorismus sowie vor Spionage zu schützen. Aufgabe des BfV ist es, Informationen über terroristische und extremistische Bestrebungen sowie geheimdienstliche Tätigkeiten zu sammeln und auszuwerten. Das BfV informiert die Bundesregierung und andere Sicherheitsbehörden sowie die Bevölkerung, um aufzuklären und Straftaten zu verhindern. Es steht zudem in engem Kontakt mit anderen nationalen und internationalen Sicherheitsbehörden. An den Standorten Köln und Berlin arbeiten rund 3 100 Mitarbeiterinnen und Mitarbeiter für die Sicherheit Deutschlands.

Aufgabenschwerpunkte sind:

- Rechtsextremismus/-terrorismus
- Ausländerextremismus und Linksextremismus/-terrorismus
- Islamismus und islamistischer Terrorismus
- Abwehr von Spionage und anderen nachrichtendienstlichen Aktivitäten
- Wirtschaftsschutz
- Abwehr von elektronischen Angriffen/Cyberabwehr

Wir suchen:

Gesucht werden Schulabsolventinnen und Schulabsolventen mit Abitur oder Fachabitur für ein duales Studium im gehobenen nichttechnischen Verwaltungsdienst. Es erfolgt eine Verbeamtung auf Widerruf als Regierungsinspektoranwärter/-in.

Unser Ausbildungsangebot im mittleren nichttechnischen Verwaltungsdienst richtet sich zudem an Schulabsolventinnen und Schulabsolventen mit Realschulabschluss

→

oder Hauptschulabschluss mit förderlicher abgeschlossener Berufsausbildung. Es erfolgt eine Verbeamtung auf Widerruf als Regierungssekretäranwärter/-in.

Außerdem suchen wir Interessentinnen und Interessenten für Ausbildungs- und Studienmöglichkeiten im Bereich IT.

Wir bieten:

- Mitarbeiterinnen und Mitarbeiter beim BfV haben die einzigartige Möglichkeit, im Verborgenen Gutes zu tun und gleichzeitig nah am tagespolitischen Geschehen zu sein.
- Während der Ausbildung bzw. des Studiums stehen verschiedene Stationen auf dem Programm, beispielsweise Fachabteilungen wie „Islamismus und islamistischer Terrorismus", die Observation oder auch die zentrale Verwaltung. Dadurch lernen Auszubildende und Studenten die wichtigsten Themenfelder des Inlandsnachrichtendienstes kennen.
- Die Vielfalt an Aufgaben bietet auch nach der Ausbildung bzw. dem Studium die Chance, ganz unterschiedliche Themenfelder zu bearbeiten. Auszubildende und Studenten erwartet ein abwechslungsreicher Job mit spannenden Entwicklungsmöglichkeiten.
- Flexible Arbeitszeiten, Jobticket, Fortbildungsmaßnahmen sowie die Vereinbarkeit von Beruf und Familie runden unser Angebot ab.

Mehr Informationen unter
http://www.verfassungsschutz.de/karriere oder **karriere@bfv.bund.de**.

POLIZEI
BADEN-WÜRTTEMBERG

Vielfalt (er)leben im Team der Polizei

Die Entscheidung für den Polizeiberuf ist eine Entscheidung fürs Leben – für Ihr eigenes und für das Ihrer Mitmenschen. Sie werden als Polizeibeamtin oder Polizeibeamter stets in der Öffentlichkeit wahrgenommen. Man blickt auf Sie – das verpflichtet! Sie handeln im Dienst unserer Gesellschaft – das zeichnet Sie aus.

Mit einer **AUSBILDUNG** oder einem **BACHELORSTUDIUM** bei der Polizei entscheiden Sie sich für einen Beruf, der so spannend und so abwechslungsreich wie kaum ein anderer ist. Er erfordert aber auch vollen Einsatz im Dienst für die Allgemeinheit. Sie sind gefordert, zu helfen und Sie tragen Verantwortung in menschlicher und rechtlicher Hinsicht.

Sind Sie bereit für diese Herausforderungen? Dann werden Sie Teil eines starken Teams und starten Sie Ihre sichere Zukunft bei uns – der Polizei des Landes Baden-Württemberg. Wir brauchen Verstärkung und freuen uns auf Sie.

Wir stehen für Weltoffenheit und Vielfalt. Wir bieten ein Arbeitsumfeld, das frei ist von Rassismus und Intoleranz jeglicher Art. Gegenseitige Wertschätzung und ein vorurteilsfreies Miteinander innerhalb unseres Teams, aber auch im täglichen Umgang mit den Bürgerinnen und Bürgern sind uns wichtig und bestimmen unser Handeln.

Wir suchen auch junge Menschen, die unser Team durch ihr Wissen über Lebensweisen und Mentalitäten anderer Länder und Kulturen bereichern. Deshalb werben wir auch für junge Menschen mit Migrationshintergrund bei der Polizei.

Unsere Einstellungsberaterinnen und Einstellungsberater sind Ihre Ansprechpartner zu allen Fragen rund um den Polizeiberuf. Sie unterstützen Sie bei Ihrer Bewerbung und sind für Sie da. Die Anschriften sowie weitere Informationen zum Beruf der Polizeibeamtin/des Polizeibeamten in Baden-Württemberg finden Sie unter:

www.polizei-der-beruf.de

Die Bayerische
POLIZEI

Deine Ausbildung und Zukunft bei der Bayerischen Polizei – Mit Sicherheit anders

Bei der Bayerischen Polizei erwartet Dich ein Beruf, der so vielfältig und erfüllend ist wie kaum ein anderer. Helfen, schützen, ermitteln und das Recht vertreten – unsere Aufgaben sind so abwechslungsreich wie der Polizeiberuf selbst. Der Mensch steht im Mittelpunkt. Dazu zählen die Bürger ebenso wie unsere Mitarbeiter/-innen.

Wir bieten Ihnen:

- Garantierte Übernahme nach erfolgreicher Ausbildung
- Krisensicherer Arbeitsplatz, geregeltes, leistungsgerechtes Einkommen
- Beamtenstatus
- Sozialleistungen (z. B. freie Heilfürsorge, Beihilfe)
- Gute Aufstiegschancen, lebenslange Weiterbildung
- Möglichkeiten der Spezialisierung
- Viel Abwechslung und breites Aufgabenspektrum
- Persönlicher Umgang mit Menschen, Teil eines starken Teams
- Dienstsport und Gesundheitsprogramme
- Eintritt in den Ruhestand mit 62 Jahren

Vielfältige Möglichkeiten – bis hin zum Studium

Die Bayerische Polizei bietet nach der Ausbildung viele spannende Einsatzgebiete. Dazu zählen z. B. Schutzpolizei, Verkehrspolizei, Bereitschaftspolizei, Kriminalpolizei und besondere Einsatzbereiche wie Diensthunde-, Reiter- oder Hubschrauberstaffel. Auch studieren bei der Polizei ist möglich.

→

Bayern bildet Polizeivollzugsbeamtinnen und -beamte in der 2. und 3. Qualifikationsebene (2. QE und 3. QE) der Fachlaufbahn Polizei und Verfassungsschutz aus. Eine gleichzeitige Bewerbung für beide Qualifikationsebenen ist mit den unten genannten Schulabschlüssen möglich.

Der Einstieg bei der Bayerischen Polizei erfolgt in Qualifikationsebenen (QE). Der höchste Personalbedarf – und damit die besten Einstiegschancen – besteht in der 2. QE. Mit überdurchschnittlichen Leistungen können sich die Polizeibeamtinnen und -beamte in der 2. QE für das Studium in der 3. QE qualifizieren.

Schulische Voraussetzung für die Ausbildung in der 2. QE ist der qualifizierende Abschluss der Haupt- bzw. Mittelschule mit abgeschlossener Berufsausbildung oder aber ein mittlerer bzw. höherwertiger Schulabschluss. Ein höherer Schulabschluss (allgemeine oder fachgebundene Hochschulreife oder unbeschränkte Fachhochschulreife) ermöglicht den Direkteinstieg über ein Studium in die 3. QE.

Seit 2012 bietet die Bayerische Polizei auch Spitzensportlerinnen und Spitzensportlern eine mit einer sportlichen Karriere zu vereinbarende Berufsausbildung mit Perspektive als bayerische/-r Polizeivollzugsbeamter/-beamtin in der 2. Qualifikationsebene, sofern neben den allgemeinen Anforderungen auch die sportlichen Voraussetzungen erfüllt sind.

Ihre Ansprechpartner:
Ihren persönlichen Ansprechpartner ganz in Ihrer Nähe finden Sie unter: **www.mit-sicherheit-anders.de/deine-bewerbung**

Online bewerben:
www.bevi.polizei.bayern.de

Weitere Informationen:
www.mit-sicherheit-anders.de

POLIZEI Brandenburg

Polizeivollzugsbeamter / -beamtin im Land Brandenburg

Die richtige Entscheidung für die Zukunft

Sie erwartet eine verantwortungsvolle, vielseitige und interessante Tätigkeit. Der ständige Kontakt mit der Bevölkerung wird dabei Ihr Berufsleben – ja mitunter sogar Ihr Privatleben – beeinflussen. Sie werden oft im Team mit Kolleginnen und Kollegen zusammenarbeiten, aber manchmal auch auf sich allein gestellt sein, Freude und Leid erleben, Fragen stellen und Antworten geben müssen. Die Bearbeitung unspektakulärer Alltagsdelikte gehört genauso zu Ihrer Arbeit wie „das An-Land-Ziehen eines großen Fisches". Mitunter sind Sie auch als Sozialarbeiter tätig oder müssen einfach nur ein offenes Ohr für den Bürger haben. Oft müssen Sie auf Eile drängen oder Entscheidungen nach eigenem Ermessen treffen und trotzdem die gesetzlichen Vorschriften beachten. Der Polizeiberuf ist anspruchsvoll und nicht immer einfach. Wir brauchen für diesen Beruf Menschen mit Herz und Verstand und auch ein wenig Idealismus, die den Auftrag der Polizei erfüllen wollen und die diesen „Job" als Lebensaufgabe verstehen.

Auf Ihren späteren Einsatz werden Sie intensiv vorbereitet

Die Anforderungen an Polizeivollzugsbeamte sind sehr hoch. Darum legen wir schon während des Bachelorstudiums bzw. der Ausbildung Wert auf eine fundierte und interdisziplinäre Wissensvermittlung sowie eine enge Verknüpfung fachtheoretischer und fachpraktischer Lehrinhalte. Das Studium, das 3 Jahre dauert, und die Ausbildung, die nach 2,5 Jahren endet, finden an der Fachhochschule der Polizei auf geschichtsträchtigem Boden in Oranienburg statt.

Der sechssemestrige Bachelorstudiengang für die **Laufbahn des gehobenen Polizeivollzugsdienstes** gliedert sich in 18 aufeinander abgestimmte Module und schließt mit dem akademischen Abschluss „Bachelor of Arts – Polizeivollzugsdienst/Police Service" ab. Innerhalb des Studiums erwerben Sie Kenntnisse, Fähigkeiten und Fertigkeiten, die Sie zur eigenständigen und eigenverantwortlichen Wahrnehmung von Aufgaben des gehobenen Polizeivollzugsdienstes in der Schutz- und Kriminalpolizei befähigen. Die fachwissenschaftliche und fachpraktische Lehre findet in der

Regel an der Fachhochschule der Polizei statt. Die ebenfalls zum Bachelorstudium gehörenden beiden Fachpraktika in der Schutz- bzw. Kriminalpolizei werden in den Polizeiinspektionen des Landes Brandenburg absolviert.

Für die **Laufbahn des mittleren Polizeivollzugsdienstes** absolvieren Sie eine 2,5-jährige Ausbildung an der Fachhochschule der Polizei. Dazu gehört ein mehrmonatiges Berufspraktikum in den Polizeiinspektionen des Landes Brandenburg. Die Ausbildung soll Sie auf eine spätere Verwendung in der Schutzpolizei vorbereiten und endet mit der Laufbahnprüfung für den mittleren Polizeivollzugsdienst.

Sie werden, ganz gleich ob Sie in das Studium oder in die Ausbildung starten, bei der Einstellung in das Beamtenverhältnis auf Widerruf ernannt und erhalten Anwärterbezüge. Für die Zeit des Vorbereitungsdienstes haben Sie Anspruch auf Freie Heilfürsorge. Das bedeutet für Sie, dass das Land Brandenburg für diese Zeit sämtliche krankheitsbedingten Kosten trägt, ohne dass Sie Krankenversicherungsbeiträge zahlen müssen.

Viele Absolventen der Fachhochschule der Polizei sammeln zunächst für einige Zeit in der Bereitschaftspolizei oder im schutzpolizeilichen Wach- und Wechseldienst die ersten Berufserfahrungen. Grundsätzlich ist nach dem Studium/nach der Ausbildung bzw. nach dem Dienst in der Bereitschaftspolizei eine Verwendung in allen Sparten der Polizei möglich. Notwendiges Spezialwissen erlangen Sie durch Weiterbildung.

Bitte informieren Sie sich mindestens ein Jahr vor dem gewünschten Einstellungstermin über die aktuellen Bewerbungsfristen. Mit Ihren Fragen zum Polizeiberuf und zum Bewerbungs- und Auswahlverfahren wenden Sie sich bitte an die:

Fachhochschule der Polizei des Landes Brandenburg

Werbe- und Auswahldienst

Bernauer Str. 146

16515 Oranienburg

Telefon: 03301/850-2222
E-Mail: **karriere@polizei.brandenburg.de**

Nutzen Sie auch unser Internetangebot unter **www.polizei.brandenburg-karriere.de**. Hier können Sie sich in den jeweiligen Bewerbungszeiträumen schnell und unkompliziert **online** für den Polizeiberuf **bewerben.**

Polizei Bremen

Dein Weg zum Stern

Die **Polizei Bremen** ist im Bundesland Bremen mit ca. 2600 Polizeivollzugsbeamt(inn)en auf rund 325,56 km^2 für die Sicherheit von etwa 557.464* Bürger(inne)n verantwortlich *(*Stand 31.12.2015)*.

Wir bieten Ihnen ein vielfältiges Aufgabenspektrum und wechselnde Herausforderungen in einem verantwortungsvollen Beruf, an einem sicheren und wohnortnahen Arbeitsplatz.

Ihre intensive Ausbildung ist uns wichtig!

Bei der Polizei Bremen beginnt Ihre Polizeilaufbahn sofort in der Laufbahngruppe 2, 1. Einstiegsamt (ehemals gehobener Dienst), d.h. als Polizeikommissaranwärter/-in (Beamter/Beamtin auf Widerruf).

Die Ausbildung erfolgt durch ein **duales Studium** mit hohen Praxisanteilen an der Hochschule für Öffentliche Verwaltung ausschließlich im Land Bremen. Sie beginnt immer zum 1. Oktober eines jeden Jahres und schließt mit dem **„Bachelor of Arts – Polizeivollzugsdienst"** nach sechs Semestern ab.

Nach erfolgreichem Abschluss des Studiums/der Ausbildung erfolgt anschließend die Ernennung zur/-m Polizeikommissar/-in (Beamter/Beamtin auf Probe) und eine sofortige Verwendung in der Bereitschaftspolizei.

Im Anschluss an die Verwendungszeit in der **Bereitschaftspolizei** können Sie sich in alle Bereiche der Polizei Bremen bewerben. Unter Berücksichtigung Ihrer eigenen Interessen, Qualifikationen und Eignung haben Sie die Möglichkeit, sich weiterzuentwickeln und Ihren Dienst im Einsatzdienst der Schutzpolizei,

→

bei der Kriminalpolizei/Landeskriminalamt, der Verkehrsbereitschaft, der Wasserschutzpolizei oder in einer Spezialeinheit zu versehen.

Je nach persönlicher und fachlicher Eignung können Sie sowohl eine **Führungskarriere** als auch eine **Fachkarriere** anstreben. Die entsprechenden Qualifizierungen werden durch ein umfangreiches Fort- und Weiterbildungsprogramm begleitet.

Wir bieten Ihnen:

- **Polizeikommissar/-in ohne Umwege** – Im Gegensatz zu vielen anderen Bundesländern stellt das Land Bremen ausschließlich in die Laufbahngruppe 2, 1. Einstiegsamt Fachrichtung Polizei (ehemals gehobener Dienst) ein.
- **Beamtenstatus und gute Bezahlung ab dem ersten Studientag**
- **Kurze Wege:** Alle Dienststellen befinden sich im Land Bremen, sodass Ihr Lebensmittelpunkt auch bei Funktionsstellenwechseln beibehalten werden kann.
- **Freie Heilfürsorge:** Polizeibeamten/-innen im aktiven Dienst müssen keine Krankenkassenbeiträge zahlen
- **Einen sicheren Arbeitsplatz** → Die Hansestadt Bremen und die Seestadt Bremerhaven sind attraktive Großstädte mit vielen Möglichkeiten zur Freizeitgestaltung
- AUSGEZEICHNET **FAMILIEN FREUNDLICH** UNTERNEHMEN IM LAND BREMEN

Kontakt:

Polizei Bremen
FP 140 Finanzen/Personal
Einstellungsstelle/Nachwuchswerbung/Praktika
Niedersachsendamm 78/80
28201 Bremen

dwzs
www.polizei.bremen.de/info/dwzs

Weitere Informationen finden Sie im Internet unter
http://www.polizei.bremen.de/info/dwzs

Dort sind während der laufenden Ausschreibungsphase auch alle erforderlichen Bewerbungsunterlagen zu finden. Die Bewerbungszeit ist in der Regel von Mitte Juli bis Mitte Dezember.

Bremen. Aber sicher!

Ortspolizeibehörde Bremerhaven

Die einzigartige, moderne Polizei an der Nordseeküste

Wir, die Ortspolizeibehörde Bremerhaven, sind die einzig noch bestehende kommunale Polizei der Bundesrepublik.

Neben der Polizei Bremen sind wir die zukunftsorientierte Einstellungsbehörde für den Polizeivollzugsdienst im Lande Bremen.

Als fortschrittlicher Partner für die Sicherheit unserer Seestadt mit ihren etwa 120.000 Einwohnern zeichnet uns insbesondere der enge Kontakt zu den hier lebenden Menschen aus.

Unser dreigliedriger Behördenaufbau, bestehend aus den Ämtern der Schutzpolizei, der Kriminalpolizei und dem Führungsstab, ist unmittelbar an den Sicherheitsbedürfnissen der Menschen unserer Stadt ausgerichtet, wobei unser besonderes Engagement der Abwehr von Gefahren, der Verfolgung von Straftaten und Ordnungswidrigkeiten sowie der Verkehrs- und Kriminalprävention gilt. Wir decken das gesamte Spektrum an polizeilichen Einsatz- und Ermittlungstätigkeiten ab.

Jeder zählt – wir legen Wert auf persönlichen Umgang

Da wir hierfür rund um die Uhr für unsere Bürgerinnen und Bürger da sind, sind uns der kollegiale, zwischenmenschliche Umgang und die dienstlichen Rahmenbedingungen für unsere Mitarbeiterinnen und Mitarbeiter besonders wichtig.

Alles an einem Ort – perfekte Voraussetzungen für Familien

Zertifikat seit 2005
audit beruf**und**familie

Wir sind die erste Polizei bundesweit, die als familienfreundlich zertifiziert wurde und bis heute die Möglichkeiten für unsere Mitarbeiterinnen und Mitarbeiter, Beruf und Familie zu vereinbaren, weiterentwickelt und vorantreibt. Alle Dienststellen unserer Ortspolizeibehörde liegen in Bremerhaven, sodass eine direkte persönliche Zusammenarbeit, kurze Kommunikations- und Dienstwege gewährleistet sind.

→

Auf unserem Weg, weiterhin den Anforderungen der heutigen Zeit gerecht zu werden, suchen wir nach Ihrer Verstärkung.

Ein hochwertiges, anspruchsvolles, duales Studium

Wenn Sie die Voraussetzungen für ein Fachhochschulstudium erfüllen, teamorientiert sind, eine offene und kommunikative Persönlichkeit mit Selbstbewusstsein, Gerechtigkeitssinn und Durchsetzungsvermögen besitzen, sind Sie genau richtig bei uns.

Hier finden Sie einen im wahrsten Sinne des Wortes von Berufung abgeleiteten, verantwortungsvollen Wirkungskreis in einem attraktiven Wohnumfeld an der Küste, bei dem Sie unmittelbar Einfluss auf eine sich entwickelnde, liberale und weltoffene Hafenstadt nehmen können.

Wir bilden über ein Bachelorstudium in 6 Semestern an der Hochschule für Öffentliche Verwaltung in Bremen (HfÖV) für die Laufbahn als Polizeikommissarin/ Polizeikommissar aus.

Mit einer einmaligen Studienbegleitung

Einige fachpraktische Studienzeiten verbringen Sie in Bremerhaven und lernen so frühzeitig Stadt und Kollegen kennen.

Während der Studienzeit begleiten wir Sie und stehen unterstützend an Ihrer Seite.

Nach erfolgreichem Studienabschluss werden Sie direkt im Einsatz- und Streifendienst unserer Schutzpolizei eingesetzt, wo Sie Ihre ersten Berufserfahrungen sammeln.

Alle Karrierewege stehen Ihnen bei uns offen

Daneben können Sie noch eine weitere Verwendung im Rahmen unseres Einsatzzuges Bremerhaven, der als Alarmbereitschaft unserer Ortspolizeibehörde bei Bundesligaspielen, größeren Demonstrationen und Vergleichbarem landesweit eingesetzt wird, finden.

Aus der Schutzpolizei heraus haben Sie die Möglichkeit, sich dort oder in alle Ämter unserer Behörde weiterzuentwickeln. So können Sie interessenabhängig viele spezielle Tätigkeitsfelder, beispielsweise bei Sondergruppen (Ziviler Streifendienst, Drogenfahndung, regionale Gruppen), im Verkehrsbereich, dem technischen und forensischen Feld, in diversen kriminalpolizeilichen Gliederungen oder bei den Diensthundeführern, für sich entdecken.

Lernen Sie uns während eines Praktikums kennen

Um Ihre Chancen auf ein erfolgreiches Ergebnis Ihrer Bewerbung zu steigern, empfehlen wir Ihnen, Kontakt mit unseren Ansprechpartnern unter

einstellungen@polizei.bremerhaven.de

Tel.: 0471-953-1330 und 1331

aufzunehmen und eine Einstellungsberatung zu verabreden.

In diesem Gespräch bekommen Sie persönlich zugeschnittene Tipps und Empfehlungen für die Bewerbungsvorbereitung sowie sämtliche Infos zu den Voraussetzungen und dem Ablauf des Einstellungsverfahrens.

Während der Beratung können Sie darüber hinaus eine individuelle, 5-tägige Berufsorientierung vereinbaren und wertvolle Einblicke in die alltägliche Dienstverrichtung eines Teams unseres Einsatz- und Streifendienstes gewinnen.

Bewerben Sie sich

Das Einstellungs- und Auswahlverfahren führen wir zusammen mit der Polizei Bremen durch.

Wir freuen uns, wenn Sie sich auf unserer gemeinsamen Online-Bewerbungs-Plattform für beide Polizeibehörden im Lande Bremen bewerben.

Website
www.polizei.bremerhaven.de

Facebook **Polizei Bremerhaven@PolizeiBremerhaven**

Twitter **Polizei Bremerhaven@PolizeiBhv**

Polizei Hamburg

In Hamburg heißt die Bewerbungsstelle für den polizeilichen Nachwuchs bei der Akademie der Polizei Hamburg „AK 02/Einstellungsstelle". Die Polizei der Hansestadt bildet für den **Laufbahnabschnitt I und II** (ehemals mittlerer und gehobener Dienst) aus.

Folgende Kriterien muss man vorab erfüllen, um zum Einstellungstest eingeladen zu werden:

Für den **Laufbahnabschnitt I** dürfen die Bewerberinnen und Bewerber maximal 34 Jahre alt sein. Das Mindestalter beträgt 16 Jahre. Erwartet werden mindestens ein Hauptschulabschluss mit abgeschlossener Berufsausbildung, ein Realschulabschluss, Abitur oder die Fachhochschulreife. Ganz wichtig: In dem Zeugnis, mit dem man sich bewirbt, darf man in den Fächern Deutsch, Mathe, Englisch, Sport, Geschichte und Politik nicht schlechter als die Schulnote 4 (ausreichend) sein. Im **Laufbahnabschnitt I** wird neben der **Schutzpolizei** auch für die **Wasserschutzpolizei** ausgebildet. Hierzu wird ein nautisches oder technisches Befähigungszeugnis oder eine zweckdienliche Berufsausbildung (mit Seefahrtsbezug) benötigt.

Für den **Laufbahnabschnitt II** gilt ebenfalls ein Höchstalter von 34 Jahren. Auch die Anforderungen im Hinblick auf die Noten im Abschlusszeugnis sind identisch. Erwartet werden das Abitur, die studierfähige Fachhochschulreife oder ein gleichwertiger Bildungsabschluss. Beim Zugang zum Laufbahnabschnitt II handelt es sich um ein Studium, welches in den Bereichen Schutzpolizei, Kriminalpolizei oder Wasserschutzpolizei durchgeführt wird. Hier muss man sich bereits vorab auf eine Fachrichtung festlegen. Bewerber für die **Wasserschutzpolizei** benötigen auch hier ein nautisches oder technisches Befähigungszeugnis.

Seit Kurzem gibt es bei der Hamburger Polizei eine **verkürzte Ausbildung für Zeitsoldaten und Zeitsoldatinnen** ab SaZ 5. Diese ist von 30 auf 18 Monate verkürzt und wird im Laufbahnabschnitt I für die Schutzpolizei sowie für die Wasserschutzpolizei angeboten.

Alle Bewerberinnen und Bewerber, gleich für welche Laufbahn, müssen mindestens 1,60 m groß sein und über einen Schwimmnachweis (mindestens Deutsches Schwimmabzeichen Bronze) verfügen. Zurzeit dauern die **Einstellungstests** bei der Hamburger Polizei zwei Tage, die für Bewerber beider Laufbahnabschnitte größtenteils identisch ablaufen. Am ersten Tag erfolgt ein **Deutschtest**, d. h. ein Lückendiktat. Es folgt ein allgemeiner **kognitiver Leistungstest** im Multiple-Choice-Verfahren. Der zweite Testtag besteht aus einem **Vorstellungsgespräch**, der **ärztlichen Untersuchung** und einem **Sporttest**, der sich aus den Einheiten Counter Movement Jump, Drop Jump, Spiroergometrie auf dem Fahrradergometer, Kasten-Bumerang-Test und Functional Movement Screen (bestehend aus sieben einzelnen Übungen) zusammensetzt. Informationen zu den einzelnen Disziplinen können auf der Homepage der Akademie der Polizei eingesehen werden.

Für den **Laufbahnabschnitt II** ist im Vergleich zum Laufbahnabschnitt I am zweiten Testtag lediglich ein **Rollenspiel** als zusätzliche Testeinheit vorgesehen. Der restliche Teil ist identisch.

Polizei Hamburg
Einstellungsstelle
Carl-Cohn-Straße 39
22297 Hamburg

Tel: 040 / 4286 – 24024 (hier keine Beratung)
Fax: 040 / 427 314 345

E-Mail: **einstellungsstelle@polizei.hamburg.de**
Web: **http://akademie-der-polizei.hamburg.de/ausbildung-polizei-hamburg/**
Facebook: **https://www.facebook.com/polizeihamburg.karriere/**

Für ein persönliches Beratungsgespräch sind wir unter unserer **Hotline 040 / 427 427** montags, mittwochs und freitags von 08:00 – 16:00 Uhr für Sie erreichbar.

POLIZEI NIEDERSACHSEN

Niedersachsen

Niedersachsen ist mit rund 47.600 km^2 das zweitgrößte Land der Bundesrepublik. Großstadt, Gebirge oder Küste – das Bundesland ist landschaftlich so abwechslungsreich und vielfältig wie kein anderes deutsches Land.

Etwa 18.500 Polizeivollzugsbeamtinnen und Polizeivollzugsbeamte in Niedersachsen sind jeden Tag für den Schutz und die Sicherheit von ca. 8 Millionen Bürgerinnen und Bürgern im Einsatz und leisten damit einen wichtigen Beitrag zur Erhaltung von Freiheit und Rechtsstaatlichkeit.

An der Spitze der Polizeiorganisation steht das Landespolizeipräsidium im Ministerium für Inneres und Sport in der Landeshauptstadt Hannover. Das Land Niedersachsen gliedert sich darüber hinaus in **sechs Flächenpolizeidirektionen**, die in den Städten Braunschweig, Göttingen, Hannover, Lüneburg, Oldenburg und Osnabrück ihren Sitz haben und neben der Organisation der allgemeinen polizeilichen Aufgabenwahrnehmung auch die Leitung bei herausragenden Einsatzanlässen (z. B. Geiselnahmen) übernehmen.

Die **Zentrale Polizeidirektion Niedersachsen** bündelt u. a. die Aufgaben der Bereitschaftspolizei, der Hubschrauberstaffel, der Wasserschutzpolizei, der Informations- und Kommunikationstechnologie und des Fuhrpark- und Einsatzmittelmanagements. Die Zentrale Polizeidirektion hat landesweit Service- und Unterstützungsaufgaben und zum Teil exekutive Zuständigkeiten.

Das **Landeskriminalamt Niedersachsen** ist die zentrale Behörde zur Sicherung der Zusammenarbeit in kriminalpolizeilichen Angelegenheiten mit dem Bund und den anderen Ländern sowie innerhalb des Landes Niedersachsen. Das Landeskriminalamt übernimmt die Ermittlungen in besonderen Fällen und unterstützt andere Polizeibehörden durch Spezialistinnen und Spezialisten verschiedenster Bereiche sowie entsprechende Technik.

Wesentliche Aufgaben der **Polizeiakademie Niedersachsen** mit Sitz in Nienburg und den weiteren Studienstandorten Oldenburg und Hann. Münden sind neben polizeilicher Forschung insbesondere die Auswahl zukünftiger Polizeivollzugsbeamtinnen und Polizeivollzugsbeamten sowie die Aus- und Fortbildung. An der Polizeiakademie werden Polizeikommissaranwärterinnen und Polizeikommissaranwärter ausschließlich über den dreijährigen Bachelorstudiengang für die Laufbahngruppe 2, 1. Einstiegsamt (ehem. gehobener Dienst) qualifiziert. Hierbei stehen theoretische und praktische Anteile in einem ausgewogenen Verhältnis.

Haben wir Ihr Interesse geweckt?

Alle Informationen rund um das Berufsbild, das Bewerbungs- und Auswahlverfahren sowie alle Bewerbungsunterlagen finden Sie unter **www.polizei-studium.de**.

Für weitere Fragen stehen Ihnen die Mitarbeiterinnen und Mitarbeiter des Dezernates 20 der Polizeiakademie Niedersachsen (**Tel: 05541 / 702-243, E-Mail: berufsinformation@polizei-niedersachsen.de**) und das Facebook-Karriere-Portal (**https://www.facebook.com/Polizei.Niedersachsen.Karriere**) gerne zur Verfügung!

Besuchen Sie gerne den YouTube-Kanal der Polizei Niedersachsen!

Ihre Polizei Niedersachsen – wir freuen uns darauf, Sie kennenzulernen!

IPH HITZKIRCH
INTERKANTONALE POLIZEISCHULE

Interkantonale Polizeischule Hitzkirch – Wo die Zukunft der Polizei beginnt

Die Interkantonale Polizeischule Hitzkirch ist die Ausbildungspartnerin der Polizeikorps der Zentral- und Nordwestschweiz und ein regional tätiges Seminarzentrum. Als eine große und wichtige Aus- und Weiterbildungsstätte in der Polizei hat sie sich zum Ziel gemacht, ein realitätsnahes und ethisch korrektes polizeiliches Berufsbild zu vermitteln.

Pro Jahr finden zwei Lehrgänge mit Start im Frühling und im Herbst statt. Jährlich werden rund 300 Absolventen auf ihre künftigen Aufgaben vorbereitet. Die IPH ist ein Dienstleistungszentrum mit Menschen, die zielorientiert, professionell, fair und partnerschaftlich handeln und dabei ihre Leistungsfähigkeit, ihre Kompetenz und ihr Qualitätsbewusstsein einsetzen.

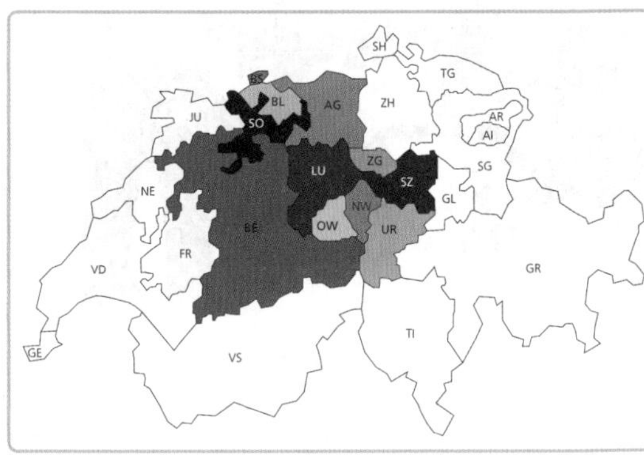

Konkordatsgebiet IPH Hitzkirch

Eine Schule zwischen zwei Seen

Das Aus- und Weiterbildungszentrum der IPH liegt eingebettet zwischen dem Hallwiler- und dem Baldeggersee im Luzerner Seetal mitten in einer unvergleichlichen, schönen Landschaft. Dazu gehören der Campus im Dorf und das Polizei-Trainingszentrum am Aabach. Der Campus umfasst verschiedene Gebäude: In der historischen Kommende aus dem 18. Jahrhundert sind das Restaurant Commenda sowie zweckmäßig eingerichtete Zimmer untergebracht. Die Schulanlage beherbergt das Lernhaus mit modern ausgestatteten Schulungsräumen, das Wohnhaus, das Auditorium, das Sporthaus mit Turn- und Schwimmhalle sowie den polyvalent nutzbaren Sportplatz. Das Polizei-Trainingszentrum Aabach steht für die praktische Ausbildung im polizeitechnischen und -taktischen Bereich zur Verfügung und dient der Ausbildung im Ordnungsdienst. Es beinhaltet ein Übungsgelände mit zwei Einfamilienhäusern und einem Mehrfamilienhaus, ein Bank- und Bürogebäude, eine

Tankstelle sowie einen Übungsplatz für den Ordnungsdienst und die verkehrspolizeiliche Ausbildung. In einem weiteren Teil lernen die angehenden Polizistinnen und Polizisten, sich selbst zu schützen. Da wird die waffenlose Selbstverteidigung trainiert. In den Schießkellern wird die Handhabung und der Einsatz von Schusswaffen eingeübt. Die moderne und professionelle Infrastruktur ermöglicht eine polizeiliche Aus- und Weiterbildung auf höchstem Niveau.

Der Campus mit Sicht auf den Baldeggersee

Das Trainingszentrum Aabach: Ideale Voraussetzungen für die Polizeiausbildung. Es stehen modernste Anlagen für alle polizeitechnischen und -taktischen Bereiche zur Verfügung.

Demonstrationsübung im Polizei-Trainingszentrum Aabach: Stoppen unbewilligter Demonstrationen (Einkesselung und Sicherung)

Demonstration anlässlich des Besuchstages 2016

IPH HITZKIRCH
INTERKANTONALE POLIZEISCHULE

Interkantonale Polizeischule Hitzkirch, Seminarstrasse 10, CH-6285 Hitzkirch
+41 (0) 41 919 63 63, **info@iph-hitzkirch.ch**, **www.iph-hitzkirch.ch**
Infos auch auf unserer Facebook-Seite

Thüringer
Polizei

Spannende Berufsvorbereitung für Teamplayer bei der Polizei Thüringen

Beruf und Berufung – als Polizeibeamter und Polizeibeamtin erlernt man einen der vielseitigsten und interessantesten Berufe, der mit vielen Herausforderungen einhergeht.

Von der Person in Uniform erwarten die Bürgerinnen und Bürger unseres Freistaates in jedweder Situation absolute Handlungssicherheit. Neben dem Polizisten mit umfangreichen Gesetzeskenntnissen muss man dann auch mal als Psychologe, Gutachter, Sanitäter, Erzieher oder Mediator auftreten. Dafür bedarf es nicht nur einer gefestigten Persönlichkeit, sondern auch einer Menge Empathie, großer mentaler Stärke, Gelassenheit, einer guten Portion Menschenkenntnis und eines stark ausgeprägten Kommunikationsvermögens.

Um diesen besonderen Ansprüchen im polizeilichen Alltag gerecht zu werden, bereiten Euch Ausbildung und Studium am **Bildungsstandort der Thüringer Polizei in Meiningen** umfangreich und mit ausgiebigem Praxisbezug auf den Beruf vor. Die reine Vermittlung von entsprechendem Wissen in rechtlicher, kriminalistischer und einsatztaktischer Hinsicht reicht nicht aus, um für das zukünftige Tätigkeitsfeld fit zu machen. Grau ist alle Theorie – erst das Umsetzen in die Praxis vermittelt die Sicherheit, die vom ersten Tag an auf der Straße notwendig ist. Unsere **Tatortwelt** bietet dafür beste Bedingungen. Realitätsnah kann hier ein Geschehen dank vorhandener Logistik und Örtlichkeiten (Tatörtlichkeiten) nachgestellt werden. Die Konfrontation mit Täter oder Opfer eines Diebstahlsdelikts in einem Supermarkt, eines Fahrzeugauf- oder Wohnungseinbruchs, mit einem durch einen Zechpreller hervorgerufenen Tumult in einer Gaststätte, mit dem Auffinden einer hilflosen Person, mit einem Gewaltdelikt in der Familie oder gar mit einer Geiselnahme bei einem Banküberfall fordert die angehenden Polizisten des **zweiten Ausbildungsjahres** bei der Bewältigung nachgestellter Einsatzsituationen. Es heißt nun, das theoretisch erworbene Wissen auf den speziellen Einzelfall anzuwenden.

In der **Lehr-Polizeiinspektion** laufen die Funksprüche der Geschehen zusammen, Telefone stehen kaum still und die einzusetzenden Kräfte müssen koordiniert und informiert werden. Polizeialltag eben … Die Verzahnung von Theorie und handlungspraktischen Anteilen ist aus der **modernen Ausbildung (Modulausbildung)** der Thüringer Polizei nicht mehr wegzudenken. Auf dem neuesten Stand sind auch die Unterrichtsbedingungen im Hörsaalgebäude. So kann in verschiedenen **Spezialhörsälen und in einem Spurensicherungsraum** gelernt und geübt werden. Das Überprüfen und Untersuchen von Fahrzeugen, das Ausgießen einer Schuheindruckspur mit Gips im „Spurengarten", das Sichtbarmachen von Fingerabdruckspuren auf verschiedensten Materialien nach neuesten labortechnischen Methoden ist so unmittelbar im bzw. am Unterrichtsgebäude möglich.

In der **hochtechnisierten Raumschießanlage** können die Anwärterinnen und Anwärter durch die Schießtrainer optimal auf lebensbedrohliche Situationen vorbereitet werden, und zwar so, dass sie lernen, dass der Einsatz der Schusswaffe tatsächlich letztes Mittel ist, um Angriffs- und Fluchtunfähigkeit zu erzielen.

Langeweile kommt folglich selten auf. Und wenn nach Feierabend die Bücher zugeklappt werden, sind Beachvolleyballplatz, Kraftraum und Dreifeldersporthalle bestens zur **Freizeitgestaltung** geeignet. Bei einem gemeinsamen Treffen an der Grillhütte am Abend können die Anwärterinnen und Anwärter einen anspruchsvollen Ausbildungstag ausklingen und Neugelerntes, aber auch Probleme bei absolvierten Übungen Revue passieren lassen. Das alles schweißt zusammen und das ist grundlegend für den Polizeiberuf, für einen der **teamorientiertesten Berufe** überhaupt. Sich aufeinander verlassen können – lebenswichtig im Polizeiberuf.

Auf dem geräumigen Gelände des **Bildungszentrums** ist immer Leben, vernimmt man quietschende Reifen, Martinshörner, lautstark skandierende Menschenmengen und Megafondurchsagen, findet man abgesperrte Straßenabschnitte mit verunfallten Fahrzeugen oder Kreidezeichnungen, die markante Schnittpunkte oder die Lage aufgefundener Menschen dokumentieren. Dass in den Unterrichtsräumen oder im Lesesaal auch über Gesetzestexten und Fallbeispielen gebrütet wird, Diskurse über aktuelle Probleme polizeilichen Handelns geführt, Berichte geschrieben und Protokolle ausgefüllt werden, gehört natürlich dazu.

Die Auszubildenden und Studenten mögen das ausgewogene Verhältnis von Theorie und Praxis. Und sie fühlen sich gut vorbereitet auf ihren Beruf. Genau so soll Ausbildung sein!

Weitere Infos auf: **https://www.thueringen.de/th3/polizei/karriere/index.aspx**

Polizei Sachsen

Verdächtig gute Jobs!

1 Beruf – 1.000 Möglichkeiten.

Der Polizeiberuf bietet alles – nur keinen Alltag. Mit diesem Beruf bist du nicht nur dabei, sondern mittendrin im Leben. Hier erwarten dich Einsätze mit wechselnden Situationen und Anforderungen. Teamarbeit wird großgeschrieben.

Die Polizei Sachsen bietet drei Einstiegsmöglichkeiten:

- **Ausbildung zum Wachpolizisten (m / w)**
- **Ausbildung zum Polizeimeister (m / w) in der Laufbahngruppe 1.2 Pol (ehem. mittlerer Dienst)**
- **Studium zum Polizeikommissar (m / w) in der Laufbahngruppe 2.1 Pol (ehem. gehobener Dienst)**

Weitere Informationen und Videos unter **www.verdächtig-gute-jobs.de** sowie **www.wachpolizei-sachsen.de**